2018

RODRIGO KLIPPEL

TEORIA GERAL DO PROCESSO & TEORIA DO PROCESSO CIVIL BRASILEIRO

10 ANOS EDITORA FOCO

EDITORA FOCO

Autor: Rodrigo Klippel
Editor: Roberta Densa
Diretor Acadêmico: Leonardo Pereira
Revisora Sênior: Georgia Renata Dias
Revisora: Luciana Pimenta
Capa: Leonardo Hermano
Projeto Gráfico e Diagramação: Ladislau Lima
Impressão miolo e capa: Gráfica EXPRESSÃO E ARTE

Dados Internacionais de Catalogação na Publicação (CIP)
(Câmara Brasileira do Livro, SP, Brasil)

Vagner Rodolfo CRB-8/9410

K65t

Klippel, Rodrigo

Teoria geral do processo e teoria do processo civil brasileiro / Rodrigo Klippel. – Indaiatuba, SP : Editora Foco, 2018.

428 p. ; 17cm x 24cm.

Inclui bibliografia.

ISBN: 978-85-8242-240-3

1. Direito. 2. Teoria geral do processo. 3. Processo civil brasileiro. I. Título.

2018-60 CDD 340 CDU 34

Índices para Catálogo Sistemático:

1. Direito 340 2. Direito 34

NOTAS DA EDITORA:

Atualizações do Conteúdo: A presente obra é vendida como está, atualizada até a data do seu fechamento, informação que consta na página II do livro. Havendo a publicação de legislação de suma relevância, a editora, de forma discricionária, se empenhará em disponibilizar atualização futura. Os comentários das questões são de responsabilidade dos autores.

Bônus ou *Capítulo On-line*: Excepcionalmente, algumas obras da editora trazem conteúdo extra no *on-line*, que é parte integrante do livro, cujo acesso será disponibilizado durante a vigência da edição da obra.

Erratas: A Editora se compromete a disponibilizar no site www.editorafoco.com.br, na seção Atualizações, eventuais erratas por razões de erros técnicos ou de conteúdo. Solicitamos, outrossim, que o leitor faça a gentileza de colaborar com a perfeição da obra, comunicando eventual erro encontrado por meio de mensagem para contato@editorafoco.com.br. O acesso será disponibilizado durante a vigência da edição da obra.

Impresso no Brasil (01.2018)
Data de Fechamento (12.2017)

2018

Al. Júpiter, 542 – American Park Distrito Industrial
CEP 13347-653 – Indaiatuba – SP

E-mail: contato@editorafoco.com.br
www.editorafoco.com.br

Dedico esta obra a uma pessoa que sempre foi
muito importante em minha carreira jurídica,
em especial a de professor: *Paula Castello Miguel*.

Obrigado por toda a força que sempre me deu.
Sou seu fã!

AGRADECIMENTOS ESPECIAIS

Sempre que concluímos qualquer grande empreitada – e escrever um livro é uma delas – há pessoas a agradecer.

Às vezes, somente pelo fato de existirem são essenciais para lhe darem a força necessária à conquista do objetivo. Nessa "categoria especial" incluo minha esposa Catarina e meus filhos Bebeto e Pepê.

Ela pelo apoio e suporte que sempre me deu, desde quando nos conhecemos em 1996. Te amo. Quanto a meus dois moleques, por me fazerem feliz, por entrarem no escritório falando de "pokemon" no meio daquela fase difícil de sair, pelo falatório que cerca a minha "ilha de produção". Pode até parecer estranho, mas trabalho muito melhor com todo esse agito que me cerca e, às vezes, "invade" meu terreno do que sozinho. Agora mesmo quando escrevia essas palavras, Pepê entrou para me dar um beijo e um abraço e falar de "Star Wars – Os últimos Jedi", que acabamos de ver.

Quando vejo os dois – Beto e Pepê – tão novos e já escrevendo seus livrinhos, sei que, no fundo, eles observam o papai e tentam fazer igual.

Inconscientemente, quando escrevo ouvindo-os ao fundo (acabou de sair um "*caraca, esse vilão é destruidor*") lembro que ainda tenho um importante propósito em minha vida, que é guiá-los até a fase adulta, para que sejam pessoas de bem e realizadas.

Além da "categoria especial" acima descrita, preciso agradecer a uma "turminha muito especial" que conheci no primeiro semestre de 2017, na FDV.

Falo do "MELHOR 3º AM QUE JÁ EXISTIU", que, como eles descreveram numa linda petição inicial que redigiram para mim, estão "domiciliados no coração de Rodrigo Klippel".

No fim de setembro e início de outubro de 2017, enquanto produzia esse livro, fui internado num hospital – coisa que nunca tinha ocorrido comigo – gerando preocupação de minha família, amigos, colegas de trabalho.

Foi então que eles fizeram uma linda homenagem que reproduzirei para vocês na página seguinte, a fim de eternizá-la. Obrigado, vocês moram em meu coração!

EXCELENTÍSSIMO SENHOR DOUTOR JUIZ DE DIREITO DA .... VARA CÍVEL DE VILA VELHA

ALUNOS DO MELHOR 3º AM QUE JÁ EXISTIU, domiciliados no coração de Rodrigo Klippel, vêm, respeitosamente, perante Vossa Excelência propor

AÇÃO CONDENATÓRIA

em face de RODRIGO AVILA GUEDES KLIPPEL, 39 anos, brasileiro, casado, portador do RG nº 2424, residente e domiciliado no endereço de Vila Velha, Bairro de Itaparica.

DOS FATOS

Dia 02/02/17, Rodrigo Klippel chegou na sala do 3º AM. Ele se apresentou de um jeito engraçado (Anexo 1) e conquistou os alunos de imediato. Entretanto, a boa impressão não durou muito tempo. Com o esquema de fatos jurídicos *lato sensu* e a definição de fatos jurídicos de direito material e processual, os autores começaram a se sentir acuados e preocupados com o "se x é, y deve ser" dessa trama, já que o suporte fático "se Zaca é legal" não parecia se encaixar na consequência "Processo civil também deve ser".

Com um processo ímpar e uma matéria difícil, surgiu a certeza de que os autores teriam que escolher entre amar ou odiar Processo Civil. O réu, com o passar do tempo, começou a apelar para convencê-los a pender para o lado que mais o beneficiava.

Mostrou que fazia parte de uma banda muito maneira, produtora de uma obra-prima mundialmente conhecida (Anexo 2), cujo nome é "Cadê o meu pé?" e, ainda, permitiu que a maioria fosse bem na sua avaliação. Assim, os autores começaram a se familiarizar com o tal Processo Civil.

Não satisfeito, Rodrigo Klippel convidou os autores para irem até o seu prédio (Anexo 3). A intenção principal era revisar a matéria, mas, como bem acessório, deu a eles a oportunidade de conhecer Pepê e Bebeto (Anexo 4) . Além disso, promoveu um churrasco a fim de fazer a turma se apaixonar ainda mais por ele.

Pois bem, 08 meses após o primeiro contato com os autores, dia 02/10/17, Rodrigo Klippel relatou em seu facebook (Anexo 5) a possibilidade de estar com embolia pulmonar em algumas artérias e a existência de derrame pleural, especialmente no pulmão direito.

DO DIREITO

Fora efetuado um Negócio Jurídico entre os autores e o réu. Sabe-se que nessa modalidade, a vontade tem duas funções: fazer com que o ato aconteça e determinar alguns de seus efeitos. Com a ajuda do infungível mestre, os efeitos superaram as expectativas.

Juntos, autores e réus ultrapassaram três planos: inicialmente, nas aulas, os autores apenas existiram. Afinal, veteranos induziram os autores com o LEMA: Processo Civil é quase uma impossibilidade jurídica. Entretanto, com as aulas extremamente válidas do réu e a confiança depositada no 3AM, de forma livre e consciente, os autores descobriram que eram agentes (muito) capazes. Atingiram, unidos, a eficácia. 3AM produzira efeitos incríveis.

Há evidente conexão e afinidade entre os autores e o réu. Esse ato declaratório de amor, por mais que sofra incidência do tempo, jamais terá preclusão. O réu se mostrou, em inúmeras ocasiões, absolutamente competente para manter o Negócio Jurídico firmado.

Todavia, o réu, que já mostrara conduta subversiva ao reprovar no Maternal 3 (*isso é verdade rss*), fora negligente com a própria saúde. Essa atitude abalou emocionalmente os autores, visto que passaram *7000 Coisas* na cabeça dos requerentes.

Portanto, exige-se que o réu obedeça às autoridades médicas, se recupere e retorne às atividades laborais, sem prejuízo do vínculo estabelecido com os autores.

DOS PEDIDOS

Ante os fatos expostos, requer-se a Vossa Excelência:

a) que imponha ao réu tomar todas as medidas necessárias para que volte ao expediente normal em, no máximo, 10 dias;

b) passado o prazo de 10 dias, imponha-se ao réu a medida coercitiva de observar durante 20 minutos diários aulas de trânsito aplicadas pela ilustríssima Srta. Dra. Nicole Araújo sob sua forma de Nicone, até que a obrigação seja cumprida;

c) se o réu continuar inadimplente por 15 dias, deve-se determinar que sua moto da marca Harley-Davidson seja leiloada para custear os honorários de defesa do Ex-presidente da República Luiz Inácio Lula da Silva.

Representando os interesses do 3AM/1:

Ana Clara Sabbagh de Faria

Fernanda Biccas Miranda Fachetti Pereira

Ivan Costa Freitas Filho

A ERA DO PROCESSO

João Maurício Adeodato

(Professor da Faculdade de Direito de Vitória (FDV), Ex-Professor Titular da Faculdade de Direito do Recife (UFPE), Livre-Docente da Faculdade de Direito da Universidade de São Paulo (USP) e Pesquisador 1-A do CNPq. Currículo completo em: http://lattes.cnpq.br/8269423647045727)

O livro de Rodrigo Klippel é sem dúvida um manual dirigido a iniciantes. Mas livra-se com sucesso da enfadonha repetição de conteúdos legais e posicionamentos jurisprudenciais, que evidentemente já estão na lei e na jurisprudência. Por meio de uma linguagem clara e em diálogo concreto com o aluno que se inicia nos mistérios do direito e sobretudo do direito processual civil, leva-o a pensar pela própria cabeça e construir suas teses, tarefa essencial ao exercício da nossa profissão, respeitando a doutrina. Sim, pois é a doutrina, tanto na prática quanto em seus aspectos científicos, que conduz a vanguarda do Direito, não lhe cabendo fazer relatos descritivos do direito positivo.

Este livro procura também evitar as transcrições inúteis, no estilo "recortar e colar" que caracteriza a maior parte da produção jurídica nacional, feita por amadores que não têm tempo ou disposição de estudar nem de pensar e inventaram essa maneira de produzir livros longos e repetitivos. Por isso mesmo, o livro também será de grande proveito para o profissional que queira recordar conceitos básicos para o exercício de seu trabalho ou organizar melhor as ideias.

O livro está estruturado em torno dos temas mais básicos da dogmática processual, ressaltando a jurisdição e os princípios, mas sem esquecer o direito de ação e as competências e os ritos mais importantes, os quais constituem a validade de toda e qualquer alegação processual.

A sobrecarga social sobre o direito estatal e seu processo dogmaticamente organizado constitui o pano de fundo do livro. Com a dogmatização do direito ocidental, a partir do final do século XVIII, nos países centrais da Europa, o Estado moderno entra em outro estágio de sua evolução, caracterizado pela centralização administrativa e, no que mais interessa aos juristas, por se apresentar como a última instância para dizer o direito, com a pretensão de monopólio da jurisdição definitiva.

Hoje, a estrutura estatal do direito e seus modos de organização da política, de inspiração europeia, vai se estendendo a toda a Terra. O Estado moderno trouxe consigo um tipo de direito também sem precedentes, o direito dogmático, e um sem-número de teorias elaboradas com o objetivo de compreender e agir sobre as novas realidades.

A partir do que se observou na história dos países mais desenvolvidos, esse Estado, seu direito dogmático e seus modelos compreensivos teóricos demandam, para funcionarem adequadamente, que o ambiente social apresente determinadas características. Aí o grande problema dos Estados subdesenvolvidos, que compõem a maioria e a periferia do capitalismo global desses tempos de hoje, e do direito que pretendem administrar: as sociedades respectivas não se adaptaram ao direito dogmático, ao Estado e às teorias jurídicas tradicionais, ensejando sérios descompassos, prejudiciais para a eficiência técnica e para a legitimação ética do sistema jurídico-político.

Por meio de uma linguagem clara e de muitos exemplos concretos, o livro mostra o fenômeno contemporâneo da processualização (ou procedimentalização) do direito, em detrimento de seus conteúdos materiais. O aluno de direito consegue perceber a sobrecarga do Estado e de seus poderes judicantes, inserida num contexto tão debatido hoje no Brasil, qual seja o do ativismo judicial.

Além de cuidar detalhadamente da Teoria Geral do Processo, Rodrigo Klippel dedica uma atenção raramente vista, no contexto dos autores de Processo Civil, à Teoria Geral do Direito, abordando inclusive o conceito mais importante e pouco compreendido da área, que é o de norma jurídica. Assim encadeia com mão firme o crescimento de importância do processo (regras para diálogo com o Estado) e dos tribunais (que dizem o direito do Estado – a jurisdição) com outro fenômeno contemporâneo correlato: a chamada constitucionalização do direito processual.

Com essa constitucionalização ganham cada vez mais importância as diretrizes e "feixes de normas" que se convencionou chamar de "princípios", elementos norteadores do sistema dogmático e tema de um capítulo específico neste livro. O problema é que os textos desses princípios são ainda mais imprecisos (vagos, ambíguos e porosos) do que os textos legais e, ainda, muitas vezes contraditórios (eficiência/qualidade X economia/preço ou celeridade processual X ampla defesa), exigindo uma retórica da proporcionalidade que não raramente foge a qualquer controle e se mostra puro arbítrio decisionista.

Além disso, o caráter principiológico que o direito contemporâneo vem assumindo, particularmente no Brasil, faz com que o Poder Judiciário se torne o portador dos grandes sentidos normativos, algo sem precedentes. Mesmo sem tomar parte na controvérsia, é preciso ter presente o fenômeno para analisar devidamente o direito processual em seus efeitos sociais e especificamente jurídicos. Como as grandes decisões envolvem princípios e seu caráter retórico lhes confere alto grau de indeterminação, é no Judiciário que seu sentido normativo será concretizado e serão tomadas as decisões que interessam ao jogo de interesses social. E o Judiciário fala a linguagem do processo.

As demandas passaram a ser mais e mais complexas e, em decorrência dessa procedimentalização, o aparato processual do Estado se viu incapaz de responder minimamente a esses problemas. O fenômeno ocorre em todo o mundo, mas agrava-se muito em países periféricos como o Brasil, nos quais a ineficiência do Estado se alia a um engarrafamento de demandas e a um despreparo técnico e ético dos poderes públicos.

Nos dias de hoje, o aumento de imprecisão nos textos jurídicos e de complexidade no meio social faz com que a questão hermenêutica passe a ocupar papel central também no estudo propriamente dogmático do direito, no sentido de resolver problemas jurídicos e argumentar em uma lide. Daí a mencionada retórica principiológica que tem comandado as grandes discussões jurídicas nacionais, de que este livro fornece variados exemplos. A constitucionalização atinge temas tradicionalmente deixados ao nível da legislação ordinária, ampliando o texto constitucional e, por via de consequência, também a jurisdição constitucional do judiciário, sobretudo tribunais superiores.

Toda mudança desagrada aos que preferem a situação anterior. É por isso que muitos espectadores e atores profissionais do direito têm reclamado contra a crescente importância do processo no direito contemporâneo, o que chamam de uma excessiva formalização, de decadência do direito material, dentre outras expressões. O fato é que o direito outrora dito "adjetivo", mero auxiliar do direito "substantivo", passou a desempenhar papel primordial na distribuição da justiça (supostamente) monopolizada pelo Estado contemporâneo, pois a efetividade do direito dogmático passou a depender da efetividade do processo.

APRESENTAÇÃO

Foi com muita alegria que recebi o convite do amigo Professor Rodrigo Klippel (o Zaca) para apresentar a versão atualizada da sua já consagrada obra **Teoria Geral do Processo Civil.**

Tive contato com seu livro, em sua versão original, logo após ter conhecido o autor, em Salvador (BA), em 2009, no primeiro encontro de processualistas do Norte e Nordeste que veio a se firmar, mais tarde, como a nossa Associação Norte Nordeste de Professores do Processo (ANNEP), graças a importante contribuição de Zaca, capixaba, associado fundador, diretor na primeira gestão, uma das nossas grandes referências.

Falar de Rodrigo Klippel é fácil. Um competente processualista brasileiro que honra nossas letras jurídicas com a profundidade dos mestres e a leveza dos músicos, sua outra profissão. Tudo que abraça faz com paixão, leveza, dedicação e profundidade. Trata de complexidades com a simplicidade dos sábios. Perceberão isso ao se depararem com sua pena precisa, simples e analítica. Vamos à obra.

Registre-se, inicialmente, que este livro, além de versar sobre a temática comum a todos os ramos da dogmática processual, também é um guia garantido para quem deseja estudar a teoria geral do processo civil brasileiro.

No capítulo primeiro, o autor analisa o conteúdo da jurisdição, descrevendo seu conceito, classificações e características. É tema espinhoso que o autor enfrenta com densidade, tomando por base os mais importantes autores da ciência processual.

O capítulo segundo estabelece premissas sólidas para o estudo científico da ciência do direito processual, demarcando de forma clara o seu objeto. De plano, ingressa pelos conceitos fundamentais da teoria geral do processo, um dos conteúdos do livro. O autor deixa clara sua visão do processo como método pelo qual a jurisdição será exercida. Traça para isso um itinerário, um guia seguro para sua compreensão.

A análise veiculada no terceiro capítulo é central no livro, pois faz incursão necessária e original, para livros de teoria geral do processo, na categoria teoria geral do direito, tratando de forma profícua temas complexos como norma jurídica; fato jurídico, com ênfase nos fatos jurídicos processuais; validade dos atos jurídicos processuais; e, por fim, a identificação das normas jurídicas veiculadas na sentença. Neste item, o autor deixa nítida sua marca de profundo conhecedor de teoria geral do direito, revelando sua cultura jurídica e se colocando no rol dos grandes juristas pátrios. É um tópico central e importantíssimo. Sua leitura é indispensável para quem deseja conhecer o direito como um todo. Lembra que a teoria geral do processo é parte da teoria geral do direito.

Os princípios do processo são o objeto do capítulo quarto. Começou-se a tratar do tema no capítulo terceiro, mas aprofundou-se o assunto de forma analítica neste item. Demarca os princípios constitucionais do processo e os infraconstitucionais. Faz análise exaustiva, mas bastante leve, pois pontuada com casos práticos que aproximam a abstração da matéria com a concreção dos exemplos que permeiam seu texto.

O direito de ação é o assunto tratado no capítulo 5 do trabalho. Mostra a evolução do instituto, as teorias que procuraram e ainda procuram explicar o tema, além de trazer, com profundidade, as implicações que essa categoria multifacetária tem para a dogmática processual.

A competência é o assunto tratado do capítulo seis, corretamente colocado após o capítulo sobre a ação e não ao lado da jurisdição, já que não se pode estudar o tópico competência sem antes analisar a questão da ação, de seus elementos e de suas interrelações como a continência e a conexão, que podem implicar mudança de competência. Traz linguagem atual, mas com base sólida nos clássicos, o que dá ao leitor segurança quanto à densidade do conteúdo veiculado. Para facilitar a compreensão, apresenta método prático para definição da competência em casos concretos, valendo-se mais uma vez de exemplos do cotidiano forense para melhor transmitir o conteúdo.

A seção sete é reservada aos pressupostos processuais e requisitos de validade do processo. O autor destaca a polissemia do termo processo e, analiticamente, desce a seus pormenores, esclarecendo as diversas facetas do tema. Analisa o processo sobre o prisma normativo e sobre o prisma do fato jurídico no intuito de fincar premissas teóricas densas para a compreensão dos pressupostos e requisitos do processo.

Litisconsórcio é o objeto do capítulo oito. O método dos casos é importante instrumento lançado pelo autor para melhor compreensão de matéria tão complexa e delicada. Sua abordagem leve e consistente é caminho seguro para o entendimento do leitor.

Por fim o autor adentra na questão da intervenção de terceiro e cuida de forma pormenorizada e analítica das diversas formas de intervenção tratadas pelo ordenamento pátrio.

É uma obra básica para o estudo da disciplina teoria geral do processo. É uma segura introdução ao direito processual civil pois tem a profundidade das grandes obras sobre o tema, mas com a leveza e maestria da letra de um grande jurista e professor. Como jurista conhece direito. Como professor conhece os meios necessários para melhor transmitir ideias complexas sem perder a simplicidade da linguagem dos sábios.

Já recomendava a obra do Professor Rodrigo Klippel, antes, em sua versão originária, nos diversos cursos que ministrava, na graduação e na pós-graduação. Feliz por rever sua "Teoria Geral de Processo e Teoria do Processo Civil Brasileiro", em sua nova versão. Será recomendada, com certeza!

Maceió, 18 de janeiro de 2018

Beclaute Oliveira Silva

Doutor em Direito (UFPE). Mestre em Direito (UFAL)
Professor Adjunto de Direito Processual da UFAL (Mestrado e Graduação).
Professor Titular III do Curso de Direito do CESMAC (Graduação e Especialização)
Professor Titular do Curso de Direito da UNIT (Graduação e Especialização)

SUMÁRIO

Capítulo 1
JURISDIÇÃO

O ESTADO
(Rodrigo Klippel)
"O Estado arranca seu dinheiro
Na guerra ele lhe faz matar
Ele tira sua liberdade
E diz que é para o seu bem-estar.
As promessas são de melhoria
Segurança e educação
A resposta é sempre pão e circo
Réveillon, Carnaval, São João.
Liberdade, eu quero liberdade,
Não quero morrer atado a esses nós".

1. O ESTADO, SEU PODER E A RESTRIÇÃO À NOSSA LIBERDADE

Desde quando nascemos, temos nossa liberdade, em alguma medida, restringida pelo Estado. Ele se trata de uma estrutura de poder voltada a regular grande parte dos aspectos da vida em sociedade daqueles que vivem em certo território ou, pelo menos, nele atuam.

Quando nasci, não me perguntaram se eu gostaria de ceder parte de minha liberdade e, futuramente, de meu patrimônio, a essa estrutura chamada de Estado, para que ele, então, exercesse seu poder sobre mim, regulando grande parte das condutas que pratico no dia a dia.

Se eu adquiro um apartamento, lá está o Estado presente, pois foi ele que concedeu ao imóvel o *habite-se*, bem como ao Estado pagarei o ITBI (*imposto de transmissão sobre bens imóveis*).

Se eu pretendo andar pela cidade com minha moto, lá está o Estado a regular se devo seguir em frente ou parar (*semáforo*); qual caminho devo pegar e qual é a contramão; se estou habilitado ou não a pilotar aquele veículo (*carteira de motorista*); se posso circular ou não com a minha Harley (*licenciamento do veículo*). Além disso, é óbvio que todo ano pago ao Estado um valor (tributo) pelo simples fato de ter resolvido adquirir a motocicleta (*IPVA – imposto sobre a propriedade de veículos automotores*).

Quando entro na escola, sinto a presença do Estado ao impor as diretrizes e bases da educação (*Lei de Diretrizes e Bases da Educação – Lei 9.394/1996*).

Até se eu pretendesse "namorar" na rua, lá eu teria a companhia do Estado. Câmeras de segurança estariam a captar tudo o que estaria a fazer. Fora que um namoro "mais quente" poderia caracterizar até mesmo um crime, passível de gerar a restrição de minha liberdade (*ato obsceno – art. 233 do CP – pena de detenção de 03 meses a 01 ano*).

As hipóteses acima representam uma pequena parcela (diria até minúscula) das restrições à nossa liberdade que o Estado nos impõe. Diante do quadro acima e dos diversos outros exemplos que sua cabeça maquinou ao ler os que eu trouxe, fica uma pergunta: *será que vale a pena tamanha restrição à nossa liberdade*? *Será que o custo-benefício de tamanha ingerência é positivo*?

Como vocês notaram, iniciei este texto por meio da transcrição de uma música de minha autoria, chamada "O Estado", em que faço exatamente os questionamentos que finalizam o parágrafo anterior (se quiser ouvir a música, basta acessá-la pelo link https://soundcloud.com/user-210531162/o-estado). *Vale a pena ceder nossa liberdade ao Estado*?

Trata-se de uma pergunta que não apresenta uma resposta universal, nem atemporal. Pense em um país de primeiro mundo como a Alemanha. Hoje é bem possível que você responda positivamente à pergunta: sim, vale a pena ceder minha liberdade ao Estado Alemão.

Ao final de 1945, quando o Estado Alemão foi responsável pela morte de aproximadamente 8.000.000 de cidadãos alemães por dar início a uma guerra insana contra praticamente o resto do mundo, *com certeza* sua resposta seria outra.

Notadamente, há Estados que administram de forma mais adequada a quantidade de liberdade que retiram das pessoas que a ele se submetem. Poderia citar a Suíça, a Suécia, a Dinamarca, a Noruega e a Finlândia. Há outros que o fazem de forma bem menos efetiva e, nesse grupo, infelizmente, incluo o Estado Brasileiro.

A grande quantidade de liberdade (pessoal e patrimonial) que cedemos ao Estado brasileiro não nos volta em serviços decentes, em segurança, em garantia de estabilidade. O custo-benefício é, claramente, negativo.

Mas, mesmo assim, do jeito que vivemos, vale a pena viver sob o império, o poder do Estado?

Sinceramente, com todos os defeitos que tem, o Estado é uma solução melhor do que seria a liberdade total. A ausência do Estado faria com que a grande maioria de nós tivesse um critério muito claro de ação: nosso umbigo. E um método para fazer valer esse critério: a força bruta.

Em épocas nas quais o Estado existe de direito mas desaparece de fato, o que vemos é o caos. Pense na própria Alemanha na época da rendição, em maio de 1945: milhares de metros cúbicos de escombros, estupros coletivos realizados pelos soldados soviéticos contra as alemãs,[1] milhares de judeus desaparecidos, que o próprio

1. Leia sobre o assunto em http://www.bbc.com/portuguese/noticias/2015/05/150508_estupro_berlim_segunda_guerra_fn

Estado havia executado em campos de concentração, falta de água, de comida. Como dito acima, *caos*.

Sem medo de errar, poderia dizer que o Estado é um mal necessário, já que uma sociedade sem ele seria, realmente, como nos mostra a experiência histórica, caótica. Todavia, o tamanho e o papel do Estado são dois pontos que precisam ser continuamente pensados, a fim de que a experiência social seja aperfeiçoada.

O momento pelo qual passa o Brasil é simplesmente único para que se reflita sobre o tamanho e o papel do Estado, a fim de que se possa alterar o resultado da atual equação social que nos mostra não existir benefício proporcional à liberdade que cedemos.

Se você leu (e espero que tenha lido!) todas as linhas acima, talvez esteja a fazer uma pergunta: *por que o Rodrigo Klippel* iniciou seu livro de *Teoria Geral do Processo e Teoria do Processo Civil Brasileiro* falando sobre o Estado e o poder que exerce sobre nós?

Em breve você saberá!!

2. O EXERCÍCIO, PELO ESTADO, DE SEU PODER – AS FUNÇÕES ESSENCIAIS DO ESTADO

Poder é uma abstração, que se concretiza pela prática de atos. Tanto é verdade que é comum falarmos em "demonstrações de poder".

Sendo assim, pode-se dizer que o Estado demonstra o poder que possui em face das pessoas e dos entes que atuam em certo território por meio da prática de atos, como a expedição de uma licença, a criação de uma lei, a decretação de uma prisão etc.

São muitos os atos (diria milhares) que o Estado pratica como externalização de seu poder. Todavia, é possível enquadrar todos eles em três categorias, representativas das três *funções essenciais do Estado*, a saber:

a) atos legislativos, representativos da função *legislativa do Estado*;

b) atos administrativos, representativos da função *executiva do Estado*;

c) atos jurisdicionais ou judiciais, representativos da função *jurisdicional do Estado*.

Resumindo a afirmação que fiz acima: o poder do Estado se exercita pela prática de atos, que se enquadram em três categorias, representativas das funções básicas que ele exerce, quais sejam, a Legislativa, a Executiva e a Jurisdicional.

Nesse momento, é possível que você se pergunte: a classificação dos atos do Estado em legislativos, executivos e jurisdicionais apresenta alguma *utilidade* ou se trata, tão somente, de uma curiosidade científica, eis que o presente texto se trata de uma obra de ciência do direito processual?

À medida que vocês lerem as muitas páginas que formam esse livro, perceberão duas coisas:

a) que ele se desenvolve como um bate-papo;

b) que eu não perco *nosso* tempo com conceitos que não sejam importantes. Todos serão de muita utilidade.

É extremamente importante saber identificar se o Estado está a exercer seu poder exercendo sua função legislativa, executiva ou jurisdicional por um simples motivo: cada uma dessas funções é regida por *princípios e regras próprios* e delas decorrem *efeitos jurídicos peculiares*, a saber:

a) o efeito do exercício da função legislativa é a produção de *diplomas legislativos*, que contêm os textos a partir dos quais serão extraídas as normas de conduta com base em que o Estado exercerá seu poder;

b) o efeito do exercício da função executiva é a prática de *atos administrativos*, por meio dos quais o Estado gerencia os interesses da coletividade que a ele está submetida. Os atos voltados à escolha dos representantes da população na estrutura do Estado, ao relacionamento entre o Estado Brasileiro e os Estados Estrangeiros, ao fornecimento de políticas públicas (saúde, segurança, educação, lazer) são exemplos do exercício da função executiva, de gestão dos interesses da coletividade;

c) o efeito do exercício da função jurisdicional é a produção de *decisões judiciais*, por meio das quais o Estado impõe solução às diversas situações jurídicas que a coletividade lhe apresenta e que não puderam ser resolvidas sem a presença do aparato estatal (por duas razões: porque as partes em conflito não chegaram a um acordo sozinhas; porque o próprio Estado entendeu que deveria se envolver, mesmo que conflito não existisse[2]).

Perceba, pois, que saber classificar um ato estadual como legislativo, executivo ou jurisdicional é vital para que possamos identificar qual o conjunto de normas (*princípios* e *regras*) que regula cada um deles.

Por conta disso, deixo, então, mais uma pergunta: *como diferenciar, cientificamente, os atos jurídicos legislativo, executivo (administrativo) e jurisdicional*?

2. Acho importante você entender a afirmação que fiz acima: a atividade jurisdicional do Estado, via de regra, volta-se à resolução de situações jurídicas litigiosas (em que há conflito de interesses). Isso é verdade. Ocorre que, em alguns casos, mesmo que as partes não estejam em conflito, o Estado, exercendo seu poder por meio de atividade legislativa, entendeu que seria necessário que ele participasse, por meio do exercício de atos jurisdicionais, da vida das pessoas quando estas estivessem a tratar de certas situações jurídicas consideradas muito relevantes. Por isso ele impôs que a resolução de certas situações jurídicas, mesmo que as partes não estejam em conflito, deve ser objeto de *decisão judicial*. O melhor exemplo disso é o divórcio consensual (em que, pelo menos aparentemente, não há conflito entre as partes, pois ambas aceitam a separação) que envolva casal que possua filhos menores. A presença destes últimos impõe às partes que ponham fim à situação jurídica de casados por meio de decisão judicial, ou seja, de ato jurisdicional. O art. 733 do CPC trata do tema. Aconselho a leitura.

Você pode imaginar a quantidade de juristas que se debruçaram sobre esse tema ao longo da história, tanto no Brasil quanto do exterior? Poderia, neste momento, apresentar a você várias concepções que foram criadas.

Mas farei algo mais simples. Este curso tem a finalidade de permitir um primeiro contato com a ciência processual e lançar as bases para que você compreenda bem como a função jurisdicional deve se desenvolver.

Por essa razão, abaixo apresentarei somente aquele *conceito clássico* que entendo ter sido o melhor dentre os construídos, por ter diferenciado com mais precisão as funções legislativa, administrativa e jurisdicional do Estado: o conceito de *Giuseppe Chiovenda.*[3]

3. O CONCEITO DE CHIOVENDA DE FUNÇÃO JURISDICIONAL E, POR CONSEQUÊNCIA, DE FUNÇÃO LEGISLATIVA E EXECUTIVA

Dentre as várias obras que Chiovenda escreveu, destacam-se suas *Instituições de direito processual civil*, em que conceituou jurisdição da seguinte forma:

> pode-se definir jurisdição como a *função* do Estado que tem por escopo a *atuação da vontade concreta da lei* por meio da *substituição*, pela atividade de órgãos públicos, da atividade de particulares ou de outros órgãos públicos, já no afirmar a existência da vontade da lei, já no torná-la, praticamente, efetiva.[4]

Sabem por que considero o conceito de Chiovenda o melhor dentre aqueles que foram apresentados pela doutrina ao longo dos anos? Pelo fato de que foi o único que:

a) conseguiu justificar como sendo exercício de função jurisdicional tanto a atuação do Estado voltada à resolução de situações jurídicas litigiosas quanto as consensuais (o tema foi tratado na nota de rodapé nº 2);

b) conseguiu demonstrar a natureza jurisdicional tanto da atuação do Estado voltada a reconhecer a existência de direitos quanto a de torná-los efetivos. Não se preocupe se você, neste momento, não entendeu a afirmação que acabei de fazer. Daqui a pouco você a entenderá.

Bem, acho importante destrinchar para você que lê essas linhas o *conceito chiovendiano*, voltado a identificar os traços que caracterizam a função *jurisdicional* e a distinguem das funções *legislativa* e *executiva*.

Vamos lá, então. Em primeiro lugar, volte ao conceito acima reproduzido e o *leia novamente*.

Fez o que eu pedi? Então, sigamos.

---

3. Giuseppe Chiovenda (2/02/1872-7/11/1937) – um dos maiores juristas italianos da história, é considerado um dos precursores do estudo científico do direito processual na Itália. Suas ideias foram grande referência para a redação do CPC italiano de 1940, bem como do CPC/73 brasileiro.
4. CHIOVENDA, Giuseppe. *Instituições de direito processual civil*, v. II. 2 ed. Campinas: Bookseller, 2000, p. 9.

Ao ler novamente o conceito de Chiovenda, perceba que o primeiro ponto destacado foi sua finalidade, que é a de *atuar a vontade concreta da lei*.

O que significa isso?

Que o Estado-juiz tem como função:

a) produzir uma norma jurídica concreta, que seja resposta à situação da vida que foi dirigida a ele;
b) efetivar essa norma concreta, ou seja, tornar realidade social o comando emitido pelo Estado-juiz, caso a norma somente crie uma alteração na vida das pessoas por meio da prática de um ato por aquele que foi obrigado e este tenha se mantido inerte.

Observe mais uma vez a expressão "atuação da vontade concreta da lei" e pense no seguinte: lei é uma palavra que deve ser interpretada como querendo significar *norma jurídica abstrata*, ou seja, um comando jurídico criado para incidir quando certas situações da vida corresponderem à hipótese abstrata que ela (norma) define.

Quando Chiovenda diz que a função jurisdicional se volta à *atuação da vontade concreta da lei*, ele *mata dois coelhos com uma cajadada só*, visto que:

a) demonstra que a função de *criar os diplomas legislativos*, de onde emana a maioria das normas abstratas de conduta que nos cercam, se trata do exercício da função *legislativa*. É papel do Estado-legislador criar os diplomas legislativos;
b) demonstra que a atividade jurisdicional, por seu turno, *extrai dos diplomas legislativos as normas abstratas* e as toma como base para produzir as *normas concretas*, ou seja, os comandos jurídicos que vinculam pessoas ou grupos que se envolveram em situação social que estava prevista em abstrato em tais normas;
c) mas a atividade jurisdicional não se esgota na produção das normas concretas, visto que também se trata de exercício de função jurisdicional tornar efetivas (realidade social) tais normas, caso seu cumprimento não seja espontâneo.

Pense aqui comigo: se o juiz reconhece, por meio de decisão judicial, que Roberto é filho de Rodrigo, o primeiro poderá expor a toda a sociedade quem é seu pai, inclusive comprovando sua afirmação de forma documental (por meio de sua certidão de nascimento, alterada para acrescer o nome de seu pai, por ordem judicial). E para que a certidão de nascimento seja alterada no Cartório de Registro Civil, não há necessidade de que o pai pratique qualquer ato (não é ele que precisará se dirigir ao cartório, mostrar a decisão judicial e operar a alteração). Veja, então, que neste exemplo a decisão judicial foi efetivada (teve eficácia social) sem que o réu, derrotado no processo, precisasse praticar qualquer tipo de ato.

Coisa muito diferente teríamos se a decisão judicial impusesse ao réu a obrigação de pagar uma quantia. Dependeríamos de uma ação sua – o pagamento – para que a norma se tornasse realidade. Caso inexistisse o pagamento espontâneo, o Estado-juiz precisaria entrar de novo em ação, a fim de tornar efetiva a norma concreta que produziu, por meio da prática de atos que permitissem o cumprimento forçado da obrigação (ex: o Estado-juiz venderia, contra a vontade do devedor, uma propriedade deste e entregaria ao credor o valor oriundo dessa venda que cobrisse a quantidade devida).

Até esse ponto da explicação, prezado leitor, é possível perceber que o conceito de jurisdição de Chiovenda teve a aptidão de diferenciar as atividades *legislativa* e *jurisdicional*, visto que:

a) a primeira (*função legislativa*) objetiva a produção de diplomas legislativos a partir dos quais são extraídas *normas abstratas*;

b) a segunda (*função jurisdicional*) visa à produção de normas concretas (a partir da extração das normas abstratas contidas nos textos normativos), bem como a transformação destas em realidade social (atuação da vontade concreta da lei, já no *afirmar* a existência da vontade da lei, já no torná-la, praticamente, *efetiva*).

A função jurisdicional concretiza o que a função legislativa formulou de modo abstrato.[5] Por isso se diferenciam.

Todavia, preste atenção no seguinte ponto: *tanto a função jurisdicional quanto a função administrativa se desenvolvem por meio da atuação da vontade concreta da lei*, acima explicada. Quer ver? Atenção ao exemplo:

O município de Alfredo Chaves pretende realizar a "Festa da Cidade" e, para atrair bastante público, acha necessário contratar uma banda de renome nacional. Fica uma pergunta: é necessário que o município realize uma licitação?

A resposta é negativa, pois existe uma norma abstrata, que se extrai do art. 25, III da Lei de Licitações (Lei 8.666/1993), segundo a qual é *inexigível o procedimento licitatório para contratação de profissional de qualquer setor artístico, desde que consagrado pela crítica especializada ou pela opinião pública.*

Observe que o município de Alfredo Chaves, ao optar pela contratação da Banda Jota Quest, por exemplo, atuará a vontade concreta da lei, aplicando a norma abstrata ao caso concreto, ao concluir que o Jota Quest se trata de profissional do setor artístico (é uma banda musical), consagrada pela opinião pública.

Você conseguiu perceber que o administrador municipal, ao realizar a contratação do Jota Quest, aplicou a uma hipótese concreta uma norma abstrata, produzindo uma norma concreta?

---

5. "O que o legislador faz, mesmo o legislador constituinte originário, é produzir o texto legal ou constitucional, não a norma propriamente dita, nem sequer a moldura dentro da qual se situam as interpretações devidas. Como dito, o texto, expresso por artigos e parágrafos na lei, é somente um "dado de entrada" na efetiva elaboração da norma". ADEODATO, João Maurício. *A retórica constitucional*. São Paulo: Saraiva, 2009, p. 146.

Caso tenha conseguido, observe que existe um ponto em comum entre os atos jurídicos jurisdicionais e os atos jurídicos administrativos ou executivos: ambos atuam a vontade concreta da lei, seja ao afirmá-la (ao produzir a norma concreta), seja ao efetivá-la.

Por isso, questiono a você: como distinguir se o Estado está a exercer seu poder por meio do exercício da função jurisdicional ou administrativa (executiva)? Até este ponto do texto, tenho certeza de que você não tem mais dúvidas sobre como distinguir essas duas últimas da função legislativa (cujo objetivo é produzir textos legislativos de onde sejam extraídas normas abstratas).

Nosso problema, que devemos resolver, é como diferenciar as duas funções do Estado por meio das quais são produzidas normas *concretas*.

Vamos, então, voltar ao conceito de Chiovenda, para que ele nos mostre como resolver essa dúvida?

O professor italiano nos diz que a função jurisdicional visa a *atuar a vontade concreta da lei* (que já vimos o que significa) por meio da *substituição*, pela atividade de órgãos públicos, da atividade de particulares ou de outros órgãos públicos.

Sabe o que significa isso? Quando o Estado exerce seu poder por meio do exercício da função jurisdicional, ele substitui a atividade dos interessados pela sua, sejam os interessados particulares ou o próprio Estado administrador.

A *substitutividade* é justamente o elemento que diferencia o Estado-juiz do Estado-administrador. Vamos aos exemplos.

Estão lembrados da situação em que o município de Alfredo Chaves (Estado) contratou a Banda Jota Quest para a "Festa da Cidade"? Naquela hipótese, a contratação compreendeu a produção de uma norma concreta (o contrato), bem como sua efetivação (pagamento do contrato). Mas observe que, neste caso, o Estado era o contratante, ou seja, sujeito interessado.

Veja, agora, a diferença: vendi um dos contrabaixos de minha coleção ao José, conhecido meu de longa data. O combinado era que ele depositasse o dinheiro correspondente ao valor do bem adquirido em três dias. Já faz dez dias e José sumiu, não atende telefone e não pagou. O que posso fazer? Ir à casa dele e ameaçá-lo, caso não pague? Pegar o baixo de volta à base da força?

As duas soluções acima – embora muitos a empreguem – não são permitidas à luz do direito. O que resta fazer, então, já que a premissa de nossa atuação é a de que estamos inseridos em um Estado de Direito?

Preciso dirigir-me ao Estado-juiz e requerer que ele:

a) produza norma concreta que imponha a José o dever de me pagar o valor correspondente ao baixo, devidamente corrigido;
b) torne essa norma efetiva à força, caso José, mesmo diante da existência da decisão judicial determinando o pagamento a mim, continue inerte.

Observe, então, que o Estado, ao produzir a norma concreta e torná-la efetiva, no exercício da função jurisdicional, o fez na condição de um terceiro, desinteressado no resultado final do processo. O Estado-juiz agiu de forma *substitutiva*: substituiu-se a atividade dos interessados pela atividade de um sujeito *imparcial*, que não tinha interesse em qualquer tipo de resultado (para o Estado-juiz tanto faz se o vencedor for eu ou o José. O importante, quando age como julgador, é produzir e tornar efetiva norma concreta acerca da situação jurídica que lhe foi apresentada).

Agora, compare: quando atuou a vontade concreta da lei para contratar o Jota Quest para a Festa da Cidade, o município de Alfredo Chaves era diretamente interessado na produção daquela norma concreta, pois agiu na condição de contratante.

Quando o Estado-administrador fornece aos seus avós, pessoas idosas, a vacina antigripe, ele produz norma concreta a partir do art. 196 da CF/88. E o faz na condição de interessado: ele é o fornecedor; ele gastou dinheiro (público) para adquirir as vacinas e distribuí-las. Veja, não estamos a falar do Estado como agente *imparcial*, mas sim como agente parcial. É de seu total interesse que seu ato tenha um certo resultado (e só esse resultado é útil), que é a imunização da população.

Neste ponto de nossa conversa, observe, então, que:

a) a atividade jurisdicional visa a produzir *e/ou* tornar efetiva uma norma concreta, por meio da *substitutividade*. O Estado-juiz, portanto, é *imparcial*, desinteressado no resultado do processo;

b) a atividade executiva ou administrativa visa a produzir *e* tornar efetiva uma norma concreta, mas, neste caso, o Estado-administrador é parcial, tem interesse no resultado de sua atividade, mesmo que tal interesse seja o chamado interesse público.

Bem, pergunto a você, então: conseguiu entender o que é a função jurisdicional e como distingui-la das demais funções essenciais do Estado, por meio das quais exercita seu poder, em certo território, sobre uma dada população?

Espero que a resposta seja *positiva* e que, por essa razão, a gente já esteja pronto para algo que considero extremamente divertido: *complicar um pouco a coisa!*

4. ALGUMAS PECULIARIDADES SOBRE A JURISDIÇÃO QUE VALE A PENA DESTACAR, APÓS A ANÁLISE DO CONCEITO DE CHIOVENDA

Não precisa se assustar quando falo em complicar, mas é importante esclarecer duas mensagens que, no item acima, não ficaram bem claras.

4.1. O Estado-juiz substitui o Estado-administrador no exercício da função jurisdicional

A primeira delas é a que, ao exercitar a função jurisdicional, o Estado-juiz pode substituir a atuação do Estado-administrador e até mesmo do Estado-legislador.

É muito comum que o Estado, ao administrar, lesione direitos, seja ao agir (praticar ato comissivo), seja ao se omitir (praticar ato omissivo). Exemplo muito frequente se dá nas hipóteses em que uma pessoa requer ao Estado que lhe forneça um medicamento, essencial à manutenção de sua vida, e o Estado, no exercício da função administrativa ou executiva, o negue.

Em situação como essa, o particular se dirigirá ao próprio Estado, ao Estado-juiz, buscando a resolução do conflito existente entre ele e o Estado-administrador.

Logo, teremos uma situação inusitada: o Estado (juiz) substituirá o Estado (administrador). Mas como isso é possível? O Estado substituir o próprio Estado? Como pode o Estado ser, simultaneamente, desinteressado (Estado-juiz) e interessado (Estado-administrador)?

Para exercer as três funções pelas quais o Estado externa seu poder (legislativa, executiva e jurisdicional), são constituídos os Poderes Legislativo, Executivo e Judiciário, que se tratam de estruturas formadas por pessoal próprio, orçamento e bens (móveis e imóveis), voltadas a exercitarem, com *especialidade*, cada uma das funções essenciais acima listadas.

Essa divisão, por critério de *especialidade*,[6] permite que se consiga imaginar que a mesma macroestrutura – o Estado – possa estar representada em um processo tanto como sujeito interessado (o Estado administrador) quanto como sujeito desinteressado, imparcial (o Estado-juiz).

Só para você ter uma ideia: sabe quem é o maior litigante do Brasil? Sim, ele, o Estado-administrador, que litiga em 36,75% de todos os processos em trâmite, segundo dados do CNJ (Conselho Nacional de Justiça).[7]

4.2. O Estado-juiz pode atuar somente para efetivar a norma concreta, sem necessitar produzi-la

Quando se começa a estudar a jurisdição, segundo a lição de Chiovenda, tem-se a impressão de que a norma concreta que o Estado-juiz necessita efetivar sempre é aquela por ele produzida. Em grande número de situações, isso é uma verdade.

Assim, a título exemplificativo, é certo que a sentença se trata do ato decisório que mais comumente é efetivado pelo Estado-juiz. Ou seja, estatisticamente a maioria das vezes em que se requereu a efetivação de uma norma concreta, tal norma estava

6. Cada um dos poderes exerce, com *especialidade*, as três funções básicas do Estado (legislativa, executiva e jurisdicional) pelo fato de que, em caráter residual, cada um deles pode praticar atos atinentes às demais funções. A título exemplificativo: o Poder Legislativo realiza concurso público para contratação de pessoal, o que se trata de ato executivo; além disso, julga o Presidente da República pela prática de crimes de responsabilidade, o que caracteriza ato jurisdicional (está lembrado do impeachment da Dilma?); o Poder Judiciário contrata a prestação de serviços (como o de limpeza dos fóruns), ato administrativo. Além disso, cada tribunal cria seu Regimento Interno, o que representa exercício de função legislativa; por fim, o Poder Executivo emite medidas provisórias (ato legislativo).
7. http://www.cnj.jus.br/images/pesquisas-judiciarias/pesquisa_100_maiores_litigantes.pdf

contida em uma sentença. Em suma, a função jurisdicional foi atuada para a concretização, efetivação de uma norma concreta que o próprio Estado-juiz produziu, que é denominada *título executivo judicial*.

Todavia, o Estado-juiz pode atuar também para a concretização de normas concretas que tenham sido produzidas fora dos limites do exercício da jurisdição, os chamados *títulos executivos extrajudiciais*.

Em suma: a função jurisdicional, em grande número de casos, atua para produzir a norma concreta e torná-la uma realidade social (o Estado-juiz impõe a Karen a obrigação de pagar R$ 30.000,00 a Luiza Noronha e caso esta última não o faça espontaneamente, impõe o seu cumprimento forçado).

Todavia, em outros contextos, o Estado-juiz somente será chamado a concretizar, a efetivar norma concreta que, por exemplo, particulares produziram, fora dos limites de atuação da jurisdição estatal.

Feita essa afirmação – de que a jurisdição pode atuar tão somente para efetivar norma concreta que não produziu – resta uma dúvida: *em qualquer caso normas concretas produzidas fora dos limites do exercício da atividade jurisdicional poderão ser efetivadas pelo Estado-juiz?*

A resposta é negativa, visto que:

a) o Estado-juiz somente pode efetivar normas concretas produzidas fora dos limites do exercício da função jurisdicional (ex: pelo Estado-administrador, por particulares) se existir autorização normativa expressa nesse sentido;

b) tal autorização deve constar de norma federal, visto que é competência exclusiva da União legislar sobre matérias que digam respeito a processo, que como veremos é o método de exercício da função jurisdicional;

c) exemplo de normas concretas, produzidas por particulares, que podem ser efetivadas pelo Estado-juiz diretamente se encontram no art. 784 do Código de Processo Civil. Neste momento é importante você parar a leitura e analisar o citado art. 784. Ao lê-lo, você observará que o cheque se trata de norma concreta (determina que alguém deve pagar a outrem um certo valor) que pode ser diretamente efetivada (*executada*) pelo Estado-juiz;

d) a título de curiosidade: as *normas concretas* produzidas por meio do exercício da função jurisdicional e que necessitam ser efetivadas pelo Estado-juiz estão inseridas em atos jurídicos (exemplo, a sentença) que recebem a denominação de *títulos executivos judiciais;* já as *normas concretas* produzidas fora dos limites do exercício da jurisdição mas que, por autorização contida em lei federal, podem ser efetivadas de modo direto pelo Estado-juiz inserem-se em atos jurídicos (exemplo, o cheque) que são denominados de *títulos executivos extrajudiciais*.

4.3. O estudo moderno da atividade jurisdicional e a identificação de uma adicional finalidade: a criação do precedente

Estamos em pleno século XXI (já em sua segunda década) e o pensamento jurídico contemporâneo avançou muito desde que Chiovenda publicou seus escritos clássicos sobre a função jurisdicional, que são a base deste texto.

Embora toda a base de seu raciocínio seja válida e se possa, ainda, dizer que o objetivo da jurisdição é a produção e a efetivação da norma concreta em substituição à atividade dos interessados, o que a diferencia das funções legislativa e executiva do Estado, é necessário mostrar que modernamente também se identifica outra finalidade no exercício da jurisdição.

Explica-se: ao produzir a norma concreta aplicável a certo caso, o Estado-juiz interpreta os textos legais e define qual é a norma jurídica abstrata que deles deve ser extraída e aplicada a casos análogos.

Entendeu? Ou só se confundiu? Acho importante um exemplo para facilitar sua compreensão, que buscarei do Direito Penal. Vamos nos dirigir ao art. 157, § 2º, I do CP, que prescreve:

CÓDIGO PENAL

Art. 157. Subtrair coisa móvel alheia, para si ou para outrem, mediante grave ameaça ou violência a pessoa, ou depois de havê-la, por qualquer meio, reduzido à impossibilidade de resistência:

Pena - reclusão, de quatro a dez anos, e multa.

§ 2º - A pena aumenta-se de um terço até metade:

I - se a violência ou ameaça é exercida com emprego de arma.

O art. 157, § 2º, I é o texto legal a partir do qual se deve construir a norma jurídica abstrata que prescreve o crime de roubo circunstanciado por meio do emprego de arma. O roubo circunstanciado é considerado um crime mais grave – e com pena maior – por conta de sua maior lesividade, decorrente da verificação de uma das circunstâncias do § 2º.

Mesmo que você tenha pouco ou nada estudado sobre Direito Penal, é fácil perceber que roubo realizado por meio do emprego de uma arma (arma de fogo, faca etc.) tem caráter potencialmente mais lesivo à integridade física da vítima e, portanto, deve merecer repreensão estatal mais pesada.

Fixada essa premissa, vamos usar, então, o exemplo para demonstrar que a atividade jurisdicional, ao cumprir sua finalidade de produzir a norma concreta atinente ao caso levado ao Poder Judiciário também termina por cumprir outra função que modernamente se identifica: como se deve interpretar o ordenamento jurídico quando há necessidade de que este incida em certos tipos de situação fática.

Imagine, primeiramente, o seguinte quadro. Luís andava na rua, em direção à sua casa, quando é abordado por Nestor, que o ameaça de morte mostrando uma pistola caso não entregue seu celular, carteira e cordão de ouro. Luís cede a posse de seus bens para Nestor, mas, minutos depois, aparece uma viatura da polícia, apreende o delinquente e verifica que a arma utilizada no crime era de brinquedo (embora apresentasse uma semelhança tão incrível com a verdade que um leigo não perceberia).

O caso é apresentado ao Poder Judiciário pelo Ministério Público e se requer a produção da seguinte norma concreta: que se imponha a Nestor a sanção penal (pena) correspondente ao *roubo circunstanciado*, que é mais alta.

O Estado-juiz, ao produzir a norma concreta, dirá que Nestor não merece a sanção penal pela prática do roubo circunstanciado, mas sim a pena aplicável ao roubo comum, visto que *não se pode considerar arma* a pistola de brinquedo utilizada para a prática do crime. A Nestor, então, pela prática de roubo comum, aplicar-se-á a pena de 04 anos de reclusão e 10 dias-multa.

Observe, a partir do exemplo acima dado, os dois produtos decorrentes do exercício da jurisdição naquela hipótese específica:

a) a norma concreta segundo a qual se deve impor a pena de 04 anos de reclusão e pagamento de 10 dias-multa a Nestor pela prática do crime de roubo simples (art. 157, *caput* do CP);

b) outro produto da atividade jurisdicional é a identificação de que *não configura roubo circunstanciado o emprego de arma de brinquedo para efetivar a ameaça.*

Perceba, caro leitor, que essa segunda constatação tem caráter genérico. Trata-se de uma definição que poderia ser aplicada ao crime de Nestor bem como a qualquer outro crime praticado por pessoa distinta, desde que por meio de uso de arma de brinquedo. Trata-se, portanto, da *norma abstrata que se deve extrair do texto legal e se aplicar em situações análogas.*[8]

O Estado-juiz, antes de aplicar a pena a Nestor e produzir a norma concreta especificamente dirigida a ele, precisou definir qual seria o conteúdo normativo genérico extraído do art. 157, § 2º, I do CP. Afinal de contas, uma "arma de brinquedo" poderia ser considerada "arma" para o fim de majoração da pena pela prática do roubo?

A resposta foi *negativa.* Com isso, o Estado-juiz produziu uma conclusão genérica e que, além de ser aplicada ao caso concreto, poderá sê-lo em situações análogas. Em suma: a atividade jurisdicional apresenta como produtos a norma concreta, como já havia sido explicado anteriormente e também *precedentes*, ou seja, a definição de qual norma geral se deve extrair do texto normativo em certas "situações-modelo".

8. "Quer dizer, não só a norma do caso concreto é construída a partir do caso, mas também a norma aparentemente genérica e abstrata; ou seja, a "norma" geral não é prévia, só o seu texto é. *A norma geral previamente dada não existe, é uma ficção*". ADEODATO, João Maurício. *A retórica constitucional.* São Paulo: Saraiva, 2009, p. 146.

Nesse momento, então, apresento a você um novo conceito, que é simplesmente essencial que você guarde – o de *precedente judicial*. Vamos, a partir de agora, analisá-lo, destrinchá-lo e compreendê-lo.

Mas antes disso, lembre-se de que:

a) o produto principal da atividade jurisdicional, seu objetivo maior, que a define, é a produção e a efetivação da norma concreta;

b) o precedente se trata de outro produto da atividade jurisdicional (poderia até chamá-lo de *subproduto* para demonstrar que é menos importante do que a norma concreta). Trata-se, o *precedente*, de interpretação de como o ordenamento jurídico deve incidir em certos tipos de situação da vida e é, obviamente, um requisito para que se produza a norma concreta.

Bem, vamos ao *precedente*, então. Acompanhe o seguinte raciocínio. Você concorda que para o juiz concluir que Nestor deverá se submeter à reclusão de 04 anos e multa por ter praticado um roubo, é necessário que ele analise, *na fundamentação de sua decisão*, alegações de fato e de direito que são levadas ao processo?

A título de exemplo, são alegações de fato que deverão ser avaliadas no processo que discute se Nestor praticou um crime ou não:

a) se houve efetivamente a subtração de bens;

b) se Nestor ameaçou mesmo Luís ou se subtraiu seus bens por meio de astúcia;

c) se a arma utilizada no assalto era de brinquedo ou verdadeira etc.

Quando o juiz, na sua fundamentação, define se os fatos aconteceram e como aconteceram, é possível que precise avançar e discutir outra ordem de alegações, quais sejam: as referentes a saber como o ordenamento jurídico regula os fatos identificados.

Ou seja, o magistrado precisa demonstrar qual é a norma abstrata atinente à resolução daquele caso concreto e como ela deve incidir naquela situação já descrita na fundamentação da decisão.

No exemplo que estamos utilizando, tem-se que:

a) o referencial do juiz para extrair uma norma de conduta aplicável ao caso é o art. 157 do CP;

b) ao se analisar o aludido art. 157, é possível dele extrair a seguinte norma abstrata:

> Se -> "a" subtrair mediante ameaça exercida por arma coisa móvel alheia
>
> Deve ser -> condenado a pena que varia de 05 anos e quatro meses de reclusão a 15 anos de reclusão, mais multa

A partir do momento em que o magistrado define qual é a norma abstrata que se pode ser aplicada no caso concreto, é possível que haja um momento de perplexidade.

Explico: o juiz pode ter algumas dúvidas sobre se os fatos da vida por ele reconhecidos se aplicam ou não à norma abstrata que identificou como sendo aquela atinente àquela hipótese.

No exemplo apresentado, de cara temos que a dúvida de direito – ou seja, a questão de direito que o magistrado precisará resolver – é a seguinte: a arma de brinquedo preenche o conceito jurídico de arma previsto na norma abstrata do crime de roubo circunstanciado, o que acarretará uma pena mais grave?

Você consegue perceber que o juiz somente conseguirá produzir a norma concreta se ele resolver, antes, essa dúvida ou questão de direito, referente à aplicação da norma abstrata aos fatos concretos?

O magistrado precisa interpretar o ordenamento e saber *se arma de brinquedo é arma*. Ao julgar essa questão, bem como todas as demais, ele cumpre o caminho necessário a produzir a norma concreta.

E sabe o que é precedente? São todas as *questões de direito* (referentes à aplicação de normas jurídicas a certos tipos de situação da vida) *que o juiz necessita analisar na fundamentação de sua decisão como requisito para produzir a* <u>*norma concreta*</u> *e que, futuramente, poderão ser utilizadas pelo magistrado para justificar decisões tomadas em casos análogos*.

O precedente, portanto, se trata de um *conteúdo* inserido na fundamentação de um pronunciamento judicial. Isso significa que uma *sentença* pode conter um *precedente*; que um *acórdão* (decisão colegiada) do Superior Tribunal de Justiça pode conter um precedente; que qualquer decisão ou pronunciamento de um juiz pode, em tese, ter como um de seus conteúdos um precedente.

Em verdade, um pronunciamento judicial pode conter até mesmo *mais de um precedente*, visto que:

a) é possível que o magistrado dependa da análise de mais de uma questão (controvérsia) de direito como requisito para produzir a norma concreta;

b) é possível que essas questões de direito analisadas tenham, todas elas, aptidão para ser utilizadas pelo magistrado como critério para a análise de casos análogos discutidos em outros processos.

Nas linhas acima, descrevemos *o que é um precedente*. Todavia, ainda resta necessário apresentar a você outras informações muito importantes, a saber:

a) quais são os elementos que constituem o precedente;

b) como o Poder Judiciário utiliza os precedentes ao proferir decisões;

c) se os precedentes vinculam o Poder Judiciário (ou seja, uma vez surgido o precedente, é obrigatório aplicá-lo no julgamento de caso análogo?);

d) qual a diferença entre precedente, jurisprudência e súmula.

Bem, sem mais delongas, vamos às respostas aos questionamentos acima.

Em primeiro lugar: *quais são os elementos que constituem o precedente*?

Todo precedente judicial possui três elementos constitutivos (ou seja, três partes que o constituem), conforme bem explica Fredie Didier Jr:

> *O precedente é composto pelas: a) circunstâncias de fato que embasam a controvérsia; b) tese ou princípio jurídico assentado na motivação (*ratio decidendi*) do provimento decisório; c) argumentação jurídica em torno da questão*[9].

Em outras palavras, um *precedente judicial* possui os seguintes componentes:

a) um fato ou conjunto de fatos referente aos quais surge uma dúvida acerca de seus reflexos jurídicos. Ex.: os fatos da vida foram os seguintes: João, utilizando-se de um revólver, ameaçou José para dele obter seu aparelho celular. José entregou o celular a João. Ocorre que, naquele exato momento, passava uma viatura da polícia que, vendo a situação, prendeu imediatamente o ladrão, que teve a posse do celular, portanto, por pouquíssimo tempo (1 minuto, por exemplo);

b) para aquela situação fática descrita acima, se está diante de um roubo consumado ou de um roubo tentado, já que, por tempo ínfimo, o ladrão teve a posse do celular da vítima? Essa é uma questão de direito que necessita ser decidida na fundamentação da sentença pois dela depende a formulação da norma concreta por meio da qual se imputará uma pena a João. Se se considerar que o crime é consumado, a pena é maior. Se for considerado tentado, a pena é menor. No caso em tela, a *tese ou conclusão jurídica* a que o órgão jurisdicional chegará é a seguinte: *a inversão da posse do bem mediante emprego de violência ou grave ameaça, ainda que por breve tempo e em seguida à perseguição imediata ao agente e recuperação da coisa roubada, sendo prescindível a posse mansa e pacífica ou desvigiada, caracteriza o roubo consumado*.

Essa é a principal parte do precedente, seu elemento central, chamado de *ratio decidendi* ou *holding* e representa a conclusão a que chegou o julgador ao examinar certa situação de fato à luz do ordenamento jurídico, resolvendo uma questão de direito que é premissa necessária para se produzir a norma concreta (a que imporá uma pena a João pela prática do roubo).

c) por fim, para que o órgão jurisdicional formule a tese ou conclusão jurídica, chamada *ratio decidendi* ou *holding*, é preciso que o magistrado apresente um conjunto de argumentos que visam a demonstrar por quais razões ou motivos chegou à conclusão ou tese que apresentou. Ou seja, a argumentação jurídica que demonstra como a questão de direito discutida no processo deve ser decidida.

Ou seja: no precedente podemos considerar que existem duas extremidades: os fatos trazidos ao Estado-juiz e a sua expressão jurídica, a tese de direito que deles

9. DIDIER JR., Fredie *et ali*. *Curso de direito processual civil*, v. 2. 11 ed. Salvador: Juspodivm, 2016, p. 455.

decorre (como esses fatos são encarados pelo ordenamento jurídico). E, entre as duas extremidades, o conjunto de argumentos, raciocínios que o julgador utilizou para chegar à conclusão (*ratio decidendi*) apresentada.

No exemplo que dei os fatos foram: depois de ameaçar José e, com isso, obter seu celular, ficou em sua posse por um tempo mínimo. A tese jurídica decorrente desse fato (ou seja, a *ratio decidendi* ou *holding*), da qual depende a produção da norma concreta que imporá uma pena a João, é a de que essa conduta corresponde a de que basta a inversão da posse do bem, mesmo que por pouco tempo, para que se configure um *roubo consumado*. Entre essas duas extremidades se encontram os argumentos que levaram o julgador a concluir dessa forma (no caso em tela, a demonstração de que se adota, no direito penal brasileiro, a teoria da *amotio*).[10]

Antes de seguir em frente, queria só lhe fazer uma última pergunta: *dos três elementos que constituem o precedente* – identificados acima nas letras "a", "b" e "c", qual deles é aquele que, na fundamentação da decisão judicial, ocupa um maior espaço e faz com que o juiz mais despenda seu tempo a produzi-lo?

Pensou a respeito?

Qual a resposta, então?

Bem, não há dúvidas de que é o item "c", ou seja, o percurso argumentativo para que o juiz chegue até a *ratio decidendi* ou tese.

Nesse momento, você deve estar se perguntando: por que razão o Rodrigo destacou essa peculiaridade do precedente? Daqui a pouco você entenderá.

Agora, o segundo questionamento: *como o Poder Judiciário utiliza os precedentes ao proferir decisões*?

Bem, nas linhas acima descrevi o que é o *precedente* e quais são seus *elementos constitutivos* com uma finalidade em mente: a partir dessas definições, explicar a você como o Poder Judiciário se utiliza do precedente judicial e quais os ganhos que obtém com isso (bem como quais podem ser as eventuais perdas decorrentes do emprego dessa técnica).

Para explicar como o Poder Judiciário se utiliza do precedente judicial, utilizarei o caso acima dado – do ladrão João, que roubou José – para exemplificar e explicar essa metodologia.

Bem, você já sabe que no processo que julgou o crime praticado por João contra a vítima José, aplicou-se ao primeiro a pena devida pela prática de um roubo *consumado* e não pela *tentativa de roubo* (cuja sanção é menor), pelo fato de que, na fundamentação da sentença, decidiu-se que a mera inversão da posse do bem já caracteriza um roubo finalizado, mesmo que tenha se dado por pouquíssimo tempo e não tenha sido mansa e pacífica.

10. Sei que você é uma pessoa curiosa. Olhe na internet, pergunte ao seu professor de penal o que é a teoria da *amotio*.

Você também já sabe que, no processo acima, para chegar a essa conclusão, o magistrado gastou muitas e muitas linhas de sua sentença explicando sua conclusão, ou seja, expressando porque chegou à *ratio decidendi* já apresentada.

Agora, imagine o seguinte: um mês depois, o magistrado recebe em seu gabinete, prontos para serem julgados, quatro processos em que se discute a prática de roubos que ocorreram em situação análoga, qual seja: poucos instantes depois de o ladrão obter a posse do bem roubado da vítima, por alguma razão estranha à sua vontade (chegada da polícia, auxílio de populares à vítima etc.), ele a perde.

Nesses quatro novos processos, na fundamentação das quatro sentenças a serem produzidas, o magistrado terá, de novo, uma questão de direito para analisar, qual seja: *nas circunstâncias acima explicitadas, o réu praticou roubo tentado ou consumado*?

Pense agora comigo algumas coisas:

a) nitidamente, a situação fática desses quatro novos casos é análoga à daquele primeiro, que envolveu João e José. Concorda?

b) já pensou se o juiz, nesses quatro novos casos, mesmo diante de fatos totalmente análogos àqueles do primeiro processo – no que tange ao tempo que o ladrão teve à sua disposição a posse do bem roubado – decidisse que o roubo foi tentado? Essas quatro novas decisões transmitiriam uma grande sensação de injustiça, correto?

c) em outra perspectiva, já pensou se, nesses quatro novos processos, o juiz – que já adotou um entendimento acerca da configuração do crime de roubo consumado mediante simples inversão da posse do bem no processo entre João e José – tivesse que apresentar de novo toda a série de argumentos que utilizou para chegar àquela conclusão? Estar-se-ia diante de hipótese de perda de tempo e energia desnecessários.

Bem, caro leitor, os precedentes judiciais devem ser utilizados justamente para evitar-se *insegurança jurídica* e para se obter *economia processual*, da seguinte forma:

a) nos quatro novos processos, o juiz exporá, em sua fundamentação, quais são os fatos ocorridos;

b) demonstrará que esses fatos (ou seja, destes novos processos) são análogos aos fatos do processo que envolveu João e José, pelo menos no que tange à questão do tempo em que o ladrão teve a posse do bem roubado;

c) uma vez demonstrada a analogia entre os fatos do processo-modelo (o que condenou João por roubar José) e os fatos dos novos processos, o juiz simplesmente aplicará o precedente do primeiro (a *ratio decidendi*), concluindo que os novos roubos são consumados – e não tentados – ***sem precisar explicar, argumentar, dizer por que chegou àquela conclusão***.

d) mal comparando, é como se o juiz dissesse o seguinte: "*no processo x gastei um monte de linhas dizendo por que é consumado o roubo quando há inversão da posse do bem mesmo que por poucos instantes. No presente processo, também só houve inversão da posse do bem por pouquíssimo tempo, hipótese análoga à do primeiro caso. Portanto, concluo da mesma maneira, utilizando como referencial tudo aquilo que escrevi no precedente e não repetirei aqui. Caso queira entender por que conclui dessa forma, leia o precedente, contido em decisão pública".*

Leitor, preste atenção: quando o juiz utiliza o precedente firmado em um processo anterior na fundamentação de uma decisão dada em um processo novo, ele ganha bastante tempo. Por quê? Por ele *não precisa* explicar de novo porque chegou àquela conclusão, àquela tese (*ratio decidendi*) e justamente *uma das coisas que mais faz o juiz perder tempo*, quando decide, é a explicação das razões pelas quais decidiu certa questão de direito.

Basta que, no novo processo, ele demonstre que os fatos são análogos aos do processo onde foi produzido o precedente e que, por isso, a tese jurídica será a mesma. Ao agir dessa forma, o magistrado garante o respeito à segurança jurídica (para casos análogos, decisões de mesmo teor) e também gera economia processual (despende menos tempo julgando aquele processo e utiliza o tempo que economizou para iniciar a análise de outros).

No século XXI, o Poder Judiciário não pode mais trabalhar na velocidade e com os instrumentos que utilizava na primeira metade no século XX.

Agora que você já sabe (i) o que é um precedente, (ii) quais são seus elementos constitutivos e (iii) como o Judiciário o utiliza para decidir, surge o momento de fazer uma pergunta muito importante, sob os pontos de vista *científico* e *pragmático*: *os precedentes vinculam o Poder Judiciário* (ou seja, uma vez constituído o precedente, é obrigatório aplicá-lo no julgamento de caso análogo)?

Há duas espécies de precedente:

a) *vinculantes* – são aqueles cuja aplicação pelo Poder Judiciário é um dever, uma obrigação. Caso assim não o faça, a decisão que deveria aplicá-lo – e decidiu em desconformidade a ele – contém um *erro*.

   No direito brasileiro, a vinculatividade do precedente decorre de norma jurídica extraída de lei, o que significa que não é a qualidade do julgamento que faz com que um precedente vincule os juízes a utilizá-los em casos análogos: é o legislador quem diz quais são os precedentes que, uma vez criados, tornam-se de aplicação obrigatória. A lista dos precedentes obrigatórios se encontra no art. 927 do CPC.

   Ainda não é o momento de aprofundar o estudo sobre a vinculatividade dos precedentes, pois há questões bastante complexas referentes ao tema e você está apenas iniciando o estudo da ciência processual. Mas existe algo que já posso lhe adiantar, até mesmo para aguçar sua curiosidade: há vários tipos ou espécies de *precedentes vinculantes*, como você pode observar a partir da leitura do art. 927 do CPC. Todavia, a *eficácia vinculante* que todos ostentam não é exatamente idêntica.

A título exemplificativo, há precedentes vinculantes cuja eficácia se resume aos limites do Poder Judiciário de certo estado da Federação (ex.: os precedentes vinculantes oriundos do Incidente de Assunção de Competência), enquanto que outros vinculam todo o Judiciário nacional (ex.: precedentes produzidos nos autos de Recurso Especial Repetitivo); há precedentes vinculantes que, uma vez descumpridos, podem ter sua aplicação imposta por um especial tipo de demanda, a *reclamação*, enquanto que outros precedentes não ostentam essa característica. Perceba que, a depender do tipo de precedente vinculante, sua abrangência – e eficácia vinculativa – pode ser mais ou menos ampla;

b) *persuasivos* – são aqueles cuja aplicação pelo Poder Judiciário é uma possibilidade. Todavia, os juízes não estão vinculados, não estão obrigados a aplicá-lo ao caso análogo ao do precedente, que estejam julgando naquele momento.

Por fim, *qual a diferença entre precedente, jurisprudência e súmula*?

A partir do momento em que você já sabe o que é um precedente, basta diferenciá-lo da *jurisprudência* e da *súmula*.

Jurisprudência se trata de uma *coletânea*, um *conjunto* de precedentes judiciais. Quando falamos, por exemplo, em jurisprudência do STJ ou do STF, estamos falando em uma coletânea de precedentes oriundos destes órgãos jurisdicionais.

Se dissermos que a jurisprudência é *pacífica*, isso significa que a totalidade dos precedentes sobre dada questão de direito, produzidos por certo tribunal, em delimitado momento histórico, apresenta a mesma solução jurídica. Por questão de razoabilidade, é possível ainda falar em jurisprudência pacífica mesmo que, num contexto de muitas decisões no mesmo sentido, haja isolados pronunciamentos em sentido contrário.

Já quando se fala em jurisprudência *majoritária* e *minoritária*, quer-se demonstrar que, sobre uma certa questão de direito, em dado momento histórico, o tribunal "x" possui uma quantidade superior de precedentes em um sentido e quantidade inferior – mas significativa – em outro sentido.

Como a vida é muito dinâmica, é possível que a *jurisprudência* (coletânea de precedentes) que hoje seja pacífica deixe de sê-lo no futuro, abrindo caminho para que haja dissidências e surjam duas linhas ou formas de pensar, identificadas como jurisprudência majoritária e minoritária. A hipótese inversa também é plenamente possível.

Por fim: e o que é a *súmula* ou *enunciado sumular*? Acima já foi visto que a jurisprudência se trata de uma coletânea ou conjunto de precedentes. A fim de facilitar a publicidade acerca da existência de certa jurisprudência – pacífica ou mesmo majoritária – os tribunais criam súmulas ou enunciados sumulares, que correspondem à *ratio decidendi* (tese jurídica) de diversos precedentes que formam uma jurisprudência.

Observe o teor da súmula 19 do STJ: "*A fixação do horário bancário, para atendimento ao público, é da competência da União*".

O enunciado sumular 19 do Superior Tribunal de Justiça, como você pode observar, se trata de uma tese jurídica (*ratio decidendi*), ou seja, da resposta a uma questão de direito. Para que a súmula fosse constituída, vários precedentes no mesmo sentido foram produzidos, formando uma jurisprudência no mínimo majoritária (o ideal seria uma jurisprudência pacífica). E para que se desse uma maior visibilidade à existência dessa jurisprudência, o tribunal fez publicar uma súmula, que reflete só a *ratio decidendi* dos precedentes que a originaram.

O Poder Judiciário precisa ter muito cuidado ao aplicar à análise de uma dada questão de direito um enunciado sumular, pelo seguinte: como dito acima, a súmula corresponde, tão somente, a um dos elementos constitutivos do precedente judicial, qual seja, a tese jurídica. Não faz referência à situação fática, a partir da qual a tese foi construída.

Utilizar uma súmula para justificar a decisão sobre uma questão de direito sem se certificar que tal questão decorre de precedentes constituídos em situação de fato análoga pode concorrer para a existência de erro. Logo, ***nunca se pode fundamentar a decisão de uma questão de direito em súmula*** sem que se verifique se a situação fática do processo presente é análoga à que foi apreciada nos precedentes que formaram a jurisprudência que se consolidou no enunciado sumular!

Espero que tenha compreendido essa segunda finalidade da atividade jurisdicional – a produção do *precedente* – identificada na contemporaneidade do estudo do direito. E aproveito para te dar uma dica. Guarde essa palavra: ***precedente***. Você ainda vai ouvir falar muito nela!

Bem, se você chegou até este ponto, percebeu que a atividade jurisdicional, cuja finalidade *principal*[11] é a atuação da vontade concreta da lei em substituição aos interessados, apresenta algumas interessantes variações. Por exemplo, ela visa a produzir a norma concreta e também a efetivá-la.

Essas variações motivaram a ciência do direito processual a buscar classificações da jurisdição, relacionadas a peculiaridades que se pode observar quando exercitada, em situações concretas, pelo Estado.

Por isso, no item seguinte passamos a examinar as várias classificações que se pode apresentar à jurisdição, todas elas referentes a características de seu exercício concreto.

11. A partir de agora você sabe que, embora a atividade principal e que distingue a jurisdição da legislação e da administração seja a produção e efetivação da norma concreta, não é essa a única desenvolvida pelo Estado-juiz, já que este também pode, em suas decisões, produzir precedentes.

5. CLASSIFICAÇÕES DA JURISDIÇÃO

Classificar é *organizar o caos que se observa segundo critérios*. A experiência cotidiana de exercício da função jurisdicional nos mostra que a *atuação da vontade concreta por meio da substituição da vontade dos interessados – a jurisdição* – pode ser classificada segundo critérios, visto que não existe homogeneidade na atuação do Estado-juiz.

Por vezes, produz-se norma concreta criminal; em outros contextos, norma concreta cível. Em alguns casos, a norma concreta visa a regular a situação jurídica de grandes grupos de pessoas; em outros, de poucas pessoas.

Firme na premissa acima, passa-se a classificar a jurisdição segundo critérios decorrentes da observação das muitas peculiaridades que a jurisdição apresenta, quando exercida nos quatro cantos do Brasil.

5.1. Jurisdição estatal e arbitral

Conforme vimos no início deste capítulo, a jurisdição é uma das funções essenciais do Estado, por meio das quais exerce seu poder. Ocorre que o Estado pode delegar a particulares o exercício das funções que externam o poder que possui.

Pense, por exemplo, na delegação a particulares da prestação do serviço público de ensino superior. É possível que você, que esteja lendo essas linhas agora, estude em uma faculdade privada. A prestação do serviço de ensino superior se trata da prática de ato administrativo ou executivo, quando exercido pelo Estado. No exemplo dado, portanto, houve delegação do exercício da função administrativa ou executiva.

Neste livro você aprenderá, mais à frente, que dois particulares podem criar a norma jurídica de competência[12] que será aplicada caso surja um conflito decorrente de um contrato que firmaram e se torne necessário recorrer ao Poder Judiciário. Trata-se, portanto, de delegação do exercício da função legislativa (criadora de normas abstratas).

Por fim, é possível que o Estado-juiz *delegue* o exercício da função jurisdicional a particulares. Estamos a falar da *jurisdição arbitral*.

Em todos os casos acima, existe um elemento comum a permitir as delegações realizadas: *todas as delegações de função essencial do Estado precisam estar autorizadas e previstas em abstrato em normas jurídicas emitidas pelo próprio Estado-legislador.*

A título exemplificativo, observe duas situações:

a) o art. 63 autoriza que as partes alterem regras de competência territorial, criando em contrato normas que poderão ser aplicadas caso, no desenvolvimento da relação contratual, ocorra algum conflito;

12. A norma de competência é aquela que determina qual é o órgão *adequado* a julgar um pedido dirigido ao Estado-juiz.

b) os arts. 1º e 7º da Lei 9.307/1996 (Lei de Arbitragem) e o art. 515, VII do Código de Processo Civil autorizam que o *exercício da função jurisdicional*, em alguns casos, seja delegado a particulares.

Perceba, portanto, que a delegação do exercício de função essencial do Estado por particulares *não pode* decorrer *exclusivamente* da vontade de agentes (de pessoas) que personificam o Estado, mas sim de normas jurídicas abstratas criadas pelo próprio Estado.

Por tudo quanto dito, tem-se que:

a) *jurisdição estatal* é aquela exercida pelos órgãos do Estado, e, *primordialmente*, pelo Poder Judiciário. Embora o Estado detenha a primazia do exercício da função jurisdicional, que é indelegável pela vontade pura e simples de seus agentes que prestam a atividade judicial, o legislador, que representa o Estado no exercício da função de criar as normas abstratas de conduta, excepciona situações em que se defere a órgãos particulares o exercício dessa função essencial ao convívio social;

b) trata-se da arbitragem, regulada pela Lei n 9.307/1996, que traça seus limites e suas regras. Fala-se, nesse caso, então, de *jurisdição arbitral*, que, de acordo com a tradicional terminologia de Carnelutti,[13] se trata de um *equivalente jurisdicional*.

As principais características da jurisdição arbitral são:[14]

1. O *objeto* da jurisdição arbitral deve ser a discussão de direitos patrimoniais e disponíveis, que admitam renúncia, reconhecimento por parte do obrigado e transação;

2. A opção pelo exercício da *jurisdição arbitral*, que afasta o exercício da *jurisdição estatal*,[15] deve ser feita por meio da convenção de arbitragem, que é o negócio jurídico que formaliza o acordo de vontades entre as partes que pretendem discutir litígios, existentes ou potenciais, ante o órgão arbitral;[16]

3. A convenção de arbitragem possui duas espécies: a (i) *cláusula compromissória* e o (ii) *compromisso arbitral*;

4. A *cláusula compromissória* é uma cláusula contratual, inserida em contrato escrito, que estipula que quaisquer conflitos que surjam relacionados àquele

---

13. CARNELUTTI, Francesco. *Instituições do processo civil*, v. I. Campinas: Servanda, 1999.

14. Para o estudo detalhado do assunto, vide a completa obra de CARMONA, Carlos Alberto. *Comentários à lei de arbitragem*. São Paulo: Malheiros, 1998.

15. O Supremo Tribunal Federal decidiu que a opção pela arbitragem e o consequente afastamento do poder jurisdicional do Estado não fere a garantia de amplo acesso ao judiciário, também conhecida como garantia de inafastabilidade do Poder Judiciário, prevista no art. 5º, XXXV da CF/88. Vide SE-AgR 5206/Espanha, Rel. Ministro Sepúlveda Pertence, Tribunal Pleno, DJ 30.04.2004.

16. Segundo a súmula 485 do STJ, os ditames da Lei de Arbitragem (Lei 9.307/1996), que modificou radicalmente seu regime jurídico e tornou desnecessária a homologação judicial da decisão arbitral, aplicam-se até aos contratos firmados antes de sua vigência.

negócio jurídico (desde que se refiram a direitos patrimoniais disponíveis) deverão ser resolvidos por meio de arbitragem. A cláusula compromissória é um pacto genérico que necessita ser especificado caso surja, efetivamente, um litígio;

5. O *compromisso arbitral* é o acordo de vontades por meio do qual se submete à arbitragem a discussão de um conflito especificado, o que se dá, portanto, depois de seu surgimento. O compromisso arbitral pode ser firmado como especificação de uma cláusula compromissória que tenha sido pactuada entre as partes ou de iniciativa autônoma dos sujeitos, não relacionada a prévio acordo de vontades;
6. Salvo estipulação em contrário, a jurisdição arbitral deve ser exercida no prazo de 180 dias;
7. O árbitro é considerado juiz de fato e de direito, estando sujeito às mesmas sanções penais que o magistrado pode sofrer no exercício de sua função. Além disso, as mesmas causas de impedimento e suspeição[17] lhe são imputáveis;
8. A decisão proferida em sede arbitral tem a mesma força de decisão judicial definitiva e é considerada *título executivo judicial*, o que significa que pode ser efetivada coercitivamente pelo Estado-juiz, caso tenha por conteúdo uma obrigação e essa não seja cumprida espontaneamente;
9. O custo-benefício da arbitragem, somado à diminuição dos preconceitos contra o instituto, principalmente em centros econômicos menores, e à lentidão do Judiciário tende a impulsioná-la como meio de resolução de conflitos patrimoniais disponíveis, que representam grande parte da demanda por Justiça.

5.2. Jurisdição cognitiva e executiva

Quando apresentei a você o conceito de jurisdição, mostrei que se trata de função estatal que visa a atuar a vontade concreta da lei, lembra-se disso? E ao explicar o que seria essa atuação, demonstrei que ocorre de duas formas:

a) *primeira forma de atuação da vontade concreta da lei*: o Estado-juiz *produz* a norma concreta que deve regular a situação apresentada pelas partes. Neste caso, fala-se em jurisdição *cognitiva*, ou seja, o Estado-juiz conheceu (analisou) os fatos apresentados pelo autor, bem como o pedido que ele dirigiu, as defesas do réu e, a partir de então, produziu a norma concreta apta a regular aquela situação da vida;

17. Impedimento e suspeição são hipóteses de parcialidade do julgador. Caso tenha curiosidade de saber quais são, leia os arts. 144 e 145 do CPC.

b) *segunda forma de atuação da vontade concreta da lei*: existem normas concretas que, uma vez produzidas pelo Estado-juiz, tornam-se socialmente eficazes independentemente da prática de ações ou omissões por parte de uma pessoa.

Veja o exemplo: Roberto ajuíza uma ação visando a obter o reconhecimento de que Rodrigo é seu pai. Ao decidir, o magistrado produz norma concreta que declara: Roberto é filho de Rodrigo (exerceu-se *jurisdição cognitiva*). Com essa decisão judicial em mãos, o autor se dirige ao Cartório de Registro Civil e altera sua certidão de nascimento, a fim de que Rodrigo passe a constar como seu pai. A partir de então, Roberto terá direito à sua herança e, eventualmente, a uma pensão alimentícia.

Pergunto: você percebeu que a eficácia da norma concreta *não dependeu* da prática de qualquer conduta por parte do réu, que passou a ser juridicamente reconhecido como pai do autor mesmo que nunca venha a gostar disso ou estabelecer com ele qualquer contato? Bem, em diversas situações, a efetivação da norma concreta jurisdicional *independe* de que o réu pratique conduta, *faça* ou *deixe de fazer algo*.

Todavia, em outras situações, a norma concreta somente se tornará socialmente eficaz se o réu praticar uma ação (comissiva ou omissiva) que ela determina. Em outras palavras: muitas vezes a norma concreta impõe uma obrigação ao réu, que somente se realizará se ele praticar uma ação (pagar uma quantia, entregar um bem) ou uma omissão (omitir-se em realizar uma construção, por exemplo).

Todas as vezes que a concretização da norma concreta depender de ação ou omissão do réu, ou seja, toda vez que a norma concreta exigir o cumprimento de uma obrigação, é possível que o réu não a cumpra.

Observe o seguinte exemplo: Sidenis comprou uma guitarra de Daniel, em contrato verbal, se apossou da citada guitarra e não pagou o valor correspondente no prazo estipulado. O que Daniel fez? Dirigiu-se ao Estado-juiz requerendo que este produzisse norma concreta que impusesse a Sidenis o pagamento da quantia. Produzida a norma concreta, o que Sidenis fez? Nada, continuou sem pagar.

Em situações como essa, em que a norma concreta produzida pelo Estado-juiz[18] não se tornou socialmente eficaz pois, para tanto, deveria o réu ter praticado conduta não realizada, deve o Estado-juiz atuar, o que caracteriza o exercício da *jurisdição executiva*. Em suma: o Estado-juiz buscará o cumprimento forçado da obrigação. Note, então, que a atividade jurisdicional estará destinada a fazer cumprir, a tornar realidade, a efetivar a norma concreta.

Existem, basicamente, dois tipos de técnicas executivas, por meio das quais o Estado-juiz efetiva as normas concretas que produz (exerce a *jurisdição executiva*):

18. Lembre-se de um detalhe, neste momento: a jurisdição executiva visa, em regra, a tornar realidade social as normas concretas produzidas pelo Estado-juiz. Todavia, conforme disse no tópico 4.2, é possível que o Estado-juiz execute normas concretas produzidas fora dos limites da função jurisdicional, como um cheque. Basta que exista autorização legislativa para tanto.

b.1) *técnicas coercitivas, indiretas ou mandamentais* – o Estado-juiz impõe ao réu uma sanção que visa a fazer com que ele mesmo se sinta compelido a cumprir a obrigação (o réu cumpre por "*livre e espontânea pressão*"!).

Como exemplo, pense no seguinte caso: José ajuíza ação em face de plano de saúde, afirmando que necessita, com urgência, que este último autorize a realização de uma cirurgia cardíaca, já que corre risco de morte. O magistrado, então, impõe ao réu a obrigação de autorizar a realização da cirurgia e aplica a seguinte sanção: a cada dia de descumprimento da decisão, incide uma multa de R$ 10.000,00.

O plano de saúde, ao ter ciência da decisão (da norma concreta) e da multa que sofrerá caso resolva descumpri-la, entende que a saída menos onerosa e para si mais interessante é cumprir o comando. O Estado-juiz atuou a fim de que o réu (obrigado) se sentisse compelido a cumprir a obrigação;

b.2) *técnicas sub-rogatórias, diretas ou executivas* – o Estado-juiz pode optar, para o fim de cumprir obrigação estipulada em título executivo judicial ou extrajudicial, pelas técnicas executivas sub-rogatórias ou diretas. Nesta hipótese, será o próprio Estado quem cumprirá ou obterá o cumprimento da obrigação, no lugar do réu.

Para facilitar a compreensão, um exemplo: o Estado-juiz profere sentença cujo conteúdo é norma concreta que impõe a Lara a obrigação de pagar R$ 10.000,00 a Sofia. Ciente do conteúdo da norma e da obrigação de dar quantia que lhe foi imposta, Lara mantém-se inerte. Neste caso, é possível que o Estado-juiz realize o bloqueio dessa quantia nas contas-correntes que a ré possua ou, contra sua vontade, se aproprie de um bem seu. Em ambos os casos, os valores que o Estado bloqueou ou o bem que apreendeu serão utilizados para o adimplemento da obrigação.

Observe que, mesmo diante da total ausência de colaboração por parte da ré, a obrigação será cumprida, pois o Estado-juiz atuou para tanto.

5.3. Jurisdição cível e criminal

O Estado-juiz produz e torna realidade social diversos tipos de normas concretas. Existe uma classificação muito importante, que as divide em normas concretas penais e cíveis.

As primeiras (normas concretas penais) são aquelas que aplicam as sanções prescritas nas normas abstratas penais, que regulam quais são os piores ilícitos praticados por pessoas físicas,[19] que são os crimes e as contravenções penais (infrações penais *lato sensu*), bem como as sanções a eles referentes, em regra a restrição à liberdade.

Fala-se em jurisdição penal ou criminal quando o Estado-juiz atua para produzir ou tornar efetivas as normas penais.

19. De forma excepcionalíssima, pessoas jurídicas podem praticar crimes, sendo exemplo disso os crimes ambientais. Se tiver interesse no assunto, leia a Lei 9.605/1998.

As últimas (normas concretas cíveis) são todas aquelas não penais, ou sejam, que surgem da aplicação a casos concretos de normas abstratas tributárias, de consumo, ambientais, cíveis, urbanísticas, comerciais etc.

Essa classificação é útil, tanto para a ciência do direito quanto para o direito objetivo? Com certeza, e por várias razões. Como este livro é voltado para você que está iniciando os estudos do Direito Processual Civil, mostrarei somente um desses motivos: a jurisdição penal, quando exercitada, se organiza por meio de um método chamado *processo penal*; já a jurisdição cível se organiza por meio de método chamado *processo civil*. O método denominado *processo penal* é regulado por normas jurídicas que se concentram, prioritariamente, no Código de Processo Penal. Já o *processo civil* é regulado por princípios e regras que estão concentrados, em sua maioria, no Código de Processo Civil.

5.4. Individual e coletiva

A natureza individual ou coletiva da situação jurídica deduzida ante o Estado-juiz é o ponto-chave para a classificação da jurisdição em *individual* e *coletiva*.

A primeira – *jurisdição individual* – refere-se à função jurisdicional exercitada para a atuação da vontade concreta da lei em relação a sujeitos determinados. Em outras palavras: desde quando tem início a atividade jurisdicional já é possível definir quem são as pessoas que serão beneficiadas pela atuação da vontade concreta da lei.

É o caso em que João ajuíza ação para cobrar uma dívida de José e de Maria. Desde o ajuizamento da petição inicial (primeiro ato do procedimento e que dá início ao exercício da função jurisdicional estatal) já é claro quem são os sujeitos do processo, que estão individualizados.

Já a *jurisdição coletiva* atua a vontade concreta da lei para um número determinável ou indeterminado de pessoas, cuja quantidade não pode ser precisada ou medida a partir do ajuizamento da ação.

Observe o seguinte exemplo: o Ministério Público Estadual propõe ação em face dos postos de gasolina de uma região metropolitana, pois alega que agem em cartel, estipulando preços em conjunto, ferindo a livre concorrência e os direitos dos consumidores. Quantos serão beneficiados pelo sucesso dessa demanda? Impossível determinar. Tem-se aqui, nessa situação, exercício da *jurisdição coletiva*.

A importância dessa classificação também está relacionada à identificação dos diplomas legais que concentram a maior parte das regras que regulam a forma como deve ser exercida a jurisdição em cada uma dessas hipóteses – ou seja, para a resolução de situações jurídicas individuais e coletivas.

O Código de Processo Civil é o principal repositório de normas processuais voltadas ao exercício da jurisdição individual. Todavia, ao falarmos na *jurisdição coletiva*, o Código de Defesa do Consumidor (Lei 8.078/1990) e a Lei de Ação Civil

Pública (Lei 7.347/1985) contêm o corpo básico de dispositivos legais de onde se extraem normas que regulam o exercício da função jurisdicional voltada à tutela das demandas de massa.

5.5. Contenciosa e voluntária

O critério de classificação que distingue a atividade jurisdicional em *contenciosa* e *voluntária* é a litigiosidade da situação jurídica intersubjetiva a ser analisada pelo Estado-juiz, a fim de que produza norma concreta ou a torne eficaz.

Se a situação jurídica deduzida em juízo se caracteriza por uma pretensão do autor, à qual se contrapõe o réu, tem-se um conflito de interesses (lide) e fala-se no exercício da *jurisdição contenciosa.*

Por outro lado, se a atividade jurisdicional é exercitada em situação na qual não existe resistência a uma pretensão, ou seja, se os sujeitos concordam com a providência que se requer ao magistrado, somente tendo que submetê-la por *determinação legal*, tem-se *jurisdição voluntária* ou *graciosa.*

Em grande parte das situações em que o Estado-juiz necessita produzir ou atuar na prática uma norma concreta, existe conflito entre as partes envolvidas no contexto da aludida norma. Ocorre que, em alguns casos, mesmo que as partes não estejam em conflito, o Estado, exercendo seu poder por meio de atividade legislativa, entendeu que seria necessário que ele participasse, por meio do exercício de atos jurisdicionais, da vida das pessoas quando elas estivessem a tratar de certas situações jurídicas consideradas muito relevantes.

Por isso ele impôs que a resolução de certas situações jurídicas, mesmo que as partes não estejam em conflito, deve ser objeto de *decisão judicial*. O melhor exemplo disso é o divórcio consensual (em que, pelo menos aparentemente, não há conflito entre as partes, pois ambas aceitam a separação) que envolva casal que possua filhos menores. A presença destes últimos impõe às partes que ponham fim à situação jurídica de casados por meio de decisão judicial, ou seja, de ato jurisdicional.

O que caracteriza, pois, a jurisdição voluntária, é a circunstância de que essa nomenclatura identifica o exercício da função jurisdicional para a tutela de situações de direito material não conflituosas, que normas processuais exigiram que fossem consolidadas por meio do processo civil (do exercício da jurisdição).

Há, no Brasil, historicamente, doutrina[20] que defende a natureza administrativa da jurisdição voluntária, afirmando que, nos casos em que ela se caracteriza, não há lide e, portanto, não há atividade jurisdicional.

---

20. MARQUES, José Frederico. *Ensaio sobre a jurisdição voluntária.* 2 ed. São Paulo: Saraiva, 1959; LOPES DA COSTA, Alfredo Araújo. *A administração pública e a ordem jurídica privada (jurisdição voluntária)*. Belo Horizonte: Bernardo Álvares, 1961.

Esse raciocínio só pode ser aceito por aqueles que, como Carnelutti,[21] entendem que a jurisdição é a atividade estatal cujo intuito é compor, extirpar a lide (o litígio, o conflito). Contudo, no Brasil, é amplamente majoritária a aceitação do conceito de Chiovenda, que adotamos neste Curso, para o qual os dois traços marcantes da jurisdição, que a definem e diferenciam da legislação e da administração, são a (i) *atuação da vontade concreta da lei* e a (ii) *substitutividade*.

Ora, ambas as características visualizadas por Chiovenda podem ser vistas nas hipóteses de exercício de jurisdição voluntária. É o magistrado quem chancela como a lei deve ser aplicada ao caso concreto, em substituição à atividade das partes, que nesses casos não podem atuar sem o concurso do Estado-juiz. Pense na separação consensual que envolva filhos menores, acima referenciada.

Presentes os dois requisitos elencados por Chiovenda, para a caracterização da função jurisdicional, não há porque desqualificá-la como tal.

6. CARACTERÍSTICAS DA JURISDIÇÃO

Uma vez apresentado o conceito de jurisdição, bem como explicitadas as suas classificações que reputamos mais importantes, há ainda interesse científico em se demonstrar algumas de suas características relevantes, que decorrem de sua *essência*, ou seja, do que a jurisdição é.

6.1. Substitutividade

Como afirmado, um dos principais elementos que compõem o conceito de jurisdição – e que a caracterizam – é a *substitutividade*. Como bem expõe Di Pietro,[22] ao dissertar sobre as diferenças entre as funções administrativa e jurisdicional, enquanto na primeira o Estado participa da formulação da norma concreta que regulará uma relação jurídica na condição de participante dessa relação, ao exercer a jurisdição o Estado-juiz é um terceiro, estranho à relação jurídica que sua atividade regulará.

Deve-se destacar que a substitutividade refere-se, sempre, à relação jurídica que é objeto do processo (a relação jurídica de direito material), ou seja, àquela cuja tutela foi *pedida* pelo jurisdicionado ao juiz, visto que o Estado-juiz é participante de outra relação jurídica, a processual, que estrutura a atividade jurisdicional.

A substitutividade está intimamente relacionada à outra característica da função jurisdicional, a imparcialidade.

21. CARNELUTTI, Francesco. *Instituições do processo civil*. v. I. Campinas: Servanda, 1999.
22. DI PIETRO, Maria Sylvia Zanella. *Direito administrativo*. 17 ed. São Paulo: Atlas, 2004.

6.2. Imparcialidade

A *imparcialidade* é característica tão importante da jurisdição que é tida por certos cientistas do processo[23] como o principal elemento que discerne a jurisdição das demais atividades estatais. Trata-se de decorrência da *substitutividade*, visto que de nada adiantaria que o magistrado aplicasse a "vontade concreta da lei" ao conflito entre terceiros, substituindo a sua vontade, se tivesse interesse nesse resultado.

A substitutividade, desacompanhada da *imparcialidade*, seria meramente *formal* e não atingiria seu fim, que é garantir uma decisão *justa*. Pode-se dizer que a verificação da *imparcialidade* apresenta importantes reflexos práticos no exercício da jurisdição.

Antes de examiná-los, contudo, é indispensável traçar a distinção entre *imparcialidade* e *neutralidade*.

O modelo de Estado Liberal, que emergiu com a Revolução Francesa, incutiu a ideia de *estado mínimo*, que era uma diretriz de atuação para todas as funções estatais, que deveriam intervir o quanto menos nos negócios e na vida privada dos entes sociais.

Dessa premissa decorreu, no âmbito jurisdicional, a ideia de *neutralidade* do magistrado. O juiz, segundo essa concepção, deveria ser figura passiva no transcorrer da atividade jurisdicional, apreciando tão somente alegações e provas *trazidas pelas partes*, pois se fizesse mais do que isso, ou seja, se ele determinasse a produção de uma prova que as partes negligenciaram, deixaria de ser neutro e ingressaria na esfera de atuação dos particulares mais do que o modelo do *estado mínimo aconselhava*.

Modernamente, essa concepção não mais se sustenta. Imparcialidade não pode ser confundida com neutralidade.[24] Ninguém é neutro, visto que absorve, ao longo da vida, valores e convicções, por meio das experiências que vive e compartilha.

Tanto isso é verdade que o Código de Processo Civil autoriza o magistrado a empregar, como fundamento de seu julgamento, as *experiências* que acumula durante sua existência, seja as científicas (pense em um juiz que, anteriormente, fora médico ou engenheiro) seja as relacionadas a aspectos comuns de nossa vida (por exemplo, experiências que o magistrado possua por ter vivido no campo grande parte de sua infância e juventude), como se lê no art. 375.

A consequência prática mais direta dessa mudança de concepção e do afastamento entre as concepções de *imparcialidade* e de *neutralidade* foi o impulso dado ao efetivo exercício dos *poderes instrutórios* por parte do juiz, previstos no art. 370 do CPC e que se relacionam, em especial, à determinação de produção de provas por parte do julgador, sem que haja necessidade de que os interessados, as partes, o requeiram.

---

23. SILVA, Ovídio Baptista da. *Teoria geral do direito processual civil*. São Paulo: RT,1997.
24. DIDIER JR., Fredie. *Curso de direito processual civil*. v. I. 6 ed. Salvador: Juspodivm, 2006, p. 86.

Percebeu-se, ao longo do desenvolvimento do conceito de Estado de Direito, que a determinação do magistrado de produção de provas não pleiteadas pelas partes, bem como o indeferimento daquelas que sejam inúteis ou protelatórias, não fere, por si só, a imparcialidade.

Uma vez demonstrado que *imparcialidade* não significa *neutralidade*, concentremo-nos na primeira. O Código de Processo Civil tipifica as situações em que se verifica a *parcialidade* do juiz, pessoa investida no exercício da função jurisdicional, denominando-as *impedimento* (art. 144 do CPC) e *suspeição* (art. 145 do CPC). Logo, juiz *impedido* ou juiz *suspeito* se trata de um julgador *parcial*, que não pode exercer a função jurisdicional, dado que a *imparcialidade* é uma característica da jurisdição que não pode ser excepcionada.

Pelo regime jurídico que o CPC confere ao impedimento e à suspeição, podem ser colhidas as seguintes características de ambos:

a) o impedimento se verifica em hipóteses que podem ser aferidas objetivamente, sem necessidade de juízos de valor. O magistrado está impedido de atuar no processo:
   a.1) em que exerceu a função de advogado, antes de tomar posse como juiz de direito;
   a.2) em que o seu cônjuge ou companheiro for advogado;
b) a suspeição é observada em circunstâncias de apreciação mais subjetiva, havendo maior dificuldade de verificação do vício, como nas hipóteses de:
   b.1) amizade ou inimizade entre o juiz e as partes e
   b.2) interesse do julgador no resultado do processo;
c) tanto o impedimento quanto a suspeição são considerados, pelo regime que o CPC lhes determina, vícios que afetam a *validade* do processo. Todavia, o impedimento é uma invalidade ainda mais grave – e isso justifica, em grande parte, a divisão das hipóteses de parcialidade em duas tipologias – o impedimento e a suspeição. Mesmo após o trânsito em julgado,[25] o impedimento é uma invalidade que continua podendo ser atacada, por meio de uma ação voltada à quebra da coisa julgada, a ação rescisória. Já a suspeição somente pode ser analisada e corrigida enquanto o processo está em trâmite.

---

25. Trânsito em julgado é o fim da possibilidade de impugnação de uma decisão judicial, por meio de recursos. Quando transita em julgado uma decisão judicial que tenha apreciado a situação de direito material levada ao Estado-juiz, o pronunciamento judicial passa a ostentar uma qualidade ou eficácia chamada de *coisa julgada material* ou somente *coisa julgada*. Tal qualidade ou eficácia da decisão a torna imutável ou indiscutível. A "ação rescisória" se trata de ação voltada a quebrar essa imutabilidade e permitir nova discussão sobre a situação de direito material. Um dos motivos que podem levar a tanto é a *parcialidade do juiz*. Não qualquer hipótese de parcialidade, mas tão somente o *impedimento*.

6.3. Indelegabilidade

Outra característica da *jurisdição* é a de que se trata de função estatal cujo exercício não pode ser *delegado* pelo juiz a terceiros por força, exclusivamente, de sua vontade. "A função jurisdicional não pode ser delegada. Não pode juiz algum delegar funções a outros órgãos".[26]

A delegação do exercício de atos jurisdicionais atribuídos ao juiz a entes privados ou mesmo a outros servidores públicos deve decorrer de autorização descrita em norma jurídica estatal. É por essa razão, por exemplo, que as pessoas envolvidas em situação conflituosa em que se discutam direitos patrimoniais disponíveis podem optar por requerer ao árbitro a produção da norma concreta que tutele o caso. Há autorização para tanto no art. 1º da Lei 9.307/1996 (Lei de Arbitragem).

Essa característica – a indelegabilidade – decorre da previsão contida no art. 5º, XXXV da CF/88, que instituiu o princípio da inafastabilidade do Poder Jurisdicional, mas admite exceções previstas em lei, como a própria arbitragem, acima retratada.

6.4. Inevitabilidade

A inevitabilidade se trata de característica da jurisdição relacionada à (i) participação do réu no processo e à (ii) impositividade das normas concretas que produz.

Dinamarco, tratando do primeiro aspecto acima descrito, afirma que "a inevitabilidade da jurisdição manifesta-se, em primeiro lugar, pela dispensa de qualquer ato de *anuência do demandado* para figurar no processo".[27]

O que significa isso? Que *não se dá* ao réu a *opção* de participar ou não do processo jurisdicional. Seu ingresso independe de sua vontade de participar da dialética que culminará com a produção de uma norma concreta ou com a sua efetivação. O Estado-juiz, por meio do ato processual chamado *citação*, convoca o réu a participar do processo, que, neste primeiro momento, definiremos como o conjunto de atos voltados a permitir o exercício da função jurisdicional. Queira ou não participar do processo, dele o réu faz parte quando citado. Por isso, neste primeiro sentido, fala-se em *inevitabilidade* da jurisdição.

Todavia, foi visto acima que a inevitabilidade também se relaciona à *impositividade das normas concretas que são produzidas por meio do exercício da função jurisdicional*.

O que isso significa? Que o Estado-juiz tem o poder de produzir as normas concretas que regulam as relações jurídicas de direito material que vinculam as pessoas, bem como o poder de *impor seu cumprimento*.

---

26. DIDIER JR., Fredie. *Curso de direito processual civil*. v. I. 6 ed. Salvador: Juspodivm, 2006, p. 90.
27. DINAMARCO, Cândido Rangel. *Instituições de direito processual civil*. v. I. 5 ed. São Paulo: Malheiros, 2005, p. 332.

O produto da atividade jurisdicional impõe-se às partes, não podendo ser por elas recusado como norma de regulação de sua conduta. Assim sendo, uma vez decidida uma determinada lide pelo Estado-juiz, a regra emanada do Judiciário é o comando válido e apto a regular a situação jurídica dos litigantes.

Ao tratar-se da inevitabilidade, como feito acima, deve-se esclarecer um ponto importante: ao dizer que os comandos jurisdicionais são inevitáveis, no sentido de que a eles devem se submeter as partes, não se quer dizer que a decisão judicial não dê margem ao seu descumprimento. Tanto o descumprimento é um fato possível que a atividade jurisdicional pode se voltar à efetivação dos comandos decisórios jurisdicionais.

A inevitabilidade restringe-se ao mundo do dever-ser, ou seja, depois de transitada em julgado, a decisão vincula as partes juridicamente, dando solução à lide, que não mais poderá ser discutida à luz do ordenamento jurídico. Se a "pacificação" jurídica corresponderá à pacificação social, ao cumprimento da regra de conduta, é outro problema, que não afeta a ideia de inevitabilidade.

7. ÓRGÃOS QUE EXERCEM A FUNÇÃO JURISDICIONAL NO BRASIL

Definido o que é a função jurisdicional, deve-se identificar quais órgãos, inseridos na estrutura do Estado brasileiro, possuem a atribuição de exercê-la.

O Estado brasileiro se divide em três poderes, o (i) *Legislativo*, o (ii) *Executivo* e o (iii) *Judiciário*. Cada um deles possui atribuições ou competências (a) típicas e (b) atípicas. As primeiras (funções típicas) são relacionadas às funções públicas que lhes conferem o nome: o Poder Legislativo desenvolve a função legislativa; o Poder Executivo, a função administrativa ou executiva; o Poder Judiciário, a função jurisdicional. As últimas (funções atípicas) são todas as demais que não aquela principal exercida por um determinado poder.

Somente para exemplificar, tome-se o Poder Legislativo. Sua função típica é criar normas jurídicas abstratas, que regulam a sociedade. De forma atípica, no entanto, desempenha função administrativa, ao contratar funcionários, pagá-los, realizar licitações para a aquisição de materiais ou a realização de obras etc.; desenvolve, também excepcionalmente, função jurisdicional, conforme previsto, por exemplo, no art. 52, I da CF/88, que delega competência ao Senado Federal para processar e julgar o Presidente e o Vice-Presidente nos crimes de responsabilidade.

O foco principal desta obra é, logicamente, o Poder Judiciário. Ele, como ressaltado, possui a competência típica de exercitar a função jurisdicional, que é dividida entre os seus vários órgãos.

Todos esses órgãos possuem atribuição jurisdicional *originária* e *recursal*, o que significa que podem atuar (i) como o órgão jurisdicional que analisará a causa em primeiro lugar ou (ii) como órgão jurisdicional que será responsável pelo processamento e julgamento de recursos referentes a demandas já iniciadas.

Quer-se dizer com isso que todo e cada um dos órgãos que compõem o Poder Judiciário terá como função julgar demandas de modo original e também terá competência para o julgamento de recursos? Exatamente!

O Tribunal de Justiça do Estado do Espírito Santo, a título exemplificativo, é o competente para conhecer (*jurisdição cognitiva*) originariamente uma ação penal proposta em face de Prefeito de um dos municípios capixabas. Por outro lado, já falando em recursos, será ele o competente para julgar o recurso de apelação, interposto contra sentença proferida, por exemplo, pelo juiz em exercício na 1ª Vara Cível de Vitória. Neste exemplo você observou que um tribunal – o TJES – possui competências originárias (é aquele que avalia a situação jurídica levada ao Judiciário pela primeira vez) e competências recursais (que ele exerce quando *revisa* o exercício jurisdicional originariamente realizado por outro órgão). As últimas (as recursais) quantitativamente são mais expressivas.

Os juízes singulares (ex.: o juiz titular da 3ª Vara Cível de Vila Velha) também possuem (i) *competências originárias* e (ii) *competências recursais*. Todavia, diferentemente do que se observa nos tribunais, aqui a prevalência *quantitativa* é das primeiras (as *originárias*). A maioria das ações que é proposta cotidianamente tem por destinatário um juiz singular como o do exemplo dado.

As regras processuais que dividem essas competências (*originárias e recursais*) estão dispersas no ordenamento jurídico. Suas fontes são:

a) Constituição Federal;
b) legislação infraconstitucional federal;[28]
c) Constituições Estaduais;
d) legislação infraconstitucional estadual;
e) negócios jurídicos.[29]

Esse conjunto de diplomas e atos normativos determina a competência dos seguintes órgãos que exercem a *jurisdição cível*, excluídos desse rol os órgãos que exercem competência trabalhista, eleitoral, militar e criminal:

a) *Supremo Tribunal Federal*: art. 102 da CF/88;
b) *Superior Tribunal de Justiça*: art. 105 da CF/88;
c) *Tribunais Regionais Federais*: art. 108 da CF/88;
d) *Varas da Justiça Federal*: art. 109 da CF/88 e legislação infraconstitucional federal;

28. Quando se fala em legislação infraconstitucional federal, faz-se referência aos diplomas normativos previstos no art. 59 da CF/88.
29. A cláusula de eleição de foro se trata de negócio jurídico processual que é fonte de competência jurisdicional, conforme o permite o art. 63 do CPC.

e) *Tribunais de Justiça*: arts. 125 e 126 da CF/88; Constituição Estadual e legislação infraconstitucional estadual;

f) *Varas da Justiça Estadual*: legislação infraconstitucional federal (CPC e leis processuais extravagantes) e estadual.

A grande quantidade de órgãos jurisdicionais (que não se resumem aos listados, como dito), bem como a dispersão das normas de competência no ordenamento jurídico, criam dificuldade para que o operador do direito identifique para onde deve destinar sua demanda, fazendo da competência um dos temas mais frequentes no dia a dia processual. Por isso, mais à frente, a competência será objeto de especial atenção.

CAPÍTULO 2
O ESTUDO CIENTÍFICO DA JURISDIÇÃO – A CIÊNCIA PROCESSUAL, A TEORIA GERAL DO PROCESSO E A TEORIA DO PROCESSO CIVIL BRASILEIRO

1. A ATUAÇÃO DA FUNÇÃO JURISDICIONAL E O SEU ESTUDO CIENTÍFICO

Pelo fato de a jurisdição ser uma das três funções essenciais do Estado, é óbvio concluir que a atuação cotidiana do Estado-juiz se trata de um fato de grande relevância social. E fatos de grande relevância social devem ser estudados cientificamente pelo ser humano.

A jurisdição – e o seu exercício – são objeto de estudo da ciência jurídica e, mais particularmente, de um de seus ramos – a ciência do *direito processual*.

Por que o estudo científico da jurisdição e de sua atuação se realiza por meio de ramo da ciência do direito chamado de "direito *processual*" e não, por exemplo, de "*direito jurisdicional*"? Pelo fato de que o foco do estudo científico da jurisdição incide sobre o *método* por meio do qual ela é exercida e tal método se chama *processo*.

O estudo da ciência processual (do direito processual) deve se iniciar pela análise da chamada *Teoria Geral do Processo*.

No capítulo 1, sem que eu dissesse isso a você, já analisamos o primeiro dos *conteúdos* que a *teoria geral do processo*, ramo da ciência processual, descreve: a *jurisdição* – seu conceito, classificações e características.

A partir das próximas linhas, será apresentada a descrição do que *é* a *Teoria Geral do Processo*, ramo da ciência processual que é um dos conteúdos deste livro (o principal deles, poderia dizer), bem como um primeiro conceito de seu objeto de estudo, o *processo*, método de exercício da função jurisdicional.

Logo, este segundo capítulo tem as finalidades (i) de expor o que é a *Teoria Geral do Processo* – ramo da ciência processual ao qual este livro é dedicado – e de (ii) apresentar a você, caro leitor, conceitos referentes ao seu objeto, o *processo*, que se trata do método por meio do qual a jurisdição é exercitada.

2. COMO COMEÇAR O ESTUDO DA CIÊNCIA PROCESSUAL?

O estudo da ciência processual deve começar, necessariamente, pela *Teoria Geral do Processo*. Não é por menos que, na maioria dos cursos de direito que existem no Brasil, o primeiro contato que os alunos têm com a ciência processual se dá em *cadeiras* denominadas de *Teoria Geral do Processo (TGP)*.[1]

Embora a realidade acima descrita seja incontestável, na maioria dos cursos superiores em Direito – e até mesmo nas pós-graduações *lato* e *stricto sensu* – existe uma falha no método aplicado às cadeiras de *Teoria Geral do Processo* e correlatas, que pode ser descrita da seguinte forma: em vez de *se iniciar o estudo da Teoria Geral do Processo pela definição* ***do que ela é****, começa-se pela análise dos conceitos e institutos que ela define (jurisdição, ação, processo, competência etc.)*.

Bem, não vamos incorrer neste erro.

3. O QUE É TEORIA GERAL DO PROCESSO?

Prezado leitor: a expressão que se quer 'decifrar' é Teoria Geral do Processo. Uma boa forma de iniciar o seu estudo é decompor a expressão e analisar de forma individualizada cada um dos termos que, uma vez reunidos, a compõem. Primeiramente, deve-se entender o que é **teoria**.

Segundo Fredie Didier Jr., *"a teoria compreende uma sistemática e uma finalidade verificativa: trata-se de conjunto organizado de enunciados relativos a determinado objeto de investigação científica ou filosófica"*.[2]

A partir da definição acima apresentada de teoria é possível concluir que a *Teoria Geral do Processo* é 'um conjunto de enunciados (proposições) que têm por foco um objeto, ou seja, algo que se propõe a estudar'.

Fixada a premissa acima, acerca do que é teoria, ainda é necessário avaliar:

o que é uma *teoria geral;*

quais tipos de conceitos (enunciados, proposições) compõem a *Teoria Geral do Processo;*

a definição de seu objeto (o que é processo).

O adjetivo *geral* tem a finalidade de indicar qual é a abrangência da teoria, ou seja, que a pretensão do conjunto de conceitos que a formam é **universal**. Aplicando essa ideia à *Teoria Geral do Processo*, tem-se que esta não está preocupada em formular enunciados científicos que atendam, especificamente, ao estudo do processo em certo país, mas sim ao conhecimento universal do direito processual, seja ele o brasileiro, o italiano, o alemão etc.

O antônimo de *teoria geral* é *teoria individual*, essa sim voltada ao estudo de um objeto mais específico (um exemplo poderia ser a *Teoria do Processo Civil Brasileiro*).

1. Embora predomine a nomenclatura *Teoria Geral do Processo*, outras são utilizadas para identificar a existência de uma cadeira introdutória ao estudo do processo como um todo (civil, penal, trabalhista) ou, pelo menos, de uma disciplina voltada à análise dos conceitos fundamentais do direito processual civil. Fredie Didier Jr. analisou esse ponto na sua tese *"Sobre a teoria geral do processo, essa desconhecida"*, p. 177/178.
2. DIDIER JR., Fredie. *Sobre a teoria geral do processo, essa desconhecida*. Salvador: Juspodivm, 2012, p. 35.

Somente para que você tenha uma ideia: o nome deste livro que você está lendo neste momento é "*Teoria Geral do Processo & Teoria do Processo Civil Brasileiro*". Por que isso? Pelo fato de que ele possui dois tipos de conteúdo: ele trata tanto de conceitos universais, próprios da Teoria Geral do Processo, como de conceitos mais específicos, atinentes à Teoria do Processo Civil Brasileiro.

Logo, este livro trata de uma teoria geral – a do processo – com pretensões universais e de uma teoria individual – a do processo civil brasileiro – voltada à análise de aspectos específicos do direito processual pátrio.

Até agora já se sabe, portanto, que a *Teoria Geral do Processo é o conjunto de enunciados, com pretensão universal, dirigidos ao estudo do objeto processo*. Falta, ainda, descrever quais são as características básicas desses conceitos, bem como o que é processo. Vamos por partes.

Os conceitos jurídicos podem ser divididos em duas espécies:

a) *conceitos lógico-jurídicos* ou *conceitos jurídicos fundamentais*;

b) *conceitos jurídico-positivos*.

> *O conceito jurídico fundamental (...) é aquele construído pela Filosofia do Direito (...), com a pretensão de auxiliar a compreensão do fenômeno jurídico onde e quando ele ocorra. Tem pretensão de validez universal. Serve aos operadores do direito para a compreensão de qualquer ordenamento jurídico determinado.*[3]

A título exemplificativo, os conceitos de *competência*, *ação*, *processo*, *conexão* são lógico-jurídicos, independem de peculiaridades retiradas de certo ordenamento jurídico. O que é *competência*? Para responder a essa questão não é necessário voltar os olhos para o que dizem as normas jurídicas que compõem o Direito brasileiro, o Direito português, o Direito norte-americano. Em verdade, trata-se de um pressuposto que se deve conhecer a fim de que se estudem as normas desses ordenamentos, que tratam do tema competência.

Já o conceito *jurídico-positivo* é aquele que se constrói "*a partir da observação de uma determinada realidade normativa e, por isso mesmo, apenas a ela é aplicável*".[4]

O conceito jurídico-positivo é o retrato decorrente do estudo de um específico ordenamento jurídico, de uma característica que dele decorre. Um exemplo claro disso é o conceito de *remessa necessária*, instituto processual que, durante muitos anos, foi uma exclusividade do direito brasileiro. A definição do que é a remessa *ex officio* parte da específica análise de normas jurídicas processuais inseridas, principalmente, no CPC/15 e na Lei de Ação Popular.[5]

---

3. DIDIER JR., Fredie. *Op. cit.*, p. 42.
4. DIDIER JR., Fredie. *Op. cit.*, p. 39.
5. Leitor, caso você esteja no início de seus estudos de processo e não faça ideia do que seja a *remessa necessária*, saiba que ela é a revisão obrigatória de uma sentença, mesmo que a parte interessada (normalmente a que foi derrotada) não apresente recurso. A remessa necessária visa a permitir que o tribunal faça a revisão de uma sentença mesmo que não se interponha recurso de apelação contra ela.

Feita a distinção acima, com certeza o leitor atento já concluiu que os conceitos que, uma vez reunidos, formam a *Teoria Geral do Processo*, devem ser classificados como *lógico-jurídicos* ou *jurídicos fundamentais*, por uma simples razão: toda teoria geral tem a pretensão de ser universal e somente tais tipos de conceito se encaixam nessa moldura, já que os conceitos *jurídico-positivos* são formulados tomando-se por base certo ordenamento jurídico (como o brasileiro, por exemplo).

Ao chegarmos a este ponto, podemos dizer que o conceito de TGP está ainda mais elaborado do que estava algumas linhas acima, podendo ser descrito da seguinte forma:

> *Teoria geral do processo é o conjunto de conceitos lógico-jurídicos (jurídicos fundamentais) dirigidos ao estudo do objeto processo.*[6]

Resta, pois, uma só tarefa (talvez a mais árdua de todas): definir o que é **processo**, já que o sistema de enunciados de que estamos tratando o tem por objeto, sendo certo dizer que entender o que é processo é o passo inicial para compreender os demais conceitos que gravitam em torno dele.

Não é estranha a ninguém a ideia de que, no idioma português, uma mesma palavra possa ter mais de um significado. Seja na linguagem comum, seja na linguagem científica, esse fenômeno ocorre com certa frequência, cabendo a cada um diferenciar o que se quer dizer de acordo com certo contexto.

Mas para que se possa proceder a essa distinção, o primeiro passo é conhecer quais são os vários sentidos que uma palavra pode assumir. No caso em tela, a palavra com muitos significados é *processo*.

Dentre os vários significados que *processo* pode assumir, o **primeiro** que se destaca é o de "método de produção de normas jurídicas", o que, aplicado especificamente ao exercício de uma das três funções essenciais do Estado, a **jurisdição**, pode se traduzir como *método de exercício da função jurisdicional, por meio da qual são produzidas e efetivadas normas de conduta aptas a regular as situações jurídicas intersubjetivas apresentadas ao Estado-juiz.*

A jurisdição, numa definição preliminar, é a atividade estatal voltada à resolução de situações e relações jurídicas entre sujeitos que não puderam ser sanadas espontaneamente, ou porque a lei não permitiu (ex.: o divórcio consensual quando o casal possua filhos menores de idade), ou porque os esforços das pessoas envolvidas não foram suficientes para tanto.

6. "*A Teoria Geral do Processo, Teoria do Processo, Teoria Geral do Direito Processual ou Teoria do Direito Processual é uma disciplina jurídica dedicada à elaboração, à organização e à articulação dos conceitos jurídicos fundamentais (lógico-jurídicos) processuais*". In: DIDIER JR., Fredie. *op. cit.*, p. 64.

Atividade dessa magnitude necessita ser regulamentada por um *método* que garanta previsibilidade e segurança a todos aqueles que necessitem da prestação desse serviço estatal.

Fredie Didier afirma que enxergar o processo como *método de exercício da jurisdição*, por meio do qual se produzem e efetivam as normas jurídicas jurisdicionais (as normas concretas), significa analisá-lo sob a perspectiva da *Teoria da Norma Jurídica*.[7]

Mas ainda é possível encartá-lo segundo a *Teoria do Fato Jurídico*, segundo a qual processo é:

a) procedimento;

b) relação jurídica processual.

O processo, quando analisado a partir do *plano da existência* dos fatos jurídicos,[8] é um *ato jurídico complexo*, visto que ele se configura como um conjunto de atos jurídicos organizados, sucessivos, que se relacionam e que visam a um objetivo comum (a tutela jurisdicional, ou seja, a produção e realização prática da norma jurídica concreta).

É possível analisar individualmente cada um dos atos que formam a cadeia procedimental, sejam eles praticados pelas partes, pelo juiz ou por auxiliares de ambos: a petição inicial, a citação, a contestação, a audiência preliminar, a sentença etc.

Mas também é possível tratar do *ato-complexo* <u>*procedimento*</u>, que é o conjunto organizado de todos aqueles (e de outros) atos processuais acima mencionados.

Logo, em uma segunda acepção, obtida a partir da análise dos *fatos jurídicos no plano da existência*, percebe-se que processo é um *procedimento*, ou seja, uma sequência de atos que se praticam para o fim de o Estado exercitar a função jurisdicional. O método processo, portanto, se desenrola por meio do *procedimento*.

Por fim, observem o que é <u>processo</u> à luz do *plano da eficácia* dos fatos jurídicos. A prática dos atos que formam o procedimento é responsável por gerar efeitos, dentre eles o de estabelecer relações jurídicas entre os diversos sujeitos processuais. Dessa forma, quando o autor dirige a petição inicial ao Estado-juiz, pratica o primeiro dos atos que formam a cadeia procedimental e, como efeito disso, surge uma relação jurídica entre autor e juiz. Quando o Estado cita o réu, estabelece-se um vínculo entre juiz e réu.

Como, até os dias de hoje, majoritariamente a doutrina segue o "modelo teórico" desenvolvido por *Oskar von Büllow* no século XIX, é comum que se diga que processo é uma relação jurídica processual entre autor, Estado e réu.

Essa figura única, todavia, deve ser interpretada como representação das várias relações jurídicas que se desenvolvem à medida que os atos processuais, que juntos

7. DIDIER JR., Fredie. *op. cit.*, p. 68.
8. DIDIER JR., Fredie. *op. cit.*, p. 70.

formam o procedimento, são praticados. Nesse sentido, pode-se dizer que processo é **relação jurídica processual**.

Além dos significados acima elencados, *processo* também é empregado comumente para designar a *ciência processual* ("Hoje tem aula de Processo") e, ainda, para designar os *autos*, que são o caderno processual, em que se organizam as várias peças que representam os atos praticados pelas partes, pelo juiz, pelo Ministério Público, pelo escrivão e por todos aqueles que estão envolvidos no exercício da jurisdição. *Tratam-se de dois significados que fogem ao âmbito da Teoria Geral do Processo.*

As três primeiras acepções de processo – todas conceitos próprios da *Teoria Geral do Processo* – podem ser conjugadas (o que significa que não são autoexcludentes), por um simples motivo: representam a visualização do fenômeno sob diversos ângulos.

> *"Os três conceitos apresentados revelam <u>o que é</u> (ato jurídico complexo), <u>o que gera</u> (relações jurídicas entre os sujeitos processuais) e <u>para quê serve</u> (produção de norma jurídica) o processo."*[9]

Por tudo quanto dito acima, prezado leitor, se algum dia lhe perguntarem o que significa *processo*, responda da seguinte forma:

Trata-se do conjunto de atos processuais voltados a regular o exercício da função jurisdicional, que, ao serem praticados, estabelecem diversas relações jurídicas entre os sujeitos processuais, que tradicionalmente são aglutinadas e estudadas como uma só realidade, a <u>relação jurídica processual.</u>

A partir do momento em que temos ciência sobre <u>o que é</u> a *Teoria Geral do Processo*, podemos dar início ao estudo de seu conteúdo, ou seja, é possível iniciarmos a análise dos conceitos lógico-jurídicos e conceitos fundamentais que a formam.

Todavia, conforme havia dito acima, esta obra *não tem* por conteúdo somente a análise dos conceitos lógico-jurídicos próprios da Teoria Geral do Processo. Seu objetivo *também é* o estudo dos conceitos jurídico-positivos atinentes à Teoria do Processo Civil Brasileiro.

Portanto, esse é o conteúdo que você deve esperar nos capítulos seguintes: o estudo de (i) conceitos lógico-jurídicos (ou jurídicos fundamentais) próprios da Teoria Geral do Processo e de (ii) conceitos jurídico-positivos pertinentes à Teoria do Processo Civil Brasileiro.

9. DIDIER JR., Fredie. *op. cit.*, p. 74.

CAPÍTULO 3
PREMISSAS DE TEORIA GERAL DO DIREITO – PARA O ESTUDO DA TEORIA GERAL DO PROCESSO E DA TEORIA DO PROCESSO CIVIL BRASILEIRO

1. UMA NECESSÁRIA INTRODUÇÃO, ESPECIAL PARA VOCÊ QUE ESTUDA A TEORIA GERAL DO PROCESSO E A TEORIA DO PROCESSO CIVIL BRASILEIRO PELA PRIMEIRA VEZ

Prezado leitor, se esse é o seu primeiro contato com as disciplinas de Teoria Geral do Processo e de Teoria do Processo Civil Brasileiro, é muito importante que leia esta introdução.

Provavelmente – exercito meus dons de premonição – você já estudou a disciplina introdutória de Direito Civil no semestre anterior (Direito Civil I ou qualquer nome correlato), bem como a disciplina de Introdução ao Estudo do Direito (ou outra designação semelhante).

Nessas disciplinas, você já aprendeu todos os conceitos que trabalharei neste capítulo que, portanto, se trata de uma revisão.

Todavia, trata-se de uma revisão muito especial. Explico: quando lhe foram ensinados os conceitos de norma jurídica, de princípios e regras e de fato jurídico, nas disciplinas de Introdução ao Estudo do Direito e de Direito Civil I, alguns fatores podem ter contribuído para que seu entendimento não tenha sido o melhor.

Que fatores seriam esses? A dificuldade que o assunto apresenta; o choque que o ensino superior representa para muitos alunos (pense comigo: você só conhecia o mundo do ser e lhe apresentaram um outro, paralelo a ele, o do dever-ser! Você passou dezoito anos de sua vida sem saber disso!); talvez, para alguns, até mesmo a imaturidade em perceber a importância daquele conteúdo.

Logo, talvez você esteja diante de uma revisão que seja mais do que isso: pode ser que ela represente uma nova oportunidade de aprender aquele tema que, nos dois primeiros semestres do curso de Direito, passaram em sua vida como um furacão.

É óbvio que os temas acima estudados serão analisados segundo meu ponto de vista, de acordo com os entendimentos que sigo e adoto. São a única forma de se entender os assuntos que serão abordados? Com certeza não. Mas são um caminho seguro para você pois, com base nele, construo o meu edifício chamado "Processo".

Ditas as palavras acima, queria, tão somente, dar um último conselho (e, perceba, esse conselho é *bom*, porque você pagou por ele, o que desmistifica o pensamento popular de que "se conselho fosse bom, não seria gratuito!").

O presente livro foi pensado para que você aprenda a Teoria Geral do Processo e a Teoria do Processo Civil Brasileiro lendo seus capítulos em sequência. Quando, então, você chegar a este capítulo, *leia-o mais de uma vez antes de passar ao próximo*. É muito importante que você domine todos os conceitos nele trazidos.

2. PREMISSAS DE TEORIA GERAL DO DIREITO (TGD) INTRODUTÓRIAS AO ESTUDO DA TEORIA GERAL DO PROCESSO E DA TEORIA DO PROCESSO CIVIL BRASILEIRO

A Teoria Geral do Processo e a Teoria do Processo Civil Brasileiro são subdivisões da Ciência do Direito. Logo, para estudá-las é necessário se utilizar de conceitos que a Teoria Geral do Direito nos transmite e que se aplicam ao estudo dos diversos ramos da ciência jurídica, como o Direito Civil, o Direito Penal, o Direito Administrativo, o Direito Tributário etc.

O primeiro destes conceitos é o de *norma jurídica*. Para início de conversa: *por que é importante conceituar norma jurídica para o estudo da TGP (Teoria Geral do Processo) e da TPCB (Teoria do Processo Civil Brasileiro)*?

Pelo fato de que vimos que a jurisdição, cujo método de exercício é o processo, é a função estatal voltada à produção e efetivação de *normas jurídicas concretas*.

Ora, como estudar a jurisdição e seu método de exercício sem ter uma noção, um conceito cientificamente válido de norma jurídica?

Dessa forma, a primeira premissa de TGD (Teoria Geral do Direito) que analisaremos é o conceito de norma jurídica.

3. CONCEITO DE NORMA JURÍDICA

Para conceituar norma jurídica, utilizo como referencial teórico as obras dos processualistas alagoanos Beclaute Oliveira Silva[1] e Pedro Henrique Pedrosa Nogueira,[2] cujas doutrinas têm clara inspiração em Hans Kelsen (do qual todos vocês já ouviram falar) e de Lourival Vilanova.

Em primeiro lugar, é essencial firmar que a norma jurídica se trata de uma proposição de *dever-ser* (deôntica) voltada à regulação de condutas humanas.[3] O que significa isso?

1. SILVA, Beclaute Oliveira. *A garantia fundamental à motivação da decisão judicial*. Salvador, Juspodivm, 2007.
2. NOGUEIRA, Pedro Henrique Pedrosa. *Teoria da ação de direito material*. Salvador: Juspodivm, 2008.
3. Mesmo que uma norma jurídica imponha conduta a uma pessoa jurídica, o elemento humano se vislumbra nesse contexto, pois atos de uma pessoa jurídica precisam ser praticados pelas pessoas físicas que a personificam ou representam. Por isso se pode dizer que as normas jurídicas regulam condutas *humanas*.

Que a norma jurídica impõe qual *deve ser* (e não necessariamente qual será) a consequência decorrente de um certo fato ter acontecido.[4] Vamos a um exemplo:

João, após discussão em um bar, movida a álcool, mata José a facadas. Existe alguma norma jurídica que retrata o fato descrito (uma pessoa matar a outra)? Sim, existe uma norma penal segundo a qual se um indivíduo ceifa a vida de outrem, *deve ser* sancionado com pena privativa de liberdade entre 6 e 20 anos.

Perceba, então, que é possível que, por diversas razões (como a fuga de João, por exemplo), a consequência normativa (a pena) não se aplique. Na estrutura das normas jurídicas, a consequência que decorre do fato ou conjunto de fatos descritos na própria norma deve ocorrer, mas é cabível pensar que não ocorra. Por isso se diz que é um dever-ser.

Vamos continuar a falar deste tema para que dúvidas não restem para você. A partir do momento em que você inicia o estudo do Direito, descobre que *dois mundos* convivem, a saber:

a) o *mundo do ser*, em que existe uma relação de *causalidade – causa e efeito –* entre duas proposições. Ex: se um copo de cristal cai no chão, ele quebrará. Se você bater o carro do seu pai, que pegou escondido, vai tomar um sonoro esporro. Se a causa se operar, necessariamente o efeito surgirá;
b) o *mundo do dever-ser*, em que existe uma relação *deôntica* (de dever-ser) entre duas proposições, ou seja, se a primeira se verificar, *deve*, mas não necessariamente se terá a segunda. Se eu quebro o vidro da casa do meu vizinho, o ordenamento jurídico prescreve que eu *devo* pagar seu conserto. Todavia, é possível que eu ignore essa prescrição e não cumpra minha obrigação; ou que meu vizinho simplesmente diga que não há necessidade de que eu pague pelo prejuízo.

As normas jurídicas podem, portanto, ser visualizadas segundo o seguinte esquema lógico:

Se fato → é (hipótese)

Deve ser → consequência (tese)

Se → quebro a janela da casa do meu vizinho (hipótese)

Devo → consertá-la (tese)

4. Atente para um fato muito importante: não necessariamente a sanção ou consequência normativa necessita ser prejudicial. É possível pensar que a sanção seja um prêmio, um benefício. Do art. 701, § 1º do CPC, por exemplo, retira-se uma hipótese em que a consequência da norma é um prêmio, ou seja, uma sanção premial.

Conclusão: a norma jurídica é uma proposição *deôntica*, de dever-ser, que capta uma situação do mundo do ser (fato) e prescreve uma consequência que dele (fato) *deve* decorrer.[5]

Se olharmos a norma jurídica com uma *lupa*, observaremos que essa *proposição deôntica* é formada por duas proposições que entre si se relacionam logicamente (vínculo de dever-ser), quais sejam:

a) a proposição *hipótese*, também chamada de *hipótese de fato*, *fattispecie*, *suporte fático*, *hipótese de incidência*, *fato gerador*, *fato típico*;

b) a proposição *tese*, também denominada de *consequência*, *sanção*, *preceito*, *prescrição*, *pena*.

Parto da premissa, a partir de agora, que você compreendeu a *ideia inicial* de que a norma jurídica se trata de uma proposição *deôntica*, ou seja, de um dever-ser.

- "Opa, espera aí, professor, você disse *ideia inicial*? Quer dizer que o conceito de norma jurídica ainda não está completo?"

- "Não, meu jovem *padawan*,[6] ainda faltam alguns importantes detalhes!"

Vamos, então, continuar. Como você percebeu, é possível que a norma jurídica seja desrespeitada, desconsiderada, ou seja, que a consequência normativa não seja observada, cumprida.

Caso assim ocorra, ou seja, desrespeitada a prescrição que a norma jurídica apresenta, como reage o ordenamento jurídico? É possível impor à força o cumprimento de comandos normativos?

A resposta é *positiva*. Há muitas divergências sobre essa questão, mas adoto o entendimento de que o elemento que diferencia a norma jurídica das demais normas de conduta social é a sua *coatividade* ou *coercibilidade*, ou seja, a sua impositividade por parte do Estado.

É por meio do exercício da função jurisdicional que se impõe o cumprimento de uma prescrição normativa que não foi voluntariamente cumprida. Cabe ao processo sancionar aquele que não se conduziu segundo os ditames normativos.

E, nesse momento, em que falamos que por meio do processo se impõe o cumprimento de prescrições normativas, devo apresentar dois conceitos sobre as normas

5. "As normas jurídicas apresentam, invariavelmente, em sua estrutura lógica, a descrição hipotética de um fato ou conjunto de fatos, ao que se denomina suporte fático, hipótese, descritor etc., e a imputação de consequências, denominadas preceito, consequente, prescritor etc., para quando vier(em) a se concretizar aquele(s) fato(s) abstratamente contemplado(s), estando a hipótese e a consequência ligados pelo functor deôntico interproposicional (operador) "dever-ser", formalizando a relação de implicação entre a proposição-hipótese e a proposição-tese". NOGUEIRA, Pedro Henrique Pedrosa. *Teoria da ação de direito material*, p. 29.

6. Para quem não sabe, *padawan* é o aprendiz de jedi. Pelo tamanho, devo ser o mestre Yoda!

jurídicas que você deve dominar a fim de entender como a função jurisdicional deve atuar. Tratam-se dos conceitos de:

a) norma jurídica primária ou, simplesmente, *norma primária*;

b) norma jurídica secundária ou, simplesmente, *norma secundária*.

Norma primária é a proposição que prescreve como certa pessoa deve se comportar no mundo do ser, ou seja, a conduta que deve espontaneamente praticar. A título de exemplo:

Se → Roberto compra uma bateria por R$ 5.000,00 à vista

Deve → pagá-la

Se → Pedro contrata Rodrigo para tocar em sua festa de aniversário por R$ 3.000,00

Deve → pagá-lo

Já a norma secundária é aquela proposição cuja premissa anterior (*hipótese de fato*) representa a conduta de descumprimento da prescrição descrita na norma primária. Explico utilizando-me dos dois exemplos acima:

Se → Roberto não paga os R$ 5.000,00 pela bateria (*tese da norma primária descumprida*)

Deve ser→ obrigado a pagar

Se → Pedro não paga a Rodrigo os R$ 3.000,00 (*tese da norma primária descumprida*)

Deve ser→ obrigado a pagar

É possível apresentar a estrutura acima – que concretiza situações individualizadas – de forma abstrata, do seguinte modo:

Norma Primária

Se → A

Deve ser → B

Norma secundária

Se → Não B

Deve ser → C

A finalidade principal da atividade jurisdicional, que a define, como visto no Capítulo 1, é reconhecer qual a norma secundária incidente *no caso concreto* e torná-la realidade.

Preste atenção a um ponto bem importante: *enquanto a norma primária atua em nosso mundo social, prescrevendo como devemos agir, a norma secundária atua no processo, pois é o reconhecimento desta por parte do Estado-juiz que lhe permite fornecer àqueles que batem à porta do Poder Judiciário a proteção (ou tutela)* jurisdicional.[7]

Vamos a mais um exemplo. Roberto se dirige a Carneiro Instrumentos Musicais e adquire uma nova bateria, uma Gretsch Catalina Birch, ao valor de R$ 7.000,00, dividida em 10 prestações de R$ 700,00. Paga as nove primeiras e não paga a última.

No dia em que a bateria foi comprada, uma norma concreta primária surgiu, qual seja:

Se → Roberto comprou a bateria por R$ 7.000,00

Deve → pagá-la

Trata-se de norma jurídica que regula a conduta social de Roberto, impondo-lhe uma obrigação. Todavia, como visto, Roberto descumpriu a norma primária, visto que deixou de pagar a última prestação (os últimos R$ 700,00) que assumiu.

Nessa situação, seria plenamente possível que a Carneiro entrasse em contato com Roberto, expusesse o descumprimento da norma primária e o devedor, então, agisse segundo o ordenamento jurídico determina, cumprindo sua obrigação.

Todavia, também seria possível que Roberto dissesse que não pagaria o valor restante. Que opção a Carneiro teria para impor, coativamente, esse cumprimento? Dirigir-se ao Estado-juiz, a fim de que este produzisse a norma secundária e impusesse seu cumprimento. A decisão judicial (sentença) deveria, então, ter o seguinte conteúdo:

Se → Roberto não pagou R$ 700,00 referentes à bateria que adquiriu

Deve ser → coativamente compelido a pagá-lo

O Poder Judiciário exercitará duas funções no caso em tela (como já foi estudado no Capítulo 1):

7. Embora não concorde que a norma secundária seja processual – entendo que é uma norma de direito material que necessita atuar por meio do processo em regra (no caso de desforço necessário é atuada fora desses limites, no próprio âmbito social), reconheço que é cientificamente válido o entendimento que juristas como Lourival Vilanova defendem. Para você que se interessou por ler este rodapé – o que é um bom indício de sua curiosidade científica – transcrevo trecho de Beclaute Oliveira Silva sobre o ponto: "*A norma jurídica primária é de direito material porque gera fato jurídico jurígeno, enquanto que a norma secundária é de direito formal (ou processual), visto que, a partir dela, ultima-se a aplicação de uma sanção de natureza coercitiva, munida de coação, lembrando, porém, que tal coação não é, em regra, autoaplicável*" SILVA, Beclaute Oliveira. *A garantia fundamental à motivação da decisão judicial*. Salvador: Juspodivm, 2007, p. 49.

a) produzirá a norma concreta (que acabamos de aprender que é a norma secundária) apta a regular as situações jurídicas de Roberto e Carneiro Instrumentos Musicais – *jurisdição cognitiva*;

b) efetivará, de forma coativa, a norma concreta secundária que produziu caso, mesmo diante de sua existência, Roberto se mantenha firme na intenção de descumpri-la. Tal efetivação *forçada* será realizada por meio das técnicas executivas estudadas no tópico 5.2 do Capítulo 1 – *jurisdição executiva*.

Depois de tudo o que vimos acima, faço-lhe uma pergunta: *é possível estudar a Teoria Geral do Processo e a Teoria do Processo Civil Brasileiro sem relembrar conceitos básicos referente à norma jurídica?*

Não, com certeza não, já que o processo – objeto de ambas – é um método de produção de... normas jurídicas!

Por fim, antes de encerrar este tópico e partir para o outro, há uma importante diferença que precisa ser esclarecida (você está proibido de tratar como sinônimos os dois elementos abaixo retratados, ok?)

Lei e *norma jurídica* não são sinônimos. A segunda é extraída da primeira. Para demonstrar essa afirmação, primeiramente transcreverei texto de Beclaute Oliveira, escrito em *linguagem rigorosamente científica*. Posteriormente, explicarei de um modo um pouco mais simples o que ele disse:

> *Em face disso, fica assentado que a Lei, lato sensu, não é norma, mas enunciado, suporte físico que irá fomentar, no sujeito cognoscente, a partir de uma operação gnosiológica, a construção da norma jurídica, que é a significação que colhemos da leitura dos textos positivos, desde que manifeste a unidade mínima e irredutível de significação do deôntico.*[8]

Norma jurídica é um *sentido* que se extrai de um conjunto de palavras denominado lei. De forma ainda mais específica, a lei possui unidades chamadas de *artigos* ou *artigos de lei*. A norma jurídica é um sentido que extraímos de um artigo ou de um conjunto de artigos de lei.

Mas a norma não se trata de um sentido qualquer, mas, sim, de um significado *deôntico* extraído daquele texto – do(s) artigo(s) de lei. O que significa isso? Que a norma é um conteúdo de dever-ser que se extrai do texto legal. Bem, vamos ao exemplo:

Primeiramente, vamos mostrar a norma jurídica secundária que se extrai do art. 121 do Código Penal, utilizado por mim por ser muito conhecido até daqueles que estão só iniciando o estudo do direito.

8. SILVA, Beclaute Oliveira. *A garantia fundamental à motivação da decisão judicial*, *op. cit.*, p. 43.

LEI

Código Penal

Art. 121. Matar alguém:

Pena – reclusão, de seis a vinte anos.

O conteúdo acima representa um artigo de lei, e não uma norma jurídica. Ou você acha que o art. 121 ordena que se mate? A norma jurídica é um preceito *deôntico*, que estabelece uma consequência que *deve* ocorrer caso uma *hipótese* se observe. Você consegue ler, no artigo 121 do CP, os elementos que caracterizam a estrutura deôntica?

Não, não consegue. Sabe por quê? Porque o artigo de lei *não é* a norma jurídica. Ele é um suporte físico a partir do qual nossa inteligência *extrai* um *significado* chamado de norma jurídica. Quer ver?

NORMA JURÍDICA SECUNDÁRIA

construída a partir do art. 121 do CP

Se → uma pessoa matar outra

Deve ser → imposta a sanção de reclusão, de seis a vinte anos

Agora sim estamos diante de uma norma jurídica – no caso secundária, a ser aplicada pelo Estado-juiz.[9] Trata-se de uma estrutura *deôntica*, ou seja, em que entre duas proposições há uma relação lógica identificada pelo functor "dever-ser".

Prezado leitor, preciso alertá-lo sobre um ponto: *não ache que sempre se consegue extrair de só um artigo de lei a norma jurídica completa*, como no exemplo acima. Sabe o que pretendo dizer com isso?

Que o art. 121 do CP permite que dele se extraia tanto a *hipótese* quanto *a consequência normativa*. Todavia, em diversas outras situações não se terá tamanha facilidade, visto que a hipótese normativa será retirada de um artigo de lei, enquanto que a consequência terá significado obtido a partir do conhecimento e análise de outro artigo de lei.

Quer ver?

Agora o exemplo é de Direito Civil.

Em primeiro plano, transcrevo o art. 186 do CC/02:

9. A norma primária, que também se extrai do art. 121 do CP, é a proibição de que uma pessoa mate outra. Um ser humano não deve matar o outro.

LEI

Código Civil

Art. 186. Aquele que, por ação ou omissão voluntária, negligência ou imprudência, violar direito e causar dano a outrem, ainda que exclusivamente moral, comete ato ilícito.

Vou te fazer uma pergunta bem simples e direta: ao ler o art. 186 do CC, conseguiu identificar qual seria a consequência decorrente do cometimento do ato ilícito? *Não*, não conseguiu.

Já quando você leu e interpretou o artigo 121 do CP, observou que a sanção por matar-se alguém é a de reclusão, de 06 a 20 anos.

Sabe o que isso significa? Que há certas situações em que a norma jurídica somente pode ser completamente composta (identificando-se sua *hipótese* e sua *consequência*) a partir da análise de *mais de um artigo de lei*.

No último caso de que estamos tratando, observe o art. 927 do CC/02:

LEI

Código Civil

Art. 927. Aquele que, por ato ilícito (arts. 186 e 187), causar dano a outrem, fica obrigado a repará-lo.

A partir da leitura conjugada dos arts. 186 e 927 do Código Civil é que se pode extrair uma norma de conduta completa, composta por hipótese e consequência (sanção), na seguinte forma:

NORMA JURÍDICA PRIMÁRIA

extraída dos arts. 186 e 927 do CC

Se → uma pessoa praticar ato ilícito em prejuízo de outra (*hipótese – art. 186*)

Deve ser → obrigada a repará-lo (*consequência – art. 927*)

NORMA JURÍDICA SECUNDÁRIA

Se → o responsável pela prática do ato ilícito gerador de dano não o reparar

Deve ser → obrigado a repará-lo coativamente

Perceba que cada um dos enunciados que forma a norma jurídica (ligados entre si pelo functor *deve ser*), quais sejam, a *hipótese* e a *consequência*, são conteúdos de sentido extraídos de artigos de lei diferentes.

Essa constatação é muito importante para que você *não fique a achar* que de cada artigo de lei se extrairá uma norma jurídica. É possível que, de certo artigo de lei, se obtenha um conteúdo menor, qual seja, somente um dos enunciados que compõem a norma.

Isso é muito importante para o estudo do direito processual. Pense comigo: o juiz, para decidir um pedido de indenização pela prática de um ato ilícito, necessariamente terá que produzir uma norma concreta que decorra de dois artigos de lei – arts. 186 e 927 – o que significa que deverá avaliar ambos ao julgar. Você precisa ter ciência disso agora que está iniciando o estudo do direito processual.

3.1. Norma abstrata e norma concreta

No Capítulo 1 desta obra tivemos a oportunidade de demonstrar que a finalidade da função legislativa estatal é produzir os textos legislativos a partir dos quais serão extraídas as *normas abstratas de conduta* enquanto que a razão de ser da função jurisdicional é, a partir da identificação das normas abstratas aplicáveis a certo tipo de caso, produzir e efetivar *normas concretas de conduta*, por meio da substituição dos interessados pela figura do juiz (ente desinteressado).

A norma concreta é produzida pelo Estado-juiz quando este:

a) identifica que certos fatos sociais ocorreram;

b) declara que esses fatos sociais se *amoldam* à hipótese de fato da norma abstrata, reconhecendo a existência da hipótese de fato concreta e aplicando uma consequência dela decorrente.[10]

Vamos exemplificar a operação que é realizada pelo julgador segundo os moldes acima definidos.

Imagine a seguinte situação: Pedro ajuíza uma ação e alega que, no dia 14/07/2017, comprou para si um carrinho de controle remoto na loja "Mundo da Criança Feliz", ao valor de R$ 500,00. Afirma, ainda, que o brinquedo, não testado na loja, veio com defeito e não ligava. Por fim, informa que, ao tentar consertá-lo ou trocá-lo, recebeu um *não* como resposta da aludida instituição.

As alegações de fato que apresentou foram comprovadas nos seguintes termos: juntou o recibo de compra do brinquedo e duas mídias eletrônicas (filmagens) – a da abertura da caixa do brinquedo e do seu não funcionamento e a da negativa do gerente da loja em realizar a troca.

---

10. "A norma pode ser *abstrata*, quando a sua hipótese de incidência não se refere a qualquer fato ou sujeito específico e palpável, tal como se observa no processo legislativo. (...) A norma produzida pode ser *concreta*, quando referir-se a fato e sujeito real (determinado), como se dá, usualmente, nos processos administrativos e jurisdicionais". BRAGA, Paula Sarno. *Norma de processo e norma de procedimento: o problema da repartição de competência legislativa no direito constitucional brasileiro*. Tese de doutorado UFBA, 2015, p. 153.

Ao exercitar o contraditório, a empresa "Mundo da Criança Feliz", mesmo diante das evidências claras trazidas pelo autor, refuta os fatos, a fim de concluir pela inexistência da obrigação de troca do bem.

Chega, então, a hora de o magistrado decidir. Em primeiro lugar, ele se questiona:

> são verdadeiros os fatos alegados pelo autor?

Em nosso exemplo, a resposta é *afirmativa*. Sim, os fatos são verdadeiros. Fixada essa premissa, é preciso que o juiz se faça nova pergunta:

> existe alguma norma abstrata cuja *hipótese de fato* se encaixe na situação concreta descrita nos autos?

No caso em tela, a resposta é positiva. Para construirmos a norma abstrata de conduta aplicável no caso concreto, é necessário analisar o art. 18 do Código de Defesa do Consumidor (Lei 8.078/1990), pelo fato de que o contrato de compra e venda do brinquedo trouxe como efeito o nascimento de uma relação jurídica de consumo, visto que:

a) *Pedro* adquiriu o produto (brinquedo) como seu destinatário final (para uso próprio) – logo, trata-se de um consumidor – nos termos do art. 2º do CDC;
b) *Mundo da Criança Feliz* é uma pessoa jurídica que comercializa produtos de forma habitual e com intenção de lucro – logo, trata-se de uma fornecedora – nos termos do art. 3º do CDC.

Transcreve-se o aludido art. 18 do Código de Defesa do Consumidor:

> LEI
>
> Código de Defesa do Consumidor
>
> Art. 18. Os fornecedores de produtos de consumo duráveis ou não duráveis respondem solidariamente pelos vícios de qualidade ou quantidade que os tornem impróprios ou inadequados ao consumo a que se destinam ou lhes diminuam o valor, assim como por aqueles decorrentes da disparidade, com a indicações constantes do recipiente, da embalagem, rotulagem ou mensagem publicitária, respeitadas as variações decorrentes de sua natureza, podendo o consumidor exigir a substituição das partes viciadas.
>
> § 1º Não sendo o vício sanado no prazo máximo de trinta dias, pode o consumidor exigir, alternativamente e à sua escolha:
>
> I - a substituição do produto por outro da mesma espécie, em perfeitas condições de uso;
>
> II - a restituição imediata da quantia paga, monetariamente atualizada, sem prejuízo de eventuais perdas e danos;
>
> III - o abatimento proporcional do preço.

Do artigo de lei acima transcrito se devem extrair normas *deônticas* (de dever-ser), a saber:

NORMA JURÍDICA PRIMÁRIA ABSTRATA

Se → o produto de consumo durável tiver um vício de qualidade

Deve ser → obrigado o fornecer a saná-lo no prazo de 30 dias

NORMA JURÍDICA SECUNDÁRIA ABSTRATA

Se → o fornecedor não sanar em até 30 dias o vício de qualidade do produto durável

Deve ser → obrigado (i) a substituir o produto por outro da mesma espécie;

ou

(ii) a restituir a quantia paga, devidamente corrigida;

ou

(iii) a abater proporcionalmente o preço pago

Construída a norma abstrata, a partir do art. 18 do CDC, deve o magistrado realizar a atividade de construir a *norma concreta*, aplicável àquele caso especificamente considerado, demonstrando que os fatos ocorridos se amoldam à prescrição abstrata que o ordenamento jurídico impõe, nos seguintes termos.

NORMA JURÍDICA SECUNDÁRIA CONCRETA

Se → o "Mundo da Criança Feliz" não consertou em 30 dias o carrinho de controle remoto defeituoso adquirido por Pedro

Deve ser → obrigado a substituir o brinquedo por um novo da mesma espécie

(*como vimos, a Pedro não interessam as demais sanções*)

Observe que tanto a elaboração da norma abstrata quanto da norma concreta decorreram de atividades interpretativas realizadas pelo magistrado. A primeira interpretação realizada foi a do *texto legal*, a partir da qual extraiu qual a norma jurídica abstrata dele resultante. A segunda foi a da norma abstrata, quando, dela partindo, produziu a norma de conduta aplicável à relação jurídica entre Pedro e a empresa "Mundo da Criança Feliz".

Aproveitando esse momento para retomar o assunto de que tratei no item 4.3 do Capítulo 1,[11] lembre-se de que a atividade jurisdicional, além dos dois produtos acima descritos (a construção da norma abstrata decorrente do texto legislativo e a

11. Capítulo 1, item 4.3. *O estudo moderno da atividade jurisdicional e a identificação de uma adicional finalidade: a criação do precedente.*

produção da norma concreta), também produz o chamado *precedente*. Ao interpretar, por exemplo, que a relação jurídica existente entre Pedro e a empresa "Mundo da Criança feliz" se trata de um vínculo *consumerista*, cria-se um padrão interpretativo que se deve aplicar no julgamento de situações que sejam análogas em termos fáticos.

Depois de tudo quanto escrito acima, pense aqui comigo, caro leitor. Como você estuda Direito, é muito provável que sua profissão futura envolva o processo, seja ele o civil, o penal, o trabalhista, o eleitoral, o penal militar. Sendo assim, necessariamente você estará envolvido na produção de uma *norma jurídica secundária concreta*, seja na condição de responsável por produzi-la (juiz), seja como aquele a quem cabe pleitear sua produção (partes, autor e réu), seja como auxiliar do juiz (analista judiciário).

Logo, o esquema acima traçado é muito importante e deve ser lido até ser bem compreendido. E para ajudar sua compreensão, peço que, **neste momento**, você se dirija ao tópico 7 deste Capítulo. Nele, produzi a sentença que analisou o caso concreto analisado neste tópico, o que será de grande ajuda para que você fixe os conteúdos aqui estudados.

Caso você tenha chegado até aqui em sua leitura, já está pronto para conversar comigo sobre outras importantes classificações das normas jurídicas, muito úteis também no dia a dia do processo.

Muitas são as possíveis classificações das normas jurídicas, a depender dos critérios que se escolha. A mim interessa analisar mais duas delas:

a) a que distingue as normas jurídicas em princípios e regras;
b) a que distingue as normas jurídicas de direito material e as normas jurídicas processuais.

Tratam-se de classificações muito úteis no estudo da ciência processual, sendo relevantes para a compreensão de diversas questões que surgem no curso do processo.

3.2. Espécies de norma jurídica: princípios e regras

"O debate que mobiliza a Teoria Geral do Direito nos últimos anos gira em torno da existência dos princípios jurídicos, como espécie normativa distinta das regras jurídicas[12]".

Prezado aluno, nos dias de hoje não é mais possível afastar do discurso jurídico o conceito de *princípio*. No estudo da Teoria Geral do Processo e da Teoria do Processo Civil Brasileiro é imprescindível tratar de princípios.

Por essa razão, naturalmente surge uma dúvida: o que são os princípios? Parto de uma premissa bem clara nesse sentido: princípios são uma espécie de *norma jurídica*.[13]

12. BRASIL JÚNIOR, Samuel Meira. *Justiça, direito e processo – a argumentação e o direito processual de resultados justos*. São Paulo: Atlas, 2007, p. 85.
13. Fredie Didier compila diversas obras que reconhecem a chamada *força normativa dos princípios*, que nada mais é do que uma forma de dizer que os princípios são uma espécie de norma jurídica. DIDIER Jr., Fredie.

Logo, guarde muito bem a seguinte afirmação: ao se avaliar todas as normas jurídicas existentes em nosso ordenamento jurídico (em qualquer ordenamento jurídico, na verdade), é possível dividi-las em duas categorias:

os *princípios* e as *regras*

Nesse ponto, creio que uma dúvida surgiu na sua cabeça: *qual(is) critério(s) deve(m) ser empregado(s) para que se distinga um princípio de uma regra?*

Vários critérios são apontados pela doutrina para distingui-los. Um dos mais conhecidos diz respeito ao *grau de vagueza* da norma, ou seja, o quanto a norma jurídica apresenta uma prescrição vaga em sentido.[14]

Segundo esse critério, os princípios não descrevem hipóteses de fato assimiláveis a situações da vida determinadas, como o fazem as regras. Quem defende tal entendimento poderia exemplificá-lo a partir da análise das normas que se obtém da interpretação, por exemplo, do art. 5º, LV da CF/88 e do art. 814 do CC.

A simples leitura dos textos legislativos identificados acima já permite vislumbrar que as normas de conduta que deles se retiram são muito distintas em termos de vagueza. Quer ver?

CF/88

Art. 5º.

LV - aos litigantes, em processo judicial ou administrativo, e aos acusados em geral são assegurados o contraditório e ampla defesa, com os meios e recursos a ela inerentes.

CC/02

Art. 814. *As dívidas de jogo ou de aposta não obrigam a pagamento*; mas não se pode recobrar a quantia, que voluntariamente se pagou, salvo se foi ganha por dolo, ou se o perdente é menor ou interdito.

Realmente, nos exemplos dados, se está diante de artigo da Constituição cujo conteúdo normativo é principiológico (princípio da ampla defesa e contraditório) e de artigo do Código Civil do qual se extrai uma regra (a da proibição da cobrança de dívida de jogo).

Ocorre que *eu escolhi* dois exemplos que se encaixavam com perfeição ao critério do qual estamos tratando (*grau de vagueza*). Todavia, "o critério da vagueza é questionável, pois esse defeito semântico pode atingir tanto os princípios quanto as

Curso de direito processual civil. v. 1. 17 ed. Salvador: Juspodivm, 2015, p. 41.

14. Demonstram que este é um dos critérios empregados para se distinguir princípios de regra: BRASIL JÚNIOR, Samuel Meira. *Justiça, direito e processo*. São Paulo: Atlas, 2007, p. 87-88; BRAGA, Valechka e Silva. *Princípios da proporcionalidade & da razoabilidade*. 2 ed. Curitiba: Juruá, 2008, p. 40.

regras, considerando que as duas figuras normativas se manifestam por intermédio da linguagem".[15]

Os dois outros critérios comumente utilizados para diferenciar princípios e regras (o critério do tudo ou nada, bem como o critério dos pesos ou importâncias) também não podem ser considerados os mais adequados para diferenciar princípios de regras porque são, na verdade, *consequências* dessa diferença, a serem observadas a partir do momento em que se fixa a premissa de que certa norma é um princípio ou uma regra.

Explico: identificado que do art. 814 do CC se extrai uma norma jurídica que possui a natureza de *regra*, sabe-se que se aplica a ela o critério do tudo ou nada (*all or nothing*). Ou a dívida cobrada é de jogo e a norma é válida (*tudo*) para regular o caso ou a natureza do débito é outra (um empréstimo lícito) e a norma é inválida para regular tal situação (*nada*). Perfeito: mas por que essa norma é uma regra? O critério utilizado não nos diz. Ele simplesmente demonstra como trabalhar com as regras.

Mesma coisa se dá com o critério dos *pesos e importâncias*. A partir do momento em que definimos que certa norma jurídica tem natureza principiológica (que é um princípio), devemos saber que, diante de um caso concreto, é possível que aquele princípio tenha mais importância do que outro e que, por isso, uma eventual decisão tomada o tenha como principal fundamento, embora isso *não represente* que outro princípio seja inválido ou inaplicável. "Os princípios são aplicados segundo o seu peso. No caso de colisão, prevalece o que tem *maior peso*". Faço o mesmo tipo de pergunta que formulei acima: o critério dos "*pesos e importâncias*" permite distinguir (a) o que é princípio de regra ou (b) parte da premissa de que tal distinção foi antes realizada? A resposta é, claramente, a letra "b".

Na busca, portanto, pela essência do que sejam *princípios* e *regras* encontramos as lições de Humberto Ávila[16] e de Samuel Meira Brasil, que adoto e passo a explicar para você.

Começamos pela regra: trata-se de norma jurídica de conteúdo binário.

> A regra estabelece, assim, uma linha limítrofe – seja ela precisa ou vaga – entre o obrigatório e o não obrigatório, entre o proibido e o permitido etc. (...) Portanto, a regra somente qualifica a ação humana como conforme ou violadora da própria regra[17].

Por isso dizer que a regra se trata de norma jurídica *binária*. Ou ela qualificará a conduta humana como respeitante a ela ou como dela violadora.

Uma consequência comum – mas não necessária – desse caráter binário é a circunstância de a hipótese de fato da regra ser menos vaga. A menor vagueza, portanto, é decorrência lógica da estrutura da regra, do modo como ela se apresenta.

---

15. BRASIL JÚNIOR, Samuel Meira. *Justiça, direito e processo*. *Op. cit.*, p. 89.
16. ÁVILA, Humberto. *Teoria dos princípios*. 8 ed. São Paulo: Malheiros, 2008.
17. BRASIL JÚNIOR, Samuel Meira. *Justiça, direito e processo*. *Op. cit.*, p. 90.

Parece até mesmo lógico que uma norma voltada a qualificar condutas como conformes ou violadores a ela necessita, como regra, estabelecer hipóteses de fato que não sejam abrangentes demais, a fim de poderem ser identificadas na realidade social.

Vamos aos exemplos:

Caso 1: Luís contratou com a seguradora Bradesco um contrato de seguro de vida pelo qual, em caso de sua morte, seu filho Fábio teria direito a receber o montante de R$ 500.000,00. Morto o segurado, beneficiário (filho) e seguradora, diante da negativa de pagamento integral do valor segurado, transacionaram (entraram em acordo) para o pagamento à vista de R$ 400.000,00, dando quitação de todo o débito.

Sobre o tema, diz o art. 795 do CC:

> Art. 795. É nula, no seguro de pessoa, qualquer transação para pagamento reduzido do capital segurado.

Do art. 795 extrai-se a seguinte norma jurídica:

> Se → segurado e segurador transacionarem para pagamento reduzido do capital segurado
>
> Deve ser → anulado o negócio jurídico.

No caso em tela, aplicando-se o conceito de regra acima apresentado, percebe-se que o conteúdo normativo decorrente da interpretação do art. 795 do CC é, claramente, uma *regra*, visto que ela qualifica como inválida certa conduta e o ato jurídico praticado somente tem como ser conforme a norma ou dela violador (como no exemplo dado). Só há duas possíveis respostas ao se comparar a situação social à prescrição normativa.

Caso 2: Roberto é proprietário de uma casa de campo em Alfredo Chaves, localizada na chácara 20 do Condomínio Campestre. Certo dia, ao se deslocar para lá no final de semana, é impedido de ingressar em sua propriedade por Pedro, que a invadiu e trocou todas as suas fechaduras e cadeados. Diante do impasse, Roberto resolve dirigir-se ao Poder Judiciário.

Sobre o tema, diz o art. 1.228 do CC:

> Art. 1.228. O proprietário tem a faculdade de usar, gozar e dispor da coisa, e o direito de reavê-la do poder de quem quer que injustamente a possua ou detenha.

Do art. 1.228 extrai-se a seguinte norma jurídica:

> Se → alguém injustamente violar a propriedade, seja por meio de posse ou detenção
>
> Deve ser → obrigado a devolvê-la

Mais uma vez se está diante de uma regra, o que significa que a conduta humana, diante dela, somente poderá ser avaliada como conforme ou contrária, resultado binário.

Uma vez demonstrado o que caracteriza uma norma-regra, é a vez de falar da *norma-princípio* ou, simplesmente, do *princípio*: trata-se de norma que prescreve um "estado ideal de coisas a ser promovido, sem, no entanto, indicar os comportamentos cuja adoção irá contribuir para a promoção gradual desse ideal".[18]

"Nesse contexto, um princípio estabelece um *ideal*, um *standard*, um *padrão de comportamento desejado*. O *ideal* pode ser atingido em diversos graus"[19]. Os princípios são condutas ideais impostas pelo ordenamento jurídico, são os valores fundamentais perseguidos pelo Direito como um todo ou por um de seus ramos.

Uma norma principiológica *não descreve exatamente* quais comportamentos devem ser adotados e quais devem ser evitados pelo ser humano. Impõe, por outro lado, os valores que devem guiar seu comportamento.

Observe o seguinte exemplo, que retiro do Código de Processo Civil.

O art. 5º do CPC/15 se trata de texto legislativo do qual se extrai uma norma principiológica. Primeiro, transcrevo o artigo de lei:

> CPC
>
> Art. 5º Aquele que de qualquer forma participa do processo deve comportar-se de acordo com a boa-fé.

Aplicando a estrutura deôntica para se chegar ao conteúdo normativo decorrente do art. 5º do CPC, pode-se chegar à seguinte fórmula:

> NORMA PRINCIPIOLÓGICA PRIMÁRIA
>
> Se → uma pessoa ou ente não personalizado participa do processo
>
> Deve ser → obrigado a se comportar de acordo com a boa-fé

Atente-se, prezado leitor, ao consequente da norma acima, que retrata o princípio da boa-fé processual. Nitidamente, a consequência normativa é um ideal de conduta, um padrão de comportamento desejado, sem que, todavia, se especifique exatamente quais são as atitudes que caracterizam a boa-fé e quais a desqualificam. Todas as normas principiológicas são construídas dessa forma.

Vamos a outro exemplo. Que tal falar do princípio basilar do processo (objeto de estudo deste livro), que é o *devido processo legal*? Seguindo a mesma fórmula acima,

18. ÁVILA, Humberto. O que é devido processo legal? In: DIDIER JR., Fredie. *Teoria geral do processo – panorama doutrinário mundial*. v. 2. Salvador: Juspodivm, 2010, p. 353-354.
19. BRASIL JÚNIOR, Samuel Meira. *Justiça, direito e processo*. *Op. cit.*, p. 90.

em primeiro lugar o texto legislativo que é a base a partir da qual se chega à norma pretendida. Trata-se do art. 5º, LIV da CF/88.

> CF/88
>
> Art. 5º.
>
> LIV – ninguém será privado da liberdade ou de seus bens sem o devido processo legal

Agora, vamos extrair a norma jurídica abstrata primária que decorre da interpretação do art. 5º, LIV da CF/88:

> NORMA PRINCIPIOLÓGICA PRIMÁRIA
>
> Se → uma pessoa ou ente for privada de liberdade ou bens
>
> Deve ser → obrigatória a observância do devido processo legal

De novo percebe-se que se está diante de uma norma jurídica que impõe uma conduta ideal, um padrão de comportamento (a observância do devido processo legal) sem, no entanto, especificar o que seja o *due process of law*. Não há descrição de quais atitudes concorrem para o respeito ao princípio e quais o desrespeitam. Há, todavia, a imposição do dever jurídico de se praticar comportamentos adequados ao ideal de conduta traçado.

E nesse ponto – o dever de prática de comportamentos adequados – se encaixa uma característica singular dos princípios, acima relatada mas não esmiuçada: princípios admitem *graus de concretização*.

Isso significa que, a depender do contexto, é possível que um princípio incida com maior ou menor força ou peso. Ademais, como são ideais de conduta, é também possível – e frequente – que diante de certa situação jurídica mais de um princípio imponha seus valores ou ideais e que, por essa razão, se choquem. Nessas situações, é necessário identificar qual deverá preponderar sobre o outro, sendo que tal preponderância deve se obter mediante a conduta que diminua o mínimo possível a incidência do outro princípio em choque considerado de menor importância no caso concreto. Essa ponderação, essa aplicação dos princípios segundo o seu peso se faz por meio de um juízo de proporcionalidade ou razoabilidade.

Bem, exemplos sempre facilitam a compreensão de conceitos. Vamos a mais um deles, em que mostrarei o choque entre dois princípios que impõem valores a serem considerados em certa hipótese concreta, bem como qual deles deve preponderar e incidir em mais alto grau e qual deles deve ter sua incidência mitigada, no exato limite de *necessidade* dessa mitigação.

Caso 1: Maria apresenta requerimento dirigido ao Secretário de Saúde do Espírito Santo, por meio do qual pleiteia o fornecimento de um medicamento de alto custo que o SUS não fornece regularmente, pelo fato de que se trata de uma droga inovadora e que, talvez, seja sua última esperança de cura. Em resposta apresentada dois meses após o protocolo do pedido, o agente público afirma que é impossível atender a pretensão de Maria.

Por essa razão, Maria procura a Defensoria Pública e ajuíza uma ação cujo pedido é o de fornecimento do medicamento. Acontece que, como visto, ela corre contra o tempo e não tem como esperar o prazo normal de tramitação de um processo (a sentença, decisão judicial definitiva que pode impor ao Estado o fornecimento demorará muitos meses ou até anos para ser proferida). Ela precisa de uma decisão imediata, provisória, antes mesmo de o réu – Estado do Espírito Santo – ser citado (convocado a integrar o processo e se defender).

Coloque-se, agora, na posição do juiz. Existe uma regra processual que autoriza o juiz a decidir situações de urgência como a presente antes mesmo de o réu apresentar suas defesas (regra extraída do art. 300, § 2º do CPC).

Ao agir dessa forma, o magistrado dá peso primordial a um valor ou ideal que o ordenamento jurídico impõe, qual seja, o princípio do *acesso à justiça* (decorrente da interpretação do art. 5º, XXXV da CF/88).

Por outro lado, dá menor peso a outro princípio também relevante, o da *ampla defesa e contraditório* (art. 5º, LV da CF/88), visto que impõe uma obrigação ao Estado (fornecimento do medicamento) antes de permitir que este apresente suas defesas, que ficam postergadas, já que é impossível aplicar os ambos os princípios de forma plena simultaneamente.

No exemplo dado, perceba que dois princípios do processo se colidiram aparentemente em uma situação jurídica concreta, os princípios do acesso à justiça e da ampla defesa e contraditório, pelo fato de que representavam ideais que, concretizados, externavam condutas antagônicas do julgador: deferir ou fornecimento do medicamento antes de permitir ao Estado se defender ou não.

Utilizando-se da proporcionalidade, o magistrado indica qual princípio deve ter peso preponderante no caso concreto, determinando sua conduta segundo ele. Caso entenda que o princípio que apresenta maior peso é o do acesso à justiça, deferirá o fornecimento do medicamento. Caso entenda que é a ampla defesa e contraditório, aguardará o fim do prazo de resposta do réu para, então, apreciar o pedido.

Vamos supor que, após avaliar todas as questões de fato e de direito do caso concreto, tenha o magistrado optado por dar prevalência ao acesso à justiça, deferindo o fornecimento do medicamento. Isso significa que o magistrado, pura e simplesmente, negou vigência ao princípio da ampla defesa e contraditório?

Com certeza não e aqui é que entra em jogo a ideia de que princípios *incidem em graus*! O princípio da ampla defesa e contraditório incidiu em menor grau, no exato limite em que era necessário para garantir a prevalência do princípio que se chocava com ele, o acesso à justiça. Tanto é assim que o Estado será notificado da decisão proferida *liminarmente* (antes de que tivesse oportunidade de se defender) e poderá recorrer, apresentar ao magistrado prolator suas defesas e, até, obter a revogação da medida.

Note que a restrição à incidência do princípio da ampla defesa e contraditório foi a mínima necessária para que a conduta do julgador seguisse o ideal considerado preponderante, qual seja, o acesso à justiça.

Das lições de Humberto Ávila se retira passagem que cai como uma luva, após as explicações que acima dei. Por isso, a transcrevo:

> ...ocorre que a Constituição não protege, apenas, um fim, mas vários. Como o Estado deve proteger mais de um fim, ao mesmo tempo, ele deve escolher, dentre todos os comportamentos adequados para proteger um, aquele que restringe na menor medida o outro fim, que igualmente precisa ser promovido[20].

Feitas as observações acima, acho importante lembrá-lo da *razão* pela qual estamos estudando as diferenças entre princípios e regras: ao estudarmos o processo, método de exercício da jurisdição, será necessário compreender as diversas características das normas que regulam os atos e fatos processuais e tais normas têm a natureza de *regras* e de *princípios*.

É muito importante que você saiba se um certo comando normativo, referente ao processo, se trata de um princípio ou de uma regra pois, como visto, ambos se utilizam de técnicas diferentes para se resolver as dúvidas a ele pertinentes.

Por outro lado, neste momento já posso fazer uma afirmação que gostaria fosse guardada com muito cuidado em sua memória:

> é muito comum que os cientistas do processo chamem de *princípios* normas processuais que, *na verdade*, ostentam a natureza de *regras*.

Nesta obra tomarei cuidado redobrado para não incidir nesse erro, que já cometi no passado. Logo, diversas normas que, em trabalhos anteriores, classifiquei como princípios serão tratadas como o que efetivamente são: *regras*. Um exemplo: a norma que se obtém a partir da interpretação do art. 2º do CPC/15.

Como número elevado de cientistas do processo faz, defendi em obras anteriores[21] que o conteúdo normativo do art. 2º se tratava de um princípio, o princípio da demanda ou inércia. Em verdade, trata-se de uma regra, com todas as suas características acima descritas.

20. ÁVILA, Humberto. O que é devido processo legal? In: DIDIER JR., Fredie. *Teoria geral do processo – panorama doutrinário mundial*. v. 2. Salvador: Juspodivm, 2010, p. 354.
21. KLIPPEL, Rodrigo. *Teoria geral do processo civil*. Rio de Janeiro: Impetus, 2007; KLIPPEL, Rodrigo & BASTOS, Antônio Adonias. *Manual de direito processual civil*. 4 ed. Salvador: Juspodivm, 2014.

Por fim, há um último tema que gostaria de abordar, muito interessante para a prática do processo, que é o das eficácias *direta* e *indireta* dos princípios (especificamente, dos princípios processuais).

Parto de uma questão, que apresento a você: um princípio pode regular uma conduta sem a necessidade de, no caso concreto, se aplicar em conjunto uma regra?

A resposta é positiva e em tal hipótese é que se fala de *eficácia direta do princípio* – que regula condutas independentemente da intermediação de uma regra que concretize seu conteúdo para certo tipo de "situação modelo".

> Nesse plano, os princípios exercem uma *função integrativa*: permite-se agregar elementos não previstos em subprincípios ou regras. *A despeito da ausência de previsão normativa expressa de um comportamento necessário à obtenção do estado de coisas almejado*, o princípio irá garanti-lo.[22]

Da jurisprudência do STF se retira um exemplo claro de eficácia direta do princípio:

Caso 1: súmula 667 do STF: "Viola a garantia constitucional de acesso à Jurisdição a taxa judiciária calculada sem limite sobre o valor da causa" (sessão plenária de 24/09/2003). O Supremo Tribunal Federal, utilizando como razão de decidir exclusivamente o princípio do acesso à justiça (decorrente da previsão legislativa do art. 5º, XXXV da CF), sem intermediação de qualquer regra, decidiu que é inválido cobrar a taxa judiciária (valor que, em regra, se paga para se ter acesso ao serviço público prestado pelo Estado-juiz) sem fixar um teto de valor.

Exemplifico: o STF quis dizer que é preciso que a taxa judiciária tenha um teto, um valor máximo, em vez de sempre ser calculada tomando por base o valor do benefício econômico pretendido no processo. Traduzo em números: cobrar 5% sobre o valor da causa (valor do benefício econômico que o autor visa a alcançar no processo), a título de taxa judiciária caso o benefício pretendido seja de R$ 2.000,00 é algo realmente aceitável e pagável pelo "*homem médio*".

Pense, agora, que essa mesma alíquota, sem a fixação de um teto, se aplicasse qualquer que fosse o valor da causa e este fosse de R$ 50.000.000,00. Nitidamente representaria um cerceamento ao direito de acesso à justiça exigir que a parte pagasse 5% sobre R$ 50.000.000,00 (R$ 2.500.000,00) de taxa judiciária, para ter acesso à jurisdição estatal. Por isso que o STF disse que é inválida qualquer regra que não estabeleça um teto de valor da taxa judiciária. Perceba que a resolução dessa questão se obteve, exclusivamente, por meio do uso de um princípio como critério decisório.

O mais comum, no entanto, é a hipótese em que o princípio apresenta uma *eficácia indireta* – existe uma regra cujo conteúdo concretiza um postulado principiológico. A fim de demonstrar essa realidade, apresento dois exemplos de direito processual, que é o foco desta obra.

22. DIDIER JR., Fredie. *Curso de direito processual civil*. v. 1. 17 ed. Salvador: Juspodivm, 2015, p. 48.

Caso 1: o art. 9º do CPC se trata de texto legislativo cujo conteúdo normativo é regra que concretiza, em uma hipótese particular, o princípio da ampla defesa e contraditório (decorrente do art. 5º, LV da CF), ao estabelecer que:

> CPC
>
> Art. 9º. Não se proferirá decisão contra uma das partes sem que ela seja previamente ouvida.

Do texto legislativo transcrito, obtém-se a norma jurídica que obriga o julgador, antes de proferir decisão, a intimar as partes para que estas mas, caso queiram, tenham o direito de apresentar suas alegações. Trata-se de regra que, de forma patente, concretiza o ideal ou valor descrito e imposto no princípio da ampla defesa e contraditório, segundo o qual deve-se garantir às partes sua *participação no processo*, permitindo-lhes, dessa forma, influenciar, com seus argumentos, o julgador.

Bem, findamos por aqui a primeira das classificações das normas jurídicas que reputo importantes para o estudo do processo, nesta obra de "Teoria geral do processo" e de "Teoria do processo civil brasileiro".

Falta agora conhecer a segunda das classificações, segundo a qual as normas jurídicas se dividem em (i) *normas de direito material* (ii) *normas de direito processual*

3.3. Espécies de normas jurídicas: normas de direito material e normas de direito processual

Há uma última classificação das normas jurídicas que é muito importante que o estudante de "Teoria Geral do Processo" e de "Teoria do Processo Civil Brasileiro" conheça. Falo da distinção entre as normas *processuais* e as normas *materiais*, que também podem ser chamadas de normas *de direito processual* e normas *de direito material*.

Embora, como será mostrado logo em seguida, seja muito clara a distinção entre as normas materiais e as processuais, existe uma forte e íntima relação entre elas, visto que as últimas (normas processuais) regulam o método por meio do qual são produzidas as normas de direito material.

Por isso, desde logo, preste atenção na seguinte ideia: você, ao longo de sua vida acadêmica e profissional, ouvirá muitas vezes falar em *instrumentalidade do processo*. Basicamente, o que é isso?

Trata-se da concepção de que o processo se trata de *instrumento* – de meio, de caminho, de método – voltado a um certo fim, que é a produção das normas materiais, não sendo um fim em si mesmo.

Após ler o parágrafo acima, é possível que você tenha tido a seguinte dúvida: *por que razão ouvirei tanto uma frase que diz somente o óbvio, ou seja, que o processo não se trata de um fim em si mesmo*?

Por conta do passado. Quantas coisas herdamos do passado sem saber... Explico.

A ciência do Direito Processual – ou seja, o ramo da Ciência Jurídica que estuda o direito processual – é, historicamente, jovem. Durante muito tempo, os temas afetos ao processo foram estudados pelos civilistas. Fala-se em período *sincretista* da ciência processual – ou em *sincretismo jurídico*.[23]

Todavia, a partir da metade do século XIX, principalmente a partir da polêmica entre Windscheid e Muther, da obra de Oskar von Büllow e dos estudos de Adolf Wach e Chiovenda, um novo horizonte se vislumbrou, qual seja, percebeu-se que o processo era um ser distinto do direito material e, como tal, deveria ser cientificamente estudado de forma autônoma.

Surge, então, a fase *autonomista* do estudo do processo. Preste atenção nesse ponto: o direito processual se liberta do direito civil para fins científicos, ou seja, para que seus institutos sejam conhecidos e estudados como realidade distinta do direito civil (direito material).

Desculpe a analogia que faço agora, mas pense aqui comigo: ninguém duvida que a forma de bolo e o bolo sejam coisas distintas. Mas também ninguém duvida que a primeira é somente um instrumento para se chegar ao segundo.

Ocorre que, em termos de processo, infelizmente, os estudos realizados durante a fase autonomista deixaram de lado o caráter instrumental que é inerente ao método de exercício da jurisdição. Deu-se foco à análise dos institutos processuais, a fim de se firmar a concepção da distinção entre direito material e processo.

Deixar de lado, dar pouca atenção ao caráter instrumental do direito processual em relação ao direito material trouxe reflexos na prática jurisdicional. A ciência influencia a prática e a prática influencia a ciência, isto é certo.

Passou a ser comum que julgamentos realizados pelo Poder Judiciário dessem ao processo uma dimensão maior do que deve ter. A forma – e os erros a ela referentes – ganharam muito destaque. Mesmo em situações nas quais o erro de forma (referente ao emprego das normas processuais) não houvesse gerado prejuízo às partes, era recorrente o juiz entender que precisava por fim ao processo – ou refazer um ato processual.

Novamente apelando a uma analogia, era como se o doceiro resolvesse jogar o bolo fora pelo fato de a forma ter uma rachadura, embora o bolo já estivesse pronto, cheiroso, gostoso e a rachadura nada tivesse influenciado negativamente em suas características.

Por isso foi preciso parar, refletir e concluir: os estudos processuais precisam focar, a partir de agora, no *caráter instrumental* do processo em relação ao direito material. É necessário que a ciência processual influencie a prática, a fim de que os operadores do direito se sensibilizem para essa característica marcante do processo

23. DINAMARCO, Cândido Rangel. *A instrumentalidade do processo*. 8 ed. São Paulo: Malheiros, 2000, p. 18.

e das normas que o regulam: tratam-se de meio, de instrumento e não de fins em si mesmos.

Como afirma Dinamarco, a principal referência sobre o tema do instrumentalismo do processo, "*é indispensável que também o intérprete fique imbuído desse novo método de pensamento e sejam os juízes capazes de dar ao seu instrumento de trabalho a dimensão que os tempos exigem*".[24]

Tudo o que escrevi acima visa a dizer a você, meu leitor, o seguinte:

a) normas processuais e normas materiais são distintas;

b) mas estão umbilicalmente ligadas, por um vínculo de *instrumentalidade*, que modernamente parte da doutrina também denomina de *relação circular*, conceito esse que se pode considerar mais abrangente do que o de instrumentalidade, já que este último foca bastante na função do processo em relação ao direito material, sem tratar da relação contrária (da importância do direito material para o processo).[25]

Bem, sem mais demoras, é hora de conceituar umas (normas de direito material) e outras (normas de direito processual).

3.3.1. *Normas de direito material e normas de direito processual*

É muito importante que você saiba distinguir as normas de direito material e de direito processual. Nas disciplinas de "Teoria Geral do Processo", de "Teoria do Processo Civil Brasileiro", objeto deste livro e em todas as demais *cadeiras* de processo (civil, penal, trabalhista etc.) da faculdade você estudará temas atinentes às normas processuais.

É, pois, pressuposto essencial que, uma vez confrontado em uma situação concreta, você saiba responder se certa norma jurídica é material ou processual. E, neste ponto, uma notícia nada boa: essa distinção – normas de direito material e processual – não é estática, mas sim dinâmica.

O que significa isso? Que ela – a distinção – depende da análise do contexto em que a norma é aplicada. Professor, você está querendo me dizer que é possível que uma mesma norma jurídica seja, a depender do contexto, de direito material ou processual?

---

24. DINAMARCO, Cândido Rangel. *A instrumentalidade do processo*. 8 ed. São Paulo: Malheiros, 2000, p. 24.

25. "Por isso, no âmbito jurisdicional, tem-se dito que a relação entre direito material e processo é *circular*, de modo que, se o processo está a serviço do direito material, o direito material também precisa servi-lo. O processo deve ter o direito material (enquanto fragmento de uma realidade substancial) como seu ponto de partida e de chegada. Parte dele para a ele retornar. Daniel Mitidiero chega a afirmar que o processo e o direito material são indispensáveis entre si, pois o processo dá efetividade ao direito material e o direito material lhe confere uma função". BRAGA, Paula Sarno. *Norma de processo e norma de procedimento: o problema da repartição de competência legislativa no direito constitucional brasileiro*. Tese de doutorado UFBA, 2015, p. 155. Vide, também, MITIDIERO, Daniel Francisco. *Elementos para uma teoria contemporânea do processo civil brasileiro*. Porto Alegre: Livraria do Advogado, 2005, p. 71;

Exatamente!

Bem, o suspense feito já foi o suficiente. Vamos tratar logo do assunto. E, para tanto, invoco as lições que a professora baiana Paula Sarno Braga apresentou em sua tese de doutorado. Transcreverei seu ponto de vista e o explicarei a você. Ok?

> A distinção entre norma processual e norma material deve ser feita, a princípio, a partir da acepção mais ampla possível de processo estatal.
>
> Nesse contexto, a norma processual é aquela que disciplina a forma de produção de outras normas jurídicas (ou decisões). Define o procedimento a ser seguido na tomada de decisões estatais das mais diversas naturezas (legislativa, administrativa e jurisdicional). Estabelece, assim, o modo de proceder.
>
> Já a norma material é aquela que determina o conteúdo da norma jurídica produzida, a substância da decisão. Fornece, pois, um critério de decisão ou de julgamento.
>
> Ocorre que essa é uma visão estática e estritamente objetiva da distinção – presa rigidamente ao objeto da norma. Necessário proceder a uma revisão teórica que permita enxergá-la dinamicamente e na perspectiva funcional então propugnada. Para tanto, é inevitável que se enxergue que a norma que define critério de proceder pode funcionar como critério de julgar e vice-versa.
>
> Por isso, uma norma só pode ser definida como processual ou material com precisão a partir da função desempenhada em dado processo.[26]

A partir da leitura acima, o primeiro ponto de destaque é o seguinte:

> o que distingue as normas materiais e as processuais é a *função* que desempenham no contexto dos processos de criação de normas jurídicas. Trata-se, pois, de uma distinção pelo critério funcional.

Normas materiais ou de direito material são aquelas que fornecem o critério para que a decisão ou julgamento do pedido sejam dados.

Observe o seguinte exemplo: Roberto ajuíza uma ação, dando início ao exercício da função jurisdicional do Estado, em face de Pedro. Seu pedido? Que a Pedro se imponha a obrigação de lhe ressarcir os prejuízos decorrentes de um acidente de trânsito que teria sido causado pelo último.

A atividade jurisdicional se desenvolve – por meio de seu método, o processo – e chega o momento de o juiz decidir, de produzir a *norma concreta* que regulará a situação de ambos. Ao fazê-lo, o magistrado impõe a Pedro a obrigação de pagar a Roberto a quantia de R$ 10.000,00, a título de danos materiais.

Pergunto: *qual foi o critério que o magistrado utilizou para produzir essa norma concreta*, o que era o objetivo da atividade jurisdicional exercida nessa hipótese? Ele utilizou como critério decisório a norma abstrata que extraiu dos arts. 186 e 927 do Código Civil.

---

26. BRAGA, Paula Sarno. *Norma de processo e norma de procedimento: o problema da repartição de competência legislativa no direito constitucional brasileiro*. Tese de doutorado UFBA, 2015, p. 159-160.

Logo, se o critério para a formulação da norma concreta – que é o objetivo da atividade jurisdicional desenvolvida – foi a norma jurídica decorrente da interpretação conjugada dos arts. 186 e 927 do CC, isso significa que esta é a *norma material* ou de *direito material* empregada nesse contexto concreto.

Já as normas processuais foram todas aquelas outras de que o magistrado fez uso para regular os atos jurisdicionais que, ao longo do procedimento, foram praticados. Por exemplo, a norma que especificou o prazo para o réu apresentar sua contestação (resposta à petição inicial do autor),[27] a norma que descreve quem tinha autorização para ser autor e réu,[28] a que prescreve as consequências da perda do prazo para apresentação dos quesitos (perguntas) formulados ao perito,[29] etc.

Não há dificuldade. Pergunte-se: no contexto de um certo processo jurisdicional, qual é a norma jurídica que o magistrado utilizará como critério para decidir se o autor tem ou não razão quanto ao que pede ao Estado-juiz? A resposta será a *norma material* ou de *direito material* naquela circunstância.

O problema que precisamos enfrentar – e que você precisa saber resolver – é o de que uma mesma norma pode ser *processual* em um contexto e *material* em outro (ou vice-versa). Por isso eu disse que o conceito de uma (norma processual) e de outra (norma material) é dinâmico e não estático. Trata-se de conceito *funcional* (atinente à função exercida pela norma) no âmbito de um procedimento de produção normativa.

O que farei agora é:

a) apresentar o exemplo de uma certa norma jurídica que, num primeiro contexto, exerce nitidamente a função de norma processual, ou seja, voltada a regular o processo de produção de outra norma;

b) expor outro exemplo em que a mesma norma, inserida em outro contexto, exerce a função de norma material.

Prezado leitor, uma mesma pessoa pode exercer funções diferentes, a depender do contexto em que se encontre. Na sala de aula, na condição de professor, o Rodrigo Klippel é o *comandante*, exerce essa função. Em casa, o mesmo Rodrigo Klippel é o *comandado*, quem domina é a "patroa"! Não há nenhuma dificuldade em se observar que o mesmo *ser* pode, em contextos diferentes, exercer funções distintas.

Precisamos, tão somente, aprender a identificar essa realidade ao estudarmos as normas jurídicas que atuam no decorrer da função jurisdicional. Bem, vamos ao exemplo.

Pedro ajuíza uma ação (demanda) em face de Rodrigo, visando a condenar o último por danos morais, pelo fato de ter criado e espalhado um apelido do qual não gosta, qual seja, "Cabeça Louca". O CPC apresenta duas normas jurídicas segundo

27. Norma obtida a partir da interpretação do art. 335 do CPC.
28. Vide o art. 18 do CPC.
29. Vide arts. 465 e 507 do CPC.

as quais é necessário citar o réu (a citação é o ato por meio do qual se convoca o réu a ingressar no processo), sob pena de nulidade.

Perceba, caro amigo leitor, a função que as normas extraídas dos arts. 238 e 239 do CPC exercem: tais normas *não são o critério que o julgador utilizará para decidir se Rodrigo é obrigado a indenizar Pedro por danos morais*. Longe disso.

Tratam-se, por outro lado, de normas que regulam como o procedimento de produção da norma concreta (o processo jurisdicional) deve se desenvolver. Relatam que é requisito de validade do processo que ao réu se dê a oportunidade de se defender, mediante sua convocação, realizada por meio do ato processual denominado *citação*.

Logo, a primeira conclusão a que chegamos: no contexto do processo que tramita entre Pedro e Rodrigo, visando à condenação do último por danos morais causados ao primeiro, as normas referidas (decorrentes dos arts. 238 e 239 do CPC) podem, sem sombra de dúvidas, ser classificadas como *processuais* ou de *direito processual*.

Veja, agora, como as mesmas normas podem, em um contexto diferente, ser tidas como *normas de direito material*, ou seja, critério de decisão.

Vamos supor que Pedro, que também não é "flor que se cheire", na tentativa de obter uma ilícita vantagem sobre Rodrigo, combine com o porteiro do prédio do réu, seu chegado, para que este não entregue a *carta de citação* que foi endereçada a Rodrigo e que, por tal motivo, este não se defenda, seja derrotado e, por não fazer ideia da existência do processo, deixe de recorrer.

Creio que, ao ler este trecho, você já saiba que as decisões judiciais, quando se tornam irrecorríveis, adquirem uma eficácia (uma qualidade) chamada de *coisa julgada*, que representa a sua imutabilidade. A decisão irrecorrível torna-se imutável e indiscutível.

Mas professor – questiona você – trata-se de uma decisão imutável violadora do devido processo legal, pois a Rodrigo não foi garantida a ampla defesa e contraditório, já que ele não foi citado efetivamente.

Existe algo que ainda se possa fazer, em caso como este? *Sim, existe*.

É possível ajuizar uma ação incidental cuja finalidade específica é *desconstituir* a decisão tornada imutável, por conta do grave vício que o processo no qual ela foi proferida apresenta. Trata-se da *impugnação ao cumprimento de sentença*, prevista no art. 525, § 1º, I do CPC.

E, neste ponto, é que lhe questiono: sabe qual será a norma jurídica que o Poder Judiciário utilizará como *critério* para decidir, ou seja, para concluir se a sentença imutabilizada deve ser desconstituída ou não? *As normas extraídas a partir da interpretação dos arts. 238 e 239 do CPC*.

O critério que o Poder Judiciário empregará para julgar, ou seja, para concluir que a sentença deve ser anulada é o desrespeito às normas decorrentes da interpretação dos arts. 238 e 239 do CPC. Observe, portanto, que tais normas não regularam o procedimento que foi iniciado pelo ajuizamento da "impugnação ao cumprimento de sentença", o que as faria serem classificadas como *normais processuais*. Por outro lado, foram empregadas como o critério decisório responsável por justificar a conclusão a que o juiz chegou, pela anulação da sentença. Nesse contexto, então, tratam-se de *normas de direito material*.

Demonstrada a distinção entre normas de direito material e de direito processual, chega o momento de nos concentrarmos nas últimas, a fim de apresentar duas classificações a ela pertinentes que são úteis para a pragmática do processo.

3.3.2. Normas processuais de ordem pública e dispositivas

Uma vez definido o que são *normas processuais*, é preciso demonstrar que estas podem ser divididas em duas espécies, quais sejam:

a) as normas processuais de ordem pública;

b) as normas processuais dispositivas.

A rigor, essa classificação também se aplica às normas de direito material. Portanto, as considerações que eu fizer, logo abaixo, explicando o que são normas processuais de ordem pública e dispositivas se aplicam também à dicotomia "normas de direito material de ordem pública e dispositivas".

Como você já sabe, toda classificação toma por base um *critério*, com fulcro no qual se organiza certo tipo de objeto. Ex: objeto – ser humano; critério – instinto vencedor. De um lado, com base nesse critério, temos os flamenguistas (os de instinto vencedor) e do outro os vascaínos (os que não o possuem, a galera do vice!).

Sabendo disso e brincadeiras à parte, qual é o critério que se utiliza para separar as normas processuais entre as "de ordem pública" e as "dispositivas"? O critério é a predominância dos princípios inquisitivo ou dispositivo na constituição da norma.

Os princípios inquisitivo e dispositivo compreendem diretrizes totalmente antagônicas entre si. São o feio e o bonito; a luz e a escuridão. O princípio inquisitivo expressa, de modo geral, um predomínio do interesse público na constituição da norma, a impedir que as partes convencionem, por exemplo, a sua não incidência; o princípio dispositivo, a ausência desse predomínio, o que termina por gerar a possibilidade de que os destinatários de certa norma disponham acerca dela, afastando total ou parcialmente sua incidência.

Normas processuais de ordem pública são aquelas que sofrem a incidência e a influência marcante do princípio inquisitivo e que, portanto, não abrem espaço para que seus destinatários convencionem qualquer prescrição que afaste – parcial ou totalmente – sua incidência.

Um exemplo claro disso é a norma de competência que regula a competência do Supremo Tribunal Federal para julgar o Presidente da República pela alegada prática de crimes comuns (art. 102, I do CF). Não é possível que o Ministério Público Federal e o Presidente/réu convencionem (entrem em acordo) para levar o processo penal iniciado para análise do Superior Tribunal de Justiça, por exemplo.

Está-se diante, neste caso, de uma *norma processual de ordem pública*, regida pelo princípio inquisitivo e que não admite ser cambiada por outra norma que decorra da vontade das partes.

Identificar uma norma processual como de *ordem pública* também acarreta outro efeito, além daquele acima já identificado: o dever de o órgão jurisdicional identificar, mesmo sem qualquer provocação das partes – autor e réu – eventual erro em sua aplicação em uma situação concreta.

Ilustrando a afirmação feita no parágrafo antecedente, tem-se que se a ação penal proposta em face do Presidente da República tivesse sido dirigida ao Superior Tribunal de Justiça, em vez de apresentada ao STF, seria *dever* do STJ, *de ofício*, ou seja, mesmo sem provocação dos interessados, reconhecer o desrespeito à norma de ordem pública e determinar a remessa dos autos do processo ao Supremo Tribunal Federal.

Por outro lado, tem-se as *normas processuais dispositivas*, que são aquelas cuja incidência pode ser afastada pela vontade das partes, que constituem norma diferente para se aplicar ao mesmo caso.

Embora a maioria das normas de competência seja de *ordem pública*, como no exemplo acima dado, também existem *normas de competência dispositivas,* ou seja, que podem ter sua incidência afastada pela vontade das partes, que constituem norma diferente para atuar em sua situação concreta. Vamos ao exemplo:

Numa boate localizada na cidade de Vitória, João se envolve em uma briga com Gilberto, provocada pelo último. João leva a pior e fica com uma cicatriz no rosto, decorrente de uma garrafada. Últimas informações: João tem domicílio em Vila Velha e Gilberto na Serra. Todas as três cidades são municípios do estado do Espírito Santo.

João pretende ajuizar uma ação de reparação por danos morais em face de Gilberto. Onde ajuizar? Do art. 53, IV, "a" do CPC retira-se a regra de que a ação deve ser proposta no local em que ocorreu o fato, ou seja, em Vitória.

Todavia, a regra do art. 53, IV, "a" do CPC se trata de *norma processual dispositiva*, nos termos do art. 63 do CPC, o que significa que a vontade das partes pode afastar a incidência da regra criada pelo legislador, para que outra incida em seu lugar.

Em paralelo ao que disse quando tratei, acima, das normas processuais de ordem pública, tem-se que é *vedado* (proibido) ao órgão jurisdicional conhecer de um erro atinente à aplicação de uma norma processual dispositiva *sem provocação dos interessados*.

Até 17/03/2016 tinha vigência o Código de Processo Civil de 1973, diploma legal do qual se retirava um número que se pode considerar *pequeno* de normas processuais dispositivas, que poderiam ter sua incidência afastada pela vontade de seus destinatários, ou seja, das partes envolvidas no processo.

Todavia, partir da vigência do CPC/15 – Lei 13.105/2015 – em 18/03/16, o número de normas processuais que sofrem a incidência do princípio dispositivo e, portanto, podem ter sua incidência afastada parcial ou totalmente cresceu exponencialmente, *como se pode aferir a partir da leitura do art. 190 do CPC*.

Bem, espero que você tenha entendido tudo o que escrevi até este ponto, pois agora tratarei de uma situação que é de compreensão um pouco mais difícil. Preparado?

Vamos lá!

É muito comum trabalharmos com respostas extremistas, ou seja, "o *8* ou *80*", o "*sim* ou *não*", o "*branco* ou *preto*". Menos comum é termos a sensibilidade e a clarividência de enxergar o "47", o "depende" ou o "cinza".

Acerca do tema *normas de ordem pública* e *normas dispositivas*, queria tentar mostrar a você a existência de normas que se encontram em uma *zona cinzenta*, ou seja, que sofrem relevante incidência tanto do princípio inquisitivo quanto do dispositivo e, portanto, não podem ser vistas de forma purista, tão só como *normas de ordem pública* ou *normas dispositivas*, já que apresentarão características atinentes às duas.

O CPC/15, ao incluir dentre seus dispositivos o art. 190, fez com que a maioria das regras processuais ingressassem nessa zona cinzenta. Em primeiro lugar, transcrevo o artigo de lei mencionado:

> Art. 190. Versando o processo sobre direitos que admitam autocomposição, é lícito às partes plenamente capazes estipular mudanças no procedimento para ajustá-lo às especificidades da causa e convencionar sobre os seus ônus, poderes, faculdades e deveres processuais, antes ou durante o processo.

A partir da vigência do CPC/15, muitas normas que eram consideradas, pura e simplesmente, de *ordem pública* à luz do sistema processual anterior (regulado primordialmente pelo CPC/73), por sofrerem incidência exclusiva do princípio inquisitivo, passaram a sofrer também a incidência do princípio dispositivo, o que faz com que assumam características atinentes tanto ao regime publicista quanto ao regime privatista.

O CPC/15 acentuou a relação de instrumentalidade entre a norma de direito material e a norma processual ao determinar que se o processo tiver por finalidade a resolução de situações jurídicas (direitos, obrigações) disponíveis (dos quais as partes podem dispor por serem efeito de normas disponíveis), autoriza-se que as partes também estipulem modificações nas regras processuais, alterando o procedimento, a fim de regular de modo distinto os direitos, poderes, faculdades e obrigações processuais.

Pense aqui comigo algo bem simples, mas revelador: quando as partes pretendem discutir direitos disponíveis, estão autorizadas até mesmo a afastar a atividade jurisdicional estatal pela escolha da arbitragem.

Ora, quem pode o mais, deve poder o menos: se a tutela de direitos disponíveis pode ser feita fora dos limites do processo jurisdicional estatal, é compreensível – e até lógico – que optando as partes pela produção e efetivação da norma concreta pelo Estado-juiz tenham uma maior liberdade na escolha das regras que regularão os atos do procedimento.

Neste exato momento, pressinto que você necessita de um exemplo! Vamos a ele.

O recurso cabível contra a sentença (principal ato decisório do juiz) se chama apelação. Sua finalidade é corrigir qualquer erro que, em tese, a sentença possua. Segundo se lê no CPC, o prazo para a interposição (apresentação ao Estado-juiz) da apelação é de 15 dias úteis. Num processo em que Roberto e Pedro discutam a quem efetivamente pertence um terreno localizado em condomínio fechado em Pedra Azul, tem-se discussão de direito patrimonial disponível (efeito de norma disponível). Por essa razão, até mesmo por arbitragem se poderia produzir a norma concreta que resolverá a lide.

Todavia, Roberto e Pedro optam por acessar o Estado-juiz. No caso em tela, no entanto, dado o fato de estarem discutindo direito patrimonial disponível, podem acordar, por exemplo, em reduzirem o prazo do recurso de apelação, a fim de que o processo possa findar mais rapidamente.

Vejam, agora, a diferença: Pedro, criança de 06 anos, ajuíza em face de Rodrigo uma demanda em que requer do Estado-juiz que produza norma concreta que determine ao último que lhe pague uma pensão alimentícia. Pedro, por óbvio, está representado nos autos por sua mãe.

Observem que o direito material, neste segundo exemplo, tem uma matiz totalmente distinta do direito material que foi retratado no primeiro exemplo. Seu titular é uma criança, absolutamente incapaz; o valor que pleiteia visa a garantir que sobreviva de forma digna (que possa se alimentar, vestir, estudar, ter lazer etc.). Trata-se de direito que apresenta um certo grau de indisponibilidade. Pedro – representado pela mãe – e Rodrigo podem chegar a um acordo referente ao valor da pensão. Todavia, existe vedação a que o autor, simplesmente, desista da ação (a desistência poderia se tratar de uma chantagem ou violência por parte do réu). Nesse caso, em que há uma margem menor – mais ainda existente – de disponibilidade (é possível que haja autocomposição sobre o valor e forma de pagamento de alimentos, não sobre sua existência), será que é lícito às partes convencionarem alterações nas normas processuais? Trata-se de dúvida sobre a qual ainda não há resposta unívoca.

Por outro lado, imagine uma ação judicial em que o Estado pleiteia de um particular a devolução de um terreno que este último invadiu. O Estado é uma ficção jurídica que representa o patrimônio de toda a população. Você acha que é cabível, no processo, que o Estado realize qualquer tipo de autocomposição referente ao terreno, invadido indevidamente? A resposta, neste caso, é negativa. Logo, diante da total indisponibilidade do bem objeto do processo, estão as partes proibidas de alterarem as regras processuais por meio de sua vontade, reduzindo prazos, estipulando o não cabimento de certas provas etc.

Você só está começando a estudar processo. Mas já deve perceber que, nos dias de hoje, não é mais tão simples, quanto ao assunto que estamos tratando, dar respostas extremistas (só há regras processuais de ordem pública ou só há regras processuais disponíveis). Como visto, o CPC hoje permite que, a depender do contexto concreto, ou seja, do tipo de direito material discutido num certo processo, as partes tenham liberdade para alterar regras processuais que seriam intocáveis sob outros contextos. A zona cinzenta se ampliou a fim de fazer com que o processo (ou seja, o procedimento, a sequência de atos processuais que compõe o método de exercício da jurisdição) se adapte melhor a cada situação de direito material em que precise atuar.

3.3.3. Normas de processo e de procedimento

A Constituição Federal, ao regular a competência legislativa (ou seja, a qual dos entes da federação – União, estados e municípios – compete legislar sobre certos temas), estabelece uma distinção que sempre gerou grande controvérsia científica.

O art. 22, I da CF/88 determina que é competência da União legislar sobre direito processual, ou seja, sobre *processo*.

Já o art. 24, XI da CF/88 prescreve que é competência concorrente (conjunta, portanto) da União, dos estados e do Distrito Federal legislar sobre procedimentos em matéria processual.

Essa construção sempre gerou uma dúvida de solução difícil – ou melhor falando – impossível: *como diferenciar o que são diplomas legislativos referentes a direito processual (processo) de outros que versem sobre procedimentos em matéria processual*?

No Capítulo 2 do livro tivemos a oportunidade de expor que *processo* pode ser definido segundo três critérios:

a) à luz da *Teoria da Norma*, trata-se de método de produção de normas jurídicas (método de exercício da função jurisdicional);
b) à luz da *Teoria do Fato Jurídico* – no plano da existência – o processo se trata de um *procedimento* (ato jurídico complexo de formação sucessiva);
c) à luz da *Teoria do Fato Jurídico* – no plano da eficácia – o processo se trata de um *feixe* (conjunto) de relações jurídicas entre seus diversos sujeitos, resumidas a um modelo chamado de *relação jurídica processual*.

Ora, se *processo* é, sob um dos pontos de vista acima retratados, *procedimento*, como separar, distinguir *processo* de *procedimento* para o fim de dividir a competência legislativa, tal como o fez o legislador constitucional?

Cientificamente falando, criou-se um critério de diferenciação que é impossível de ser efetivado. Legislar sobre um "procedimento em matéria processual" significa legislar sobre direito processual, sobre processo, já que uma das formas de se visualizar o método de exercício da jurisdição é, justamente, como sendo um procedimento.

Por isso, a solução que seria adequada para o caso concreto – ao invés de tentativas de separar o indissociável – é aquela que Paula Sarno Braga defende em sua tese de doutorado.

Pela precisão da lição e, principalmente, pela originalidade da ideia, transcrevo suas conclusões *nas linhas abaixo*, que devem servir de baliza para que se interprete adequadamente os arts. 22, I e 24, XI da Constituição Federal, deles se extraindo normas exequíveis e válidas:

> Processo e procedimento são, em essência, noções indissociáveis entre si. Legislar sobre um significa legislar sobre o outro.
>
> Dessa forma, normas de processo e normas de procedimento têm o mesmo objeto e papel, sendo, portanto, coincidentes entre si. Disciplinam o exercício procedimental da jurisdição em contraditório, abrangendo todos os seus atos e fatos, em sua existência, validade e eficácia.
>
> Assim, ambas integram o "direito processual" (art. 22, I, CF) e referem-se ao fenômeno do "processo" (art. 24, X, CF) e do "procedimento em matéria processual" (art. 24, XI, CF), não havendo distinção entre elas que sirva de critério para repartir a competência legislativa.
>
> A despeito disso, a Constituição atribui à União competência privativa para legislar sobre "direito processual" e, paralelamente a isso, confere à União, aos Estados e ao Distrito Federal competência concorrente para disciplinar o "procedimento da matéria processual" (e o "processo" nos juizados) – de modo que sejam produzidas simultaneamente, legislação federal geral e legislação estadual (e distrital) suplementar (ou supletiva) sobre o tema.
>
> Ao conceder competência privativa à União e competência concorrente à União, Estados e Distrito Federal sobre uma mesma matéria, incorre em um conflito aparente de competência, que deve ser solucionado mediante uma interpretação histórica, teleológica e sistemática das normas de competência legislativa em questão, assentada na própria Constituição, e que garanta a unidade e integração político-constitucional, atribuindo eficácia ótima às normas constitucionais levadas em consideração.
>
> Teleologicamente, vislumbra-se ser opção do Constituinte de 1988 admitir leis estaduais (e distritais) suplementares e supletivas sobre "procedimento em matéria processual" com o objetivo de viabilizar que a legislação genérica da União seja adaptada às diferentes necessidades e realidades locais – que devem ser atendidas e supridas, ainda que a União seja omissa -, considerando-se a dimensão territorial e a variedade social, cultural, estrutural e econômica brasileira.
>
> Sistematicamente, autorizar a produção de leis estaduais suplementares e supletivas de processo e procedimento (inconfundíveis entre si) é o padrão constitucional, por exemplo, para processos dos juizados especiais estaduais (art. 24, X, CF) e para os processos licitatórios (art. 22, X, CF), permitindo-se, também, que os Estados disciplinem plenamente seus processos administrativos em geral.
>
> Ainda sistemática, mas também historicamente, demonstrou-se que a distinção de processo e procedimento está superada em doutrina e sequer é acolhida nos mais diversos dispositivos da Constituição (a ex. dos art. 5.º, LXXII e LXXVIII, art. 24, X, art. 37, XXI, art. 41, §1.º, art. 59, *caput*, art. 84, III, 166, §7.º, CF/1988). Não se justifica servir de base para repartir a competência legislativa

neste mesmo diploma constitucional, cujo art. 24, XI, certamente, por um lapso, não acompanhou essa evolução conceitual, ecoando o passado.

Demais disso, os princípios constitucionais do devido processo legal, da autoridade natural e da competência adequada, bem como o princípio federativo e do interesse predominante (moldado pela subsidiariedade) são determinantes para a adequada interpretação dessas regras.

É necessário identificar e tutelar o interesse regional ou local, que sobressai prevalecente, em adequar normas processuais gerais às especificidades do modo de exercício da jurisdição estadual – naturalmente, sem contrariar a legislação federal e sem gerar disparidades nacionais perniciosas.

Afinal, o legislador estadual (e distrital) está próximo dos problemas locais, relativos à Justiça do seu Estado (ou do Distrito Federal), o que o torna a autoridade natural e titular da competência adequada para, conduzindo um processo legislativo devido, moldar o processo instituído por lei federal ao ambiente jurisdicional regional.

Nada mais razoável do que reconhecer o poder dos Estados (e do Distrito Federal) de suplementar e suprir a legislação que rege o instrumento de trabalho de uma função sua, a *jurisdição estadual* – até mesmo como um poder implícito ou resultante, que assegura e viabiliza a implantação dos fins constitucionalmente visados.

Desse modo, a partir dessa leitura teleológica, sistemática, histórica e principiológica dos arts. 22, I, e 24, X e XI, CF, pode-se concluir que:

i) a União tem competência legislativa plena para disciplinar o processo jurisdicional federal;

ii) a União, os Estados e o Distrito Federal têm competência legislativa concorrente para tratar do processo (que é procedimento) voltado para o desempenho de jurisdições estaduais.

O Direito processual aplicável pelos órgãos jurisdicionais estaduais pode ter dupla origem (federal e estadual), convivendo leis federais e leis estaduais (ou distritais).

Espera-se, assim, que o Supremo Tribunal Federal deixe de lado a missão teoricamente inviável de diferenciar processo e procedimento, que o tem levado, em grande parte dos seus precedentes, a colocar parcela significativa daquilo que se refere ao fenômeno processual/procedimental como temática de competência privativa da União. Ainda mais quando o faz por decisões que acabam refletindo e resvalando na inconsistência, na incoerência e na falta de uniformidade existentes em doutrina sobre a matéria.

Anseia-se que o legislador estadual encontre no STF posicionamentos seguros e efetivos sobre o que pode ser validamente objeto de sua atividade legislativa.

Acima de tudo isso, almeja-se que o jurisdicionado possa contar com um processo, nas justiças e juizados estaduais, adequado às necessidades locais, devidamente atendidas por leis estaduais que tenham sua validade reconhecida e preservada pela Corte Suprema.[30]

4. APLICAÇÃO DAS NORMAS JURÍDICAS NO TEMPO

Um tema muito importante de teoria geral do direito, atinente à norma jurídica, é o de sua aplicação no tempo. Qual norma jurídica deve regular certo fato ou conjunto de fatos?

30. BRAGA, Paula Sarno. *Norma de processo e norma de procedimento: o problema da repartição de competência legislativa no direito constitucional brasileiro*. Tese de doutorado UFBA, 2015, p. 433-435.

Trata-se de dúvida que diz respeito tanto às regras de direito material quanto às regras de direito processual e mistas. Bem, você já sabe muito bem que este é um livro de "Teoria Geral do Processo" e de "Teoria do Processo Civil Brasileiro".

Logo, o que nos importa estudar é a aplicação das normas processuais e mistas no tempo e o faremos à luz das previsões legislativas sobre o tema previstas tanto no Código de Processo Civil quanto no Código de Processo Penal.

4.1. Aplicação das normas processuais no tempo

O Código de Processo Civil fala da "aplicação da lei processual", sem especificar algum de seus ramos (processual civil, penal, trabalhista, eleitoral etc.) em seus arts. 14 e 1.046, que seguem:

> Art. 14. A norma processual não retroagirá e será aplicável imediatamente aos processos em curso, respeitados os atos processuais praticados e as situações jurídicas consolidadas sob a vigência da norma revogada.
>
> Art. 1046. Ao entrar em vigor este Código, suas disposições se aplicarão desde logo aos processos pendentes, ficando revogada a Lei nº 5.869, de 11 de janeiro de 1973.

Logo, tratam-se de dispositivos cuja interpretação faz nascer uma norma processual *lato sensu*, aplicada a todos os ramos do direito processual e não só ao processo civil. E desde logo, lhe digo uma coisa, meu leitor: *o Código de Processo Civil está repleto de dispositivos legais cujo conteúdo, obtido mediante a interpretação dos signos que o formam, são normas processuais aplicáveis a todo o sistema jurídico* (processo civil, penal, trabalhista, eleitoral, penal militar).

O Código de Processo Penal, publicado em 1941, regula o tema de forma mais específica, tratando da "aplicação da lei processual penal no tempo" em seu art. 2º, em texto do qual se extrai o *mesmo comando normativo*, a saber:

> Art. 2º A lei processual penal aplicar-se-á desde logo, sem prejuízo da validade dos atos realizados sob a vigência da lei anterior.

Portanto, chegamos à seguinte conclusão, tomada com base em regras decorrentes da interpretação dos dois dispositivos de lei acima transcritos: *a aplicação da lei processual é, em regra, imediata, ou seja, uma vez vigente, a lei já passa a regular no dia de sua vigência os fatos sociais a que diga respeito* (ex.: se uma *regra processual nova* trata de requisitos da sentença e foi publicada hoje, qualquer sentença proferida já neste dia deve respeitar seu comando).

Em regra, os diplomas processuais não se submetem à *vacatio legis*, pois, pelo fato de as normas processuais serem manejadas por pessoas dotadas de conhecimento técnico-jurídico, ordinariamente não seria necessário permitir à sociedade conhecimento prévio do conteúdo delas. Logo, *a regra é que o dia da vigência seja o dia da publicação*.

Sua aplicação atinge processos em andamento, mas não pode alterar os atos processuais que se perfectibilizaram (que foram concluídos, tornaram-se atos jurídicos perfeitos) sob a égide da norma anteriormente vigente, em seu *conteúdo* e *efeitos*. É, portanto, irretroativa, preservando os atos já praticados na vigência da lei anterior (das normas que se extraíam da lei anterior), em respeito ao princípio *tempus regit actum* (que você já estudou em cadeira da Faculdade que tratou da "Lei de Introdução às Normas do Direito Brasileiro" – LINDB e de seu art. 6º).

Na lição de E. Magalhães Noronha[31] (1987, p. 13), escrita em obra voltada ao estudo do direito e processo penal mas aplicável aos demais ramos do direito processual, "o fundamento da *aplicação imediata* da lei processual é que se presume seja ela mais perfeita do que a anterior, por atentar mais aos interesses da justiça, salvaguardar melhor o direito das partes, garantir defesa mais ampla ao réu etc."

Quando se estuda a aplicação da lei processual no tempo, é necessário expor ao leitor que a novel legislação, ao entrar em vigor, aplicar-se-á, *sem sombra de dúvidas*, a processos que se iniciem a partir de então. Exemplifico o que quis dizer acima: o Código de Processo Civil de 2015 (CPC/15) entrou em vigor em 18/03/16.[32] Isso significa que qualquer processo que tenha se iniciado – com a apresentação da petição inicial ao órgão jurisdicional – a partir de 18/03/16, obrigatoriamente teve que seguir as normas dele extraídas.

Não há, pois, nenhuma dificuldade neste ponto. Incertezas, todavia, surgem no que respeita à aplicação da nova norma processual aos processos que já tramitavam antes de sua vigência, no curso dos quais certos *atos processuais* já foram praticados.

Novamente um exemplo, para que você compreenda a afirmação que fiz: como disse, em 18/03/16 entrou em vigor o CPC/15, do qual se retiram muitas novas *regras* e *princípios processuais*. Essas regras se aplicam a processo que foi iniciado, por exemplo, três dias antes, em 15/03/16? E a outro processo, que teve início dois anos antes?

Neste ponto, você, leitor atento a tudo que escrevi acima, pode ter se questionado: *mas que dúvidas são essas*? Não basta responder que a nova norma processual deve respeitar, no processo que já tinha iniciado antes da vigência das novas normas, os atos processuais praticados sob a vigência das normas revogadas? Essa assertiva não basta à análise do tema?

---

31. NORONHA, E. Magalhães. *Direito penal*. 22 ed. São Paulo: Saraiva, 1987, p. 13.
32. Disse, no corpo do texto, que em regra novos diplomas legais que contenham normas processuais têm vigência imediata, *assim que publicados*, o que significa que não estão submetidos à *vacatio legis*. No caso do CPC/15, por representar um novo e complexo conjunto de dispositivos processuais, o legislador entendeu por bem estabelecer uma *vacatio legis* de um ano. Trata-se de exceção à regra posta totalmente justificável, concorda?

Não, é insuficiente, por um simples motivo: o processo, encarado sob o ponto de vista da *teoria do fato jurídico*,[33] pode ser classificado como um ato jurídico complexo, formado por um *ato final*, que o caracteriza e por *atos anteriores*, que condicionam o ato final e se relacionam entre si, gerando diversas *implicações mútuas*.

Dentre essas *implicações mútuas*, encontra-se aquela que é essencial para o estudo da aplicação da lei processual nova aos *processos pendentes* (iniciados quando vigentes as normas processuais agora revogadas): em diversas situações, o *direito subjetivo* à prática do ato seguinte se trata de um *efeito* do ato anterior. Exemplo claro disso tem-se na relação entre o ato (pretérito) decisão e o ato (posterior) recurso. O direito subjetivo de recorrer é um efeito jurídico da publicação da decisão judicial recorrível.

Logo, se uma *hipotética norma processual nova*, de vigência imediata, que extinguisse o recurso de *apelação*, cabível contra a sentença (principal decisão judicial tomada pelo juiz), entrasse em vigor no dia 24/02/16, não seria aplicável aos processos em que a sentença tivesse sido publicada até o dia 23/02/16.

Nesse momento, você se questiona: mas a apelação não será produzida e apresentada ao Estado-juiz já sob a vigência das novas regras, que a excluem? Não é, portanto, um ato novo? A resposta à presente situação é a aplicação daquilo que expliquei dois parágrafos antes deste, a saber:

a) a *sentença* publicada se trata de um *ato jurídico perfeito*, proferida à luz das normas jurídicas vigentes no dia 23/02/16;

b) a *lei processual nova* não pode retroagir para violar o ***conteúdo*** e os ***efeitos jurídicos*** do ato jurídico perfeito (*tempus regit actum*, CF art. 5º, XXXVI e LINDB art. 6º);

c) era efeito jurídico da decisão judicial, no dia em que foi publicada, o surgimento (nascimento) do direito de recorrer por meio de apelação;

d) um dos efeitos da sentença (o nascimento do direito ao recurso previsto contra ela) seria desconsiderado se, no exemplo dado, se considerasse incabível a apelação. Os efeitos da sentença são regulados pelas normas vigentes no dia de sua publicação, que é o dia em que ela se torna um *ato jurídico perfeito*. E, no dia da publicação, ainda era vigente a regra processual segundo a qual um dos efeitos da sentença era o nascimento do direito de se recorrer, por meio de apelação, contra ela.

Por tudo quanto dito e exemplificado, resta claro que o operador do direito, sempre que se vir diante da necessidade de avaliar se uma norma processual nova deve se aplicar ou não a um processo pendente, precisa observar o seguinte roteiro:

a) identificar qual o ato ou fato jurídico que a norma processual nova regula (ex.: a norma processual nova diz respeito à petição inicial, à contestação ou à sentença);

---

33. DIDIER JR., Fredie. *Curso de direito processual civil*. v. 1. 17 ed. Salvador: Juspodivm, 2015, p. 31.

b) observar se este (fato ou ato) já ocorreu ou foi praticado no processo – caso já tenha sido, exclui-se desde logo a aplicação do novo comando normativo;

c) caso o fato ainda não tenha ocorrido ou o ato não tenha sido praticado, observar se atos ou fatos processuais anteriormente praticados não têm como um de seus efeitos garantir o *direito subjetivo* ao fato ou ato processual novo, sobre o qual se pretende aplicar a norma nova;

   c.1) se de atos processuais anteriores *não nasce* o direito subjetivo à prática do ato seguinte, não há nenhum impedimento à aplicação da norma nova;

   c.2) se de um ato processual anterior nasce o *direito subjetivo* à prática do ato seguinte, a norma processual nova somente poderá se aplicar se o *dever-ser* que contém *não restringir* o exercício do direito subjetivo previamente adquirido.

Dois exemplos podem facilitar a compreensão do raciocínio teórico acima desenvolvido.[34] Tome por premissa que certa norma processual preconiza que *contra decisões "x" é cabível o recurso "y"*.

Caso 1: entra em vigor nova norma processual, que põe fim ao cabimento do recurso "y" contra a decisão "x". Foi proferida, pelo juízo da Vara Única de Fundão uma decisão "x", um dia antes da vigência de lei processual nova. Caberá o recurso "y" contra esta decisão ? A resposta é **negativa**. Vamos seguir, passo a passo, o roteiro teórico acima traçado:

a) a nova norma processual regula o não cabimento do recurso "y";

b) ainda não foi interposto o recurso "y" no processo;

c) todavia, *antes da vigência da nova norma processual*, foi proferida a decisão "x", que à época de sua publicação trazia como um de seus efeitos jurídicos o surgimento do direito subjetivo de atacá-la por meio do recurso "y";

d) como a norma processual nova *restringe* o exercício desse direito (extinguindo-o), em verdade, não pode ser aplicada pois, se assim ocorresse, ter-se-ia uma aplicação inconstitucional dela, em desacordo com a regra do art. 5º, XXXVI da CF, pelo ferimento a um direito processual adquirido (o direito de recorrer).

---

34. Consta da jurisprudência do STF precedente que retrata uma hipótese em que se discutiu se, diante do advento da reforma processual penal de 2008, ainda seria cabível o "Protesto por novo júri", recurso não mais previsto no CPP, em processo então pendente. Transcreve-se trecho da ementa: "*Nos termos do art. 2º do CPP, ´a lei processual aplicar-se-á desde logo, sem prejuízo da validade dos atos realizados sob a vigência da lei anterior´. Desse modo, se lei nova vier a prever recurso antes inexistente, após o julgamento realizado, a decisão permanece irrecorrível, mesmo que ainda não tenha decorrido o prazo para a interposição do novo recurso; se a lei nova vier a suprimir ou abolir recurso existente antes da prolação da sentença, não há falar em direito ao exercício do recurso revogado (...) No caso em exame, os recorrentes foram condenados pelo Tribunal do Júri de São Paulo em 26 de março de 2010. No ato de interposição do recurso de apelação, formalizaram pedido alternativo de recebimento da impugnação recursal como 'protesto por novo júri', pleito que não foi acolhido porque esse recurso sui generis fora extinto pela Lei 11.689, que entrou em vigor em 08 de agosto de 2008, antes, portanto, da prolação da sentença penal condenatória*" (RE 752.988 AgR, 2ª T., Rel. Min. Ricardo Lewandowski, DJ 03/02/2014)

Caso 2: entra em vigor nova norma processual, que altera a competência para se processar e julgar o recurso "y" contra a decisão "x". Foi proferida, pelo juízo da Vara Única da Comarca de Itaguaçu, uma decisão "x", um dia antes da vigência da lei nova. O recurso que se venha a interpor, contra a sentença proferida antes da vigência da nova norma de competência, deverá ser processado e julgado nos termos da novel legislação ou ainda se aplica a disciplina anterior da competência? O recurso deverá ser processado e julgado **à luz da novel regulamentação de competência**. Novamente, sigamos o roteiro teórico que concebemos para a resolução de dúvidas sobre a aplicação da norma processual nova a processos pendentes:

a) a nova norma processual regula a competência para processar e julgar o recurso "y";

b) ainda não foi interposto o recurso "y" no processo;

c) todavia, *antes da vigência da nova norma processual*, foi proferida a decisão "x", que à época de sua publicação trazia como um de seus efeitos jurídicos o surgimento do direito subjetivo de atacá-la por meio do recurso "y";

d) como a norma processual nova ***não restringe*** o exercício do direito de recorrer, mantendo-o íntegro e alterando, tão somente, um elemento procedimental atinente a ele (competência para julgá-lo), deve a norma nova incidir.

Apresentada a regra acima, passo a tratar de dois temas mais específicos e que somente serão compreendidos por aqueles que já estudaram, pelo menos, as duas primeiras cadeiras de direito penal e já deram início ao estudo específico do processo penal. Logo, se você lê este livro com a finalidade de estudar tão somente o processo civil ou se ainda não teve a oportunidade de realizar os estudos que acima mencionei, pule a leitura dos *tópicos 4.2* e *4.3* e passe direto ao *tópico 5*.

4.2. Aplicação das normas processuais penais mistas no tempo

A aplicação da lei processual no tempo, que retratei acima, é um tema que apresenta mais uma *peculiaridade*, especificamente relacionada ao *processo penal* e que precisa ser avaliada visto que implicará diferenças em relação ao modelo antes traçado: trata-se do caso particular das chamadas *normas processuais penais mistas*.

Normas processuais penais mistas são aquelas que, simultaneamente, regulam situações jurídicas atinentes ao direito penal (direito material) e ao direito processual penal.

> Exemplo clássico de norma mista é a que fixa a iniciativa da ação penal privada. Essa regra, por tratar do início do processo, da legitimidade de parte, é processual penal. Todavia, refere-se também a um conteúdo material, por regular a pretensão punitiva, porque se não exercido o direito de queixa no prazo decadencial, ocorre a extinção da punibilidade do autor da infração penal.[35]

35. DEMERCIAN, Pedro Henrique *et al. Curso de processo penal*. 3 ed. Rio de Janeiro: Forense, 2005, p. 31.

Caso o operador do direito identifique que certa norma processual penal pode ser qualificada como *mista*,[36] deve realizar uma pequena, mas importante e essencial, *alteração* no roteiro que acima criei sobre a aplicação da lei processual penal nova aos processos pendentes. Explica-se. É pacífico na doutrina e na jurisprudência que, nas normas processuais penais mistas, seu caráter *material* deve *prevalecer*. Logo, a norma processual penal *mista* mais benéfica aplica-se retroativamente, podendo incidir e conferir nova regulamentação a fatos jurídicos consolidados com base em normas pretéritas.

Sendo assim, para este caso especial, o *roteiro* para a identificação da aplicação da *norma processual penal mista nova* aos processos pendentes assume as seguintes características:

a) identificar qual o ato ou fato jurídico que a norma processual nova regula;
b) observar se este (fato ou ato) já ocorreu ou foi praticado no processo – caso já tenha sido, **poderá** sofrer a incidência da nova norma processual penal mista caso o *dever-ser* que prescreva crie uma *situação jurídica mais benéfica ao réu*;
c) caso o fato ainda não tenha ocorrido ou o ato não tenha sido praticado, observar se atos ou fatos processuais anteriormente praticados não têm como um de seus efeitos garantir o *direito subjetivo* ao fato ou ato processual novo, sobre o qual se pretende aplicar a lei nova;
    c.1) se de atos processuais anteriores não nasce o direito subjetivo à prática do ato seguinte, não há nenhum impedimento à aplicação da lei nova;
    c.2) se de um ato processual anterior nasce o direito subjetivo à prática do ato seguinte, a lei processual nova poderá se aplicar se:
        c.2.1) o *dever-ser* que contém *não restringir* o exercício do direito subjetivo adquirido;
        c.2.2) o *dever-ser* que contém criar uma situação jurídica mais benéfica ao réu.

4.3. Aplicação analógica das normas processuais civis novas aos processos penais pendentes

Uma vez enfrentando o tema da aplicação da lei processual penal nova, em especial nos processos pendentes, é o momento de nos perguntarmos: *e a aplicação*

36. Na jurisprudência do TJ-DF encontra-se situação interessante em que, diante da existência de dúvida doutrinária, o Poder Judiciário do Distrito Federal decidiu que as normas contidas na Lei 11.689/2008, que inseriu diversas alterações de relevo no CPP, têm natureza exclusivamente processual, eis que não criam, ampliam ou extinguem o *jus puniendi* estatal. Destarte, sua aplicação aos processos pendentes se regula nos termos estritos do art. 2º do CPP, sem que se deva cogitar sua incidência retroativa, alcançando atos jurídicos processuais perfeitos em processos antes em curso (TJDF, Acórdão 862950, 2ª Turma Criminal, Rel. Souza e Avila, DJE 28/04/15).

analógica da norma processual civil nova aos processos penais pendentes, segue a mesma lógica?

Em regra, sim. O CPC/15, como já foi visto, seguiu a tradição brasileira e manteve a determinação de que a norma processual civil nova, uma vez vigente, aplica-se a todos os processos que iniciem a partir de então, bem como aos processos pendentes, *nos limites acima estudados* (não pode violar o *conteúdo* e os *efeitos* jurídicos do ato jurídico processual perfeito).

Logo, a regra é a de que as normas processuais civis contidas no CPC, assim que vigentes, devam incidir nos processos penais pendentes e naqueles a se iniciar, desde que:

a) seja seguido o roteiro que traçamos acima para demonstrar como se deve dar a incidência das normas processuais penais e processuais penais mistas nos processos pendentes;
b) nos termos do art. 3º do CPP, a incidência da norma processual civil seja **cabível**, por meio da analogia.

Para finalizar este tópico, é importante dizer ao leitor que não se pode descartar, *a priori*, que certa norma processual civil, ao ser aplicada por analogia ao processo penal, se comporte como se fosse *norma processual penal mista*. Caso tal situação ocorra, deverá ser tratada como tal, o que influenciará a sistemática de sua aplicação no tempo, podendo-se permitir, até mesmo, sua incidência retroativa.

5. A APLICAÇÃO DAS NORMAS PROCESSUAIS NO ESPAÇO

Lançadas as bases da aplicação da norma processual no tempo, é chegado o momento de enfrentar o tema da *aplicação da lei processual no espaço*, tema muito mais simples, como observarão.

O art. 16 do CPC determina que o âmbito territorial de incidência das normas processuais contidas no Código de Processo Civil é o território de nosso Estado. Trata-se de regra que atinge a todas as normas processuais, também aquelas contidas em legislação extravagante, e que é efeito da limitação da soberania de um Estado ao seu território.

Segundo a Teoria Geral do Estado, a soberania estatal é exercida sobre um determinado território. A produção de normas de conduta é um dos desdobramentos do exercício da soberania, daí o elemento de *territorialidade* ligado à aplicação da lei processual no espaço.

Embora a regra acima exposta seja inequívoca, é possível pensar no emprego de normas processuais estrangeiras em território nacional e vice-versa, nas situações em que um litígio seja resolvido por meio de arbitragem,[37] que é um equivalente ju-

37. Pode-se retirar essa conclusão da leitura do art. 21 da Lei 9.307/1996, por exemplo.

risdicional, visto que a decisão que é ali obtida é comparada à proferida por juiz de direito (art. 515, VI), e a lei de arbitragem autoriza que se escolha qual procedimento deve ser seguido.

Dessa forma, quando as partes firmam o compromisso de arbitragem, negócio jurídico processual por meio do qual escolhem que o problema da vida que possuem deve ser resolvido por um árbitro, afastando-se a jurisdição estatal, admite-se que escolham quais as regras processuais que adotarão no curso da arbitragem. Essa disposição permite, por exemplo, que as partes acordem que o procedimento deve seguir as normas do Código de Processo Civil português, alemão ou italiano. Nesta hipótese, qual seja, de jurisdição arbitral, poderia se falar em extraterritorialidade das normas processuais.

6. FATO JURÍDICO

Prezado leitor, até o presente momento estudávamos as normas jurídicas e, em especial, as normas jurídicas processuais.

A partir de agora, daremos um outro enfoque à nossa análise. O objeto de estudo passará a ser o produto da incidência de uma norma jurídica abstrata sobre os fatos sociais, ou seja, o produto da *norma concreta*, que é o **fato jurídico**.

Para introduzir o estudo do fato jurídico, transcrevo passagem de Marcos Bernardes de Mello, intérprete maior de Pontes de Miranda, cuja obra é a base teórica que utilizarei para desenvolver o tema:

> O fato jurídico constitui o elemento fundamental da juridicidade e a norma jurídica, embora seja um elemento essencial para que haja o fato jurídico, não é mais do que um instrumento de construção da juridicidade. Com efeito, nessa visão cabe à norma jurídica definir qual fato da vida deve ser jurídico e juridicizá-lo, pela incidência, quando concretizar-se no mundo das realidades. Sem essa definição e sem essa incidência juridicizante, nenhum fato da vida pode receber a qualificação de fato jurídico, nem gerar efeitos jurídicos.[38]

6.1. Conceito de fato jurídico

Ao longo de sua vida acadêmica e, posteriormente, profissional, você estará cercado por discussões acerca da existência de relações jurídicas, de direitos, de obrigações, de faculdades jurídicas, de ônus e todas essas eficácias jurídicas nada mais são do que *decorrências* de um *fato jurídico*.

Por isso a importância do presente tema que passamos a estudar transcende, vai além dos limites da ciência processual.

38. MELLO, Marcos Bernardes de. *Prefácio à obra Teoria dos fatos jurídicos processuais*, de Fredie Didier Jr e Pedro Henrique Pedrosa Nogueira. Salvador: Juspodivm, 2011, p. 12.

Como vários dos temas deste capítulo, trata-se de assunto que é difícil compreender, em sua integralidade, de primeira. Será preciso que você leia e releia as linhas que seguem, bem como que medite sobre elas.

Mas pense bem no que disse acima: qualquer discussão jurídica – acerca de direitos, obrigações etc. tem, em sua raiz, um *fato jurídico*. Como, então, não conhecê-lo?

Fixada a premissa acima, preste bastante atenção:

a) a norma jurídica abstrata é composta por duas proposições: a primeira delas, chamada, dentre outros nomes, de *hipótese de fato* ou de *suporte fático abstrato*, corresponde à descrição de um fato ou conjunto de fatos que pode ocorrer no mundo do ser (um acidente, um casamento, um raio atingir uma casa, o nascimento, a morte etc.); a segunda delas, conhecida, por exemplo, como *preceito* ou *tese*, trata-se de uma consequência que *deve* se *operar* caso a hipótese se verifique;

b) quando, no mundo do ser, ocorre(m) o(s) fato(s) descrito(s) em hipótese no suporte fático da norma abstrata, por meio de um fenômeno chamado de *incidência normativa*, surge a chamada norma jurídica concreta e aquilo que era tão somente um *fato social*, se torna um *fato jurídico*;

c) e é dos fatos jurídicos que se retiram os chamados *efeitos jurídicos* (se você compra uma roupa e paga seu valor – *fato jurídico* – o efeito jurídico é ter o direito de recebê-la), assim como de fatos da vida, retiram-se efeitos também (se você recebe um beijo inesperado, em público, daquela pessoa de que você gosta – fato da vida – a consequência disso será ficar encabulado).

Marcos Bernardes de Mello define o fato jurídico da seguinte maneira:

> (...) o mundo jurídico é formado pelos fatos jurídicos e estes, por sua vez, são o resultado da incidência da norma jurídica sobre o seu suporte fático quando concretizado no mundo dos fatos. Disso se conclui que a norma jurídica é quem define o fato jurídico e, por força de sua incidência, gera o mundo jurídico, possibilitando o nascimento de relações jurídicas com a produção de toda a sua eficácia, constituída por direitos →← deveres, pretensões →← obrigações, ações, exceções e outras categorias eficaciais.
>
> Desse modo, a norma jurídica constitui uma proposição através da qual se estabelece que, ocorrendo determinado fato ou conjunto de fatos (= suporte fático) a ele devem ser atribuídas certas consequências no plano do relacionamento intersubjetivo (= efeitos jurídicos). Então, uma proposição jurídica, para ser completa, há de conter, ao menos:

a) a descrição de um suporte fático do qual resultará o fato jurídico;

b) a prescrição dos efeitos atribuídos ao fato jurídico respectivo.[39]

A fim de que os conceitos acima transmitidos possam ser compreendidos mais facilmente, é a hora de um exemplo.

39. MELLO, Marcos Bernardes de. *Teoria do fato jurídico – plano da existência*. 12 ed. São Paulo: Saraiva, 2003, p. 20.

Sandy está subindo a 3ª Ponte (que liga a capital do Espírito Santo – Vitória – à cidade de Vila Velha) quando se distrai com o trânsito ao ouvir a música "Cadê o meu pé", da Banda Lema. A distração custa caro, pois inesperadamente o tráfego para de fluir à sua frente e ela, sem conseguir frenar a tempo, abalroa o veículo de propriedade de Brenda, destruindo a traseira deste e causando prejuízos na ordem de R$ 15.000,00.

No parágrafo acima narrou-se um conjunto de fatos da vida, ou seja, pertencente ao mundo do *ser*. Mas não se trata de um conjunto de fatos qualquer. Muito pelo contrário. Trata-se de um conjunto de fatos que pode ser considerado como *suporte fático concreto*, visto que corresponde à hipótese de fato – ou *suporte fático abstrato* – de uma norma jurídica, construída a partir da conjugação dos arts. 186 e 927 do Código Civil, nos seguintes termos:

NORMA JURÍDICA ABSTRATA PRIMÁRIA

fonte: arts. 186 e 927 do CC

Se → alguém, por meio de ação imprudente, causar dano a outrem

Deve → ressarcir os danos causados

Quando o conjunto de fatos da vida que corresponde à hipótese da norma jurídica abstrata (*suporte fático abstrato*) acontece, automaticamente unem-se fatos e norma abstrata, pelo fenômeno da *incidência*, fazendo nascer uma *norma jurídica concreta*. E, sob o ponto de vista do direito, aquele conjunto de fatos da vida que incidiram na norma constitui o *fato jurídico*.

Veja a representação gráfica da norma concreta decorrente da incidência dos fatos descritos na hipótese da norma abstrata:

NORMA JURÍDICA CONCRETA PRIMÁRIA

fonte: arts. 186 e 927 do CC

Se → Sandy, por se distrair, bater no carro de Brenda e causar R$ 15.000,00 de dano

Deve → ressarcir os R$ 15.000,00

E qual é o conteúdo que exsurge de uma norma jurídica concreta? O *fato jurídico*, do qual se retiram os *efeitos jurídicos*, como, por exemplo, na hipótese acima, o direito de Brenda de obter ressarcimento de R$ 15.000,00 de Sandy.

A constatação de que um fato (ou conjunto de fatos) ocorrido no mundo do ser também se trata de um *fato jurídico* é primordial para a ciência do direito como um todo (e também para o direito positivo).

Todo efeito jurídico (*direitos*, *obrigações*, *pretensões*, *obrigações*) decorre de um fato jurídico. Logo, quem vai ao Poder Judiciário em busca da tutela (da proteção) de um direito, tem por premissa a existência de um fato jurídico, do qual o direito é efeito.

Guarde isso: *direito* e *obrigação* são as duas mais conhecidas eficácias (efeitos) de um fato jurídico. Toda vez, então, que você disser que possui um direito ou uma obrigação, se questione: de qual *fato jurídico* ele decorre?

Vamos a mais um exemplo: a Banda "Os Maias", pessoa jurídica de direito privado, foi contratada por Gumercindo para ser a atração principal do Festival de Música que ele promovia. Cobrou, de cachê, R$ 45.000,00, tendo recebido a metade na formalização do contrato. No dia do evento, todavia, por uma irresponsabilidade de seu vocalista, que se embebedou e sumiu no mundo, a apresentação não foi realizada, causando enormes prejuízos a Gumercindo.

O conjunto de fatos acima narrado corresponde à hipótese de fato da norma jurídica que decorre da interpretação do art. 389 do Código Civil, nos seguintes termos:

> Art. 389. Não cumprida a obrigação, responde o devedor por perdas e danos, mais juros e atualização monetária segundo índices oficiais regularmente estabelecidos, e honorários de advogado.
>
> NORMA SECUNDÁRIA ABSTRATA
>
> fonte: art. 389 do CC
>
> Se → o devedor não cumprir obrigação
>
> Deve ser → obrigado a pagar perdas e danos, juros e atualização monetária

Repetindo a operação que foi realizada quando da formulação do primeiro exemplo, tem-se que a incidência dos fatos descritos na norma abstrata faz surgir uma *norma concreta*, o que qualifica como *fato jurídico* o fato ou conjunto de fatos sociais "*capturados*" pelo ordenamento jurídico, o que pode ser representado da seguinte forma:

> NORMA SECUNDÁRIA CONCRETA
>
> fonte: art. 389 do CC
>
> Se → a Banda "Os Maias" não realizar o show
>
> Deve ser → obrigada a pagar perdas e danos, juros e atualização monetária

Logo, a não realização, por parte da Banda "Os Maias", do show que foi contratado entre ela e Gumercindo, antes de ser só um fato da vida social também se trata de um fato pertinente ao mundo do direito, o *fato jurídico*.

Prezado leitor, neste ponto preciso, para continuar, pressupor que você compreendeu o conceito de fato jurídico, que se trata do conteúdo de uma norma concreta, decorrente da incidência da norma abstrata em um fato ou conjunto de fatos sociais (suporte fático).

O fato jurídico é a situação da vida que, prevista em abstrato em norma jurídica, efetivamente se verificou no plano do ser, dando ensejo ao fenômeno da *incidência normativa*, por meio do qual se juntaram as duas peças do quebra-cabeças: fato + norma.

A partir do momento em que está claro para você que o fato jurídico se trata de um conteúdo, de um produto decorrente da norma concreta (incidência de fatos à hipótese de fato da norma), é importante que você tenha plena ciência de que ele, o fato jurídico, possui a mesma estrutura da norma concreta, ou seja:

a) ele é composto de um *suporte fático*, ou seja, de uma situação de fato que era prevista em abstrato na norma e se verificou concretamente;

b) do suporte fático retiram-se eficácias, consequências jurídicas, que identificamos como, por exemplo, os direitos, obrigações, faculdades, ônus, etc.

Como diz Marcos Bernardes de Mello,

> o preceito (também denominado disposição) constitui a parte da norma jurídica em que são prescritos os efeitos atribuídos aos fatos jurídicos. Representa, assim, a disposição normativa sobre a eficácia jurídica. (...) na verdade toda e qualquer consequência jurídica que se atribua a um fato constitui eficácia jurídica, objeto, portanto, de um preceito.[40]

Fixadas as premissas acima, é essencial se aprofundar no estudo do *suporte fático*, ou seja, da hipótese de fato normativa que, concretizada no mundo social, fará nascer o fato jurídico.

Você perceberá a grande importância de saber identificar como o ordenamento jurídico captura os diversos fatos que ocorrem na vida (fatos da natureza, de animais, condutas humanas etc.) a fim de transformá-los no suporte fático, ou seja, em linguagem jurídica.

Prepare-se pois, a partir de agora, se inicia um estudo bastante denso. Leve consigo todos os conceitos que foram trabalhados neste tópico e vamos embora!

6.2. O suporte fático e o fato jurídico

Prezado leitor, neste ponto preciso relembrar algo que já estudamos no tópico 3 deste capítulo: a norma jurídica (seja a abstrata ou a concreta; seja a primária ou a secundária; seja a processual ou material) possui uma estrutura deôntica que liga duas proposições, como exemplifico abaixo por meio da demonstração da estrutura de uma norma abstrata primária:

40. MELLO, Marcos Bernardes de. *Teoria do fato jurídico – plano da existência*. 12 ed. São Paulo: Saraiva, 2003, p. 66.

Se é → A

Deve ser → B

ou

Se é → fato

Deve ser → consequência

A primeira das proposições que forma a norma jurídica, como já visto, pode receber vários nomes como, por exemplo, *hipótese de fato*.

Todavia, a partir deste momento, quero me concentrar em um dentre aqueles nomes possíveis: *suporte fático*.

Sendo assim, quero que se concentre na seguinte assertiva: *suporte fático* é uma expressão muito importante para o estudo e compreensão do *fato jurídico*. Mas, para dificultar ainda mais sua vida, ela pode ter *dois significados*:

a) primeiro significado: *suporte fático* "designa o enunciado lógico da norma em que se representa a hipótese fática condicionante de sua incidência[41]." Em outras palavras: trata-se da previsão, em abstrato, de um fato ou conjunto de fatos que poderá ocorrer no mundo social, do(s) qual(is) deve decorrer uma consequência;

   A fim de evitar dificuldades para sua compreensão, saiba que se estiver me referindo ao suporte fático com este significado acima, utilizarei, a partir de agora, exclusivamente a expressão *suporte fático abstrato* que, então, é sinônima de hipótese de fato, hipótese de incidência etc.;

b) segundo significado: *suporte fático* é o fato previsto como hipótese na norma jurídica quando efetivamente se *materializa*, se *concretiza* em nosso mundo social.

   Para designar essa segunda acepção do *suporte fático*, seria possível empregar a expressão *suporte fático concreto*, que a diferenciaria claramente de *suporte fático abstrato*. No entanto, seguirei outra opção linguística. A partir de agora, se eu me referir a *suporte fático* pura e simplesmente, com essa expressão quero me referir ao *suporte fático concreto*.

Como sempre, vamos a um exemplo a fim de permitir que você visualize tudo o que acabei de explicar. Tomo por base o art. 180 do Código Penal, a partir do qual podem ser construídas várias normas de conduta (tratarei de uma só dessas normas):

41. MELLO, Marcos Bernardes de. *Teoria do fato jurídico – plano da existência*. 12 ed. São Paulo: Saraiva, 2003, p. 39.

CÓDIGO PENAL

art. 180

Adquirir, receber, transportar, conduzir ou ocultar, em proveito próprio ou alheio, coisa que sabe ser produto de crime, ou influir para que terceiro, de boa-fé, a adquira, receba ou oculte:

Pena - reclusão, de um a quatro anos, e multa.

NORMA SECUNDÁRIA ABSTRATA

(uma das várias normas que se extrai do art. 180 do CP)

Se → alguém adquirir, em proveito próprio, coisa que sabe ser produto de crime

Deve ser → condenada à pena de 1 a 4 anos de reclusão e multa

NORMA SECUNDÁRIA CONCRETA

Se → Luis adquiriu de João, para uso próprio, um Iphone 7S,
que sabia ter sido roubado pelo último

Deve ser → condenado a 1 ano de reclusão e ao pagamento de 10 dias-multa.

Olhe o quadro acima e, em primeiro lugar, concentre-se na *norma secundária abstrata*. A sua primeira proposição é aquela que demonstra a prática, por qualquer pessoa, da conduta de "adquirir, em proveito próprio, coisa que sabe ser produto de crime". A essa proposição normativa damos o nome de *suporte fático abstrato* (também poderíamos chamar de *hipótese de fato*, por exemplo).

Agora, volte sua atenção para a *norma secundária concreta*, fruto da incidência da norma secundária abstrata a fatos da vida. Chama-se de *suporte fático concreto* ou, simplesmente, de *suporte fático* o fato ocorrido no mundo social (Luis ter adquirido de João, para uso próprio, o Iphone 7S que o último havia roubado de terceiro) que corresponde à previsão abstrata da norma.

Quando o suporte fático se materializa e a norma, automaticamente, nele incide, surge o *fato jurídico*, que no exemplo dado se trata de um *ato ilícito penal* (mais à frente estudaremos as espécies do gênero fato jurídico).

Bem, espero sinceramente que você tenha compreendido o que é suporte fático, em suas duas acepções, bem como que ele – suporte fático – corresponde à junção do *suporte fático abstrato* a *fatos* que estavam nele previstos em hipótese.

Feito isso, chega o momento de se realizar um estudo muito técnico e deveras importante, que pode ser resumido pela pergunta que segue: *quais são os elementos que podem formar o suporte fático do fato jurídico*?

6.3. Os elementos que podem formar o suporte fático

Ao iniciar a leitura deste tópico, é possível que você pense: "*desnecessário perder tempo com a análise dos elementos que podem formar o suporte fático, pois já sei que são fatos da vida previstos em hipótese na norma*".

Será que é simples assim mesmo? Posso, então, fazer-lhe algumas perguntas?

a) o suporte fático da norma pode ser um fato da natureza ou praticado por um animal? Em caso positivo, sob qualquer circunstância?

b) o suporte fático pode ser uma conduta – ato humano?

c) todos os elementos fáticos que constituem o *suporte fático* têm a mesma importância e função em sua estrutura?

d) caso realmente o suporte fático possa tanto conter fatos da natureza e do animal quanto atos humanos, essa diferença acarreta alguma *consequência jurídica* ou não?

Bem, espero que já tenha percebido que é muito importante saber identificar *quais são os elementos que podem formar o suporte fático abstrato* da norma, bem como o *suporte fático concreto* (suporte fático) do fato jurídico.

Para começar a analisar efetivamente quais elementos podem compor o suporte fático do fato jurídico – e responder às perguntas que acima formulei – gostaria de transcrever um trecho muito interessante das lições de Marcos Bernardes de Mello, que funciona muito bem como uma introdução:

> A norma jurídica representa a valoração de fatos feita pela comunidade jurídica. Realmente, quando o homem traça as regras jurídicas de convivência social trata os fatos segundo critérios axiológicos, em razão dos quais é medida a importância que possuem para o relacionamento humano. A regulação dos fatos, assim, está na contingência da sua maior ou menor afetação pelas necessidades dos homens. Por isso é que, para serem erigidos à categoria de fato jurídico, basta que os fatos do mundo – meros eventos ou condutas – sejam relevantes à vida humana em sua interferência intersubjetiva, independentemente de sua natureza. **Tanto o simples evento natural como o fato do animal e a conduta humana podem ser suporte fático de norma jurídica e receber um sentido jurídico**.[42]

Por tudo quanto expresso acima, pode-se concluir que são elementos aptos a compor o suporte fático:

a) fatos da natureza e do animal – eventos naturais ou animais podem compor o suporte fático abstrato da norma jurídica e, uma vez verificados em uma situação concreta, o suporte fático de um fato jurídico. Todavia, para que seja suporte fático é essencial que este evento esteja relacionado a alguém, "ou por lhe dizer respeito diretamente ou por lhe atingir a esfera jurídica, ou, ainda, por se referir a seu modo de atuar".[43]

   Uma enchente, por exemplo, pode ser suporte fático de um fato jurídico processual e se trata de um evento da natureza. Quer ver?

42. MELLO, Marcos Bernardes de. *Teoria do fato jurídico – plano da existência*. 12 ed. São Paulo: Saraiva, 2003, p. 40-41.
43. MELLO, Marcos Bernardes de. *Teoria do fato jurídico – plano da existência*. 12 ed. São Paulo: Saraiva, 2003, p. 41.

O art. 313, VI do CPC prescreve o seguinte:

ARTIGO DE LEI – CPC

Art. 313. Suspende-se o processo:

VI – por motivo de força maior.

NORMA PROCESSUAL PRIMÁRIA

Se -> ocorrer motivo de força maior

Deve ser -> suspenso o processo

Motivo de força maior se trata de evento previsível ou imprevisível, porém inevitável, decorrente das forças da natureza, como, por exemplo, uma enchente.

Mas, então, qualquer enchente será um fato jurídico processual, por ser o suporte fático concreto da norma extraída do art. 313, VI do CPC? Não. É preciso que essa enchente se relacione a alguém. No caso de um fato processual, é preciso que essa enchente impeça que os sujeitos do processo – juiz, advogados, partes, servidores – tenham acesso à estrutura local do Poder Judiciário.

O fato da natureza ou do animal somente serão suportes fáticos de um fato jurídico se forem relacionados a alguém (a uma pessoa ou ente);

b) <u>atos ou condutas humanas</u> – grande número de fatos jurídicos tem como suporte fático condutas ou atos humanos. Tais condutas podem tanto ser atos comissivos quanto atos omissivos.

   A título exemplificativo, comprar um lanche é uma conduta que se amolda à previsão abstrata do contrato de compra e venda (art. 481 do CC) e, portanto, é suporte fático de fato um jurídico.

   Casar-se é uma conduta humana que também é suporte fático de um fato jurídico (art. 1.514 do CC).

   Dar um beijo forçado em alguém é uma conduta ou ato humano que está previsto em norma abstrata e se trata, portanto, de suporte fático de um fato jurídico (art. 213 do CP);

c) <u>dados psíquicos</u> – por vezes um dado psíquico – a intenção, por exemplo – é elemento componente do suporte fático abstrato da norma e, por consequência, do suporte fático concreto do fato jurídico.

   O melhor exemplo que se pode ter de um elemento psíquico que faça parte do suporte fático abstrato da norma e do suporte fático do fato jurídico é o de um crime.

Pense em um homicídio (art. 121 do CP). Existem duas modalidades de homicídio que são diferenciadas com base em um dado psíquico que compõe o seu suporte fático: (i) se o criminoso tinha a intenção, o objetivo de matar, fala-se em *homicídio doloso*, cujo efeito jurídico (sanção penal) é mais grave do que a prevista para o (ii) *homicídio culposo*, em que não havia a intenção do agente de matar, embora tenha agido com imperícia, imprudência ou negligência.

O Direito Penal é muito interessante para demonstrar que dados psíquicos podem fazer parte do suporte fático do fato jurídico. Faço-lhe uma pergunta: (i) todo e qualquer crime pode ser *doloso* ou *culposo* ou (ii) há crimes que só se caracterizam (ou seja, cujo suporte fático se forma) se houver a intenção de sua prática? A resposta certa é a (ii), o que demonstra a importância de se saber que dados psíquicos podem, sim, ser elemento componente do suporte fático.

Todavia, para finalizar, é essencial dizer que esses dados, naturalmente, são significativos tão somente enquanto relacionados a um acontecimento, a um ato materializado, e não quando considerados em si ou isoladamente.

A simples intenção de matar alguém, *sem a implementação da conduta voltada à efetivação desse desejo*, não é suficiente para compor o suporte fático de um fato jurídico. A intenção que não se externa, que se mantém escondida nos recantos da mente e da alma nunca poderá ser considerada elemento do suporte fático abstrato de uma norma ou do suporte fático concreto de um fato jurídico;

d) <u>estimações valorativas</u> (juízos de valor sobre coisas ou pessoas) – também é possível que o suporte fático seja composto de um juízo de valor sobre uma pessoa ou uma coisa, ou seja, uma *estimação valorativa*.

   A título exemplificativo, observe o art. 883 do Código Civil. Ele preconiza que a pessoa que der a outra um bem com uma intenção imoral, não terá direito de tê-lo de volta. Perceba que faz parte do suporte fático da norma um juízo de valor acerca da intenção ou finalidade da pessoa (*imoralidade*).

   Em outro exemplo, em sede penal, um dos requisitos para o preso em cumprimento de pena obter o livramento condicional é que ele seja apto a se sustentar mediante *trabalho honesto*.

   Também nessa hipótese está a compor o suporte fático da norma abstrata um juízo de valor sobre uma coisa (o trabalho);

e) <u>probabilidades</u> – embora a regra seja a de que fatos concretos, que efetivamente tenham se verificado (o que pode se atestar por meio de provas e outros meios), sejam aqueles aptos a configurar o suporte fático de certo fato jurídico, é possível que o legislador preveja, de modo excepcional, que meras probabilidades constituam o suporte fático.

O melhor exemplo de uma probabilidade que pode ser elemento de suporte fático são os lucros cessantes, ou seja, a quantidade de bens que certa pessoa deixou, hipoteticamente, de lucrar.

Observe o seguinte exemplo: José é motorista do Uber e, em média, fatura por dia R$ 300,00. Certo dia, enquanto trabalhava, seu carro é atingido pelo de João que, bêbado, avançou o sinal vermelho. Por conta do ocorrido, o veículo de José precisou ficar parado por 15 dias para realizar os consertos necessários para que voltasse a operar.

João, contatado por José, disse que não pagaria um centavo dos prejuízos que o último teve. Observe que há duas ordens de prejuízo, *pelo menos*, no caso em tela: (i) os valores despendidos para consertar o veículo – *danos emergentes*; (ii) os valores que, *provavelmente*, José deixou de ganhar nos 15 dias em que seu veículo ficou fora da praça, tomando-se por critério de comparação a média que, antes do infortúnio, ele retirava – *lucros cessantes*.

É possível que, no período aludido, ele auferisse maior renda? Sim, com certeza. Mas também é possível que, por várias razões, auferisse menor quantidade de dinheiro? Sim, também é possível. Por isso se dizer que os *lucros cessantes* são uma probabilidade que integra o suporte fático abstrato da norma e o suporte fático do fato jurídico.

Se → existirem lucros cessantes

(uma probabilidade do que se deixou de lucrar)

decorrentes do ato ilícito

Devem ser→ indenizados

f) fatos jurídicos – neste ponto, quero que você preste redobrada atenção para não se confundir. Quando falamos no suporte fático ou suporte fático concreto costumamos ter a seguinte ideia em mente: um evento da natureza, animal ou ainda uma conduta humana ocorre e, por corresponder a uma prescrição normativa abstrata (suporte fático abstrato), caracteriza-se como suporte fático (concreto), daí nascendo o fato jurídico. O fato jurídico, então, não é o suporte fático, mas sim um produto de sua ocorrência. Quando, no dia 11/09/17, às 20:00, Michel matou Luis, surgiu um suporte fático e seu produto, o fato jurídico homicídio.

Logo, sempre pensamos no fato jurídico como uma decorrência, uma consequência de o suporte fático abstrato da norma ter-se concretizado (ocorrido) no mundo do ser. Como dito acima, tratamos o fato jurídico como produto de um suporte fático e este último, por seu turno, se trata da ligação (incidência) do fato social à norma abstrata.

Bem, espero que todos tenham compreendido o que disse porque, agora, complicarei um pouco: fugindo à regra, *é possível que o suporte fático do qual surgirá o fato jurídico x seja composto, mesmo que parcialmente, pelo fato jurídico y*?

A resposta é positiva, ou seja, o suporte fático de um certo fato jurídico pode corresponder, mesmo que só em parte, a outro fato jurídico, que já existia previamente. "Se a norma jurídica tem como pressuposto de sua incidência (= suporte fático) fato já juridicizado por outra norma jurídica (=fato jurídico) somente se comporá seu suporte fático se aquele *fato já existir* juridicizado".[44]

É claro que um exemplo tornará muito mais simples a compreensão da afirmação feita. Vamos a ele.

Você, mesmo que ainda não tenha estudado direito de família, sabe que a criança, em regra, na hipótese de separação dos pais, poderá ter o direito de receber de um deles uma pensão alimentícia, os chamados *alimentos*, valor que tem por finalidade permitir sua manutenção digna.

A partir da análise dos arts. 1.694 e 1.696 do Código Civil, observa-se a norma jurídica abstrata primária que regula o dever jurídico do pai (ou da mãe) de prestar alimentos a seu filho:

NORMA PRIMÁRIA ABSTRATA extraída dos arts. 1.694 a 1.696

Se → certa pessoa, **pai ou mãe de uma criança**, pode fornecer-lhe valores para seu sustento sem que isso impossibilite sua própria manutenção

Deve ser → obrigada a prestar alimentos

Observe, caro leitor, os elementos que formam o suporte fático abstrato da norma e que, quando ocorrerem no mundo do ser, formarão um suporte fático (concreto) do qual exsurgirá um fato jurídico.

Um desses elementos é o fato de *certa pessoa ser pai ou mãe de outra*. Ocorre que *alguém ser pai ou mãe de outra* é mais do que, simplesmente, um *fato da vida*. Essa circunstância, por si só, também é um fato jurídico, previamente existente. A *paternidade* ou a *maternidade* são *fatos jurídicos*.

Firme na premissa acima, observe que se José, homem de posses, se separasse de Maria, deixando-a na guarda de seu filho Pedro, de 06 anos de idade, teria a obrigação de prestar alimentos ao menor, pois o conjunto de fatos que acabei de narrar corresponde à norma abstrata acima ilustrada, o que faz dele um suporte fático, do qual nasce o fato jurídico que tem como uma de suas eficácias a obrigação do pai (e o direito do filho) aos alimentos.

44. MELLO, Marcos Bernardes de. *Teoria do fato jurídico – plano da existência*. 12 ed. São Paulo: Saraiva, 2003, p. 44-45.

E, analisando o suporte fático deste último fato jurídico descrito, vê-se que um de seus elementos – o fato de José ser pai de Pedro – já era um fato jurídico antes mesmo de compor o suporte fático que estamos a analisar, já que a *paternidade*, por si só, já é um fato jurídico, eis que já sofrera a incidência anterior de outra norma jurídica (decorrente da interpretação dos arts. 1.596 e ss).

É muito importante, para o estudo da Teoria Geral do Processo e da Teoria do Processo Civil Brasileiro, objetos deste livro, que você tenha compreendido as informações acima.

Para você ter uma ideia, ela será vital quando estudarmos o tema da *cumulação de pedidos*, no capítulo deste livro dedicado ao estudo do *Direito de Ação*.

g) causalidade física – por vezes um dos elementos do suporte fático é a relação de causa e efeito entre dois outros elementos que também formam o suporte fático. Observe que o fato jurídico cível *ato ilícito*, que já foi utilizado neste capítulo em passagem anterior.

   Ao ler o art. 186 do CC, artigo de lei a partir do qual extraímos a *hipótese de fato* (suporte fático abstrato) da norma jurídica da qual decorre o dever de indenizar, resta claro que são elementos do suporte fático uma ação ou omissão *cujo efeito físico* seja um dano. Ou seja, só há ato ilícito se o dano (perda patrimonial) decorrer da atitude comissiva ou omissiva imputada a certa pessoa. Se alguém praticou um ato, se o terceiro sofreu um dano, mas inexistir um elo (a relação de causa e efeito entre ambos), ato ilícito não há.

h) o transcurso do tempo – há diversos fatos jurídicos cujo suporte fático é composto pelo *transcurso do tempo*, ou seja, pelo fato de as horas, os dias, os meses, os anos passarem e se sucederem. Em sede processual, a preclusão é um efeito jurídico cujo fato jurídico que a gera tem como um dos elementos de seu suporte fático o escoamento *in albis* de um prazo, que, nada mais é do que a sucessão de dias sem que uma conduta seja praticada durante certo espaço de tempo; a prescrição, a decadência, a usucapião também são exemplos.

Bem, meu caro leitor, acabamos de listar quais são os elementos que podem compor o suporte fático abstrato da norma jurídica (sua *hipótese de fato*), bem como o suporte fático (concreto) do fato jurídico.

Com as considerações feitas acima, já podemos responder várias das perguntas que foram postas no início deste tópico, se lembra?

a) o suporte fático da norma pode ser um fato da natureza ou praticado por um animal? Em caso positivo, sob qualquer circunstância?

Resposta: em primeiro lugar, tem-se que o suporte fático pode ser um ato da natureza ou praticado por um animal, desde que esteja relacionado a uma pessoa (ex.: a mordida de um cachorro pertencente a Maria, que deixou sequelas em João).

b) o suporte fático pode ser uma conduta – ato humano?

Resposta: sim, o suporte fático pode ser um ato humano, uma conduta, comissiva ou omissiva.

Observe, todavia, que ainda não foi possível responder aos seguintes questionamentos:

c) todos os elementos fáticos que constituem o *suporte fático* têm a mesma importância e função na estrutura do próprio suporte fático?

d) caso realmente o suporte fático possa tanto conter fatos da natureza e de animais quanto atos humanos, essa diferença acarreta alguma *consequência jurídica* ou não?

Há alguma diferença jurídica <u>importante</u> entre fatos jurídicos que tenham como suporte fático somente um evento avolitivo (em que não há o elemento vontade ou este é irrelevante) e outros em que uma conduta está em seu cerne?

Em outras palavras: existe alguma característica que somente seria específica dos fatos jurídicos cujo suporte fático seja uma conduta humana cujo elemento vontade seja relevante, inexistente naqueles fatos jurídicos em que o suporte fático seja um mero evento ou fato?

Vamos, então, responder os dois questionamentos restantes, nos dois tópicos abaixo.

6.4. O papel dos elementos que formam o suporte fático (elementos nucleares, complementares e integrativos) e os planos do mundo jurídico (existência, validade e eficácia)

Em primeiro lugar, tenha em mente que a finalidade deste item é responder à questão que, no tópico antecedente, foi identificada pela letra "c", qual seja, se "todos os elementos que constituem o suporte fático têm a mesma importância e função no contexto do fato jurídico".

A fim de demonstrar a você porque essa dúvida pode surgir, observe o exemplo do fato jurídico abaixo:

Rodrigo, por meio de um contrato escrito e particular, formulado por ele e assinado na varanda de sua casa, comprou de Marcelo uma guitarra "Fender Stratocaster Custom Shop", pelo valor de R$ 12.000, pagos à vista.

Perceba que o fato jurídico acima descrito é formado por vários elementos, a saber:

a) a vontade de Rodrigo de adquirir o bem;

b) a vontade de Marcelo de vendê-lo;

c) o bem negociado;

d) o valor pago por ele e a forma de pagamento;

e) a forma utilizada para registrar o fato jurídico (contrato particular escrito)

Acho que você não tem dúvida de que todos os elementos que acima listei compõem o suporte fático do fato jurídico exposto (compra e venda da guitarra). Tratam-se de fatos sociais que, uma vez reunidos e assimiláveis ao suporte fático abstrato de uma norma jurídica fazem com que, pela incidência normativa, nasça um fato jurídico.

Mas eis que surge a dúvida: todos os elementos acima listados, que juntos formam um fato jurídico, têm a mesma importância e função na estrutura do suporte fático? A resposta é um sonoro **não**.

Toda vez que olharmos para o suporte fático de um fato jurídico (um crime, um contrato, uma sentença etc.) é possível que classifiquemos os elementos que o formam nas seguintes categorias:

a) elementos nucleares – divididos em *cerne* e *completantes*;

b) elementos complementares;

c) elementos integrativos.

Dos três acima identificados, é muito importante conhecer os dois primeiros para o fim de estudarmos a ciência processual.

Todo e qualquer fato jurídico *lato sensu* obrigatoriamente terá, em seu suporte fático, elementos nucleares, complementares e integrativos? A resposta é **negativa**. Há suportes fáticos que são compostos, tão somente, de um fato social corresponde à prescrição normativa abstrata. Nesse caso, por óbvio, somente se pode falar em elementos nucleares, ou seja, em um núcleo. Pense comigo: se um só fato forma o suporte fático, ele necessariamente precisa ser seu núcleo.

Veja o exemplo: Salim, advogado do réu Luís no processo cível nº 0002349-48.2017.8.08.0035, faleceu. De qual fato da vida estamos falando: da morte de Salim. Esse fato da vida corresponde a alguma prescrição normativa abstrata? Sim, corresponde à hipótese de fato ou suporte fático abstrato da norma processual que se obtém a partir da interpretação do art. 313, I do CPC. A norma é a seguinte:

Se → falecer o advogado (procurador) de uma parte

Deve ser → suspenso o processo

Quando o fato da vida incide na norma abstrata constituindo a norma concreta, ou seja, quando o suporte fático se concretiza, surge o fato jurídico. No exemplo dado, o fato jurídico processual *morte do advogado de Luís no processo nº 0002349-48.2017.8.08.0035* é composto de um só fato – a morte de Salim. Portanto o único elemento a formar o suporte fático necessariamente será o seu núcleo.

Quem dera, no entanto, sempre fosse tão fácil assim! Retorne ao exemplo com o qual teve início este tópico – o da compra e venda da guitarra. Note que o suporte fático que, uma vez preenchido, dá ensejo ao surgimento do fato jurídico, é complexo, ou seja, formado por vários fatos: a vontade de vender; a vontade de comprar; o bem objeto; o valor do bem; o contrato assinado; a forma do contrato.

Quando se estiver diante de um *suporte fático complexo* (formado por mais de um fato), aí, sim, é possível pensar na existência de elementos nucleares – divididos em duas espécies (o cerne e os completantes) –, de elementos complementares e, em certos casos, dos integrativos.

O que são os elementos nucleares? São aqueles considerados essenciais para que o fato jurídico exista. Ou seja: se aqueles fatos se verificarem no mundo do ser, são suficientes para incidirem na norma abstrata (ou seja, são suficientes para configurarem um suporte fático concreto), fazendo nascer o fato jurídico.

E quem diz quais dos elementos do suporte fático têm essa função (quais são os nucleares) é a *norma jurídica*. Vamos testar essa afirmação com um exemplo?

Voltemos à hipótese que estamos usando neste tópico – da compra e venda da guitarra Fender: você acha que ainda poderíamos falar em compra e venda se, simplesmente, não existisse o vendedor ou o comprador? Poderíamos, ainda, falar em compra e venda se não existisse a guitarra a ser vendida? Existiria o fato jurídico "compra e venda" se não houvesse pagamento de um preço pelo bem? Caso, no lugar do pagamento de um valor, Rodrigo desse um veículo como pagamento pela guitarra, ainda se teria compra e venda?

Intuitivamente, você sabe que se faltar qualquer dos elementos fáticos acima, inexistirá contrato de compra e venda (ou seja, não existirá o fato jurídico compra e venda). E tal intuição se confirma a partir da leitura do art. 481 do CC. Na última hipótese levantada (a de que tenha existido um escambo entre carro e guitarra), embora não exista o fato jurídico compra e venda – pela falta de todos os elementos nucleares do suporte fático – estão presentes os elementos nucleares do fato jurídico *troca ou permuta*. Em todas as demais situações, não existe nenhum fato jurídico.

Dentre os elementos nucleares de um suporte fático complexo, podemos distinguir o chamado *cerne* do suporte fático e os elementos *completantes*. Você viu, dois parágrafos acima deste, que são elementos nucleares do suporte fático de uma compra e venda a (i) vontade de alguém vender; (ii) a vontade de alguém comprar; (iii) o objeto a ser vendido e (iv) o preço a ser pago. Se qualquer desses elementos fáticos não se configurar, não existe, juridicamente, uma compra e venda. Logo, todos se tratam de elementos *nucleares* do suporte fático da compra e venda. Ocorre que é possível classificar tais elementos nucleares em dois tipos: o elemento *cerne* e os elementos *completantes*.

O cerne do suporte fático complexo é o "dado fundamental do fato jurídico". Os elementos completantes são os demais que integram seus elementos nucleares. No exemplo da compra e venda da guitarra, do qual estamos a tratar, poderíamos defini-los da seguinte forma:

> No contrato de compra e venda, exige-se que haja acordo de vontades (cerne) sobre certo bem e preço determinado ou determinável (elementos completantes).[45]

Realmente, num contrato de compra e venda, o elemento central, o cerne do suporte fático, são duas pessoas concordarem em transmitir a propriedade de um certo bem da vida. O valor da transferência completa o núcleo, isso é óbvio, mas realmente a alma da compra e venda é o acordo de vontades sobre a transmissão.

Quantas e quantas vezes já comprei ou vendi algo, numa relação de extrema confiança, e combinei que preço e forma de pagamento seriam acertados depois? Isso mostra e deixa claro que, dos elementos nucleares da compra e venda, há um cerne e outros completantes. Em suma: há um elemento, dentre os que formam o núcleo do suporte fático, mais importante que os demais.

Preciso que você guarde essa distinção, qual seja: dentre os elementos nucleares do suporte fático complexo, há o *cerne* e os *completantes*. Essa informação é o ponto de partida para a classificação dos fatos jurídicos que será feita no próximo tópico deste capítulo.

Partindo da premissa de que você compreendeu o que são os elementos nucleares do suporte fático, chega o momento de fazer uma afirmação muito importante e que acarretará muitas consequências de grande relevo quando formos estudar os fatos jurídicos processuais:

> *Os elementos <u>nucleares</u> do suporte fático se situam no chamado <u>plano da existência dos fatos jurídicos</u>, ou seja, são os elementos fáticos necessários para que certo fato ou conjunto de fatos da vida incida na norma abstrata, configurando o <u>suporte fático</u> (concreto) de certo fato jurídico.*

Existirá o fato jurídico compra e venda se inexistir, no plano social, um comprador? Existe quem queira vender, o bem a ser vendido, seu preço, mas falta o comprador. Há o fato jurídico compra e venda? Não, pois um elemento nuclear do suporte fático não existe, o comprador.

Logo, no mundo do direito não existe a compra e venda e, por tal razão, não há que se falar em seus efeitos jurídicos.

---

45. MELLO, Marcos Bernardes de. *Teoria do fato jurídico – plano da existência*. 12 ed. São Paulo: Saraiva, 2003, p. 50.

Todo fato jurídico, *sem exceção*, precisa ingressar no *plano da existência*. Ou seja: é essencial pesquisar se, no mundo do ser, se concretizou(aram) o(s) elemento(s) nucleares de seu suporte fático.

> Os elementos nucleares do suporte fático têm sua influência diretamente sobre a existência do fato jurídico, de modo que a sua falta não permite que se considerem os fatos concretizados como suporte fático suficiente à incidência da norma jurídica.[46]
>
> (...)
>
> Todo suporte fático de fato jurídico, seja lícito, seja ilícito, contém um núcleo integrado por um *cerne* e por *elementos completantes*. Esses são os elementos de suficiência do suporte fático, referentes, portanto, à existência do fato jurídico. A ausência de qualquer deles *faz nenhum* o fato jurídico.[47]

Fato juridicamente inexistente não pode produzir efeitos jurídicos. O nada não produz efeitos. Se um ato que foi denominado de "sentença", cujo efeito foi impor ao réu a perda de um patrimônio, for juridicamente inexistente, tal perda patrimonial não pode se verificar. Guarde o que foi dito neste parágrafo! Ainda será muito útil na sua vida, como já foi na minha. Talvez lhe renda dinheiro!

Antecipei acima que os elementos nucleares do suporte fático se dividem em dois tipos – *cerne* e *completantes*. A identificação do elemento cerne do suporte fático será simplesmente essencial quando, no próximo item, trabalharmos com a classificação dos fatos jurídicos lato sensu.

Vamos, agora, voltar ao contrato de compra e venda que tem sido nossa referência para a análise dos elementos que formam o suporte fático de um fato jurídico.

Agora vou me concentrar em outros elementos que consigo extrair daquela descrição fática. Em primeiro lugar, você percebeu que o fato jurídico *compra e venda* foi registrado por meio de um contrato *escrito* e *particular*? A compra e venda poderia ter sido realizada por meio de contrato verbal? Ou, em outra vertente, poderia ter se dado por escritura pública (contrato firmado em um cartório)?

Analisando outra dimensão daqueles fatos, você percebeu que comprador (Rodrigo) e vendedor (Marcelo) se tratam de dois adultos, plenamente capazes? Por fim, uma guitarra, nas condições em que vendida, é um objeto lícito?

Prezado leitor, neste momento pare e releia todas as perguntas que fiz nos dois parágrafos anteriores.

Agora, continuemos: você percebeu que todas as indagações que fiz estão relacionadas à noção de perfeição dos elementos nucleares do suporte fático? Querem ver?

Primeiro perguntei sobre a forma do contrato: quero saber se o fato jurídico foi *formalizado perfeitamente*. A compra e venda poderia, realmente, ser realizada por contrato escrito e particular? Ou dependia de escritura pública?

46. MELLO, Marcos Bernardes de. *op. cit.*, p. 50.
47. MELLO, Marcos Bernardes de. *op. cit.*, p. 219.

Depois tratei da capacidade civil de Rodrigo e de Marcelo: ambos têm aptidão de exercitarem suas vontades e, esta, portanto, é perfeita ou algum deles é incapaz?

Por fim, questionei: o objeto da compra e venda realizada é um bem lícito (ou ambos estavam a comercializar uma guitarra que sabiam ser fruto de um crime – de um roubo, por exemplo)?

A partir desse momento, quero dizer que apresentei a você os chamados *elementos complementares* do suporte fático. "Diferentemente dos elementos completantes, os complementares não integram o núcleo do suporte fático, apenas o complementam (não completam) e se referem, exclusivamente, *à perfeição de seus elementos*".[48]

Os elementos complementares do suporte fático dizem respeito ao sujeito, ao objeto e à forma do fato jurídico. Os elementos complementares do suporte fático são os seguintes:[49]

a) quanto ao sujeito: *capacidade de agir, legitimação, perfeição na manifestação de vontade* (ausência de erro, dolo, coação, simulação e fraude contra credores); *boa-fé*; *equidade*;
b) quanto ao objeto: *licitude, moralidade, possibilidade física* e *determinabilidade*;
c) quanto à forma: respeito à forma prescrita para o ato ou, pelo menos, o emprego de forma não proibida pelo ordenamento jurídico.

O exemplo que dei acima comprova essa assertiva: quando tratei da capacidade civil de Rodrigo e de Marcelo, estava me referindo a elemento complementar do suporte fático referente aos *sujeitos* do fato jurídico; já quando falei da guitarra, no exemplo dado, ser um bem que poderia ser licitamente vendido, referia-me a elemento complementar atinente ao *objeto* do fato jurídico; por fim, os questionamentos acerca do contrato ser escrito, verbal, particular ou público todos se referiam a elemento complementar do suporte fático referente à *forma* do fato jurídico.

A partir de agora, preciso partir da premissa de que você compreendeu o que são os elementos complementares do suporte fático, todos eles relacionados à perfeição de seus elementos nucleares, a fim de lhe dizer que:

> *Os elementos <u>complementares</u> do suporte fático se situam nos chamados <u>planos da validade e da eficácia dos fatos jurídicos</u>, ou seja, são os elementos fáticos necessários para que certo fato ou conjunto de fatos da vida que incidiu na norma abstrata, configurando o <u>suporte fático</u> (concreto) de certo fato jurídico, seja(m) perfeito(s) e possa(m) surtir seus efeitos jurídicos.*

Continuo a trabalhar com exemplos, para que você consiga compreender a afirmação acima, por meio da qual lhe apresentei os chamados *planos da validade* e da *eficácia* dos fatos jurídicos e, portanto, do mundo jurídico.

---

48. MELLO, Marcos Bernardes de. *Teoria do fato jurídico – plano da existência*. 12 ed. São Paulo: Saraiva, 2003, p. 52.
49. MELLO, Marcos Bernardes de. *op. cit.*, p. 52.

No contrato de compra e venda da guitarra, vamos trocar o vendedor. No lugar de Marcelo, entra Roberto, menor de 8 anos. Tudo o mais continua igual. Pergunto-lhe: a troca de Marcelo por Roberto faz com que ainda *exista* o fato jurídico *compra e venda*?

Sim, todos os elementos nucleares do suporte fático do fato jurídico *compra e venda* continuam a existir: existe alguém com a vontade de comprar – Rodrigo; outro com a vontade de vender – Roberto; um bem a ser vendido e seu preço. Todos os elementos atinentes ao *plano da existência* do fato jurídico *compra e venda* estão preenchidos.

Saiamos, todavia, do plano da existência e nos movimentemos para os *planos da validade e da eficácia*, compostos pelos chamados *elementos complementares*. O objeto do negócio continua sendo um bem lícito? Sim. A forma utilizada – contrato particular escrito – é proibida em lei? Não. Até aqui, estamos a falar de uma compra e venda que é válida e eficaz.

Mas, opa, vamos ao último elemento? Ambos os sujeitos exercitaram de forma perfeita sua vontade? *Com certeza não*, pois um deles, Roberto, é *menor de idade* e, portanto, civilmente incapaz. Logo, embora estejamos diante de um fato jurídico *existente* (o plano da existência do fato jurídico, referente aos seus elementos nucleares, se perfectibilizou), ele não é *válido* e, portanto, não pode surtir seus efeitos, já que um de seus elementos complementares – *a capacidade civil dos negociantes* – não se verificou, diante da menoridade de Roberto.

Temos um fato jurídico *existente*, porém *inválido* e que, portanto, deve ser *ineficaz*. Também teríamos invalidade – e, portanto, ineficácia – se o objeto do contrato fossem entorpecentes (crack, cocaína, ecstase), pois ter-se-ia uma compra e venda de objeto ilícito.

Depois de tudo o que disse acima, observe, em resumo, os dois quadros abaixo.

Quadro 1 - Fato jurídico

Elemento do Suporte Fático	*Plano do Mundo jurídico*
Elementos Nucleares *atinentes ao mínimo para incidência normativa*	Plano da Existência
Elementos Complementares *atinentes à perfeição*	Plano da Validade
Elementos Complementares *atinentes à perfeição*	Plano da Eficácia

Por fim, um último gráfico, também essencial, para demonstrar que o mundo jurídico (formado pelos fatos jurídicos) se divide em três planos – da existência, validade e eficácia – "nos quais se desenvolve a *vida* dos fatos jurídicos em todos os seus aspectos e mutações", devendo-se destacar que o plano da existência é a base de que dependem os outros elementos, bem como que *nem todos os fatos jurídicos* passam pelo plano da validade, como será demonstrado no próximo item.

Quadro 2 - Planos do Mundo Jurídico

Plano da Existência
(formado pelos elementos nucleares do suporte fático)

Plano da Validade
(formado por alguns dos elementos complementares do suporte fático)

Plano da Eficácia
(formado por alguns dos elementos complementares do suporte fático)

Neste exato momento, voltarei ao final do tópico 6.3, em especial à última das perguntas que ele traz, qual seja, a identificada pela letra "d":

> *caso realmente o suporte fático possa tanto conter fatos da natureza e de animais quanto atos humanos, essa diferença acarreta alguma consequência jurídica ou não?*

Que o suporte fático pode conter fatos da natureza (a morte, por exemplo), de animais ou atos humanos, já sabemos. No item 6.3 esse tema já foi estudado. O que ainda não vimos é se dessa circunstância decorrem consequências jurídicas.

A resposta é **positiva** e, após identificarmos os elementos que formam o suporte fático (com destaque para os nucleares e os complementares), estamos prontos para estudá-las!

Mãos à obra!

6.5. As classificações do fato jurídico – as espécies de fato jurídico

O estudo do fato jurídico que realizo neste capítulo do livro tem como base a doutrina de Pontes de Miranda, como já exposto anteriormente. E no que isso importa, no presente momento, em que estudaremos as classificações do fato jurídico?

Importa pois, seguindo as premissas de Pontes de Miranda, classificaremos os "fatos jurídicos lato sensu" segundo o <u>*plano da existência*</u>, atinente aos elementos nucleares de seus suportes fáticos.

De forma ainda mais específica, classificaremos os "fatos jurídicos lato sensu" de acordo com o *cerne* dos elementos nucleares do suporte fático.

Segundo os ensinamentos de Marcos Bernardes de Mello:

> No gênero fato jurídico lato sensu, os elementos cerne do suporte fático servem para definir as duas grandes categorias de fatos jurídicos: (a) fatos jurídicos conforme o direito e (b) fatos jurídicos contrários a direito, bem como, em cada uma delas, as classes de fatos jurídicos que as integram, da mais genérica a mais específica, a saber:

(i) os elementos cerne (a) conformidade e (b) não conformidade a direito + imputabilidade caracterizam as categorias dos fatos jurídicos lícitos e ilícitos, respectivamente;

(ii) os elementos cerne (a) conduta com vontade relevante; (b) conduta sem vontade ou com vontade irrelevante e (c) sem conduta alguma configuram os (a) atos jurídicos lato sensu, (b) os atos-fatos jurídicos e (c) os fatos jurídicos stricto sensu, respectivamente.[50]

Marcos Bernardes de Mello quis dizer que duas classificações dos fatos jurídicos serão apresentadas, a partir da análise dos **cernes** dos elementos nucleares dos *suportes fáticos* dos "fatos jurídicos lato sensu", a saber:

a) a primeira das classificações se utiliza do elemento *conformidade* ou *não conformidade a direito + imputabilidade* para distinguir os "fatos jurídicos lato sensu". Com base na análise destes elementos, chegamos à classificação dos fatos jurídicos em "lícitos" e "ilícitos".

   Você tem dúvida de que um homicídio, praticado por um adulto capaz é um "fato jurídico ilícito"? Duvido que tenha. Pois bem, o elemento central (cerne) para classificar um crime como "fato jurídico ilícito" é que ele se trata de conduta contrária àquela que o ordenamento jurídico afirma ser a correta (não matar), praticada por agente capaz (imputável). É proibido matar. Trata-se de conduta *não conforme a direito*.

b) a segunda delas se utiliza do elemento *conduta* para distinguir as várias espécies de fatos jurídicos lato sensu, a saber:

   b.1) há "fatos jurídicos lato sensu" cujo elemento *cerne* de seu suporte fático é uma *conduta com vontade relevante*, ou seja, o elemento central (cerne) do suporte fático é um ato humano voluntário. Um contrato de locação se encaixa nessa categoria, pois sem a conduta volitiva (vontade) de alugar o imóvel por parte de locador e locatário, inexiste o fato jurídico. A sentença é um ato volitivo, uma conduta humana em que é relevante a vontade. Neste caso, classifica-se o "fato jurídico lato sensu" na categoria dos "atos jurídicos lato sensu", que ainda se divide em duas subespécies: os "atos jurídicos stricto sensu" e os "negócios jurídicos";

   b.2) há "fatos jurídicos lato sensu" cujo elemento cerne de seu suporte fático é uma *conduta sem vontade ou na qual o elemento volitivo é irrelevante para o direito*, que não o captura do mundo social. No processo existe uma hipótese bastante interessante: a parte derrotada deixar de recorrer. Para o direito só importa o elemento fático da conduta (não ter recorrido) e não a motivação que levou a parte a agir de tal forma (se ela concordou com a decisão, se esqueceu do prazo que tinha, se

50. MELLO, Marcos Bernardes de. *Teoria do fato jurídico – plano da existência*. 12 ed. São Paulo: Saraiva, 2003, p. 51.

não acredita na justiça etc.). Neste caso, o "fato jurídico lato sensu" se enquadra na categoria do "ato-fato";

b.3) há "fatos jurídicos lato sensu" em que *não existe uma conduta* em seu suporte fático, pois este último é formado por fatos da natureza ou de animais, sendo exemplo dos primeiros a morte. O falecimento de uma pessoa, além de ser um evento do mundo do ser, também é um evento jurídico capturado por várias espécies de normas jurídicas (cíveis, previdenciária, processual, trabalhista, penal etc.). Neste caso, o "fato jurídico lato sensu" se enquadra na categoria do "fato jurídico stricto sensu".

A fim de facilitar a compreensão do conteúdo acima transmitido, segue um organograma que deve ser memorizado e compreendido:

- Fatos jurídicos "lato sensu"
  - classificação segundo a conformidade ou não a direito + imputabilidade
    - → fatos jurídicos lícitos
    - → fatos jurídicos ilícitos
  - classificação segundo a presença de conduta no suporte fático
    - → atos jurídicos lato sensu
      - →atos jurídicos stricto sensu
      - → negócios jurídicos
    - → atos-fatos
    - → fatos jurídicos stricto sensu

As classificações acima são ***muito importantes*** para o estudo do direito como um todo e, em especial, para a ciência processual, objeto desta obra. Com base nessas classificações é que trataremos de um dos temas mais corriqueiros na prática dos processos: as nulidades.

Por isso, a partir de agora, aprofundarei um pouco mais a análise das classes ou espécies de fatos jurídicos lato sensu acima iniciada, segundo os dois critérios antes empregados.

6.5.1. *Classificação dos fatos jurídicos segundo o critério da conformidade ou não a direito + imputabilidade*

A contrariedade a direito significa a interferência, não autorizada pelo ordenamento jurídico ou por consentimento, na esfera jurídica alheia, causando-lhe danos. Todo ato ilícito apresenta como cerne de seu suporte fático essa característica.

O ordenamento jurídico não autoriza, em regra, que uma pessoa tire a vida de outra. Logo, se João matar José e não existir nenhuma autorização no ordenamento jurídico para que ele assim haja (ex.: legítima defesa), ter-se-á um ato *contrário a direito*, pois feridor da esfera jurídica alheia em hipótese não permitida pelo sistema.

Embora tenha dado o exemplo de um crime – homicídio –, poderia ter falado de uma atitude contrária a direito cível, processual civil, trabalhista, previdenciário etc.

Se o ordenamento jurídico afirma que certa pessoa, por preencher alguns requisitos, tem o direito de se aposentar, o ato praticado pelo INSS de negar essa aposentadoria é contrário a direito, pois interfere na esfera jurídica alheia em desatenção ao que preconiza o ordenamento, causando-lhe danos.

Mas para que haja "fato jurídico lato sensu ilícito" é preciso mais. Não basta a contrariedade a direito, acima explicada. É necessário, também, imputabilidade, ou seja, que a pessoa que esteja vinculada ao "fato ilícito lato sensu" tenha *capacidade delitual*, ou seja, a capacidade de praticar o ilícito.

Marcos Bernardes de Mello é claríssimo nesse ponto, motivo pelo qual transcrevo sua lição:

> A imputabilidade na ilicitude está relacionada à capacidade delitual do agente (= capacidade para praticar ilícito). O absolutamente incapaz não comete ato ilícito, mesmo se age contrariamente a direito. A responsabilidade civil pelo ato danoso praticado pelo absolutamente incapaz não decorre da ilicitude, mas da reparabilidade do dano independentemente da ilicitude. (Embora não cometa ilícito, segundo a norma do art. 928 do Código Civil, o incapaz responde com seus bens pelos danos que causar, se as pessoas por ele responsáveis não tiverem obrigação de fazê-lo, ou, mesmo que a tenham, não disponham de meios suficientes para satisfazê-los.
>
> O ato praticado pelo incapaz, embora seja contrário a direito, uma vez que atinge esfera jurídica alheia sem autorização do seu titular ou permissivo das normas jurídicas, não é lícito. A ausência de ilicitude é consequência da inimputabilidade do incapaz. O suporte fático da ilicitude, apesar da contrariedade a direito, não se compõe suficiente para incidência do art. 186 do Código Civil ou de qualquer outra norma sobre ilicitude (e. g. art. 394 do Código Civil, o incapaz não incide em mora), pela ausência de imputabilidade[51].

Quando falo em "fatos jurídicos lato sensu ilícitos", nessa expressão englobo tanto os *atos ilícitos* (condutas humanas de vontade relevante ilícitas), quanto os *atos-fatos ilícitos* (condutas humanas ilícitas em que a vontade não existe ou é irrelevante para o direito) e *fatos jurídicos stricto sensu ilícitos* (fatos da natureza ou de animais ilícitos).

Mesmo que você, prezado leitor, seja um iniciante no estudo do direito, intuitivamente já tem como saber que a modalidade mais comum de "fatos jurídicos lato sensu ilícitos" é a dos *atos ilícitos*. A interferência, não autorizada pelo ordenamento jurídico ou pelo consentimento, na esfera jurídica alheia, geradora de danos, na maioria das vezes se dá por conduta humana voluntária.

Em sede processual é assim que ocorre. Ao longo de um procedimento, diversos atos lícitos e outros ilícitos podem ser praticados, caracterizando atos processuais lícitos e ilícitos. Vejamos dois exemplos:

<u>Caso 1</u>: *fato jurídico processual lícito* - o juiz profere *sentença* em processo ajuizado por João em face de José, decretando a vitória do primeiro. José, então, recorre

51. MELLO, Marcos Bernardes de. *Teoria do fato jurídico – plano da existência*. op. cit., p. 221.

da sentença, interpondo uma apelação. Recorrer é um fato da vida? Sim. É um fato da vida sobre o qual incide uma regra jurídica processual? Sim, a do art. 1.009 do CPC, segundo a qual "Da sentença cabe apelação". É um ato conforme ou não à regra jurídica processual acima indicada? É conforme. Logo, se trata de ato lícito.

Caso 2: *fato jurídico processual ilícito* - o réu, Plano de Saúde Privada, é intimado de decisão liminar que determina a remoção aérea de paciente internado em Vitória para o Hospital Sírio-Libanês. Essa remoção lhe custará R$ 60.000,00. O Plano de Saúde descumpre a decisão. Descumprir uma decisão judicial é um fato da vida? Sim. É um fato da vida sobre o qual incide uma regra jurídica processual? Sim, a do art. 77, IV do CPC, segundo a qual "são deveres das partes, de seus procuradores e de todos aqueles que de qualquer forma participem do processo: cumprir com exatidão as decisões jurisdicionais, de natureza provisória ou final, e não criar embaraços à sua efetivação". É um ato conforme ou não à regra jurídica processual acima indicada? É um ato desconforme, que interfere na esfera jurídica de terceiros, causando danos e praticado por pessoa jurídica que tem capacidade delitiva em sede processual civil. Logo, se trata de ato ilícito.

6.5.2. *Classificação dos fatos jurídicos segundo o critério da presença da conduta no suporte fático (atos jurídicos lato sensu, atos-fatos e fatos jurídicos stricto sensu)*

Reputo muito importante para o estudo do processo a classificação dos fatos jurídicos processuais em lícitos e ilícitos, que acabamos de analisar. Todavia, pragmaticamente falando, não é essa a principal classificação que você deve conhecer.

Por conta dos reflexos que gera para o tema das *nulidades processuais* (uma das mais frequentes questões do dia a dia processual), a classificação dos "fatos jurídicos lato sensu" segundo o critério da presença de conduta no suporte fático é ainda mais necessária para o estudante do direito processual.

Segundo esse critério, é possível distinguir os "fatos jurídicos lato sensu" nas seguintes espécies:

a) *atos jurídicos lato sensu* - que se dividem em duas subespécies: *atos jurídicos stricto sensu* e *negócios jurídicos;*

b) *atos-fatos*;

c) *fatos jurídicos stricto sensu.*

A partir de agora, cada um deles será explicado a você, que deve se lembrar da principal utilidade dessa classificação para a ciência do processo: o estudo das *nulidades processuais*!!

Atos jurídicos lato sensu – trata-se do fato jurídico cujo suporte fático é integrado por ato humano, sendo que a vontade em praticá-lo é indispensável para a sua configuração (compõe o cerne do suporte fático).

Quando pensamos num contrato de compra e venda, é óbvio que o elemento central para que ele exista é a vontade bilateral (de vendedor e comprador) de transmitir a propriedade ou a posse de um bem. Se, por outro lado, imaginarmos uma sentença, também sabemos que se trata de um ato de vontade, pois o juiz praticou a conduta voluntária de ler os autos, as provas nele contidas e julgar o pedido formulado pelo autor.

Um contrato, uma sentença, uma petição inicial, todos são exemplos de "atos jurídicos lato sensu", pois no cerne dos elementos nucleares de seus suportes fáticos se encontra uma conduta volitiva. Retire o elemento vontade e o ato não existe.

Os "atos jurídicos lato sensu" se tratam de uma espécie de "fato jurídico lato sensu" que se divide em duas subespécies, a saber:

a) *ato jurídico stricto sensu* – a vontade é elemento essencial na composição do suporte fático, mas os efeitos jurídicos do ato são previamente definidos pelo ordenamento jurídico. Não é a vontade que determina quais são os efeitos. Sem ela, o fato jurídico não existe, pois se trata de seu componente essencial. Todavia, essa vontade não é dirigida à escolha da eficácia jurídica do ato.

Existe a vontade de prática do ato e não a vontade de produção de um resultado eleito.

> Ato jurídico em sentido estrito seria fato jurídico que tem por elemento nuclear do suporte fático manifestação ou declaração unilateral de vontade cujos efeitos jurídicos são prefixados pelas normas jurídicas e invariáveis, não cabendo às pessoas qualquer poder de escolha da categoria jurídica ou de estruturação do conteúdo das relações jurídicas respectivas.[52]

Um exemplo de "ato jurídico *stricto sensu* processual" é a **citação** (veja o tópico 6.7 para entender o que ela é). Citar alguém é um ato de vontade. Todavia, seus efeitos, como demonstra o art. 240 do CPC, são todos predeterminados pela norma, que transcrevo:

> Art. 240. A citação válida, ainda quando ordenada por juízo incompetente, induz litispendência, torna litigiosa a coisa e constitui em mora o devedor.

b) *negócio jurídico* – a vontade apresenta um papel mais acentuado na estrutura do suporte fático do negócio jurídico. Atribui-se àquele que a externa o poder de escolher a *categoria* e o *regramento jurídico de seus efeitos*. A vontade, portanto, apresenta um papel mais amplo do que nos atos jurídicos stricto sensu. Verifica-se a vontade de produção do efeito jurídico e não só de prática do ato.

---

52. MELLO, Marcos Bernardes de. *Teoria do fato jurídico – plano da existência*. 12 ed. São Paulo: Saraiva, 2003, p. 159.

Os negócios jurídicos são muito comuns no direito civil (locação de um imóvel), no direito do consumidor (compra e venda de um violão na Carneiro Instrumentos Musicais) e também no direito processual (estipulação de cláusula de eleição de foro – art. 63 do CPC; determinação, pelo juiz, de medida coercitiva imposta ao réu para o cumprimento de medida de urgência – art. 297 do CPC).

Observe os três exemplos que dei acima: quando Roberto resolve locar a Pedro um apartamento de 03 quartos que possui na Praia da Costa, a vontade de ambos possui dois *papéis* na estrutura do negócio jurídico:

a) ela é o móvel para a prática do ato – só existe locação porque ambos assim o quiseram;
b) além disso, a vontade tem o poder de escolher as eficácias do negócio de locação, referentes, por exemplo, ao valor do aluguel, à forma de pagamento, à duração do vínculo.

De modo paralelo, quando resolvo comprar um violão na Carneiro Instrumentos Musicais, um negócio jurídico é praticado, visto que a vontade apresenta duas funções:

a) a vontade de comprar e a vontade de vender é o elemento central para que exista a transmissão de patrimônio objeto do ato jurídico praticado. Eu preciso querer comprar e a Carneiro precisa querer vender o violão para que o negócio jurídico ocorra;
b) também os efeitos jurídicos são determinados pela vontade: entraremos em acordo sobre o valor do violão, a forma de pagamento, o prazo de entrega do produto.

Por fim, quando o juiz, em uma decisão interlocutória (veja seu conceito no tópico 6.7, abaixo), impõe ao réu uma medida coercitiva (uma multa, por exemplo) para forçar o réu a cumprir a ordem que ele expediu (ex.: para o plano de saúde arcar com a cirurgia de que o autor necessita), também pratica negócio jurídico, visto que:

a) a vontade é elemento determinante para que o juiz decida. Se ele não quiser decidir, não há ato jurídico;
b) a vontade é responsável por escolher a *categoria jurídica* (a espécie de medida coercitiva que será aplicada – no exemplo, multa), bem como seu valor, sua periodicidade (*regramento jurídico de seus efeitos*).

Quando se fala nos negócios jurídicos, é muito importante ter em mente que existem variações referentes ao alcance do poder que a vontade possui de escolher a *categoria* e os *efeitos jurídicos* do ato.

O ordenamento, ao dispor sobre o conteúdo eficacial de uma relação jurídica, pode deixar ao livre arbítrio do sujeito a escolha da categoria jurídica e dos efeitos a serem irradiados – há vontade na categoria e na regulação de efeitos (em amplitudes variadas), quando se encontra no âmbito da dispositividade.

Um negócio jurídico privado, como o de compra e venda do violão, que vinculou Rodrigo e Carneiro Instrumentos Musicais, é daqueles em que há grande espaço para que a vontade atue de forma decisiva na seleção das eficácias do fato jurídico.

Outro exemplo é a aplicação, pelo juiz, de técnicas coercitivas para o cumprimento de uma decisão judicial. No que respeita à vontade na escolha da categoria, tem-se que o juiz tem liberdade para fixar: multa, prisão por crime de desobediência, suspensão da prestação de certo serviço (Whatsapp, Facebook), etc. Fixada a categoria (ex.: multa por descumprimento), a vontade também atua na escolha de certos efeitos jurídicos, como o valor da multa, sua periodicidade.

Todavia, há negócios jurídicos que decorrem da incidência de normas jurídicas cogentes, de ordem pública, cuja margem de dispositividade é menor, o que significa que o espaço dado à vontade, para a escolha das eficácias do fato jurídico, é mais estreito.

> O ordenamento, ao dispor sobre o conteúdo eficacial de uma relação jurídica, pode regulá-lo de forma exauriente, quando só resta espaço para a escolha da categoria jurídica que se quer enquadrar – há vontade na categoria, mas não na regulação dos efeitos, quando se está no âmbito da cogência.[53]

Exemplo do que dito nos dois parágrafos anteriores é o casamento: é possível escolher a categoria, em regra - casamento em regime de comunhão parcial, universal, em separação total. Os efeitos jurídicos da escolha da categoria (ex.: os noivos decidiram-se pelo casamento em comunhão parcial de bens), todavia, são preestabelecidos.

<u>**Atos-fatos jurídicos**</u> – são os fatos jurídicos cujo suporte fático é uma conduta humana, embora o elemento de vontade (volitivo) que poderia nela estar contido é juridicamente irrelevante, não sendo acolhido pelo direito.

Fredie Didier Jr. e Pedro Henrique Nogueira, ao tratarem especificamente dos atos-fatos processuais, apresentam uma definição que se aplica ao ato-fato em geral:

> Os atos-fatos processuais são os fatos jurídicos em que, apesar de produzidos por ação humana, a vontade de praticá-los é desprezada pelo direito; daí serem recebidos pela ordem jurídica como fatos, em razão de se abstrair o elemento ´vontade humana´ presente nos atos jurídicos (atos jurídicos em sentido estrito e negócios jurídicos). Como aponta Marcos Bernardes de Mello, o ato humano é a substância do fato jurídico, mas não importa para a norma se houve, ou não, vontade em praticá-lo.[54]

Um exemplo excelente de ato-fato é o decurso do prazo prescricional sem que a parte ajuíze uma ação condenatória, culminando na *prescrição*.

---

53. BRAGA, Paula Sarno. *Primeiras Reflexões sobre uma Teoria do Fato Jurídico Processual — Plano de Existência. op. cit.*, p. 12-13.
54. DIDIER Jr., Fredie; NOGUEIRA, Pedro Henrique Pedrosa. *Teoria dos fatos jurídicos processuais*. Salvador: Juspodivm, 2011, p. 43.

A perda do direito à pretensão condenatória decorre do decurso *in albis* do prazo prescricional. Para o direito, é relevante saber se esse prazo se escoou por vontade ou desconhecimento da parte? Não. A vontade é irrelevante para que a omissão relatada produza seus efeitos jurídicos.

Há três espécies de ato-fato:

a) *reais ou materiais* – são aqueles atos-fatos cujo resultado fático é normalmente irremovível.

   Ex.: a criação de obra artística. É ato-fato pois é fato jurídico, a desdobrar efeitos como a proteção de direitos autorais, independente daquele que praticou a conduta – a criação da obra – ter tido a vontade e a consciência de fazê-lo. Uma hipótese como essa ocorreu na minha família: a primeira música que Roberto, meu filho mais velho, compôs, "Você pega a guitarra pra tocar rock n´roll", surgiu quando ele tinha três anos e não fazia ideia de que estava criando uma obra intelectual.

b) *indenizativos* – são condutas lícitas que, independentemente da vontade do agente de lesar, causam prejuízos a outrem, tendo por efeito jurídico o direito de indenização da vítima. Perceba porque é um ato-fato: há conduta lesiva; todavia, se houve vontade ou não de lesar, esse elemento é irrelevante para o direito, sendo o fato de haver lesão já suficiente, por determinação do ordenamento jurídico, para fazer nascer o direito à indenização.

   Ex.: o autor, favorecido com a sentença de procedência atacável por apelação não dotada de efeito suspensivo, passa a ser titular de um título executivo provisório e, de forma lícita, dá início à execução. Todavia, o tribunal reforma a sentença e julga improcedente a demanda. A parte praticou um ato lícito ao dar início à execução provisória? Sim. A execução do título depois reformado, com base no qual se iniciara a execução, pode ter causado prejuízos ao réu? Sim. O autor tinha a intenção deliberada (vontade) de prejudicar o réu quando iniciou a execução ou, pelo menos, agiu de maneira negligente, imprudente ou imperita? Não. O elemento vontade do autor tem alguma relevância no momento de se identificar o seu dever de indenizar? Não.

c) *caducificantes* – são aqueles que geram caducidade sem culpa. Decorrem da inação do titular do direito por certo tempo, independente de culpa, que culmina na extinção de um direito.

   Ex.: a omissão da pessoa em agir enquanto correm os prazos prescricional, decadencial e processuais preclusivos, acarretando o seu fim e, por consequência, a prescrição, a decadência ou a preclusão; a revelia (ausência de contestação por parte do réu). Nesses casos, é irrelevante, para que as omissões acima narradas surtam seus efeitos (prescrição, decadência, preclusão), avaliar se a inação decorreu da vontade de quedar-se inerte, ou de um desleixo, de um desconhecimento, etc. O elemento volitivo é desconsiderado pelo direito.

Não importa qual foi o motivo pelo qual o réu não contestou (ter deixado para lá, ter se equivocado e perdido o prazo etc.). Caso o elemento fático "ausência de contestação" ocorra, ela deve surtir seus efeitos. O ato-fato é uma conduta social que o direito capta tão somente o seu resultado fático, desconsiderando a relevância da conduta volitiva que foi praticada para que o resultado ocorresse. O que importa ao direito é o resultado, o fato decorrente da conduta. Após ler as duas últimas frases, reflita sobre elas e releia os exemplos que eu dei.

Fatos jurídicos stricto sensu – fato jurídico cujo suporte fático é integrado por simples fatos da natureza. "No núcleo do suporte fático da norma jurídica, estão previstos, portanto, eventos naturais (v.g. enchentes), biológicos (v.g. nascimento), excluídos aqueles ligados à ação humana".[55] Não há conduta humana no núcleo do suporte fático.

No ato-fato, há conduta humana. Todavia, o elemento *vontade* é irrelevante para o direito. Quando se fala em *fatos jurídicos stricto sensu*, não há conduta humana no suporte fático.

Há os fatos jurídicos stricto sensu denominados de *ordinários* (comuns), como o nascimento e a morte. Esta última, inclusive, pode configurar um *fato jurídico stricto sensu processual* quando incide, por exemplo, na hipótese normativa do art. 313, I do CPC ou do art. 110 do CPC:

> Art. 110. Ocorrendo a morte de qualquer das partes, dar-se-á a sucessão pelo seu espólio ou pelos seus sucessores

Há, também, os fatos jurídicos stricto sensu *extraordinários* (caso fortuito e força maior), como uma enchente, um incêndio.

Em setembro de 1990, o Fórum de Cariacica, no Espírito Santo, sofreu um incêndio, que dissipou grande parte de seu acervo de processos. O incêndio é um fato jurídico stricto sensu processual quando tomado como suporte fático de norma processual. É o caso da incidência ao art. 313, VI do CPC, segundo o qual suspende-se o processo por motivo de força maior.

> Art. 313. Suspende-se o processo:
>
> VI - por motivo de força maior.

Depois de ter apresentado todas as espécies de "fatos jurídicos lato sensu" acima, é o momento de fazer a sua ligação ao tema das nulidades, da seguinte forma:

55. DIDIER JR., Fredie; NOGUEIRA, Pedro Henrique Pedrosa. *Teoria dos fatos jurídicos processuais*. op. cit., p. 39.

a) a nulidade é um vício atinente ao plano da validade. Logo, fato jurídico nulo é fato jurídico inválido;

b) dentre os "fatos jurídicos lícitos", somente aqueles que possuem a *vontade* como elemento nuclear do suporte fático passam pelo plano da validade e, por isso, podem ser eivados de nulidade. Fatos ilícitos não passam pelo plano da validade;[56]

c) portanto, **somente se pode falar em nulidade dos *atos jurídicos lato sensu***, cujas duas espécies são os (i) atos jurídicos stricto sensu e os (ii) negócios jurídicos, pois somente eles passam pelo plano da validade, por terem a vontade como elemento nuclear de seus suportes fáticos.

Aplicando-se as concepções acima ao direito processual, tem-se que qualquer ato jurídico lato sensu processual (ato jurídico processual em sentido estrito ou negócio jurídico processual) pode, em tese, ser eivado de nulidade. Um ato-fato processual não pode ser nulo. Um fato jurídico processual *stricto sensu* não pode ser nulo.

6.6. Fato jurídico processual

O *fato jurídico processual* é o fato ou complexo de fatos sobre o qual incida norma jurídica processual e se refira a um certo procedimento, atual ou futuro.

O fato jurídico processual é uma espécie do gênero "fato jurídico lato sensu". Isso significa que as classes de fato jurídico acima estudadas (atos jurídicos lato sensu; atos-fatos e fatos jurídicos stricto sensu) também são visualizadas no processo, conforme até mesmo já foi visto em vários exemplos anteriores que apresentei.

Os elementos centrais para se classificar um fato jurídico como *processual* são:

a) a identificação de qual espécie normativa incide sobre certo fato ou complexo de fatos – para que o fato jurídico seja *processual*, o suporte fático deve incidir sobre uma *norma processual*. No tópico 3.3.1 deste capítulo definiu-se o que é a regra processual. Conclamo o leitor a dirigir-se ao mencionado item, em caso de dúvida;

b) a verificação de que:

b.1) o fato jurídico refere-se a um procedimento já existente.

Ex.: no processo nº 0022375.06.2017.8.08.0000, o réu interpõe recurso de apelação contra a sentença. A apelação pode ser classificada como um "fato jurídico processual lato sensu"? A resposta é positiva.

Em primeiro lugar, como recorrer é um ato de *vontade*, em que essa é dado relevante no suporte fático, a apelação se trata de um *ato jurídico lato sensu*. A previsão em abstrato da apelação se encontra em norma

---

56. "Nos fatos ilícitos, a nulidade seria contrassenso porque resultaria benefício àquele que praticou o ilícito". MELLO, Marcos Bernardes de. *op. cit*,, p. 98.

jurídica que regula atos do procedimento jurisdicional, logo, uma norma processual. Por fim, a apelação refere-se a um processo já existente;

b.2) o fato jurídico, para ser processual, pode se referir a um procedimento futuro (ainda não existente) e eventual.

Ex.: Roberto e Pedro contratam a compra e venda de uma moto Harley Davidson que pertencia ao primeiro. No instrumento escrito que formulam, a última cláusula estabelece que qualquer futuro e eventual conflito que surja, referente à compra e venda objeto do contrato (o inadimplemento de Pedro, por exemplo), será discutido no foro (comarca) de Domingos Martins-ES. Ou seja, embora Roberto tenha domicílio no município/comarca de Alfredo Chaves-ES e Pedro no município/comarca de Viana-ES, ambos contrataram que eventual futura ação judicial, proposta por qualquer um dos dois, será ajuizada na comarca de Domingos Martins.

Chama-se "eleição de foro" o negócio jurídico que firmaram (e que será estudado no Capítulo 6 desta obra). Observe que se trata de fato jurídico que se refere a um futuro e eventual (talvez não exista) procedimento.

Outra questão interessante a se tratar é que um certo fato ou complexo de fatos da vida pode ser capturado por diferentes normas jurídicas: por uma norma de direito civil, de direito penal, de direito processual, de direito administrativo, de direito tributário etc.

Isso significa que certo fato ou complexo de fatos da vida pode dar ensejo a mais de um fato jurídico (um fato jurídico cível, penal, processual etc.).

A fim de ilustrar a afirmativa, observe o exemplo abaixo, de um fato social que pode ser suporte fático de um fato jurídico processual:

Ex.: a *morte* é um fato da vida, um fato social? Sim. Sobre a morte incide alguma regra jurídica? Sim, várias. Dentre elas, a norma processual que se constrói a partir da leitura do art. 313, I do CPC:

> Art. 313. Suspende-se o processo:
>
> I - pela morte ou pela perda da capacidade processual de qualquer das partes, de seu representante legal ou de seu procurador

Luís é réu em uma ação ajuizada por Fernando, em que este último busca indenização por danos morais. Luís morre. O processo que corria entre ambos, então, deve ser suspenso. A morte, no contexto acima, se trata de um fato jurídico processual, visto que suporte fático referente a norma processual.

O tema dos "fatos jurídicos processuais lato sensu" ganhou grande destaque recentemente. O CPC vigente, instituído pela Lei 13.105/2015, ampliou de forma marcante a possibilidade de que sejam firmados *negócios jurídicos processuais atípicos*, não previstos de forma expressa por normas processuais (exemplo de negócio jurídico processual típico é a eleição de foro – art. 63 do CPC).

Fala-se, então, que existe a previsão de uma cláusula geral de negócios jurídicos processuais – o art. 190 do CPC garante às partes, em processos cujo objeto sejam direitos que admitem autocomposição, a prerrogativa de estipularem alterações no procedimento. Percebe-se que, nesta hipótese, a vontade será dirigida à produção de certo efeito jurídico (alteração do procedimento), estando-se diante de um negócio jurídico. Transcrevo o art. 190:

> Art. 190. Versando o processo sobre direitos que admitam autocomposição, é lícito às partes plenamente capazes estipular mudanças no procedimento para ajustá-lo às especificidades da causa e convencionar sobre os seus ônus, poderes, faculdades e deveres processuais, antes ou durante o processo.

Importante apresentar um exemplo de negócio jurídico não tipificado expressamente no CPC, mas que pode ser firmado pelas partes a partir do permissivo contido no art. 190.

Ex.: ação de danos morais decorrentes de inscrição indevida no SCP e no Serasa. As partes, uma vez iniciado o processo, convencionam que os prazos recursais – normalmente de 15 dias – serão restritos a 10; que não será cabível o recurso de embargos de declaração contra quaisquer decisões; que a execução provisória não dependerá de prestação de caução para que se verifique a alienação do bem penhorado. O que ambas fizeram? Negociaram alterações no procedimento, ou seja, por meio de um acordo de vontades, formalizaram um negócio jurídico, cujo objeto são mudanças referentes a atos que formam o procedimento jurisdicional.

6.7. O procedimento e alguns dos principais fatos jurídicos lato sensu que podem compô-lo

Desde o Capítulo 2 deste livro você já sabe que o processo, método de exercício da jurisdição, quando analisado a partir do *plano* da *existência* se trata de um *ato jurídico complexo de formação sucessiva*, ou seja, de um *procedimento*.

Sabe que um ato jurídico complexo é formado por diversos atos, fatos ou atos-fatos, unidos teleologicamente (voltados a uma mesma finalidade), que é alcançar a prática do ato-fim (do ato decisório, por meio do qual o processo deve ser extinto).

Já é hora de que você conheça alguns desses fatos jurídicos processuais (atos processuais *stricto sensu*, negócios jurídicos processuais, fatos processuais *stricto sensu* e atos-fatos) que formam a cadeia procedimental. Vamos a eles?

É possível que, quanto a alguns dos fatos jurídicos processuais *lato sensu* abaixo listados, só os classifique como *atos jurídicos lato sensu*, sem especificar se se tratam de negócio jurídico processual ou de ato jurídico stricto sensu. Quando agir dessa forma, o motivo é a existência de divergências doutrinárias sobre o ponto.

1. **Petição inicial** – na ampla maioria dos procedimentos, seu ato inaugural é a petição inicial, ato jurídico *lato sensu* por meio do qual o autor deduz seu pedido e apresenta seus fundamentos (*causas de pedir*), pleiteando a proteção do Estado-juiz em face de certa(s) pessoa(s) ou mesmo ente sem personalidade.

   Você percebeu que, na hora de classificar a petição inicial, a identifiquei somente como um "ato jurídico lato sensu", ou seja, num primeiro momento eu fugi da raia e não apresentei classificação mais específica. Afinal de contas, a petição inicial é um "ato jurídico *stricto sensu*" ou um "negócio jurídico"? Defendo o entendimento de que a petição inicial se trata de um negócio jurídico postulatório, visto que a vontade, elemento cerne de seu suporte fático, tem dupla função: ela é o móvel do ato e, além disso, pode selecionar efeitos do ato (por exemplo, qual procedimento será adotado).

2. **Citação** – trata-se de *ato jurídico stricto sensu* que pode ser classificado como um *ato de comunicação*. Sua finalidade é permitir que uma pessoa física ou jurídica ou mesmo um ente despersonalizado saiba que em face dele foi proposta uma ação, inserindo-o na relação processual e permitindo que, a partir de então, exercite seu direito a ampla defesa e contraditório;

3. **Intimação** – também se trata de *ato jurídico stricto sensu* cujo objetivo é a *comunicação processual*. Todavia, diferentemente da citação, cuja finalidade é bem específica, a intimação visa a comunicar às partes e aos demais sujeitos da relação processual – com exceção do juiz – um certo acontecimento do processo. Como exemplo, é possível utilizar a intimação para: informar às partes que uma decisão foi proferida pelo juiz; cientificar ao perito que ele foi escolhido pelo juízo, a fim de que ele apresente sua proposta de honorários; informar às partes a data em que ocorrerá uma audiência; dar ciência a certa pessoa de que ela deverá comparecer ao Fórum para prestar seu testemunho em certo dia e horário; dar ciência à pessoa de que um bem seu foi penhorado; etc.

4. **Decisão liminar** – como seu próprio nome diz – decisão –, é ato jurídico *lato sensu* praticado pelo juiz. O qualificativo *liminar* de uma decisão *não* indica seu conteúdo (o tipo de decisão que contém), mas sim o *momento* em que ela é proferida.

   Uma decisão liminar é dada antes que o réu seja citado e ingresse na relação processual. Quando se observam as decisões liminares que podem ser proferidas no processo, vê-se que há vários motivos para tanto.

   Todavia, sem sombra de dúvidas, as mais frequentes (e poderia dizer importantes) *decisões liminares* são aquelas por meio das quais o juiz analisa um pedido de proteção urgente por parte do autor, o que se convencionou chamar de *tutela de urgência*.

Observe o seguinte exemplo: Geraldo é uma pessoa de 60 anos, sedentária, fumante e que adora comer carnes gordas. Inevitavelmente, um dia passa mal e descobre que precisa colocar urgentemente *stents cardíacos* (anéis cilíndricos que expandem as artérias e veias que se fecharam por uma inflamação decorrente do excesso de depósito de gordura), pois corre risco de morte.

Todavia, ao requerer ao seu plano de saúde a realização do procedimento cirúrgico necessário à colocação do *stent*, recebe uma **negativa** como resposta. Diante dessa circunstância, a única solução é que se dirija ao Estado-juiz, por meio de petição inicial, e dê início ao processo, requerendo se imponha ao plano de saúde a autorização do procedimento.

Nesse momento, surge a necessidade de fazer uma pergunta: será que Geraldo pode esperar dois ou três anos até que o Poder Judiciário pratique todos os atos do procedimento e, então, profira a sentença, por meio da qual imporá ao plano de saúde a obrigação de autorizar a realização da cirurgia? Com certeza **não**. A situação, na verdade, é tão caótica e séria que não há tempo nem para se aguardar que o plano de saúde seja citado e apresente defesa. É preciso decidir antes disso.

Na situação em tela, deve o Poder Judiciário analisar o *pedido de tutela de urgência* (de proteção urgente feito pelo autor) por meio de uma *decisão liminar*, ou seja, proferida antes mesmo de o réu ser citado.

Quais são os requisitos que se deve observar para que seja deferido um *pedido de tutela de urgência*? Quem requer uma tutela de urgência, ou seja, uma proteção jurisdicional que anteceda o momento comum em que o Estado-juiz entregaria a tutela jurisdicional, deve alegar e provar que:

a) é mais plausível que ele, autor, tenha razão do que o réu – fala-se em *plausibilidade do direito*. No exemplo dado, é preciso que Geraldo alegue e prove que é mais provável ele ter o direito à realização do procedimento de colocação dos *stents* do que o plano de saúde não ter tal dever;

b) o perigo de que a demora em se decidir faça com que o direito pereça – *perigo de dano irreparável ou de difícil reparação (periculum in mora)* – é preciso que o autor alegue e prove que a demora do Poder Judiciário em decidir (conhecer) e efetivar (executar) sua decisão pode fazer com que seu direito deixe de existir ou se torne impossível de efetivar. Analisando o exemplo, tem-se que a demora do Poder Judiciário poderia acarretar na morte de Geraldo e, portanto, na extinção de seu direito à vida.

Por fim, quais são as duas *espécies* de *tutela de urgência* existentes? Embora todas as tutelas de urgência tenham a finalidade de proteger o direito do autor contra a demora da prestação jurisdicional (que necessita de um tempo para ser entregue, já que o processo se desdobra por uma sequência de atos), existem dois *tipos* de proteção que se pode requerer:

a) *tutela de urgência satisfativa ou antecipada* – o autor requer, desde logo, a **fruição do direito**. No exemplo de Geraldo, ele necessita de uma tutela de urgência antecipada ou satisfativa, pois precisa usufruir imediatamente de seu direito ao procedimento médico, ou seja, o quanto antes possível colocar os *stents* cardíacos;

b) *tutela de urgência cautelar* – em outras situações, no entanto, a tutela de urgência pode se dar a partir da constituição de uma garantia em favor do autor, que lhe permitirá, *no futuro*, usufruir seu direito. Trata-se da tutela cautelar. Como exemplo, imagine a hipótese em que Roberto ajuíze ação para cobrar de Pedro o pagamento de R$ 12.500,00 e, por ter medo que o devedor esconda ou se desfaça de seu patrimônio, requeira ao juiz, urgentemente, que bloqueie a quantia descrita na conta corrente do inadimplente.

Perceba que o bloqueio de R$ 12.500,00 na conta de Pedro não permite que Roberto, desde logo, usufrua da quantia. Trata-se, tão somente, de uma *garantia* de que, quando for a hora de executar (efetivar) uma futura sentença que imponha ao devedor o dever de pagar o valor devido, haja bens a serem executados.

É tão comum que o conteúdo de uma decisão liminar seja a análise de um pedido de tutela de urgência que por vezes a palavra *tutela liminar* é utilizada como sinônimo de *tutela de urgência*. Mas isso é um erro, visto que: há tutelas liminares (deferidas por decisões liminares) cujo conteúdo não é a análise de um pedido urgente do autor; é possível que o juiz aprecie um pedido de urgência somente depois que o réu se defenda (mesmo nessa hipótese ainda pode ser uma medida útil ao autor, pois entre a apresentação da defesa pelo réu e a produção da sentença costuma existir um *longo caminho*).

5. **Contestação** – trata-se do "ato jurídico *lato sensu*" por meio do qual o réu apresenta a ampla maioria de suas defesas, sejam elas sobre questões processuais ou sobre questões de mérito (acerca do direito material discutido nos autos). Assim como fiz quando tratei da petição inicial, inicialmente defini a contestação de forma mais genérica, sem assumir posição sobre se se trata de um "ato jurídico stricto sensu" ou de um "negócio jurídico processual".

   Todavia, assim como fiz em relação à petição inicial, defendo o entendimento de que se trata de um negócio jurídico postulatório, visto que a vontade, elemento cerne de seu suporte fático, tem dupla função: ela é o móvel do ato e, além disso, pode selecionar efeitos do ato (por exemplo, qual parte do pedido será objeto de contestação).

6. **Revelia** – a revelia é uma conduta omissiva do réu, que deixa de apresentar a contestação no prazo legal. No plano jurídico, embora seja conduta no mundo do ser, é classificada como ato-fato, pois se considera irrelevante eventual elemento volitivo que estivesse à base da omissão praticada.[57] Importante, tão somente, o aspecto fático que envolvia a atitude praticada ou seja, a *inexistência de contestação*. A revelia é ato-fato do qual se extraem dois efeitos muito importantes, caso a situação jurídica de direito material pertinente ao réu revel (que não contestou) seja disponível:

   6.1) presumem-se verdadeiros os fatos alegados pelo autor na petição inicial;

   6.2) dispensa-se a intimação do réu para todos os atos subsequentes do procedimento enquanto ele não comparecer espontaneamente nos autos.

   A título de exemplo, observe um processo em que Leonardo requeira de Márcio a entrega de um computador que teria comprado do réu e já pago, existindo, por parte do último, o descumprimento de seu dever jurídico. Observe que a situação de direito material do réu é disponível (Márcio é maior, capaz e se está a discutir um direito seu de cunho patrimonial). Neste caso, se não apresentar contestação no prazo legal, surgirá o ato-fato processual *revelia*, com seus efeitos acima demonstrados. Se, por outro lado, no polo passivo estivesse a União, como seu patrimônio é público e indisponível, o ato-fato revelia não poderia acarretar os efeitos acima descritos.

7. **Preclusão** – trata-se de um efeito jurídico-processual, qual seja, a *perda do direito de se praticar certo ato processual*. É, por exemplo, a perda do direito de contestar, de recorrer, de apresentar um rol de testemunhas etc. Existem três causas ou motivos que, se configurados, formam o suporte fático da preclusão:

a) a perda do prazo estipulado para a prática do ato processual – chama-se de *preclusão temporal* a perda do direito de se praticar o ato processual pelo fato de a parte ter deixado escoar em branco o prazo de que dispunha. A omissão em praticar um ato processual é um ato-fato. Logo, a omissão em recorrer, em contestar, em apresentar um rol de testemunhas, todas são atos-fatos. E, de tais omissões, cuja natureza jurídica é de *ato-fato,* surge como eficácia jurídica a *preclusão temporal*. Como exemplo: publicada a sentença desfavorável ao réu, este tinha o prazo de 15 dias úteis para interpor o recurso de apelação, mas, neste tempo, se manteve inerte;

b) a prática do ato processual – chama-se de *preclusão consumativa* a perda do direito de se praticar o ato processual por já se tê-lo praticado. Logo, ela é

57. Classificam a revelia como ato-fato processual DIDIER JR., Fredie e NOGUEIRA, Pedro Henrique Pedrosa. *Teoria dos fatos jurídicos processuais*. Salvador: Juspodivm, 2011, p. 44.

efeito de um ato jurídico (exemplo: a interposição de um recurso) e não de um ato-fato, como ocorre com a preclusão temporal. A preclusão consumativa acaba se revelando, portanto, como um impedimento a que se altere, complemente, melhore o conteúdo do ato jurídico já praticado.

Imagine a hipótese em que Catarina tenha recorrido de sentença prolatada contra seus interesses, no prazo legal, e tenha esquecido de apresentar uma alegação que seria essencial para que pudesse ter maiores chances de vitória. A prática do ato jurídico de recorrer trouxe como uma de suas *eficácias jurídicas* a *preclusão consumativa*, ou seja, o impedimento de que altere o conteúdo do ato e insira a alegação olvidada, esquecida;

c) a prática de um ato processual logicamente incompatível com outro ato processual futuro – chama-se *preclusão lógica* a perda do direito de se praticar um ato processual por se ter, anteriormente, praticado outro ato que seja com ele logicamente incompatível.

8. **Audiência de mediação e conciliação** – trata-se de um ato processual stricto sensu, conduzido por conciliador ou mediador, onde houver, ou pelo juiz, cuja finalidade é permitir que as partes formalizem um negócio jurídico processual sobre o objeto do processo, podendo-se destacar:

a) transação – as partes, por meio de concessões mútuas, chegam a um acordo acerca do objeto do processo. Débora ajuizou demanda indenizatória em face da TAM, afirmando que esta causou-lhe danos morais devido ao extravio de uma bagagem. Pediu que a ré fosse condenada ao pagamento de R$ 5.000,00. Em "audiência de conciliação ou de mediação", firmaram um negócio jurídico processual – transação – por meio da qual concordaram que a empresa aérea pagaria R$ 4.000,00 em passagens aéreas, em trechos a serem escolhidos pela autora;

b) renúncia ao direito – trata-se de negócio jurídico processual unilateral, por meio do qual o autor reconhece que não possui o direito material que alegava ter;

c) reconhecimento jurídico do pedido – trata-se de negócio jurídico processual unilateral, por meio do qual o réu reconhece que o autor possui o direito material que alegou ter na petição inicial;

d) desistência da ação – trata-se de negócio jurídico processual por meio do qual o autor afirma que, momentaneamente, não possui mais interesse de discutir em juízo o direito material que havia delimitado em sua petição inicial. Se o réu ainda não tiver sido citado, trata-se de "negócio jurídico unilateral". Caso já tenha sido citado, a desistência da ação depende da anuência do réu e, por tal motivo, passa a se caracterizar como "negócio jurídico processual bilateral".

Preste muita atenção na clara diferença existente entre a *renúncia ao direito* e a *desistência da ação*. Logo que iniciam o estudo do direito processual civil, diversos alunos costumam confundi-las.

Quando o autor *renuncia ao direito sobre o qual se funda a demanda* que propôs, firma um negócio jurídico processual cujo objeto é a situação jurídica de direito material que estava a discutir. Ele afirma não possuir o direito material.

Por outro lado, quando o autor *desiste da ação*, ele abre mão de, naquele momento, levar adiante a discussão processual acerca da titularidade do direito material, sem abrir mão dele. Um autor que desista de uma ação declaratória de paternidade que tenha ajuizado pode, no futuro, propô-la novamente.

9. **Calendário processual** – trata-se de um negócio jurídico processual por meio do qual as partes e o juiz estabelecem um cronograma para a prática dos atos processuais que lhes cabem, "fixando os prazos específicos ou preestabelecendo datas de cumprimento dos atos processuais. Trata-se, pois, de espécie de modificação do procedimento que ocorre por ato conjunto das partes e do juiz".[58]

No CPC, está previsto no art. 191, que assim dispõe:

> Art. 191. De comum acordo, o juiz e as partes podem fixar calendário para a prática dos atos processuais, quando for o caso.
>
> § 1º O calendário vincula as partes e o juiz, e os prazos nele previstos somente serão modificados em casos excepcionais, devidamente justificados.
>
> § 2º Dispensa-se a intimação das partes para a prática de ato processual ou a realização de audiência cujas datas tiverem sido designadas no calendário.

10. **Audiência de instrução e julgamento** – assim como a audiência de conciliação e de mediação, trata-se de um ato jurídico stricto sensu por meio do qual se podem praticar diversos atos processuais, dentre eles até mesmo negócios jurídicos (é possível que, no curso da AIJ, as partes transijam).

11. **Sentença** – trata-se de "ato jurídico lato sensu" por meio do qual o juiz põe fim ao procedimento cognitivo em 1º grau de jurisdição, desde que contenha um dos conteúdos prescritos nos arts. 485 e 487 do CPC, ou ao procedimento executivo.

O procedimento cognitivo em 1º grau é aquele que:

a) visa à produção da norma concreta aplicável às partes;

58. CABRAL, Tricia Navarro Xavier. Reflexos das convenções em matéria processual nos atos judiciais. In: *Negócios processuais*. Salvador: Juspodivm, 2015.

b) inicia-se pela petição inicial, passa pela resposta do réu e pela instrução (produção de provas) e finda com a sentença. Há diversas formas pelas quais o procedimento cognitivo de primeiro grau pode se estruturar. Chamamos de *procedimento* essas formas de estruturação dos atos processuais. Existe o procedimento comum, que concentra um maior número de atos; existe o procedimento do *mandado de segurança*, formado por um número bastante reduzido de atos processuais etc.

O art. 485 do CPC especifica quais são as hipóteses em que se autoriza seja finalizado o procedimento cognitivo em 1° grau sem que o(s) pedido(s) formulado(s) pelo autor seja(m) julgado(s).

Já o art. 487 do CPC especifica as hipóteses em que se deve extinguir o procedimento cognitivo em 1° grau analisando-se o(s) pedido(s) formulado(s) pelo autor.

12. **Decisão interlocutória** – trata-se de "ato jurídico lato sensu" por meio do qual o juiz decide questões de fato e/ou de direito, no curso do processo, sem extinguir o procedimento cognitivo em 1° grau ou o procedimento executivo.

Se o magistrado, na audiência de instrução e julgamento, indefere que o advogado do autor faça certa pergunta ao réu, ele decide uma questão no curso do processo, sem extinguir o procedimento em 1° grau.

Se as amigas Julia Souza, Lemos, Pomodoro, Rezende e Freitas requerem uma antecipação de tutela em face da Oi, obrigando-a a retirar seus nomes do SPC e do Serasa, visto que inscritos indevidamente, enquanto o processo tramita, o ato processual por meio do qual o juiz analisará esse pedido se trata de uma *decisão interlocutória*, por ser ato decisório que não extingue o procedimento cognitivo em 1° grau ou o procedimento executivo.

13. **Despacho** – trata-se de "ato jurídico stricto sensu" por meio do qual o magistrado, sem decidir questões de fato ou de direito, dá andamento ao procedimento. Perceba, neste ponto, o elemento central que distingue o despacho da sentença e da decisão interlocutória: os dois últimos contêm juízos de valor acerca de questões de fato e de direito (se o fato narrado pelo autor ocorreu mesmo; se o dano ocorrido ao seu bem é imputado a uma conduta do réu etc.) e o despacho não possui esse conteúdo.

Para ilustrar, são exemplos de despachos o pronunciamento do juiz que:

a) determina que o réu seja citado;

b) determina a remessa dos autos ao Ministério Público para a confecção de parecer nos processos que discutam direitos de menores;

c) decreta o segredo de justiça num processo que verse sobre divórcio.

14. **Acórdão** – é o nome que se dá aos "atos processuais lato sensu" de conteúdo decisório proferidos nos tribunais por, *pelo menos*, 03 julgadores (nos tribunais de justiça e regionais federais, por desembargadores; no STJ e no STF por ministros). São os atos processuais decisórios colegiados. Quando o Plenário do STF, formado por 11 ministros, julga um *habeas corpus*, chama-se de **acórdão** o ato processual decisório que eles produzem.
15. **Decisão monocrática** – em diversas situações que você estudará ao longo do curso de direito, um só membro do tribunal (TJ, TRF, STJ, STF etc.) pode decidir sozinho, sem a necessidade de participar de um colegiado formado por, *pelo menos*, outros dois julgadores. Chama-se de *decisão monocrática* o "ato processual lato sensu" de conteúdo decisório praticado por um só desembargador ou ministro. Exemplo de decisão monocrática é aquela que analisa o pedido de tutela de urgência que a parte faz ao impetrar, diante do tribunal de justiça, um *habeas corpus*.
16. **Apelação** – trata-se de "ato jurídico processual lato sensu" de natureza recursal. Ou seja, a apelação é um recurso, meio de impugnação de decisões judiciais, cabível contra a sentença.
17. **Agravo de instrumento** – trata-se de "ato jurídico processual lato sensu" de natureza recursal. Ou seja, o agravo de instrumento é um recurso, meio de impugnação de decisões judiciais, cabível contra as decisões interlocutórias, nos termos da lei.
18. **Embargos de declaração** – trata-se de "ato jurídico processual lato sensu" de natureza recursal. Todavia, os embargos de declaração são um recurso bastante peculiar. Enquanto os demais recursos – como a apelação e o agravo de instrumento – visam a atacar específicos tipos de decisões judiciais, como visto acima, os declaratórios podem, em tese, impugnar qualquer tipo de ato processual decisório (sentença, decisão interlocutória, acórdão, decisão monocrática).

    Para que o recurso em tela seja cabível, contra todos os atos processuais decisórios acima listados, é essencial que a parte que o utilize *alegue* que a decisão apresenta algum dos seguintes vícios: omissão, obscuridade, contradição ou erro material.

    A fim de exemplificar, observe o seguinte exemplo: Ivan ajuizou demanda em face de Taianna, requerendo fosse esta condenada ao pagamento de danos materiais e morais. Em sentença, o magistrado julgou improcedente o pedido de condenação pelos danos materiais (julgou em favor da ré), mas se esqueceu de julgar o pedido de danos morais.

    Nessa hipótese, se está diante de uma omissão, que tanto Ivan quanto Taianna podem pleitear que seja sanado por meio da oposição do recurso de embargos de declaração, que se trata de um ato postulatório recursal que pode ser definido como "ato jurídico processual lato sensu".

19. **A morte do autor, do réu ou de um de seus advogados** – a morte do autor, do réu ou de um de seus advogados, em si, se trata de um *fato jurídico stricto sensu processual* e não de um ato jurídico (atos jurídicos seriam o homicídio ou o acidente causadores das mortes). A morte se trata de um fato jurídico avolitivo.

20. **A aposentadoria do juiz que estava a conduzir o processo** – também aqui se está diante de um *fato jurídico stricto sensu processual*, ou seja, de um evento da natureza que incide sobre regras processuais e que não deve ser confundido com o ato jurídico por meio do qual o magistrado requereu sua aposentadoria ou o ato jurídico que a decretou compulsoriamente (pelo fato de o magistrado tem atingido 75 anos).

21. **O réu desobedecer a ordem judicial que determinou a prática de uma medida urgente** – trata-se de "ato ilícito processual", que encontra previsão na regra do art. 80, IV do CPC, segundo a qual pratica ato ilícito aquele que "opuser resistência injustificada ao andamento do processo". Desobedecer a uma ordem judicial (por exemplo, a que determine a paralisação da construção de um muro) se trata de ato ilícito que viola o dever jurídico que o réu possui de "cumprir com exatidão as decisões jurisdicionais, de natureza provisória ou final, e não criar embaraços à sua efetivação";

22. **A parte interpor um recurso só para fazer com que um processo demore mais para acabar** – trata-se de um "ato ilícito processual", que encontra previsão na regra do art. 80, VII do CPC, segundo a qual litiga de má-fé – praticando, portanto, um ato ilícito processual – aquele que "interpuser recurso com intuito manifestamente protelatório".

Prezado leitor, observe o seguinte: podemos dizer que quaisquer dos *fatos jurídicos processuais lato sensu* acima identificados podem ser nulos? Não, pois somente aqueles *lícitos* que se classificarem como *atos jurídicos lato sensu* (negócios jurídicos e atos jurídicos *stricto sensu*) possuem em seu suporte fático *elementos complementares* e, portanto, passam pelo *plano da validade*, sendo certo que a nulidade é um vício atinente a este plano.

Você deve ter observado que, quanto a diversos atos processuais acima listados, não concluí se deveriam ser classificados como "atos jurídicos stricto sensu" ou como "negócios jurídicos processuais", tal como avisei no início do tópico. Assim agi pois ainda há muitas controvérsias sobre o tema e, neste momento, ainda não tomei partido sobre qual o entendimento seria o mais adequado.

De toda sorte, essa *indecisão minha* não é prejudicial para o estudo das nulidades processuais, pois basta identificar que se está diante de um "ato jurídico processual lato sensu lícito", gênero que engloba os *atos jurídicos processuais stricto sensu* e os *negócios jurídicos*, para se concluir que tal ato pode ser, em tese, nulo, por passar pelo plano da validade.

Um ato-fato como a *morte do autor*; um ato ilícito como *desobedecer à ordem judicial* ou um fato jurídico *stricto sensu* como a *morte do advogado do réu*, por seu turno, não podem ser nulos, pois o plano da validade não lhes diz respeito.

6.8. Nulidades processuais

Inicio este tópico repisando o que disse ao final do anterior: a nulidade é um tema exclusivo do "ato jurídico lato sensu". Logo, não se pode falar de nulidade de um "fato jurídico stricto sensu", de um "ato-fato" ou de um "ato ilícito".

A nulidade tem íntima relação com a não conformidade (erro) referente aos elementos complementares do suporte fático, presentes nos "atos jurídicos lato sensu" e que são aqueles que se referem ao plano da validade dos atos jurídicos.

Quando pensamos em nulidades processuais, é preciso ter algumas concepções bem claras em nossa mente.

Minha ideia é, neste tópico, transmitir a você tais concepções, a fim de que você as possa utilizar na prática forense, assim como eu o faço. Vamos, então, começar.

1. Nulidade é um termo que pode possuir dois significados:

a) o primeiro deles é o de erro referente ao plano da validade dos "atos jurídicos lato sensu lícitos". Logo, se um ato jurídico lato sensu possui um erro referente a algum dos elementos complementares de seu suporte fático, atinentes ao plano da validade (ex.: o ato foi praticado por um agente incapaz), é possível chamar esse erro de *nulidade* ou *invalidade*;

b) *nulidade* também é o nome que se dá à sanção que se deve aplicar na hipótese em que se verifique a existência de um erro no plano da validade de um ato jurídico lato sensu. Tal sanção consiste em retirar-se a eficácia do ato jurídico, ou seja, cassar-lhe os efeitos;[59]

c) logo, a depender do contexto, a expressão nulidade pode significar tanto o erro referente ao plano da validade de um ato jurídico quanto a sanção aplicada por conta da verificação desse erro.

2. A aplicação da sanção de nulidade aos atos processuais depende da constatação:

a) *do erro de forma atinente ao plano da validade*, lembrando-se que os elementos complementares do suporte fático são aqueles relacionados aos planos da

---

59. No gênero invalidade, o que denominamos de nulidade se traduz na retirada de eficácia do ato maculado por sua imperfeição relevante. PASSOS, J.J. Calmon. *Esboço de uma teoria das nulidades aplicada às nulidades processuais*. Rio de Janeiro: Forense, 2002, p. 125.

validade e da eficácia do fato jurídico. A validade diz respeito à perfeição formal dos elementos nucleares do suporte fático.

Ex.: a existência da vontade é um elemento nuclear do suporte fático de um negócio jurídico. Se ela não existir, não existe o negócio jurídico. Em outro plano, a vontade ser exercida de forma livre e desimpedida é um elemento complementar do suporte fático do negócio jurídico, visto que relacionada à perfeição na exteriorização da vontade. Se alguém pratica conduta voluntária mediante coação, existe vontade, mas ela é formalmente imperfeita;

b) *do prejuízo decorrente do desrespeito da forma ou requisito de validade*. Os requisitos de validade são formalidades que possuem finalidades. Somente se deve aplicar a sanção de nulidade a um ato caso a invalidade que contenha tenha frustrado a razão de ser da forma desrespeitada. Não há nulidade processual sem prejuízo (*pas de nullitè sans grief*). Essa concepção corresponde ao *princípio da instrumentalidade das formas*, estudado no Capítulo 4 desta obra.

Em sede processual, portanto, é essencial que se tenha consciência de que a aplicação da sanção de nulidade segue a seguinte fórmula:

NULIDADE = erro de forma (plano da validade) + prejuízo

A inexistência da invalidade ou de prejuízo impede que se impute ao ato jurídico processual a sanção de nulidade. Por essa razão, na prática forense, incumbe àquele que pretende a anulação de um ato demonstrar *tanto o erro de forma quanto o prejuízo*.

É muito comum – canso de ver isso – que a parte interessada na anulação do ato se esmere em falar do erro de forma e não gaste uma só linha com o prejuízo. Quem age assim dá, literalmente, um "tiro no pé", pois permite ao juiz que, em poucas palavras, rejeite a alegação feita, do seguinte modo:

"*a aplicação da sanção de nulidade ao ato jurídico processual depende da constatação de dois elementos: o erro de forma, atinente ao plano da validade do ato e o prejuízo decorrente do não cumprimento da finalidade da forma desrespeitada.*

No caso em tela se observa que a parte não alega nem muito menos comprova qual prejuízo teria decorrido da invalidade que aponta. Logo, diante desse quadro, é impossível decretar a nulidade do ato".

Por fim, um exemplo de nulidade: um dos elementos complementares do suporte fático dos atos jurídicos lato sensu é a sua *forma prescrita em lei*,[60] sendo este atinente ao plano da validade do ato.

60. Salvo hipóteses excepcionais em que a forma do ato faz parte de seu núcleo, como se dá no ato jurídico que visa a transmitir a propriedade de bem imóvel.

Firme nessa premissa, tem-se que uma das formas prescritas para a sentença judicial é aquela do art. 492 do CPC, que transcrevo:

> Art. 492. É vedado ao juiz proferir decisão de natureza diversa da pedida, bem como condenar a parte em quantidade superior ou em objeto diverso do que lhe foi demandado.

Ora, se o juiz, ao sentenciar um processo em que o autor, na petição inicial, somente pediu danos materiais, condenando o réu ao pagamento destes e também de danos morais, terá praticado um ato processual violador da forma prescrita em lei e, portanto, inválido.

A decretação da nulidade dependerá de se demonstrar o *erro de forma*, acima já explicitado, e o prejuízo dele decorrente. No caso em tela, o prejuízo existe pois o réu condenado não teve direito ao contraditório e ampla defesa acerca da existência do dano moral e teve seu patrimônio afetado ao ser-lhe imputada tal condenação.

A razão de ser da forma prescrita no art. 492 do CPC é garantir que as partes tenham resguardados a ampla defesa e contraditório.

Por tudo quanto dito, não se esqueça: demonstre ao magistrado o prejuízo decorrente da invalidade. Trata-se de regra que cede diante de pouquíssimas exceções.[61]

3. Ainda sobre o prejuízo, existe uma consideração muito interessante a ser feita: é possível que se considere o prejuízo existente em certo momento do procedimento e se deixe de reconhecê-lo em momento posterior. Ou seja: a fase do processo em que se requeira a anulação do ato jurídico pode influenciar no reconhecimento – ou não – do prejuízo advindo do erro de forma.

   Imagino que tenha ficado curioso com a afirmação que fiz. A melhor forma de demonstrá-la é apresentando um exemplo do que afirmado.

   Ex.: Roberto ajuíza demanda em face de Pedro, cobrando do último a devolução de um violão que teria sido emprestado e nunca entregue de volta ao proprietário. É expedida a citação ao réu, por meio de carta, dirigida seu endereço, um prédio que não tem porteiro diurno (algo muito comum hoje em dia). Por essa razão, a citação não chega ao réu que, por conta disso, torna-se revel (não contesta).

Observe, agora, os seguintes quadros:

a) se Pedro descobrir, *logo após o fim de seu prazo de resposta* (do prazo para contestar), a existência do processo contra si e peticionar alegando a nulidade

61. Há algumas hipóteses em que o prejuízo é presumido e, portanto, não precisa ser alegado. Exemplo disso se tem nas nulidades de fundo (ilegitimidade ad causam, coisa julgada, litispendência), temas esses que serão analisados nos Capítulos 5 e 7.

da citação, poderá dizer que não teve direito a ampla defesa e contraditório e que, por isso, sofreu prejuízo.

O magistrado, ao reconhecer o erro de forma, não terá outra opção que não seja o reconhecimento de que tal erro trouxe prejuízo ao réu, que não teve condições de se defender. Logo, deverá decretar a nulidade do ato citatório e reabrir o prazo da resposta ao réu;

b) de forma distinta, imagine que o procedimento em 1° grau se desdobre, sem que o réu tenha dele participado por conta do erro acima narrado, e o magistrado venha a proferir sentença, julgando o pedido de Roberto *improcedente* (ou seja, decretando a derrota do autor). Que assim tenha decidido pelo fato de que, ao longo da instrução processual (da colheita das provas), se convenceu de que o autor tinha doado o bem ao réu e depois se arrependido, após uma briga (coisa das mais comuns de ocorrer no dia a dia).

Se a nulidade da citação for arguida somente nesse momento, não poderá ser decretada, visto que o advento da sentença de improcedência fez com que qualquer eventual prejuízo ao réu deixasse de existir. A tutela jurisdicional lhe foi favorável. Mesmo sem sua participação, foram produzidas as provas suficientes a demonstrar que o autor não tinha razão.

Logo, atente para a circunstância que acima demonstrei: o momento em que se alega a nulidade é um dado importante no que tange à aferição do prejuízo, que poderia ter-se configurado em momento anterior mas não exista mais.

4. Toda nulidade processual deve ser decretada,[62] visto que os atos processuais são públicos e, por isso, têm presunção de validade. É possível que a nulidade atinja somente uma parte do ato processual, sendo desnecessária a sua anulação total. É cabível, portanto, anular-se somente de forma parcial o ato processual.

Exemplo claro disso é aquele que acima dei da sentença que condenou o réu a pagar ao autor danos morais que este último não requereu. A nulidade, por desrespeito à formalidade descrita no art. 492, relaciona-se tão somente a uma parte do dispositivo (conclusão) da sentença, qual seja, aquela responsável por condenar o réu a pagar os aludidos danos morais. Uma vez retirada a eficácia deste capítulo da sentença, corrigida está a nulidade, sem que se precise invalidar o ato como um todo.

5. Todos os erros referentes ao plano da validade são sanáveis, de duas formas:

a) alguns deles se tratam de erros corrigíveis. O melhor exemplo disso se tem na hipótese de uma citação inválida, por não ter sido dirigida *pessoalmente*

62. "A nulidade somente existe com o pronunciamento judicial, que torna ineficaz o ato defeituoso". PASSOS, J.J. Calmon. *op. cit.*, p. 101.

ao réu. A correção do vício se dá por meio da realização de nova citação, agora sim pessoal;

b) quanto às invalidades incorrigíveis (a incompetência absoluta do juiz prolator da sentença, por exemplo), até mesmo essas podem ser sanadas, pelo advento da coisa julgada material (da imutabilidade da decisão judicial que extinguiu o processo, com ou sem julgamento do pedido) e pelo fim do prazo de cabimento da ação rescisória (voltada a desconstituir a coisa julgada).

6. A invalidade pode ser referente ao procedimento ou a cada um dos atos processuais. Há hipóteses em que:

a) *a invalidade – nulidade – é de todo o procedimento*, ou seja, de todo o conjunto de atos que forma o ato jurídico complexo que chamamos de processo. Como já vimos desde o Capítulo 2, o processo pode ser visto por inteiro (como cardume) ou de forma fragmentada (como peixe), observando-se cada um dos atos que o formam.

   Quando se olha o processo como inteiro, como procedimento (conjunto de atos voltado à prática do ato-fim, ou seja, como ato jurídico complexo de formação sucessiva), consegue-se vislumbrar requisitos de forma atinentes a ele como um todo. Fala-se das condições da ação (objeto do Capítulo 5) e da maioria dos requisitos de validade do processo (estudados no Capítulo 7 deste livro). Erro referente a algum deles, não sanado, dá ensejo à nulidade de todo o procedimento.

   Exemplo claro disso se tem com a litispendência, com a coisa julgada, a ausência de interesse processual. Uma vez verificados, dão ensejo à ineficácia (aplicação da sanção de nulidade) de todo o procedimento.

b) a invalidade é somente de um dos atos do procedimento. É muito comum que somente um ato processual, dentre os muitos que formam o procedimento, esteja eivado de nulidade, visto que existe erro encontrado exclusivamente em seu plano de validade.

   Quando a sentença não é fundamentada, percebe-se que ela não obedece à *forma prescrita em lei*, que se trata de um dos elementos complementares de seu suporte fático, atinente, portanto, ao plano da validade.

   Trata-se de erro formal que não macula a petição inicial, a contestação, a audiência de instrução e julgamento. Diz respeito exclusivamente a ela, sentença;

c) invalidade de um dos atos do procedimento reflete em outros atos que sejam dele dependentes, nos termos do que determina o art. 281 do CPC. Como o procedimento se trata de um ato jurídico complexo de formação sucessiva (ou seja, da sucessão de atos processuais), a nulidade de um ato anterior do qual dependa o posterior determina a nulidade deste último também.

Será nula a sentença que julga a demanda favorável ao autor (procedente) se houver nulidade da citação, que tenha impedido o réu de exercitar a ampla defesa e contraditório. A nulidade da citação, nos termos do art. 281 do CPC, determina a nulidade da sentença, visto que essa última é ato dela dependente, já que a tutela jurisdicional deve se realizar com respeito aos princípios constitucionais do processo, dentre eles a ampla defesa e contraditório, que a citação resguarda para o réu.

7. Por fim, existem dois tipos de nulidade (invalidade) processual:

a) as que podem ser decretadas de ofício, ou seja, mesmo que a parte interessada não o alegue, é dever do julgador conhecê-la. Tratam-se das chamadas *nulidades absolutas*. São a regra no processo, pelo fato de que o atos jurídicos processuais são atos públicos, voltados ao exercício de uma função pública – a jurisdicional –, devendo ser controlados pelo agente estatal incumbido do exercício dessa função (o juiz);

b) "há defeitos processuais que geram invalidade que não pode ser decretada *ex officio*. Esses defeitos são raros. São situações em que a forma do ato processual é estabelecida com o objetivo de resguardar interesse particular. Normalmente, há previsão legal nesse sentido",[63] ou seja, existe norma processual a prescrever que a nulidade depende de alegação da parte em certo prazo, sob pena de o eventual vício de forma se convalidar. Fala-se, nessa hipótese, em *nulidade relativa*.

   O melhor exemplo de nulidade processual relativa é a *incompetência relativa*, que será objeto de análise no Capítulo 6 desta obra, para o qual remeto o leitor.

7. TEORIA E PRÁTICA: A IDENTIFICAÇÃO, NO CORPO DE UMA SENTENÇA, DA NORMA JURÍDICA CONCRETA SECUNDÁRIA QUE O ESTADO-JUIZ PRODUZ AO EXERCITAR A JURISDIÇÃO COGNITIVA

Se você chegou até aqui, estudou diversos temas bastante áridos. Não tenho dúvidas de que o Capítulo 3 é o mais desafiador deste "*Teoria Geral do Processo e Teoria do Processo Civil Brasileiro*".

Para mim também foi o capítulo mais difícil de redigir, sem sombra de dúvidas. Mas desafios estão aí para serem vencidos. E como você os venceu e findou a análise de todos os temas aqui expostos, deixo para você, ao final, uma espécie de "brinde".

Nas linhas abaixo, produzi um modelo de sentença – ato jurídico lato sensu processual, por meio do qual demonstro como identificar a norma jurídica concreta que o magistrado deve produzir ao exercitar a jurisdição cognitiva.

63. DIDIER Jr, Fredie; NOGUEIRA, Pedro Henrique Pedrosa. *op. cit.*, p. 79.

O caso concreto utilizado é aquele descrito no tópico *3.1* deste capítulo, que retrata o conflito surgido entre *Pedro* e a empresa *Mundo da Criança Feliz*.

Ao longo da sentença, apresentarei alguns *destaques*, por meio de **notas de rodapé** (que vale muito a pena você ler) a fim de ela atinja a sua finalidade, de permitir-lhe a compreensão sobre como o magistrado produz a norma jurídica concreta secundária apta a regular a situação da vida que lhe foi apresentada.

SENTENÇA

RELATÓRIO:[64]

Tratam os autos de Ação Condenatória ajuizada por Pedro Cavalcanti von Söhsten Klippel, devidamente qualificado nos autos, em face de "Mundo da Criança Feliz", também qualificada nos autos, em que o primeiro requer se impute à empresa-ré a obrigação de trocar ou consertar o carrinho de controle remoto que comprou e, desde o início, não funcionou.

Segundo consta da petição inicial:

a) No dia 14/07/17, o autor adquiriu da empresa-ré um carrinho de controle remoto, ao valor de R$ 500,00;

b) Como ocorre comumente em situações desse tipo, o carrinho não foi testado na loja;

c) Ao chegar em casa, o requerente narra que o brinquedo, desde o início, não funcionou, mesmo tendo-se seguido todas as instruções de forma adequada;

d) Por tal razão, dirigiu-se à loja da ré e requereu que o bem fosse trocado ou, ao menos, consertado;

e) O gerente, de nome Starlone Cobra, de forma inesperada, negou ambos os pedidos;

f) Por tal razão, Pedro procurou a via jurisdicional por meio da presente demanda.

Ao contestar, a empresa-ré contra argumentou no seguinte sentido: negou a veracidade dos fatos e pleiteou, portanto, a inexistência do direito afirmado.

Diante da constatação da desnecessidade de produção de provas orais (depoimentos das partes, testemunhos, esclarecimentos de perito), vieram os autos conclusos para sentença.

É o relatório.

FUNDAMENTAÇÃO:[65]

---

64. O *relatório* se trata do primeiro elemento componente da sentença, que deve conter a identificação (i) das partes, (ii) dos fundamentos do(s) pedido(s) dirigido(s) ao Estado-juiz, (iii) do(s) pedido(s) deduzido(s), bem como um resumo dos principais atos e fatos processuais que antecederam a sentença.

65. A *fundamentação* é a parte da sentença que visa a analisar os pontos (alegações) de fato e de direito dos quais depende a formulação da *norma concreta* que corresponderá à resposta ao pedido feito.

Como premissa inicial para julgar a presente demanda, é essencial fixar entendimento acerca de como os fatos descritos nos autos efetivamente se observaram.

Tal como demonstrado no relatório, percebe-se que o réu refutou a integralidade dos fatos descritos pelo autor.

Todavia, tal refutação não tem razão de ser, visto que:

a) Na fl. x encontra-se o recibo de compra e venda que demonstra a aquisição, pelo autor, do carrinho de controle remoto, vendido pela ré no dia 14/07/17;

b) Na fl. y dos autos, encontra-se mídia eletrônica (CD-R) que contém três vídeos, a saber:

   b.1) o primeiro deles demonstra o exato momento em que, na residência do autor, o carrinho de controle remoto foi aberto;

   b.2) o segundo vídeo, demonstrando a sequência da cena, já apresenta o nervoso Pepê chorando pois o carrinho não funciona;

   b.3) o terceiro vídeo, por sua vez, se trata de filmagem da loja, no momento em que se tentou realizar a troca do bem e o gerente simplesmente a negou.

Ao se observar a situação concreta, percebe-se claramente que:

a) A empresa-ré, "Mundo da criança feliz" se trata de uma fornecedora de produtos, visto que, com habitualidade e intento de lucro, comercializa brinquedos;

b) Por outro lado, Pedro adquiriu tal produto como seu destinatário final, para uso próprio e, portanto, pode ser caracterizado como um *consumidor*;

c) De tudo quanto dito, se extrai que, no presente caso, a situação jurídica das partes deve ser regulada pelo Código de Defesa do Consumidor.

Ao analisar o CDC, diploma legislativo aplicável no caso concreto, transcrevo seu art. 18:

> Art. 18. Os fornecedores de produtos de consumo duráveis ou não duráveis respondem solidariamente pelos vícios de qualidade ou quantidade que os tornem impróprios ou inadequados ao consumo a que se destinam ou lhes diminuam o valor, assim como por aqueles decorrentes da disparidade, com a indicações constantes do recipiente, da embalagem, rotulagem ou mensagem publicitária, respeitadas as variações decorrentes de sua natureza, podendo o consumidor exigir a substituição das partes viciadas.
>
> § 1° Não sendo o vício sanado no prazo máximo de trinta dias, pode o consumidor exigir, alternativamente e à sua escolha:
>
> I - a substituição do produto por outro da mesma espécie, em perfeitas condições de uso;
>
> II - a restituição imediata da quantia paga, monetariamente atualizada, sem prejuízo de eventuais perdas e danos;
>
> III - o abatimento proporcional do preço.

Ao ler-se o artigo de lei supra transcrito, dele se extrai a seguinte norma *abstrata e primária*:

Se -> um produto tiver vício de qualidade

Deve -> o fornecedor ser obrigado a saná-lo

Ao se analisarem os autos, chega-se à seguinte conclusão:

a) Pedro adquiriu um produto (carrinho de controle remoto) da empresa Mundo da Criança Feliz, que se trata de uma fornecedora de produtos;

b) Patentemente, um carrinho de controle remoto que não funciona possui um vício de qualidade, já que o fim a que se destina não pode ser alcançado;

c) Logo, é consequência lógica necessária que Pedro tem direito ou à troca ou, pelo menos ao conserto do carrinho.

Como já demonstrado nos autos, a norma jurídica concreta primária, que garantia a Pedro o direito à troca ou ao conserto do carrinho de controle remoto foi descumprida no seio social.

Por essa razão, buscou-se a tutela jurisdicional.

DISPOSITIVO[66] (consequência da norma concreta secundária):

Pelo exposto, JULGO PROCEDENTE a demanda, a fim de impor à empresa-ré a obrigação de, no prazo de 72 horas, entregar outro produto da mesma estirpe ao autor, sob pena de multa diária de R$ 500,00.

Publique-se. Registre-se. Intimem-se.

Vitória,....

JUIZ DE DIREITO

66. O *dispositivo* da sentença contém o preceito da norma concreta secundária que o magistrado produz ao exercer a função jurisdicional.

Capítulo 4
PRINCÍPIOS DO PROCESSO

1. INTRODUÇÃO

No capítulo anterior, analisamos a diferença entre normas-princípio e normas -regra. Trata-se de premissa essencial para que se compreenda este novo capítulo, que trata dos princípios que regem o processo. O direito processual é regido por princípios que informam todo o direito (ex.: princípio da boa-fé) e por outros que lhe são específicos (ex.: princípio do acesso à justiça). Dos últimos se tratará.

Dentre os princípios que sistematizam o direito processual, existem aqueles que possuem assento constitucional e aqueles de matriz infraconstitucional.

Os *princípios constitucionais do processo* são garantias mínimas que o legislador criou para o exercício da jurisdição, encampando valores sociais, históricos, políticos e jurídicos que permeiam a sociedade brasileira.

A vasta gama de garantias constitucionais do processo, conferida pela Constituição Federal de 1988, é uma resposta direta ao período histórico anterior, de ditadura, marcado pelo cerceamento do Poder Judiciário e, por consequência, da atividade jurisdicional. Principalmente por esse motivo, tem-se uma carta constitucional apelidada de "cidadã", pois devolve à sociedade e a alguns de seus membros específicos, como os magistrados, direitos e garantias que haviam sido retirados ou mitigados pelo governo militar.

A localização constitucional de diversos princípios do processo – inseridos, em sua maioria, no art. 5º da CF/88 – todos decorrentes do *due process of law* (devido processo legal) –, além de demonstrar sua importância no sistema processual e servir de guia para a interpretação dos textos infraconstitucionais, é garantia de sua estabilidade e de sua permanência no sistema, pois todos são considerados "cláusulas pétreas", inamovíveis da CF/88, nos termos do art. 60, § 4º, IV. Tem-se, no caso, a chamada limitação material ao poder constituinte derivado, que não pode abolir tais garantias do texto constitucional.[1]

Além dos princípios constitucionais do processo, que provêm garantias aos sujeitos processuais para o exercício da jurisdição, há também os princípios de raiz infraconstitucional, cuja finalidade primordial é fixar diretrizes técnicas para o exercício da jurisdição, como o fazem o princípio dispositivo, o princípio da oralidade, etc.

1. Nesse sentido DEZEN JÚNIOR, Gabriel. *Curso completo de direito constitucional*. v. I. 10 ed. Brasília: Vestcon, 2006, p. 461.

2. PRINCÍPIOS CONSTITUCIONAIS

Nas linhas que seguem abaixo, os princípios constitucionais do processo serão estudados, primeiramente, sob o enfoque teórico.

Após esse momento inicial, serão enfrentadas diversas situações em que seu emprego foi determinante na *praxis forense*.

2.1. Devido processo legal (art. 5º, LIV)

O princípio do devido processo legal (*due process of law*) é a matriz de onde emanam todos os demais princípios do processo na Constituição Federal.[2]

Nelson Nery Jr., importante monografista do tema, afirma que o *devido processo legal* pode ser definido sob três perspectivas:[3]

a) devido processo legal genérico: genericamente, o devido processo legal é a garantia que o ordenamento jurídico confere à *vida*, à *liberdade* e à *propriedade* e que está expressa no art. 5º, *caput* da CF/88. As três palavras destacadas aglutinam todo e qualquer bem juridicamente protegido, com o intuito de demonstrar que a sua aquisição, fruição e preservação são objeto e objetivo do ordenamento jurídico, que o regula a partir de normas constitucionais e infraconstitucionais;

b) devido processo legal substancial (*substantive due process of law*): corresponde à incidência da cláusula genérica do devido processo legal na elaboração do direito. Segundo o Ministro aposentado do STF, Carlos Velloso, o

> *Due process of law*, com conteúdo substantivo — *substantive due process* — constitui limite ao Legislativo, no sentido de que as leis devem ser elaboradas com justiça, devem ser dotadas de razoabilidade (*reasonableness*) e de racionalidade (*rationality*), devem guardar, segundo W. Holmes, um real e substancial nexo com o objetivo que se quer atingir.

Há também o entendimento[4] de que o devido processo legal substancial se refere ao campo do direito material, que regula as relações sociais segundo marcos pré-fixados e lastreados nos valores preconizados pela CF/88. Ex.: o princípio da estrita legalidade, no direito administrativo; o princípio do *pacta sunt servanda*, no direito das obrigações; o princípio da capacidade contributiva, no direito tributário, etc.;

c) devido processo legal processual (*procedural due process of law*): trata-se da vertente processual do devido processo legal, ou seja, de sua incidência no campo processual. As garantias constitucionais do processo são todas emanações do devido processo legal processual, tais como o princípio do juiz

---

2. NERY JR., Nelson. *Princípios do processo civil na Constituição Federal*. 3 ed. São Paulo: RT, 1996, p. 25.
3. NERY JR., Nelson. *Princípios do processo civil na Constituição Federal*. 5 ed. São Paulo: RT, 1999, p. 33 e ss.
4. NERY JR., Nelson. *Princípios do processo civil na Constituição Federal*. *Op. cit.*, p. 35.

natural, da publicidade, etc. Esses princípios garantem as formas básicas do direito processual, conferindo segurança e previsibilidade. Atuam, portanto, no *plano da validade do processo*.

Caso sejam desrespeitados, geram-se as invalidades processuais (nulidades processuais), desde que do erro decorra prejuízo. *O devido processo legal processual deve ser observado, com muita atenção, nos processos administrativos e particulares*, e não só nos jurisdicionais, sendo muito comum que o Judiciário, ao analisar atos administrativos e de entes privados, os invalide por desrespeito a esse princípio.[5]

O princípio do devido processo legal, em seu âmbito processual, está disciplinado no art. 5º, LIV da Constituição Federal, que descreve:

> Art. 5º. *Omissis*.
>
> LIV – ninguém será privado da liberdade e de seus bens sem o devido processo legal.

A origem histórica do princípio do devido processo legal (*due process of law*) ajuda a entender o motivo de seu conteúdo prescritivo, ou seja, por que se define como a proteção contra a perda arbitrária da liberdade e dos bens.

É lugar comum na doutrina que o princípio em tela se originou da Magna Carta de João Sem Terra, de 1215. O que não se comenta, entretanto, é que o famoso diploma foi anulado, menos de dois meses depois, por uma bula do Papa Inocêncio II, sendo que a verdadeira Magna Carta, de onde pode se extrair a origem da regra do devido processo legal, "é o produto de três sucessivas modificações, mais na forma do que no fundo, efetuadas por Henrique III, já então rei, em novembro de 1216, novembro de 1217 e finalmente 11 de fevereiro de 1225".[6]

Reduzida a 37 dispositivos, é no art. 29 que se encontra a primeira forma do devido processo legal, sob a nomenclatura de "lei do país" (*law of the land*), nos seguintes termos:

> Nenhum homem livre será detido, nem aprisionado, nem despojado de sua propriedade, de sua liberdade ou de seus livres costumes, nem posto fora da lei (ultragetur), nem desterrado, nem molestado de qualquer maneira; e não poremos nem permitiremos pôr a mão nele, a não ser que seja submetido a julgamento legal de seus pares e segundo a lei do país.[7]

O princípio do devido processo legal era, pois, uma proteção contra o autoritarismo do rei e a instabilidade da forma como os cidadãos eram por ele regidos (principalmente no que se refere à questão tributária, ou seja, a cobrança de tributos).

---

5. Como exemplo vide o RE 158215/RS, Rel. Min. Marco Aurélio Mello, Segunda Turma, DJ 07.06.1996.
6. SIDOU, J. M. Othon. *Habeas corpus, Mandado de segurança e Ação popular – as garantias ativas dos direitos coletivos*. 2 ed. Rio de Janeiro: Forense, 1983, p. 121.
7. Tradução para o português do original em SIDOU, J. M. Othon. *Habeas corpus, Mandado de segurança e Ação popular – as garantias ativas dos direitos coletivos*. 2 ed. Rio de Janeiro: Forense, 1983, p. 124.

Contra isso se insurgiram a nobreza, os grandes donos de terra, que exigiram uma tomada de posição de seus governantes, no sentido de oferecer segurança à sociedade.

Daí a ideia de que a perda dos bens e da liberdade, caso ocorra, deve ser precedida de regular procedimento, formulado anteriormente ao surgimento do conflito, que garanta previsibilidade, isonomia, contraditório, publicidade, etc.

Uma das situações mais frequentes em que se verifica a concretização do princípio do devido processo legal em sede judicial se dá nos casos em que se ajuíza demanda de "embargos de terceiro". Esse instrumento de tutela jurisdicional é adequado para reverter as situações em que um sujeito que não participa de um determinado processo (terceiro) tenha a posse de um bem turbada ou esbulhada indevidamente por conta de decisão proferida neste processo, sem que tenha tido direito ao devido processo legal.

Em diversas outras situações do cotidiano forense, invoca-se o princípio do devido processo legal como fundamento jurídico para pretensões apresentadas ante o Estado-juiz. Passa-se à análise de alguns desses casos, principalmente os que foram levados ao Supremo Tribunal Federal, principal guardião da ordem constitucional.

CASO 1: *o emprego de métodos coercitivos, pelo Estado, para a cobrança de tributos*. A situação descrita é muito frequente no cotidiano social. O Estado, como forma de forçar o contribuinte inadimplente a pagar os tributos, emprega medidas que o coagem a fazê-lo, tais como (i) a interdição do estabelecimento comercial em débito com o fisco; (ii) a apreensão de mercadorias; (iii) a negativa de fornecimento da Certidão Negativa de Débito a sócios ou ex-sócios de empresas inadimplentes; (iv) a proibição da aquisição de estampilhas, etc.

Como demonstram as súmulas 70, 323 e 547, do Supremo Tribunal Federal, tais medidas são ilegais pois ferem o princípio do devido processo legal, visto que o método abstratamente previsto no ordenamento jurídico para a cobrança de tributos é o procedimento de execução fiscal, regulamentado pela Lei 6.830/1980, dirigido ao Poder Judiciário.

Em outras palavras: a execução fiscal é o devido processo legal para a cobrança da dívida ativa da Fazenda Pública.

Quando o Estado resolve cobrar tributos utilizando as técnicas listadas acima (como determinar a interdição de um comércio que tenha débitos tributários como forma de forçá-lo a adimpli-los), está, na verdade, exercitando uma vedada autotutela. Mal comparando, é como se eu resolvesse cobrar um débito que certa pessoa tem para comigo ameaçando de morte o filho do devedor, ao invés de me dirigir ao Estado-juiz e ajuizar uma demanda judicial.

CASO 2: *a nulidade do decreto expropriatório de imóvel rural para fins de reforma agrária ante a falta de notificação do proprietário antes do início dos trabalhos de vistoria*. A assertiva em destaque integra a ementa de acórdão relatado pelo Ministro Cezar Peluso, que apreciou mandado de segurança impetrado contra ato do Presidente da República, nos seguintes termos:

> É nulo o decreto expropriatório de imóvel rural para fim de reforma agrária, quando o proprietário não tenha sido notificado antes do início dos trabalhos de vistoria, senão no dia em que esses tiveram início, ou quando a notificação, posto que prévia, não lhe haja sido entregue pessoalmente, nem a preposto ou representante seu.[8]

A situação explicitada é mais uma daquelas em que o administrador não observou o princípio do devido processo legal, não permitindo ao proprietário do imóvel a prévia ciência e participação no procedimento expropriatório, o que inquinou de nulidade o ato, sendo o ferimento ao *procedural due process of law* o fundamento do mandado de segurança impetrado contra ato do Presidente da República (que é a quem compete a desapropriação para fins de reforma agrária)

Neste momento você já deve ter percebido que, em muitas situações da vida, certa pessoa ou ente necessitará buscar o Poder Judiciário com a finalidade de anular determinado ato jurídico praticado contra seus interesses pois este não seguiu o *devido processo legal*. Guarde essa informação. Pode lhe ser muito útil!

<u>CASO 3</u>: *a exclusão de associado de cooperativa sem o respeito ao devido processo legal estabelecido no estatuto da entidade*. Por último, apresenta-se situação em que a violação ao devido processo legal foi o fundamento usado para invalidar ato privado (nos dois exemplos anteriores foi o fundamento para a invalidade de ato público, do administrador), o que demonstra afirmação que fiz logo que começamos a tratar do devido processo legal, de sua incidência nas esferas jurisdicional, administrativa e particular. Transcreve-se a ementa de julgado, cujo relator foi o Ministro do STF Marco Aurélio:

> Cooperativa — exclusão de associado — caráter punitivo — devido processo legal. Na hipótese de exclusão de associado decorrente de conduta contrária aos estatutos, impõe-se a observância ao devido processo legal, viabilizado o exercício amplo da defesa. Simples desafio do associado à assembleia geral, no que toca à exclusão, não é de molde a atrair adoção de processo sumário. Observância obrigatória do próprio estatuto da cooperativa.[9]

Observe o seguinte: o estatuto da associação previa que o associado, para ser excluído, deve poder exercer, previamente, o direito de se defender. Todavia, tal direito lhe foi sonegado, vedado, ou seja, a exclusão se consumou sem que antes pudesse ter tido a oportunidade de apresentar razões pelas quais tinha praticado certa conduta. Houve desrespeito ao procedimento previamente determinado para a exclusão de associados, o que é claramente desrespeito à ideia de devido processo legal.

Ao longo de minha vida profissional, seja como advogado ou atuando no Poder Judiciário, já me deparei com diversos casos como esse, que são bastante comuns. Mais um exemplo que vale a pena guardar.

---

8. MS 24.417, Rel. Min. Cezar Peluso, Tribunal Pleno, DJ 28/10/04. No mesmo sentido: MS 22.164, Relator Celso de Mello, Tribunal Pleno, DJ 17/11/95.
9. RE 158.215, Rel. Min. Marco Aurélio, Segunda Turma, DJ 07/06/96.

2.2. Princípio do amplo acesso à justiça (inafastabilidade do Poder Jurisdicional) (art. 5º, XXXV)

Cândido Rangel Dinamarco faz uma afirmação que bem demonstra a importância sistêmica do princípio do acesso à justiça, também conhecido como princípio da inafastabilidade do Poder Jurisdicional, que deve ser visto como o princípio síntese de toda a ideia de devido processo legal:

> As *promessas* e *limitações* residentes nas diversas garantias constitucionais e interligadas pelo fio condutor que é o devido processo legal têm um só e único objetivo central, que é o *acesso à justiça*.[10]

A denominação "acesso à justiça" transmite uma ideia parcial do que representa o princípio, visto que não basta garantir, de qualquer modo, que o cidadão acesse o Judiciário. Deve-se garantir acesso digno, por meio de advogados preparados, para ricos e pobres, em tempo razoável. Ou seja, o acesso à justiça é conceito que engloba os resultados que o processo deve alcançar. Permitir o ingresso, sem buscar incessantemente que os resultados advenham, representa verdadeira vedação à ordem jurídica justa.

Devido à sua importância, há de se estudar o princípio do acesso à justiça com mais profundidade, principalmente porque, ao longo da história do Brasil no século XX, marcada por longos períodos ditatoriais, entremeados por épocas de abertura política, houve grande variação em sua extensão e conteúdo.

Antes de se demonstrar como a jurisprudência concretiza o princípio em tela, faz-se breve resenha do tema ao longo das constituições brasileiras do século XX, o que, de certo, demonstrará ao leitor que a "abertura das portas do Judiciário" sempre correspondeu à democracia e o seu cerceamento à ditadura.

2.2.1. Constituição da República dos Estados Unidos do Brasil – 16/07/34

A Constituição de 1934 foi a Carta Política promulgada na primeira fase do governo de Getúlio Vargas, em que este, após a Revolução de 30, legitimou-se no poder prometendo uma reviravolta na situação que houvera sido perenizada pelos grandes latifundiários que dominaram a dita "República Velha", com sua política do "café com leite" – em que governantes de São Paulo (café) e Minas (leite) se revezavam no poder, todos eles parte da elite econômica e social de tais estados.

A proposta de Estado, plasmada na Constituição, portanto, não poderia ser outra senão democrática. Além da tradicional cláusula de que "todos os poderes emanam do povo, e em nome dele são exercidos" (art. 2º), que de uma forma ou de outra sempre esteve prescrita nas constituições brasileiras, percebe-se uma série de avanços no que tange ao exercício da ação e da função jurisdicional.

---

10. DINAMARCO, Cândido Rangel. *Instituições de direito processual civil*. v. I. 5 ed. São Paulo: Malheiros, 2005, p. 267.

O art. 113 da Constituição, "Dos direitos e das garantias individuais", que hoje corresponderia ao vigente art. 5º da CF/88, trouxe inúmeras alterações em relação à Constituição de 1891 que revelavam a abertura de portas ao Judiciário.

Pela primeira vez na história constitucional nacional surgiu a menção ao mandado de segurança (art. 113, 33), como mais um instrumento de tutela jurisdicional; pela primeira vez também se fala de ação popular (art. 113, 38), embora nem se utilize, ainda, este nome; traz-se como paradigma constitucional a proibição ao *non liquet* judicial (art. 113, 37),[11] hoje proteção que consta expressamente do CPC (art. 140) e que decorre do princípio da inafastabilidade do poder jurisdicional (art. 5º, XXXV da CF/88); como inovação se nota, ainda, a prescrição da assistência judiciária aos necessitados (art. 113, 32), como forma de garantir a todos efetivo acesso à justiça.

Respiram-se mudanças e novidades que demonstram a liberdade que é deferida ao cidadão, além da idealização de meios que lhe permitam discutir o direito em juízo.

2.2.2. Constituição dos Estados Unidos do Brasil – 10/11/37

A Constituição de 1937, que se imortalizou pela alcunha de "Polaca", foi a carta política mais marcadamente ditatorial que já regeu a sociedade brasileira. Certas previsões ali contidas chegam a ser absurdas, descaracterizando-se totalmente o Estado de Direito que se buscava erigir a partir do modelo de 1934.

A Carta de 1937 foi outorgada e não promulgada, como seria de se esperar. Em segundo lugar, ela surgiu de uma farsa gerada pelo presidente Getúlio Vargas para perpetuar-se no poder: o embuste denominou-se Plano Cohen, que consistia numa suposta ameaça comunista ao Brasil (o medo dos movimentos de esquerda no Brasil sempre foi um bom mote para "viradas de mesa", inclusive a mais recente delas. Perceba que você está lendo isso de alguém que não se define como esquerdista. Mas se trata de uma constatação muito clara para quem enxerga o que acontece sem estar enclausurado por qualquer forma de idealismo).

Essa justificativa engloba, inclusive, o preâmbulo da CF/37, nos seguintes termos:

> O Presidente da República dos Estados Unidos do Brasil:
>
> (...)
>
> Atendendo ao estado de apreensão criado no país pela infiltração comunista, que se torna dia a dia mais extensa e mais profunda, exigindo remédios de caráter radical e permanente (...)
>
> Resolve assegurar à Nação sua unidade (...) Decretando a seguinte Constituição, que se cumprirá desde hoje em todo o país.

---

11. Vedação ao *non liquet* – o Poder Judiciário é proibido de emitir uma decisão na qual afirme que devolve às partes, sem solução, o conflito que as mesmas lhe apresentaram, por não ter resposta para ele. O que pode acontecer, ou seja, o que é aceito ao juiz fazer é julgar o processo extinto sem análise do pedido pelo fato de existir um erro de forma que impede o julgamento do mesmo (ex.: existem duas ações idênticas, discutindo o mesmo conflito – litispendência – e o juiz precisa extinguir uma delas sem apreciar o pedido que traz).

Com seu novo "rebento", Getúlio passa a gozar de poderes amplíssimos de governo, criando a primeira ditadura da era republicana. E esse governo de exceção restringiu sobremaneira o exercício do direito de ação e, por consequência, a função jurisdicional, mostrando nitidamente que a melhor forma de exercer um poder que se legitima na força pura e simples e na concentração de poderes é calar quem pode se opor ao *status quo* vigente.

Nesse sentido, ao poder jurisdicional é vedado conhecer "questões exclusivamente políticas" (art. 94), cláusula aberta que pode dizer nada ou muito. Essa vedação é apenas anúncio, no entanto, da verdadeira teratologia (monstruosidade jurídica) que é o art. 122 e incisos, que tem por título a designação "Dos direitos e garantias individuais".

Em vez de se proteger o direito de ação, de se conferir instrumentos para a realização do direito em solo nacional, o que se percebe é até assustador para os que não viveram sob os auspícios deste regime.

A norma constitucional que deveria prever direitos e garantias constitucionais trata (i) da prescrição da pena de morte e de suas hipóteses de ocorrência (art. 122, 13); (ii) da censura e de outras medidas restritivas (art. 122, 15); (iii) da possibilidade de tribunais de exceção (art. 122, 17); (iv) do amplo controle e restrição à imprensa (art. 122, 15); (v) da limitação do uso dos direitos individuais (que já eram escassos) pelo "interesse público".

Por seu turno, nenhum daqueles avanços que foram introduzidos na CF/34 e comentados acima foram mantidos. Nem as garantias de ampla defesa e contraditório, que já advinham da CF/1891, foram mencionadas. Percebe-se, portanto, a nítida formação de um Estado totalitário, ditatorial e que assume como um dos seus instrumentos de dominação a repressão e a restrição de canais para a população, que passa a não ter mais a quem recorrer para tentar modificar sua situação de desvantagem e de subjugo pelo poder público.

Note-se que, em um modelo como este, legitima-se a ordem vigente pela quase impossibilidade prática de sua contestação, pois todos os meios pelos quais se poderia fazê-lo ou foram vedados ou sofreram extremo e implacável controle. Fora o exercício da força bruta pelo Estado contra aqueles que contestam suas medidas, com mortes em porões (mascaradas em suicídios) etc.

2.2.3. Constituição dos Estados Unidos do Brasil – 18/09/46

Como reação a esse modelo ditatorial, após o fim do "Estado Novo" de Getúlio Vargas, promulga-se aquela que é considerada a Constituição mais imbuída de ideais liberais que o país já possuiu. Novamente se percebe a tentativa de correção de rumos e de prestígio do ideal democrático.

Em consonância com essa verificação, percebe-se o novo alento que é dado ao acesso à justiça, a esta grande ferramenta de cidadania que é o direito de ação, meio último de se garantir a aplicação e a efetivação dos direitos garantidos pela legalidade.

É nesse sentido que o art. 141 da CF/46, que trata dos "Direitos e das garantias individuais", reinsere todos aqueles instrumentos que haviam sido suprimidos pela fatídica "Polaca", destacando-se o mandado de segurança (art. 141, § 24); as garantias processuais (art. 141, § 26, 27); a assistência judiciária (art. 141, § 35); a ação popular (art. 141, § 28), etc.

O *status* constitucional conferido a esses direitos demonstra sua importância para a sociedade, visto ser a Constituição, lei fundamental do Estado, a sua mais firme representação de propósitos e espelho fiel.

Além das citadas reinserções, é de se destacar uma inovação trazida com a Carta Política de 1946, que foi a cláusula que garantia o amplo e irrestrito acesso ao Judiciário (art. 141, § 4º), que hoje, ampliada, se encontra no art. 5º, XXXV da CF/88. "A lei não poderá excluir da apreciação do Poder Judiciário qualquer lesão ou ameaça de direito individual".

Tamanha explicitude após o fim de um paradigma totalitário é a franca demonstração de que o que se pretende realmente é o prestígio à liberdade e à democracia.

2.2.4. Constituição do Brasil – 24/01/67

A Carta Constitucional de 1967 surge no correr da "Revolução Militar" – nome simpático para a ditadura militar que se instaurou em 1964, em um momento em que ainda se pregava a sua dita ideia inicial, que era restabelecer a ordem e a paz social, que haviam se dissipado no início da década de 1960, e devolver o poder a um governo civil.

Dessa forma, a Carta Magna de 1967 apresenta uma estrutura basicamente democrática e garantidora do direito de ação e de outras formas de manifestação e interação entre cidadão e Estado. Embora existam restrições a direitos fundamentais, como se lê no art. 151, o direito de ação e o acesso ao Judiciário não são afetados.

Todos os direitos prescritos pela CF/46 referentes, de algum modo, ao acesso ao Judiciário, continuam presentes. O amplo e irrestrito acesso à justiça se encontra estampado no art. 150, § 4º; pela primeira vez uma Constituição denomina de "ação popular" aquele instrumento de tutela do patrimônio público que já vinha prescrito desde a Constituição de 1934 e que fora regulado em lei federal infraconstitucional em 1965 (Lei 4.717).

O que parecia rumar, portanto, para uma situação de maior abertura, sofre um grande e pérfido ataque em 1968, quando foi editado aquele que, ao lado da Constituição de 1937, é o mais ditatorial diploma legal já visto no Estado Brasileiro: o AI-5.

2.2.5. Ato Institucional 5 – 13/12/68

No apagar das luzes do ano de 1968, o presidente Costa e Silva e seu *staff*, alegando que pessoas ou grupos antirrevolucionários conspiravam contra o regime estabelecido pelo golpe de 1964 (sempre o "mesmo papo"), editou um Ato Institucional que faria inveja a Mussolini e a muitos outros ditadores que o mundo infelizmente produziu: o AI-5.

Este, dentre outras coisas, instituía a possibilidade de decretação de recesso do Poder Legislativo, em todos os seus níveis (art. 2º); intervenção nos estados e municípios (art. 3º); a suspensão dos direitos políticos de qualquer cidadão por 10 anos (art. 4º).

Criou-se, por meio deste ato hediondo, um regime de "terror político" talvez nunca antes observado em nosso Estado. E esse regime de exceção tolheu, como não poderia deixar de ser, o direito de ação e o acesso ao Judiciário.

As ditas "pessoas comuns" seguiam suas vidas normalmente, cuidando de seus filhos, tentando sobreviver etc. Provavelmente, se você lhes perguntar como era esse período da história, elas lhe dirão que excelente. Não havia violência, os governantes não eram milionários que tiram sua fortuna de esquemas de corrupção etc.

Todavia, é possível que paz, desenvolvimento e segurança se obtenham em um regime democrático. Por que um deve excluir o outro? O governo militar, ao despolitizar a população, ao fazê-la seguir ao largo da vida política do Brasil por medo de repressão, prestou um grande desserviço ao país. A semente de tudo o que vemos hoje está aí.

Como dizíamos, o AI-5 mitigou de forma drástica o acesso à justiça. Primeiramente, nos termos do art. 6º "ficam suspensas as garantias constitucionais ou legais de: vitaliciedade, inamovibilidade e estabilidade, bem como a de exercício em funções por prazo certo". Dessa forma, um magistrado que desagradasse o poder estabelecido com uma decisão sua poderia ser removido de sua comarca e transferido para outro lugar em que não "oferecesse perigo".

A Magistratura e também o Ministério Público perderam suas maiores garantias de exercício isento de seus misteres, podando-se, sob esse vértice, o acesso ao Judiciário, quando seus desdobramentos não agradassem ao regime. Insegurança, instabilidade e apreensão foram gerados naqueles que tinham a altíssima função de dizer o direito ao caso concreto e fazer justiça. Como disse acima, a grande maioria das pessoas, inclusive magistrados, simplesmente optou por seguir sua vida indiferente ao quadro político que nos cercava.

Sob o prisma da ação, por outro lado, aconteceram outros atentados não menos nocivos e virulentos. O *habeas corpus*, remédio constitucional mais antigo na estrutura constitucional, foi parcialmente vedado, nos termos do art. 10, que apregoava que "fica suspensa a garantia de habeas corpus, nos casos de crimes políticos contra a segurança nacional, a ordem econômica e social e a economia popular".

Completando o quadro, ampliando ainda mais a vedação à jurisdição, o art. 11 do AI-5 prescreveu que "excluem-se de qualquer apreciação judicial todos os atos praticados de acordo com este Ato Institucional e seus Atos complementares, bem como os respectivos efeitos".

Note-se o teor ditatorial desta medida última: excluir da apreciação do Judiciário qualquer ato que se calcasse na letra do AI-5, bem como seus efeitos. Essa última exclusão (a dos efeitos) dá azo a pensar em situações como a de que se um sujeito fosse preso por crime político – o que impediria por sua parte o uso do *habeas corpus* – e, por conseguinte, morto, as consequências dessa morte não poderiam ser levadas à apreciação do Judiciário, por ser desdobramento ou efeito de um ato calcado no AI-5.

Por isso que a responsabilização da União, em 1978, pela tortura e morte do jornalista Vladimir Herzog é um marco tão importante na luta pelo fim da ditadura militar (vale a pena que você estude um pouco essa história. O Google lhe ajudará).

Chegou-se ao fim do poço, à negação total da democracia e consequentemente da mais cara proteção aos direitos fundamentais existente: o direito de acesso ao Judiciário.

2.2.6. *Constituição da República Federativa do Brasil – 17/10/69*

Os Ministros da Marinha de Guerra, do Exército e da Aeronáutica, utilizando-se de atribuições legislativas autoconcedidas no § 1º do art. 2º do AI-5, após a decretação de recesso no Congresso Nacional, decretaram a Emenda Constitucional nº 1, que alterou de forma profunda e densa a CF/67, gerando um diploma que passou a se considerar nova carta constitucional.

Nela, muitos direitos foram restritos e outros que já o eram foram explicitamente citados na Carta Magna. Dentre os direitos que se restringiram, estava o de ação, que nos termos do art. 153, § 4º, foi condicionado e delimitado da seguinte forma:

> Art. 153. *omissis*
>
> *§ 4º*. A lei não poderá excluir da apreciação do Poder Judiciário qualquer lesão de direito individual. O ingresso em juízo poderá ser condicionado a que se exaurам previamente as vias administrativas, desde que não exigida a garantia de instância, nem ultrapassado o prazo de cento e oitenta dias para a decisão sobre o pedido.

Embora mais branda que o AI-5, a CF/69 ainda restringe o direito de ação, instituindo a possibilidade de limitá-lo ao esgotamento de vias administrativas.

Esta situação se dissipa com o advento da Constituição Federal de 1988, a constituição cidadã, que estabelece um maior número de facilidades, oportunidades e instrumentos de tutela da sociedade, demonstrando o ideal democrático de seus idealizadores e a marca democrática que se queria oferecer à sociedade brasileira.

2.2.7. Constituição da República Federativa do Brasil – 05/04/88

Não é por acaso ou favor que se diz que a Carta Magna de 1988 é a "Constituição Cidadã". Quebrando-se uma tradição do constitucionalismo nacional, a carta constitucional tem início pela declaração de direitos, individuais, coletivos e sociais, demonstrando-se claramente sua importância face outros aspectos estruturais do Estado (observe que, nas constituições anteriores, o rol dos direitos e garantias fundamentais nunca se encontrava no início da Carta Magna. Essa mudança topográfica – de localização – é uma demonstração clara de que o mais importante, em um Estado, é a proteção de tais direitos).

Essa mudança topográfica é só o primeiro indício do paradigma moderno de democracia que se quer implantar pela CF/88. Adota-se, no art. 1°, parágrafo único, o modelo da democracia semidireta, conferindo aos cidadãos a possibilidade da prática de atos que antes somente lhes eram deferidos por meio do sistema da representação (exemplo claro disso: a iniciativa popular para a criação de lei, que culminou, por exemplo, na "Lei da Ficha Limpa").

Mais do que isso, no entanto, percebe-se a concessão de um enorme número de instrumentos de tutela jurisdicional, de acesso à justiça, numa profusão nunca antes vista nas cartas constitucionais.

O art. 5° da CF, em seus 78 incisos, além de conferir as garantias clássicas e explicitá-las incisivamente, estabelece novidades como o mandado de segurança coletivo (art. 5° LXX); o mandado de injunção (LXXI); o *habeas data* (art. 5°, LXXII); dentre outros instrumentos que demonstram o extenso alargamento de possibilidades de defesa judicial de direitos e interesses e do próprio ordenamento jurídico.

Numa mudança de perspectiva sensível, estendeu-se a cláusula do amplo e irrestrito acesso ao Judiciário não somente às situações de lesão a direito, mas também ao perigo de sua ocorrência (art. 5°, XXXV). Prestigia-se a prevenção, em vez de simplesmente se tentar corrigir a patologia já instalada. Traz-se a modernidade da tutela dos direitos para a seara constitucional. Segue a redação do inciso XXXV:

> Art. 5°. *Omissis.*
>
> XXXV – a lei não excluirá da apreciação do Poder Judiciário lesão ou ameaça a direito.

Dado o conteúdo sintético do artigo de lei a partir do qual se deve construir o conteúdo jurídico do princípio do acesso à justiça, há necessidade premente dos tribunais em interpretá-lo, o que gera farta jurisprudência sobre o assunto, principalmente do STF, guardião maior da CF/88.

Passa-se, portanto, à análise de algumas dessas situações.

2.2.8. *Casos concretos em que foi alegado o ferimento ao princípio da inafastabilidade do poder jurisdicional (acesso à justiça)*

CASO 1: *a taxa judiciária calculada sem limite sobre o valor da causa*. O Estado, ao prestar a jurisdição, fornece serviço público específico e divisível, o que permite, nos termos do art. 77 do CTN, que cobre por ele uma taxa, espécie tributária que se caracteriza, num primeiro plano, por ser (i) a contraprestação do serviço público prestado ou ofertado ou (ii) do exercício de poder de polícia. Sua base de cálculo, ou seja, o elemento econômico com base no qual é quantificado o tributo, é o valor da causa, atribuído pelo autor ao ajuizar a petição inicial.[12]

A taxa judiciária, no entanto, encontra limites tanto no direito tributário quanto no princípio do acesso à justiça, visto que não pode ser de tal monta que impeça ou dificulte que se ingresse em juízo.

Com base nessa premissa, o Supremo Tribunal Federal editou a súmula 667, que dispõe: "Viola a garantia constitucional de acesso à jurisdição a taxa judiciária calculada sem limite sobre o valor da causa" (sessão plenária de 24/09/2003).

No mesmo sentido, deve-se destacar o julgamento proferido em sede de Ação Direta de Inconstitucionalidade, relatada pelo Ministro Carlos Velloso:

> Taxa judiciária e custas. Necessidade da existência de limite que estabeleça a equivalência entre o valor da taxa e o custo real dos serviços, ou do proveito do contribuinte. Valores excessivos: possibilidade de inviabilização do acesso de muitos à Justiça, com ofensa ao princípio da inafastabilidade do controle judicial de lesão ou ameaça a direito.[13]

CASO 2: *a necessidade de prévio esgotamento das instâncias administrativas*. A Constituição Federal de 1969, no art. 153, § 4°, previa que a lei poderia condicionar que o acesso à justiça somente fosse possível após a prévia análise da situação litigiosa ante todas as instâncias administrativas.

Como exemplo, a lei poderia prever que uma determinada multa somente fosse discutida judicialmente se todas as vias e recursos administrativos aptos a debatê-la tivessem se esgotado.

Por conta dessa influência histórico-constitucional recente, ainda há diversas situações em que o Poder Judiciário é chamado a julgar situações nas quais se discute o ponto: *pode-se exigir o prévio esgotamento das instâncias administrativas, para que então se discuta judicialmente ato público*?

A jurisprudência é pacífica sobre o tema, dizendo que o art. 5°, XXXV não permite, como fazia o art. 153, § 4° da CF/69 (EC 1/69), essa interpretação. Transcreve-se acórdão do STF, nesse sentido:

---

12. Sobre o valor da causa, vide o *Capítulo 6*.
13. ADI 1.772-MC, Rel. Min. Carlos Velloso, Pleno, DJ 08/09/00.

> Quanto à alegada preclusão, o prévio uso da via administrativa, no caso, não é pressuposto essencial ao exercício do direito de interposição do mandado de segurança. Condicionar a possibilidade do acesso ao Judiciário ao percurso administrativo equivaleria a excluir da apreciação do Judiciário uma possível lesão ao direito individual, em ostensivo gravame à garantia do art. 5º, XXXV da Constituição Federal.[14]

Somente uma norma constitucional originária poderia exigir o prévio esgotamento das instâncias administrativas, visto que o princípio da inafastabilidade do poder jurisdicional (acesso à justiça) é garantia fundamental e, portanto, *cláusula pétrea*, que não admite, contra ela, qualquer emenda que vise restringi-la ou aboli-la (CF, art., § 4º, IV). Há, na Carta Magna Federal, realmente, uma exceção à regra deduzida neste tópico, que passamos a analisar logo abaixo.

CASO 3: *o prévio esgotamento das instâncias da justiça desportiva*. Somente uma norma constitucional originária poderia restringir garantia fundamental. Essa foi a assertiva que se fez no último parágrafo do tópico anterior. Tem-se, aqui, um caso em que o direito de acesso à justiça é restrito ao prévio esgotamento de instâncias administrativas, no caso aquelas que formam a justiça desportiva, por expressa previsão constitucional, contida no art. 217, § 1º, que diz: "O Poder Judiciário só admitirá ações relativas à disciplina e às competições desportivas após esgotarem-se as instâncias da justiça desportiva, reguladas em lei".

O Código Brasileiro de Justiça Desportiva organiza essa estrutura de natureza administrativa, que se compõe dos órgãos relacionados em seu art. 3º:

> Art. 3º. São órgãos da Justiça Desportiva, autônomos e independentes das entidades de administração do desporto, com o custeio de seu funcionamento promovido na forma da Lei:
>
> I – o Superior Tribunal de Justiça Desportiva (STJD), com a mesma jurisdição da correspondente entidade nacional de administração do desporto;
>
> II – os Tribunais de Justiça Desportiva (TJD), com a mesma jurisdição da correspondente entidade regional de administração do desporto;
>
> III – as Comissões Disciplinares (CD), colegiado de primeira instância dos órgãos judicantes mencionados nos incisos I e II deste artigo.

As competências dos órgãos da justiça desportiva listados são definidas nos arts. 25 a 28 do Código Brasileiro de Justiça Desportiva.

Imagine o caso de um clube de futebol que disputa o campeonato brasileiro da primeira divisão ser penalizado na primeira instância da justiça desportiva, que é a Comissão Disciplinar junto ao STJD,[15] por ter utilizado um jogador irregularmente. Se não esperar o julgamento de recurso à segunda instância administrativa (STJD)[16] e ajuizar demanda judicial visando anular a sanção imputada, deverá sofrer com a extinção do processo por carência de ação. Faltará, no caso em tela, o interesse

14. MS 23.789, voto da Min. Ellen Gracie, DJ 23/09/05.
15. Art. 26, I do Código Brasileiro de Justiça Desportiva.
16. Art. 25, II, "a" do Código Brasileiro de Justiça Desportiva.

processual ou interesse de agir, na modalidade adequação, visto que terá acessado o Judiciário antes do esgotamento das instâncias administrativas da justiça desportiva.

Um caso famoso em que somente após o esgotamento das instâncias administrativas da Justiça Desportiva se acessou o Poder Judiciário é aquele referente à dúvida sobre quem era o verdadeiro campeão brasileiro de 1987, o Flamengo ou o Sport.

CASO 4: *a constitucionalidade do art. 10 da Lei 10.259/2001*. A discussão travada no Supremo Tribunal Federal acerca da constitucionalidade do art. 10 da Lei 10.259/2001 envolveu o embate da norma com o princípio do acesso à justiça, previsto no art. 5º, XXXV da CF/88.

O art. 10 dispõe que "As partes poderão designar, por escrito, representantes para a causa, advogado ou não". Conforme se lê no informativo 430 do STF,

> (...) o Tribunal, por maioria, julgou improcedente pedido formulado em ação direta de inconstitucionalidade ajuizada pelo Conselho Federal da OAB contra o art. 10 da Lei nº 10.259/2001 (Lei dos Juizados Especiais Federais Cíveis e Criminais), que permite que as partes designem representantes para a causa, advogado ou não. Entendeu-se que a faculdade de constituir ou não advogado para representá-los em juízo nas causas de competência dos Juizados Especiais Federais Cíveis não ofende a Constituição, seja porque se trata de exceção à indispensabilidade de advogado legitimamente estabelecida em lei, seja porque o dispositivo visa ampliar o acesso à justiça.[17]

Ao se observar o conflito julgado pelo STF, percebe-se que existe um embate entre duas normas constitucionais, cuja disciplina se dirige ao conteúdo do art. 10 da Lei 10.259/2001: o acesso à justiça (art. 5º, XXXV da CF/88) e a indispensabilidade do advogado (art. 133 da CF/88).

O art. 10 contém norma que claramente concretiza o direito de acesso à justiça, mas que, no entanto, se confronta com a indispensabilidade do advogado, preconizada no art. 133 da Carta Magna Federal. Como resolver essa situação, em que o conteúdo jurídico de dois princípios se confronta na redação do art. 10 da Lei 10.259/2001?

A solução é utilizar o critério hermenêutico da *proporcionalidade*, que é o método interpretativo hábil a discernir qual, entre os dois princípios que colidem, deve incidir em maior grau, ao analisar-se o caso concreto. O STF, com acerto, deu primazia ao princípio do acesso à justiça, na seara cível, afirmando a validade da norma. Na seara penal, entendeu que a regra não se devia aplicar, pela maior importância que conferiu ao princípio da ampla defesa e contraditório.

CASO 5: *o art. 7º da Lei de Arbitragem e o acesso à justiça*. A Lei 9.307/1996 instituiu novo regime para a arbitragem no Brasil, adequando o instituto aos modelos estrangeiros e dando-lhe novo vigor.

Um de seus pontos mais sensíveis e que gerou no STF a discussão sobre sua constitucionalidade relaciona-se à obrigatoriedade da cláusula compromissória. A cláusula compromissória é um negócio jurídico, inserido em contrato escrito, em

17. ADI 3168/DF, rel. Min. Joaquim Barbosa, 08/06/2006.

que as partes, de comum acordo, estabelecem que quaisquer conflitos que surjam no desenvolvimento daquela relação devam ser discutidos por meio de arbitragem, afastando-se a jurisdição estatal.

A cláusula estabelece um compromisso genérico de adesão à arbitragem, que precisa ser concretizado, por meio do compromisso arbitral, caso efetivamente surja um conflito, delimitando-se, então, todas as características da jurisdição arbitral. É nesse momento que pode surgir a resistência de uma das partes em instalar a jurisdição arbitral, o que representaria o descumprimento de cláusula contratual.

Por esse motivo, o art. 7º da Lei de Arbitragem prescreve:

> Art. 7º. Existindo cláusula compromissória e havendo resistência quanto à instituição da arbitragem, poderá a parte interessada requerer a citação da outra parte para comparecer em juízo a fim de lavrar-se o compromisso, designando o juiz audiência especial para tal fim.

No curso do julgamento de procedimento de homologação de sentença estrangeira, pelo STF,[18] questionou-se incidentalmente se a norma processual mencionada (art. 7º da Lei 9.307/1996) feria o direito de acesso à justiça, pois o Judiciário era instado a declarar-se inapto para julgar a demanda, concretizando o compromisso arbitral. Após prolongada discussão, firmou-se o entendimento de que o art. 7º não positiva um ferimento ao princípio constitucional em tela, como segue:

> Lei de Arbitragem (nº 9.307/96): constitucionalidade, em tese, do juízo arbitral; discussão incidental da constitucionalidade de vários dos tópicos da nova lei, especialmente acerca da compatibilidade, ou não, entre a execução judicial específica para a solução de futuros conflitos da cláusula compromissória e a garantia constitucional da universalidade da jurisdição do Poder Judiciário (CF, art. 5º, XXXV). Constitucionalidade declarada pelo plenário, considerando o Tribunal, por maioria de votos, que a manifestação de vontade da parte na cláusula compromissória, quando da celebração do contrato, e a permissão legal dada ao juiz para que substitua a vontade da parte recalcitrante em firmar o compromisso não ofendem o art. 5º, XXXV, da CF.[19]

<u>CASO 6</u>: *a avaliação do candidato em concurso público, com base em critérios subjetivos, e a vedação ao acesso à justiça.* A primeira pergunta que se faz ao ler-se o enunciado que descreve a presente questão é: qual a relação entre a ausência de critérios objetivos para a avaliação de candidato que se submete a concurso público, o que é muito comum em exames psicotécnicos, e o princípio da inafastabilidade do Poder Judiciário?

Dois acórdãos do Supremo Tribunal Federal explicam o vínculo traçado:

> Exame e avaliação de candidato com base em critérios subjetivos, excluindo-o do concurso sem que sejam fornecidos os motivos, atentam contra o princípio da inafastabilidade do conhecimento do Poder Judiciário de lesão ou ameaça a direito.[20]

---

18. Após a EC 45/04, essa competência foi transferida para o STJ (art. 105, I, i da CF/88).
19. SE 5206 – AgR, Rel. Min. Sepúlveda Pertence, DJ 30/04/2004.
20. AI 179.583-AgR, Rel. Min. Maurício Corrêa, DJ 01/07/96.

> Exame e avaliação de candidato com base em critérios subjetivos, como, por exemplo, a verificação sigilosa sobre a conduta, pública e privada, do candidato, excluindo-o do concurso sem que sejam fornecidos os motivos. Ilegitimidade do ato, que atenta contra o princípio da inafastabilidade do conhecimento do Poder Judiciário de lesão ou ameaça a direito. É que, se a lesão é praticada com base em critérios subjetivos, ou em critérios não revelados, fica o Judiciário impossibilitado de prestar a tutela jurisdicional, porque não terá como verificar o acerto ou o desacerto de tais critérios. Por via oblíqua, estaria sendo afastada da apreciação do Judiciário lesão a direito.[21]

A tese defendida pelo Supremo Tribunal Federal é muito interessante por demonstrar as intrínsecas relações entre o direito material e o direito processual, e que se iniciam mesmo antes do ajuizamento de uma demanda judicial. Quando o Estado-juiz é chamado a realizar o controle da legalidade de um ato administrativo vinculado, necessita de parâmetros para isso, relacionados, principalmente, aos fundamentos do ato. No caso do exemplo, a falta de fundamentos dificulta ou invalida essa empreitada, vedando o direito constitucional que todos possuem de discutir seus conflitos pela via jurisdicional. Por isso, pode-se dizer que o ato é inválido por ferir uma das mais caras garantias que a Constituição defere às pessoas sob sua guarida.

CASO 7: *a vedação legal à concessão de tutelas de urgência e o princípio do acesso à justiça*. O desenvolvimento de um processo demanda tempo, que se divide entre os atos de postulação, de instrução, o julgamento, as revisões previstas por meio de recursos, etc. Em diversas situações, a proteção que se quer efetivar por meio do processo somente ocorre ao fim de toda essa *via crucis*.

Por isso, para efetivar a tutela jurisdicional nas hipóteses em que o tempo pode contribuir para a inutilidade do pronunciamento judicial, existem as chamadas tutelas de urgência, que são manifestações provisórias do órgão jurisdicional por meio das quais se defere algum efeito prático da proteção que, em termos finais, será proferida em momento posterior ou, pelo menos, se constitui uma garantia para fruição futura do direito.

O cabimento das tutelas de urgência é essencial para, em diversos contextos, se garantir que o acesso à justiça signifique, também, a entrega de resultado ao jurisdicionado. Mas, se por um lado permite-se a concessão dessas medidas urgentes, por outro, o ordenamento veda, em situações específicas, a sua concessão.

Como exemplo, tem-se o art. 2º-B da Lei 9.494/1997, que dispõe:

> Art. 2º-B. A sentença que tenha por objeto a liberação de recurso, inclusão em folha de pagamento, reclassificação, equiparação, concessão de aumento ou extensão de vantagens a servidores da União, dos Estados, do Distrito Federal e dos Municípios, inclusive de suas autarquias e fundações, somente poderá ser executada após seu trânsito em julgado.

21. RE 125.556, Rel. Min. Carlos Velloso, DJ 15/05/92.

Embora o Supremo Tribunal Federal tenha feito interpretação que restringe o alcance dessa última norma proibitiva,[22] adota o entendimento de que essas vedações não ferem o princípio de acesso ao Poder Judiciário, nos seguintes termos:

> O proibir-se, em certos casos, por interesse público, a antecipação provisória da satisfação do direito material lesado ou ameaçado não exclui, evidentemente, da apreciação do Poder Judiciário a lesão ou ameaça a direito, pois ela se obtém normalmente na satisfação definitiva que é proporcionada pela ação principal, que, esta sim, não pode ser privada para privar-se o lesado ou ameaçado de socorrer-se do Poder Judiciário.[23]

CASO 8: *a decisão judicial desfavorável e a vedação ao acesso à justiça*. A última das questões que será investigada é bem mais simples que as anteriores. O *direito constitucional de ação*, que decorre da previsão de acesso à justiça e inafastabilidade do poder jurisdicional (art. 5º, XXXV), é considerado um direito abstrato, visto que se caracteriza mesmo que aquele que o exerce não obtenha vitória. Essa concepção é contrária à outra, chamada concreta, que preconiza que só há direito de ação se o demandante for vitorioso. Com base na fixação dessa premissa, é óbvio que, nos termos do entendimento do STF:

> [a] garantia de acesso ao Judiciário não pode ser tida como certeza de que as teses serão apreciadas de acordo com a conveniência das partes.[24]
>
> Não há confundir negativa de prestação jurisdicional com decisão jurisdicional contrária à pretensão da parte.[25]

2.3. Princípio da isonomia ou igualdade (art. 5º, *caput*)

O princípio da *isonomia* ou da *igualdade* é enunciado no *caput* do art. 5º da CF/88, que determina:

> Art. 5º. Todos são iguais perante a lei, sem distinção de qualquer natureza, garantindo-se aos brasileiros e aos estrangeiros residentes no País a inviolabilidade do direito à vida, à liberdade, à igualdade, à segurança e à propriedade, nos termos seguintes:

A primeira leitura do enunciado legal não permite que aflore todo o conteúdo jurídico desse importante princípio constitucional, cuja incidência se verifica tanto na seara do direito material quanto do direito processual.

---

22. O STF entende, de forma pacífica, que a decisão que recomponha valor pecuniário outrora recebido ou a que impeça descontos indevidos a verba salarial, por exemplo, pode ser proferida liminarmente, não encontrando óbice no art. 2º-B da Lei 9.94/97, cuja eficácia foi provisoriamente mantida por meio de Medida Cautelar, visto que se discute a sua constitucionalidade no Supremo Tribunal Federal (ADC nº 4/MC). Vide Rcl-AgR 3483/DF, Rel. Min. Cezar Peluso, Tribunal Pleno, DJ 28/04/06.
23. ADI 223-MC, voto do Min. Moreira Alves, DJ 29/06/90.
24. RE 113.958, Rel. Min. Ilmar Galvão, DJ 07/02/97.
25. AI 135.850-AgR, Rel. Min. Carlos Velloso, DJ 24/05/91.

Por isso, é essencial estudar, com mais afinco, o tema do *conteúdo jurídico do princípio da igualdade*. Desde logo, afirma-se que o conceito de isonomia/igualdade abrange duas ideias distintas:

a) *isonomia perante a lei* ou *formal*;

b) *isonomia na lei* ou *material*.

São conceitos distintos, *frutos de necessidades históricas diversas*, mas que se complementam na regulamentação da noção de igualdade. Em primeiro lugar, a isonomia formal ou perante a lei.

O conceito de *isonomia formal* corresponde à necessidade de que as normas legais sejam destinadas tanto aos governantes quanto aos governados. Foi fruto das revoluções liberais, como a francesa, cuja principal finalidade foi extirpar o poder absoluto dos monarcas, criando limites à conduta do Estado, visto que, até então, as limitações e restrições legais voltavam-se quase que exclusivamente aos cidadãos. Somente a título de exemplo, é conhecida a alcunha do Rei Luís XIV, da França, que se notabilizou como o "rei sol", figuração que demonstra seu poder ilimitado, absoluto.

A primeira condição para que se estabelecesse um "Estado de Direito" era, portanto, que tanto governante quanto governados se submetessem ao ordenamento jurídico, e não apenas os últimos. Surge, então, a noção de que todos são iguais perante a lei, que regula Estado e sociedade.

A igualdade formal é uma das pedras fundamentais do nascente Estado de Direito do século XVIII, Liberal, que se sobrepõe ao Estado Absolutista. Seu principal mérito foi ter criado segurança jurídica, previsibilidade, o que permitiu o desenvolvimento das atividades econômicas e sociais, antes atadas aos gostos e desgostos do monarca.

Ocorre que a isonomia formal, num aspecto macroscópico, identifica um modelo de Estado, o Liberal, totalmente antagônico ao Absolutista: enquanto neste último tinha-se um governo que exercia total e ilimitada ingerência na sociedade, o Estado Liberal foi concebido para influir o mínimo possível na esfera privada. Cabia a ele, em especial, respeitar o ordenamento (igualdade formal), mas não ingerir, com condutas positivas, nos rumos da economia e das relações privadas.

Com isso, formou-se um quadro crítico para todos aqueles que não eram detentores de capital e que dependiam de seu trabalho para sobreviver: de explorados pelo Estado, passaram a ser explorados pela burguesia, detentora do poderio econômico.

Esse quadro deixa claro que a primeira das concepções de igualdade/isonomia, que fora essencial para a quebra do modelo anterior de Estado Absolutista, era, agora, insuficiente para reverter outra forma de desigualdade, a que ocorre entre os membros da sociedade.

Perceba que a *isonomia formal* veio como solução para o diferente tratamento jurídico que se dava ao Estado em relação à sociedade.

A segunda vertente do princípio, chamada *isonomia material*, tem por finalidade obstar que discriminações e privilégios desprovidos de lógica e razão sejam conferidos pela lei, bem como tem por intuito abrandar diferenças entre os participantes da sociedade, dando rendimento à máxima de Aristóteles, "segundo cujos termos a igualdade consiste em tratar igualmente os iguais e desigualmente os desiguais".[26] Dessa forma, a *isonomia material* engloba (i) um aspecto positivo, ou seja, a permissão para que a lei, validamente, crie discriminações e privilégios; e (ii) um aspecto negativo, visto que, à luz desse princípio, analisam-se diferenciações que não devem ser consideradas válidas.

Em outras palavras, quando se fala em *isonomia material* ou *isonomia na lei*, quer-se dizer que o conteúdo das normas jurídicas pode criar diferenciações entre os sujeitos, seja para reequilibrá-los socialmente, seja para selecionar aqueles mais aptos para o exercício de certas funções ou cargos. Pode-se dizer que o regime de cotas para as universidades públicas é uma previsão legal que aplica a regra da isonomia material, porque que visa a equilibrar pessoas que se encontram em situações sociais diferentes. A regra de inversão do ônus da prova, prevista no art. 6º, VIII do Código de Defesa do Consumidor, também é uma concretização do princípio da isonomia material, pois redistribui os ônus probatórios do processo entre consumidor e fornecedor, buscando balancear os seus encargos processuais de acordo com suas possibilidades.

Feita a diferenciação entre *isonomia formal* ou *perante a lei* e *material* ou *na lei*, deve-se concentrar as atenções na última, fazendo-se o seguinte questionamento:

> o que permite radicalizar alguns sob a rubrica de iguais e outros sob a rubrica de desiguais? Em suma: qual o critério legitimamente manipulável – sem agravos à isonomia – que autoriza distinguir pessoas e situações em grupos apartados para fins de tratamento jurídico diverso?[27]

A pergunta que se faz é essencial para se operacionalizar, em casos práticos, a noção de isonomia material, visto que é essencial saber qual ou quais os critérios que devem ser obedecidos para que o conteúdo de uma norma jurídica, seja ela de direito material ou processual, estabeleça diferença de tratamento entre pessoas validamente.

Segundo Celso Antônio Bandeira de Mello,[28] para que uma norma abstrata estabeleça diferenças entre entes regidos pelo ordenamento jurídico, devem-se obedecer aos seguintes critérios:

a) a norma que institui a diferenciação não pode singularizar atual e definitivamente um destinatário determinado, devendo abranger uma categoria de pessoas, ou uma pessoa futura e indeterminada.

---

26. MELLO, Celso Antônio Bandeira de. *Conteúdo jurídico do princípio da igualdade*. 3 ed. 7 tiragem. São Paulo: Malheiros, 1999, p. 10. A leitura das pouco mais de trinta páginas do opúsculo do mestre paulista é essencial para todo estudante e operador do direito.
27. Idem, p. 11.
28. Idem, pp. 47-48.

Violaria o princípio da isonomia certa norma que, na aparência, estaria a diferenciar uma categoria de pessoas mas que, em verdade, foi criada para beneficiar pessoa específica. Percebe-se corriqueiramente esse vício em editais de licitação criados para beneficiar certa empresa. Explico com um exemplo:

Imagine que seja lançado um edital de licitação para a construção de uma estação de tratamento de esgoto na sua cidade. Imagine, ainda, que o administrador público ímprobo tenha interesse na vitória da empresa X, pois acertou com ela o pagamento de propina. Um caminho para facilitar essa vitória é criar, no edital que rege a licitação, uma exigência que, aparentemente, poderia ser preenchida por várias empresas (ou seja, por uma *categoria de pessoas*) mas que, na prática, só a empresa X pode atender. Quando advogava, trabalhei em uma situação como essa;

b) a norma deve adotar como critério discriminador, para fins de diferenciação de regimes, elemento residente nos fatos, situações ou pessoas por tal modo desequiparadas.

   É, portanto, possível diferenciar (desequiparar) pessoas com base na cor, na raça, na idade, no sexo, na altura (sendo todos esses critérios aplicáveis a pessoas físicas) ou no tempo de constituição, na quantidade de funcionários, no lucro que aufere etc. (critérios estes aplicáveis a pessoas jurídicas).

   Cotas para negros em universidades públicas federais são previstas em normas jurídicas que desequiparam com base na raça e cor, que nitidamente é um critério diferenciador residente em pessoas.

c) a norma não deve atribuir tratamentos jurídicos diferentes, em atenção ao fator de desnivelamento adotado, sem que a diferenciação guarde pertinência lógica (ou axiológica) com a disparidade de regimes outorgados.[29]

   Observe, novamente, o exemplo das cotas para negros nas universidades públicas federais. Claramente (embora alguns não consigam vê-lo) existem várias razões lógicas e axiológicas para se criar a diferenciação em tela. Talvez a mais importante delas – de caráter axiológico – seja a de diminuir preconceitos pelo fato de se permitir ao negro que esteja em ambientes nos quais geralmente não é visto, a fim de que, paulatinamente, os membros da sociedade desassocie o negro do exercício de profissões cuja remuneração e status são muito reduzidos.

   Para que você tenha alguns exemplos claros do que estou dizendo: estudei na Universidade Federal do Espírito Santo, bem antes da vigência das cotas. O único negro de minha sala era um estudante de intercâmbio de Cabo Verde. Nenhum brasileiro da raça negra estudava conosco. Salvo engano, no

29. Nesse sentido a jurisprudência do Supremo Tribunal Federal, que encampa a doutrina de Celso Antônio Bandeira de Mello: AI 461.172, Rel. Min. Celso De Mello, DJ 30/09/05.

vestibular que prestei (para início das aulas em 1997), dos 110 aprovados, nenhum era negro. Ou seja, era inexpressiva a presença do negro num dos mais "nobres" cursos superiores da Universidade Federal do ES.

Logo, existe pertinência lógica e axiológica entre a diferenciação realizada e o critério escolhido para tanto, em meu ponto de vista.

d) a diferenciação estabelecida não pode conduzir a efeitos contrapostos ou de qualquer modo dissonantes aos interesses protegidos constitucionalmente.

O Supremo Tribunal Federal correntemente julga situações em que é necessário apreciar se uma diferenciação, definida em lei, atende aos critérios que a tornam juridicamente válida. Transcreve-se trecho de voto proferido pelo Ministro Celso de Mello sobre o emprego da idade como elemento de diferenciação:

> (...) esta Suprema Corte já teve a oportunidade de advertir (...) que a adoção, pelo Poder Público, do critério fundado na idade do candidato importará em ofensa ao postulado fundamental da igualdade (RTJ 135/528, Rel. Min. Sepúlveda Pertence), se, a esse tratamento diferenciado instituído pelo legislador, não corresponder motivo bastante que o justifique lógica e racionalmente. Isso significa, portanto, que se impõe identificar, em cada caso ocorrente, no texto da lei que estipulou o limite etário, a existência de um vínculo de 'correlação lógica entre o fator de discrímen e a desequiparação procedida' (Celso Antônio Bandeira de Mello, 'O Conteúdo Jurídico do Princípio da Igualdade', p. 47, 2ª ed., 1984, RT), sob pena de não se legitimar, em tema de ingresso no serviço público, o tratamento normativo que o Poder Público vier a estabelecer em bases diferenciadas: 'A jurisprudência do Supremo Tribunal Federal firmou-se no sentido de que a norma constitucional que proíbe tratamento normativo discriminatório, em razão da idade, para efeito de ingresso no serviço público (...), não se reveste de caráter absoluto, sendo legítima, em consequência, a estipulação de exigência de ordem etária, quando esta decorrer da natureza e do conteúdo ocupacional do cargo público a ser provido.' (RTJ 179/210-211, Rel. Min. Celso de Mello) Cabe destacar, finalmente, que a jurisprudência desta Suprema Corte, ao examinar a questão concernente à fixação legal do limite de idade para efeito de inscrição em concurso público e preenchimento de cargos públicos, também passou a analisá-la em função e na perspectiva do critério da razoabilidade (RTJ 135/958, Rel. Min. Carlos Velloso – RTJ 179/210-211, Rel. Min. Celso de Mello), de tal modo que o desatendimento, pelo legislador, desse critério de ordem material poderá traduzir situação configuradora de ofensa ao princípio da proporcionalidade.[30]

Em outra oportunidade, o Supremo Tribunal Federal considerou válida a diferenciação erigida pelo critério de altura da pessoa:

> Razoabilidade da exigência de altura mínima para ingresso na carreira de delegado de polícia, dada a natureza do cargo a ser exercido. Violação ao princípio da isonomia. Inexistência.[31]

Neste último caso aqui – de diferenciação pela altura para o cargo de delegado de polícia – discordo do posicionamento do STF (e não o faço só porque pertenço à categoria dos baixinhos não!). No fundo, trata-se de um preconceito de que "policial

30. AI 461.172, Rel. Min. Celso De Mello, DJ 30/09/05. No mesmo sentido: RE 345.598-AgR, Rel. Min. Marco Aurélio, DJ 19/08/05; RMS 21.046, Rel. Min. Sepúlveda Pertence, DJ 14/11/91; RE 141.357, DJ 08/10/04; RE 212.066, DJ 12/03/99.
31. RE 140.889, Rel. Min. Maurício Corrêa, DJ 15/12/00.

deve correr atrás de bandido" e que uma pessoa de baixa estatura não teria a compleição física necessária para tanto. Ora, as funções de grande parte dos delegados de polícia passam bem longe desse lugar comum. Abrir mão de um profissional capacitado, inteligente, que pode ser excelente para lidar com investigações ou pessoas pelo fato de ser "baixinho" é uma diferenciação que entendo não ter lógica, nesse caso.

Feitas essas considerações, que demonstraram como se deve aferir a validade de uma discriminação contida em lei ou ato normativo, passa-se à apreciação de algumas situações práticas oriundas do direito processual, nas quais se discute se o princípio da isonomia é ferido ou respeitado.

CASO 1: *o direito dos estrangeiros residentes no país às garantias fundamentais do processo*. No caso em tela, tem-se discussão relacionada ao princípio da igualdade formal ou perante a lei, visto que se quer saber se as garantias fundamentais se estendem a um tipo específico de pessoas – os estrangeiros residentes no país. O *caput* do art. 5º demonstra a extensão da regra. Deve-se enfatizar que não somente os residentes, mas também os estrangeiros que estejam em trânsito no país, são regulados pelas garantias constitucionais previstas na Constituição, caso tenham de ajuizar qualquer demanda no país ou na hipótese de serem demandados, visto que o Estado é soberano em seu território e seus regulamentos sempre devem ser aplicados nos limites de sua soberania, salvo se o próprio direito nacional permitir que normas estrangeiras sejam aqui empregadas (ex.: arbitragem realizada em solo nacional. Caso as partes queiram, podem discutir sua lide à luz do direito estrangeiro, pois a Lei 9.307/1996 assim o autoriza).

CASO 2: a súmula 339 do STF. A súmula 339 do Supremo Tribunal Federal diz que:

> Não cabe ao Poder Judiciário, que não tem função legislativa, aumentar vencimentos de servidores públicos, sob fundamento de isonomia (sessão plenária de 13/12/1963).

Embora a súmula seja antiga (da década de 60), o entendimento que enuncia é aceito até os dias de hoje, como demonstra a jurisprudência do STF[32] e do STJ.[33] A regra que encampa põe em contraste o princípio republicano (tripartição de poderes) e o princípio da isonomia, dando primazia ao primeiro – tripartição de poderes – em relação ao segundo – isonomia material, aplicando o princípio da proporcionalidade. É correto o entendimento do STF, visto que o chamado princípio republicano é a base sobre a qual assenta todo o estado de direito brasileiro, sendo reconhecido como princípio fundamental do Estado e constando do art. 1º da Constituição Federal.

32. RE-AgR 475915/CE, Relator Min. Carlos Britto, Primeira Turma, DJ 17.11.2006; RE-AgR 410244/PI; Rel. Min. Carlos Brito, Primeira Turma, DJ 22.09.2006; AI-AgR 255601/SP, Rel. Min. Sepúlveda Pertence, Primeira Turma, DJ 30/06/2006.
33. REsp 1689560/RJ, Rel. Ministro Herman Benjamin, 2ª Turma, DJe 23/10/2017; AgInt no AREsp 873.198/RS, Rel. Ministro Gurgel de Faria, 1ª Turma, DJe 24/11/2017.

Multiplicam-se na prática forense as situações em que servidores públicos das três esferas de poder – União, estados e Municípios – requerem que seus subsídios sejam equiparados aos de outros servidores, que exercem cargos diversos, com melhor remuneração, mas em desempenho de função assemelhada, o que representaria ferimento ao princípio da isonomia.

Tal ferimento ocorreria, pois se teria diferenciação entre pessoas, fixada por meio de critério pessoal (cargo ou função que exercem), sem uma justificativa plausível para tanto, o que seria inconstitucional, segundo o método idealizado por Celso Antônio Bandeira de Mello.

Sempre que falo ou escrevo sobre esse assunto, lembro-me de caso ocorrido no estado do Espírito Santo: por meio de mandado de segurança, dirigido ao Tribunal de Justiça, os Defensores Públicos Estaduais requereram a equiparação de seus salários aos que recebem os Procuradores do Estado.[34] A decisão unânime do Tribunal Pleno foi denegatória da segurança, principalmente com base no conteúdo da súmula 339 do STF. Se o Poder Judiciário, a fim de garantir isonomia de vencimentos entre Defensores Públicos e Procuradores do Estado, tivesse determinado a majoração do subsídio dos primeiros, teria violado o princípio da tripartição de poderes, pois teria substituído o legislador, a quem incumbe, após iniciativa do Executivo, criar a lei que disporá sobre vencimentos. Por fim, só uma nota pessoal: continuo achando muito justo que os "heróis" da Defensoria Pública capixaba tenham vencimentos melhores.

Como visto, não se pode negar que, em casos como o relatado acima, haja, em tese, ferimento ao princípio da igualdade. O que ocorre, por outro lado, é que há vedação à interferência do Poder Judiciário em assunto intrinsecamente legislativo, sob pena de se quebrar a harmonia e o equilíbrio entre os três poderes. Por isso a pretensão não pode ser analisada, já que equiparar os salários seria incumbência específica do Poder Executivo, por meio de proposta de lei aprovada pelo Legislativo. Caso o Judiciário fornecesse o aumento pleiteado, atravessaria todo o devido processo legal, em desrespeito às competências fixadas para os três poderes.

A última tentativa de se criar meios legais para que o Estado-juiz atue em situações que caracterizem omissão do poder legislativo (que pode decorrer da ausência de iniciativa do poder executivo) se deu com a instituição do *mandado de injunção* (art. 5º, LXXI da CF/88), que redundou em grandes controvérsias relacionadas aos princípios republicano e de separação dos poderes, bem como indefinição sobre os reais limites do instituto.[35]

CASO 3: as prerrogativas de prazo do Ministério Público, da Fazenda Pública e da Defensoria Pública. Os arts. 180 e 183 do CPC e o art. 5º, § 5º da Lei nº 1.060/1950

---

34. MS 100050001799, Rel. Des. Ronaldo Gonçalves de Sousa, Tribunal Pleno, DJ 28/07/2006.
35. Após muito debate e discussão, modernamente entende-se que o mandado de injunção é a demanda hábil para que se supra, no caso concreto, uma omissão legislativa, constituindo norma concreta de conduta ao(s) impetrante(s) até que seja exercida a competência legislativa, segundo seu regular trâmite. Vide, nesse sentido, MI 689, Rel. Min. Eros Grau, Tribunal Pleno, DJ 18/08/06.

deferem ao Ministério Público, à Fazenda Pública e à Defensoria Pública um acréscimo nos prazos para a prática de atos processuais, da seguinte forma:

> Art. 180. O Ministério Público gozará de prazo em dobro para manifestar-se nos autos, que terá início a partir de sua intimação pessoal, nos termos do art. 183, § 1º.
>
> Art. 183. A União, os Estados, o Distrito Federal, os Municípios e suas respectivas autarquias e fundações de direito público gozarão de prazo em dobro para todas as suas manifestações processuais, cuja contagem terá início a partir da intimação pessoal.
>
> Art. 5º. *Omissis.*
>
> § 5º. Nos Estados onde a Assistência Judiciária seja organizada e por eles mantida, o Defensor Público, ou quem exerça cargo equivalente, será intimado pessoalmente de todos os atos do processo, em ambas as instâncias, *contando-se-lhes em dobro todos os prazos.*

É natural que se questione a validade dessa diferenciação legal, à luz do princípio da isonomia ou igualdade material. Nesse sentido, Nelson Nery Júnior, ao tratar especificamente do art. 188 do CPC/73 (atualmente art. 180 do CPC/15), afirma que:

> Poderia parecer à primeira vista que as prerrogativas processuais concedidas, por exemplo, à Fazenda Pública e ao Ministério Público (prazo em dobro para recorrer e em quádruplo para responder – art. 188, do CPC) infringiriam o princípio constitucional da igualdade. Entretanto, o que o princípio constitucional da igualdade quer significar é a proteção da igualdade substancial, e não a isonomia meramente formal.[36]

No caso em tela, a diferenciação que ambas as normas implementam apresenta um fundamento lógico e razoável, visto que todos os entes acima listados, que são favorecidos com a prerrogativa de prazos processuais, exercem importantíssima função pública, e, invariavelmente, não possuem quadros de pessoal que atendam à demanda de serviço. A dilação dos prazos é uma forma de tratar os desiguais como tais, fornecendo-lhes meios de participar da dialética processual em condições de paridade.

No entanto, deve-se controlar a verdadeira comichão que o Estado possui em instituir para si, até mesmo por medida provisória (o que restou vedado a partir da EC 32/01), prerrogativas processuais. O ferimento à razoabilidade e à proporcionalidade dessas "vantagens" e "privilégios" claramente gera a quebra da isonomia material.

Por fim, importante referenciar o entendimento do STJ exposto no Informativo 523, segundo o qual "Não incide o art. 188 do CPC/73 (art. 180 do CPC/15) — que confere prazo em dobro para recorrer à Fazenda Pública ou ao Ministério Público — na hipótese de o recurso interposto ser o incidente de suspensão de liminar previsto no art. 4º, § 3º, da Lei 8.437/1992".

CASO 4: a remessa necessária. Prevista no art. 496 do Código de Processo civil, a remessa necessária é mais uma das prerrogativas processuais concedidas pela lei à Fazenda Pública.

---

36. NERY JR., Nelson. *Princípios do processo civil na Constituição Federal.* 5 ed. São Paulo: RT, 1999, p. 44.

Como se nota pela leitura do art. 496, a remessa necessária ou *ex officio* é a reapreciação obrigatória da sentença, pelo Tribunal, quando a Fazenda Pública é derrotada em primeiro grau de jurisdição. Ou seja, mesmo que o Poder Público (administração direta e órgãos da administração indireta indicados na lei – autarquias e fundações públicas) não se insurja contra o conteúdo decisório desfavorável de uma sentença, em regra o processo deverá ser remetido para a segunda instância, que está obrigada a reanalisar a decisão proferida.

Na jurisprudência do Supremo Tribunal Federal não se discute a constitucionalidade da remessa necessária, que não fere o princípio da igualdade, podendo-se utilizar como argumentos os mesmos que foram enumerados no tópico anterior, quando se falou nas prerrogativas de prazo.

É na jurisprudência do Superior Tribunal de Justiça que se encontra um entendimento relacionado à remessa necessária que pode ser tido como inconstitucional, por ferir o princípio da isonomia:[37] o de que, ao analisar a remessa, o Tribunal não pode agravar a condenação imposta à Fazenda Pública (Súmula 45).

Ao se pronunciar dessa maneira, o Superior Tribunal de Justiça igualou a remessa necessária ao recurso de apelação e criou, portanto, uma dupla facilidade para a Fazenda, que não pode ver sua situação piorada, por um meio ou outro, e, ainda por cima, tem dupla chance de obter sucesso em 2° grau, seja por meio do recurso, caso o interponha, seja por meio da remessa *ex officio*.

Embora seja possível aventar a inconstitucionalidade referida, por ferimento ao princípio da isonomia, a súmula 45 tem sido aplicada com vigor, o que demonstra que a pecha de invalidade não extravasou os limites da doutrina.

2.4. Princípio do contraditório e ampla defesa (art. 5°, LV)

O princípio da ampla defesa e contraditório está intimamente ligado à concepção de processo, visto que faz parte da dialética que o processo desenvolve permitir e garantir a participação dos sujeitos que ali se relacionam.

É essa participação que legitima os resultados do processo, principalmente os adversos, visto que conferir o poder à pessoa – física, jurídica ou sem personalidade – para que discuta a titularidade de um bem jurídico, por meio da produção de alegações, provas e pela interposição de recursos, é uma clara concretização do princípio do devido processo legal, que garante que bens ou liberdade não podem ser perdidos sem procedimento que valide essa consequência negativa. Aquele que é derrotado sentir-se-á menos mal caso tenha tido a oportunidade de se defender, apresentando suas alegações e provas, bem como se tiver lido, na decisão judicial, uma análise de suas afirmações.

---

37. Esse é o entendimento de NERY JR., Nelson. *Princípios do processo civil na Constituição Federal*. 5 ed. São Paulo: RT, 1999, p. 63.

O princípio do contraditório, como afirma Dinamarco,[38] tem dupla destinação: (i) engloba o direito que as partes têm de participar das discussões que têm lugar no curso do procedimento (sejam elas sobre questões de forma, sejam sobre questões de direito material), bem como o (ii) dever do magistrado de garantir essa participação.

A Constituição o institui no art. 5º, LV, nos seguintes termos:

> Art. 5º. *omissis*.
>
> LV – aos litigantes, em processo judicial ou administrativo, e aos acusados em geral são assegurados o contraditório e ampla defesa, com os meios e recursos a ela inerentes.

Qual o conteúdo jurídico do princípio da ampla defesa e contraditório? Em outras palavras, que garantias aos litigantes, em processo jurisdicional e administrativo, são englobadas sob a denominação de *contraditório e ampla defesa*?

> Por contraditório deve entender-se, de um lado, a necessidade de dar-se conhecimento da existência da ação e de todos os atos do processo às partes, e, de outro, a possibilidade de as partes reagirem aos atos que lhes sejam desfavoráveis.[39]

O contraditório incide de formas diversas no processo civil e no processo penal, visto que o primeiro gera, em regra, sanções patrimoniais, ao passo que o segundo atua sanções à liberdade.

No processo civil, o contraditório não tem a mesma amplitude que no processo penal, pois é suficiente que se oportunize, ou seja, que se dê a oportunidade de participação na discussão das questões que surgem no curso do procedimento, ao passo que, no processo penal, apresenta uma maior rigidez.

Exemplo da rigidez que o princípio do contraditório assume no processo penal e que não é vista no processo civil tem-se nas situações em que se considera o réu indefeso, pelo fato de sua defesa ter sido feita de forma tecnicamente ruim ou mesmo incompleta.

Nesses casos, de acordo com o art. 497 do CPP, deve-se nomear outro defensor.[40] Esse cuidado maior com a devida participação do acusado, no processo penal, deve-se à intensidade do gravame que poderá ser-lhe imputado, que em regra é a perda da liberdade, bem como a mancha social de "criminoso", que dificilmente se apaga, para o resto da vida. O contraditório, como instrumento que é, precisa se adaptar às diversas situações em que incide.

---

38. DINAMARCO, Cândido Rangel. *Instituições de direito processual civil*. v. I. 5 ed. São Paulo: Malheiros, 2005, p. 234.
39. NERY JR., Nelson. *Princípios do processo civil na Constituição Federal*. 5 ed. São Paulo: RT, 1999, p. 129.
40. Nesse sentido a jurisprudência pacífica do STJ: "A desídia do Defensor, a acarretar a perda do prazo recursal, é hipótese de nulidade absoluta por cerceamento de defesa, tratando-se de matéria de ordem pública". (HC 37.368/PR, Rel. Ministro Paulo Medina, Sexta Turma, julgado em 19/05/05, DJ 12/09/05, p. 374); HC 5.193/CE, Rel. Ministro José Arnaldo da Fonseca, Quinta Turma, julgado em 19/12/96, DJ 10/03/97, p. 5979; HC 2.212/RS, Rel. Ministro José Cândido de Carvalho Filho, Sexta Turma, julgado em 08/02/94, DJ 14/03/94, p. 4534.

Por sua importância na estrutura do processo e na legitimação do produto do exercício da função jurisdicional, o princípio do contraditório é invocado em múltiplas situações na prática forense, que se passa a apreciar.

CASO 1: exclusão de associado de sociedade civil sem fins lucrativos que exerce atividade de caráter público. O caso em tela merece atenção pelo fato de demonstrar que a garantia do contraditório não se restringe, tão somente, ao processo judicial e ao processo administrativo realizado por entes da administração direta e indireta (autarquias, empresas públicas, fundações públicas). Entidades civis, mas que exercem função de caráter e interesse público, como a União Brasileira de Compositores, que é a sociedade civil cujo conflito foi analisado pelo STF, também devem respeitar o princípio do contraditório.

Ao deliberarem sobre a exclusão de sócio de seus quadros, devem garantir a sua participação no procedimento de afastamento, sob pena de ferimento à regra constitucional do art. 5°, LV. Assim determinou o Supremo Tribunal Federal, no seguinte julgado:

> A União Brasileira de Compositores – UBC –, sociedade civil sem fins lucrativos, integra a estrutura do ECAD e, portanto, assume posição privilegiada para determinar a extensão do gozo e fruição dos direitos autorais de seus associados. A exclusão de sócio do quadro social da UBC, sem qualquer garantia de ampla defesa, do contraditório, ou do devido processo constitucional, onera consideravelmente o recorrido, o qual fica impossibilitado de perceber os direitos autorais relativos à execução de suas obras. A vedação das garantias constitucionais do devido processo legal acaba por restringir a própria liberdade de exercício profissional do sócio. O caráter público da atividade exercida pela sociedade e a dependência do vínculo associativo para o exercício profissional de seus sócios legitimam, no caso concreto, a aplicação direta dos direitos fundamentais concernentes ao devido processo legal, ao contraditório e à ampla defesa (art. 5°, LIV e LV, CF/88).[41]

CASO 2: ausência de intimação para a prática de ato processual. É um dos motivos mais comuns de desrespeito ao princípio do contraditório. Pense no seguinte exemplo:

Leda ajuíza demanda em face de Ana e a última, após ser citada, não comparece aos autos apresentando contestação. Por força da regra contida no art. 346 do CPC, a ré não mais é intimada para os atos subsequentes do processo. Entretanto, após a realização da última audiência, a demandada ingressa no processo, por meio de seu advogado, que apresenta petição acompanhada de procuração, demonstrando que, a partir daquele momento, está ativa no contraditório, como lhe permite o parágrafo único do art. 346 do CPC.

Não obstante esse fato, o juízo não intima a ré da sentença que é prolatada, cujo resultado lhe é desfavorável, o que faz com que perca o prazo para o recurso de apelação. No caso em tela, como se percebe, a ausência da intimação a que tinha direito

41. RE 201.819, Rel. Min. Gilmar Mendes, DJ 27/10/06.

impediu que participasse do processo, decidindo se recorreria ou não da decisão desfavorável, o que caracteriza ferimento ao princípio do contraditório.

A falta de intimação (i) para participar de uma audiência;[42] (ii) para apresentar quesitos para a perícia; (iii) para que a parte se manifeste sobre documento novo apresentado pela parte contrária; (iv) para que o Ministério Público apresente seu parecer, quando funcione no processo como *custos legis*[43] são omissões que podem levar ao ferimento do princípio do contraditório.

Deve-se ressaltar, contudo, que a ausência de intimação para a prática de um ato processual somente conduz à nulidade, por ferimento ao princípio do contraditório, caso do erro decorra um prejuízo para aquele que se beneficiaria diretamente do correto emprego da forma.[44] Como regra, só há nulidade processual se forem conjugados os elementos (i) erro de forma e (ii) prejuízo.

Dessa forma, se o réu não for intimado para a audiência de instrução e julgamento, mas o julgador, ao melhor analisar o processo, decidir que as provas documentais são suficientes, indeferindo as demais, não há nenhum prejuízo pelo fato de não ter participado de audiência que nada inovou. Se o Ministério Público não emitiu seu parecer, mas o sujeito, cuja presença na relação processual demandava a atividade do *parquet*, foi vitorioso, não há prejuízo que justifique a anulação do processo, por violação ao contraditório, como determina o parágrafo segundo do art. 282 do CPC.

CASO 3: a antecipação de tutela *inaudita altera parte*. "Antecipação de tutela" é a locução que sintetiza a expressão *antecipação dos efeitos práticos da tutela jurisdicional*.

O processo necessita de certo tempo até ser concluído, entregando aos jurisdicionados seu produto final, que é o direito material satisfeito. Em algumas situações, todavia, quem requereu ao Estado-juiz uma determinada proteção não pode esperar esse tempo, sob pena de que o direito subjetivo que alega ter se extinga ou não mais possa ser exercido. Nesses casos, o tempo é um inimigo seríssimo à utilidade da atividade jurisdicional.

Para garantir o acesso efetivo à justiça, nas hipóteses em que haja urgência na satisfação do direito material cuja proteção se requer ao Estado- juiz, existe a técnica da antecipação dos efeitos práticos da tutela jurisdicional ou, simplesmente, ante-

42. No presente processo, os recorrentes ficaram impedidos de produzir prova em audiência e de inquirir a testemunha arrolada, porque não foram intimados para esse ato processual essencial para a apuração da verdade. O dano sofrido é inquestionável, pois o pedido deduzido pela recorrida foi julgado procedente. (RE 260.776, Rel. Min. Ellen Gracie, DJ 16/09/05).

43. O Ministério Público pode exercer duas funções básicas no processo civil: *(i)* pode ser parte, autor ou réu; *(ii)* pode atuar como fiscal da lei, situação em que age como sujeito imparcial do processo, dando seu parecer sobre a demanda, sempre na defesa do interesse público ou em outras situações em que a lei determina que participe do processo nessa condição (ex.: demandas relacionadas ao direito de família). Vide, em especial, arts. 81 e 82 do CPC.

44. Essa premissa essencial do moderno direito processual civil é defendida há muito tempo, com a devida amplitude, por José Roberto dos Santos Bedaque. Vide, do autor, BEDAQUE, José Roberto dos Santos. *Efetividade do processo e técnica processual*. São Paulo: Malheiros, 2006, p. 428 e ss.

cipação de tutela. Mediante a análise judicial da (i) *plausibilidade do direito alegado* e da (ii) *urgência na sua satisfação (periculum in mora)*, pode o magistrado antecipar algum efeito prático da proteção que somente será deferida, de forma estável, na sentença, garantindo, assim, a utilidade da medida.

Imagine, como exemplo, a situação do sujeito que requer, em antecipação de tutela, que seu nome seja retirado dos órgãos de proteção ao crédito (SPC, Serasa etc.), a fim de que possa ter sua ficha limpa no comércio, visto que necessita de crédito para exercer sua função de comerciante. O pedido antecipatório foi deduzido em demanda na qual o autor requer, de forma definitiva, a declaração de inexistência de um débito (ou seja, o reconhecimento judicial de que não é devedor).

Perceba que o pedido formulado em face do réu foi declaratório de inexistência de um débito, mas um dos efeitos da procedência desse pedido é justamente retirar o nome do demandante dos cadastros de inadimplentes, visto que a inscrição tinha se dado por conta da dívida insubsistente. Como a declaração de inexistência do débito deverá ser precedida de instrução probatória, que pode demorar seis meses, um ou dois anos, e o autor necessita de seu nome limpo no mercado desde logo, pode requerer que um dos efeitos do pedido feito, que é a retirada da inscrição no SPC e no Serasa, seja antecipado.

Por vezes, a urgência do autor é tamanha que é inviável esperar que o réu seja integrado ao processo, por meio da citação, e se manifeste, pela contestação. Para que a medida seja útil, deve ser deferida e implementada desde logo, *inaudita altera parte* (sem a oitiva da parte contrária). Um caso muito frequente é o de segurados de plano de saúde, que, necessitando de uma intervenção cirúrgica séria, recebem da seguradora a notícia de que esta não arcará com os custos da operação. Definida a situação segue a pergunta: as medidas antecipatórias de tutela *inaudita altera parte* (deferidas antes de o réu poder se defender) ferem o princípio da ampla defesa e contraditório?

Não, pois o contraditório, nessas situações, não é desconsiderado ou ignorado, mas simplesmente postergado, ou seja, primeiro decreta-se a medida antecipatória e depois permite-se que o réu a discuta, seja por meio da contestação, seja pela via recursal.

Essa solução compatibiliza os princípios do acesso à justiça e do contraditório, dando mais ênfase ao primeiro, em relação ao segundo, com base no princípio da proporcionalidade, visto que a implementação do direito de defesa poderia tornar inútil qualquer solução advinda do processo. "Segundo o princípio da proporcionalidade, também denominado de 'lei da ponderação', na interpretação de determinada norma jurídica, constitucional ou infraconstitucional, devem ser sopesados os interesses e direitos em jogo, de modo a dar-se a solução concreta mais justa".[45]

---

45. NERY JÚNIOR, Nelson. *Princípios do processo civil na Constituição Federal*. 5 ed. São Paulo: RT, 1999, p. 154.

Os critérios que o magistrado precisa levar em conta, para o fim de dar rendimento ao princípio do acesso à justiça e postergar a incidência do contraditório, nas situações de antecipação da tutela *inaudita altera parte*, são a plausibilidade do direito que se quer proteger e a urgência da medida pleiteada.

CASO 4: exoneração *ad nutum* de servidor efetivo em estágio probatório. A exoneração sem a necessidade de justificativa ou fundamentação (*ad nutum*) não é regra no serviço público, sendo cabível nos cargos em comissão, cujo exercício é precário, sendo função transitória, cuja admissão é discricionariedade do Poder Público.[46]

Por isso mesmo, não deve ser a modalidade empregada na situação de exoneração de ocupante de cargo efetivo, aprovado em concurso público, mesmo que esteja em estágio probatório, visto que nessa situação não se está diante de exceção, como a do cargo em comissão, que permite o afastamento da regra.

Proceder de tal forma acarretará violação ao princípio do devido processo legal e, em especial, ao princípio da ampla defesa e contraditório, visto que será retirado um direito do sujeito sem que possa, previamente, interferir na realização do ato, apresentando suas razões e defesas. Nesse sentido já definiu o STF:

> O servidor público ocupante de cargo efetivo, ainda que em estágio probatório, não pode ser exonerado *ad nutum*, com base em decreto que declara a desnecessidade do cargo, sob pena de ofensa à garantia do devido processo legal, do contraditório e da ampla defesa. Incidência da Súmula 21 do STF (RE 378.041, Rel. Min. Carlos Britto, DJ 11/02/05).

CASO 5: o indeferimento de prova requerida pelas partes ou pelo Ministério Público. O art. 370 do CPC confere ao juiz amplos poderes para instruir o processo, ou seja, para preparar a causa para seu final julgamento. A instrução do processo se adapta à sua finalidade, ou seja, se o seu objetivo for produzir uma norma concreta (procedimento de conhecimento), a instrução primordialmente dirá respeito à produção de provas; se o objeto for o cumprimento de obrigação (procedimento executivo), serão atos instrutórios todos aqueles que antecedem o adimplemento do dever, como a penhora.

Percebe-se que a instrução é o caminho ou meio que o magistrado possui para exercer a atividade jurisdicional. Por isso é que deve ter sobre ela – instrução – amplo domínio, desde que respeite o devido processo legal. Com base nessa premissa é que se deve analisar se o magistrado, ao indeferir prova que considera desnecessária, viola ou não o princípio da ampla defesa e contraditório. A princípio a resposta é negativa.

O julgador, ao apreciar as diversas demandas que lhe são apresentadas, é o responsável por atuar os diversos princípios constitucionais do processo, ponderando,

46. Os ocupantes de cargos comissionados ou de funções gratificadas, em razão da instabilidade do vínculo e da precariedade da admissão, podem ser demitidos *ad nutum*. Desta forma, estes ocupantes não possuem direito adquirido de permanecer no cargo, bem como não há como considerar que suas investiduras constituíram ato jurídico perfeito. Precedentes (ROMS nº 14.220/TO e 3.699/RJ) (RMS 14.520/RS, Rel. Ministro Jorge Scartezzini, Quinta Turma, DJ 13/10/03).

no caso concreto, quais devem ser reforçados, em face de outros. Desse modo, ao indeferir a produção de uma prova, por considerá-la inútil ao deslinde do processo, o magistrado concentra o enfoque de sua atuação no princípio de acesso à justiça e afasta a incidência do contraditório, que não é ferido, pois o direito de participar da discussão da causa possui função instrumental e não é ilimitado. Se assim fosse, os processos não teriam fim, desrespeitando outros princípios, como o do acesso à justiça, o princípio da duração razoável do processo, etc.

Com base nessa premissa, o Supremo Tribunal Federal assentou que:

(...) é pacífica a jurisprudência deste Tribunal de que o indeferimento de diligência probatória tida por desnecessária não ofende o art. 5º, LV, da Constituição (AI 144.548-AgR, 06/09/1994, 1ª T, Pertence; AI 382.214-AgR, 29/10/2002, 2ª T, Celso) (AI 559.958, Rel. Min. Sepúlveda Pertence, DJ 30/09/05).

> A garantia constitucional da ampla defesa tem, por força direta da Constituição, um conteúdo mínimo, que independe da interpretação da lei ordinária que a discipline (RE 255.397, 1ª T., Pertence, DJ 07/05/04). (...) Não há afronta à garantia da ampla defesa no indeferimento de prova desnecessária ou irrelevante (RE 345.580, Rel. Min. Sepúlveda Pertence, DJ 10/09/04).

Deve-se ter, entretanto, o cuidado de verificar, na situação concreta, se a desnecessidade da prova não partiu de um juízo equivocado do juiz, ou seja, se a sua premissa fática, de que a prova não seria útil para a verificação das afirmações feitas, não é inverídica. Isso se dá, com frequência, quando se dispensa a prova pericial, com fundamento em sua desnecessidade, nas situações em que tal prova seria vital para o conhecimento de questão de fato nuclear no processo. Caso se verifique que a prova dispensada é importante para o processo, configurado está o ferimento à ampla defesa e contraditório, existindo duas opções para o órgão recursal: (i) anular a decisão posterior ao indeferimento da prova, por estar contaminada com a nulidade; (ii) mandar produzir a prova e complementar o julgamento, o que é possível fazer em sede de apelação, como prevê o art. 932 do CPC.

CASO 6: revelia e julgamento antecipado da lide. Revelia significa *ausência de contestação*, ou seja, a falta de apresentação de defesa por parte do réu, embora tenha tido oportunidade para tanto.

Quando a falta de contestação (revelia) ocorre em processo no qual o réu defende uma situação jurídica de direito material patrimonial e disponível, o Código de Processo Civil penaliza o contumaz (omisso) com uma sanção: considera verídicas as alegações do autor, o que é o principal *efeito da revelia*.

A ausência de contestação acarreta a pena de *presunção de veracidade das alegações do autor* (art. 345 do CPC), que pode ser encarada como uma confissão tácita do réu de que os fatos afirmados pelo demandante são corretos. Frente a essa *confissão ficta*, o art. 355, II do CPC autoriza que o magistrado encurte o procedimento e julgue, desde logo, a causa, declarando a procedência do(s) pedido(s) do autor, caso entenda que esse elemento fictício é suficiente para validar as afirmações fáticas autorais.

A técnica de julgamento mencionada, por meio da qual se aprecia(m) a(s) pretensão(sões) do(s) autor(es) em momento procedimental anterior ao que seria o normal, chama-se *julgamento antecipado do mérito*, que pode ter lugar em três hipóteses: (i) quando o magistrado entender que as provas documentais, juntadas pelo autor e réu na petição inicial e contestação, já são suficientes para a análise das matérias de fato, sendo inútil o prolongamento do procedimento para a produção de depoimentos, testemunhos e perícias; (ii) quando as controvérsias do processo giram em torno de questões jurídicas (de aplicação do direito ou de interpretação da norma), não havendo discussão sobre questões fáticas; (iii) quando houver revelia e seu principal efeito.

Feita essa breve explanação, seguem os questionamentos: (i) a sanção de presunção de veracidade das alegações feitas pelo autor (efeito da revelia), no caso de ausência de contestação, fere o princípio do contraditório?; (ii) e o julgamento antecipado do mérito, em qualquer dos casos em que é admitido, também viola esse princípio?

O entendimento pacífico é de que não. Se a situação concreta comportar, o efeito da revelia deve ser declarado e pode gerar como consequência o julgamento antecipado da demanda, que também pode ter lugar nas outras hipóteses legais, acima vistas. No processo civil, para que o contraditório seja respeitado, basta que se dê efetiva *oportunidade* aos litigantes para que se façam ouvir no curso do procedimento. Se tiver a oportunidade e não se manifestar, deve ser penalizado com a confissão ficta, caso esteja em discussão situação jurídica patrimonial disponível.

Caso haja elementos suficientes nos autos para fundamentar o convencimento do magistrado, deve ele julgar antecipadamente o mérito.

CASO 7: súmula 358 do STJ: "O cancelamento de pensão alimentícia de filho que atingiu a maioridade está sujeito à decisão judicial, mediante **contraditório**, ainda que nos próprios autos".

Com a maioridade cessa o poder familiar, mas não termina, automaticamente, o dever de prestar alimentos. A exoneração da pensão alimentar depende de requerimento dirigido ao juiz, a partir do qual seja dada ao alimentando (aquele que recebe os alimentos) a <u>oportunidade de se manifestar</u>, comprovando, se for o caso, a impossibilidade de prover a própria subsistência.

Diante do pedido exoneratório do alimentante (quem paga os alimentos), deve ser estabelecido amplo contraditório.

CASO 8: a análise *ex officio* (de ofício) das questões de ordem pública. O desenvolvimento do procedimento faz com que surjam questões a serem analisadas pelo juiz. Questões são alegações relevantes para o processo, tanto referentes às formalidades processuais quanto ao direito material, sobre as quais as partes ou o próprio juiz levantam dúvidas.

Se o autor afirma que o réu não lhe pagou um débito e o réu afirma que pagou, estamos diante de uma *questão de direito material*; se o autor ou o réu afirmam que o juiz é suspeito (parcial) e este último nega a suspeição, estamos diante de uma *questão de direito processual.*

Questões de ordem pública são aquelas alegações sobre as quais o juiz pode controverter e analisar mesmo que a parte interessada se mantenha inerte e nada comente (fala-se, então, em análise de ofício ou *ex officio* – nunca se esqueça dessa terminologia). Em regra, são de ordem pública as questões processuais, referentes às formalidades do processo e dos atos processuais.

A título de exemplo, alegações referentes ao plano da validade de uma sentença se referem a formalidades de um ato do processo. Logo, se surgir dúvida sobre se uma sentença é válida ou não, estar-se-á diante de uma *questão de ordem pública.* O Poder Judiciário pode, ao julgar um recurso interposto contra a sentença (apelação) anulá-la por falta de fundamentação (erro no plano da validade) mesmo que a parte interessada (recorrente) tenha deixado de alegar esse vício.

Todavia, nos termos dos arts. 9º, 10 e 933 do CPC, que são regras que concretizam o princípio da ampla defesa e contraditório, antes de o magistrado apreciar uma questão de ordem pública de ofício (ou seja, sem que nenhuma das partes o tenha provocado), é essencial que garanta às partes a oportunidade de se manifestarem sobre a questão.

Pela importância do tema, transcrevo a íntegra dos artigos de lei acima listados:

> Art. 9º Não se proferirá decisão contra uma das partes sem que ela seja previamente ouvida.
>
> Art. 10. O juiz não pode decidir, em grau algum de jurisdição, com base em fundamento a respeito do qual não se tenha dado às partes oportunidade de se manifestar, ainda que se trate de matéria sobre a qual deva decidir de ofício.
>
> Art. 933. Se o relator constatar a ocorrência de fato superveniente à decisão recorrida ou a existência de questão apreciável de ofício ainda não examinada que devam ser considerados no julgamento do recurso, intimará as partes para que se manifestem no prazo de 5 (cinco) dias.

Ao longo da história anterior do processo civil brasileiro, tal necessidade não existia. Estamos diante, portanto, de uma inovação do CPC/15. Digo para você, com base na minha experiência como advogado e, principalmente, no Poder Judiciário: quantas decisões erradas no passado teriam sido evitadas se já se previsse esse dever do juiz, em respeito à ampla defesa e contraditório.

2.5. Princípio do juiz natural (art. 5º, XXXVII e LIII)

O princípio do juiz natural comporta três especiais proteções, que são conferidas pelo ordenamento jurídico aos jurisdicionados, para o fim de garantir-lhes isonomia, bem como maior qualidade na prestação da tutela jurisdicional:

a) a vedação à instituição de tribunais de exceção (art. 5º, XXXVII da CF/88);

b) a garantia de processamento e julgamento por órgão jurisdicional cuja competência decorra de regras contidas na Constituição Federal (art. 5º, LIII da CF/88);[47]

c) a garantia de imparcialidade do julgador, que não deve ser impedido (art. 144 do CPC) ou suspeito (art. 145).

Afirma Pontes de Miranda que *tribunal de exceção* é aquele instituído exclusivamente para o julgamento de determinado caso.[48] Um exemplo que bem ilustra essa figura é o da corte que foi instituída para julgar os crimes de guerra cometidos pelos nazistas no curso da 2ª Guerra Mundial.

Trata-se do Tribunal de Nuremberg, que em 1946 condenou à pena de morte e a penas privativas de liberdade duradouras diversos líderes da cúpula nazista, como Herman Goering, bem como médicos alemães que desenvolveram cruéis experimentos com seres humanos durante o conflito.

Embora tenha havido algumas contestações pelo fato de que o Tribunal de Nuremberg fora criado pelas nações vitoriosas especialmente para o julgamento dos crimes dos nazistas, a barbaridade que tinham causado era tamanha que suplantou qualquer espécie de reclamo por conta de sua ilegitimidade.

No direito brasileiro, os tribunais de exceção, ou *ad hoc*,[49] já foram expressamente permitidos pela Constituição ditatorial de 1937, que instituiu o chamado "Estado Novo" de Getúlio Vargas, que representa o período – de 1937 a 1945 – em que Vargas governou o Brasil de forma autoritária e ditatorial.

Se o Tribunal de Nuremberg se legitimou pela gravíssima situação social que o precedeu e lhe deu causa, o mesmo não podia se dar no Brasil, onde a permissão constitucional de instituição de órgãos jurisdicionais para o processamento e julgamento de casos específicos era mais uma das medidas de terror imposta pelo Estado totalitário.

Os órgãos jurisdicionais devem ser criados previamente ao conflito, com base em critérios impessoais e abstratos.[50] Além disso, os magistrados que funcionam nesses órgãos jurisdicionais, analisando as demandas que foram a ele remetidas, também devem ter sido designados para ali exercer sua função com base em critérios prévios, abstratos e impessoais, previstos nos diplomas legais de organização judiciária.

---

47. É a lição de BEDAQUE, José Roberto dos Santos. *Efetividade do processo e técnica processual*. São Paulo: Malheiros, 2006, p. 489.
48. PONTES DE MIRANDA, Francisco Cavalcanti. *Comentários à Constituição da República dos Estados Unidos do Brasil*. v. II. Rio de Janeiro: Forense, p. 238.
49. A expressão latina significa "para o caso", o que se adequa perfeitamente à ideia de um tribunal formado para o julgamento de determinado conflito. Vide XAVIER, Ronaldo Caldeira. *Latim no direito*. 5 ed. Rio de Janeiro: Forense, 2005, p. 134.
50. Assim ensina DIDIER JR., Fredie. *Curso de direito processual civil*. v. 1. 6 ed. Salvador: JusPodivm, 2006, p. 95.

Embora seja preferível que o órgão jurisdicional seja instituído previamente à existência do conflito, como forma de respeito ao princípio do juiz natural, a instituição posterior, por si só, não gera ferimento ao princípio, desde que se respeite a abstração e a impessoalidade acima referidas.

A segunda faceta do princípio do juiz natural relaciona-se à garantia de julgamento por juiz constitucionalmente competente.

A Carta Magna Federal, no capítulo III do Título IV, delimita a competência, ou seja, a parcela de jurisdição que cada um dos órgãos da Justiça Brasileira deve exercer. São especificadas as competências do:

a) Supremo Tribunal Federal – STF;
b) Superior Tribunal de Justiça – STJ;
c) Tribunais Regionais Federais – TRFs;
d) Justiça Federal de 1ª instância;
e) Tribunal Superior do Trabalho – TST;
f) Tribunais Regionais do Trabalho – TRTs;
g) Justiça do Trabalho de 1ª instância;
h) Tribunal Superior Eleitoral – TSE;
i) Tribunais Regionais Eleitorais – TREs;
j) Justiça Eleitoral de 1ª instância;
l) Superior Tribunal Militar – STM;
m) Tribunais e Juízes Militares;
n) Justiça Estadual.

A Constituição Federal traça as competências de todos os ramos da Justiça nacional, inclusive da Justiça Estadual, cujas atribuições são residuais, ou seja, a ela compete dirimir todas as situações jurídicas não atribuídas aos demais órgãos.

Ao discriminar essas competências, a Carta Magna emprega duas técnicas diferentes, que acarretam diferenças práticas sensíveis. São elas:

a) para alguns órgãos do Poder Judiciário, como o Supremo Tribunal Federal e o Superior Tribunal de Justiça, as causas de sua competência são pormenorizadamente descritas, como se pode observar pela leitura dos arts. 102 e 105 da CF/88;

b) já em relação a outros órgãos jurisdicionais, como os Tribunais Regionais do Trabalho e os Tribunais Regionais Eleitorais, simplesmente define-se a espécie de relação de direito material que deve ser por eles tutelada, sem maiores especificações, que devem ser definidas em lei infraconstitucional. Ex.: na Justiça do Trabalho devem ser ajuizadas demandas relacionadas à relação jurídica de trabalho, embora a Constituição não determine de forma minuciosa qual dos seus órgãos deve processar e julgar os casos específicos que surgirem relacionados a esse especial vínculo jurídico.

O efeito prático dessa diferenciação é que um vício de incompetência pode significar a violação de norma constitucional, caso a regra de competência desrespeitada tenha assento na Carta Magna. Ex.: se a Justiça Estadual julgar demanda afeta à Justiça Federal; se o STF analisar processo de competência do STJ, etc.

Em outros casos, a incompetência pode dizer respeito, tão somente, à inobservância de regra infraconstitucional. Ex.: uma demanda deveria ser julgada, na capital de um estado da federação, pela Vara de Fazenda Pública, e foi julgada pela Vara Cível.

Se a norma de competência violada tiver matriz constitucional, é certo que o vício poderá ser discutido em sede de recurso extraordinário, em face do permissivo do art. 102, III, "a" da CF.

Uma vez definido o conteúdo do princípio do juiz natural, passa-se ao estudo de algumas situações práticas em que se deve discutir se ele é respeitado ou violado.

CASO 1: a substituição de magistrados. No cotidiano forense, existem algumas situações em que o julgador originariamente determinado para apreciar a demanda ou o recurso necessita ser substituído, seja transitoriamente, seja definitivamente.

São exemplos disso: (i) a remoção de magistrado para outro órgão jurisdicional; (ii) a aposentadoria; (iii) a licença médica; (iv) o pedido de férias; (v) a suspeição e o impedimento; (vi) a morte.

Somente para exemplificar, imagine o seguinte caso: depois de proferida sentença, a parte sucumbente, por não se conformar com o resultado desfavorável, interpõe recurso de apelação, que é distribuído para o Desembargador Samuel Meira Brasil, do TJES. Posteriormente a essa distribuição, o referido julgador entra em férias, sendo substituído por juiz de direito durante o período de seu afastamento temporário. Pergunta-se: no caso em tela, há violação ao princípio do juiz natural caso o substituto julgue o recurso?

A resposta é negativa. Como afirmado, o princípio em tela visa a proteger a isonomia entre as partes, evitando-se julgamentos tendenciosos por meio da escolha "a dedo" de magistrado para julgar uma causa em especial. Nas situações de substituição do julgador, como a que foi descrita, as normas de organização judiciária preveem, com antecedência, critérios impessoais e abstratos para a sucessão de magistrados, seja ela temporária, seja definitiva. O substituto não terá poderes para atuar exclusivamente nos processos *x* e *y*, mas em todos aqueles distribuídos para o titular. Por conta disso, protegem-se as partes contra violações à igualdade, garantindo-se juiz isento.

Desse modo decidiu o Supremo Tribunal Federal, ao apreciar a substituição de magistrados de 2º grau na Justiça Paulista, em demanda de natureza penal:

> O princípio da naturalidade do Juízo, que traduz significativa conquista do processo penal liberal, essencialmente fundado em bases democráticas, atua como fator de limitação dos poderes persecutórios do Estado e representa importante garantia de imparcialidade dos juízes e tribunais. Nesse contexto, o mecanismo das substituições dos juízes traduz aspecto dos mais delicados nas relações entre o Estado, no exercício de sua atividade persecutória, e o indivíduo, na sua condição de imputado nos processos penais condenatórios. O Estado de São Paulo adotou um sistema de substituição em segunda instância que se ajusta, com plena fidelidade, ao modelo normativo previsto na Constituição Federal.[51]

CASO 2: a suspeição e o impedimento. Ressaltou-se acima que o princípio do juiz natural visa garantir que o julgamento seja imparcial. Para tanto, são criadas barreiras objetivas e subjetivas, cujo intuito é vedar que haja análise tendenciosa da demanda. As objetivas referem-se ao órgão jurisdicional e as subjetivas ao julgador.

A proibição do tribunal de exceção e as regras de competência podem ser vistas como proteções de ordem objetiva à imparcialidade. Já as regras de impedimento e de suspeição encerram critério subjetivo para a avaliação da parcialidade do magistrado, sendo mais graves as situações de impedimento (art. 144 do CPC) do que as de suspeição (art. 145 do CPC), o que se percebe pelo tratamento dado pelo Código de Processo Civil aos dois vícios: o de suspeição não pode dar ensejo à ação rescisória, mas, tão somente, o vício de impedimento, o que significa, *a princípio*, que o primeiro é nulidade que pode se convalidar.

O impedimento e a suspeição são fatos jurídicos processuais que inabilitam o magistrado a exercer a função jurisdicional em certo processo, por ser parcial. Como você bem se lembra, por ter lido o Capítulo 1 deste livro, a imparcialidade é um dos elementos que caracteriza a função jurisdicional.

As hipóteses de impedimento são aferíveis de forma mais objetiva (ex.: o juiz não pode atuar em processo no qual um dos advogados seja seu filho). As hipóteses de suspeição envolvem, em regra, situações em que maior subjetivismo está presente para sua identificação (ex.: o juiz é suspeito se for amigo de qualquer das partes ou advogados – o que significa ser amigo? Que tipo ou grau de amizade geraria a suspeição?). Haja impedimento ou suspeição, o importante é ressaltar que a constatação do vício acarreta ferimento ao princípio do juiz natural.

2.6. Princípio da publicidade (art. 5º, LX)

A publicidade dos atos processuais é uma realidade que remonta a tempos imemoriais, visto que desde a época romana sua incidência pode ser observada. Seu intuito, entretanto, em nada se assemelha com a moderna destinação do princípio constitucional em análise. No direito romano inicial, a ciência a terceiros dos atos processuais era uma necessidade processual, visto que todo o procedimento era oral,

51. HC 69.601, Rel. Min. Celso de Mello, DJ 18/12/92.

sendo positivo para o exercício da *jurisdição* que diversas pessoas testemunhassem o que era dito e afirmado.[52]

Nos dias de hoje, sua finalidade principal é permitir o controle dos atos judiciais pela opinião pública, democratizando, por meio da informação, o acesso à justiça.

Como ensina Roberto José Ferreira de Almada, "a garantia da publicidade, para o processo, cumpre exatamente o papel de revelar aos jurisdicionados, e ao povo em geral, a legitimidade dos atos estatais exercidos no âmbito jurisdicional"[53].

Vê-se que essa garantia permite à imprensa e à internet que socializem as decisões judiciais, o que garante controle mais eficiente contra eventuais abusos de autoridades judiciais.

A publicidade é uma garantia que, como todas as demais, não pode ser vista como preceito absoluto, devendo ceder espaço quando outros valores, também constitucionalmente previstos, estejam em jogo e possam ser por ela – publicidade – violados. O mais sensível deles é o direito constitucional à intimidade (art. 5º, X). Também deve-se considerar o afastamento da publicidade quando o interesse público o exigir, ou seja, nas hipóteses em que a garantia em baila possa obstaculizar o exercício da função jurisdicional. Nessas duas hipóteses emprega-se a regra interpretativa da proporcionalidade, sopesando-se quais princípios ou valores constitucionais merecem pairar sobre os demais, no caso concreto.

O art. 5º, LX da CF/88 faz expressa ressalva ao dever de publicidade, ao estatuir que "a lei só poderá restringir a publicidade quando a defesa da intimidade ou o interesse social o permitirem". Na mesma linha, o art. 189 do CPC disciplina os casos em que se pode vedar a publicidade dos atos processuais:

> Art. 189. Os atos processuais são públicos, todavia tramitam em segredo de justiça os processos:
>
> I – em que o exija o interesse público ou social;
>
> II – que versem sobre casamento, separação de corpos, divórcio, separação, união estável, filiação, alimentos e guarda de crianças e adolescentes;
>
> III – em que constem dados protegidos pelo direito constitucional à intimidade;
>
> IV – que versem sobre arbitragem, inclusive sobre cumprimento de carta arbitral, desde que a confidencialidade estipulada na arbitragem seja comprovada perante o juízo.

De qualquer modo, a decisão do magistrado de restringir a publicidade dos atos processuais deve ser fundamentada, como todo e qualquer pronunciamento seu que possua conteúdo decisório, sob pena de nulidade. Nas hipóteses acima, vê-se que o pronunciamento de fundamentação mais simples é aquele que decreta o "segredo de justiça" nas demandas descritas no inciso II do art. 189. Basta ao magistrado identifi-

52. ALMADA, Roberto José Ferreira de. *A garantia processual da publicidade*. São Paulo: RT, 2005, p. 36-38.
53. ALMADA, Roberto José Ferreira de. *A garantia processual da publicidade*. op. cit. p. 36-38.

car que a demanda, por exemplo, versa sobre união estável para, automaticamente, decretar o sigilo.

Coisa muito diferente ocorre se o "segredo de justiça" for fundado no inciso I do art. 189. Nessa hipótese, vê que se está diante de norma jurídica processual em cujo suporte fático abstrato se encontra um conceito jurídico indeterminado, qual seja, "interesse público ou social". Logo, para que o magistrado decrete o sigilo, precisará, em sua decisão, justificar por que entende estar presente um ou outro tipo de interesse (o público ou o social).

Por fim, decretado o segredo de justiça, tem-se que somente as partes e seus advogados terão o direito de consultar os autos do processo e de pedir certidões referentes a seus atos (ex.: uma certidão que ateste a interposição de um recurso no prazo legal).

2.7. Princípio da proteção à coisa julgada (art. 5º, XXXVI)

A proteção à coisa julgada está prevista no art. 5º, XXXVI da CF. A compreensão do conteúdo jurídico que se pode construir a partir da leitura do artigo da Constituição acima mencionado depende de se responder um questionamento: *o que é coisa julgada?*

A má notícia para você é que *coisa julgada* é um termo que pode apresentar vários significados, sendo sua incumbência identificar, em cada contexto, qual foi usado. A boa notícia é que ajudarei você!

A partir de agora, analisaremos dois importantes significados de coisa julgada que, depois, utilizaremos como base para a interpretação e significação do art. 5º, XXXVI da CF. Mãos à obra!

Primeiro significado: coisa julgada significa uma autoridade ou força que decisões judiciais que julguem, em definitivo, um pedido adquirem quando se tornam irrecorríveis. Essa força ou autoridade se trata da *imutabilidade do conteúdo decisório* do pronunciamento judicial que avaliou o pedido de forma definitiva.

Certo dia, Pedro ajuíza uma ação declaratória de paternidade em face de Rodrigo. O seu pedido? O reconhecimento de que o réu (Rodrigo) é seu pai. O processo se desdobrará (petição inicial, audiência de mediação ou conciliação, contestação, saneamento, audiência de instrução e julgamento) e chegará o momento em que o magistrado estará pronto para decidir, com base em um juízo de certeza, o pedido feito. Neste momento, ele proferirá uma sentença que, digamos, reconheça que Pedro é filho de Rodrigo.

Se Rodrigo não recorrer da sentença (ou se todos os recursos disponíveis foram utilizados), se terá igualmente uma decisão irrecorrível. Preste atenção: a decisão pode ser irrecorrível em três hipóteses: (i) a lei não previu qualquer recurso contra ela; (ii) a parte poderia ter utilizado um recurso, mas não o fez (isso fecha toda a possível cadeia recursal que poderia existir após o recurso não apresentado); (iii) todos os recursos cabíveis foram empregados.

Quando a decisão definitiva sobre o pedido se torna irrecorrível, ela ganha uma força ou autoridade chamada *coisa julgada*, que a faz imutável. O que isso significa: que o Poder Judiciário está proibido de rediscutir aquele pedido novamente; que é obrigatório acatar o comando que se tornou imutável.

Vamos, então, concluir que o primeiro significado de coisa julgada – que estudaremos nesta obra – é o de *imutabilidade* e *indiscutibilidade* da decisão judicial sobre o pedido, quando ela (a decisão) se tornar irrecorrível.

Segundo significado: por conta das raízes romanas de nosso direito civil e processual civil, até hoje (mesmo que não saibamos disso) o direito positivo nacional e a ciência jurídica ainda se utilizam de várias expressões e concepções que os romanos criaram há mais de mil anos.

Um desses conceitos é o de *coisa julgada* como a decisão judicial irrecorrível sobre um pedido. Perceba a sutileza da diferença, em relação ao que eu disse acima.

Coisa julgada, no primeiro significado estudado, é uma qualidade (a imutabilidade) da decisão judicial irrecorrível. No presente momento, estou a dizer que, em certos contextos, fala-se em coisa julgada não como uma qualidade ou característica da decisão irrecorrível, mas sim como a própria decisão irrecorrível sobre um pedido. Coisa julgada como decisão e não como uma qualidade dela.

Coisa julgada, nesse contexto, é um ato jurídico (a decisão irrecorrível) e não uma eficácia dele (a imutabilidade).

Fixadas as premissas acima (ou seja, os dois conceitos de coisa julgada que nos interessam nesse momento), chega a hora de construir um significado para o art. 5º, XXXVI da CF, dele extraindo uma norma jurídica principiológica.

Para fazê-lo, transcrevo-o:

> Art. 5º.
>
> XXXVI - a lei não prejudicará o direito adquirido, o ato jurídico perfeito e a coisa julgada.

A primeira norma principiológica que se constrói a partir da leitura do art. 5º, XXXVI da CF utiliza a "coisa julgada" no segundo sentido que acima observamos, qual seja, o de ato jurídico (decisão judicial irrecorrível sobre o pedido).

E se trata de um princípio de *direito intertemporal*, ou seja, que fala da aplicação das normas jurídicas no tempo. Explico: uma nova norma jurídica abstrata, que decorra de lei, não pode ser aplicada a fatos anteriores à sua vigência, violando decisões judiciais irrecorríveis (coisa julgada), o direito adquirido (cujos fatos constitutivos se implementaram antes da vigência da lei nova) e o ato jurídico perfeito (cujo suporte fático se perfectibilizou também antes da vigência da nova lei).

Em resumo: o primeiro conteúdo jurídico construído a partir da interpretação do art. 5º, XXXVI é: *a lei não retroagirá*. Observe, portanto, que nesse primeiro sentido normativo, *coisa julgada* é termo empregado, de certa forma, com finalidade explicativa, para identificar quais são os atos jurídicos que não podem ser desconsiderados pela lei nova, que precisa ter vigência e eficácia para a frente (*ex nunc*) e não para trás (*ex tunc*), salvo a própria exceção que a Constituição cria (normas penais previstas em lei que sejam mais benéficas).

Já o segundo significado normativo que se pode extrair do art. 5º, XXXVI da CF é o de que a coisa julgada, como qualidade de imutabilidade da decisão judicial sobre o pedido, é uma garantia tão forte do processo, voltada a gerar segurança jurídica, que nem a lei (principal fonte de direito em nosso sistema jurídico) poderia violá-la. *Nem a lei é mais forte do que a coisa julgada.*

Particularmente, sempre achei essa segunda interpretação um pouco forçada. Para mim, o art. 5º, XXXVI não passa de uma regra de *direito intertemporal* que visa a estabelecer o padrão de que as normas instituídas por meio de leis são irretroativas, em regra, não podendo regular os atos jurídicos constituídos antes de sua vigência, dentre eles a decisão judicial irrecorrível.

2.8. Princípio da duração razoável do processo (art. 5º, LXXVIII)

O princípio da duração razoável do processo foi inserido pela EC 45/04 e corresponde aos reclames da sociedade por um processo mais ágil e que entregue seu produto em tempo hábil às partes, evitando o que Andrea Proto Pisani chama de dano marginal, ou seja, o dano que a própria demora do processo traz ao direito das partes.

Embora se possa considerar que a duração razoável do processo já era uma exigência contida no conteúdo jurídico do princípio do acesso à justiça, é importante que o legislador constitucional tenha especificado essa cláusula, para o fim de que não reste qualquer dúvida acerca de sua essencialidade para a garantia do direito de acesso à ordem jurídica justa.

O Supremo Tribunal Federal tem aplicado o princípio, com frequência, na resolução de lides penais, principalmente naquelas situações em que o acusado se encontra em tempo demasiado em prisão cautelar, provisória, enquanto aguarda o fim do processo penal.[54]

Há na jurisprudência do STF uma situação relacionada ao processo penal, mas que pode ser analogicamente aplicada ao processo civil. Transcreve- se trecho de voto proferido pelo Ministro Joaquim Barbosa:

54. Vide, nesse sentido, no STF: HC 89.168, Rel. Min. Cármen Lúcia, DJ 20/10/06; HC 87.164, Rel. Min. Gilmar Mendes, DJ 29/09/06; HC 86.915, Rel. Min. Gilmar Mendes, DJ 16/06/06. No STJ também há arestos que dão rendimento ao princípio da duração razoável do processo, citando-o expressamente. Vide: *HC 68.041-GO, Rel. Min. Nilson Naves, julgado em 14/11/06.*

> O Tribunal, por maioria, resolvendo questão de ordem suscitada em inquérito, determinou o desmembramento de denúncia oferecida pelo Procurador-Geral da República contra quarenta pessoas, acusadas da suposta prática dos crimes de quadrilha, peculato, lavagem de dinheiro, gestão fraudulenta, corrupção ativa e passiva e evasão de divisas. (...) O Min. Joaquim Barbosa, relator, asseverando que o risco de decisões contraditórias quanto ao mesmo contexto fático deveria ser suportado, em prol da celeridade e da garantia prevista no inciso LXXVIII do art. 5º da CF, deferia o desdobramento do feito a todos os acusados que não gozam de prerrogativa de função.[55]

O mesmo entendimento defendido para justificar o fracionamento da denúncia pode ser levantado na hipótese de desmembramento do litisconsórcio facultativo multitudinário[56] (art. 113, parágrafo primeiro do CPC), visto que o excesso de litisconsortes facultativos pode obstar o rápido andamento do procedimento.

2.9. Princípio do duplo grau de jurisdição

O Supremo Tribunal Federal, cuja finalidade principal é a guarda da Constituição Federal (art. 102, caput da CF/88), entende que o duplo grau de jurisdição não é princípio constitucional do processo civil. Esse entendimento, por mais criticável que seja, põe uma pá de cal no tema.

Transcrevo trecho do voto proferido pelo Ministro Sepúlveda Pertence, no qual discorre sobre o assunto:

> Duplo grau de jurisdição no Direito brasileiro, à luz da Constituição e da Convenção Americana de Direitos Humanos. 1. Para corresponder à eficácia instrumental que lhe costuma ser atribuída, o duplo grau de jurisdição há de ser concebido, à moda clássica, com seus dois caracteres específicos: a possibilidade de um reexame integral da sentença de primeiro grau e que esse reexame seja confiado a órgão diverso do que a proferiu e de hierarquia superior na ordem judiciária. 2. Com esse sentido próprio – sem concessões que o desnaturem – não é possível, sob as sucessivas Constituições da República, erigir o duplo grau em princípio e garantia constitucional, tantas são as previsões, na própria Lei Fundamental, do julgamento de única instância ordinária, já na área cível, já, particularmente, na área penal. 3. A situação não se alterou, com a incorporação ao Direito brasileiro da Convenção Americana de Direitos Humanos (Pacto de São José), na qual, efetivamente, o art. 8º, 2, h, consagrou, como garantia, ao menos na esfera processual penal, o duplo grau de jurisdição, em sua acepção mais própria: o direito de "toda pessoa acusada de delito", durante o processo, "de recorrer da sentença para juiz ou tribunal superior".[57]

Em complementação ao entendimento acima ventilado, o STF afirma que o duplo grau de jurisdição também não é garantido nos processos administrativos:

---

55. Inq 2.245-QO, Rel. Min. Joaquim Barbosa, informativo 447.
56. O termo foi cunhado por DINAMARCO, Cândido Rangel. *Instituições de direito processual civil*. v. 2. 5 ed. São Paulo: Malheiros, 2005. Sobre o tema veja a monografia dedicada exclusivamente a ele. SILVA, Michel Ferro e. *Litisconsórcio multitudinário*. Curitiba: Juruá, 2009.
57. RHC 79785/RJ, Rel. Min. Sepúlveda Pertence, Tribunal Pleno, DJ 22/11/02.

> Com efeito, esta Corte, por ambas as suas Turmas, tem entendido que a exigência do depósito prévio de valor relativo à multa para a admissão de recurso administrativo não ofende o disposto nos incisos XXXV, LIV e LV do art. 5º da Constituição, porquanto não há, nesta, a garantia ao duplo grau de jurisdição administrativa (assim, nos RREE 169.077 — onde se citam como precedentes a ADI 1.049 e o RE 210.246 —, 210.135 e 246.271).[58]

Em sede processual penal, embora o Pacto de San Jose da Costa Rica preveja o direito ao recurso e se trate de um tratado internacional sobre direitos humanos, sabe-se que não foi recepcionado no sistema jurídico nacional com *status normativo* constitucional, visto que sua ratificação pelo Congresso Nacional não seguiu o procedimento do art. 5º, § 3º da CF. Logo, o princípio do duplo grau de jurisdição também não tem natureza constitucional em sede processual penal.

2.10. Princípio da proibição das provas ilícitas (art. 5º, LVI)

As provas são um importante instrumento para que o juiz exerça sua função, visto que é por meio delas que, em regra, conhece, valora e chega a conclusões relacionadas às questões de fato que precisa julgar (sobre se os fatos da vida pertinentes ao direito material discutido no processo existiram e como existiram).

Como o trabalho do magistrado corresponde a identificar como os fatos ocorreram no mundo social, para então qualificá-los à luz do ordenamento jurídico e julgar uma situação jurídica intersubjetiva, observa-se a extrema necessidade da prova para o processo.

Embora essencial, a prova deve ser produzida de acordo com regras previamente estipuladas, para que se respeite o devido processo legal, que é o conjunto de disposições que visa prover segurança no exercício da função jurisdicional.

De um modo geral, pode-se estabelecer que a produção das provas não deve gerar violação a direitos fundamentais, principalmente a intimidade e a privacidade,[59] que são sempre tão lembradas quando se trata desse tema, pois as provas são a representação de situações que interferiram na vida de pessoas e que estas podem ter a intenção de não revelar. Se violar a intimidade é ilícito, não se pode, a princípio, empregar, no processo civil, provas produzidas por meio dessa violação, nos termos do art. 5º, LVI da CF/88, que assegura serem "inadmissíveis, no processo, as provas obtidas por meios ilícitos".

Demonstrado que a ilicitude da obtenção da prova ocorre, em grande parte dos casos, por meio da violação à intimidade, é necessário fixar como premissa em que situações o acesso a uma informação, que pode ser utilizada como prova, fere esse direito subjetivo fundamental.

Ter-se-á ferimento à intimidade se o *acesso à informação representada na prova for clandestino*, o que significa que o detentor da informação deve transmiti-lo ou

58. ADI 1.922-MC, voto do Min. Moreira Alves, DJ 24/11/00.
59. Art. 5º, X e XII da Constituição Federal de 1988.

passá-lo adiante, por espontânea vontade, ao seu receptor, que está autorizado a compartilhá-lo, salvo se precisar manter sigilo profissional, protegido pela lei.

O que é vedado por lei, para que se respeite o direito à intimidade, nas suas mais variadas formas de expressão, é a *interceptação da informação* por quem não teve o acesso autorizado pelo emissor.

A jurisprudência do Supremo Tribunal Federal apresenta diversas situações em que se aplicou o entendimento aqui expressado:

> A gravação de conversa entre dois interlocutores, feita por um deles, sem conhecimento do outro, com a finalidade de documentá-la, futuramente, em caso de negativa, nada tem de ilícita, principalmente quando constitui exercício de defesa.[60]
>
> Qualifica-se como prova ilícita o material fotográfico que, embora alegadamente comprobatório de prática delituosa, foi furtado do interior de um cofre existente em consultório odontológico pertencente ao réu, vindo a ser utilizado pelo Ministério Público, contra o acusado, em sede de persecução penal, depois que o próprio autor do furto entregou à Polícia as fotos incriminadoras que havia subtraído.[61]

O que diferencia o primeiro do segundo caso é justamente a autorização que o emissor da informação conferiu ao receptor para que fosse destinatário dos dados transmitidos, sendo esses gravados. Ora, se Humberto conta a Alfredo um fato, este passa a ser legítimo depositário da informação, não se podendo dizer que ela foi adquirida de modo ilegal, com ferimento à intimidade daquele.

O simples fato de um dos interlocutores ter gravado a conversa que travou com o outro, sem que este soubesse da gravação, não é motivo para invalidar a prova, visto que o acesso aos dados e informações não violou o direito subjetivo que deve ser protegido, a intimidade. Se o receptor das informações irá guardá-las na memória ou se irá registrá-las por meio eletrônico é uma questão que diz respeito, tão somente, à fidelidade da reprodução, e não à licitude do meio probatório.

No segundo caso da jurisprudência do STF, para se chegar ao material probatório, houve invasão da privacidade e intimidade daquele que os portava, por meio do furto do material. Em outras palavras, o acesso físico às fotografias foi negado pelo proprietário e alguém, sem autorização judicial, violou sua privacidade.

Descrita a regra, há de se fazer considerações complementares, sem as quais o estudo da proibição das provas ilícitas se encontra incompleto: *será que, dentre os direitos fundamentais consagrados na Carta Magna Federal, a intimidade possui supremacia em face dos demais, a ponto de inviabilizar, quando desrespeitada, o uso de qualquer meio de prova, mesmo que este último seja útil para salvar a vida de uma pessoa, ou uma única propriedade onde o litigante vive com toda a sua família?*

60. AI 503.617-AgR, Rel. Min. Carlos Velloso, DJ 04/03/05. No mesmo sentido: RE 402.035-AgR, DJ 06/02/04; HC 74.678, DJ 15/08/97.
61. RE 251.445, Rel. Min. Celso de Mello, DJ 03/08/00.

Como todos os demais direitos fundamentais, a intimidade não é absoluta. Nem mesmo o direito à vida pode ser assim considerado.[62] Por isso, haverá situações concretas em que uma determinada prova poderá ter sido obtida com violação ao direito de intimidade, por meio de interceptação clandestina de conversa de terceiros, para evitar que um inocente vá para a cadeia ou que perca seu bem de família. Num caso como esse, deve o magistrado ponderar qual dos direitos fundamentais deve ser prestigiado, em face do outro: o direito à liberdade, no primeiro exemplo, e o direito à propriedade, no segundo, ou o direito à intimidade?

Em abstrato, não se deve buscar uma ordem de preferências entre os direitos e garantias fundamentais. Todo e qualquer critério dessa natureza seria superficial e poderia ruir ao mais simples exemplo. Coloque-se em um pedestal o direito à vida, dizendo-o primordial a todos os demais. Há casos concretos em que o ordenamento determina que a propriedade lhe é superior. É o caso da legítima defesa. Juliano é assaltado, quando reage e mata o bandido. Se fosse levada a ferro e fogo a ordem hierárquica entre a vida e a propriedade, Juliano deveria ser preso, pois violou direito superior ao que visava defender. No entanto, na circunstância narrada, deverá ser absolvido por legítima defesa, visto que empregou os meios necessários para defender bem jurídico que era agredido.

A preponderância de um direito ou garantia sobre outros somente deve ser sopesada na análise das situações concretas, ante o quadro fático que for exposto, pois nesse contexto é possível valorar, de modo preciso, qual dos princípios em choque deve ter incidência em mais alto grau, por meio de um juízo de proporcionalidade.

Com base nessa lição, entende-se que a prova obtida ilicitamente, em detrimento ao direito fundamental de intimidade (em suas várias vertentes, como a inviolabilidade do domicílio, etc.), pode e deve ser aceita também em sede processual civil, e não só em sede processual penal, visto que não é só o direito à liberdade – principal atingido pela tutela penal – que pode ser tido como mais importante do que o direito à intimidade. Também o direito de propriedade, de acordo com o caso concreto, pode assim ser considerado.

Bedaque, ao enfrentar o tema, tece comentário preciso, transcrito a seguir:

> Por fim, a produção de prova obtida por meio ilícito poderá tornar ineficaz o resultado, que deverá ser desconsiderado pelo juiz. A vedação, todavia, não pode ser interpretada isoladamente. É preciso levar em conta a razão de ser dela, bem como os valores a serem protegidos com sua admissão.[63]

De toda forma, incumbe ao Poder Judiciário realizar essa valoração, sabendo-se que, em regra, o último controle caberá ao Supremo Tribunal Federal, guardião maior da Constituição Federal.

62. Se o direito à vida fosse absoluto, a Constituição não preveria, expressamente, a pena de morte, no caso de guerra declarada, como prescreve o art. 5º, XLVII, "a".
63. BEDAQUE, José Roberto dos Santos. *Efetividade do processo e técnica processual*. São Paulo: Malheiros, 2006, p. 492.

2.11. Princípio da motivação das decisões judiciais (art. 93, IX)

A motivação das decisões judiciais foi erigida a princípio constitucional do processo, previsto no art. 93, IX da Carta Magna, devido à sua importância política e prática.

A importância política se dá pelo fato de que a motivação, assim como o contraditório e a publicidade, é um dos mais importantes fundamentos de legitimidade das decisões judiciais. Motivar significa ir contra o puro arbítrio, o clientelismo e os desvios no exercício das funções públicas.

Quanto mais bem fundamentada uma decisão judicial, menor o risco de que o órgão jurisdicional tenha agido de má-fé. Além dessa importante função política, a função prática da fundamentação é fixar parâmetros para que o derrotado possa impugnar, por meio de recursos ou outras formas de impugnação (mandado de segurança contra ato judicial, *habeas corpus*, ação rescisória), a decisão que lhe foi desfavorável, visto que o cerne de um recurso é demonstrar que a decisão deve ser modificada pois seus fundamentos não são corretos.

Uma pergunta que sempre é feita quando se discute sobre o princípio constitucional da motivação das decisões judiciais refere-se à necessidade de o órgão jurisdicional analisar todas as alegações feitas pelas partes. O art. 489, § 1º do CPC, que vocês estudarão na cadeira de processo civil que estudar a sentença (a depender da faculdade ou universidade, Processo Civil II ou III), trata do tema de forma exemplar.

Uma análise sempre necessária sobre o princípio constitucional da motivação das decisões judiciais relaciona-se ao dever de o magistrado apreciar o conjunto probatório contido nos autos, cuja função, na maioria absoluta dos casos, é demonstrar as alegações de fato das partes.

Há necessidade de que todas as provas juntadas aos autos sejam referidas na sentença ou em qualquer outra decisão em que o julgador aprecie o conflito que lhe foi apresentado? A resposta é negativa. O que o Código de Processo Civil demanda, no art. 371, é que o magistrado fundamente a sua decisão, o que exige comentários às provas, caso haja questões de fato, ou seja, caso existam alegações de fato que tenham despertado discussão durante o processo. Não exige, todavia, que todos os elementos probatórios sejam objeto de comentários.

Para corrigir possíveis erros advindos da valoração equivocada do material probatório existem os recursos que, em sua maioria, permitem a reanálise do conjunto de provas, para o fim de que se confirme ou reforme o entendimento que foi consignado acerca dos fatos.

Uma questão sempre frequente na prática forense, e que relaciona provas e motivação, diz respeito à força que o magistrado deve dar à prova pericial, em face dos demais componentes do conjunto probatório.

À primeira vista, a prova pericial, por se constituir em exame, vistoria ou avaliação implementada por profissional habilitado (perito), é uma prova mais robusta do que um testemunho ou um depoimento. As normas processuais, no entanto, não lhe conferem supremacia genérica sobre os demais meios de prova, embora, em alguns casos determinem que ela não possa ser suprida pela prova testemunhal (art. 443, II do CPC).[64]

Em razão dessa premissa, a jurisprudência pacífica entende que "o juiz não está adstrito ao laudo pericial, podendo, inclusive, formar a sua convicção com outros elementos ou fatos provados nos autos, desde que dê a devida fundamentação, a teor do disposto no art. 479 do Código de Processo Civil ".[65]

3. PRINCÍPIOS INFRACONSTITUCIONAIS

Os princípios infraconstitucionais do processo são diretrizes eminentemente técnicas, que indicam as opções que o legislador seguiu na hora de moldar as principais características dos diversos procedimentos por meio dos quais são tuteladas as situações jurídicas, conflituosas ou não, deduzidas em juízo.

Esses princípios se diferenciam daqueles constitucionais, já estudados, visto que os que decorrem da Constituição encerram garantias para o exercício da jurisdição, ao passo que os princípios infraconstitucionais representam os diversos modos pelos quais o processo pode ser constituído, dirigido e concluído, sendo, como dito, diretrizes técnicas.

Há uma tendência doutrinária em se listar um grande número de princípios infraconstitucionais, o que dificulta a assimilação de todos eles e, de certa forma, desprestigia aqueles que devem ser realmente conhecidos, pelo fato de conterem os direcionamentos centrais das técnicas processuais.

Por esse motivo, em perspectiva reducionista, tratar-se-á dos princípios infraconstitucionais em menor número, comentando-se sobre aqueles que a doutrina clássica apresenta.[66]

Finalmente, importante fixar um corte metodológico antes de se iniciar a análise dos princípios infraconstitucionais: o enfoque principal da análise será o processual civil. Em outras palavras: nesta parte do livro teremos um estudo voltado prioritariamente à Teoria do Processo Civil Brasileiro e não à Teoria Geral do Processo.

---

64. Nesse sentido, interessante julgado do STJ: REsp 722.600/SC, Rel. Ministra Nancy Andrighi, Terceira Turma, DJ 29/08/2005.
65. EDcl no REsp 802.568/SP, Rel. Ministra Denise Arruda, Primeira Turma, DJ 27/11/06. Em matéria processual penal: HC 63.249/SP, Rel. Ministra Laurita Vaz, Quinta Turma, DJ 06/11/06.
66. *Vide* CAPPELLETTI, Mauro. *O processo civil no direito comparado*. Belo Horizonte: Líder, 2001; GOLDSCHMIDT, James. *Princípios do processo civil*. Belo Horizonte: Líder, 2002.

3.1. Princípio dispositivo

O princípio dispositivo é uma diretriz que se relaciona ao (i) *modo de constituição do processo*, à (ii) *instrução do processo* e ao (iii) *conteúdo da decisão judicial*.

A ideia central do princípio dispositivo é a de que as partes devem dispor do instrumento processual para tutelar seus alegados direitos subjetivos, devendo ser esse poder de disposição exercido de quatro modos básicos:

a) à parte autora incumbe retirar o órgão jurisdicional da inércia, dando início ao processo por meio do ajuizamento de uma petição inicial – *princípio da demanda* ou da *inércia*;

b) à parte ré incumbe apresentar suas defesas à pretensão do autor;

c) às partes cabe o encargo de produzir as provas que entendam úteis para o conhecimento das questões de fato que surjam no processo;

d) ao juiz incumbe decidir a lide nos limites em que ela foi deduzida pelo autor, não devendo decidir, além, a menos ou a mais, o que também é conhecido como *princípio da congruência* ou da *correlação*.

Perceba que o princípio dispositivo é uma diretriz que, ao ser concretizada em concepções mais restritas de significado, se dirige a todos os principais sujeitos do processo, autor, juiz e réu, e regula alguns dos momentos culminantes do procedimento, que são a postulação (fase em que as partes apresentam suas alegações), a instrução (fase em que se prepara o julgamento da causa) e a decisão (fase em que se aprecia o conflito intersubjetivo, caso estejam preenchidos os requisitos de admissibilidade do julgamento do mérito).

Um questionamento importante acerca do princípio dispositivo relaciona-se à sua motivação: por que razão essas normas técnicas foram desenvolvidas? Por que razão deve o processo ser iniciado por uma atitude da parte e não *ex officio*, por obra do órgão judicial? Por que são as partes que devem trazer aos autos as provas do que alegam?

Como afirma Mauro Cappelletti, o princípio dispositivo "deriva da própria natureza do direito substantivo, do qual, por meio do processo, pede-se a proteção".[67] Explica-se: o direito processual civil é o conjunto de técnicas desenvolvido para a tutela de direitos preponderantemente patrimoniais e disponíveis, como o direito a um crédito, à propriedade de uma casa, de um carro, a uma servidão, etc. Como o processo é um instrumento a serviço de um direito material que necessite de proteção,[68] deve adaptar-se ao seu objeto.

67. CAPPELLETTI, Mauro. *O processo civil no direito comparado*. Belo Horizonte: Líder, 2001, p. 20.

68. É certo que, na maioria das vezes, pensa-se no processo como instrumento a serviço do direito material, ou seja, daquelas prerrogativas relativas a alguma circunstância da vida social, conferidas pela norma aos sujeitos. Entretanto, por vezes o processo é instrumento para a tutela de direitos subjetivos processuais, e não materiais. Veja o exemplo da ação rescisória. Ela é o meio de proteção a um direito subjetivo processual, qual seja o de rescindir, desconstituir uma decisão transitada em julgado que seja eivada de vício, nos termos do art. 485 do CPC.

Como, ao longo da história, os conflitos jurídicos tutelados pelo processo civil se caracterizaram, em regra, como disponíveis, aos sujeitos parciais do processo (demandante e demandado) foi reconhecido o direito de limitarem as atitudes do órgão jurisdicional aos seus interesses, *nos exatos limites acima demonstrados*. Quer dizer que somente se o autor desejar, a jurisdição pode ser movimentada para solucionar uma situação jurídica de direito material; que cabe ao réu apresentar as defesas que entender pertinentes; que a produção das provas de alegações deduzidas no processo incumbe exclusivamente às partes; que o magistrado, ao decidir, deve se ater ao conflito que o autor descreveu, mesmo que saiba existirem outros direitos materiais que decorram da situação narrada (ex.: um mesmo fato social gerou danos material e moral, embora o autor tenha somente pleiteado a tutela do primeiro).

Pode-se dizer, ainda, que essa concepção dispositiva do processo corresponde, intrinsecamente, ao modelo de Estado Liberal, em que se preconizava a interferência mínima do Estado nas relações privadas.

Ocorre que esse modelo, pelo excesso de liberdade que permitiu e pelos efeitos negativos que acarretou, cedeu espaço à concepção mais intervencionista, denominada Estado Social,[69] que posteriormente evoluiu para a concepção do Estado Democrático de Direito, que é uma síntese das virtudes dos dois paradigmas anteriores e uma tentativa de correção aos seus defeitos (excessiva liberdade ou excessiva intervenção estatal).

Essa evolução é importante, pois refletiu tanto no direito material quanto no processual. O primeiro incorporou características publicistas, o que fez com que o processo acompanhasse, como instrumento que é, essa tendência.

Além disso, as próprias técnicas processuais, independentemente da ligação próxima que possuem com o direito material, evoluíram a partir do novo modelo estatal, visto que "o processo civil, mesmo sendo um instrumento dirigido à tutela de direitos (normalmente) privados, representa, contudo, ao mesmo tempo, uma função pública do Estado".[70]

Por essa sorte de motivos, deve-se acrescentar que o princípio dispositivo não se incorpora ao ordenamento processual brasileiro de forma integral, e possui como seu contraponto o princípio inquisitivo. Como sabiamente já disse Chiovenda, "na prática, nenhum dos dois princípios se pode encontrar *completamente* e *consequentemente* atuado, mas são temperados em proporção diversa, conforme os tempos e os lugares".[71]

Deve-se pesquisar, portanto, de que forma os quatro desdobramentos apontados logo no início deste tópico incidem no moderno processo brasileiro:

---

69. Sobre essa mudança de concepção é interessante a leitura das reflexões de RODRIGUES, Marcelo Abelha. *Ação civil pública e meio ambiente*. Rio de Janeiro: Forense Universitária, 2002.
70. CAPPELLETTI, Mauro. *O processo civil no direito comparado*. Belo Horizonte: Líder, 2001, p. 38.
71. CHIOVENDA, Giuseppe. *Instituições de direito processual civil*. v. II. 2 ed. Campinas: Bookseller, 2000, p. 408.

3.1.1. O "princípio" da inércia ou da demanda

A primeira das facetas do princípio dispositivo também é conhecida como *princípio da inércia* ou *princípio da demanda*. Se você está lendo este capítulo, provavelmente leu anteriormente o Capítulo 3, em especial a parte em que distingui princípios de regras e falei que é muito comum a doutrina jurídica tratar como *princípios* o que, em verdade, são regras. Lembra disso?

Pois bem, estamos diante de um caso desses. No início deste item mostramos que o *princípio dispositivo* se trata, realmente, de uma concepção mais ampla, de um autêntico mandato de otimização, ou seja, de um princípio.

Todavia, quando passamos a tratar das formas como ele se concretiza (e vimos acima que são quatro essas formas), já saímos do plano principiológico e ingressamos na análise de regras. Logo, o que se chama de *princípio da demanda* ou da *inércia* não passa de uma regra, de conteúdo binário e bem específico. A mesma coisa com o chamado *princípio da correlação ou congruência,* do qual falaremos daqui a pouco.

Feito esse esclarecimento, a fim de que eu não seja contraditório a minhas premissas, tem-se que a *inércia* se trata da regra de que o órgão jurisdicional somente deve iniciar suas atividades mediante provocação da parte interessada, o que está consagrado no art. 2º do CPC:

> Art. 2º. O processo começa por iniciativa da parte e se desenvolve por impulso oficial, salvo as exceções previstas em lei.

De todos os desdobramentos do princípio dispositivo, o menos influenciado pelas mudanças sociopolíticas que assolaram o mundo, principalmente a partir da crise econômica dos anos 30 e da Segunda Guerra Mundial, foi a regra da inércia jurisdicional.

Nos países ocidentais, capitalistas,[72] dentre os quais se pode enquadrar o Brasil, somente em casos excepcionais o órgão jurisdicional pode iniciar suas atividades de ofício, sem provocação. Um exemplo dessa exceção tem-se no *habeas corpus – procedimento de matriz constitucional que tutela o direito de locomoção e suas violações pelo Estado*. Se o magistrado observar, mesmo sem provocação da parte interessada, que o Estado está a restringir, de forma ilegal, o direito de ir e vir de certa pessoa, sem necessidade de provocação dela pode determinar que tal lesão seja cessada.

Uma dúvida bastante pertinente relaciona-se ao tipo de vício que a tutela de um direito material concedida de ofício pode conter. Dessa forma, indaga-se: João ajuizou uma demanda possessória em face de José, requerendo a reintegração de posse da Fazenda "Esperança". Sem que o requeresse o autor, o magistrado, na sentença, por considerar estarem devidamente comprovados os danos que a invasão causou,

72. O paradigma é outro quando se tem como referência sistemas jurisdicionais de países que adotaram o comunismo (embora, modernamente, praticamente todos tenham se rendido à economia de mercado). Sobre o tema, *vide* CAPPELLETTI, Mauro, *op. cit.*

condenou o réu a ressarcir ao autor a quantia de R$ 10.000,00. Violou-se a regra do art. 2º do CPC, bem como a dos arts. 141 e 492 do CPC, que dela são reflexos. Há nulidade?

Segundo preconiza a moderna doutrina processual,[73] com apoio nas normas contidas nos arts. 188, 277 e 283, parágrafo único do CPC, para que haja nulidade processual devem coexistir *erro de forma* (vício no plano da validade) e *prejuízo*, por ele acarretado.

No caso em tela, há um patente erro, que é o desrespeito ao princípio dispositivo, como já identificado, e que refere à validade da relação processual, que deve ter início a partir da prática de um ato da parte. Para que haja nulidade, no entanto, deve-se questionar: qual prejuízo o autor teve com essa medida? Nenhum. Muito pelo contrário, obteve benefício. E o réu? Foi-lhe oportunizado o contraditório, com a possibilidade de debater a questão dos danos, bem como produzir provas de sua inexistência, total ou parcial? *Esse é o cerne da questão*. Se as partes foram tratadas isonomicamente, garantindo-se o princípio do contraditório ao réu, não há que se falar em nulidade, pois ausente está o prejuízo. Nem há, também, desrespeito ao princípio do juiz natural, visto que há conexidade entre as pretensões de reintegração de posse e de ressarcimento por danos morais, que devem ser julgadas pelo mesmo órgão jurisdicional, para que se evitem decisões contraditórias.

No caso em tela, como o réu foi surpreendido, na sentença, com uma condenação por danos materiais sobre a qual não pôde se defender, resta claro que a sentença, pelo menos nesse ponto (e não nos demais) é nula.

3.1.2. A possibilidade de cognição, ex officio, de matérias de defesa

Quanto ao segundo dos desdobramentos do princípio dispositivo, é bastante perceptível que as mudanças sociais o relativizaram, o que significa que, nos dias de hoje, é bastante expressiva a quantidade de defesas, sejam de natureza processual ou relacionadas ao direito material, que podem e devem ser conhecidas de ofício pelo órgão jurisdicional.

Para citar um exemplo, a prescrição, que até pouco necessitava de alegação do réu, salvo se beneficiasse absolutamente menor, agora pode ser conhecida de ofício pelo julgador, nos termos da nova redação do art. 332, § 1º do CPC.

Entretanto, a mais radical mudança no paradigma do princípio dispositivo, com relação à possibilidade de cognição *ex officio* de alegações de defesa, é obra do Código de Defesa do Consumidor.

---

73. *Vide*, por todos, BEDAQUE, José Roberto dos Santos. *Efetividade do processo e técnica processual*. São Paulo: Malheiros, 2006, p. 406 e ss. Vide CAPPELLETTI, Mauro. *O processo civil no direito comparado*. Belo Horizonte: Líder, 2001, p. 25.

O art. 1º da Lei 8.078/1990, que instituiu o CDC, determina que as normas nele contidas são de ordem pública e de interesse social. Por isso, firmou-se o entendimento de que questões como a (i) *nulidade de cláusula contratual de consumo*;[74] o (ii) *desequilíbrio econômico do contrato*; e a (iii) *invalidade de cláusula de eleição de foro ou de cláusula compromissória* podem e devem ser conhecidas de ofício pelo órgão julgador.[75] Caso o consumidor esteja na posição de réu no processo, será favorecido pela regra.

Além disso, é de se lembrar que as nulidades absolutas dos atos civis podem ser conhecidas de ofício, de acordo com o permissivo contido no art. 168, parágrafo único do Código Civil, bem como a inconstitucionalidade de norma jurídica, sendo certo lembrar que o controle de constitucionalidade deve ser exercido de forma difusa pelos diversos órgãos jurisdicionais nacionais.

A partir da vigência do CPC/15, todavia, é muito importante compatibilizar esse poder do julgador – de conhecer *ex officio*, sem ser provocado, matérias defensivas que o réu poderia ter apresentado – com a garantia da ampla defesa e contraditório, a fim de que o autor não seja surpreendido com decisão que trate de tema sobre o qual não teve condições de dialogar, de apresentar seu ponto de vista. Logo, a regra em jogo precisa ser compatibilizada com o princípio constitucional da ampla defesa e contraditório, e em especial com as regras construídas a partir dos arts. 9º, 10 e 933 do CPC, que o concretizam.

3.1.3. A produção de provas

Em tema de produção de provas, o direito processual civil brasileiro *não* adota, como regra, o princípio dispositivo, mas sim seu antagonista, o *princípio inquisitivo*, o que quer dizer que o magistrado tem o dever de produzir as provas que entenda necessárias para o deslinde das questões de fato.

Nesse sentido, determina o art. 370 do CPC:

> Art. 370. Caberá ao juiz, de ofício ou a requerimento da parte, determinar as provas necessárias ao julgamento do mérito. Parágrafo único. O juiz indeferirá, em decisão fundamentada, as diligências inúteis ou meramente protelatórias.

As provas são o principal meio de que dispõe o magistrado para avaliar as alegações de fato que são produzidas e discutidas no processo. Avaliá-las corresponde, geralmente, à metade do trabalho que o julgador deve desempenhar para

74. Infelizmente, é preciso lembrar do teor da súmula 381 do STJ, que apresenta exceção à regra acima apresentada: "Nos contratos bancários, é vedado ao julgador conhecer, de ofício, da abusividade das cláusulas". O interessante é que, com o advento do CPC/15, em algumas decisões judiciais o próprio STJ começa a pensar na possibilidade de superação desse entendimento. Nesse sentido: REsp 1465832/RS, Rel. Ministro Paulo de Tarso Sanseverino, 3ª Turma, DJe 27/06/2017.

75. O poder do juiz de decretar *ex officio* a nulidade da cláusula de eleição de foro, em contratos de consumo, inspirou o legislador a criar a regra do parágrafo único do art. 315, § 3º do CPC, ampliando essa possibilidade de controle para as cláusulas de eleição presentes em contratos de outras naturezas.

julgar o pedido que foi deduzido em juízo (a outra metade corresponde à avaliação das questões de direito – por exemplo: se incidiu no caso concreto certa norma jurídica; caso tenha incidido, se ela garante realmente o efeito jurídico que o autor almeja etc.).

Por isso, seria um contrassenso que a produção da prova ficasse a mercê do interesse e do humor das partes (e dos profissionais que as representam, muitas vezes mal preparados). Seria, até mesmo, um ferimento ao princípio da isonomia, em seu sentido material, visto que as partes de menor poderio econômico, ou até mesmo aquelas subjugadas pelos litigantes mais fortes, não teriam meios de comprovar suas alegações.

Em tema de provas, portanto, a regra é o *princípio inquisitivo*. O princípio dispositivo incidirá somente de forma *excepcional*, sendo exemplo disso a norma do art. 381 do CPC, que determina:

> Art. 420. O juiz pode ordenar, **a requerimento da parte**, a exibição integral dos livros empresariais e dos documentos do arquivo:
>
> I – na liquidação de sociedade;
>
> II – na sucessão por morte de sócio;
>
> III – quando e como determinar a lei.

Como se percebe, há uma constante incidência, no processo civil, dos dois princípios antagônicos, por vezes com predominância do *dispositivo*, em outros casos com a preferência pela adoção do inquisitivo. Embora tenha dito que a principal referência para o estudo dos princípios infraconstitucionais será o processo civil, a afirmação feita neste parágrafo também se aplica ao processo penal e demais ramos do direito processual.

3.1.4. O princípio dispositivo e o conteúdo da sentença de mérito

O último dos desdobramentos do princípio dispositivo que merece análise corresponde ao que costumeiramente se chama de *"princípio" da congruência* ou da *correlação* (que não é autenticamente um princípio, mas uma regra que o concretiza).

Trata-se do reflexo *para o órgão julgador* da regra de que às partes incumbe dispor sobre o objeto do processo, ou seja, sobre a situação de direito material que deve ser decidida. Prevista nos arts. 141 e 492 do CPC, a norma preconiza que incumbe ao autor delimitar o conflito que pretende seja resolvido, a seu favor, pelo órgão jurisdicional.

Se a regra é a de que o demandante deve descrever a situação de direito material cuja proteção jurisdicional requer, o órgão jurisdicional não está autorizado a decidir fora dos limites postos.

Caso o faça, haverá um flagrante erro de forma que, se coligado a um prejuízo, caracterizará uma nulidade processual.

As decisões judiciais que desrespeitam o princípio dispositivo e, em especial a regra da *congruência* ou *correlação*, por não se aterem aos limites indicados pelo autor, são denominadas de (i) *infra petita*; (ii) *extra petita* e (iii) *ultra petita*. Vejamos cada uma delas.

3.1.4.1. Decisões infra petita ou citra petita

São aquelas que deixam de analisar uma causa de pedir (fundamento) ou um pedido feito pelo autor, *gerando-lhe prejuízo*. São mais comuns naqueles processos em que o demandante tenha cumulado diversos pedidos e causas de pedir, embora nada impeça que o vício ocorra em demanda na qual somente uma pretensão foi deduzida, lastreada em um só fundamento.

Vamos a dois exemplos: um deles de sentença *infra petita* por falta de julgamento de uma causa de pedir (fundamento) e outro de falta de julgamento de um pedido.

Caso 1: Gustavo aluga uma casa para Juliana, em locação residencial. Uma de suas obrigações contratuais é a de que, após a meia-noite, não faça barulho que incomode os vizinhos. Todavia, depois de um tempo observando essa regra, Juliana começou a dar "festas de arromba" até altas horas da madrugada, incomodando a todos em seu entorno.

Notificada por Gustavo, não só continuou com a prática vedada pelo contrato como parou de pagar o aluguel. Só restou uma opção ao locador: ajuizar em face da locatária uma "ação de despejo", com base em duas causas de pedir: o inadimplemento (i) do aluguel e (ii) da cláusula contratual que impede barulhos após a meia-noite, nos termos acima.

Ter-se-ia uma hipótese de sentença *infra petita* se o magistrado julgasse improcedente o pedido (negasse o pedido de despejo feito por Gustavo) mas só analisasse, por exemplo, o fundamentando de falta de pagamento do aluguel, rejeitando-o, e não se pronunciasse sobre o outro fundamento que também daria ensejo ao despejo (o desrespeito à cláusula contratual que vedava as festinhas de arromba de madrugada).

Caso 2: Fabio é negativado indevidamente por empresa de telefonia móvel e, por tal razão, é lesionado em seu patrimônio imaterial (honra) e até mesmo em seu patrimônio material (ele descobriu a negativação em concessionária na qual fora comprar um carro que se encontrava em uma promoção excepcional que nunca mais se repetiu – feita no auge da crise econômica – e foi impedido de concluir a transação, adquirindo o mesmo tipo de veículo algum tempo depois por valor superior).

Por conta do que foi narrado, resolve ajuizar uma ação indenizatória em face da aludida empresa. Ao redigir a petição inicial, pede a condenação da ré ao pagamento de danos morais e materiais. Caso o juiz, na sentença, esqueça de julgar qualquer dos dois pedidos (trata-se de um erro até comum, gerado por excesso de processos acumulados na vara e necessidade de diminuir esse acervo), ter-se-á sentença *infra ou citra petita*.

Atenção especial deve se dar à caracterização da sentença *infra petita* nos processos em que haja cumulação de pedidos, ou seja, em que o demandante deduza duas ou mais pretensões (faça dois ou mais pedidos).

De acordo com o tipo de cumulação de pedidos, a ausência de análise de um deles não consubstanciará ferimento ao princípio dispositivo e, portanto, não se terá decisão *infra petita*.

As várias cumulações de pedido que é possível ao autor realizar são classificadas de acordo com a relação que os pedidos possuem entre si, da seguinte maneira:[76]

a) *cumulação simples:* os dois pedidos são independentes entre si, ou seja, a procedência de um independe da procedência do outro, pois se tratam de direitos materiais de existência autônoma. Exemplo clássico se tem na demanda indenizatória em que se cumulam pedidos de danos morais e materiais ou quando se cumulam danos estéticos e danos morais;[77]

b) *cumulação sucessiva:* existe entre os pedidos cumulados um vínculo de dependência denominado prejudicialidade, visto que o segundo pedido, chamado *prejudicado*, para ser analisado, depende da procedência do primeiro, denominado *prejudicial*. Isso se dá pois a existência do direito material, cuja proteção se requer em primeiro plano, é requisito para a configuração do segundo direito material a ser tutelado. Exemplo característico se tem nas demandas em que se formulam pedidos de declaração de paternidade e de alimentos. Só será possível analisar a existência do direito a alimentos caso exista vínculo de paternidade;

c) *cumulação eventual:* os pedidos formulados correspondem a opções diversas de tutela jurisdicional para o caso, sendo, portanto, autoexcludentes. A tutela do consumidor que adquiriu bem dotado de vício oculto pode ocorrer por meio de cumulação eventual de pedidos. Explica-se: devido à negativa do fornecedor em efetuar a troca do bem, pode o cliente ajuizar demanda em que cumulará dois pedidos, sendo o segundo uma opção ao primeiro: (i) ou o fornecedor efetua a troca do bem; (ii) ou lhe fornece um abatimento no preço (*quanti minoris*). Caso seja impossível tutelar o direito material por meio do acolhimento do primeiro pedido, o autor apresenta ao Estado-juiz outra opção de tutela (art. 326 do CPC);

d) *cumulação imprópria (pedidos alternativos):* é importante diferenciar a cumulação eventual da chamada cumulação imprópria, relacionada aos pedidos alternativos. Os pedidos alternativos estão ligados à modalidade

---

76. Adota-se, aqui, a classificação de Barbosa Moreira. Vide BARBOSA MOREIRA, José Carlos. *O novo processo civil brasileiro*. 23 ed. Rio de Janeiro: Forense, 2006.

77. Segundo a súmula 387 do STJ: "*É lícita a cumulação das indenizações de dano estético e dano moral*". O dano estético pode ser considerado espécie do gênero dano moral. Sendo assim, é possível que certa pessoa tenha sofrido o dano estético e, além dele, outros abalos a direitos da personalidade. O caso objeto do RESP 770.746 é um claro exemplo disso.

das *obrigações alternativas*, que são aquelas que têm por objeto duas ou mais prestações, sendo que o devedor se exonera cumprindo apenas uma delas. O negócio jurídico cujo objeto são obrigações alternativas dá duas ou mais opções de adimplemento. Quando o credor necessita vir a juízo pleitear o cumprimento da obrigação alternativa, deduz uma só pretensão (um só pedido, de cumprimento da obrigação contratada), que pode ser satisfeita por meio da transmissão de mais de um tipo de bem da vida. Não há, por isso, duas pretensões processuais, mas uma só, que o direito material prevê que possa ser cumprida de duas formas. Por isso diz-se que não há propriamente cumulação de pedidos, mas um só pedido (cumprimento do contrato) pelos modos contratados. Ex.: compra e venda de café, que pode ser adimplida pelo vendedor se entregar ao comprador 10 sacas do café tipo "x" ou 20 sacas do café tipo "y".

A relevância prática dessas definições para o tema da sentença *infra petita* está em que a caracterização desse vício dependerá da espécie de cumulação de pedidos que tiver sido formulada.

Caso a cumulação seja simples, a ausência de julgamento de qualquer deles gera erro de forma, visto que ambos são direitos materiais independentes entre si.

Se a cumulação for sucessiva, somente há necessidade de consignar julgamento expresso sobre o pedido prejudicado se o primeiro, prejudicial, for procedente, pois, caso contrário, a sucumbência (derrota) quanto ao pedido antecedente gera automática sucumbência quanto ao posterior. Se alguém pede o reconhecimento de paternidade e pensão alimentícia como consequência desse reconhecimento e o juiz afirma, na sentença, que o réu não é o pai, logica e automaticamente já está julgando improcedência o pedido de alimentos.

Se a cumulação for eventual, o julgamento de qualquer deles atende ao requisito formal dos arts. 141 e 492, visto que o segundo é a opção para a impossibilidade de atendimento do primeiro (o juiz conhecerá do posterior, se não puder acolher o anterior - art. 326 do CPC).

Quanto aos pedidos alternativos, por não haver propriamente cumulação, deve o magistrado analisar a pretensão ao adimplemento obrigacional, determinando, se procedente a alegação, o cumprimento da prestação pertinente, de acordo com o que prescreve o art. 252 do Código Civil.

A decisão *infra petita* pela falta de análise de um pedido é patentemente nula, pois traz prejuízo ao autor. Já a decisão *infra petita* pela ausência de análise de uma causa de pedir (fundamento) pode ou não ser nula, visto que é possível identificar uma hipótese em que ela não trará *prejuízo* ao demandante: caso ele obtenha a tutela que pretendia com base na análise de outro dos fundamentos que foi apresentado ao Estado-juiz.

Pense no exemplo que dei acima, em que Gustavo pediu o despejo de Juliana com base em dois fundamentos. Caso o magistrado o defira, analisando somente um fundamento e sem escrever uma linha sequer sobre o outro, haverá erro de forma, mas não um prejuízo, visto que o pedido formulado (despejo) foi atendido.

3.1.4.2. Decisões extra petita

Decisão *extra petita* é aquela que julga uma situação de direito material que não foi objeto de pedido por parte do autor ou que aprecia uma causa de pedir não deduzida em juízo pelo demandante.

É comum que o conflito de interesses que surge na sociedade não seja totalmente transposto ao processo. Por isso Liebman, em obra clássica,[78] assevera que a situação de direito material, em geral conflituosa (lide) que importa ao processo civil é aquela que foi deduzida em juízo, e não a que ocorreu, de forma integral, na sociedade, visto que o princípio dispositivo veda que se decida mais do que foi requerido.

Uma pergunta muito pertinente diz respeito à constatação da nulidade, caso uma sentença seja *extra petita*.

Seguindo a premissa instrumentalista do processo, para que se verifique a nulidade de um ato processual, ao erro de forma deve se somar um prejuízo. Se o conflito de direito material, inobstante a falta de pedido, tiver sido objeto de contraditório e da discussão necessária para seu julgamento, não há que se falar em prejuízo para as partes, que tiveram asseguradas todas as garantias processuais.

Uma situação julgada pelo TJES[79] ilustra a afirmação: José foi contratado por uma empreiteira que prestava serviços a uma empresa concessionária de serviços públicos atuante no Espírito Santo, para trabalhar na manutenção de equipamentos. Segundo o contrato firmado, a inspeção dos equipamentos, bem como a indicação dos equipamentos de segurança necessários para o desenvolvimento da atividade, incumbia à empresa contratante. Esta, ao enviar memorial descritivo do bem cuja manutenção deveria ser feita, não referiu qualquer necessidade especial, o que deveria ter feito.

Ao proceder ao seu trabalho, José sofreu grave acidente e ficou tetraplégico. Devido ao sinistro, ajuizou demanda indenizatória somente em face da empreiteira, embora tenha narrado todas as circunstâncias acima, pertinentes à empresa conces-

---

78. LIEBMAN, Enrico Tullio. *Estudos sobre o processo civil brasileiro*. São Paulo: Bushatsky, 1976.
79. ED nº 38950008920, Rel. Des. Ronaldo Gonçalves de Sousa, 3ª Câmara Cível, j. 28/11/06. Os nomes empregados no texto são fictícios. Trabalhei nesse processo, na condição de assessor do Des. Ronaldo. Foi uma decisão muito bonita. O caso era um absurdo, que tornou miserável a vida de uma pessoa, que ficou tetraplégica por negligência da concessionária de serviços públicos. Sempre tive orgulho de ter formatado o voto daquela forma. Eis que, um belo dia, muitos anos depois, o STJ reforma a decisão dizendo, de forma simples e fria, que o princípio dispositivo havia sido violado e.... ponto. Só isso já bastava. Não refutou toda a argumentação que utilizei para demonstrar a ausência de prejuízo. Esse foi um dos dias em que perdi um pouco a fé no Poder Judiciário. Mas aí o Moro apareceu! Nunca perca a fé nas instituições, mas sim nas pessoas!

sionária de serviços públicos. No prazo para a resposta, a empreiteira denunciou à lide a aludida concessionária.

Como é sabido, a denunciação da lide é uma demanda regressiva eventual, o que significa que, no caso em tela, caso a empreiteira fosse derrotada, poderia se ressarcir dos prejuízos junto à empresa que contratou seus serviços, pelo fato de que de seu descuido originou-se o acidente.

O magistrado de 1º grau, ao analisar o conflito que lhe foi deduzido, considerou que a verdadeira posição da empresa prestadora de serviço público era a de ré, visto que foi a sua negligência em apontar o perigo da atividade de manutenção que gerou o acidente e os danos a José, e a condenou, diretamente, ao pagamento da indenização. O que se nota, a princípio, é a existência de uma sentença que poderia ser considerada nula, por ser *extra petita*. Mas, então, pergunta-se: será que a decisão é, realmente, inválida?

Em sede de embargos de declaração, a questão foi decidida da seguinte forma:

> O julgador de primeiro grau poderia ter agido como fez, ou seja, considerando réu da demanda original pessoa jurídica que não foi nessa qualidade disposta pelo autor? (...) O caso em tela é peculiar, pois o autor não requereu a alteração promovida pelo magistrado de piso, mas dela se beneficiou. Por outro lado, o réu demonstrou o interesse em incluir a (*empresa concessionária de serviços públicos*) na lide, ou seja, não se opôs à ampliação subjetiva da lide. Resta saber, então, se o magistrado agiu corretamente quando determinou a expansão do polo passivo de ofício, ou se tal atitude feriu o princípio dispositivo, preconizado nos arts. 2º, 128 e 460 do CPC (** *correspondem aos arts. 2º, 141 e 492 do CPC/15)*, gerando nulidade. Na esteira do instrumentalismo processual, que é a raiz filosófica do processo civil moderno, e calcado nas premissas contidas nos arts. 154, 249, § 2º e 250 (** *correspondem aos arts. 188, 282, § 2º e 283 do CPC/15*), entendo que não há que se falar em nulidade, visto que não há prejuízo algum ao autor advindo da atitude do magistrado. Mais que isso, da total ausência de contestação do autor acerca da atitude do julgador decorre concordância ou anuência tácita com o que foi feito, não devendo ser maculada a iniciativa oficial, que atende ao anseio constitucional de acesso à justiça, que é a premissa maior que deve guiar o juiz na prestação da tutela jurisdicional.

A decisão transcrita demonstra, claramente, como devem ser tratadas as hipóteses em que se alega a existência de decisão *extra petita*, para que se dê rendimento ao processo (só há nulidade se houver prejuízo. Para o autor não houve; quanto à concessionária, também não, eis que teve amplo contraditório).

Desde logo, deve-se ressaltar que essa concepção instrumental não visa "jogar no lixo" ou "rasgar" o Código de Processo Civil. É uma diretriz para a correção de situações atípicas ocorridas no processo e não uma autorização para se desconsiderar a forma processual ordinariamente.

3.1.4.3. Decisões ultra petita

São *ultra petita* as decisões em que se extravasa a *quantidade* do que foi pedido pelo autor. Esse erro de forma é próprio das demandas condenatórias, visto que por meio delas se pleiteia a tutela de relações obrigacionais, que possuem, basicamente, cinco elementos constitutivos: o (i) *an debeatur* (a existência da dívida); o (ii) *cui debeatur* (a quem é devido); o (iii) *quis debeatur* (quem deve); o (iv) *quid debeatur* (o que é devido) e o (v) *quantum debeatur* (a quantidade que se deve – R$ 10.000,00, três carros, vinte cabeças de gado).

Dessa forma, se o magistrado, ao julgar, extravasar o *quantum* pedido pelo autor, ter-se-á sentença *ultra petita*. Sobre o fato de ser nula ou não, aplicam-se os mesmos raciocínios relacionados à sentença *extra petita*.

Feitas essas considerações, é importante destacar que a decisão judicial pode conter, ao mesmo tempo, vários desses vícios. Por exemplo, pode ser, simultaneamente, *infra* e *extra petita* (já vi isso na prática, ou seja, não se trata de um mero exemplo acadêmico).

Todos os conceitos acima, de sentenças *infra*, *extra* e *ultra petita*, estão atrelados ao princípio dispositivo, que ainda é adotado como regra pelo processo civil brasileiro, no que tange à correlação entre a demanda e a decisão judicial.

Mas é certo que existe um número considerável de *exceções*, que são justamente aquelas situações em que incide o princípio inquisitivo, fornecendo permissivo expresso ao órgão jurisdicional para que decida um conflito que não foi deduzido pelo autor. Essa tendência deve se aprofundar, principalmente por conta do paradigma de Estado Democrático de Direito, que é marcadamente mais intervencionista do que o modelo de Estado Liberal, que propagou o princípio dispositivo e fez dele uma das principais diretrizes do processo civil moderno.

São exceções ao princípio dispositivo, em tema de correlação entre o pedido e a decisão judicial (pois nesses casos se aplica o *princípio inquisitivo*):

a) a condenação por litigância de má-fé, ou seja, pela má-fé processual (art. 81 do CPC);

b) a condenação do sucumbente nos honorários advocatícios e demais despesas processuais (art. 82, § 2º do CPC);

c) a condenação do réu nas prestações que vencerem no curso da demanda, quando o processo versar sobre o adimplemento de dívida periódica, como, por exemplo, aluguéis (art. 323 do CPC);

d) a condenação do devedor no valor principal da dívida e nos juros legais, mesmo que estes últimos não tenham feito parte do pedido (art. 322, §1º do CPC);

e) na demanda de declaração de paternidade, caso procedente, deve o magistrado condenar o réu nos alimentos, desde que preenchidos seus requisitos (art. 7º da Lei 8.560/1992);

f) para efetivar o cumprimento de obrigações de fazer, não fazer, dar coisa ou quantia, deve o magistrado estipular, independente de pedido, multa cuja função é coibir o devedor a adimplir seu dever (arts. 537 do CPC).

3.2. Princípio inquisitivo

O princípio inquisitivo é uma diretriz processual completamente antagônica em relação ao princípio dispositivo. Preconiza o dever de o magistrado agir sem necessidade de provocação, no processo. Dessa forma, ele se concretiza das seguintes formas, por meio de regras processuais:

a) ao órgão jurisdicional incumbe sair da inércia, sem a necessidade de que o autor o retire dessa condição por meio do ajuizamento de demanda;

b) incumbe ao Estado-juiz, de ofício, conhecer e apreciar as alegações defensivas, aptas a contrapor a pretensão do autor;

c) o juiz tem o dever de produzir as provas que entenda úteis para o conhecimento das questões relevantes para o processo;

d) o juiz está autorizado a proferir certo julgamento, mesmo que não exista pedido a ele referente (ele pode julgar *ex officio*).

No processo civil brasileiro, o princípio inquisitivo incide em diversas situações, conforme foi visto nos comentários ao princípio dispositivo. Quanto à produção de provas, é a **regra**. Nas demais hipóteses, **exceção**.

Além dessas situações, pode-se apontar a incidência do princípio no dever do magistrado de conferir impulso ao processo, movimentando-o *ex officio*, fazendo com que os vários estágios do procedimento sejam cumpridos até a decisão final, assegurando às partes o direito de participação (contraditório).

3.3. Princípio da cooperação

O princípio da cooperação – uma novidade no Código de Processo Civil, prevista no art. 6º do CPC – traz em seu bojo uma nova contextualização para a relação jurídica processual. As partes e o órgão jurisdicional deverão primar pela adequada condução do processo, adotando-se um modelo cooperativo. Advém do princípio do contraditório, mas com outra perspectiva, qual seja, fomentar o diálogo e oportunizar paridade para as partes.

Trata-se de um macromodelo processual, que deve servir de base para a atividade legislativa processual (instituindo-se normas de processo que o sigam ou revogando as que sejam a ele contrárias) e para a hermenêutica do processo (guiando o juiz na aplicação das normas de conduta processuais já existentes).

O trabalho cooperativo traz excelentes benefícios ao processo, podendo-se destacar, como concretização desse modelo, a realização do *saneamento compartilhado,* nos termos do art. 357, §§ 2º e 3º do CPC.

Uma das maiores vantagens da aplicação concreta do princípio da cooperação é a redução dos recursos. O juiz moderno precisa se preocupar com a atuação da máquina jurisdicional como um todo e não exclusivamente com o desenvolvimento de seu órgão jurisdicional. O individualismo não pode mais ter vez.

Quanto menos recursos suas decisões gerarem, menor o congestionamento das instâncias superiores, o que contribuirá para que mais rapidamente os processos tenham fim.

Ao estabelecer que os sujeitos do processo devem cooperar entre si para que se obtenha, em tempo razoável, decisão justa e efetiva, o princípio da cooperação atua em duas vertentes.

A primeira vertente objetiva estimular e incentivar o diálogo entre o juiz e as partes, em um atuar cooperativo entre todos os atores do processo, para facilitar outros objetivos como a solução justa e pacificadora, fruto de mais diálogo e menos imposição.

De outra parte, o dever de cooperação impõe que às partes, inclusive por seus advogados, cooperem entre si e com o juiz, atuando de forma ética e não utilizando meios impróprios para alcançar seus objetivos ou impedir que a parte contrária os alcance. Obviamente, o princípio da cooperação não impõe que uma parte forneça munição à outra, reconheça a procedência do direito alheio ou sacrifique a sua tese jurídica, mesmo que seja frágil.

O princípio da cooperação incentiva um atuar processual norteado pela ética, a honestidade e a lealdade das partes como standards de conduta, facilitando a gestão do processo pelo juiz e permitindo que seja alcançado o resultado justo, dentro de prazo razoável.

3.4. Princípio da instrumentalidade das formas e primazia da decisão de mérito

O princípio da instrumentalidade já foi analisado no Capítulo 3 da obra, quando tratamos dos atos processuais e de suas nulidades.

Só há nulidade processual se o erro referente ao plano da validade (erro de forma) acarretar prejuízo.

NULIDADE=erro de forma + prejuízo

Trata-se de um princípio vital para o processo civil e para o direito processual em geral (penal, trabalhista, eleitoral etc.), concretizado em diversas regras como aquela prevista no art. 282, § 2º do CPC:

> Art. 282.
>
> § 2º Quando puder decidir o mérito a favor da parte a quem aproveite a decretação da nulidade, o juiz não a pronunciará nem mandará repetir o ato ou suprir-lhe a falta.

A regra supracitada, inclusive, concretiza o chamado *princípio da primazia da resolução de mérito*, que se constrói a partir do art. 4º do CPC, segundo o qual o magistrado, ao analisar as muitas questões – de natureza processual e de direito material – que o processo lhe apresenta, deve ter por norte buscar, primordialmente, que o mérito (pedido) seja julgado, entendendo como *excepcionais* decisões de natureza terminativa (que extinguem o processo sem a análise do pedido, nas hipóteses do art. 485 do CPC).

Para que consiga tornar realidade o princípio da *primazia da resolução de mérito*, deve o magistrado, basicamente, adotar duas condutas:

a) identificar quais são os *errores in procedendo* (nulidades) realmente insanáveis, buscando corrigir os demais e, de tal forma, permitir que o julgamento de mérito ocorra. Na prática jurisdicional, é muito frequente que erros de forma plenamente corrigíveis não sejam tratados como tal, gerando a anulação de decisões que poderiam ser aproveitadas, retardando a prestação da tutela jurisdicional e, por vezes, impedindo que ela seja entregue em tempo razoável.

   Um exemplo importante se tem em sede recursal. Basta imaginar um recurso de apelação no qual se discute matéria fática que deveria ter sido objeto de perícia no primeiro grau, o que foi negligenciado por partes e juiz. A ausência de produção de prova essencial a desvendar as questões de fato no processo caracteriza a violação ao princípio da ampla defesa e contraditório e poderia trazer como consequência a anulação da sentença, a volta dos autos ao primeiro grau para a realização da perícia, com posterior prolação de nova sentença e a interposição, eventual mas muito comum, de outro recurso de apelação.

   A solução encampada no parágrafo antecedente é possível, mas não se afina ao princípio da primazia da resolução de mérito, em tempo razoável. Seu efeito será a prolação de duas sentenças, a interposição de dois recursos de apelação e a prolação de dois acórdãos de apelação, em um ambiente de recursos humanos escassos diante da demanda (Poder Judiciário).

   Aplicando o princípio da primazia da resolução de mérito, em tempo razoável, ao caso concreto, bem como as regras dos arts. 932, I e 938, § 1º do CPC, deverá o tribunal determinar que os autos do processo sejam remetidos ao juiz singular tão somente para que a prova pericial seja produzida, devendo, após, retornar diretamente para que a apelação seja apreciada, já estando extirpado o *error in procedendo*. Nesse caso, o tribunal poderá reavaliar o mérito da sentença, produzindo um acórdão que o confirme ou reforme, de forma mais ágil e evitando *desperdício de atividade jurisdicional*;

b) na hipótese de constatar a existência de *erro de forma insanável*, deverá se questionar sobre se o mesmo acarretou prejuízo, ou seja, se os valores que a forma visava a proteger foram vilipendiados ou não. Caso a resposta seja negativa, deve desconsiderá-los, passando ao julgamento meritório.

Uma última informação, que reforça a importância do princípio da instrumentalidade das formas para o direito processual, como um todo: no IX Congresso Mundial de Direito Processual, realizado em Portugal no ano de 1991, concluiu-se que o princípio em tela se trata da mais bela norma do direito processual contemporâneo.

3.5. Princípio da oralidade

O princípio da oralidade tem origem no processo clássico romano. Preconiza que os atos processuais devem ser praticados, prioritariamente, pela forma oral,[80] o que proporciona diversas vantagens às partes e ao próprio Estado, responsável por prestar a tutela jurisdicional:

a) a forma oral permite que, de forma concisa, se concentre um maior número de atos processuais num mesmo momento do procedimento, que são as audiências (*princípio da concentração dos atos em audiência*), abreviando o tempo do processo. Para exemplificar, observe a *audiência de instrução e julgamento* do procedimento comum, regulada pelos arts. 358 a 368 do CPC. No seu curso, é possível que sejam praticados os seguintes atos processuais: (i) *tentativa de conciliação das partes*; (ii) *oitiva de testemunhas*; (iii) *depoimentos de autor e réu*; (iv) *esclarecimentos por parte do perito*; (v) *sentença*.

b) a oralidade garante o contato imediato do julgador com as provas (*princípio da imediatidade*). Com isso, é possível ao magistrado sentir, com mais propriedade, circunstâncias do conflito que a análise de documentos esconde. Algumas minúcias somente são possíveis de observar por meio do contato visual, da tensão das partes de estarem em frente a um magistrado, etc. Sem sombra de dúvidas, é uma faceta importantíssima do princípio da oralidade;

c) a oralidade propicia a conciliação, visto que as partes em litígio são incitadas a se compor em um ambiente mais propício a isso do que aqueles outros onde, por exemplo, tenha surgido o conflito. Um elemento essencial para o sucesso da conciliação, todavia, é a atitude do julgador. Suas ponderações e a segurança que nele as partes sentem são decisivos para o sucesso dessa empreitada.

Ao princípio da oralidade contrapõe-se o *princípio da escritura*, que preconiza a forma escrita como o principal meio de realização dos atos processuais. "O princípio da escritura constitui um fator de profunda semelhança dos sistemas processuais de

80. É óbvio que os atos são praticados pela forma oral, mas são registrados por meio escrito ou digital, o que gera diferença marcante no processo. Pense no seguinte exemplo: *(i)* o autor apresenta, por meio de petição escrita, as respostas que proferiu a questionamentos do juiz e da outra parte, no prazo que lhe foi concedido; *(ii)* o autor deve responder, na hora da audiência, a perguntas formuladas pelo magistrado, sujeito a equivocar-se, a ser pego em contradições, à tensão do momento. Qual meio será o mais eficiente para aferir a veracidade dos fatos alegados no curso do procedimento? Sem sombra de dúvidas, o segundo.

toda a Europa Continental, desde os primeiros séculos posteriores ao ano 1000 d.C. até todo o século XVIII".[81]

A justificativa para o predomínio da escritura, no período indicado, era o resguardo que o processo civil medieval da Europa pretendia garantir à "neutralidade" do juiz. Serviria como espécie de barreira contra as emoções que o magistrado poderia sentir ao manter contato direto com as partes e as provas.

A neutralidade do julgador é uma falácia, pois nenhum ser humano é neutro ao julgar, tendo em vista que usa como fonte de seus juízos seus valores e suas experiências. No fim, o que a escritura garantia era um resultado frio, muitas vezes afastado da realidade, bem como o prolongamento desnecessário do feito, já que pela forma escrita é mais difícil implementar a concentração dos atos processuais.

O movimento pela oralidade ganha força no século XIX, sendo a descoberta das Instituições de Gaio,[82] em 1816, um decisivo marco para que se recuperasse esse princípio de origem romana. Na doutrina, a incessante atividade de Giuseppe Chiovenda em prol da oralidade é digna de nota.[83] No campo legislativo, os Códigos de Processo Civil da Alemanha (ZPO, de 1877) e da Áustria (ZPO, 1895), ainda hoje vigentes, foram pioneiros na adoção da premissa em análise.

No direito brasileiro, o princípio da oralidade incide de formas bastante variadas. Há procedimentos em que é possível não praticar qualquer ato oralmente (no procedimento do *mandado de segurança*, por exemplo); no outro extremo, há aqueles que podem se desenvolver somente sob a forma oral (procedimento dos juizados especiais cíveis, em que, desde a petição inicial até a sentença, podem os atos ser praticados todos oralmente).

Um grande empecilho ao sucesso do princípio da oralidade é o abarrotamento dos órgãos jurisdicionais de processos, que faz com que se tenha de esperar de meses a anos para a realização da audiência, tempo em que o processo permanece parado, ferindo o princípio constitucional da duração razoável do processo.

3.6. Princípio da eventualidade

É uma diretriz processual que se pode observar presente em várias etapas do procedimento. Sua adoção significa que o legislador quis separar momentos específicos do processo para que as partes praticassem os atos que lhes incumbem, em vez de, simplesmente, permitir que os atos fossem praticados a qualquer momento.

O princípio da eventualidade é uma diretriz de natureza organizacional, voltada a permitir que o processo se desenvolva, seja uma "marcha avante". A título de exemplo, se o réu não fosse a ele submetido (ao princípio da eventualidade) e esti-

81. CAPPELLETTI, Mauro. *op. cit.*, p. 43.
82. Obra didática do jurista romano Gaio, em que descrevia o direito romano clássico.
83. CHIOVENDA, Giuseppe. *Instituições de direito processual civil*. v. I. 2 ed. Campinas: Bookseller, 2000.

vesse errado, sua conduta naturalmente seria a de fracionar ao máximo suas defesas (jocosamente, pode-se dizer que seguiria o "*princípio do fracionamento máximo dos atos processuais*"), a fim de eternizar o processo. A cada nova defesa apresentada, precisaria o juiz dar ao autor a oportunidade de se manifestar, criando um círculo vicioso a impedir o desfecho do processo.

No que tange ao exercício do direito de defesa, então, percebe-se claramente a incidência do princípio em tela no art. 336 do CPC, que determina que a contestação, manejada no prazo da resposta, contenha "toda a matéria de defesa", exceto aquelas que, como visto, devem ser apresentadas em petições autônomas. Transcreve-se o artigo de lei mencionado:

> Art. 336. Incumbe ao réu alegar, na contestação, toda a matéria de defesa, expondo as razões de fato e de direito com que impugna o pedido do autor e especificando as provas que pretende produzir.

Vê-se, claramente, a atuação da ideia de eventualidade, que somente é útil como medida de saneamento processual, de organização do procedimento quando coligada à preclusão, que é a perda da possibilidade de prática do ato processual.

Dessa forma, caso o réu não apresente todas as defesas que deveriam e poderiam estar contidas na contestação, perde a oportunidade de fazê-lo (preclusão). Essa regra comporta exceções, visto que as chamadas "questões de ordem pública", tais como as relacionadas aos pressupostos processuais, aos requisitos de validade do processo e às condições da ação, não sofrem, nesse estágio, com a preclusão,[84] podendo ser alegadas e conhecidas pelo magistrado posteriormente. Assim se lê no art. 342 do Código de Processo Civil:

> Art. 342. Depois da contestação, só é lícito ao réu deduzir novas alegações quando:
>
> I – relativas a direito ou fato superveniente;
>
> II – competir ao juiz conhecer delas de ofício;
>
> III – por expressa autorização legal, puderem ser formuladas em qualquer tempo e grau de jurisdição.

Quando o art. 342, I do CPC refere-se a "direito superveniente", está a indicar que qualquer circunstância fática ou jurídica que surja posteriormente ao momento em que se apresentou a contestação poderá ser deduzida pelo réu, em respeito ao princípio do contraditório, que, em sede processual civil, significa uma garantia dada às partes de participar da dialética processual.

Como, na época de contestar, ainda não tinham se configurado as situações de fato e de direito que ocorreram posteriormente, o réu não as pode alegar em contestação, somente havendo oportunidade posterior de fazê-lo.

---

84. Existem duas exceções: a incompetência relativa (que será estudada no Capítulo 6) e convenção de arbitragem (analisada nos Capítulos 1, 5 e 8) sofrem com a preclusão caso não alegadas em sede de contestação, como se lê no art. 337, § 5º do CPC.

Coisa diferente ocorre quando, na época da contestação, já havia acontecido uma circunstância fática e dela não tomou ciência o demandado. Fala-se, nesse caso, de fato novo. Para poder alegá-lo deverá o interessado demonstrar o impedimento anterior que tornou impossível a sua dedução (exemplo, uma coação que impediu a apresentação da alegação). Fato superveniente e fato novo, portanto, são locuções que designam coisas diversas, com efeitos práticos diferentes.

No que tange às matérias que podem ser conhecidas de ofício e alegadas a qualquer tempo, tratam-se daquelas previstas no art. 337, § 5º.

3.7. "Princípio" da inalterabilidade da demanda

Conforme visto, é o autor quem determina o conflito de interesses a ser apreciado pelo Poder Judiciário, ao ajuizar a demanda.

Segundo Dinamarco, "o ato inicial de comparecimento a juízo com uma pretensão chama-se demanda. Demandar é pedir, postular. Demanda é um ato e não se confunde com ação, que é um direito, ou poder".[85]

Por meio da demanda o autor traz seu pedido, que deve ser julgado pelo órgão jurisdicional. Para que se garanta que o processo não seja marcado por retrocessos, bem como para fazer efetivo o princípio do contraditório, as normas processuais necessitam regular os limites para a modificação, a supressão ou o acréscimo de pedidos (pretensões), de causas de pedir ou de partes após o ajuizamento da demanda. É muito conhecida como "*princípio da inalterabilidade da demanda*" a regra – e não princípio – que regula toda essa sorte de modificações.

Desde logo, é importante enfatizar que são duas as preocupações maiores no que concerne às alterações da pretensão exercitada por meio da demanda: a economia processual (duração razoável do processo) e, principalmente, o contraditório. Ambos são garantias constitucionais do processo e devem ser observados como nortes para a formulação e a aplicação das normas processuais infraconstitucionais.

No Código de Processo Civil, a *inalterabilidade da demanda* está regulada no art. 329.

Percebe-se que a possibilidade de alteração dos elementos da demanda, objetivos e subjetivos, é mais ampla no início do procedimento e encontra óbice a partir de certo ponto.

Da leitura dos artigos de lei transcritos, pode-se extrair a seguinte regra:

a) enquanto o réu não foi citado e não integrou, por consequência, a relação jurídica processual, que ainda só é formada pelo autor e pelo juiz, o demandante é livre para alterar os contornos da demanda, desde que não viole o

85. DINAMARCO, Cândido Rangel. *Instituições de direito processual civil*. v. I. 5 ed. São Paulo: Malheiros, 2005. p. 322.

princípio do juiz natural, escolhendo um órgão jurisdicional para apreciar sua demanda;

b) uma vez citado o réu, este passa a fazer parte da relação jurídica processual, devendo-lhe ser garantidos a duração razoável do processo e o contraditório. Alterações no objeto do processo somente são possíveis mediante sua permissão;

c) entretanto, mesmo com a concordância do réu, nenhuma modificação deve ser feita quando finda a *fase de saneamento do processo* (art. 357 do CPC), visto que nesse momento do procedimento o magistrado fixa as questões controvertidas e determina a produção das provas ainda necessárias, dirigindo o processo para seu momento culminante e final – o julgamento. Seria prejudicial ao bom andamento do processo que, nesse estágio, se permitisse um retrocesso que implicaria em volta à fase postulatória.

Com base na regra da *inalterabilidade da demanda*, deve o magistrado impedir que alterações vedadas ao objeto do processo sejam efetivadas. Conquanto seja certa essa conclusão, muitas vezes o julgador será instado a resolver situações em que o autor inseriu novo pedido ou fundamento (causa de pedir) após o fim da fase de saneamento ou sem autorização do réu, o que significa dizer que o comando contido no art. 357 do CPC falhou em sua função preventiva, devendo ser acionado de forma coercitiva.

Nessas situações deve-se perguntar: o acréscimo de pedido, sem a anuência do demandado ou após o saneamento, leva à nulidade do processo, por si só, face ao desrespeito à norma do art. 357? Uma vez desrespeitada a formalidade em análise, para que essa circunstância acarrete nulidade processual, deve-se a ela conjugar, em regra, um prejuízo advindo do equívoco. No caso em epígrafe, tal prejuízo poderia ocorrer (i) *se o réu não tivesse podido exercer, de forma completa, o direito ao contraditório;* (ii) *se o princípio do juiz natural restasse violado*, por se constatar que a adição do pedido foi uma forma de se escolher um juízo mais favorável. Garantido ao contraditório e preservado o princípio do juiz natural, deve-se desconsiderar o erro e dar-se rendimento ao processo, de acordo com as regras inscritas nos arts. 188, 277 e 282, § 2º e 283, parágrafo único, do CPC.

Reconhece-se que se trata de uma solução instrumentalista e que pode causar surpresa àqueles que se definam como formalistas. Mas qual seria a razão de se negar a tutela jurisdicional no caso em tela, mediante a aceitação do pedido deduzido *a posteriori*, se não houve ferimento aos princípios constitucionais aplicáveis à situação? Por que não utilizar o processo de forma inteligente e econômica, resolvendo de forma mais ampla e completa o conflito social que une autor e réu?

Capítulo 5
DO DIREITO DE AÇÃO

1. A EVOLUÇÃO DO CONCEITO DE AÇÃO

O desenvolvimento do direito processual civil sempre seguiu de perto a evolução da concepção do direito de ação, que é peça primordial no mecanismo de tutela dos direitos.

Isso porque, não obstante seja o cumprimento das normas de conduta a regra para as sociedades, a não observância destas é dado relevante, devendo ser coibida de forma severa, impedindo que a proliferação da desobediência ponha por terra a paz social. A validade do direito está ligada a um mínimo de eficácia social.[1] Por isso o direito também deve voltar sua atenção para a reversão das lesões ou ameaças de lesão aos direitos que fazem parte do patrimônio pessoal dos sujeitos, sem o que a norma jurídica seria uma mera retórica vazia.[2]

Justamente o método eleito para que os indivíduos possam pleitear a tutela (proteção) de suas posições de vantagem em face de outros é o acionamento do Estado para que seja exercitada a função jurisdicional.

Tem-se o direito de ação, portanto, como instituto essencial na dinâmica do direito, como forma fidedigna de restaurar seu império quando sua simples "ameaça potencial" tiver falhado. O direito de ação é mecanismo diretamente ligado à transição do direito de sua forma estática à dinâmica.

Mas como se pode definir "o que é direito de ação"? Qual o seu fundamento? Ao longo do tempo, muitas foram as tentativas de resposta às perguntas acima formuladas e a outras que circundam o tema. Teorizou-se muito sobre o direito de ação, que talvez tenha sido o instituto de direito processual ao qual mais se tenham dedicado estudos científicos.

As principais teorias que visaram a explicar o direito de ação estão expostas abaixo. Sobre elas, desde logo, cabe repisar as sábias palavras de Moacyr Amaral Santos:

> Já reconheceu Mortara, com aplausos de Siqueira Ferreira, que em todas as teorias há um fundo parcial de verdade, cumprindo recolher e condensar o melhor suco de cada uma.[3]

---

1. KELSEN, Hans. *Teoria pura do direito*. 6 ed. 2 tiragem. São Paulo: Martins Fontes, 1999, p. 11 e ss.
2. Vide sobre essa perspectiva SATTA, Salvatore. *Diritto processuale civile*. 13 ed. Padova: Cedam, 2000, p. 130. Importante notar, no entanto, que Satta era monista.
3. SANTOS, Moacyr Amaral. *Primeiras linhas de direito processual civil*. v. I. 15 ed. São Paulo: Saraiva, 1992, p. 152.

Complementando a ideia, Podetti[4] traz que o problema da natureza da ação "constitui uma verdadeira emboscada para o jurista que pretende dar soluções definitivas (tradução livre)".

A construção das teorias mais modernas sobre o direito de ação não prescindiu – nem poderia tê-lo feito – das conclusões de pesquisas prévias, que, no mínimo, serviram de ponto de partida para a formulação de críticas que propiciaram o desenvolvimento científico atual.

Em outros casos, foi verdadeiramente a união de concepções antagônicas que produziu uma nova teoria – uma dialética que gerou, *por exemplo*, a Teoria Eclética de Liebman, que recebe este nome por representar uma concepção intermediária entre as teorias concretistas e abstratistas, que serão abordadas logo em seguida.

Para dar ao leitor uma visão mais ampla desse desenvolvimento, facilitando sua compreensão do porquê da existência, hoje em lei, de algumas das teorias ao longo dos séculos formuladas, passa-se à análise daquelas que mais repercussão e alcance obtiveram.

2. TEORIA IMANENTISTA

A primeira das teorias da ação que geralmente se estuda é a chamada *Teoria Imanentista*, ou *Teoria Civilista da Ação*. Seja qual for a designação utilizada, ela muito diz sobre o conteúdo que carrega.

Segundo seus defensores, o direito de ação é algo imanente, característica própria do direito material lesado. É seu aspecto dinâmico, ou seja, o direito de ação é o direito material, num segundo estágio, após o seu inicial descumprimento.

Clarificando: o fundamento do direito de ação, para os imanentistas, é o próprio direito material violado. A ação não é nada diferente deste. É simplesmente o direito reagindo contra sua lesão.[5] O direito armado para a guerra, em seu aspecto dinâmico.

Observe o seguinte exemplo: para os imanentistas, o direito de João receber de José o carro que comprou do último teria dois estágios:

a) um estático, correspondente à formulação da *norma primária*, em cujo consequente se encontra a relação jurídica na qual está inserido o seu direito de receber o veículo que comprou;
b) um dinâmico, chamado de direito de ação, correspondente ao direito de exigir a entrega do bem diante da violação de seu direito, que se trata do consequente da *norma secundária*.

Graficamente, a concepção imanentista de direito de ação seria a seguinte:

4. PODETTI, Ramiro. *Teoria y tecnica del proceso civil*. Buenos Aires: Ediar, 1963, p. 364. No original: "constituye una verdadera emboscada para el jurista que intenta dar soluciones definitivas".
5. Vide BEDAQUE, José Roberto dos Santos. *Direito e processo*. 2 ed. São Paulo: Malheiros, 1997, pp. 21-22.

NORMA JURÍDICA PRIMÁRIA

Se → José recebeu de João R$ 20.000,00 pela compra do veículo X

Deve → entregar o veículo

NORMA JURÍDICA SECUNDÁRIA

(para os imanentistas, o *direito de ação*)

Se José não entregou o veículo X

Deve ser → coativamente obrigado a fazê-lo

Em suma, para os imanentistas, o direito de ação nada mais é do que um estágio do direito material, referente à norma secundária decorrente do descumprimento da norma primária, como já estudamos no Capítulo 3 deste livro, lembra? Não há diferença entre direito material e direito de ação. Observem, já se analisando a questão à luz da teoria do fato jurídico, que o direito material e o direito de ação são efeitos do mesmo fato jurídico *lato sensu* (o negócio jurídico de compra e venda do carro).

O que os imanentistas pretendem dizer pode ser explicado por meio de mais um exemplo: imagine que Arlindo, ao chegar em sua fazenda, perceba que ela foi invadida. O ato de invasão criou uma relação jurídica entre ele e os invasores, a partir da qual surge seu direito subjetivo de reaver o que lhe foi tomado. Para exercer tal direito, vai ao Judiciário e ajuíza uma ação possessória. Para os imanentistas, quando Arlindo se dirige ao Estado-juiz para requerer a proteção ao seu alegado direito material, não se cria uma nova relação jurídica entre o autor e o Estado, diferente do vínculo de direito material. O que se tem é a continuação da relação de direito material, que agora também envolveria o Estado, e que somente chegou a esse estágio por causa da lesão provocada pelos invasores.

É o direito de ação, portanto, mero apêndice ou qualidade do direito material lesado, só surgindo quando se verifica a mencionada lesão. O maior defensor dessa teoria foi o romanista alemão Savigny, que inicialmente desenvolveu a doutrina exposta.[6]

A essa ideia também deu desenvolvimento a doutrina francesa, como dá nota Eduardo Couture, que, lecionando sobre as respostas que os juristas franceses apresentavam sobre o tema, apontava que "a ação é o direito em movimento, algo assim como uma manifestação dinâmica. Nenhuma diferença substancial pode ser apontada entre direito e ação. E Demolombe ensinava que quando a lei fala em 'direitos e ações', incorre em pleonasmo".[7]

Tendo sido a ação estudada pelo direito civil por longo lapso de tempo, por influência da ideia civilista apregoada por Savigny e pela doutrina francesa em especial,

6. GOMES, Fábio. *Carência de ação*. São Paulo: RT, 1999, p. 20.
7. COUTURE, Eduardo Juan. *Introdução ao estudo do processo civil*. 3 ed. Rio de Janeiro: Forense, 1998, p. 6.

restou seu desenvolvimento prejudicado, visto que, atrelada ao direito civil, não passava de apêndice deste. Não se visualizavam pressupostos ou características próprias do direito de ação como instituto específico de direito. Sempre se observava a ação como uma peculiaridade de todo e de cada um dos direitos conferidos pela lei civil ao cidadão. Peculiaridade que se evidenciava quando da verificação da lesão ao direito.

A teoria imanentista da ação foi claramente adotada pelo revogado Código Civil Brasileiro de 1916, que em seu art. 75 dizia que a todo direito corresponde uma ação que o assegure. Conforme se percebe, o direito de ação, e consequentemente o direito processual, permaneceram na penumbra até que novos ventos sobrevoassem a Europa, trazendo novidades que impulsionaram definitivamente a evolução do instituto.

2.1. Um novo rumo na doutrina – a polêmica entre Windscheid e Muther

A Europa viveu, no século XIX, um momento de ebulição que se verificou também no desenvolvimento da ciência jurídica, o que teve reflexos no estudo do direito de ação.

Os ensinamentos clássicos romanos, que foram resgatados principalmente em Universidades como a de Bolonha e que serviram de base para o entendimento da maioria absoluta dos institutos jurídicos então em voga, passaram a ser contestados e estudados sob outras perspectivas, gerando dúvidas onde antes existia consenso.

Por isso Chiovenda afirma que

> sobre a célebre definição romana "Nihil aliud est actio quam ius quod sibi debeatur iudicio persequendi", a doutrina tecia proposições aparentemente diversas, mas todas incluindo um conceito de ação que poderia considerar-se misto ou impuro. Alguns a configuravam como o poder imanente ao direito de reagir contra a violação, ou como o direito mesmo em sua tendência à atuação; alguns, como um direito novo, e por si mesmo nascido com a violação do direito material, e tendo por conteúdo a obrigação do adversário de fazer cessar a violação".[8], [9] (tradução livre)

Nesse ambiente propício a mudanças situa-se a famosa polêmica entre os romanistas alemães Bernard Windscheid e Theodor Muther sobre o conceito de ação, que foi decisiva para que houvesse uma ruptura com o paradigma anterior do imanentismo, dando impulso para a libertação do direito de ação das garras do direito civil – no que tange à fundamentação de sua existência, vinculada de forma tão umbilical ao direito material, que se dizia ser parte dele.

---

8. CHIOVENDA, Giuseppe. *La acción en el sistema de los derechos*. Bogotá: Temis, 1986, pp. 5-6. No original: "sobre la célebre definición romana "Nihil aliud est actio quam ius quod sibi debeatur iudicio persequendi" la doctrina tejía proposiciones aparentemente diversas, pero todas incluyendo un concepto de acción que podría considerarse mixto o impuro. Algunos a configuraban como la potestad inmanente al derecho de reaccionar contra la violación, o como el derecho mismo en su tendencia a la actuación; algunos como un derecho nuevo y por sí mismo, nacido con la violación del derecho, y teniendo por contenido la obligación del adversario de hacer cesar la violación".
9. Este último entendimento era o de ALMEIDA JR., João Mendes de. *Direito judiciário brasileiro*. 3 ed. Rio de Janeiro: Freitas Bastos, 1940, p. 97.

Em termos gerais, consistiu a polêmica no seguinte: Windscheid rechaçou que a *actio* romana fosse o direito de acionar o Estado, o direito medieval germânico de querela (klagerecht), que qualificou como um direito criado pelos juristas, sem realidade nem no direito romano nem no moderno,[10] sendo nada mais que a faculdade de exigir em juízo a proteção ao direito subjetivo, que chamou de pretensão, exercida em face daquele que estava, no mundo social, obrigado a obedecer ao ordenamento jurídico.

Contrapondo-lhe as ideias, Muther "apoiado na tradição da *klage*, do processo medieval germânico, se opõe a essa direção pessoal da ação, e a apresenta como um direito em face do Estado, representado pelos órgãos jurisdicionais aos quais o indivíduo reclama a fórmula, ou seja, a tutela jurídica"[11]. (tradução livre)

Em português bem claro: Theodor Muther afirmou, com todas as letras, que uma coisa era o direito material e outra o direito de se dirigir ao Estado-juiz a fim de buscar a tutela de um alegado direito material (*direito de ação*).

Para nós, em pleno século XXI, trata-se de uma distinção até mesmo óbvia, mesmo para aqueles meus leitores que estiverem cursando os períodos iniciais do curso de direito. Mas estamos falando de estudos realizados no século XIX!

O entendimento de Muther, ao qual o próprio Windscheid acabou por sucumbir,[12] teve destacada importância no desenvolvimento do direito de ação, visto que, como assevera Podetti, "encontramos já os elementos substanciais da ideia de ação da maioria dos tratadistas modernos: natureza pública e privada; direcionamento contra o Estado; poder-dever deste último; necessária vinculação com o direito material"[13]. (tradução livre)

A partir desse ponto, partiu a doutrina a defender a autonomia do direito de ação em face do direito material a que visa tutelar, surgindo sua configuração de instituto autônomo, mas instrumental, ao direito material.

Sobre o alcance das ideias de Muther, são preciosas as palavras de Pugliese, na introdução à famosa compilação de textos produzidos pelos dois romanistas, que deram corpo à polêmica:

> A parte construtiva (da crítica de muther a windscheid), que se preocupava em definir a ação como o direito, frente ao magistrado, de declarar a fórmula e em configurar, em geral, um direito

---

10. CHIOVENDA, Giuseppe. *La acción en el sistema de los derechos*. Bogotá: Temis, 1986, p. 7.
11. PODETTI, Ramiro. *Teoria y tecnica del proceso civil*. Buenos Aires: Ediar, 1963, p. 366; CHIOVENDA, Giuseppe. *Instituições de direito processual civil*. 2 ed. Campinas: Bookseller, 2000, p. 39. No original: "apoyado en la tradición de la klage, del proceso medioeval germano, se opone a esa dirección personal de la acción y la presenta como un derecho contra el Estado en la persona de los órganos jurisdiccionales, a los cuales el individuo reclama la "formula", es decir, tutela jurídica".
12. GOMES, Fábio. *Carência de ação*. São Paulo: RT, 1999, p. 25.
13. PODETTI, Ramiro. *Teoria y tecnica del proceso civil*. Buenos Aires: Ediar, 1963, p. 366. No original: "encontramos ya los elementos sustanciales de la idea de acción de la mayoría de los tratadistas modernos: naturaleza pública y privada; dirección contra el Estado; derecho-deber de este último; necesaria vinculación con el derecho material".

> frente ao Estado à prestação da tutela jurídica, teve amplas repercussões. Não tanto no campo romanístico (...) como no campo da processualística (...) Sobretudo nela se inspirou, de forma patente, wach, ao perfilar a doutrina da Rechsschutzanspruch, que dominou a ciência processual alemã no período de seu florescimento máximo.[14] (tradução livre)

Ou seja: uma polêmica que nasceu entre historiadores (discutiam, afinal de contas, o que era o direito de ação em Roma) terminou por influenciar de forma central o nascimento de uma ciência – a Processual – a partir da identificação de que existiam dois planos do direito – o material e o processual.

2.2. A teoria imanentista no Brasil

No Brasil, a teoria imanentista sobreviveu muito além do que o advento das inovadoras teorias sobre a ação – surgidas na Europa no século XIX – permitiria prever. As doutrinas de Wach e Chiovenda tardaram a se disseminar em nossas terras, o que fez com que durante muito tempo ainda fosse quase uníssona entre nós a aceitação das antigas ideias civilistas.

Um perfeito exemplo do que descrito é a obra do professor de Direito Judiciário Civil (antiga denominação das cadeiras de processo que indica as próprias concepções que ainda vigiam) João Monteiro, que em pleno século XX (1936) ainda escrevia que "o fundamento jurídico da acção é o proprio direito violado, e o seu momento funccional a mesma violação por parte de pessoa determinada. Esta violação cria um vínculo de direito idêntico a uma obrigação, da qual é sujeito activo o titular da relação de direito, e sujeito passivo, o seu violador".[15], [16]

Sobre o tema, no entanto, o que de mais interessante se extrai da obra do antigo processualista é a nota de rodapé relacionada ao trecho que transcrevi acima, que reproduzo em sequência por demonstrar a rejeição às ideias autonomistas (de que direito material e direito de ação eram autônomos e distintos) que já agitavam a Europa há bastante tempo:

> Os escriptores não convergem na determinação do fundamento da acção. Assim e principalmente: a) alguns, tomando como outras tantas relações de direito, novas e independentes, as differentes fases por que póde passar uma mesma relação de direito, consideram a acção como um direito

14. PUGLIESE, Giovanni. Introducción. p. XIX In: WINDSCHEID, Bernard & MUTHER, Theodor. *Polemica sobre la actio*. Buenos Aires: EJEA, 1974. No original: "La parte constructiva (da crítica de muther a windscheid), que se concretaba en definir la actio como el derecho frente al magistrado al libramiento de la formula y en configurar, en general, un derecho frente al Estado a la prestación de la tutela jurídica, tuvo amplias repercusiones. No tanto en el campo romanístico (...), como en el campo procesalístico. (...) Sobre todo se inspiró en ella de manera patente wach, al perfilar la doctrina del Rechtsschutzanspruch, que dominó la ciencia procesalística alemana en el período de su máximo florecimento".
15. MONTEIRO, João. *Theoria do processo civil e commercial*. 5 ed. São Paulo: Typographia acadêmica, 1936, p. 74.
16. Vide também ALMEIDA JR., João Mendes de. *Direito judiciário brasileiro*. 3 ed. Rio de Janeiro: Freitas Bastos, 1940, p. 97.

> independente, parallelo ao direito de família, ao direito de propriedade, etc.,etc. SAVIGNY (§ 59 e nt. a) censura esta falsa escola.[17]

Preste atenção na parte final do texto transcrito: João Monteiro chama de *falsa* a escola (ou seja, a doutrina) que defende a autonomia entre o direito material e o direito de ação.

A aceitação da autonomia do direito de ação no Brasil não foi fácil e rápida, ocorrendo aos poucos, destacando-se as obras de Guilherme Estellita (Direito de ação, Direito de demandar – 1933) e de Pontes de Miranda (Tratado da ação rescisória – 1934) como as que primeiramente captaram tudo o que se escrevera desde Windscheid, em 1856,[18] encampando a teoria autonomista.

3. TEORIA CONCRETA

Voltando à Europa e na esteira da polêmica travada entre Windscheid e Muther sobre a natureza do direito de ação em Roma, surgiu um estudo essencial para sepultar de vez a teoria imanentista, de certo modo um golpe de misericórdia nas ideias de Savigny:[19] a Teoria Concreta da ação, capitaneada pelo jurista alemão Adolf Wach.

Wach afirmou categoricamente a separação do direito em dois planos – *substancial* (ou material) e *processual*, sendo o seu melhor argumento a existência da ação declaratória negativa.

A ação declaratória negativa tem por finalidade certificar a inexistência de uma relação jurídica entre determinados sujeitos, quando haja dúvida a esse respeito. Pense que José, atormentado com a possibilidade de que João não seja seu filho, ajuíze uma ação, retirando o Poder Judiciário da inércia, a fim de pleitear o reconhecimento de que entre ambos não existe relação jurídica de paternidade. Trata-se de uma "ação declaratória *negativa* de paternidade".

Dessa forma, para a existência da ação, prescinde-se (não se depende) da existência de uma relação de direito material, o que invalida a premissa imanentista de que direito material e direito de ação se tratavam de duas facetas – estática e dinâmica – do mesmo direito.

O exemplo de Wach, que não é o único que traz em sua obra "La pretensión de declaración", teve o condão de tornar clara a ideia de que a ação é direito distinto do direito material violado. O direito de ação tem como função abrir as portas para a tutela de situações jurídicas intersubjetivas e, por tal razão, ao se exercitar esse direito faz-se referência a uma relação de direito material. Assim fala Bedaque, quando aponta

17. MONTEIRO, João. *Theoria do processo civil e commercial*. 5 ed. São Paulo: Typographia academica, 1936, p. 74, nota 1.
18. GOMES, Fábio. *Carência de ação*. São Paulo: RT, 1999, p. 27. Vide também SILVA, Ovídio A. Baptista da & GOMES, Fábio. *Teoria geral do processo civil*. São Paulo: RT, 1997, p. 101.
19. LOPES DA COSTA, Alfredo de Araújo. *Direito processual civil*. v. 1. Rio de Janeiro: Konfino, 1947, p. 57 apud SIQUEIRA, Cleanto Guimarães. *A defesa no processo civil*. 2 ed. Belo Horizonte: Del Rey, 1997, p. 64.

que "a ação não pressupõe direito existente, mas exige-se a afirmação de um direito material para seu exercício".[20] Isso não importa em dizer que o direito de ação é o próprio direito material uma vez violado e em busca por ser respeitado. A ação é uma prerrogativa do sujeito voltada contra o Estado, a quem incumbe, primordialmente, o exercício da função jurisdicional.

Essa conclusão se extrai de uma passagem da obra do jurista germânico, quando conclui pela impossibilidade de acerto da teoria imanentista, afastando a ideia de ação de sua origem civilista:

> A tese da imanência do direito de ação no direito privado é, por tudo, impossível e inconcebível, quando se sabe que há ação independentemente do direito subjetivo privado que deve ser por ela protegido. Sua existência, hoje em dia, já não pode ser negada por ninguém, em vista da ação declaratória negativa[21]. (tradução livre)

O direito de ação, autônomo em relação ao direito material, tinha para Wach muitas das características apontadas por Muther, sendo clara a influência deste no pensamento do autor da Teoria Concreta da Ação.

Por isso Wach diz que a ação "é dirigida ao Estado, que deve outorgar uma proteção; e se dirige contra a parte contrária, frente a qual deve ser outorgada a dita proteção. É de natureza pública e não é emanação do direito subjetivo privado"[22].

Não obstante Wach tenha concluído dessa forma, dizendo que o direito de ação não é uma face do direito material, mas sim um direito distinto, cometeu um grave erro: concluiu que só existe direito de ação quando houver procedência do pedido de tutela de direito material que o autor trouxer ao processo. Só há ação quando reste comprovada razão ao autor.[23] Por essa razão sua teoria tornou-se conhecida como **concreta**, atravessando os séculos.

A conclusão soa, por certo, até mesmo contraditória em face das premissas antes fixadas. Se a ação não é somente uma fase do direito material, tratando-se de direito distinto ao qual corresponde um dever do Estado, por que só haverá direito de ação quando se verificar a vitória do sujeito que acionou o judiciário e o retirou da inércia?

É compreensível imaginar que os precursores, que se aventuraram no estudo da ação como direito autônomo, tenham enfrentado como barreira para uma ruptura total com as ideias imanentistas a circunstância de que sua formação jurídica fora

20. BEDAQUE, José Roberto dos Santos. *Direito e processo*. 2 ed. São Paulo: Malheiros, 1997, p. 12.
21. WACH, Adolf. *La pretensión de declaración*. Buenos Aires: EJEA, 1962, p. 51. No original: "La tesis de la inmanencia del derecho de acción en el derecho subjetivo privado, es del todo imposible e inconcebible, cuando existen derechos de acción, independientemente de los derechos subjetivos privados que deben ser protegidos por aquéllos. Su existencia, hoy en día, ya no puede ser negada por nadie, en vista de la acción de declaración negativa".
22. WACH, Adolf. *Pretensión de declaración*. Buenos Aires: EJEA, 1962, p. 38. No original: "va dirigida al Estado, el cual debe otorgar tal amparo; y se dirige contra la parte contraria, frente a la cual debe ser otorgada dicha protección. Es de naturaleza de derecho público, y no és la emanación del derecho privado subjetivo".
23. Sobre o tema vide também CALAMANDREI, Piero. *Direito processual civil*. v.1. Campinas: Bookseller, 1999, p. 206.

toda calcada nos alicerces que agora estavam pondo abaixo. As vezes é difícil romper, de uma vez, os nós que nos ligam ao que é antigo.

Atualmente, como se pode imaginar, pouquíssimos são aqueles que defendem o acerto da teoria concreta.[24]

Não se pode, no entanto, negar sua importância histórica como ponto de partida dos estudos da ação como fenômeno autônomo, mas interligado ao direito material.

4. TEORIA DO DIREITO POTESTATIVO

A teoria da ação como direito potestativo foi concebida por Chiovenda. O processualista italiano, pai da ciência processual italiana,[25] dando desenvolvimento próprio às ideias de Wach – de quem se considerava discípulo – e refutando algumas de suas conclusões, estabeleceu que:

a) a ação era direito distinto do direito material (autônomo, portanto);

b) tratava-se de direito concreto, pois somente existiria quando tivesse o autor razão;

c) tinha como sujeito passivo o réu, e não ao Estado (ponto de discordância com Wach).

Por dirigir-se ao réu, e não ao Estado, dizia Chiovenda que o direito de ação era espécie daqueles direitos denominados potestativos (*Kann rechte*), que significam o poder de produzir em face de um terceiro uma sujeição prevista pela lei.[26] [27] Uma vez que se entenda que o direito de ação se dirige diretamente ao réu, é até simples entender o porquê de Chiovenda tê-lo chamado de direito potestativo:

Ao réu não é dada a chance de decidir se quer ou não participar da relação processual nessa condição. A ciência da existência da relação processual iniciada pelo autor (art. 312 do CPC) e a sua integração a ela não são atos de vontade do réu, mas sujeições que lhe são impostas. Mesmo que o réu não possua uma relação de direito material com o autor (que este último alegou existir), deve vir a juízo demonstrar essa situação, pois a ausência de resposta do réu, em regra, acarreta a presunção de veracidade das alegações de fato feitas pelo autor. Dessa forma, como para Chiovenda o direito de ação é uma prerrogativa em face do réu, é até natural que ele o conceitue como um *direito potestativo*.

O processualista italiano constrói sua teoria baseado em preconceitos que demonstram de forma clara a dificuldade da doutrina que implementou a transição

24. Mais sobre a Teoria Concreta da ação em nossa contemporaneidade, vide MESQUITA, José Ignácio Botelho de. *Da ação civil*. São Paulo: RT.
25. MANDRIOLI, Crisanto. *Diritto processuale civile*. v. I. 13 ed. Torino: Giappichelli, 2000, p. 60.
26. CHIOVENDA, Giuseppe. *La acción en el sistema de los derechos*. Bogotá: Temis, 1986, p. 20.
27. SANTOS, Moacyr Amaral. *Primeiras linhas de direito processual civil*. v. I. 15 ed. São Paulo: Saraiva, 1992, p. 145.

entre o arcaico e o moderno em se render totalmente ao publicismo e deixar de lado as premissas clássicas do direito privado. Atente-se para suas palavras:

> Pensamos verdadeiramente em um direito frente ao Estado, quando falamos de ação? O leigo pensa, ao levar a cabo uma lide, em exercitar um direito frente ao Estado? Não é o direito à tutela jurídica frente ao Estado, pacificamente satisfeito por este mediante o ordenamento judicial, e em particular mediante a distribuição da jurisdição em vários graus, a potência ou força que sentimos animar o processo civil. Essa (a ação) é o direito de provocar a atividade do órgão jurisdicional contra o adversário.[28]

Assim, conclui Chiovenda que a ação é o poder jurídico de realizar a condição necessária para a atuação da vontade da lei,[29] qual seja, a delimitação de uma crise jurídica envolvendo ao menos um sujeito que pleiteia algo em face de outro, levando-a ao Judiciário e fazendo-o funcionar. É, portanto, um poder de submeter outra pessoa, física ou jurídica, aos auspícios da lei, sujeitando-a. Daí dizer-se que, para Chiovenda, o direito de ação se enquadra na categoria dos potestativos, ou seja, prerrogativas conferidas às pessoas de sujeitarem terceiros aos seus desígnios jurídicos.

Se a teoria concreta de Adolf Wach já merece diversas críticas, com muito mais razão a de Chiovenda, que parte da primeira e acrescenta uma concepção ainda mais criticável, a de que o sujeito passivo do direito de ação é o réu – e não o Estado.

Nesse ponto da narrativa, é possível que você esteja se perguntando: se a teoria da ação de Chiovenda parece ainda mais presa à arcaica concepção imanentista de ação do que a teoria concreta, por que é importante fazer referência a ela? Pelo simples fato da *fama* de Chiovenda?

Longe disso: na teoria de Chiovenda surgem as chamadas *condições da ação*, que você perceberá tomando considerável tempo da sua vida a partir do momento em que for um profissional do direito e atuar na área litigiosa, seja cível, trabalhista, penal etc.

Guarde esse nome – pois ele ainda irá lhe atormentar muito – **condições da ação.**

5. TEORIA ABSTRATA

O avanço da doutrina publicista do processo, que teve como marco a obra de Oskar von Büllow "La teoria de las excepciones procesales y los presupuestos procesales", não tardou a chegar ao estudo do direito de ação, que, conforme se viu pela

---

28. CHIOVENDA, Giuseppe. *La acción en el sistema de los derechos*. Bogotá: Temis, 1986, p. 19. No original: "Pensamos verdaderamente nosotros en un derecho frente al Estado, cuando hablamos de acción? Piensa el profano, al llevar a cabo una litis, ejercitar un derecho frente al Estado? Pero no es el derecho a la tutela jurídica frente al Estado pacíficamente satisfecho por éste mediante el ordenamiento judicial y en particular mediante la distribuición de la jurisdición en varios grados, la potencia que nosotros sentimos animar el proceso civil. La misma es más bien el derecho de provocar la actividad del órgano jurisdiccional contra el adversário(...)".
29. SANTOS, Moacyr Amaral. *Primeiras linhas de direito processual civil*. v. I. 15 ed. São Paulo: Saraiva, 1992, p. 146.

exposição prévia do pensamento de Wach e Chiovenda, ainda não havia se desatrelado totalmente das ideias civilistas.

A herança medieval realmente era um fardo difícil de se lidar para juristas que desenvolveram suas concepções naquele ambiente e que por muitos anos tiveram vários daqueles postulados por verdades absolutas. Por isso Büllow diz, no prólogo à sua mais famosa obra, que

> jazem na penumbra as mais básicas e importantes ideias processuais, obscurecidas por uma construção conceitual inadequada e por uma terminologia errônea; ambas, herança recebida do direito medieval e conservadas com a maior fidelidade e constância.[30] (tradução livre)

A busca pela libertação conceitual total do direito de ação – como instituto processual – em relação ao direito material veio a se verificar com o surgimento da chamada Teoria Abstrata da Ação, que foi capitaneada pelas obras do alemão Degenkolb (*Ingresso forçado e norma judicial* – 1877) e do húngaro Plósz (*Contribuição à teoria do direito de queixa* – 1876).[31]

O direito de ação, segundo a teoria abstrata, passou a ser visto como o direito de se dirigir ao Estado-juiz e requerer a tutela (proteção) jurisdicional referente a direitos decorrentes de uma relação jurídica material, não importando, todavia, para a sua existência, o sucesso ou o insucesso do autor.

Em outras palavras: tanto o autor que obtivesse a tutela jurisdicional pretendida quanto aquele que não a obtivesse teriam exercido o direito de ação, de provocar o início da atividade jurisdicional.

Por isso a doutrina abstrata do direito de ação entende ser este um "direito subjetivo público à tutela jurisdicional". Liebman, adepto das concepções básicas da Teoria Abstrata – embora tenha formulado uma teoria própria, que reaproxima o direito de ação do direito material (vide tópico 6) – entende, da mesma forma, que a ação é "o direito de provocar não só um ato processual singular, mas o exercício mesmo da função jurisdicional"[32].

Se quisermos identificá-lo com a produção do ato decisório judicial, é o direito de ação, segundo a concepção abstrata, direito a uma qualquer sentença do Estado, ao passo que o direito de ação, para os concretistas, se revelava como o direito a uma sentença de procedência.

---

30. BÜLLOW, Oskar von. *La teoria de las excepciones procesales y los presupuestos procesales*. Buenos Aires: EJEA, 1964. No original: "yacen en la penumbra las más importantes y básicas ideas procesales, oscurecidas por una construcción conceptual inadecuada y una errónea terminologia; ambas, herencia recibida del derecho medieval y conservadas con la mayor fidelidad y constancia".
31. Obras e datas citadas por SILVA, Ovídio Baptista da & GOMES, Fábio. *Teoria geral do processo civil*. São Paulo: RT, 1997, p. 108.
32. LIEBMAN, Enrico Tullio. *Manuale di diritto processuale civile*, v. I. Milano: Giuffrè, 1955, pp. 37-38. No original: "il diritto di provocare non già um singolo atto processuale, ma addirittura l'esercizio stesso della funzione giurisdizionale"

Com a Teoria Abstrata, o direito de ação alcançou seu maior desprendimento em relação ao direito material, não mais dependendo deste, em qualquer escala, para fundamentar a sua existência. Existe direito de ação em presença ou não do direito material; existe ação qualquer que seja o resultado obtido pelo autor com a sua demanda ao Estado por tutela jurídica, sendo fundamento da ação *a vedação genérica do Estado à autotutela como forma de composição dos litígios*.[33]

Nesses termos, lecionou Couture:

> Quando o autor promove a demanda ante o tribunal, pode não ter razão e, apesar disso, ninguém lhe porá em dúvida o direito de se dirigir ao órgão judiciário, pedindo-lhe uma sentença favorável. O demandado poderá negar o seu direito e obter, até mesmo, uma sentença nesse sentido. Mas nunca lhe tolherá o direito de comparecer ante o tribunal. Este é um direito que pertence mesmo aos que não têm razão.[34]

A Teoria Abstrata da ação repercutiu muito positivamente em todo o mundo ocidental e ganhou adeptos na Itália (Alfredo Rocco, Liebman, Carnelutti,[35] Zanzucchi, Betti); no Uruguai (Couture[36]); no Brasil (Estellita,[37] Pontes de Miranda); em Portugal (Alberto dos Reis), etc.

Dentre as várias vertentes da Teoria Abstrata que foram moldadas pelas lições dos inúmeros juristas que a adotaram (alguns acima citados), é de se destacar a que foi defendida por Couture, que tinha como ponto central de suas especulações a ideia de que o direito de ação – de recorrer ao tribunal pedindo algo contra alguém – é um direito de petição, no sentido que se dá a este direito nos textos constitucionais.[38]

E foi efetivamente a Teoria Abstrata da ação uma das grandes responsáveis pelo salto científico da ciência processual, que, ao se ver livre do direito material – no que se refere à fundamentação de sua existência como fenômeno jurídico –, pôde desenvolver conceitos, pressupostos e métodos próprios que alçaram o Direito Processual Civil a um patamar destacado dentre os ramos da ciência jurídica.

Esse período de efervescência marca a chamada fase autonomista do Direito Processual Civil, em que seus grandes modelos e paradigmas foram erigidos. Um momento brilhante, mas que, no entanto, gerou exageros e disparidades, como um "esquecimento" das reais finalidades do processo e da percepção de que ele, embora autônomo, não passa de instrumento do direito material.

Interessante é a crítica que faz Lopes da Costa[39]:

---

33. LOPES DA COSTA, Alfredo Araújo. A carência de ação, especialmente com relação à legitimação para a causa. In: *Revista de direito processual civil*. v. 3. São Paulo: Saraiva, 1962, p. 8.
34. COUTURE, Eduardo Juan. *Introdução ao estudo do processo civil*. 3 ed. Rio de Janeiro: Forense, 1998, p. 8.
35. CARNELUTTI, Francesco. *Sistema de direito processual civil*. Campinas: Bookseller, 2000.
36. COUTURE, Eduardo Juan. *Fundamentos de direito processual civil*. Campinas: Red, 1999.
37. ESTELLITA, Guilherme. *Direito de ação direito de demandar*. 2 ed. Rio de Janeiro: Livraria Jacinto, 1942.
38. COUTURE, Eduardo Juan. *Introdução ao estudo do processo civil*. 3 ed. Rio de Janeiro: Forense, 1998, p. 15.
39. LOPES DA COSTA, Alfredo Araújo. A carência de ação, especialmente com relação à legitimação para a causa. In: *Revista de direito processual civil*, v. 3. São Paulo: Saraiva, 1962, p. 9.

> (...) a teoria abstrata esvazia o processo de seu conteúdo material, que lhe explica a finalidade, reduzindo-o a um simples mecanismo trabalhando em vão, como polia doida ou como aquele moinho de que falava dostoievsky, nas *Recordações da Casa dos Mortos*, girando à toa, sem nada lá dentro para triturar, indiferente ao rendimento do trabalho.

Antes mesmo que movimentos como o do acesso à justiça, capitaneado por Cappelletti, ou o instrumentalismo, que tem em Dinamarco seu maior representante nacional,[40] tomassem fôlego, surgiu uma teoria que visava a reaproximar o direito processual do direito material, sem, no entanto, realizar uma viagem de volta ao concretismo ou ao imanentismo. Seu mentor: Enrico Tullio Liebman. Trata-se da *Teoria Eclética da Ação*, que se passa a estudar por sua enorme importância para o processo civil brasileiro.

6. TEORIA ECLÉTICA

A Teoria Abstrata da Ação é o ponto de partida para que se estude a chamada Teoria Eclética de Liebman. Isto porque o professor italiano era um dos muitos adeptos do abstrativismo.[41]

A Teoria Abstrata da Ação, com seu natural distanciamento do direito material, acabou gerando como efeito estudos de direito processual civil que, simplesmente, se distanciaram do direito material como objeto de tutela do processo. Estudou-se o processo pelo processo, como se fosse fim em si mesmo.

Assim sendo, deu-se mais importância à forma do que ao conteúdo do processo, que é o direito que ali se discute e cuja composição se busca.

A despreocupação com o conteúdo do processo (introduzido por meio do exercício do direito de ação), ressaltando-se somente seu continente, tornou necessário demonstrar que a ação continuava a ser um instrumento a serviço do direito material, embora com esse não se confundisse (ou seja, partindo-se da premissa da autonomia conceitual da ação).

Foi justamente isso o que Liebman fez, ao formular a chamada teoria eclética da ação, que subordina a existência jurídica da ação a pressupostos ou requisitos denominados *condições da ação*, sem a existência dos quais não há verdadeiramente ação.

Para Liebman, o direito de ação não seria tão somente o direito a um pronunciamento favorável do judiciário (Teoria Concreta da Ação); mas também não teria um conteúdo tão amplo, a ponto de ser considerado o direito a um pronunciamento com qualquer conteúdo (Teoria Abstrata pura): seria a ação o *direito a um pronunciamento de mérito do Poder Jurisdicional*, ou seja, o direito a uma decisão sobre o(s) pedido(s) formulado(s), em favor do autor ou não.

---

40. Vide DINAMARCO, Cândido Rangel. *A instrumentalidade do processo*. 9 ed. São Paulo: Malheiros, 2001.
41. LIEBMAN, Enrico Tullio. *Manuale di diritto processuale civile*. v. I. Milano: Giuffrè, 1955, p. 39.

Somente o autor que ajuizasse uma ação um mínimo viável e não esdrúxula, que seria aquela que preenchesse as condições da ação, requisitos prévios, portanto, à análise do mérito (pedido), teria o direito à análise deste último e, portanto, direito de ação.

Utilizando as palavras de Liebman, tem-se que

> a ação, se bem seja abstrata, não é genérica; ao contrário, se refere a uma hipótese fática determinada e exatamente individualizada e idônea a tornar-se objeto da atividade jurisdicional do Estado (...) *A ação depende, por isso, da existência de alguns requisitos constitutivos, que se chamam condições da ação,* e que necessariamente devem ser individuados com precisão.[42] (tradução livre)

Ao se mencionar que Liebman buscou reafirmar a interligação entre direito material e processo, não se quer dizer que a Teoria Abstrata negou essa ligação instrumental: os abstrativistas deixaram de dar destaque a ela, o que gerou os efeitos negativos que já abordei acima. Por isso, é importante que Liebman tenha, em sua doutrina, dado destaque central a esse ponto.

Só teria direito de ação o sujeito que exercesse o direito de ação apresentando petição que desde logo não se mostrasse inviável, pelo não preenchimento das condições da ação. Ausentes esses requisitos, não se deveria prolongar o trâmite do procedimento, evitando-se desperdício de atividade jurisdicional e abreviando a movimentação da máquina estatal – que não se ocuparia com um absurdo patente e facilmente identificável.

Ou seja, presentes as condições da ação, o Estado-juiz deveria proferir *sentença de mérito*, que analisasse o pedido e, como pressuposto disso, as questões de fato e de direito a ele pertinentes, demandando-se tempo e dinheiro para tanto (pense o auto custo que uma prova pericial pode ter, para ser produzida).

Ausente pelo menos uma das condições da ação, o procedimento seria abreviado, e o magistrado deveria proferir uma *sentença terminativa* (guarde esse nome, muito importante para o dia a dia do processo), ou seja, que extingue o processo sem a análise do pedido formulado.

A necessidade de preenchimento de condições para que a ação exista e prospere rumo à decisão de seu conteúdo funciona como espécie de filtro, de peneira,[43] separando o joio do trigo, classificando as demandas como viáveis ou não.

---

42. LIEBMAN, Enrico Tullio. *Manuale di diritto processuale civile*. v. I. Milano: Giuffrè, 1955, p. 39. No original: "l'azione, sebbene astratta, non è affatto genérica, al contrario essa si riferisce ad una fattispecie determinata ed esattamente individuata ed inoltre idonea a divenire oggeto dell'attività giurisdizionale dello Stato(...) *La azione dipende perciò nella sua esistenza da alcuni requisiti costitutivi, che si chiamano condizioni dell'azione* e che è necessário individuare com precisione".
43. Vide a mesma metáfora em RODRIGUES, Marcelo Abelha. Condições da ação. In: *Jurídica – Revista do curso de direito da Universidade Federal do Espírito Santo*, v. 2. Vitória, 2000, p.131.

7. A TEORIA ECLÉTICA E AS CONDIÇÕES DA AÇÃO

Liebman é o mentor da Teoria Eclética da Ação e, para muitos, também o criador das chamadas "condições da ação". A segunda informação não é correta.

Quem criou a expressão "condições da ação" foi Chiovenda,[44] que também foram estudadas por outro clássico italiano mais antigo, Calamandrei.

Para Chiovenda e Calamandrei, as "condições da ação" ou "requisitos constitutivos da ação" eram pressupostos que deveriam estar presentes para configurar a existência da ação – o que não difere de Liebman –, mas tendo-se em mente a peculiaridade de que para os dois primeiros juristas, o direito de ação tinha fisionomia concreta: somente ter-se-ia ação em caso de procedência do pleito autoral.

Dessa forma, as condições da ação eram requisitos constitutivos do direito a uma sentença favorável. Diziam respeito, pois, ao mérito.[45]

É muito importante que você entenda esse ponto, que se pode considerar a matriz das diversas dúvidas que, até os dias atuais, assolam os profissionais do direito quando necessitam, num caso concreto, verificar se as condições da ação estão preenchidas ou não.

Chiovenda e Calamandrei defendiam que o autor somente teria direito de ação se fosse vitorioso, ou seja, se o mérito (pedido) fosse julgado a seu favor. E diziam que, para existir direito de ação (direito a uma sentença favorável), deveriam estar preenchidas as condições da ação. Logo, por questão de lógica, conclui-se que, para ambos, as condições da ação diziam respeito ao próprio mérito, pois eram requisitos para se verificar se o autor tinha direito material.

Liebman, portanto, realizou uma operação difícil: transformou aquilo que os seus antecessores encaravam como o mérito da ação em requisito para que o mérito (pedido) fosse julgado.

Liebman tomou uma categoria previamente identificada pela doutrina – a das *condições da ação* – e a adaptou a sua particular visão do direito de ação como fenômeno abstrato.

Como para ele a ação é o direito a uma sentença de mérito, para que exista esse direito deve-se poder almejar uma decisão dessa natureza, seja procedente ao autor ou não, o que ocorre se forem preenchidas duas condições da ação:[46]

---

44. CHIOVENDA, Giuseppe. *Instituições de direito processual civil*. v. 1. 2 ed. Campinas: Bookseller, 2000, pp. 89-90.
45. CALAMANDREI, Piero. *Direito processual civil*. v. 1. Campinas: Bookseller, 1999, p. 207.
46. *Nota de história da ciência processual e do direito processual positivo brasileiro*: a formulação originária da doutrina de Liebman previa uma terceira condição da ação: a possibilidade jurídica do pedido. Ainda na década de 50 do século XX, Liebman alterou seu entendimento e passou a defender a existência de somente duas das condições, as que retratei no texto principal. No direito processual positivo brasileiro, o CPC/73, hoje revogado, adotou a teoria originária de Liebman (de que havia três condições da ação). O CPC vigente, de 2015, excluiu uma delas, aproximando-se da formulação final defendida pelo professor italiano.

a) legitimidade para agir (*legitimidade ad causam*);

c) interesse processual ou interesse de agir.

As condições da ação para Liebman, como requisitos de existência da ação, permitem avaliar a viabilidade da ação ajuizada para tutelar um conflito que se alega existir entre certas pessoas ou entes identificados na petição inicial.

Viabilidade ou "admissibilidade em tese"[47] significa uma mínima viabilidade da demanda proposta, o que se avalia do seguinte modo:

a) autorização normativa para que certa pessoa ou ente seja autor ou réu no processo, discutindo em seu nome direitos e deveres oriundos de relações jurídicas de direito material – legitimidade *ad causam*;

b) aparência de necessidade da proteção (tutela jurisdicional) requerida ao Estado-juiz e escolha do procedimento adequado para que o Estado-juiz atue – interesse de agir.

Vamos a alguns exemplos para facilitar sua compreensão inicial. Todavia, desde logo saiba que há tópicos específicos mais abaixo para explicar cada uma das condições da ação (legitimidade *ad causam* e interesse de agir).

<u>Caso 1</u>: João foi preso preventivamente (a prisão preventiva é uma das hipóteses de prisão provisória a que uma pessoa pode ser submetida) por ordem do juiz da 3ª Vara Criminal de Vitória. Por essa razão, seu advogado impetrou *habeas corpus* dirigido ao Tribunal de Justiça do Espírito Santo, que indeferiu a liminar requerida, aguardando que o juiz prestasse informações sobre por que havia efetuado a prisão contestada para o fim de analisar, em definitivo, se era legal ou não o cárcere.

Todavia, quando foram juntadas aos autos as informações do juiz, veio a informação de que o próprio julgador de 1º grau havia *revogado* a prisão que ele deferira. No caso em tela, perceba: não existe mais qualquer necessidade de se analisar o pedido formulado por meio do *habeas corpus*, de concessão de liberdade, visto que a mesma já foi deferida pelo magistrado que, originariamente, decretara a prisão de João. Falta, portanto, interesse processual. Por isso, deve o *habeas corpus* ser extinto por decisão terminativa, que não analisa o mérito, por ausência de uma das condições da ação.

<u>Caso 2</u>: A Defensoria Pública ajuíza uma Ação Civil Pública para a defesa de direitos de consumidores que compraram veículos Honda Civic, modelos 2001 e 2002, e Honda Fit, City e Accord, modelo 2012, a fim de obter indenizações decorrentes de defeitos verificados no *air bag* desses veículos, que causaram diversos tipos de danos a proprietários e passageiros desses veículos. Trata-se de uma ação coletiva.

No caso em tela, observa-se que a Defensoria Pública ajuíza ação, ou seja, apresenta-se como autora diante do Estado-juiz para defender interesses de pessoas que

47. Vide VIDIGAL, Luis Eulálio de Bueno. Pressupostos processuais e condições da ação. In: *Revista de direito processual civil*. v. 6. São Paulo: Saraiva, p. 11.

não podem ser consideradas pobres (perceba que estamos falando de pessoas que têm condições de adquirir carros que não são considerados "populares").

Como a finalidade da Defensoria Pública é atuar na defesa de hipossuficientes econômicos (pessoas consideradas pobres), ela não tem legitimidade *ad causam* no caso em tela. Isso significa que o mérito da ação não pode ser julgado caso outra entidade – como uma Associação de Consumidores – não assuma o polo ativo.

As condições da ação em Liebman não se referem ao mérito, são questões prévias a este, pré-mérito, visto que a existência da ação se avalia em momento anterior à verificação da procedência do pedido formulado pelo autor.

Nos exemplos acima, antes de se passar ao julgamento do pedido, questionou-se: a ação ajuizada é viável? No primeiro exemplo, ela nasceu viável, mas se tornou inviável, inútil, desnecessária durante o curso do processo que ela iniciou, pois a liberdade foi concedida pelo próprio juiz que decretara a prisão.

No segundo exemplo, não se pode analisar o pedido indenizatório formulado caso a Defensoria seja mantida como autora, visto que ela não tem legitimidade *ad causam* para defender, em seu nome, alegados direitos de pessoas de melhor condição financeira.

Para Liebman, ação existente é aquela plausível, um mínimo viável, enquanto para Chiovenda tem-se direito de ação quando aquele que foi ao Judiciário pleitear uma proteção jurídica para si em face de outrem seja vitorioso.

O que Liebman fez, portanto, foi antecipar a verificação do preenchimento das condições da ação para um momento anterior à análise do mérito, somente permitindo que o pedido seja avaliado quanto presentes as condições. É como se as condições da ação fossem uma porta, que tem a função de permitir ou impedir o acesso ao que se localiza depois dela. No caso do processo, o que se encontra depois das condições da ação é a análise das questões de fato e de direito de cuja apreciação depende o julgamento do pedido.

São as condições da ação um instrumento que visa a garantir *economia processual*,[48] evitando-se desperdício de atividade jurisdicional com o julgamento de demandas inviáveis – o que é desejável diante de um fato notório: a estrutura judiciária não comporta a quantidade de novos processos que, todo o dia, são iniciados. É preciso separar os viáveis dos inviáveis e dar maior atenção aos primeiros.

Entendida a teoria de Liebman, resta demonstrar:

a) como ingressou na doutrina e na legislação brasileira;
b) de que forma ela exerce seu papel de filtro de demandas inviáveis, identificando-se os métodos criados para sua análise, para que se possa nitidamente diferenciar quando o magistrado deve considerá-las não preenchidas, o que

48. BEDAQUE, José Roberto dos Santos. *Direito e processo*. 2 ed. São Paulo: Malheiros, 1997, p. 77.

acarretará a impossibilidade de julgamento do mérito, e quando deve considerá-las preenchidas. *Aqui reside o maior problema relacionado ao assunto, sempre atual e a causar perplexidade tanto na academia quanto na prática forense.*

8. A RECEPÇÃO DAS TEORIAS AUTONOMISTAS NO BRASIL

Após ter-se comentado sobre as teorias autonomistas (concreta, abstrata e eclética), faz-se necessário estabelecer quando elas chegaram no Brasil, passando a influenciar a ciência e o direito processual pátrios.

Até o século XIX e no início do século XX, as maiores influências do direito processual nacional foram a escola francesa e a portuguesa, que não poderiam ser consideradas o que havia de mais avançado na área. Se os direitos administrativo e civil francês sempre foram considerados de vanguarda, o mesmo não se poderia dizer quanto ao direito processual.

Por isso, preso a essas influências, muito pouco avançou o direito processual em terras nacionais. Décadas após a publicação dos estudos de Büllow (1868), Degenkolb (1877), Plósz (1876), Wach (1888), Chiovenda (1903), dentre outros, a teoria imanentista da ação ainda dominava a literatura processual nacional, como se verificou pela transcrição realizada de trecho da obra de João Monteiro, então professor de Direito Judiciário Civil (antigo nome da disciplina de Direito Processual Civil) da Faculdade do Largo de São Francisco (USP), a mais tradicional do país.

Fora uma ou outra exceção, as ideias da modernidade europeia tardaram a chegar aqui. De se ressaltar como modelo de avanço, embora ainda envolvido pelas ideias tradicionais, é o magistério de Paula Batista, que no século XIX já dizia que:

> Ação e exercício de ação exprimem noções distintas. A ação pertence ao direito civil ou comercial, conforme for a matéria de que se trate com relação à lei: o exercício da ação é demanda propriamente dita, a qual já então pertence ao regime judiciário.[49]

Conforme já ressaltado, a primeira expressão clara da recepção das novas ideias produzidas na Europa é a obra de Guilherme Estellita, que dedica a maioria de seu conteúdo a versar sobre as novas teorias, trazendo, de Büllow a Chiovenda, as novidades que há muito já eram debatidas no velho continente.

Embora a edição consultada date de 1942 (2ª edição), a obra surgiu primeiramente em 1933 e trouxe uma profunda análise das Teorias Abstrata e Concreta da Ação, além de reservar tópico especial sobre a Teoria da Ação como Direito Potestativo, todas, como visto, inseridas dentre as chamadas teorias autonomistas da ação.[50]

---

49. PAULA BAPTISTA, Francisco de. *Compendio de theoria e pratica do processo civil comparado com o comercial e de hermenêutica jurídica.* 8 ed. São Paulo: Saraiva & Comp. Editores, 1935, p. 11.

50. Demonstrando o apuro de Estellita, pede-se vênia para a transcrição de trecho em que comenta a Teoria Abstrata, *in verbis*: "É abstrato (o direito de ação), porque não se prende, necessariamente, à existência do

No desenvolvimento da doutrina nacional sobre a ação, ressalta-se ainda Pontes de Miranda (Tratado da ação rescisória – 1934), que, leitor da língua alemã, havia absorvido os ensinamentos dos juristas tedescos.

Não obstante um ou outro jurista isoladamente ter tido acesso à doutrina italiana e alemã de vanguarda, o Brasil permaneceu fechado a essas ideias até que Enrico Tullio Liebman, criador da Escola Paulista de Processo, viesse a residir no Brasil.[51]

Influenciados pelo professor italiano de origem judia que, temendo por sua vida, refugiou-se na América do Sul, tornou-se sistemático o estudo das novidades que muito lentamente se incorporavam à ciência processual nacional, ocasionando um salto de qualidade nas pesquisas e gerando juristas do quilate de Alfredo Buzaid, Luis Eulálio de Bueno Vidigal, Machado Guimarães, Cândido Rangel Dinamarco, José Carlos Barbosa Moreira (os dois últimos mais recentemente), dentre tantos outros que assimilaram os conhecimentos do mestre e criaram verdadeira escola.

Um dos mais ilustres representantes da Escola Paulista de Processo, Alfredo Buzaid – à época Ministro da Justiça –, foi o responsável pela elaboração do anteprojeto do que viria a ser o Código de Processo Civil de 1973,[52] em substituição ao Código de 1939.

O CPC/73 foi o resultado de todo o avanço da doutrina processual brasileira desde o seu contato com Liebman. O mais significativo da doutrina de Chiovenda, Carnelutti, Calamandrei e Liebman foi inserido em seus 1.220 artigos. De Liebman, via-se, claramente, sua concepção sobre o direito de ação, o que significa dizer que, em linhas gerais, o CPC/73 adotou a Teoria Eclética. As "condições da ação" eram referidas em três artigos do CPC/73, a saber:

> Art. 3º. Para propor ou contestar ação é necessário ter interesse e legitimidade.
>
> Art. 267. Extingue-se o processo, sem resolução de mérito:
>
> VI – quando não concorrer qualquer das condições da ação, como a possibilidade jurídica, a legitimidade das partes e o interesse processual
>
> Art. 301. Compete-lhe, porém, antes de discutir o mérito, alegar:
>
> X – carência de ação (*ou seja, a falta de uma das condições da ação*)

Como se observa pela leitura do art. 267, VI do CPC/73, três eram as condições da ação à luz do revogado diploma processual. Ademais, deve-se destacar que das três normas destacadas, duas fazem expressa referência a *condições da ação*, quais

---

direito invocado, pois o autor reclama com a demanda, não tanto a realização do seu direito privado, quanto a garantia do valor jurídico da sua coincidência de titular de direitos". ESTELLITA, Guilherme. *Direito de ação direito de demandar*. 2 ed. Rio de Janeiro: Livraria Jacinto, 1942, p. 46.

51. Sobre a Escola Paulista de Processo vide DINAMARCO, Cândido Rangel. Formação do moderno processo civil brasileiro. In: *Fundamentos do processo civil moderno*. São Paulo: RT, 1986.
52. Para se saber mais sobre os trabalhos de preparação do CPC/73, hoje revogado pelo CPC/15, vide BARBOSA MOREIRA, José Carlos. *Estudos sobre o novo Código de Processo Civil*. Rio de Janeiro: Líber Júris, 1974, p. 9 e ss.

sejam, o art. 267, VI e o art. 301, X que fala em carência de ação, ou seja, na falta de ao menos uma das condições da ação.

O CPC/15 apresenta algumas alterações interessantes e importantes, que precisam ser analisadas para se concluir pela adoção ou não da teoria eclética no novo diploma processual. Em primeiro lugar, transcrevo os artigos de lei que correspondem àqueles do CPC/73 acima apresentados:

> Art. 17. Para postular em juízo é necessário ter interesse e legitimidade.
>
> Art. 485. O juiz não resolverá o mérito quando:
>
> VI – verificar a ausência de legitimidade ou de interesse processual.
>
> Art. 337. Incumbe ao réu, antes de discutir o mérito, alegar:
>
> XI – ausência de legitimidade ou de interesse processual.

Ao se comparar a letra dos dispositivos de lei do CPC/73 e do CPC/15, duas grandes diferenças se notam:

a) não mais se fala em possibilidade jurídica do pedido;

b) não mais se usam as expressões "condições da ação" e "carência de ação".

Quanto à primeira alteração, deve-se destacar que o próprio Enrico Tullio Liebman, na 3ª edição de seu *Manuale* de direito processual civil, já deixara de mencioná-la. Logo, não estaríamos a afastar a Teoria Eclética por não prevê-la no atual CPC.

Quanto à segunda alteração, parte da doutrina defende que se trata de mudança significativa. Não mais mencionar as expressões "condições da ação" e "carência de ação" significaria que o CPC/15 não teria adotado a teoria eclética e que a legitimidade *ad causam* e o *interesse processual* necessitariam ser enquadrados em outra categoria processual.

Nesse sentido, Fredie Didier Jr:

> (...) o CPC atual não mais se vale da categoria condições da ação como gênero, de que são espécies a legitimidade ad causam e o interesse de agir. O CPC continua a regular essas espécies de requisito de admissibilidade do processo, não mais sob a rubrica "condição da ação.[53]

Após meditar sobre essa questão – sobre se a categoria das condições da ação teria sido mantida no CPC/15 – o que significa, em última instância, manter-se viva no direito nacional a teoria eclética de Liebman, defendo sua manutenção e por um motivo simples.

À luz da ciência processual, que toma por base o direito processual positivo para suas formulações, ainda é plenamente possível qualificar a legitimidade *ad causam* e o interesse de agir como condições da ação, requisitos necessários à verificação da viabilidade da demanda proposta, nos exatos termos do que defendido pela teoria

53. DIDIER Jr., Fredie. *Curso de direito processual civil*. v. 1. 17 ed. Salvador: Juspodivm, 2015, p. 342.

eclética. O simples fato de o diploma legislativo não mais mencionar o nome "condições da ação", embora possa ser considerado sintoma do abandono da teoria eclética, também pode ser interpretado como simples omissão legislativa.

E as duas condições da ação que Liebman retratou nas versões finais de sua obra estão, ainda, previstas no CPC/15. De certa forma, entendo que a categoria das condições da ação se encontra tão intimamente ligada à história do desenvolvimento do direito de ação – como já tivemos a oportunidade de estudar – que é mais adequado cientificamente continuar a tratar a legitimidade *ad causam* e o interesse de agir como condições da ação.

9. O DIREITO DE AÇÃO NO ORDENAMENTO BRASILEIRO

O direito de ação está prescrito no ordenamento jurídico de forma dicotômica: de maneira mais ampla e genérica, como direito de acesso ao Judiciário, na Constituição Federal, art. 5º, XXXV; e no Código de Processo Civil, como direito a uma sentença de mérito,[54] nos termos dos arts. 17, 485, VI e 337, XI do CPC.

Tanto a primeira como a segunda forma são emanações da Teoria Abstrata da Ação (Teoria Abstrata pura e Teoria Eclética). A ação constitucional, incondicionada, representa o instituto como um direito cívico[55].

O direito de ação condicionado, positivado no Código de Processo Civil, atém-se de forma mais direta à realidade dos direitos objetivo e subjetivo. Tem um caráter mais concreto que o direito de ação constitucional por prender-se à natural e necessária interligação entre os direitos material e processual, que formam a engrenagem que permite a manutenção da ordem na sociedade. Interessa mais de perto o direito de ação processual, derivado das ideias de Liebman, por suas implicações sociais e jurídicas e por sua relevância prática. As condições da ação são instituto jurídico pertinente ao direito de ação processual.

Antes de se excluírem, as duas vertentes do direito de ação positivadas em nosso ordenamento jurídico – direito incondicionado de ação (CF/88) e direito condicionado de ação (CPC) – se complementam e integram.[56]

Ao passo que a Constituição Federal estabelece a garantia de que o Estado prestará seu dever de prover justiça (essencial devido à vedação genérica à autotutela), o Código de Processo Civil prescreve o *modus operandi* desse direito que a cada um incumbe.

---

54. Importante asseverar o corte metodológico imposto para a construção de nosso estudo: estamos a tratar das condições da ação no processo de conhecimento. Peculiaridades inerentes aos processos de execução e cautelar fazem com que estes mereçam uma análise mais profunda e em separado.
55. COUTURE, Juan Eduardo. *Fundamentos do direito processual civil*. Campinas: Red, 1999.
56. Sobre o tema vide as anotações de WATANABE, Kazuo. *Da cognição no processo civil*. 2 ed. 2. tiragem. Campinas: Bookseller, 2000, p. 77.

9.1. Direito de acesso ao Judiciário – Direito de demandar

Versa o art. 5º, XXXV da Constituição Federal de 1988 que:

> A lei não excluirá da apreciação do Poder Judiciário lesão ou ameaça de lesão a direito.

Constrói-se, a partir da interpretação do art. 5º, XXXV da CF, norma que impõe ao Estado o dever de oferecer tutela aos alegados direitos dos cidadãos, por ser a função jurisdicional a principal forma de se obter a certeza quanto à titularidade de um interesse jurídico ou quanto à sua satisfação prática[57] (lembre-se que há métodos alternativos de resolução de conflitos, como a arbitragem, que se prestam à certificação da existência de um direito, mas não à sua satisfação forçada, própria da atividade jurisdicional).

E para que o Estado, por meio do processo, exerça a atividade jurisdicional, a regra é que o interessado, por meio do exercício do direito de ação, o retire da inércia. Retirar o Estado da inércia, segundo a CF, independe do preenchimento de qualquer requisito ou condicionante.

A importância do direito de ação é ainda mais forte para aqueles que defendem que o ordenamento jurídico é monista.[58] Segundo essa concepção, o único verdadeiro direito que se teria antes de o Judiciário se pronunciar acerca da relação jurídica de direito material deduzida em juízo seria o direito de ação. Satta, um reconhecido monista, ao estudar e dissertar sobre as ideias de Pekelis, afirma que:

> PEKELIS substancialmente diz que a ação representa a fonte primária e o fundamento essencial de cada direito, sendo que o direito subjetivo substancial não é nada mais que um reflexo secundário do funcionamento primário do direito de ação.[59] (tradução livre)

Por ser o direito de ação a porta de entrada para o exercício de uma das três funções essenciais do Estado – a jurisdicional –, desrespeitar-se o direito de ação de alguém configura burla ao princípio republicano,[60] perenemente grafado na Carta Magna por meio da previsão constante de seu art. 60, § 4º.

Uma vez estudado o direito de ação como garantia constitucional, é hora de se partir para sua análise no plano infraconstitucional, para que se possa, então, en-

---

57. Existem, como já afirmava Carnelutti, os equivalentes jurisdicionais, como a arbitragem, mas que consideramos ter natureza jurisdicional. Sobre o tema vide CARNELUTTI, Francesco. *Instituições do processo civil*. Campinas: Servanda, 1999 e CARMONA, Carlos Alberto. *Comentários à lei de arbitragem*. São Paulo: Malheiros, 1998.
58. Os monistas negam a divisão do ordenamento nos planos material e processual. A defesa do dualismo, que é a premissa de teoria geral da qual se parte nessa obra, é feita de forma brilhante por Elio Fazzalari. *Note in tema di diritto e processo*. Milano: Giuffrè, 1957.
59. SATTA, Salvatore. *Diritto processuale civile*. 13 ed. Padova: Cedam, 2000, p. 130, nota 9. No original: "Il pekelis sostanzialmente dice que l´azione rappresenta la fonte primaria e il fondamento essenziale di ogni diritto, onde il diritto soggettivo sostanziale non è che un secondario riflesso del primário funzionamento del diritto di azione".
60. Sobre o princípio republicano vide ATALIBA, Geraldo. *República e constituição*. 2 ed. 2 tiragem. São Paulo: Malheiros, 2001.

frentar os tormentosos temas da aferição do preenchimento das condições da ação, bem como da diferenciação entre a carência de ação (ausência de uma das condições) e a improcedência (derrota do autor ao julgar-se o pedido que deduziu em juízo).

9.2. Direito processual de ação (a adoção da Teoria Eclética pelo CPC)

Embora hoje se conteste essa afirmação, anteriormente já fixamos a premissa de que é defensável e crível dizer que o CPC/15, tal como o CPC /73 (um Projeto de Alfredo Buzaid), adotou, no que tange ao direito de ação, a Teoria Eclética de Liebman, senão em sua totalidade, em seus aspectos principais.

Fazendo uma leitura dos dispositivos que versam sobre o tema da ação e seus efeitos, pode-se notar que seu regime, no diploma processual, apresenta- se da seguinte forma:

1. Para se propor ação (se postular em juízo) é necessário o preenchimento de duas condições da ação: legitimidade *ad causam* e interesse de agir. A ação é, **em seu modo de exercício**, e não quanto à sua existência, um direito condicionado à existência das duas condições acima listadas (arts. 17; 485, VI; 337, XI do CPC);
2. Somente analisa-se o mérito da ação, ou seja, o pedido deduzido em juízo, se existentes as condições da ação. O direito de ação processual é o direito a uma sentença de mérito (art. 485, VI do CPC);
3. As condições da ação possuem natureza processual, o que permite sua análise a qualquer tempo ou grau de jurisdição, não incidindo sobre elas preclusão (arts. 485, § 3º; 337, § 5º);[61]
4. Se qualquer das condições da ação não for preenchida – legitimidade *ad causam* e *interesse de agir* – e esse erro for insanável, deve o processo ser extinto sem resolução de mérito (sem análise do pedido), por meio de sentença chamada de ***terminativa***. Neste caso, admite- se a repropositura da demanda, desde que corrigido o vício, visto que a sentença terminativa não faz coisa julgada material, ou seja, não se torna imutável e indiscutível (arts. 486, § 1º; 503 do CPC);

As características acima apontadas em quase tudo se remetem à ideia liebmaniana de ação.[62]

---

61. A análise de ofício em qualquer grau de jurisdição limita-se ao término dos recursos ordinários. Em sede de recurso extraordinário, diferente é o regime de sua análise. Sobre o tema vide JORGE, Flávio Cheim. *Teoria geral dos recursos cíveis*. 2 ed. Rio de Janeiro: Forense, 2004.
62. Nesse sentido: LIEBMAN, Enrico Tullio. *Manuale di diritto processuale civile*. Milano: Giuffrè, 1955, p. 39; LIEBMAN, Enrico Tullio. O despacho saneador e o julgamento de mérito. In: *Estudos sobre o processo civil brasileiro*. São Paulo: Bushatsky, 1976, p. 129; LIEBMAN, Enrico Tullio. *O despacho saneador e o julgamento de mérito*. In: *Estudos sobre o processo civil brasileiro*. São Paulo: Bushatsky, 1976, p. 127.

Feita essa introdução, chegou o momento de identificar quais são as condições da ação, que, preenchidas, permitem ao magistrado ingressar na análise do mérito (desde que também estejam preenchidos os demais *requisitos de admissibilidade do processo*, conhecidos como *pressupostos processuais* e *requisitos de validade do processo* e que ainda serão objeto de análise).

9.3. As condições da ação em espécie: legitimidade *ad causam*

A legitimidade *ad causam*, legitimidade processual ou legitimidade *ad tutelam*[63] é a condição da ação que, uma vez preenchida, indica o liame ou ligação que deve haver entre as partes processuais (autor e réu) e o direito que entre elas se discute no processo. É condição da ação prevista logo no art. 17 do CPC.

Como define Liebman,

> legitimação (ou legitimidade *ad causam*) é a pertinência subjetiva da lide nas pessoas do autor e do réu, isto é, o reconhecimento do autor e do réu, por parte da ordem jurídica, como sendo as pessoas facultadas respectivamente a pedir e contestar a providência que é objeto da demanda[64].

Em termos mais simples, a legitimidade *ad causam*, seja ativa ou passiva, é a *autorização para que alguém discuta em juízo, na condição de autor ou de réu, a existência e a satisfação de direitos ou deveres decorrentes de uma relação de direito material*.

Consideram-se legítimos o autor e o réu que preenchem o modelo legal criado para a postulação dos direitos em juízo, conforme o disposto no art. 18 do CPC:

> Art. 18. Ninguém poderá pleitear direito alheio em nome próprio, salvo quando autorizado pelo ordenamento jurídico.

Precisas sobre o tema da legitimidade processual são as palavras de José Carlos Barbosa Moreira, que ora se transcreve:

> Para todo e qualquer processo, considerado em relação à lide que por meio dele se busca compor, cria a lei, explícita ou implicitamente, um esquema subjetivo abstrato, um modelo ideal que deve ser observado na formação do contraditório. Esse esquema é definido pela indicação de determinadas situações jurídicas subjetivas, às quais se costuma chamar *situações legitimantes*. A cada uma das partes, no modelo geral, corresponde, em princípio, uma situação legitimante. Há, assim, necessariamente, uma situação legitimante ativa, que corresponde ao autor, e uma situação legitimante passiva, que corresponde ao réu, além de outras eventuais situações legitimantes, que correspondem aos diversos possíveis intervenientes.(...) Denomina-se *legitimação* a coincidência entre a situação jurídica de uma pessoa, tal como resulta da postulação formulada

---

63. A expressão é de Celso Neves. WATANABE, Kazuo. *Da cognição no processo civil*. 2 ed. 2 tiragem. Campinas: Bookseller, 2000.
64. LIEBMAN, Enrico Tullio. O despacho saneador e o julgamento de mérito. In: *Estudos sobre o processo civil brasileiro*. São Paulo: Bushatsky, 1976, p. 127.

perante o órgão judicial, e a situação legitimante prevista na lei para a posição processual que a essa pessoa se atribui, ou que ela mesma pretende assumir.[65]

A legitimidade *ad causam* surge da comparação entre o modelo que abstratamente a lei ou o negócio jurídico propõem para a tutela de um determinado direito e a concretização desse modelo em cada processo iniciado. Se houver coincidência entre o modelo legal ou negocial e o verificado na demanda ajuizada, diz-se serem autor e réu legítimos. Uma vez existindo a legitimidade, avança-se mais um pouco rumo à possibilidade de se obter uma decisão de mérito (que será proferida desde que preenchidas todas as condições da ação – além dos pressupostos processuais e requisitos de validade do processo).

A legitimidade pode ser classificada em ordinária e extraordinária. Diz-se ordinária quando a situação legitimante, prevista em abstrato pela lei ou pelo negócio jurídico, é conferida à pessoa que alegadamente faz parte da relação material, em qualquer de seus dois polos (seja credor ou devedor). Se os próprios partícipes da relação material discutida (ou aqueles que se afirmem como tais) devem ir a juízo discuti-la, tanto na parte ativa como passiva da demanda, por consequência, tem-se legitimidade ordinária.[66]

Em suma, a legitimidade comum, presente na maioria das hipóteses em que um processo tem início e por isso chamada de "ordinária", é a autorização para que atuem como autor ou réu as pessoas alegadamente envolvidas na relação jurídica de direito material.

É a regra geral, como deflui do art. 18 do CPC. Na ausência de norma jurídica – legal ou negocial – que apresente prescrição mais específica, aplica-se a regra de que autor e réu devem ser as partes que, *alegadamente*, estão envolvidas na relação jurídica de direito material.

Pense no seguinte exemplo: Roberto e Pedro firmam um negócio jurídico de compra e venda de um videogame X-Box One. Roberto deve pagar o valor de R$ 1.500,00 e Pedro deve lhe entregar o bem adquirido em perfeitas condições.

Do negócio jurídico firmado entre ambos nasce, como efeito, uma relação jurídica entre Roberto e Pedro e seu conteúdo são os direitos e deveres que ambos possuem.

Imaginemos que Roberto, após pagar a quantia acordada e receber o bem, percebe que este possui um defeito não informado por Pedro (e que faria com que o negócio não ocorresse) – os controles não funcionam. Ao procurar Pedro, Roberto ouve que nada pode ser feito e que não devolverá o dinheiro.

A única solução para Roberto, no caso em tela, é acionar o Poder Judiciário. Ele exercita o direito constitucional de ação, ou seja, o direito de bater às portas do

65. BARBOSA MOREIRA, José Carlos. Apontamentos para um estudo sistemático da legitimação extraordinária. In: *Direito processual civil*. Rio de Janeiro: Borsoi, 1971, pp. 58-59.
66. No mesmo sentido LOPES DA COSTA. Alfredo Araújo. A carência de ação, especialmente com relação à legitimação para a causa. *Revista de direito processual civil*, v. 3. São Paulo: Saraiva, 1962, p. 15.

Estado-juiz. Todavia, se ele quiser que seu pedido seja avaliado pelo magistrado, é preciso que a ação ajuizada preencha suas condições de viabilidade (as condições da ação). A primeira delas é a legitimidade *ad causam*.

Bem, ao ler-se a petição inicial, observa-se que Roberto alega existir entre ele e Pedro uma relação jurídica de direito material. Sendo assim, e seguindo a regra do art. 18 do CPC, legitimados ordinários para serem autor e réu, neste caso, são os alegados partícipes da relação de direito material, ou seja, Roberto e Pedro. Preenchida está a primeira das condições da ação, a **legitimidade *ad causam***, ordinária tanto no polo ativo quanto no passivo.

Por outro lado, quando uma pessoa ou ente que não participa da relação jurídica de direito material puder vir a juízo discuti-la, em nome próprio, ou seja, quando a lei ou o negócio jurídico conferirem a terceiro estranho à relação material a titularidade da ação, seja ativa ou passiva, diz-se haver legitimidade extraordinária ou substituição processual.[67] Observe que, de forma excepcional (ou seja, falamos de uma fuga à regra, que é a da legitimidade ordinária), a lei ou o negócio jurídico podem autorizar serem autor ou réu em certo processo pessoas ou entes que *não fazem parte da relação jurídica de direito material* cujo conteúdo se pretende discutir no processo.

Como diz Mandrioli,

> particularmente importante é a premissa com a qual, salvo os casos expressamente previstos em lei, a norma implicitamente enuncia que naqueles casos determinados é permitido tutelar em nome próprio direito alheio ou não exclusivamente próprio. Nesses casos, fala-se em legitimidade extraordinária ou substituição processual.[68] (tradução livre)

Como o próprio nome diz, a legitimidade extraordinária é uma exceção no sistema, por isso somente em casos expressos, previstos em lei ou no negócio jurídico (em uma cláusula de um contrato de compra e venda, por exemplo) ela pode se verificar. São casos de legitimação extraordinária, todos decorrentes de lei:

a) o alienante de coisa litigiosa se não aceita a sucessão processual;
b) credor para a ação revocatória falimentar não proposta pelo síndico;
c) o Ministério Público para promover ação de alimentos na justiça da infância e juventude;
d) o Ministério Público para ajuizar ação de investigação de paternidade, etc.[69]

---

67. Aqui existe grande controvérsia na doutrina, visto afirmar-se que a substituição processual é uma espécie do gênero legitimação processual. Por todos vide CAMPOS JR., Ephraim. *Substituição processual*. São Paulo: RT, 1985, pp. 16-19.
68. MANDRIOLI, Crisanto. *Diritto processuale civile*. v. I. 13 ed. Torino: Giappichelli, 2000, p. 55. No original: "particolarmente importante è la premessa, con la quale, nel far salvi i casi espressamente previsti dalla legge, la norma in discorso implicitamente enuncia che in quei determinati casi è consentito far valere in nome próprio diritti altrui o non esclusivamente propri (o nei confronti di soggetti diversi dal loro soggeto passivo). In questi casi, si parla di legittimazione straordinaria o sostituizione processuale".
69. Para mais exemplos de legitimidade extraordinária vide NERY JR., *Nelson*. *Código de Processo Civil comentado*. 4 ed. São Paulo: RT, 1999, pp. 388-389.

Para você que está apenas começando o estudo da ciência processual (por meio da análise dos conceitos próprios da Teoria Geral do Processo e da Teoria do Processo Civil Brasileiro), os exemplos "c" e "d" são mais fáceis de se entender;

Pense no seguinte caso: João nasceu de uma relação extraconjugal entre José e Maria. O primeiro, a fim de manter seu casamento com Joaquina, se afastou da amante e de seu filho após este ter nascido e não o registrou como seu.

Diante da situação e da penúria em que vive Maria, que tem dificuldades de manter seu filho, esta se dirige ao Ministério Público e conta sua situação. Sensibilizado pelo que houve e ciente de que o MP tem legitimidade para ajuizar, em benefício de João, ação voltada ao reconhecimento da paternidade e pagamento de alimentos, ocorre o seguinte: o Ministério Público do Espírito Santo, agindo em nome próprio e em defesa dos direitos de João, ajuíza ação em face de José, na qual requer o reconhecimento de paternidade deste último, bem como a imposição da obrigação de pagamento de uma pensão alimentícia.

Observe, a partir do exemplo dado, que o Ministério Público é o autor da ação ajuizada (o réu é José); que ele, Ministério Público, não faz parte da alegada relação de direito material (existente entre João e José); que, por autorização legal (art. 127 da CF), o Ministério Público está, em nome próprio, defendendo direito alheio, ou seja, se trata de um legitimado extraordinário.

O tema da legitimidade, nos últimos tempos, voltou a estar em evidência, devido ao crescimento quantitativo da tutela dos interesses coletivos. A crescente conscientização acerca da defesa dos direitos coletivos *lato sensu* e o surgimento de um moderno sistema para sua tutela (jurisdição civil coletiva – CF/88 + CDC[70] + LACP[71]) alçaram a um patamar de destaque o tema da legitimidade para a propositura de demandas coletivas. Em todos os procedimentos coletivos existentes, o autor sempre será um *legitimado extraordinário*, visto que em nome próprio tutela direitos de pessoas ou grupos que fazem parte da relação jurídica de direito material e que são substituídos pelo legitimado (Ministério Público, sindicato, associação, Defensoria Pública etc.).

Na prática forense, são recorrentes os casos em que o Poder Judiciário é chamado a resolver questões que envolvem a caracterização – ou não – em certo caso concreto, da legitimidade *ad causam*, ativa ou passiva.

No informativo 532 do STJ, por exemplo, lê-se que

> Diferentemente do que ocorre em relação ao cônjuge sobrevivente, o espólio não tem legitimidade para buscar reparação por danos morais decorrentes de ofensa *post mortem* à imagem e à memória de pessoa. De acordo com o art. 6º do CC – segundo o qual "a existência da pessoa natural termina com a morte [...]" –, os direitos da personalidade de pessoa natural se encerram com a sua morte. Todavia, o parágrafo único dos arts. 12 e 20 do CC estabeleceram duas formas de tutela póstuma dos direitos da personalidade. O art. 12 dispõe que, em se tratando de morto,

70. Lei 8.078/1990.
71. Lei 7.347/1985.

terá legitimidade para requerer a cessação de ameaça ou lesão a direito da personalidade, e para reclamar perdas e danos, o cônjuge sobrevivente ou qualquer parente em linha reta, ou colateral até o quarto grau. O art. 20, por sua vez, determina que, em se tratando de morto, o cônjuge, os ascendentes ou os descendentes são partes legítimas para requerer a proibição de divulgação de escritos, de transmissão de palavras, ou de publicação, exposição ou utilização da imagem da pessoa falecida. O espólio, entretanto, não pode sofrer dano moral por constituir uma universalidade de bens e direitos, sendo representado pelo inventariante (art. 12, V, do CPC) para questões relativas ao patrimônio do de cujus. Dessa forma, nota-se que o espólio, diferentemente do cônjuge sobrevivente, não possui legitimidade para postular reparação por prejuízos decorrentes de ofensa, após a morte do de cujus, à memória e à imagem do falecido.

Interessante também a discussão, travada pela 4ª Turma do STJ, que foi apresentada no informativo 515. O interesse decorre tanto da hipótese concreta que ela engloba quanto do fato de que permite vislumbrar um problema que acompanhará o profissional do direito, que atue no contencioso judicial, por toda a sua vida: uma certa dificuldade em se diferenciar quando a questão diz respeito à carência de ação e quando a questão já trata do mérito. Com essa dúvida na cabeça, leia a descrição do caso abaixo e já comece a se perguntar: *a discussão deveria girar em torno da legitimidade da mãe para ser autora ou da possibilidade de o julgamento ser de procedência ou não*?

Descrição:

A mãe tem legitimidade para ajuizar ação objetivando o recebimento de indenização pelo dano moral decorrente da morte de filho casado e que tenha deixado descendentes, ainda que a viúva e os filhos do falecido já tenham recebido, extrajudicialmente, determinado valor a título de compensação por dano moral oriundo do mesmo fato. Nessa situação, é certo que existem parentes mais próximos que a mãe na ordem de vocação hereditária, os quais, inclusive, receberam indenização e deram quitação, o que poderia, à primeira vista, levar à interpretação de estar afastada sua legitimidade para o pleito indenizatório. Ocorre que, não obstante a formação de um novo grupo familiar com o casamento e a concepção de filhos, é de se considerar que o laço afetivo que une mãe e filho jamais se extingue, de modo que o que se observa é a coexistência de dois núcleos familiares cujo elemento interseccional é o filho.

Correto, portanto, afirmar que os ascendentes e sua prole integram um núcleo familiar inextinguível para fins de demanda indenizatória por morte. Assim, tem-se um núcleo familiar em sentido estrito, constituído pela família imediata formada, por exemplo, com o advento do matrimônio, e um núcleo familiar em sentido amplo, de que fazem parte os ascendentes e seu filho, o qual desponta como elemento comum e agregador dessas células familiares.

Destarte, em regra, os ascendentes têm legitimidade para a demanda indenizatória por morte da sua prole, ainda quando esta já tenha constituído o seu grupo familiar imediato, o que deve ser balizado apenas pelo valor global da indenização devida, ou seja, pela limitação quantitativa do montante indenizatório.

Mais à frente, no item 10 deste capítulo, será apresentado um método que visa a permitir que o estudante e o profissional do direito distingam, em caso como o presente, se o problema é relativo às condições da ação ou ao mérito. Depois de compreendê-lo, volte a este exemplo.

9.4. Interesse processual

A última das condições da ação a ser analisada é o interesse processual ou interesse de agir, que, segundo fórmula clássica de Liebman, "existe quando há para o autor utilidade e necessidade de conseguir o recebimento de seu pedido, para obter, por esse meio, a satisfação do interesse (material) que ficou insatisfeito pela atitude de outra pessoa"[72].

É, portanto, a imprescindibilidade do processo para a tutela de um direito material ameaçado ou violado. Uma imprescindibilidade que se qualifica de acordo com o binômio necessidade/utilidade, ou ainda, para alguns outros, necessidade/adequação.

O interesse processual é instrumental ao interesse material, ou seja, à necessidade que dada pessoa tenha em relação a um bem, material ou imaterial, que lhe apeteça.[73]

> O interesse de agir é, portanto, um interesse processual, secundário e instrumental em relação ao interesse substancial primário, e tem por objeto o provimento que se requer ao magistrado, como meio de obter a satisfação do interesse primário, lesionado pelo comportamento da outra parte, ou mais genericamente da situação de fato objetivamente existente.[74] (tradução livre)

Enquanto o interesse material é a necessidade do bem, o interesse processual é a necessidade do processo para a reversão a um alegado desrespeito daquele interesse, aliada a uma correta escolha do método apto a obstaculizar a perda ou ameaça afirmada pelo autor (procedimento).

O processo deve ser uma via necessária para que se obtenha a tutela (proteção) de um bem jurídico. Aqui reside a modalidade "*necessidade*" do interesse.[75] [76] Para que se necessitaria acionar o Judiciário pleiteando o cumprimento de um contrato que já se encontra adimplido? Não há, neste sentido, necessidade de se recorrer ao

72. LIEBMAN, Enrico Tullio. *O despacho saneador e o julgamento do mérito*. São Paulo: Bushatsky, 1976, p. 125.
73. Para uma exposição ampla e segura sobre a ideia de interesse vide RODRIGUES, Marcelo Abelha. *Instituições de direito ambiental*. v. 1. São Paulo: Max Limonad, 2002.
74. LIEBMAN, Enrico Tullio. *Manuale di diritto processuale civile*. v. I. Milano: Giuffrè, 1955, p. 41. No original: "L'interesse ad agire è perciò un interesse processuale, secondario e strumentale rispetto all'interesse sostanziale primario, ed ha per oggetto il provvedimento che si domanda al magistrato, come mezzo di ottenere il soddisfacimento dell'interesse primario, rimasto leso dal comportamento della controparte, o più genericamente dalla situazione di fatto oggettivamente esistente".
75. Na prática forense é comum que se alegue a falta de interesse de agir devido à falta de esgotamento de todas as instâncias administrativas nas quais o cidadão pode discutir um conflito de interesses em face do Estado (multa de trânsito, requisição de remédios, etc.). Tal argumento não procede, visto que só há um caso no direito brasileiro em que a Constituição Federal determina, como requisito para a análise de mérito de uma demanda (interesse de agir), o prévio esgotamento das instâncias administrativas: a Justiça Desportiva. Nos demais casos, a busca pela tutela jurisdicional independe de se ter finalizado o procedimento administrativo instaurado.
76. O maior litigante no Brasil é o Estado, em suas mais variadas vertentes (administração direta e indireta; federal, estadual e municipal). Por vezes, ao se defender judicialmente – na condição de réu – constrói teses nas quais sustenta que certo tipo de ação ou omissão do autor, ainda em sede administrativa, é responsável por tornar inexistente o *interesse processual*. Às vezes o Estado tem sucesso nessas empreitadas; outras vezes, não. Exemplo de *sucesso* é a súmula 2 do STJ, segundo a qual: "*não cabe o habeas data (CF, art. 5º, LXXII, letra a) se não houve recusa de informações por parte da autoridade administrativa.* Exemplo de *fracasso* é a súmula 434 do STJ: "*o pagamento da multa por infração de trânsito não inibe a discussão judicial do débito*".

Judiciário. Não há interesse processual, é inútil que o Estado coloque em funcionamento a máquina jurisdicional para este caso concreto.

Quando ajuíza a ação, por meio da petição inicial, o autor deve demonstrar por que necessita da atuação do Estado-juiz, a razão pela qual é imprescindível que a jurisdição atue, ou seja, seu interesse processual na modalidade necessidade.

Na prática forense existem muitas discussões referentes à configuração – ou não – do interesse de agir na modalidade necessidade, a saber:

a) súmula 2 do STJ – *não cabe o habeas data (CF, art. 5º, LXXII, letra a) se não houve recusa de informações por parte da autoridade administrativa.*

   Ao ler-se o art. 5º, LXXII, "a" da CF percebe-se que uma das finalidades do procedimento de *habeas data* é obter o conhecimento de informações relativas ao impetrante que estejam em registros ou banco de dados de entidades governamentais ou de caráter público.

   Qualquer pessoa pode, ao exercitar o direito de ação constitucional (teoria abstrata), impetrar *habeas data*. Todavia, caso queira que ele seja julgado no mérito, é preciso preencher as condições da ação e uma delas é o interesse-necessidade. O Superior Tribunal de Justiça fixou o entendimento de que somente haverá tal interesse se, antes da impetração, tiver existido recusa de informações por parte da autoridade que administra os registros ou banco de dados. Tal recusa, nos termos da Lei de *Habeas Data* (Lei 9.507/1997), pode se dar por meio de ato comissivo ou omissivo (deixar de responder ao pedido formulado por mais de dez dias)

b) o prévio esgotamento de instâncias administrativas – outra situação concreta em que é comum a discussão sobre o preenchimento do interesse-necessidade diz respeito ao dever da parte de, antes de acessar o Poder Judiciário para requerer uma tutela jurisdicional, esgotar todas as instâncias administrativas que poderiam rever um ato praticado por agente público contra direito alegadamente seu.

   Observe a seguinte situação: Bruno requer ao INSS a concessão de um auxílio previdenciário chamado "auxílio acidente" pelo fato de que perdeu parte de sua capacidade laboral decorrente de LER (lesão por esforço repetitivo). O INSS, administrativamente, indeferiu seu pedido. Por essa razão, Bruno ajuizou ação pleiteando que o Poder Judiciário determinasse o pagamento do benefício.

   No caso em tela, Bruno poderia, antes de ajuizar a ação e retirar o Poder Judiciário da inércia, ter recorrido administrativamente da decisão que lhe denegou o auxílio. Ou seja, no próprio âmbito no INSS, ter tentado alterar a decisão contrária a si. Fala-se que ele poderia ter "esgotado as instâncias administrativas", mas não o fez.

> Com base na situação acima, questiona-se: possui Bruno interesse-necessidade de acessar o Estado-juiz sem antes esgotar as possibilidades administrativas de tutela de seu direito? A resposta é *positiva*, ou seja, Bruno possui interesse-necessidade e **não** está obrigado a esgotar as instâncias administrativas para, só então, bater às portas do Poder Judiciário.
>
> Trata-se de uma regra que somente cede (não se aplica) em uma hipótese, constitucionalmente prevista: a da Justiça Desportiva. Segundo o art. 217, § 1º da CF, "o Poder Judiciário só admitirá ações relativas à disciplina e às competições desportivas após esgotarem-se as instâncias da justiça desportiva, regulada em lei.

Uma vez entendido o que é o interesse-necessidade, importante reservar espaço para tratar do interesse-adequação ou interesse-utilidade.

Como já referenciado anteriormente, o interesse-adequação se trata da escolha do método processual adequado para se realizar a tutela de uma situação jurídica de direito material. E a escolha do método processual adequado está atrelada ao tipo de procedimento eleito pelo autor. Explico:

No Capítulo 2, tivemos a oportunidade de demonstrar que o processo, se analisado à luz do plano da existência do fato jurídico, se trata de um ato jurídico complexo de formação sucessiva, ou seja, de um conjunto de atos voltado à prática do chamado *ato-fim*, que personifica a finalidade de toda a cadeia. A esse conjunto de atos se dá o nome de *procedimento*.

Ocorre que há várias formas de os atos processuais se organizarem, ou seja, há diversas espécies de *procedimentos*.

Quando falamos em *habeas corpus*, trata-se de um tipo de procedimento (uma especial forma de os atos processuais se organizarem); idem se estivermos a tratar do mandado de segurança, dentre tantos outros exemplos.

Ao classificarmos todos os procedimentos existentes, é possível enquadrá-los em duas categorias:

a) os especiais – são aqueles voltados à tutela de situações de direito material específicas. O *habeas corpus*, por exemplo, tutela o direito de ir e vir contra uma ameaça ou violação ilícita por parte do Estado; o procedimento de inventário e partilha visa a permitir a divisão dos bens do morto etc.;

b) o procedimento comum – é aquele que foi concebido como o procedimento básico dentre os tantos existentes.

Diante da escolha, em certo caso concreto, de um procedimento incabível, ter-se-á o não preenchimento do interesse-adequação e, sendo impossível a correção do erro, a extinção do processo sem resolução de mérito, por sentença terminativa.

Ex.: a utilização do procedimento do mandado de segurança em situação em que é imperativa a produção de prova oral, realizada em audiência; a escolha do procedimento de *habeas data* para a tutela do direito de ir e vir. Aqui, como ali, falta o interesse processual, ou seja, utilidade ou adequação da técnica processual à situação de direito material que precisa ser tutelada.

Observando a condição da ação "interesse processual", confirma-se a relação de continente e conteúdo que deve haver entre direito material e processo, que devem estar moldados um ao outro para o melhor desenvolvimento da atividade jurisdicional. E como é impossível ao legislador trabalhar como um alfaiate, criando modelos personalizados a cada um de seus clientes, tem o Estado que laborar com modelos preestabelecidos e que enquadrem os direitos tutelados mais ou menos como se enquadra o sujeito em uma roupa comprada pronta em uma loja. Nem sempre tão perfeita é a sintonia, mas há um mínimo de ligação e harmonia entre continente e conteúdo.

O interesse processual está previsto no CPC em diversos artigos (CPC 17, 485, 337), como já destacado anteriormente.

Problema antigo relacionado ao interesse processual – e que muito ocupou a doutrina pretérita – diz respeito à configuração desta condição da ação nas demandas puramente declaratórias. Várias perguntas foram e ainda são feitas acerca do tema:

a) existe interesse só na declaração da existência ou inexistência de uma relação processual?

b) existe interesse no ajuizamento de uma demanda declaratória se já existir lesão ao direito?

c) em que limites e bases configura-se esse interesse?

A resposta à primeira pergunta o próprio legislador encarregou-se de dar, quando no art. 19 do CPC anotou que:

> Art. 19. O interesse do autor pode limitar-se à declaração:
>
> I – da existência, da inexistência ou do modo de ser de relação jurídica;
>
> II – da autenticidade ou da falsidade de documento.

A segunda pergunta gerou perplexidade na doutrina mais antiga: existiria ou não interesse no ajuizamento de uma demanda declaratória se já houvesse lesão ao direito? Machado Guimarães defendia a tese de que "se a relação de direito já estiver, por assim dizer, *madura*, de forma a autorizar a propositura da ação condenatória, isto é, se o direito já houver sido violado, não poderá o seu titular, *por falta de interesse*, recorrer à ação declaratória".[77] Torquato Castro, por outro lado, defendia a utilidade do pedido declaratório mesmo se a lesão ao direito estivesse configurada.[78]

77. GUIMARÃES, Luiz Machado. Do interesse à simples declaração. In: *Estudos de direito processual civil*. Rio de Janeiro: Jurídica e universitária, 1969, p. 164.

78. GUIMARÃES, Luiz Machado. Sobre a ação declaratória. In: *Estudos de direito processual civil*. Rio de Janeiro: Jurídica e universitária, 1969, p. 168.

O Código de Processo Civil de 1973 acolheu o parecer de Torquato Castro, o que se repetiu no CPC/15, como se nota pela leitura de seu art. 20:

> Art. 20. É admissível a ação meramente declaratória, ainda que tenha ocorrido a violação do direito.

A terceira pergunta proposta, "em que limites e bases se configura o interesse na declaratória?", vem sendo respondida ao longo dos anos pela doutrina, que se foca em dizer que este existe em face de uma crise de certeza, ou seja, quando houver dúvida ou incerteza objetiva acerca da existência ou não da relação jurídica (também dúvida acerca de sua natureza) ou da falsidade ou não do documento.

> Cabe ao autor, portanto, provar que a incerteza é *objetiva*, manifestando-se por atos exteriores que acarretam prejuízo ao seu direito, se bem que não constituam propriamente violação, e, outrossim, que a declaração judicial é o único meio adequado a eliminar a incerteza.[79]

Os temas aqui lançados acerca do interesse processual estão longe de exaurir a plêiade de situações nebulosas que a doutrina e a jurisprudência enfrentam diuturnamente. A sobrevivência do interesse individual quando há ação coletiva que discuta problema idêntico,[80] o interesse na ação condenatória para quem já possui título executivo extrajudicial,[81] dentre tantas outras problemáticas diariamente levadas ao Judiciário, bem demonstram a atualidade prática da boa interpretação e estudo desta condição da ação.

O tema do interesse processual é muito frequente no cotidiano forense. É muito comum que, ao contestar, o réu apresente como uma de suas defesas – de natureza processual – a carência do interesse de agir. Por isso, em diversas oportunidades, o Poder Judiciário é convocado a decidir se, diante de determinada situação concreta de direito material, deduzida em juízo, está presente ou não esta condição da ação.

No informativo 523 do STJ lê-se acórdão segundo o qual

> Deve ser extinto o processo, sem resolução do mérito, na hipótese de ação em que se pretenda obter do Estado, antes de declarada a nulidade do registro imobiliário, indenização por dano decorrente de alegada fraude ocorrida em Cartório de Registro de Imóveis. Nessa situação, falta

---

79. Sobre o tema vide GUIMARÃES, Luiz Machado. *Do interesse à simples declaração*. In: *Estudos de direito processual civil*. Rio de Janeiro: Jurídica e universitária, 1969, p. 163. Em crítica à posição tradicional BARBOSA MOREIRA, José Carlos. *Ação declaratória e interesse*. In: *Direito processual civil*. Rio de Janeiro: Jurídica e universitária, 1969, p. 17.
80. TRF.2R - INTERESSE DE AGIR – Ocorrência – Demanda individual com o mesmo pedido e causa de pedir de ação civil pública existente – Hipótese que não tem o condão de atentar contra o interesse processual em qualquer ação individual – Ausência de expresso requerimento pela opção dos efeitos da coisa julgada coletiva, no entanto, que confere ao litigante o risco inerente à sua ventura processual individual – Inteligência do art. 5º, XXXV, da CF.
81. "2.TACivSP – PROCESSO – Procedimento ordinário – Opção por quem tem título executivo – Inadmissibilidade – Falta de interesse processual". O tema é deveras controvertido, pois se sabe que com o advento das reformas que instituíram a antecipação da tutela, tornou-se em regra mais profícuo ajuizar uma ação para o cumprimento de obrigação de fazer, não fazer ou entrega de coisa (buscando-se a tutela específica), do que executar diretamente o título executivo que tenha por objeto uma dessas obrigações.

interesse de agir, pois, antes de reconhecida a nulidade do registro, não é possível atribuir ao Estado a responsabilidade civil pela fraude alegada. Isso porque, segundo o art. 252 da Lei 6.015/1973, o registro, enquanto não cancelado, produz todos os efeitos legais, ainda que, por outra maneira, prove-se que o título está desfeito, anulado, extinto ou rescindido.

Já no informativo 520 foi inserido um precedente da 2ª Turma que decidiu de forma satisfatória uma questão referente ao interesse processual, que é visualizada com frequência, em especial, na Justiça Federal: *para que se requeira judicialmente a concessão de benefício previdenciário é necessário, primeiramente, que tenha havido requerimento administrativo indeferido ou não recebido?*

Segundo o precedente,

"\O prévio requerimento administrativo é indispensável para o ajuizamento da ação judicial em que se objetive a concessão de benefício previdenciário quando se tratar de matéria em que não haja resistência notória por parte do INSS à pretensão do beneficiário. A Segunda Turma do STJ firmou o entendimento de que o interesse processual do segurado e a utilidade da prestação jurisdicional concretizam-se nas hipóteses de recusa de recebimento do requerimento e de negativa de concessão do benefício previdenciário, seja pelo concreto indeferimento do pedido seja pela notória resistência da autarquia à tese jurídica esposada. Com efeito, se o segurado postulasse sua pretensão diretamente no Poder Judiciário, sem requerer administrativamente o objeto da ação, correr-se-ia o risco de a Justiça Federal substituir definitivamente a Administração Previdenciária.

O acerto do entendimento está relacionado à percepção – que nem todos os julgadores possuem – de que há casos em que, com base nas máximas de experiência, pode-se concluir que o Estado, de forma ilegal, indeferirá o pleito formulado. Sendo assim, seria um suplício desnecessário e violador da própria dignidade da pessoa humana exigir que o segurado se submetesse a um procedimento administrativo lento, burocrático e sem qualquer chance de êxito, que entregará uma resposta ilícita, ao invés de ir diretamente ao Judiciário tutelar seu direito, de natureza alimentar e, portanto, essencial à sua subsistência. O conhecimento do que geralmente ocorre, por parte do juiz, permite que ele possa inferir, no caso concreto, a necessidade que a parte tem da tutela jurisdicional. Essa é a mensagem que o precedente mencionado transmite.

9.5. Carência de ação e consequências

Para que se julgue o mérito de uma demanda, é necessário que as duas condições da ação existam, em concomitância, no correr de toda a relação processual. Sobre esta necessidade – de que perdurem por todo o correr da relação processual –, Liebman traz interessante comentário, que se transcreve:

A falta, mesmo que só de uma das condições, induz a *carência de ação*, e pode ser declarada, até mesmo de ofício, em qualquer grau de jurisdição. De outro lado, é suficiente que as condições da ação, eventualmente inexistentes no momento da propositura da demanda, sobrevenham no curso do processo e subsistam no momento em que a causa for decidida.[82] (tradução livre)

A defesa que Liebman faz da desnecessidade de que as condições da ação existam no momento de propositura, se após surgirem, não pode ser tomada fora de contexto. É uma premissa que atende ao princípio da economia processual, mas que somente pode ser aceita se, no início da relação processual, não foi notada a carência, que supervenientemente deixou de existir. Para se evitar a geração de uma sentença terminativa e nova propositura de uma ação – idêntica à anterior, mas tendo as condições da ação existentes desde o início – permite-se que aquela ação anterior prospere.

Caso pelo menos uma das condições da ação falte, tem-se que não há direito de ação processual ou, para outros, condições para a análise do mérito. Seja qual for a doutrina acerca da natureza das condições da ação que se adote,[83] é inconteste a consequência maior de sua não verificação: a carência de ação, acarretando a extinção do processo sem julgamento de mérito, por meio de sentença processual ou terminativa, nos termos do art. 485, VI do CPC.

Também é consequência da extinção do processo por carência de ação a possibilidade de repropositura da demanda (art. 488 do CPC), desde que o vício constatado no primeiro processo tenha sido corrigido. Se a carência de ação que se verificou no processo que foi extinto primeiramente sem resolução de mérito se mantiver, não faria sentido, agora, numa segunda oportunidade (repropositura), avançar ao mérito.

Por todas as consequências que a carência de ação acarreta para o processo e para as partes, é importante estudar como se pode aferir se as condições foram preenchidas ou não.

Como diz Cleanto Siqueira[84]:

em tema de carência, tão ou mais importante quanto o momento de verificação de sua ocorrência é a problemática de se saber, no caso concreto, se um determinado ponto (afirmado pelo autor) ou uma dada questão (surgida no curso do procedimento) de fato ou de direito se enquadra como uma condição da ação (cuja ausência levará à carência, e à extinção do processo sem julgamento de mérito, etc.) ou é assunto pertinente à procedência ou à improcedência do pedido.

E é esse justamente o tema do tópico seguinte, que tratará do método para aferição das condições da ação e de sua diferenciação do mérito, denominado teoria da asserção, hoje dominante no Superior Tribunal de Justiça.

---

82. LIEBMAN, Enrico Tullio. *Manuale di diritto processuale civile*. v. I. Milano: Giuffrè, 1955, p. 40. No original: "L´assenza anche di una sola di esse induce carenza di azione, e può essere rilevata, anche d´ufficio, in qualunche grado del processo. D´altra parte è sufficiente che le condizioni dell´azione, eventualmente carenti nel momento della proposizione della domanda, sopravvengono nel corso del processo e sussistano nel momento in cui la causa viene decisa".
83. Vide WATANABE, Kazuo. *Da cognição no processo civil*. 2 ed. 2 tiragem. Campinas: Bookseller, 2000, p. 76 et seq.
84. SIQUEIRA, Cleanto Guimarães. *A defesa no processo civil*. 2 ed. Belo Horizonte: Del Rey, 1997, p. 86.

10. TEORIA DA ASSERÇÃO

Ao se começar o estudo de qualquer instituto jurídico, uma das técnicas que podem ser úteis para tanto é recorrer ao dicionário para procurar na etimologia da palavra que o identifica uma indicação de seu conteúdo. Assim se fará no estudo da teoria da asserção.

Segundo Gama Kury,[85] tem-se que:

Asserção: *s.f.* **Afirmação, alegação**

Assertiva: *s.f.* **Asserção, afirmação**

Assim sendo, a teoria da asserção poderia também ser denominada "teoria da afirmação", "teoria da alegação", o que demonstra claramente a ideia representada pelo signo, que será esmiuçada nos tópicos seguintes.

Procedendo ainda à análise etimológica, é necessário que se busque um entendimento acerca da expressão *in statu assertionis*, que identifica o modo como devem ser aferidas as condições da ação, segundo a Teoria da Asserção.

In statu assertionis é expressão latina que quer dizer "na forma ou no estado das afirmações", ou seja, de acordo com o que foi afirmado. Assim sendo, a análise das condições da ação deve se dar de acordo com o que foi afirmado pelo autor na petição inicial, bem como com base nas provas documentais que anexou à peça exordial.

11. COMO AFERIR AS CONDIÇÕES DA AÇÃO SEGUNDO A TEORIA DA ASSERÇÃO

No entender de muitos processualistas de gabarito, estrangeiros e brasileiros,[86] a única forma de se aferirem as condições da ação que respeita o postulado abstratista da Teoria Eclética de Liebman e que condiz com a finalidade dessas condições é a defendida pela teoria da asserção, cuja técnica consiste em *analisá-las em hipótese, de forma aparente, de acordo com o conteúdo postulado na inicial, provisoriamente admitidas como verdadeiras até que se analise a fundo o objeto litigioso, em sentença de mérito.*[87]

---

85. KURY, Adriano da Gama. *Minidicionário escolar Gama Kury da língua portuguesa*. São Paulo: Lisa.

86. ROSENBERG, Leo. *Lehrbuch des deustchen zivilprozessrechts*. 6 ed., p.185; BETTI, Emilio. *Diritto processuale civile*, p. 159; ROCCO, Ugo. *La legitimación para obrar*, p. 349; LOPES DA COSTA, Alfredo Araújo. A carência de ação, especialmente com relação à legitimação para a causa. In: *Revista de direito processual civil*, v. 3. São Paulo: Saraiva, 1962, p. 5 e ss; GUIMARÃES, Luiz Machado. *Carência de ação*. In: *Estudos de direito processual civil*. Rio de Janeiro: Jurídica e universitária, 1969, p. 103; BARBOSA MOREIRA, José Carlos. Apontamentos para um estudo sistemático da legitimação extraordinária. In: *Direito processual civil*. Rio de Janeiro: Borsói, 1971, p. 59; BARBOSA MOREIRA, José Carlos. Legitimação para agir. Indeferimento de petição inicial. In: *Temas de direito processual*. 1ª série. São Paula: Saraiva, 1977, p. 200; BEDAQUE, José Roberto dos Santos. *Direito e processo*. 2 ed. São Paulo: Malheiros, 1997, p. 77.

87. Além da doutrina, a jurisprudência dos tribunais – dentre eles o Superior Tribunal de Justiça, faz referência ao emprego do método ou técnica denominada "teoria da asserção". Nesse sentido, vide: REsp. 818.603/RS, Rel. Ministra Nancy Andrighi, Terceira Turma, DJe 03/09/2008; REsp. 470.675/SP, Rel. Ministro Hum-

Segundo as palavras de Crisanto Mandrioli:

> Mas – veja bem – lesão (ou fato lesivo) *somente afirmada ou narrada na demanda*, assim como somente afirmado ou narrado na demanda deve ser o fato constitutivo do direito. Somente afirmado, porque o interesse de agir, como as outras condições da ação das quais nos ocupamos, não são nada mais que uma modalidade da demanda, ou seja, um conteúdo da demanda. Por outro lado, é óbvio que no momento em que o juiz se pergunta sobre a subsistência das condições da ação (momento que, como veremos – v. II, §§ 20 e 53 – é anterior, ao menos logicamente, àquele da pronúncia sobre o mérito), a outra coisa não poderia se referir senão à demanda e a tudo que nela é afirmado, sendo claro que se, naquele momento, já pudesse encontrar a verdade sobre o que se afirmou na demanda (como ocorreria se se fizesse depender o interesse de agir da efetiva existência, e não da simples afirmação, dos fatos constitutivos e dos fatos lesivos), o processo de conhecimento já deveria ter um fim, visto que já se saberia se existe o direito e a sua violação.[88]

Diz-se isso pelo seguinte: Liebman, ao formular a sua teoria sobre a ação, asseverou que entre as doutrinas concreta e abstrata caberia uma posição intermediária,[89] que nem vinculasse demais o direito de ação ao direito material (Teoria Concreta), nem de menos (Teoria Abstrata).

Como forma de garantir a instrumentalidade do direito de ação no caso concreto, disse que este sempre existiria se se pudesse observar uma ponte, um contato, entre os dois planos do ordenamento. Uma vez feito esse contato, poderia a função jurisdicional ser exercida tutelando o direito subjetivo e objetivo, trazendo consigo utilidade social, resumindo: julgando o mérito, *o conflito de interesses, qualificado por uma pretensão resistida ou insatisfeita, que fora deduzida em juízo*.

E os pontos de contato entre a ação e o direito material são justamente as condições da ação. São elas "um filtro para evitar que haja exercício de jurisdição quando faltam os requisitos que a lei considera indispensáveis para que se possam alcançar resultados satisfatórios".[90]

São as condições da ação um ponto de contato com o direito material porque, não obstante sejam requisitos atrelados a um direito de natureza processual – a ação

berto Martins, Segunda Turma, DJ 29/10/2007; AgRg no REsp. 877.161/RJ, Rel. Ministro Francisco Falcão, Primeira Turma, DJ 01/02/2007.

88. Idem, p. 52. No original: "Ma – si noti bene – lesione (o fatto lesivo) *soltanto affermata o narrata nella domanda*, così come soltanto affermato o narrato nella domanda deve essere il fatto costitutivo del diritto. Soltanto affermato, perchè l´interesse ad agire , come le altre condizioni dell´azione di cui ci occupiamo, non è altro che uma modalità della domanda, ossia um contenuto della domanda. D´altra parte, è ovvio che nel momento in cui il giudice si pone in quesito si sussistono le condizioni dell´azione (momento che, come vedremo – v. II, §§ 20 e 53 – è, anteriore, almeno in senso lógico, a quello della pronuncia sul mérito), a null´altro si potrebbe riferire se non alla domanda e a quanto in essa è affermato, essendo chiaro che se in quel momento potesse già riscontrare la verità di quanto è affermato nella domanda stessa (come appunto ocorrerebbe fare se si facesse dipendere l´interesse ad agire dalla effettiva esistenza, anziché dalla semplice affermazione, dei fatti costitutivi e dei fatti lesivi), il processo di cognizione sarebbe già concluso, poichè già si saprebbe se esiste il diritto e la sua violazione".

89. LIEBMAN, Enrico Tullio. O despacho saneador e o julgamento de mérito. In: *Estudos sobre o processo civil brasileiro*. São Paulo: Bushatsky, 1976, p. 129.

90. Idem, pp. 128-129.

– possuindo também essa natureza, é no direito material que vão buscar o substrato para sua verificação nas hipóteses concretas levadas ao Judiciário.[91]

Se essas condições, que estabelecem um liame entre os dois planos, mas que têm natureza processual, por serem pressupostos de um direito processual (a ação), forem aferidas de forma exauriente, até mesmo por meio da análise de provas, estar-se-á, em verdade, defendendo a ideia de Chiovenda sobre as condições da ação, de que pertencem ao mérito.

Note-se o seguinte: tanto o mérito quanto as condições da ação têm como substrato de seu conteúdo o direito material. Na relação jurídica material, via de regra,[92] procuram-se as respostas que permitem o seu julgamento. Se ambas forem analisadas, utilizando-se o operador do direito da mesma metodologia, far-se-á confusão.

Veja-se um exemplo. Roberto ajuíza uma ação declaratória de paternidade, alegando ser o réu Rodrigo seu pai. Carreia alguns documentos aos autos. Em contestação, o réu nega a qualidade que lhe é imputada e diz que é impossível ser o genitor do autor por ser estéril, conforme laudo que também colaciona aos autos. Em face dessa situação, pergunta-se: como se pode diferenciar o conhecimento das condições da ação da análise do mérito? Os dois se confundem, ou são categorias processuais que apresentam funções diferentes e técnicas distintas de análise em face de sua pertinência com o direito material? O juiz extinguirá o processo com ou sem análise de mérito?[93]

A maioria absoluta dos leitores dirá que o juiz extinguirá o processo com julgamento de mérito. Se o fizer, no entanto, estará tacitamente afirmando terem existido as condições da ação, principalmente a legitimidade *ad causam*, que é, dentre as condições, a mais interessante no caso concreto. Mas ora, se a legitimidade, em lição autorizada, é a pertinência subjetiva da lide,[94] como é que esta pode existir se, no mérito, se está a afirmar não ser o autor Roberto filho do réu Rodrigo?

Se se partir da premissa de que as condições da ação e o mérito são duas categorias processuais distintas, de naturezas e regimes diversos *e que possuem um relacionamento particular com o direito material*, é bastante razoável pensar que a diferença de

91. BEDAQUE, José Roberto dos Santos. *Direito e processo*. 2 ed. São Paulo: Malheiros, 1997, p. 77.

92. Há ações que encontram tanto as condições da ação quanto o mérito encartados em normas processuais. Vide a ação rescisória. Sobre o tema é interessante a análise de YARSHELL, Flávio Luiz. *Tutela jurisdicional*. São Paulo: Atlas, 1999.

93. No momento em que nos utilizamos da ação declaratória para polemizar sobre o tema da análise das condições da ação, não podemos deixar de transcrever um comentário de Barbosa Moreira sobre ela – a ação declaratória –, ao demonstrar sua importância para o desenvolvimento da ciência processual: "Nem seria fato inédito o de buscar-se no estudo da ação declaratória a matéria-prima para construções no plano da teoria geral do processo". BARBOSA MOREIRA, José Carlos. Ação declaratória e interesse. In: *Direito processual civil*. Rio de Janeiro: Borsói, 1971, p. 18.

94. LIEBMAN, Enrico Tullio. O despacho saneador e o julgamento de mérito. In: *Estudos sobre o processo civil brasileiro*. São Paulo: Bushatsky, 1976, p. 127.

relacionamento das condições da ação e do mérito com o direito material seja uma menor profundidade de sua análise para a configuração das primeiras (condições da ação) e uma maior profundidade para a resolução do segundo (mérito).

Esclarecendo a questão por meio de uma metáfora, pode-se dizer que enquanto na análise das condições da ação o direito material é visto em penumbra, com uma visualização não ideal, na análise do mérito deve ser este observado com clareza solar.

Quando se estiver a analisar as condições da ação, deve-se ter em mente os seguintes questionamentos: a presente demanda, que ora é auscultada pela leitura da petição inicial, parece revelar uma mínima ligação com o direito material, tanto em seus aspectos subjetivos como objetivos? Segundo o que o autor afirma, existe um vínculo jurídico entre ele e o réu? Tem ele necessidade de vir ao Judiciário requerer a tutela do direito que afirma seu?

Já em análise do mérito, deve o magistrado se questionar: de acordo com o que se extrai das afirmações do autor e do réu, os fatos que aquele imputa a este têm comprovação nos autos ou qualquer presunção legal de veracidade? Uma vez considerados verdadeiros, pode-se aferir uma qualquer consequência jurídica deles?

O ponto central, portanto, para que se possa diferenciar, nos casos concretos, quando se está a analisar as condições da ação e quando se está a discutir sobre o mérito, *para quem adota os postulados da teoria da asserção*, assenta-se na *cognição* que se faz de cada uma dessas categorias à luz do direito material deduzido em juízo. Ou seja: a cognição da postulação feita pelas partes e do material probatório trazido ao processo é que tem o condão de extirpar o problema ora em discussão.

Teve-se o cuidado de estabelecer que a cognição é o ponto principal para que se faça o discernimento entre a "análise" das duas categorias, para os assertistas. Não se está, no presente estudo, a afirmar que é a cognição o ponto que ontologicamente distingue as duas espécies.

Prezado leitor, a teoria da asserção transmite uma ideia muito clara de método de análise das condições da ação: *o julgador, para decidir pela carência, está obrigado a chegar a essa conclusão somente pela análise das alegações que estão contidas na petição inicial, tomando-as por verdadeiras*. Por exemplo, se o autor diz que existe entre ele e o réu uma relação de direito material, toma-se por verdadeira essa assertiva e com base nela já se conclui que ele e o réu são legítimos para figurarem nessa condição (de autor e réu), pois estão discutindo em nome próprio direitos e deveres que decorreriam de uma relação de direito material da qual fariam parte. Se essa relação de direito material existe ou não, trata-se de juízo de valor posterior, ou seja, de análise do mérito.

Segundo Machado Guimarães:

> Deve o juiz, aceitando provisoriamente as afirmações feitas pelo autor – *si vera sint exposita* –, apreciar preliminarmente a existência das condições da ação, julgando, na ausência de uma delas,

o autor carecedor de ação; só em seguida apreciará o mérito principal, isto é, a procedência ou improcedência da ação.[95]

Se somente for possível ao julgador verificar que a demanda ajuizada pelo autor não tem pertinência a quem foi indicado como réu, por exemplo, devido a uma informação trazida aos autos a partir da contestação, estar-se-ia decidindo o mérito, segundo as premissas teóricas da teoria da asserção.

Para ilustrar a afirmativa feita no parágrafo anterior, um exemplo muito comum no cotidiano forense. Gerson sofre um acidente automobilístico, no qual outro automóvel colide com o seu, fugindo em seguida e deixando danos materiais. Por sorte, após a colisão, anota-se a placa do veículo que se evadiu. Com base nessa anotação, Gerson descobre, junto ao Detran, que o carro está registrado em nome de Vinícius. Por esse motivo, ajuíza demanda de indenização por danos materiais em face deste último.

Vinícius, ao contestar, apresenta duas alegações, uma de forma e outra meritória:

a) afirma, *preliminarmente*, ser ilegítimo para figurar no polo passivo da demanda (ilegitimidade passiva *ad causam*), pois vendeu o veículo muito antes do acidente, como comprova por meio de contrato e de recibo que junta naquela oportunidade, embora não tenha feito o registro da transferência do bem no Detran. Diz, em suma, que não tem pertinência jurídica com a lide;

b) utilizando-se da mesma informação (a de que vendeu o bem antes do sinistro, embora não tenha registrado o fato), afirma, *em defesa de mérito*, que não tem responsabilidade civil pelos danos causados, usando como reforço de argumentação o teor da Súmula nº 132 do STJ.

Nesse caso, meus caros leitores, percebam que a mesma situação fática foi o móvel de duas alegações distintas – uma de carência de ação e outra de mérito. Será que isso é possível ou uma das duas está equivocada (ou seja, ou o réu deve alegar a carência ou a improcedência)? *É justamente isso que a teoria da asserção responde.*

Segundo suas premissas, para que se determine uma carência de ação, seja por falta de interesse processual, seja por ilegitimidade passiva *ad causam*, somente devem ser consultadas as alegações que estão contidas na petição inicial, tomando-as por verdadeiras. O juízo de carência é, pois, um julgamento que somente pode se fundamentar nesses dados trazidos pelo autor. Por isso se fala em análise *in statu assertionis*.

No caso em tela, o autor Gerson afirmou, na petição inicial, que existia uma relação jurídica de direito material entre ele e Vinícius, decorrente de um ato ilícito que teria sido praticado pelo último. A fim de analisar se estão preenchidas as condições da ação, deve-se tomar por verdadeiras tais alegações, chegando-se à

95. GUIMARÃES, Luiz Machado. A instância e a relação processual. In: *Estudos de direito processual civil*. Rio de Janeiro: Jurídica e universitária, 1969, p. 73.

seguinte conclusão: como Gerson e Vinícius, em tese, seriam os sujeitos da relação de direito material decorrente do ato ilícito (acidente); como ambos aparecerem, no processo, na posição de autor ou réu; como o CPC determina que legítimos a serem autor e réu são aqueles que, em tese, participam da relação de direito material, a condição da ação legitimidade *ad causam*, nos dois polos (ativo e passivo) está preenchida.

Saber, por outro turno, se Vinícius tem o dever jurídico de ressarcir Gerson já se trata de julgar o mérito, ou seja, o pedido, concluindo-se, em análise concreta, se a relação de direito material realmente existe e, em caso positivo, quais são as situações jurídicas (direitos e deveres que dela decorrem).

No exemplo acima, somente foi possível saber que Vinícius havia vendido o veículo a partir do momento em que ele o disse na contestação. Antes disso, nada havia no processo que sugerisse esse fato. Sendo assim, não se pode dizer, com base no que defende a teoria da asserção, que se estaria diante de um caso de carência de legitimidade passiva, mas, sim, que a hipótese é de improcedência (juízo de mérito), pois o julgamento feito não foi, pura e simplesmente, *in statu assertionis* (de acordo com as afirmativas do autor). Foi um juízo que levou em conta, em especial, novas alegações (inovações processuais) juntadas aos autos pelo demandado. Realizou-se uma análise concreta da relação de direito material discutida em juízo, com base na análise de provas.

Preste atenção no que irei escrever: quando se aprecia se uma condição da ação está preenchida, para quem defende a Teoria da Asserção, deve-se avaliar tão somente as alegações que o autor fez, tomando-as por verdade, sem se pesquisar se efetivamente são verdade ou não.

A análise da veracidade das alegações do autor já corresponde a um julgamento do pedido, do mérito.

Outro exemplo, em que também se está diante de um julgamento de mérito, se colhe do Informativo nº 535 do STJ, segundo o qual "o processo deve ser extinto com resolução de mérito – e não sem resolução de mérito, por falta de interesse processual – caso o autor de ação de reintegração de posse não comprove ter possuído a área em litígio." Perceba, prezado leitor, que o julgador, ao concluir pela ausência de comprovação da posse da área objeto do litígio, exercitou cognição que excedeu os limites daquela que se realiza quando da análise das condições da ação, tal como ilustrei acima.

Em suma, prezado leitor, raciocine da seguinte forma: *aplicar a teoria da asserção, para distinguir carência de ação de mérito, significa fechar os olhos para qualquer alegação ou dado que não esteja, desde logo, na petição inicial. Se a inviabilidade do que o autor pede for uma conclusão a que você chegar somente porque se analisou de forma concreta a relação jurídica existente entre autor e réu, por exemplo com base em informação nova que o réu trouxe ao defender-se e que ainda não estava nos autos, já se tem juízo meritório.*

Nesse ponto, um cuidado muito importante: o magistrado que siga a teoria da asserção pode analisar a falta de uma das condições da ação ao receber a inicial; depois de o réu apresentar a contestação; pode fazê-lo em sede de apelação e até mesmo no STJ, desde que se *limite* a exercer esse juízo com base nos dados e informações que a petição inicial traz, tomando como verdadeiras tais alegações, sem pesquisar, com base nas provas juntadas aos autos, sua veracidade.

Se a teoria da asserção for adotada – como é em diversas decisões judiciais,[96] a alegação de carência feita pelo réu na contestação ou em outro momento superveniente deverá se limitar a uma demonstração de que, com base na simples leitura das alegações formuladas na petição inicial, tomando-as por verdadeiras, se conclui que a demanda é inviável (seja porque autor e réu não são as pessoas autorizadas pela lei ou por um negócio jurídico a discutir em juízo os direitos e deveres decorrentes daquela relação jurídica, seja porque a tutela pedida é desnecessária, seja porque escolheu-se o método processual errôneo para o exercício do processo).

Só há uma situação que escapa à teoria da asserção, em que esta não pode ser aplicada: a da carência superveniente de ação. É possível que a condição da ação que exista no início do processo, seja suprimida durante o seu curso, o que é comum de ocorrer com o interesse de agir.

Observe que a carência de ação superveniente, com especial destaque para o interesse de agir (comumente chamada de *perda de objeto*) tem íntima relação com a ocorrência de um fato que não existia no momento da propositura. Não há como se falar, portanto, em análise desta hipótese de carência com fulcro na teoria em análise. Simplesmente foge de seu alcance.

Em conclusão, pode-se afirmar que, em se adotando a teoria da asserção, poucos devem ser os juízos de carência, o que é, de certa forma, bom para o exercício da jurisdição, visto que decisões de mérito possuem uma qualidade que as torna mais estáveis e, por isso, desejáveis: a *coisa julgada material*.

12. TEORIA DA ASSERÇÃO E PROCEDIMENTO EXECUTIVO

As condições da ação no processo executivo devem ser examinadas pela análise do título executivo, como, por exemplo, um contrato de cessão de crédito. Por isso, pode-se dizer que ali se faz um cotejo *in statu assertionis*, já que no título executivo – e em seus anexos trazidos pelo exequente – se encontram os elementos com base nos quais serão aferidos esses requisitos de admissibilidade.

---

96. Nesse sentido, veja os seguintes julgados do STJ: *1ª Turma*: AgRg no REsp 877.161/RJ, Rel. Ministro FRANCISCO FALCÃO, DJ 01/02/2007; *2ª Turma*: AgRg no REsp 1095276/MG, Rel. Ministro Humberto Martins, DJe 11/06/2010; REsp 1112895/SP, Rel. Ministro Mauro Campbell Marques, DJe 02/12/2009; *3ª Turma:* REsp 818.603/RS, Rel. Ministra Nancy Andrighi, DJe 03/09/2008; *4ª Turma:* REsp 753.512/RJ, Rel. p/ Acórdão Ministro Luis Felipe Salomão, Quarta Turma, DJe 10/08/2010.

Donaldo Armelin, tratando especificamente do tema da legitimidade,[97] adverte que

> no processo de conhecimento e cautelar, a legitimidade emerge de uma situação legitimante que resulta de própria pretensão, ou seja, da afirmação da titularidade de um direito, donde, destarte, ter natureza processual, embora reportando-se ao direito questionado, que pode ou não vir a ser reconhecido em juízo. Já no processo de execução, a legitimidade está direta ou indiretamente vinculada ao título executivo de natureza pré-processual, quanto a este processo.

13. ELEMENTOS DA AÇÃO

Preste muita atenção agora: acabamos de estudar as "**condições** da ação". Espero que tenha entendido que se tratam de requisitos cuja *função* é permitir ao juiz identificar se uma demanda (ação proposta) é viável ou não. Diante da constatação da viabilidade, deve o juiz decidir o pedido que lhe foi dirigido; caso se tenha uma demanda inviável (autor e/ou réu ilegítimo; ausência de interesse necessidade e/ou adequação), deve-se extinguir o processo sem avaliação do pedido.

Por que motivo fiz, no parágrafo acima, esse resumo sobre as condições da ação e sua função? Por uma razão muito simples: a partir de agora estudaremos outro instituto do processo, que possui um nome *semelhante* mas função **completamente diferente**.

Trataremos, a partir de agora, dos chamados "**elementos** da ação". Ao longo dos anos em que leciono, cansei de perguntar a alunos que tinham acabado de estudar a teoria geral do processo e davam início à segunda cadeira de processo civil: quais são as condições da ação? E os elementos da ação?

Em muitas oportunidades, quem se punha a responder confundia as duas categorias. Dizia, por exemplo, que a legitimidade *ad causam* era um elemento da ação quando, na verdade, se trata de uma das condições da ação. Esse é só um exemplo dentre os vários que colhi em mais de 15 anos como professor de professor.

Por conta disso, combinemos uma coisa: *você nunca confundirá as condições e os elementos da ação*, correto?

As condições da ação são a legitimidade *ad causam* (ordinária ou extraordinária) e o interesse processual (nas modalidades necessidade e adequação). Tratam-se de requisitos que, se preenchidos, certificam a viabilidade da ação proposta, abrindo caminho para a análise de seu mérito (pedido).

Já os elementos da ação são:

a) as partes – autor e réu;

b) a causa de pedir – fática e jurídica;

c) o pedido – imediato e mediato.

97. ARMELIN, Donaldo. *Legitimidade para agir no direito processual civil brasileiro*. São Paulo: RT, 1970, p. 173.

Os elementos da ação possuem uma função de destaque na prática cotidiana do processo, visto que o Código de Processo Civil adotou a ideia de Mateo Pescatore de que, por meio desses elementos, **se identificam e diferenciam** as demandas (ações) que são dirigidas ao Poder Judiciário, dando início ao procedimento e à relação jurídica processual.

Pode-se dizer, portanto, que a função dos elementos da ação é permitir, **por meio de sua comparação**, que se encontrem semelhanças e diferenças entre as muitas demandas que são propostas todo o dia.

Veja o seguinte exemplo: *Ação 1*: Pedro ajuíza ação em face de Roberto com a finalidade de cobrar do último o pagamento de R$ 1.500,00, devido por conta da compra e venda de um videogame X-Box One. *Ação 2*: Rodrigo ajuíza em face de Catarina ação para cobrar da última a entrega do veículo C-4 Pallas que comprou pelo valor de R$ 20.000,00.

Vamos, então, comparar os *elementos da ação* nas duas demandas?

Elementos da ação

Ação 1	*Ação 2*
Autor: Pedro	Autor: Rodrigo
Réu: Roberto	Réu: Catarina
Causa de pedir: inadimplemento de R$ 1.500,00 de contrato de compra e venda de videogame	Causa de pedir: inadimplemento de contrato de compra e venda de um veículo (veículo não entregue)
Pedido: pagamento de R$ 1.500,00	Pedido: entrega do veículo

A comparação realizada demonstra que as duas demandas acima não possuem, entre si, qualquer semelhança, sendo que as semelhanças entre demandas estão atreladas a diversos institutos processuais que vocês ainda irão estudar, como o litisconsórcio, a reunião de demandas por conexão, a extinção de demandas por litispendência e coisa julgada, a cumulação de ações, etc.

A análise de todos esses institutos, vitais para o dia a dia do processo, dependem de você dominar quais são os elementos da ação, bem como quais são os tipos de *semelhança* entre demandas que podem existir a partir de sua comparação.

Sabendo-se, desde logo, da destacada importância dos elementos da ação para a prática forense, passa-se, sem mais delongas, ao seu estudo.

14. PARTES

Segundo a lição de Dinamarco,

> Partes são os sujeitos *interessados* da relação processual, ou os *sujeitos do contraditório instituído perante o juiz* (Liebman). Dizem-se *interessados* porque ali estão sempre em defesa de alguma

pretensão própria ou alheia, em preparação para receberem os efeitos do provimento final do processo.[98]

A definição de "parte" adotada acima é conhecida na doutrina como "conceito processual de parte", pois ignora o vínculo que o autor e o réu eventualmente tenham com a relação de direito material discutida em juízo. Para classificar certas pessoas ou entes como parte, basta que, na estrutura da relação jurídica processual, tenham a função de defender uma posição jurídica de direito material, ou seja, que sejam parciais.

E nesse ponto, observe uma informação essencial a fim de que você já comece a exercitar a habilidade de não confundir os elementos com as condições da ação. Imagine que Roberto, menor de idade, tenha comprado um patinete de Luiz Inácio, pago o valor e que este último não tenha cumprido sua parte. Imagine, ainda, que ao contar o ocorrido a seu pai, Rodrigo, este tome as dores do filho e ajuíze uma ação voltada ao recebimento do bem contratado.

No caso abaixo, observe os elementos da ação:

a) autor: Rodrigo

b) réu: Luiz Inácio

c) causa de pedir: inadimplemento do contrato de compra e venda de um patinete, firmado entre Roberto e Luiz Inácio.

d) pedido: entrega do patinete.

Bem, se você entendeu bem o tema das condições da ação, deve ter notado alguma coisa estranha no fato de Rodrigo ter ajuizado a ação em seu próprio nome, sendo que a relação jurídica de direito material foi travada entre Roberto e Luiz Inácio. Rodrigo está, em nome próprio, tutelando direito alheio, de Roberto, sem autorização legal ou negocial. Ele é, portanto, ilegítimo. O certo seria que Roberto fosse o autor (seu pai, Rodrigo, seria somente seu representante ou assistente; um auxiliar, portanto).

Todavia, embora seja ilegítimo, Rodrigo **não deixa de ser parte**, visto que é um dos sujeitos parciais da relação processual, defendendo uma posição jurídica de direito material. Isso deixa claro que uma coisa é o elemento da ação e outra é a condição da ação. Rodrigo é, portanto, uma *parte* **ilegítima**.

As partes são classificadas, também, de acordo com o polo da relação jurídica processual em que se situam. Desse modo, fala-se em *parte ativa* (autor/demandante) e *parte passiva* (réu/demandado).

A nomenclatura com a qual se designam o demandante e o demandado pode se modificar de acordo com o tipo de procedimento em que se insiram. Assim, em sede de procedimento executivo, chamam-se *exequente* e *executado*. Em sede de oposição,

98. DINAMARCO, Cândido Rangel. *Instituições de direito processual civil*. v. II. 5 ed. São Paulo: Malheiros, 2005, p. 246.

espécie de intervenção de terceiros, são *opoente* e *oposto*; na denunciação da lide, *denunciante* e *denunciado*; na reconvenção, *reconvinte* e *reconvindo* etc.

É comum, no dia a dia do processo, que em um ou em ambos os polos da relação processual se concentre mais de uma parte. Tem-se, então, o fenômeno da cumulação subjetiva, mais conhecido como *litisconsórcio*. Logo, se existir mais de um autor, fala-se em litisconsórcio ativo; se existir mais de um réu, tem-se um litisconsórcio passivo.

15. CAUSA DE PEDIR

O segundo dos elementos da ação é considerado, por unânime doutrina,[99] o mais intrincado de todos. Merece, pois, maior atenção.

Causa de pedir corresponde ao motivo pelo qual o autor vem à presença do Estado-juiz requerer uma proteção (tutela) em face do réu.

A título exemplificativo, pense na hipótese em que José ajuíza uma ação em face do Estado do Espírito Santo requerendo que o réu seja condenado a fornecer-lhe certo medicamento contra o diabetes que, por ser caro e novo, não é regularmente fornecido pela rede pública. Saiba, ainda, que antes de procurar a tutela jurisdicional, a Secretaria Estadual de Saúde negou administrativamente seu pedido.

No caso em tela, claramente você identificou quem são as partes do processo – José e Estado do Espírito Santo. Vislumbrou, também, que o pedido é o de impor ao Estado o fornecimento do aludido medicamento.

Mas e a "causa de pedir", o que é ela? Com base no exemplo acima, quero lhe mostrar que a causa de pedir tem a seguinte formatação:

a) é dividida em duas espécies: a causa de pedir *fática* ou *remota* e a causa de pedir *jurídica* ou *próxima*;

b) o que é a causa de pedir *fática* ou *remota*? É o *conjunto dos fatos da vida* que o autor alega e que:

   b.1) caracterizariam a existência de um fato jurídico, da relação jurídica dele decorrente, de direitos inseridos nessa relação jurídica;

   b.2) de uma postura do réu que pode ser contrária tanto à existência do fato jurídico quanto ao descumprimento de algum de seus efeitos;

   b.3) ou, ainda, de uma impossibilidade de se exercitar o direito material fora do processo.

Sobre o tema, transcrevo passagem de Bruno Silveira de Oliveira:

> o processo se presta a atuar coercitivamente os direitos materiais, seja porque a atuação espontânea destes foi obstada pelo comportamento

99. Vide farta menção bibliográfica em OLIVEIRA, Bruno Silveira de. *Conexidade e efetividade processual (conceito e efeitos da conexidade a serviço dos escopos do processo)*. Vitória: FDV, 2006, p. 24, nota 25.

> de uma das partes, seja porque a espécie de direito material é daquelas que só podem ser atuadas por meio da jurisdição.
>
> Quem pretende obter a tutela jurisdicional de um direito precisa, portanto, demonstrar alguns dados ao julgador.
>
> Em primeiro lugar, cabe-lhe – evidentemente – demonstrar que o alegado direito existe. Depois, que é realmente necessária, para sua efetivação, a ativação do instrumento estatal de resolução de conflitos.[100]

Voltemos ao exemplo acima dado: quais são os fatos alegados pelo autor José? Que ele é portador de diabetes; que o controle de sua doença depende do uso de um novo e caro medicamento que a rede pública de saúde – SUS – não oferece aos seus beneficiários; que requereu administrativamente o fornecimento desse medicamento à Secretaria de Saúde do Estado do Espírito Santo; que seu pedido foi negado;

c) o que é a causa de pedir *jurídica* ou *próxima*? É o conjunto de argumentos que visa a demonstrar que os fatos alegados se tratam do suporte fático de um ou mais fatos jurídicos e que, portanto, é possível dele(s) extrair efeitos jurídicos, estes últimos objeto do pedido formulado.

   No exemplo acima, corresponderia a argumentar demonstrando que o fato jurídico de ser cidadão brasileiro dá a José o direito subjetivo de ser amparado pelo SUS – Sistema Único de Saúde; que tem direito não a qualquer medicamento, mas sim àquele que seja eficaz no tratamento de sua enfermidade; que se trata de um ato ilícito do Estado negar-lhe o medicamento de que tem direito.

Perceba, portanto, que a causa de pedir é um complexo de informações – de linguagem – que engloba *elementos de fato* – narrativa de fatos sociais, da vida e *elementos jurídicos* – argumentação jurídica a demonstrar que os fatos da vida são, também, fatos jurídicos, geradores de efeitos que precisam ser protegidos.

Vamos a mais um exemplo: Telma firma um negócio jurídico com a empresa "Viaje Feliz", adquirindo um pacote turístico, ao valor de R$ 7.500,00, para conhecer alguns países da Europa Ocidental. Uma vez pago o pacote, à véspera da viagem Telma descobre que foi enganada e que não poderá fazer o passeio, o que lhe gera prejuízo financeiro e forte abalo psicológico. Ao entrar em contato com a empresa, não obtêm nenhuma resposta.

Pelas razões acima, ajuíza ação em face da empresa "Viaje Feliz", na qual deduziu dois pedidos: pagamento de danos materiais e morais em face da ré. Vamos, então, à causa de pedir:

100. OLIVEIRA, Bruno Silveira de. *Conexidade e efetividade processual*. São Paulo: RT, 2007, p. 38.

a) causa de pedir fática: é o conjunto dos fatos que foi acima narrado, referentes à aquisição do pacote turístico, à não realização da viagem contratada por um calote da empresa, ao valor do prejuízo, ao forte abalo psicológico sofrido;

b) causa de pedir jurídica: trata-se da argumentação jurídica voltada a demonstrar que a aquisição do pacote jurídico se tratou de um negócio jurídico que fez nascer entre as partes – Telma e "Viaje Feliz" – uma relação jurídica de direito material, da qual nasceram direitos e deveres para as partes; que o descumprimento dos deveres por parte da ré caracterizou-se como um ato ilícito, do qual exsurgiram as pretensões indenizatórias por parte de Telma e a obrigação de indenizar da empresa. Em suma, a causa de pedir jurídica corresponde a uma demonstração que o autor faz da juridicidade dos fatos que alegou.

O CPC/15, seguindo a tradição da legislação processual pátria antecedente, determina que a petição inicial deva contemplar tanto os elementos fáticos quanto a argumentação jurídica, nos termos do art. 319, III:

> Art. 319. A petição inicial indicará:
>
> III – o fato e os fundamentos jurídicos do pedido.

Nesse ponto de nossa conversa, quero lhe fazer uma indagação: pense num magistrado, aprovado após se submeter a um difícil e penoso concurso público, para o qual provavelmente estudou aproximadamente 03 desgastantes anos. Pensou? Então, a questão: você realmente acha que é *essencial* para esse magistrado que o autor apresente a *causa de pedir jurídica* ou *próxima*? Antes que você responda, mais uma dúvida? Será que a qualificação jurídica dos fatos apresentada pelo autor *vincula* o julgador?

A resposta a ambas as perguntas é *negativa*, ou seja:

a) o entendimento dominante, na doutrina[101] e na jurisprudência, é o de que a qualificação jurídica dos fatos, ou seja, a demonstração de como eles incidem no mundo do dever-ser, é papel que incumbe ao juiz, devendo as partes precisarem, tão somente, os recortes fáticos que balizam a proteção que requerem ao órgão jurisdicional;

b) por isso afirma-se que, no Brasil, foi adotada a teoria da *substanciação*, segundo a qual é dever do autor delimitar os elementos fáticos a partir dos quais sustenta um pedido de tutela jurisdicional, sendo desnecessária a descrição dos argumentos aptos a demonstrar a roupagem jurídica dos fatos;

101. DINAMARCO, Cândido Rangel. *Instituições...*, pp. 127-128; BARBOSA MOREIRA, José Carlos. *O novo processo civil brasileiro...*, pp. 15-17; CALMON DE PASSOS, José Joaquim. *Comentários ao Código de Processo Civil*, v. III. pp. 192.

Segundo Bruno Silveira de Oliveira, "*para a teoria da substanciação, a causa petendi ativa se encontra na alegação do fato ou do conjunto de fatos constitutivos do direito afirmado*. Consiste naquele fato ou conjunto de fatos que se subsume à hipótese de uma ou mais normas primárias; implicando, pois, a constituição do direito cuja tutela se pleiteia (*ex facto oritur jus*).

Por essa teoria, é irrelevante – para a identificação da *causa petendi* – que o autor qualifique juridicamente os fatos que alega. Se o fizer, pouco importará que erre; pois a correta qualificação jurídica do quadro fático é tarefa do juiz, não da parte (*Naha mihi factum, dabo tibi ius; Jura novit curia*)".[102]

c) logo, *o juiz não está vinculado à causa de pedir jurídica*, ou seja, às argumentações jurídicas que o autor apresenta para sustentar o pedido de tutela jurisdicional que apresenta. Atenção, neste ponto: fala-se que se aplicam os brocardos jurídicos *iura novit curia* (o juiz conhece o direito) e *naha mihi factum dabo tibi ius* (dê-me os fatos que te dou o direito).

Bem, neste momento você talvez esteja um pouco confuso, pelo seguinte: o CPC diz que o autor precisa apresentar as alegações de fato e os fundamentos jurídicos do pedido; eu acabei de te mostrar, por "a + b", que essencial é a fundamentação fática – e não a jurídica – já que o juiz tem plena aptidão, a partir da análise dos fatos e do pedido – de deduzir a fundamentação jurídica aplicável ao caso concreto, não estando sequer vinculado à roupagem jurídica dada pelo demandante. Com base nessa constatação, afirmou-se, inclusive, que se adota, no direito processual brasileiro (civil, penal, trabalhista etc.) a *teoria da substanciação*. Quer dizer, então, que a fundamentação jurídica é *totalmente dispensável*?

Não, não diria tanto. É óbvio que deve existir uma razão para que o art. 319, III do CPC prescreva que o autor deve apresentar os fundamentos de fato e de direito do pedido deduzido em juízo. E ela existe: a concretização e o respeito ao princípio da *ampla defesa e contraditório*.

Prezado leitor, a petição inicial – a conter alegações de fato e de direito – é o guia que o réu possui para exercitar seu direito de defesa (decorrência do princípio da ampla defesa e contraditório). Quanto mais informações acerca da pretensão do autor tiver, mais específica e precisa poderá ser sua defesa, o que, inclusive, tende a facilitar o trabalho do próprio juiz. Percebe-se, pois, que o próprio princípio da cooperação também é guarnecido pela regra de que ao autor incumbe expor alegações de fato e de direito.

Bem, creio que é hora de pararmos um pouco e observarmos o que já aprendemos. A causa de pedir, ou seja, o conjunto de fundamentos que justifica o pedido de tutela jurisdicional feito pelo autor pode ser dividida em duas espécies:

102. OLIVEIRA, Bruno Silveira de. *op. cit.*, p. 27.

a) causa de pedir fática ou remota – conjunto de fatos sociais a partir dos quais se pretende justificar o pedido deduzido em juízo;

b) causa de pedir jurídica ou próxima – qualificação jurídica dos fatos alegados, visto que somente de fatos jurídicos se podem extrair efeitos jurídicos, tutelando-os;

c) embora essencial seja, tão somente, a causa de pedir fática ou remota, existe importância sistemática em o autor descrever seus fundamentos jurídicos, relacionada à incidência do princípio da ampla defesa e contraditório, bem como do princípio da cooperação.

Bem, usando meus poderes de premunição, imagino que você deve ter uma dúvida – de terminologia – em sua cabeça: por que a causa de pedir *fática* é chamada de *remota* e a causa de pedir *jurídica* de *próxima*?

Por uma simples questão de *referencial*. Explico: quando se diz que algo é próximo ou remoto, não se consegue complementar a ideia sem um referencial. Algo ou alguma coisa sempre está próximo ou longe de algo ou de alguma coisa. Concorda? Logo, o fato e os fundamentos jurídicos, respectivamente, estão próximos ou longe de quem?

Daquele a quem eles se destinam: do julgador. Não é o juiz que necessita conhecer os fundamentos do autor, aquilatá-los, e julgar seu pedido? Por isso, ele é o referencial para se justificar que os fatos estejam distantes (o juiz não os conhece, em regra) e os fundamentos jurídicos próximos (lembre-se: *ira novit curia* – o juiz conhece o direito).

A partir de agora, apresentadas a você a causa de pedir remota (fática) e a causa de pedir próxima (jurídica), chega o momento de se concentrar na primeira – e mais importante – a fim de demonstrar que a doutrina processual, ao estudá-la, costuma também, por questões didáticas, dividi-la em duas, a saber:

a) causa de pedir remota *ativa*;

b) causa de pedir remota *passiva*.

Vamos, então, entender essa classificação.

15.1. Causa de pedir remota ativa e passiva

Causa de pedir remota ativa é o *conjunto de alegações de fato suficientes a caracterizar a existência da relação jurídica de direito material que é objeto de tutela jurisdicional requerida pelo autor*.

Vamos a alguns exemplos: em ação cujo pedido seja o de reconhecimento de paternidade (Roberto pretende que Rodrigo seja reconhecido como seu pai), a causa de pedir remota ativa são os fatos sociais necessários a caracterizar a paternidade, ou seja, em regra, a existência de relação sexual entre o pretenso pai (Rodrigo) e a mãe de Roberto, a fecundação, gestação e nascimento do filho.[103]

No exemplo acima dado, em que Telma tomou um calote da Empresa Turística "Viaje Feliz", a causa de pedir fática ativa corresponde à compra e venda do pacote turístico e ao pagamento do valor de R$ 7.500,00.

Já a causa de pedir remota passiva "consiste na alegação da conduta, atribuída ao réu, capaz de comprovar a necessidade de obtenção da tutela jurisdicional de um determinado direito, ou seja, confunde-se com a narração do fato ou do conjunto de fatos que configura o interesse de agir".[104]

Nos dois exemplos acima, a causa de pedir remota passiva seriam:

a) a negativa do pai em reconhecer o filho;
b) o descumprimento, por parte da empresa turística "Viaje Feliz", de seu dever jurídico, praticando o ilícito contratual.

A partir do trecho lido conclui-se, de plano, que tanto a causa de pedir ativa quanto a passiva podem se enquadrar no gênero que se denomina *causa de pedir remota*, visto que ambas se tratam de alegações de fato.

Tem-se, portanto, a (i) *causa de pedir remota ativa* e a (ii) *causa de pedir remota passiva*, sendo a última as condutas que se imputam ao réu e que fazem necessária a vinda ao Judiciário para a tutela de uma situação de direito material (ou, ainda, em alguns casos, a demonstração de que somente mediante a atividade do Poder Judiciário se pode obter certa tutela jurídica, mesmo que entre as partes não haja conflito, como ocorre no divórcio que envolva menores).

As condutas que se imputam ao réu (ou a demonstração da necessidade de tutela pelo processo, por vedação do ordenamento à composição extraprocessual) e que formam a causa de pedir remota passiva caracterizam a existência de uma *crise de direito material*, visto que representam a contrariedade dele – réu – a uma pretensão do autor ou a impossibilidade de o direito material atuar fora do alcance do Estado-juiz (lembre que o divórcio que envolva menores necessariamente deve ocorrer diante do Estado-juiz, por mais que inexistam brigas, rusgas ou conflitos entre as partes).

As crises de direito material, conforme a lição de Proto Pisani, podem ser agrupadas em três espécies:

a) <u>crises de certeza</u>: ocorrem quando a lide ou conflito alegadamente existente entre as partes se resume à existência ou não de uma relação jurídica, ao modo de ser da relação jurídica ou à falsidade ou autenticidade de documento. Exemplifico as três situações:

103. Disse "em regra" porque uma inseminação artificial dispensaria o primeiro dos fatos narrados no corpo do texto.
104. OLIVEIRA, Bruno Silveira de. *Conexidade e efetividade processual (conceito e efeitos da conexidade a serviço dos escopos do processo)*. Vitória: FDV, 2006, p. 44.

a.1) dúvida quanto à existência de uma relação jurídica: a dúvida de Rodrigo sobre se ele é realmente pai de Roberto;

a.2) dúvida acerca do modo de ser de uma relação jurídica: enquanto João afirma que se encontrava no imóvel pertencente a José em relação jurídica de comodato (empréstimo gratuito), José o rebate dizendo que se tratava de relação jurídica locatícia (onerosa). Perceba que ambos não divergem quanto à existência, entre eles, de uma relação jurídica, mas tão somente sobre qual sua natureza jurídica (se relação de comodato ou locatícia);

a.3) dúvida acerca da falsidade ou autenticidade de um documento: Nicole duvida da autenticidade de documento privado que Elisa lhe apresenta, impondo à primeira deveres jurídicos em benefício da segunda. É possível que, sem discutir se tais deveres existem e são válidos, Nicole se dirija ao Poder Judiciário tão somente para declarar a falsidade do documento, arguindo, por exemplo, que a assinatura do documento não é sua.

Em eventual sentença de procedência, o juiz não declarará que a relação jurídica entre elas inexiste. Ele, simplesmente, reconhecerá que aquele documento é falso. É possível que a relação jurídica de crédito entre ambas exista e que, tão somente, aquele documento tenha sido falsificado? Sim, é possível. O objetivo da demanda é, exclusivamente, reconhecer se aquele documento é falso ou verdadeiro.

b) <u>crises de situação jurídica</u>: verificam-se quando o conflito de interesses tem como objeto a (i) criação de uma relação jurídica antes inexistente; (ii) a modificação de uma relação jurídica já existente; (iii) a extinção da relação jurídica. Ex.: a desconstituição de um contrato (extinção da relação jurídica), a revisão de um contrato de aluguel (modificação da relação jurídica), etc.;

c) <u>crises de adimplemento</u>: caracterizam-se pelo descumprimento de uma obrigação. Ex.: inadimplemento do dever de pagar uma quantia, de entregar um bem, etc.

Para a resolução dessas crises o sistema processual dota o operador de diversas categorias de demanda (pedido), na seguinte ordem:

a) crise de certeza → pedido *declaratório*;

b) crise de situação jurídica → pedido *constitutivo*;

c) crise de adimplemento → pedido *condenatório*.

A identificação das espécies de crise de direito material é essencial para a definição da causa de pedir passiva, pois a cada tipo de conflito corresponde uma diversa atitude do réu apta a causá-lo, sendo essa atitude a que configura a *causa petendi remota passiva*.

Nas demandas declaratórias, que solucionam crises de certeza,[105] a causa de pedir remota passiva consiste no não reconhecimento, por um sujeito, da posição que ocupa em determinada relação, da natureza jurídica da relação jurídica ou, ainda, no não reconhecimento do *status* de um documento – falso ou verdadeiro – que o autor quer atestar. Exemplificando:

CASO 1: Taianna ajuíza uma demanda em face de Pedro, alegando que (i) este último é seu pai e (ii) que ele não quer reconhecer essa condição. A causa de pedir ativa é a alegação de existência da paternidade. A *causa de pedir remota passiva*, que ora se analisa, é a negativa do réu da existência desse vínculo jurídico.

CASO 2: Lucas "Sérgio Ramos" falsifica um contrato de compra e venda de um veículo de Carol. Ela, ao saber do problema e não conseguindo resolvê-lo amigavelmente, ajuíza uma demanda em face de Lucas visando a declarar a falsidade do documento. A *causa de pedir remota passiva* consiste na alegação de que Lucas não reconhece que o documento é inidôneo.

Nas demandas constitutivas, que se prestam a resolver crises de situação jurídica, devem-se diferenciar as chamadas (i) *demandas constitutivas necessárias* das (ii) *constitutivas não necessárias*.

As demandas constitutivas necessárias são aquelas que resolvem crises de situação jurídica que o legislador exigiu que fossem solucionadas, exclusivamente, pelo exercício da função jurisdicional, estando as partes impedidas de as dirimirem por sua livre atuação fora do processo. Um exemplo claro de constitutiva necessária é a demanda de anulação de casamento. Outro é o do divórcio que envolva filhos menores, o que significa que será necessário tratar de guarda, de direito de visita, de alimentos.

Constitutivas não necessárias, por seu turno, são aquelas demandas que resolvem crises de situação jurídica que poderiam ter sido resolvidas fora do processo, mas não o foram.

Essa diferença é essencial para o tema da *causa de pedir remota passiva* pois, nas demandas *constitutivas necessárias* não há necessidade de decliná-la (de apresentá-la na petição inicial), visto que a vinda ao Judiciário independe de quaisquer atitudes do réu contrárias ao interesse do autor, mas sim de determinação legal de que aquela situação de direito material somente pode ser composta pelo Estado-juiz.[106]

105. O leitor deve ter atenção especial ao ler afirmações como a de que "pedidos declaratórios se encerram em demandas declaratórias", ou "pedidos condenatórios estão contidos em demandas condenatórias", visto que essas classificações puras, quais sejam, "declaratórias", "condenatórias", apenas são possíveis de se realizar caso a demanda seja formada somente por pedidos de mesma natureza. Caso numa mesma petição inicial haja pedidos condenatórios, declaratórios e constitutivos, fica prejudicado esse tipo de definição acima construído, devendo-se falar, portanto, em demanda simultaneamente declaratória, constitutiva e declaratória. Na prática forense é muito mais comum que haja demandas com pedidos cumulados, de diversas naturezas, do que demandas que apresentam um só pedido, de mesma natureza.

106. Nesse sentido OLIVEIRA, Bruno Silveira de. *Conexidade e efetividade processual (conceito e efeitos da conexidade a serviço dos escopos do processo)*. Vitória: FDV, 2006, p. 48.

Nas constitutivas não necessárias, é imperativo, para que se caracterize a causa de pedir, que se descrevam os atos imputáveis ao réu, devendo-se alegar a recusa do réu em criar, modificar ou extinguir uma relação jurídica em face do autor.

Por último, nas demandas condenatórias, aptas a solver crises de adimplemento, a causa de pedir remota passiva consiste na alegação de descumprimento de uma obrigação por parte do réu.

15.2. Resumo das noções sobre causa de pedir

Após a leitura de todas as informações apresentas acima sobre a causa de pedir, pode-se fazer o seguinte resumo sobre elas:

1. Causa de pedir significa o conjunto dos motivos que fazem com que uma pessoa vá a juízo pedir ao Estado proteção em face de outra.
2. O conjunto de motivos que compõem a causa de pedir se divide em *motivos fáticos* e *jurídicos*. Aos primeiros dá-se o nome de *causa de pedir remota*; ao segundo, de *causa de pedir próxima*. Os adjetivos usados – *próxima* e *remota* – tomam o julgador como referencial. É intuitivo que este, em regra, conheça o direito e deva desconhecer os fatos. Daí falar-se em próximo e remoto a ele.
3. A causa de pedir fática (*remota*) se subdivide em duas: **(i)** ativa e **(ii)** passiva. A primeira corresponde ao conjunto de fatos que caracteriza a existência de uma relação jurídica de direito material entre as partes ou mesmo a alegação de que entre elas não existe tal relação. A segunda corresponde à narrativa de condutas do réu que motivaram a vinda do autor ao Poder Judiciário. Por isso fala-se em causa de pedir remota ativa e passiva.
4. A causa de pedir jurídica (próxima) representa a proposta de enquadramento jurídico dos fatos apresentada pelo autor ao juiz. É óbvio que tanto os fatos componentes da causa de pedir remota ativa quanto da passiva devem ser, pelo autor, enquadrados juridicamente. A causa de pedir próxima representa a sugestão de subsunção do fato à norma que o autor faz ao juiz.

16. PEDIDO

O pedido corresponde ao efeito jurídico que o autor espera que o Judiciário reconheça ou produza, mediante a prolação de uma sentença ou decisão que a ela equivalha.[107] O pedido possui importância sistemática ímpar pelo fato de que delimita a atividade jurisdicional, como regra, já que se adota o princípio dispositivo como padrão no processo civil brasileiro (art. 2º do CPC).

O pedido, ao ser classificado pela ciência processual, é dividido em dois elementos. Fala-se de (i) *pedido imediato* e de (ii) *pedido mediato*.

107. Nesse sentido: MOREIRA, José Carlos Barbosa. Considerações sobre a causa de pedir na ação rescisória. In: *Temas de direito processual civil - quarta série*. São Paulo: Saraiva, 1989, p. 206.

Pedido imediato corresponde à providência que o autor requer do Estado-juiz, apta a sanar a crise de direito material em que alega estar envolvido. Pode ser, nesses termos, uma condenação, uma declaração ou um pleito de constituição ou desconstituição de uma relação jurídica.

Pedido mediato é o bem da vida que o demandante quer que seja protegido, em face do réu, por meio da medida que requer ao juiz.

Essa divisão dicotômica lembra uma classificação bastante difundida no direito civil – a ciência a partir da qual se desenvolveu o direito processual e que serviu de matriz para muitas construções processuais: a do *elemento objetivo da relação obrigacional*, que é a prestação.

O elemento central da relação obrigacional é a prestação, que pode ser considerada seu objeto. A prestação ou objeto da obrigação é dividida em:

a) objeto imediato ou direto: a atividade que o devedor deve implementar – dar, fazer, não fazer.

b) objeto mediato ou indireto: o bem da vida que é a razão de ser da ação ou da omissão.

Essa conceituação, advinda do direito civil, possui claros reflexos no processo, que é seu instrumento, no que tange à classificação do pedido, também dividido em (i) imediato – a providência jurisdicional que se pleiteia – e (ii) mediato – o bem da vida que a aproveita. Tal coligação é lógica, visto que o pedido imediato representa a atitude que, devido à proibição da autotutela, está vedada ao credor realizar por sua força (atuação da norma secundária).

A partir do momento em que se demonstra ao estudante do processo que o pedido (ex.: imponha ao réu o pagamento de R$ 10.000,00 ao autor; rescinda o contrato de prestação de serviços existente entre autor e réu; reconheça que o réu é pai do autor), ao ser estudado, pode se dividir em *imediato* e *mediato*, deve-se passar a um segundo estágio de análise.

Explica-se:

É necessário demonstrar que há três espécies de pedido imediato, ou seja, de providências que se pode requerer ao Estado-juiz, a depender da crise de direito material (da situação jurídica de direito material) que se queira resolver. Hora, então, de estudar as espécies de pedido imediato.

17. CLASSIFICAÇÕES DO PEDIDO IMEDIATO

O pedido imediato, ou seja, a providência que se requer ao Poder Judiciário, retirando-o da inércia e dando início ao procedimento (e à relação processual correspondente), pode ser classificado, *num primeiro momento*, da seguinte maneira:

a) *pedido imediato cognitivo ou de conhecimento* → trata-se do pedido de produção de uma norma concreta de direito material. Dá início à atividade jurisdicional de conhecimento ou cognitiva;

b) *pedido imediato executivo* → trata-se de pedido de *efetivação de uma norma concreta de direito material*, previamente produzida, que se denomina *título executivo*. Lembre-se que, em regra, o título executivo é produzido pelo Estado-juiz, e se trata do produto da jurisdição cognitiva (fala-se, então, em título executivo judicial). Todavia, em casos especificados em lei (em norma jurídica estatal), é possível que se dê a atos jurídicos não processuais a eficácia de título executivo, o que permite que estes possam – sem necessidade de procedimento cognitivo – ser executados diretamente (fala-se, nesse caso, em *títulos executivos extrajudiciais*, sendo bom exemplo destes o cheque, a nota promissória, a duplicata);

c) *pedido imediato de tutela provisória* – trata-se de pedido de uma providência jurisdicional destinada a surtir efeitos durante certo tempo somente (daí o adjetivo *provisória*). Nesse momento, é possível que você se questione: *o que poderia motivar a necessidade de se requerer ao Estado-juiz uma tutela (proteção) provisória, destinada a surtir efeitos durante certo tempo, após o qual cessará sua eficácia, ao invés de se pleitear, desde logo, uma providência definitiva?*

   Dois são os motivos que tornam útil – em alguns casos necessária e essencial – a formulação de um pedido imediato provisório:

   c.1) *urgência* – em muitos casos, o autor não pode esperar o tempo normal que a produção e efetivação da norma concreta, pelo Poder Judiciário, demandariam. Há vários motivos para tanto: é possível que a demora na prestação da tutela jurisdicional faça com que o direito material pereça (deixe de existir).

   Pense no exemplo de uma pessoa que necessita pedir ao Poder Judiciário que obrigue seu plano de saúde a realizar uma cirurgia, sem a qual falecerá. A demora do Estado-juiz em produzir e efetivar a norma concreta que imponha essa obrigação ao plano de saúde pode acarretar (e certamente acarretará) a morte do autor.

   Em outras situações, a demora na produção e efetivação da norma concreta não traz como consequência o perecimento do direito. Ele continua a existir. No entanto, a sua efetivação se torna impossível no mundo do ser (no plano social). Veja o exemplo:

   Enzo deve R$ 500.000,00 a Marcelo, o que faz com que o último ajuíze uma ação visando a impor ao primeiro o dever de pagar-lhe a quantia devida. No curso do processo, Marcelo tem notícia de que Enzo deu início a uma operação de *camuflagem* de seu patrimônio, realizando vendas e doações simuladas, a fim de que nada mais conste em seu nome quando o Estado-juiz produzir a norma concreta que lhe imponha o dever de pagar o valor devido a Marcelo e chegar o momento de sua efetivação.

Perceba que, nessa hipótese, a atitude de Enzo não faz com que pereça – deixe de existir – o direito de Marcelo. Por outro lado, faz com que seja inútil, inócua, qualquer tentativa do Poder Judiciário de efetivá-lo, de torná-lo realidade, pois não resta qualquer patrimônio em nome de Enzo que possa satisfazer o débito para com Marcelo.

Nos dois exemplos acima, é preciso requerer uma tutela provisória ao Estado-juiz, a fim de que o tempo que o processo demora não seja o motivo que faça com que um direito pereça ou uma tutela se torne inútil;

c.2) *evidência* – outro motivo para que se requeira ao Estado-juiz uma tutela provisória é a chamada *evidência*. É simples explicá-la, num primeiro momento: em certas hipóteses previstas no CPC (art. 311), é tão provável, mas tão provável que o autor tenha razão que existe autorização normativa para que se permita, antes da produção definitiva da norma concreta, que o autor já possa usufruir de seu direito. Essa é a tutela provisória de urgência.

Vamos a um exemplo: Gabriela contratou com a Caixa um financiamento para a aquisição de um apartamento, no ano de 2007. Dentre as cláusulas do contrato, havia a previsão de cobrança da TAC ou CAC (Taxa ou Comissão de Abertura de Crédito). Dez anos depois, sufocada pelo valor das prestações que paga mensalmente à instituição financeira, procura um advogado, João, que lhe diz que é possível reduzir o valor de sua prestação pois em seu contrato é *ilegal* a cláusula que estabelece a TAC.

Nesse exemplo, por força da regra do art. 311, II do CPC, é possível que Gabriela faça um pedido de tutela provisória de evidência, a fim de que desde o início do processo sua prestação seja reduzida, enquanto o procedimento se desenvolve até que o juiz produza em definitivo a norma concreta nesse sentido, visto que existe *precedente vinculante* do STJ, produzido ao julgar-se Recurso Especial submetido ao regime dos recursos repetitivos, *afirmando que é ilegal a previsão da TAC* em contratos como o existente entre Gabriela e Caixa.

Perceba que, no exemplo dado, Gabriela já teve, *provisoriamente*, acesso ao bem da vida (pedido mediato) que pretendia (a redução da prestação), logo ao início do processo. E o motivo disso não foi urgência, foi o fato de ser evidência claríssima a existência de seu direito. É *óbvio* que a decisão que deferiu a tutela provisória de evidência precisará ser confirmada pela sentença. Mas, enquanto isso, já surte todos os seus efeitos.

Bem, uma vez demonstrado que os pedidos imediatos podem ser *cognitivos*, *executivos* e *de tutela provisória*, chega o momento de observá-los com mais proximidade, visto que cada uma dessas espécies de pretensão processual se classifica em subespécies, que você precisa conhecer.

17.1. As espécies de pedido imediato cognitivo

Em primeiro lugar, estudemos os pedidos imediatos cognitivos ou de conhecimento, que impulsionam o Estado-juiz a exercer a jurisdição cognitiva ou de conhecimento, por meio de um procedimento cognitivo ou de conhecimento.

Para começarmos a classificação dos pedidos imediatos cognitivos, tenha em mente a seguinte premissa: todos eles (pedidos) são uma súplica para a resolução de uma crise de direito material.

Existe, entre as partes, uma crise ou dificuldade referente a uma relação jurídica de direito material. A depender do tipo de crise de direito material, deve-se dirigir ao Poder Judiciário um **tipo de pedido imediato**.

A correlação entre a crise de direito material e o pedido imediato pode ser descrita no quadro abaixo:

Crises de Direito Material x Pedido Imediato

Crise de direito material	*Pedido imediato*
Crise de certeza	Pedido declaratório (positivo ou negativo)
Crise de situação jurídica	Pedido constitutivo (positivo ou negativo)
Crise de adimplemento	Pedido condenatório

A partir de agora é essencial explicar o que é cada uma das crises de direito material identificadas, bem como qual a solução a elas correspondente (qual o pedido imediato cognitivo que visa a elas por fim).

17.1.1. A crise de certeza e o pedido declaratório

A primeira das crises de direito material a ser analisada é a chamada *crise de certeza*. A princípio, deve-se definir que são três as hipóteses em que se pode configurar a crise de certeza, sendo a última delas muito peculiar, nos seguintes termos:

a) primeira espécie de crise de certeza – entre as partes existe uma dúvida sobre se existe ou não uma relação jurídica. É a mais frequente e comum dentre as crises de certeza.

   São exemplos dela:

a.1) a dúvida sobre se existe ou não relação jurídica que imponha a certa pessoa a obrigação de cumprir uma prestação (dar, fazer ou não fazer).

Ex.: Luciana recebeu, sem que nunca tivesse pedido, um cartão de crédito do Banco Santander. Não deu nenhuma importância a esse fato, nunca utilizou o cartão e o deixou guardado em uma gaveta de seu escritório, intacto, tal como chegou.

Um certo dia, chegou a sua residência, pelo correio, um documento de cobrança do Santander, que dizia ter a mesma a obrigação de arcar com as anuidades do cartão, sob pena de inserção de seu nome nos órgãos de proteção de crédito (SPC e Serasa).

Diante da situação acima, é possível vislumbrar, de forma límpida, uma *crise de certeza*: enquanto Luciana entende que não existe entre ela e o Banco Santander relação jurídica da qual decorra seu dever de pagar os valores que estão sendo cobrados, a instituição bancária tem o entendimento contrário.

Será o Poder Judiciário o responsável por sanar essa crise, *declarando* se a relação jurídica existe ou não;

a.2) a dúvida sobre se existe ou não relação de paternidade (se Rodrigo é pai de Pedro)

a.3) a dúvida se existe relação de emprego entre duas pessoas.

Ex.: Edna trabalha duas vezes por semana na casa de Luiza Pimenta. Recebe um valor por sua diária, de R$ 80,00. Toda semana, ela trabalha às segundas e quintas, das 8:30 da manhã até as 16:30, com intervalo de 1 hora para o almoço. Limpa a casa, lava a roupa e faz comida. Luiza não assinou a carteira de Edna e não lhe paga direitos trabalhistas como férias, 13º salário etc.

Certo dia, numa segunda-feira, Luiza diz que não pretende mais contar com seus serviços de "diarista" e diz para Edna que não precisa vir mais a partir de quinta. No caso em tela, ao buscar informações jurídicas, recebe instruções no sentido de que existia entre ela e Luiza uma relação de emprego e que, por tal razão, deveria buscar a tutela jurisdicional (por meio da Justiça do Trabalho), a fim de que fosse reconhecida a existência da relação de emprego, bem como que fosse imposto à Luiza o dever de arcar com as prestações omitidas ao longo dos anos (algumas delas acima listadas).

O pedido para reconhecimento da existência da relação de emprego (pedido declaratório) visa a sanar uma crise de certeza. Os demais (pagamento de 13º, férias etc.), conforme você aprenderá mais abaixo, visam a sanar uma crise de adimplemento;

b) *segunda espécie de crise de certeza* – entre as partes não existe dúvida acerca da existência de uma relação jurídica. Há uma dúvida referente ao *modo de ser* de tal relação, ou seja, sobre a *natureza jurídica* desse vínculo.

O Judiciário, na contemporaneidade, tem recebido muitas demandas voltadas a sanar essa crise de certeza relacionada ao direito de família. Explico:

Hoje, cada vez mais, menos pessoas se casam, preferindo relacionamentos que não envolvam as formalidades necessárias ao surgimento do vínculo matrimonial. Quantas pessoas vocês conhecem que, embora não casadas, vivem juntas há muito tempo?

Bem, não se pode negar que é mais dinâmico, moderno e informal iniciar um relacionamento dessa forma. Todavia, quando a relação "azeda", e "*meu bem* vira *meus bens*" é que surge um problema.

Afinal de contas, o que as pessoas tinham era uma mera relação de namoro ou uma *união estável*? Sabe-se que a segunda é apta a formar uma entidade familiar e atrair proteção mais específica do ordenamento jurídico (partilha de bens, fixação de alimentos etc.).

Logo, perceba que, entre João e Maria, antes pombinhos e agora "inimigos declarados", havia uma relação jurídica. Disso ninguém – nem eles mesmos – duvidam. A discussão que levarão ao Poder Judiciário diz respeito, tão somente, ao *modo de ser* dessa relação, ou seja, à sua *natureza jurídica*. Tratava-se de uma relação jurídica de *união estável* ou, tão somente, de um *namoro* duradouro?

c) *terceira espécie de crise de certeza* – a última das crises de certeza é bastante peculiar, *se a compararmos a todas as demais crises de direito material que podem ser solucionadas por meio do exercício do direito de ação*.

E por que isso? Por um fato muito simples: com exceção desta terceira hipótese de crise de certeza, que analisaremos a partir de agora, *todas as demais* estão relacionadas a uma *relação jurídica*. Você já percebeu isso quando expliquei as duas anteriores crises de certeza.

Uma diz respeito a saber se a relação jurídica existe; a outra a saber qual sua natureza jurídica.

Diferentemente disso tudo, a terceira das crises de certeza relaciona-se, tão somente, a discutir se um fato social (e não um fato jurídico) existe. A terceira das crises de certeza tem como foco resolver se um fato, que você não precisará coligar à discussão acerca de uma relação jurídica, existe ou não.

E que fato é esse que pode ser objeto de um pedido declaratório, independentemente de ser relacionado a uma relação jurídica? Trata-se da *falsidade* ou da *autenticidade* de um *documento*.

> Preste atenção, então. É muito comum que uma pessoa venha ao Poder Judiciário cobrar uma dívida de outra e, ao redigir sua causa de pedir, afirme que a existência de relação jurídica entre ela e o réu se prova pelo *documento* juntado em anexo. Muito comum, também, que o réu, ao se defender (por meio da contestação), afirme que o documento é falso para, com isso, obter a vitória (por meio da improcedência do pedido do autor).
>
> Leu o parágrafo anterior com atenção? A crise de certeza, referente à falsidade ou autenticidade de documento *não tem nada a ver com o que narrei acima.* Até porque, como você deve ter percebido, na narrativa que fiz no parágrafo antecedente foi o réu – e não o autor – que alegou a falsidade documental. Além disso, ele fez tal alegação com um propósito claro: por meio dela alegar a *inexistência de uma relação jurídica.*
>
> A crise de certeza relacionada à falsidade ou autenticidade documental tem configuração muito mais simples: o autor ajuíza uma ação em que o seu pedido é o de que um certo documento seja declarado *falso* ou *autêntico.*
>
> Ou seja, a falsidade ou autenticidade de um certo documento não é só um fundamento da ação ou da defesa. É o objeto do pedido. É como se o autor dissesse para o juiz o seguinte: Excelência, quero que o senhor, no dispositivo de sua sentença – e não só na fundamentação – certifique que o documento x é falso.
>
> De todas as crises de certeza, trata-se da menos comum. Todavia, é muito importante que você saiba que a falsidade ou a autenticidade de um documento se trata de uma crise que pode ser resolvida de modo principal no processo, por meio do ajuizamento de uma ação cujo pedido seja a declaração da falsidade ou autenticidade (a depender do interesse do autor).

As crises de certeza são levadas ao conhecimento do Estado-juiz por meio do ajuizamento de ação que contenha um pedido *declaratório.* Se o intento do autor for declarar que certa relação jurídica de direito material existe, fala-se em pedido declaratório simplesmente; se o intento for reconhecer a sua inexistência, fala-se em pedido *declaratório negativo.*

No ordenamento jurídico brasileiro, *não existe* prazo para que alguém dirija ao Poder Judiciário pedido declaratório. Fala-se, então, que o pedido declaratório é *imprescritível.* É possível que, aos quarenta anos de idade, João ajuíze ação declaratória de paternidade em face de José, de 65 anos. Perceba que o fato jurídico do qual exsurgiu como consequência a alegada relação de paternidade já ocorreu há quatro décadas e esse grande lapso de tempo não é um impeditivo para que se possa obter a tutela jurisdicional declaratória.

17.1.2. A crise de situação jurídica e o pedido constitutivo

Em continuação, tem-se que a segunda espécie de crise de direito material é a chamada *crise de situação jurídica*. Segundo a lição de Marcos Bernardes de Mello, minha referência maior quando o tema é a *teoria do fato jurídico*,

> situação jurídica é expressão que pode ser utilizada em duas acepções: i) em sentido amplo, para designar toda e qualquer consequência que surge no mundo jurídico em decorrência do surgimento de um fato jurídico; ii) em sentido mais restrito, para designar os casos de eficácia jurídica em que não se concretiza uma relação jurídica[108].

O significado de *situação jurídica* que interessa para o fim de se entender o que é *crise de situação jurídica* é o primeiro dentre os apresentados por Marcos Bernardes de Mello, qual seja, o de *toda e qualquer consequência que surge no mundo jurídico em decorrência do surgimento de um fato jurídico*.

Vamos partir de um exemplo: eu, Rodrigo, comprei na *Carneiro Instrumentos Musicais* uma "mesa de som digital Soundcraft Ui16", pelo valor de R$ 3.000,00, divididos em 12 vezes. A compra e venda acima descrita se trata de um *fato jurídico*, da espécie *negócio jurídico*.

Toda vez que um fato jurídico surge, dele decorre uma *consequência*, ou seja, uma *situação jurídica*. No caso em tela, em que o fato jurídico é o negócio jurídico de compra e venda da aludida mesa de som, a situação jurídica dele recorrente se trata da *relação jurídica entre Rodrigo e Carneiro*, que impõe ao primeiro a obrigação de pagar o valor da mesa e ao segundo de entregá-la em perfeito estado de funcionamento.

A maioria dos fatos jurídicos tem como consequência o nascimento de uma relação jurídica (logo, a mais comum das situações jurídicas é a *relação jurídica*, que se trata de um vínculo entre pessoas e objetos).

Essa informação é importante – diria essencial – pelo seguinte: a *crise de situação jurídica* é a disputa entre duas pessoas ou entes acerca da *extinção*, da *modificação* ou da *criação* de uma situação jurídica que, normalmente, se tratará de uma relação jurídica.

O conceito de *crise de situação jurídica* já foi lançado, acima. Para garantir que você o entenda, darei um exemplo de cada uma das suas três possíveis espécies. Como a mais comum das situações jurídicas é a *relação jurídica*, todos os exemplos dirão respeito a ela:

a) *a extinção da situação jurídica:* Diego firmou um negócio jurídico de compra e venda com Rodrigo, cujo objeto era uma moto Harley Davidson Street Glide, que pertencia ao primeiro. O valor da moto deveria ser pago em 12 vezes. Ocorre que Rodrigo somente pagou as 3 primeiras prestações e sumiu do mapa. Por tal razão, Diego ajuizou em face de Rodrigo uma ação

108. MELLO, Marcos Bernardes de. *Teoria do fato jurídico – plano da eficácia*. São Paulo: Saraiva, 2004, p. 78-79.

cujo primeiro pedido era o de rescisão do contrato de compra e venda, ou seja, o que ele pretendia era extinguir a relação jurídica existente entre eles, originada do contrato de compra e venda (negócio jurídico) que firmaram.

Quando o pedido do autor é de *extinção da situação jurídica*, diz-se que é um pedido *desconstitutivo* ou *constitutivo negativo*;

b) *a modificação da situação jurídica:* Lucas Menezes (locador) firmou um contrato de locação de imóvel residencial com Vinicius (locatário), pelo prazo de 05 anos, vigente a partir de janeiro de 2014. Em fevereiro de 2017, ou seja, após 03 anos de contrato, Vinícius percebeu que estava pagando valor muito superior ao preço de mercado para imóvel residencial com as mesmas características que o seu e pleiteou ao locador que o reduzisse consensualmente.

Diante de sua recusa, ajuizou uma ação "revisional de aluguel", que nada mais é do que uma demanda com pedido de *modificação da situação jurídica*, que no caso é a relação jurídica de locação. Perceba que a intenção de Vinícius não é por fim à relação jurídica de direito material entre ele e Lucas (relação locatícia), mas alterar um de seus conteúdos, a fim de que seja obrigado a adimplir valor menor do que aquele que hoje paga. Mantém-se existente a relação jurídica previamente existente, mas modifica-se um de seus conteúdos eficaciais (o valor da prestação paga pelo locatário).

c) *a criação da situação jurídica:* a locação de imóveis é um fato jurídico de direito material que também fornece um excelente exemplo de crise relacionada à *criação* de uma situação jurídica antes inexistente. Lucas Riva e Guilherme firmam um pré-contrato de locação, em que o primeiro se obriga a, no prazo de 15 dias, firmar contrato de locação de loja comercial com o segundo, segundo certos termos.

Ocorre que, findo o prazo de 15 dias, Lucas, dono do imóvel, informa a Guilherme que descumprirá o pacto e não firmará o contrato de locação. Perceba que, no caso em tela, a solução de Guilherme é ajuizar uma demanda cujo pedido será o de *criação da relação jurídica de locação*, objeto do pré-contrato que as partes assinaram. Tanto o pedido de modificação quanto o de criação de uma situação jurídica são constitutivos positivos ou, simplesmente, constitutivos.

No tópico anterior, quando terminava de explicar o pedido declaratório, disse a você que não existe prazo para a sua apresentação ao Estado-juiz, lembra-se? O pedido declaratório, portanto, é *imprescritível*.

Quanto ao pedido constitutivo, é preciso analisar com outros olhos a questão, visto que:

a) diante da existência de norma legal ou convencional (inserida em negócio jurídico), existirá prazo para que se exerça judicialmente a pretensão constitutiva (*positiva ou negativa*). Trata-se do prazo decadencial, findo o qual tem-se a decadência e, portanto, a perda do direito material de se tutelar a crise de situação jurídica diante do Poder Judiciário.

Observe, então, a intrínseca ligação entre *prazo decadencial*, *decadência* e *pedido constitutivo*. Quando você pensar nos dois primeiros, deve sempre ter em mente que só podem dizer respeito ao pedido constitutivo, de solução de uma crise de situação jurídica.

No Código Civil, não existe um artigo de lei que concentre os diversos prazos decadenciais previstos pelo legislador. Tais prazos se encontram dispersos pelo Código, bem como também se encontram dispersos em outros diplomas legais, como o Código de Defesa do Consumidor.

Um exemplo de prazo decadencial definido no Código Civil é aquele do art. 178, I, segundo o qual:

> Art. 178. É de quatro anos o prazo de decadência para pleitear-se a anulação do negócio jurídico, contado:
>
> I - no caso de coação, do dia em que ela cessar.

Perceba que o prazo para se pleitear a anulação de negócio jurídico por coação só pode, realmente, se tratar de prazo *decadencial* pois o pedido que será dirigido ao Poder Judiciário visa a extinguir toda a eficácia do negócio jurídico (visa a extinguir a relação jurídica), devido a existir uma mácula no plano da validade (a vontade não foi exercida de modo livre).

b) caso não haja prazo decadencial prescrito em lei ou em negócio jurídico, o pedido constitutivo poderá ser dirigido ao Estado-juiz a qualquer tempo, dele *não decaindo* a parte interessada.

Exemplo sempre relevante de pedido constitutivo não atrelado a um prazo decadencial é o de *adjudicação compulsória*. Embora o nome, à primeira vista, parece pomposo, trata-se de uma situação corriqueira, conforme demonstrarei por meio de um exemplo.

Igor Marcondes firmou com a construtora *Avalão* um compromisso de compra e venda do apartamento 501 do Edifício "Fim do Mundo". Segundo o contrato, quando terminasse de pagar a última de 48 prestações, a construtora teria a obrigação de firmar com ele a escritura pública de compra e venda do imóvel. De posse dela, Igor poderia levá-la a registro no Cartório de Registro de Imóveis pertinente e adquirir, então, a propriedade da unidade.

Uma vez cumprida sua obrigação – pagas as 48 prestações – Igor simplesmente não conseguia mais contato com a construtora para que, então, cumprisse sua obrigação e fosse realizado o negócio jurídico de compra e venda por meio da aludida escritura pública. Inexistente o negócio jurídico, impossível dele nascer a relação jurídica que lhe garantiria, em face da coletividade, o direito real de propriedade.

Qual a solução para esse caso? Ajuizar a chamada "ação de adjudicação compulsória", cujo pedido é constitutivo. Que o magistrado *substitua* a vontade da construtora e sua sentença valha como se a escritura pública de compra e venda fosse. O prazo para tanto? Não existe, não há, pois, prazo decadencial para exercício dessa pretensão constitutiva.

17.1.3. A crise de adimplemento e o pedido condenatório

Por fim, a última das crises de direito material que pode ser solucionada por meio da apresentação, ao Estado-juiz, de um pedido imediato cognitivo é a chamada *crise de adimplemento*, caracterizada pelo descumprimento de uma obrigação de dar, fazer ou não fazer por parte do devedor e pela intenção do credor de impor ao primeiro que a obrigação seja cumprida.

Quando estudamos a norma jurídica e sua estrutura dúplice (*norma primária* e *norma secundária*), no Capítulo 3 deste livro, vimos que o *suporte fático* da *norma secundária* corresponde ao descumprimento da consequência da norma primária. Lembram disso?

Pois bem, o pedido condenatório, cuja finalidade é sanar a crise de adimplemento, visa a impor o cumprimento da norma secundária, que surge quando do descumprimento da norma primária. Vamos a um exemplo?

Luiza Perim comprou de Victoria uma caminhonete S-10, ano e modelo 2012, pagando à vista R$ 62.000,00. A vendedora tinha dois dias para entregar o veículo, mas não o fez e mantém-se inadimplente até os dias de hoje. O que Luiza pode fazer, diante da crise de adimplemento constatada? Ajuizar uma ação condenatória, em que requererá se imponha ao réu o cumprimento da obrigação de entrega de coisa que corresponde à sanção decorrente da seguinte norma secundária:

Norma primária concreta

Se → Luiza pagou R$ 60.000,00 pela compra da S-10 2012 a Victoria

Deve → receber de Victoria o veículo no prazo combinado.

Norma secundária concreta

Se → Victoria não entregar o veículo no prazo combinado

Deve ser → obrigada a fazê-lo coativamente

O pedido condenatório visa a impor ao réu o cumprimento da obrigação contida na norma secundária (impor coativamente o cumprimento dessa obrigação).

Apresentar um pedido imediato cognitivo condenatório ao Estado-juiz é, em regra, desnecessário quando já se tenha em mãos um título executivo extrajudicial (um cheque, uma promissória, uma duplicata etc.), visto que o pedido condenatório, ao ser julgado procedente pelo juiz, impondo ao réu o cumprimento de uma obrigação, constitui-se em *título executivo judicial*, que possui a mesma eficácia do *título executivo extrajudicial*.

Logo, quem já tem o segundo não precisaria do Estado-juiz para produzir o primeiro (não haveria necessidade de a jurisdição cognitiva atuar). Quem titulariza o título executivo extrajudicial necessita do Poder Judiciário tão somente para efetivá-lo, para executá-lo, torná-lo realidade (por meio do exercício da jurisdição executiva, tal como estudado no Capítulo 2 deste livro).

Como já estudaram na disciplina de Direito Civil, existem três modalidades obrigacionais: dar, fazer e não fazer. Para os fins de estudo e prática do processo civil, a primeira das espécies de obrigação indicadas (dar) é dividida em duas modalidades, compondo-se o seguinte quadro:

a) obrigação de dar *quantia*;

b) obrigação de *entrega de coisa*.

Logo, quando você estiver estudando o Direito Processual Civil (em especial a *jurisdição executiva* e os procedimentos a ela pertinentes), é importante que saiba existirem quatro espécies de obrigação que podem ser tuteladas por meio do processo:

a) obrigação de dar quantia;

b) obrigação de entrega de coisa;

c) obrigação de fazer;

d) obrigação de não fazer.

Neste momento, relembrando um tema que você estudou na disciplina de Direito Civil I (que tratou da Parte Geral do Código Civil), deve-se asseverar que existe um prazo para que a parte acesse o Poder Judiciário a fim de impor a outra o cumprimento de obrigação descrita como consequência de uma norma secundária: trata-se do *prazo prescricional* que, uma vez findo, trará como consequência a *prescrição*, ou seja, a perda do direito de impor a terceira pessoa o cumprimento **coativo** de uma obrigação.

Os prazos prescricionais, no Código Civil, estão todos agrupados no art. 206, sendo muito importante, neste momento, que você pare esta leitura, abra o aludido artigo de lei, e relembre seu conteúdo.

Informação importante, no entanto, é a de que outros diplomas legislativos também podem prever prazos prescricionais referentes a obrigações que regulem de forma especial. Exemplo importante disso tem-se no Código de Defesa do Consumidor, que regula as relações jurídicas travadas entre consumidores e fornecedores de bens e de serviços. Seu art. 27 afirma que é de 05 anos o prazo prescricional para se impor ao fornecedor de bens ou serviços o cumprimento de obrigação de reparar os danos causados por um vício do serviço prestado, por exemplo.

17.2. A eficácia social das tutelas declaratória, constitutiva e condenatória

Uma vez identificadas as crises de direito material que devem ser solucionadas a partir da apresentação de um pedido imediato cognitivo (crise de certeza – pedido declaratório; crise de situação jurídica – pedido constitutivo; crise de adimplemento – pedido condenatório), há um tema complementar que precisa ser analisado.

Começo essa análise com uma pergunta: *uma vez julgado procedente o pedido, ou seja, caso o juiz decrete que o autor tem razão, a decisão judicial declaratória, constitutiva e condenatória dependem de alguma atitude do réu para se tornarem eficazes?*

Para que você melhor compreenda a pergunta que fiz no parágrafo antecedente, faço outro questionamento: *se o magistrado julgar procedente o pedido declaratório de paternidade feito por Roberto em face de Rodrigo, é preciso que o réu se dirija ao cartório de registro de pessoas para efetuar a alteração da certidão de nascimento do menor?*

Quando o pedido imediato for declaratório ou constitutivo, a eficácia jurídica da sentença que o acolhe *não depende* da prática, pelo réu, de uma conduta. Se o magistrado julgar procedente ação de *adjudicação compulsória* – cujo pedido é constitutivo – ela dispensa que o réu pratique a conduta de se dirigir ao cartório para firmar a escritura pública.

As sentenças declaratórias e constitutivas *substituem* uma conduta que o réu deveria ter praticado (ou, no caso das constitutivas necessárias, que você estudou neste capítulo, no item 15.1, a conduta que ele estava impedido de praticar fora do processo).

Coisa diferente ocorre quando a sentença julga procedente pedido condenatório, que impõe ao réu o cumprimento de uma obrigação, de dar, fazer ou não fazer. Observe que, nesse caso, o conteúdo eficacial da sentença (seu efeito) é determinar que o réu pratique uma conduta. É algo bem distinto das tutelas declaratória e constitutiva.

Como a sentença condenatória – um desdobramento do pedido condenatório – impõe ao réu que dê algo, faça algo ou deixe de fazer algo, é preciso que se oportunize a ele que cumpra espontaneamente a prestação imposta na decisão judicial.

E caso não haja o cumprimento espontâneo, deve o Estado-juiz agir, exercitando a *jurisdição executiva* que, em regra, tem início a partir de um *pedido executivo* por parte do legitimado a obter o cumprimento da obrigação.

Logo, em conclusão, fixe a ideia de que a eficácia jurídica das sentenças declaratórias e constitutivas não dependem de o réu praticar uma conduta, visto que tais pronunciamentos não lhe impõem conduta (a resolução das crises de certeza e de situação jurídica não depende disso). Todavia, a eficácia jurídica das sentenças condenatórias, que impõem condutas ao réu, depende de que este as pratique. Caso não o faça, entra em cena a jurisdição executiva, em regra iniciada pelo pedido imediato executivo e operacionalizada pelo procedimento executivo.

17.3. As espécies de pedido imediato executivo

Pedido imediato executivo é aquele voltado à efetivação de um título executivo, judicial ou extrajudicial, que são atos jurídicos que impõem o cumprimento de uma obrigação e têm como eficácia permitir ao Estado-juiz que, diante de seu inadimplemento, imponha ao devedor seu cumprimento forçado.

Como você bem sabe, este livro apresenta conteúdos atinentes à Teoria Geral do Processo e à Teoria Geral do Processo Civil Brasileiro. Logo, por mais que eu queira, não devo aprofundar muito os temas referentes aos procedimentos executivos, que serão estudados mais à frente no Curso de Direito.

Todavia, entendo que é interessante que você saiba o seguinte:

a) se o título executivo for *judicial*, o pedido executivo inaugura o procedimento chamado de *cumprimento de sentença*. Dessa forma, se a execução for de uma sentença, de um acórdão de apelação ou de qualquer outro pronunciamento judicial, a jurisdição executiva se operacionaliza por meio do procedimento de *cumprimento de sentença*;

b) se o título executivo for *extrajudicial* (cheque, promissória, duplicata etc.), o pedido executivo inaugura o procedimento de *execução de título extrajudicial*.

   A diferença entre os procedimentos de execução do título judicial (*cumprimento de sentença)* e do título extrajudicial não é só de nomenclatura. A sequência dos atos processuais que formam cada um desses procedimentos apresenta peculiaridades. O conteúdo dos atos processuais também apresenta singularidades (ex.: a defesa que o executado apresenta no procedimento de cumprimento de sentença é mais restrita – engloba menos matérias – do que a que o executado pode apresentar em execução de título extrajudicial);

c) por fim, é importante que, nesse momento, você saiba que a espécie de obrigação (de dar quantia, de entrega de coisa, de fazer e não fazer) influencia diretamente na técnica jurisdicional que será utilizada com o fim de se obter forçadamente o cumprimento da obrigação.

   Tais técnicas já foram descritas no item 5.2 do Capítulo 1, quando tratei da jurisdição cognitiva e executiva. A fim de facilitar seu estudo, reproduzo aqui o que já dissera naquela oportunidade:

   a) *técnicas coercitivas, indiretas ou mandamentais* – o Estado-juiz impõe ao réu uma sanção que visa a fazer com que ele mesmo se sinta compelido a cumprir a obrigação (o réu cumpre por "*livre e espontânea pressão*"*!*).

Como exemplo, pense no seguinte caso: José ajuíza ação em face de plano de saúde, afirmando que necessita, com urgência, que este último autorize a realização de uma cirurgia cardíaca, já que corre risco de morte. O magistrado, então, impõe ao réu a obrigação de autorizar a realização da cirurgia e aplica a seguinte sanção: a cada dia de descumprimento da decisão, incide uma multa de R$ 10.000,00.

O plano de saúde, ao ter ciência da decisão (da norma concreta) e da multa que sofrerá caso resolva descumpri-la, entende que a saída menos onerosa e para si mais interessante é cumprir o comando. O Estado-juiz atuou a fim de que o réu (obrigado) se sentisse compelido a cumprir a obrigação;

b) *técnicas sub-rogatórias, diretas ou executivas* – o Estado-juiz pode optar, para o fim de cumprir obrigação estipulada em título executivo judicial ou extrajudicial, pelas técnicas executivas sub-rogatórias ou diretas. Nesta hipótese, será o próprio Estado quem cumprirá ou obterá o cumprimento da obrigação, no lugar do réu.

Para facilitar a compreensão, um exemplo: o Estado-juiz profere sentença cujo conteúdo é norma concreta que impõe a José a obrigação de pagar R$ 10.000,00 a João. Ciente do conteúdo da norma e da obrigação de dar quantia que lhe foi imposta, José mantém-se inerte. Neste caso, é possível que o Estado-juiz realize o bloqueio dessa quantia nas contas-correntes que o réu possua ou, contra sua vontade, se aproprie de um bem seu. Em ambos os casos, os valores que o Estado bloqueou ou o bem que apreendeu serão utilizados para o adimplemento da obrigação.

17.4. As espécies de pedido imediato de tutela provisória

Por fim, é muito importante que você conheça os pedidos imediatos de *tutela provisória*. Por meio dele, o magistrado defere uma proteção jurisdicional que deverá surtir seus efeitos durante certo tempo, após o qual não mais terá eficácia.

É até mesmo lógico que a expressão "tutela provisória" se contraponha a "tutela definitiva". Ambas são tutelas cognitivas, ou seja, tratam-se da produção de uma norma concreta. Todavia, enquanto a primeira a produz em definitivo, a segunda o faz em caráter transitório, por certo tempo.

Se você mirar sua vida, certamente terá vários exemplos de soluções que precisou adotar provisoriamente, por várias razões. Por exemplo: uma vez, em um show de minha banda – a LEMA – a corda D (Ré) do meu baixo se rompeu. Qual foi a solução, provisória, apta a resolver aquela situação que se verificou? Alterar todas as linhas melódicas do baixo para não utilizar as notas musicais que eu extrairia daquela corda.

Em outra situação, também de show, o amplificador de guitarra simplesmente parou de funcionar. Qual a solução provisória, aplicável somente àquele momento e que não se tornaria eterna (para shows futuros)? Ligar a guitarra diretamente na mesa de som. Embora o som que se passaria a produzir não fosse o ideal, pelo menos o show terminaria.

Voltando a falar de direito processual e de tutela provisória: em diversos contextos, é necessário, útil, produzir uma norma concreta de modo provisório e, desde logo, já permitir que ela surta seus efeitos.

Dois são os motivos que justificam que o Estado-juiz entregue ao jurisdicionado uma *tutela provisória* (ou seja, a produção de uma norma que terá eficácia somente certo tempo e que pode, desde logo, ser efetivada):

a) *a evidência do direito do autor* – em certas situações, é tão evidente que o autor tem razão (e não o réu), que o juiz está autorizado a produzir uma norma concreta provisória que permita ao primeiro usufruir o bem da vida enquanto o processo se desenvolve normalmente rumo ao momento em que, preenchidos todos os atos previstos em lei, possa ser proferida a decisão que entregará tutela definitiva.

   Fala-se, nesse caso, de *tutela provisória de evidência* ou, simplesmente, de *tutela de evidência*. Vamos a um exemplo. Para você entendê-lo, precisará se lembrar de um tema que estudamos no Capítulo 2: os precedentes vinculantes.

   Catarina, após extenuantes estudos, foi aprovada no vestibular de medicina da Universidade Federal do Espírito Santo. Todavia, ao dirigir-se à instituição pública de ensino superior com a finalidade de realizar sua matrícula, descobriu que lhe seria cobrada uma taxa de matrícula, de valor considerável (R$ 4.000,00), embora todo o curso superior fosse, *a posteriori*, gratuito.

   Descontente com a surpresa e também sem condições de realizar o pagamento requerido, foi a Defensoria Pública que, defendendo-a, ajuizou ação condenatória, por meio da qual requereu fosse a UFES obrigada a realizar sua matrícula sem a cobrança do aludido valor.

   O defensor público que produziu a petição inicial tinha ciência da existência da *súmula vinculante 12*, segundo a qual "*A cobrança de taxa de matrícula nas universidades públicas viola o disposto no art. 206, IV, da Constituição Federal*".

   Com base nessa informação – e no texto do art. 311, II do CPC – requereu fosse deferida a Catarina *tutela provisória de evidência*, a fim de que se produzisse e efetivasse, desde logo, norma jurídica concreta que estipulasse seu direito de realizar a matrícula sem a cobrança da taxa exigida ilegalmente.

   Perceba que o argumento utilizado para pleitear a produção e efetivação provisória da norma concreta foi o fato de ser muito evidente, de ser cabal, o fato de a autora estar correta e errada a Universidade Federal do Espírito Santo.

Por outro lado, se está diante de tutela provisória porque ainda faltam muitos atos do processo a serem praticados até que chegue o momento de o magistrado proferir sentença, ato este que conterá a norma concreta definitiva, precedida de conhecimento aprofundado de todos os elementos de fato e de direito pertinentes, lançados nos autos por ambas as partes;

b) *a urgência do autor em que seja produzida e efetivada a norma concreta* – em outras situações, o que faz com que o autor pleiteie do juiz a produção e efetivação provisória de uma norma concreta é o fato de não poder esperar que o processo se desdobre em todos os atos necessários à produção e efetivação da norma concreta definitiva.

O autor tem urgência em obter uma providência jurisdicional, sob pena de que seu direito *pereça* ou que se torne *totalmente inútil* qualquer proteção que seja deferida no futuro.

Veja um exemplo, que já trouxe no Capítulo 3, mas que vale a pena reprisar.

Geraldo é uma pessoa de 60 anos, sedentária, fumante e que adora comer carnes gordas. Inevitavelmente, um dia passa mal e descobre que precisa colocar urgentemente *stents cardíacos* (anéis cilíndricos que expandem as artérias e veias que se fecharam por uma inflamação decorrente do excesso de depósito de gordura), pois corre risco de morte.

Todavia, ao requerer ao seu plano de saúde a realização do procedimento cirúrgico necessário à colocação do *stent*, recebe uma **negativa** como resposta. Diante dessa circunstância, a única solução é que se dirija ao Estado-juiz, por meio de petição inicial, e dê início ao processo, requerendo se imponha ao plano de saúde a obrigação de autorizar o procedimento.

Nesse momento, surge a necessidade de fazer uma pergunta: será que Geraldo pode esperar dois ou três anos até que o Poder Judiciário pratique todos os atos do procedimento e, então, profira a sentença, que conterá a norma concreta por meio da qual imporá ao plano de saúde a obrigação de autorizar a realização da cirurgia? Com certeza **não**. A situação, na verdade, é tão caótica e séria que não há tempo nem para se aguardar que o plano de saúde seja citado e apresente defesa. É preciso decidir antes disso.

Na situação em tela, deve o Poder Judiciário analisar o *pedido de tutela provisória de urgência* (de proteção urgente feito pelo autor) por meio de uma *decisão liminar*, ou seja, proferida antes mesmo de o réu ser citado.

Quais são os requisitos que se deve observar para que seja deferido um *pedido de tutela de urgência*? Quem requer uma tutela de urgência, ou seja, uma proteção jurisdicional que anteceda o momento comum em que o Estado-juiz entregaria a tutela jurisdicional, deve alegar e provar que:

a) é mais plausível que ele, autor, tenha razão do que o réu – fala-se em *plausibilidade do direito*. No exemplo dado, é preciso que Geraldo alegue e prove que é mais provável ele ter o direito à realização do procedimento de colocação dos *stents* do que o plano de saúde não ter tal dever. Perceba uma diferença retórica marcante entre as tutelas provisórias de evidência e de urgência: no primeiro caso (*tutela de evidência*), o autor possui um direito *evidente*, claríssimo, nos termos do que definido no art. 311 do CPC; na segunda hipótese (*tutela de urgência*), o direito do autor deve ser mais plausível do que o do réu – não se exige tamanho grau de convencimento do juiz;

b) o perigo de que a demora em se decidir faça com que o direito pereça – *perigo de dano irreparável ou de difícil reparação (periculum in mora)* – é preciso que o autor alegue e prove que a demora do Poder Judiciário em decidir (conhecer) e efetivar (executar) sua decisão pode fazer com que seu direito deixe de existir ou se torne impossível de efetivar. Analisando o exemplo, tem-se que a demora do Poder Judiciário poderia acarretar na morte de Geraldo e, portanto, na extinção de seu direito à vida.

Por fim, quais são as duas *espécies* de *tutela de urgência existentes*? Embora todas as tutelas de urgência tenham a finalidade de proteger o direito do autor contra a demora da prestação jurisdicional (que necessita de um tempo para ser entregue, já que o processo se desdobra por uma sequência de atos), existem dois *tipos* de proteção que se pode requerer:

a) *tutela de urgência satisfativa ou antecipada* – o autor requer, desde logo, a **fruição do direito**. No exemplo de Geraldo, ele necessita de uma tutela de urgência antecipada ou satisfativa, pois precisa usufruir imediatamente de seu direito ao procedimento médico, ou seja, o quanto antes possível colocar os *stents* cardíacos;

b) *tutela de urgência cautelar* – em outras situações, no entanto, a tutela de urgência pode se dar a partir da constituição de uma garantia em favor do autor, que lhe permitirá, *no futuro*, usufruir seu direito. Trata-se da tutela cautelar. Como exemplo, imagine a hipótese em que Laís ajuíze ação para cobrar de Pedro o pagamento de R$ 12.500,00 e, por ter medo que o devedor esconda ou se desfaça de seu patrimônio, requeira ao juiz, urgentemente, que bloqueie a quantia descrita na conta corrente do inadimplente.

Perceba que o bloqueio de R$ 12.500,00 na conta de Pedro não permite que Laís, desde logo, usufrua da quantia. Trata-se, tão somente, de uma *garantia* de que, quando for a hora de executar (efetivar) uma futura sentença que imponha ao devedor o dever de pagar o valor devido, haja bens a serem executados.

É tão comum que o conteúdo de uma decisão liminar seja a análise de um pedido de tutela de urgência que por vezes a palavra *tutela liminar* é utilizada como sinônimo de *tutela de urgência*. Mas isso é um erro, visto que: há tutelas liminares (deferidas por decisões liminares) cujo conteúdo não é a análise de um pedido urgente do autor; é possível que o juiz aprecie um pedido de urgência somente depois que o réu se defenda (mesmo nessa hipótese ainda pode ser uma medida útil ao autor, pois entre a apresentação da defesa pelo réu e a produção da sentença costuma existir um *longo caminho*).

18. A CUMULAÇÃO DE PEDIDOS

Na *praxis forense*, é muito comum que uma demanda concentre mais de um pedido de tutela de um alegado conflito de direito material. Chama-se esse fato processual de *cumulação de pedidos*, que é espécie do gênero *cumulação objetiva*, que também pode se dar na hipótese de existir mais de uma causa de pedir a sustentar uma pretensão autoral.

A existência da cumulação de pedidos cria algumas situações inexistentes quando se deduz, na demanda, um só pedido. Tais situações estão relacionadas, diretamente, à relação que os pedidos possuem entre si.

Por isso é importante estudar as espécies de cumulação de pedidos, que são classificadas de acordo com as diferentes relações que um pedido pode ter em relação ao outro. Com base nesse critério, podem ser enunciadas como espécies de *cumulação de pedidos*:

Cumulação simples: os dois pedidos são independentes entre si, ou seja, a procedência de um independe da procedência do outro, pois se tratam de direitos materiais de existência autônoma. Exemplo clássico se tem na demanda indenizatória em que se cumulam pedidos de danos morais e materiais.

Pense na seguinte hipótese: Bárbara, rainha de Iconha, contratou com Rodrigo a realização de um show, em seu aniversário. Fez grande propaganda de que haveria uma banda de qualidade no dia da festa, que todos conhecem, insistindo bastante nesse ponto ao divulgar sua festa. Ocorre que, no dia do evento, Rodrigo fura e a festa de Bárbara acontece sem qualquer música, o que gera comentários ácidos de todos os presentes e grande vergonha e humilhação para a aniversariante. Por essa razão, ela ajuíza, em face de Rodrigo, demanda por meio da qual requer a condenação do réu ao pagamento de valores a título de dano material e moral.

Como se está diante de uma hipótese de cumulação simples, em que os pedidos são, entre si, juridicamente independentes, é possível que:

a) ambos sejam julgados procedentes;

b) ambos sejam julgados improcedentes;

c) um deles seja julgado procedente e o outro improcedente.

Cumulação sucessiva: existe entre os pedidos cumulados um vínculo de dependência denominado prejudicialidade, visto que o segundo pedido, chamado *prejudicado*, para ser analisado, depende da procedência do primeiro, denominado *prejudicial*. Isso se dá pois a existência do direito material cuja proteção se requer em primeiro plano é requisito para a configuração do segundo direito material a ser tutelado. Exemplo característico se tem nas demandas em que se formulam pedidos de declaração de paternidade e de alimentos. Só será possível analisar a existência do direito a alimentos caso exista o vínculo de paternidade.

Cumulação eventual: os pedidos formulados correspondem a opções diversas de tutela jurisdicional para o caso, sendo, portanto, autoexcludentes. O segundo pedido é uma opção à impossibilidade de atendimento ao primeiro.

Exemplo claro dessa modalidade cumulativa pode ser encontrado na demanda em que o consumidor adquire produto dotado de vício oculto (vício redibitório). Devido à negativa do fornecedor em efetuar a sua troca, pode o cliente ajuizar demanda em que cumulará dois pedidos, sendo o segundo uma opção ao juiz caso entenda que o primeiro não pode ser atendido: (i) ou o fornecedor efetua a troca do bem; (ii) ou lhe fornece um abatimento no preço (*quanti minoris*). Há duas pretensões processuais, distintas, cada uma ligada a um bem da vida que pode satisfazê-las.

Outro exemplo de *cumulação eventual* seria o seguinte: Angelo contratou a reforma de um carro antigo – um Cadillac 1954 – com a Oficina "Boutique do Carro", pagando adiantado todo o valor referente à restauração do veículo, no prazo de 01 ano. Ocorre que, dois anos após firmado o negócio jurídico, o adimplemento ainda não se verificou. Por essa razão, Angelo propõe ação em que apresenta dois pedidos, em cumulação eventual (o segundo é uma opção à impossibilidade da primeira tutela):

a) que o réu seja obrigado, no prazo de 60 dias, a concluir a restauração (obrigação de fazer);

b) que seja condenado a devolver o carro, no estado em que se encontrar, e pagar-lhe perdas e danos (danos materiais).

Cumulação imprópria (pedidos alternativos): é importante diferenciar a cumulação eventual da chamada cumulação imprópria, relacionada aos pedidos alternativos. Os pedidos alternativos estão ligados à modalidade das *obrigações alternativas*, que são aquelas que têm por objeto duas ou mais prestações, sendo que o devedor se exonera cumprindo apenas uma delas. O negócio jurídico que as implementa dá duas ou mais opções de adimplemento. Quando o credor necessita vir a juízo, pleitear o cumprimento de obrigação alternativa, deduz um só pedido (de cumprimento da obrigação), que pode ser satisfeito pelo pagamento de uma das prestações. Não há, por isso, duas pretensões processuais, mas uma só, que o direito material prevê que possa ser cumprida de duas formas. Por isso diz-se que não há propriamente cumulação de pedidos, mas um só pedido imediato (cumprimento do contrato) atrelado a dois ou mais pedidos mediatos (bens da vida que, por escolha do credor ou do devedor, podem, cada um deles, satisfazer a obrigação).

Um exemplo sempre ajuda, não é? Bem, quem me conhece sabe que eu toco vários instrumentos e, em especial, o baixo. Se meus cálculos estão certo, tenho 11 deles. Vamos supor que um belo dia, minha mulher, Catarina (uma santa pessoa, diga-se de passagem), me diga o seguinte: "*Rodrigo, venda pelo menos um, porque tem baixo espalhado na casa toda, senão eu vou vender o que eu quiser*". Pressionado pelo general (digo, por Catarina), faço um negócio jurídico com meu amigo Otávio, que sempre quis ter um de meus baixos. Digo que, por R$ 3.500,00, ele pode comprar qualquer um dos 11 instrumentos, mas serei eu que escolherei qual deles ele levará.

Observe que, no exemplo acima, está-se diante de uma *obrigação alternativa*, qual seja, aquela que pode ser satisfeita pela entrega de mais de um bem da vida, cabendo, no caso, ao devedor a escolha do bem.

Caso eu recebesse o dinheiro e não entregasse o instrumento, Otávio poderia ajuizar demanda que conteria *cumulação imprópria de pedidos*, ou seja, somente um pedido imediato (*condenação do réu à entrega de coisa*) e diversos pedidos mediatos (existem 11 bens que podem satisfazer a obrigação contratada).

Por fim, atenção para a seguinte frase (espero que dela se lembre no futuro): certo dia você estudará recursos. E, ao fazê-lo, deverá aprender sobre o principal dos efeitos recursais, o *devolutivo*. O **estudo completo** do efeito **devolutivo** depende de você **bem compreender** as **cumulações** de pedido.

19. A UTILIZAÇÃO, NA PRÁTICA FORENSE, DOS ELEMENTOS DA AÇÃO

Na prática forense, os elementos da ação são de grande valia para que se desempenhe a *identificação das ações ajuizadas (demandas)*.

É por meio da comparação entre os elementos da ação – *partes, causa de pedir e pedido* – de duas demandas que se chega aos seguintes resultados:

19.1. Identidade entre as demandas

Uma das conclusões possíveis de se aferir a partir da comparação entre os elementos da ação de duas demandas é a de identidade entre elas, ou seja, a perfeita coincidência entre os seus elementos (partes, causa de pedir e pedido).[109] Caso uma demanda apresente cumulação de pedidos ou de causas de pedir, pode ocorrer que a identidade seja parcial, com referência a um só pedido ou a uma só causa de pedir, por exemplo.

A título ilustrativo, imagine que Carla tenha ajuizado uma demanda *x* de despejo em face de Beth, fundamentada no inadimplemento das parcelas "a", "b" e "c" do aluguel. Posteriormente, ingressou com a demanda de despejo *y*, referente ao mesmo imóvel, com base no inadimplemento das mesmas parcelas e também por descumprimento de outras cláusulas do contrato de aluguel. Perceba que, entre as

109. Diz o § 2º do art. 337 do CPC: "uma ação é idêntica a outra quando possui as mesmas partes, a mesma causa de pedir e o mesmo pedido".

demandas, existe total identidade no que tange ao pedido de despejo fundado no inadimplemento dos alugueres, embora não haja coincidência em relação ao segundo dos fundamentos, presente na demanda *y*. Essa é uma situação que pode ocorrer no cotidiano forense.

São três os institutos processuais que se apoiam na verificação da identidade entre duas ou mais demandas para atuarem: a (i) *litispendência*; a (ii) *coisa julgada* e a (iii) *perempção*.

Litispendência: a palavra possui um significado (i) *técnico-processual*, menos utilizado, e outro (ii) decorrente da literalidade do CPC, mais comum. Na primeira acepção, litispendência significa a pendência de uma demanda.

Não é nesse sentido, no entanto, que se refere normalmente ao termo. Comumente, ao se falar em litispendência, quer-se designar a *existência, simultânea, de duas demandas idênticas em trâmite*, como determina o art. 337, § 3º.

O Código de Processo Civil, no art. 485, V, aponta a litispendência como causa de extinção do processo sem resolução do mérito. É óbvio que adota o segundo dos sentidos apontados.

O motivo pelo qual se deve impedir que duas demandas idênticas (mesmas partes, causa de pedir e pedido) tramitem ao mesmo tempo é a manutenção da segurança jurídica.

Seria, realmente, ruim para o sistema jurídico que um mesmo conflito intersubjetivo fosse discutido e tutelado por mais de uma vez, entre as mesmas partes. Seria, de certo modo, uma afronta à previsibilidade que o processo deve garantir às relações jurídicas de direito material.

Desse modo, caso se verifique a pendência simultânea de duas demandas que apresentam identidade total entre os elementos da ação, uma delas deve ser extinta. O critério para determinar qual delas será finalizada é a prevenção (estudaremos a prevenção no próximo capítulo, sobre competência, ao qual peço que você se dirija caso, desde logo, queira saber o que ela é).

Coisa julgada: em outras situações, por meio da análise dos elementos da ação, verifica-se que uma demanda em trâmite é idêntica a outra que já foi processada e julgada definitivamente por decisão transitada em julgado (irrecorrível), tal como define o art. 337, § 4º do CPC.

Por isso, não se deve novamente discutir judicialmente o conflito que as partes já tiveram oportunidade de sanar anteriormente, pois já existe sobre o tema coisa julgada. Mais uma vez tem-se a proteção do valor *segurança jurídica*.

Fala-se de efeito negativo da coisa julgada ou de coisa julgada como requisito de validade negativo quando se refere a ela como impedimento a que novamente se discuta, entre as mesmas partes, o conflito de direito material já solucionado pelo Poder Judiciário.

Há algumas exceções a essa regra, como, por exemplo, nas demandas coletivas, em que é possível novo ajuizamento, caso na primeira tentativa tenha se obtido um resultado de improcedência do pleito metaindividual por ausência de provas.

Perempção: a última situação processual referente à identidade de demandas é a perempção, que pode ser definida como a *perda do direito de obter uma sentença de mérito ocasionada pela prévia extinção de demanda idêntica por abandono, por três vezes*. A perempção atinge, pois, o direito de ação processual (ou seja, o direito a uma sentença de mérito por parte do autor), embora não seja uma vedação para que, na condição de réu, o sujeito apresente determinada situação de direito material como *defesa*.

Passa-se a um exemplo para que se demonstre em que situação a perempção poderá ocorrer. Ana Clara ajuíza uma demanda de cobrança em face de Fernanda, na qual requer o pagamento de um empréstimo não adimplido. Por desídia da autora e a requerimento da ré (súmula 240 do STJ), a demanda é extinta por abandono, sem resolução do mérito (art. 485, III do CPC). Novamente Ana Clara ajuíza demanda para cobrança do empréstimo de Fernanda, sendo novamente extinta por abandono. Em uma terceira oportunidade, propõe nova demanda com esse propósito. Por incrível que pareça, mais uma vez tem-se extinção por abandono.

Na improvável hipótese de existirem três extinções em sequência, todas por abandono, de demandas que apresentam os mesmos elementos da ação, surge o impedimento processual a que, numa quarta oportunidade, se obtenha decisão de mérito, que é a *perempção*.

Pela narração feita, observa-se que a perempção é uma hipótese muito mais acadêmica do que da prática, sendo dificílimo que se configure em sede processual civil.

Uma vez, *a long time ago*, fiz uma brincadeira com meus alunos, quando lhes ensinava a perempção. Disse que daria dois pontos ao aluno que trouxesse para mim, na aula seguinte, um precedente de qualquer tribunal do Brasil que tivesse, em um caso concreto, reconhecido a perempção. Obviamente todos se animaram. Buscaram muito e chegaram tristes na aula seguinte: "*poxa, professor, não achamos nada*". Ao que respondi: "*Lógico, não existe*". Pense a felicidade deles comigo!

Antes de passar a frente, voltemos só a uma afirmação que fiz no final do primeiro parágrafo em que falei, acima, da perempção. Disse que "*a perempção atinge, pois, o direito de ação processual (ou seja, o direito a uma sentença de mérito por parte do autor), embora não seja uma vedação para que, na condição de réu, o sujeito apresente determinada situação de direito material como defesa*".

Você entendeu a afirmativa? Em caso negativo, preste atenção no seguinte exemplo: Mylena tem um débito antigo com Eduarda que, em tese, estaria prescrito. A fim de evitar ser ré em uma futura ação de cobrança ajuizada por Eduarda, Mylena resolve se antecipar e ajuíza uma *ação declaratória de prescrição* da aludida dívida em face de Eduarda. Ocorre que, como visto acima, o processo é extinto, numa primeira oportunidade, por abandono da ação; ajuizada novamente a demanda, nova extinção pelo mesmo motivo; por fim, terceiro ajuizamento de demanda com os mesmos elementos da ação (partes, causa de pedir e pedido) e mais uma extinção por abandono (realmente, é surreal pensar que possa acontecer na realidade).

Bem, ocorrida a terceira extinção do processo iniciado por demanda idêntica (mesmas partes, causa de pedir e pedido), por motivo de abandono, surge a perempção. O que significa isso? Que Mylena *perdeu o direito de ajuizar a demanda pela quarta vez e obter, agora, uma sentença de mérito*. Este quarto processo, por motivo de perempção (art. 485, V do CPC) será também extinto sem análise de seu pedido (sem resolução de mérito).

Suponha, então, que Eduarda resolva agir, diante de tudo o que observou. Ela, então, ajuíza em face de Mylena uma ação de cobrança do aludido débito, visando a condenar a ré a pagar-lhe o valor. Chegamos ao ponto que interessa: *embora, na condição de autora, Mylena esteja impedida de propor ação a fim de reconhecer a prescrição do crédito, ela está autorizada pelo sistema processual a alegar, como matéria de defesa neste processo iniciado por Eduarda, que o crédito está prescrito*.

Entendeu? A *perempção* é uma vedação pertinente, exclusivamente, à análise de mérito (do pedido) de uma ação. As alegações que certa pessoa ou ente estará impedido de expor ao Poder Judiciário na condição de autor de uma demanda ainda podem por ele ser apresentadas caso seja ré em certo processo.

A perempção, bem como a litispendência e a coisa julgada, são consideradas *requisitos de validade negativos* (que estudaremos no Capítulo 7 deste livro).

19.2. Conexidade ou conexão entre as demandas e a continência

Neste item trataremos de duas especiais hipóteses de *semelhança entre as demandas*, quais sejam, a *conexão* e a *continência*.

A conexão entre as demandas representa um certo grau de semelhança entre elas, determinado pelo Código de Processo Civil como aquele que se afere pela identidade da (i) causa de pedir **ou** do (ii) pedido, nos termos do art. 55 do CPC.

No tópico anterior foi visto que a causa de pedir se divide, segundo a definição buscada no direito positivo brasileiro, em (i) *próxima* e (ii) *remota*, sendo que a última ainda se fraciona em (a) *remota ativa* e (b) *remota passiva*. Já o pedido pode ser visto sob dois ângulos: (i) *pedido imediato* e (ii) *pedido mediato*.

Essas definições, antes de possuírem importância meramente acadêmica, são cruciais na prática para que se responda a uma pergunta essencial na aferição da conexidade entre demandas: *quais dos componentes da causa de pedir e do pedido devem ser observados pelo operador do direito para que se identifique a conexidade (conexão) entre demandas*? Todos eles ou somente alguns?

Conforme leciona Bruno Silveira de Oliveira,[110] a (i) *causa de pedir remota ativa*, a (ii) *causa de pedir remota passiva* e o (iii) *pedido mediato*, que são os chamados elementos concretos da causa de pedir e do pedido, são aqueles que determinam a conexão entre demandas. A identidade entre causas de pedir próximas e/ou pedidos imediatos não têm o condão de estabelecer essa espécie de semelhança entre as demandas.

Outro ponto *importantíssimo* e que você *necessariamente* precisa entender é o seguinte: para que haja conexão pela causa de pedir remota – a mais comum dentre as conexões – não é necessário que todos os elementos da causa de pedir sejam idênticos, quando se comparar as duas demandas. Basta que um deles o seja.

Veja o seguinte exemplo: Vitor e Miranda se envolvem em um acidente de carro, causado por Igor. Cada um sofreu danos em seu veículo, que não foram pagos pelo responsável pela batida.

Caso Vitor ajuíze uma ação em face de Igor e Miranda ajuíze outra ação em face de Igor, ambas serão conexas, pela causa de pedir. Todavia, ao analisarmos os fatos que a compõem, restará claro que as causas de pedir não são inteiramente idênticas. Existem individualidades em cada uma delas e um só elemento fático comum: o mesmo acidente.

Logo, atenção para a frase que segue: o mínimo necessário para que se verifique a conexão é (i) a identidade entre pelo menos um dos elementos que formam as causas de pedir fáticas de duas demandas **ou** (ii) a identidade de, pelo menos, parte do pedido mediato de duas demandas.

Acima destacou-se o mínimo apto a caracterizar a conexão. Isso significa que há situações em que se considerarão conexas duas demandas e entre elas a semelhança entre os elementos da ação de cada uma será bem maior.

Abaixo, apresentarei um exemplo que demonstra a *maior semelhança possível* apta a ainda caracterizar a conexão ou conexidade. Se as demandas fossem mais semelhantes do que isso, seriam idênticas.

Victoria e Luíza são compossuidoras de um terreno inserido em um condomínio fechado, que compraram para investir. Trata-se de composse indivisível, ou seja, cada uma possui uma fração ideal da área, sem a determinação de qual parte do terreno pertence a cada uma. Certo dia, Karim invade o terreno, o que caracteriza o ilícito denominado *esbulho*.

Como são compossuidoras, cada uma possui, isoladamente, legitimidade para ajuizar a demanda possessória visando à reintegração de posse da área, em benefício de ambas, nos termos do art. 1.199 do CC.[111]

110. OLIVEIRA, Bruno Silveira de. *Conexidade e efetividade processual (conceito e efeitos da conexidade a serviço dos escopos do processo)*. Vitória: FDV, 2006, p. 62 e ss.

111. CC, art. 1.199. Se duas ou mais pessoas possuírem coisa indivisa, poderá cada uma exercer sobre ela atos possessórios, contanto que não excluam os dos outros compossuidores.

Diante dessa possibilidade, é possível que duas ações possessórias sejam propostas: (i) a primeira por Victória em face de Karim e (ii) a segunda por Luíza em face de Karim.

Caso assim ocorra, haverá duas demandas que são idênticas:

a) quanto aos réus;

b) causa de pedir;

c) pedido.

Todavia, como são distintos seus autores, não podem ser consideradas idênticas, ou seja, litispendentes, sendo, portanto, conexas.

Logo, existe um modelo mínimo e um modelo máximo, ambos aptos, caso verificados em concreto, a caracterizar a conexão entre demandas.

A conexão ou conexidade entre as demandas é uma especial semelhança que se verifica a partir da comparação de alguns dos elementos da ação, chamados de *concretos* por realizarem contato com o conflito de direito material que se tutela em juízo, que são a (i) *causa de pedir remota ativa*, a (ii) *causa de pedir remota passiva* e o (iii) *pedido mediato*.

A conexão gera dois efeitos básicos em sede processual:

a) a distribuição por dependência da demanda conexa àquela que foi primeiramente proposta, desde que sejam compatíveis as competências entre ambas, ou seja: quando uma ação conexa a outra previamente ajuizada for proposta, a regra é que ela já seja originariamente distribuída (destinada) ao mesmo órgão jurisdicional onde tramita a primeira, a fim de que sejam processadas e julgadas em conjunto;

b) a reunião das demandas que, por uma circunstância qualquer, não tenham sido desde o início reunidas, também condicionada à compatibilidade da competência, ou seja: se por algum motivo (omissão – intencional ou não – do autor; erro do aparelho jurisdicional que não identificou a conexão) as demandas conexas não forem, originariamente, destinadas ao mesmo órgão jurisdicional, deve-se, em regra, reuni-las, a fim de que sejam processadas e julgadas simultaneamente.

Ao se falar em compatibilidade de competências quer-se dizer que o ajuizamento conjunto das demandas com esse grau de afinidade ou a sua posterior reunião não devem gerar um vício de incompetência absoluta. Esse é o impedimento a que se produzem esses dois efeitos mencionados.

Embora no próximo capítulo você vá estudar – e entender – o que seja incompetência absoluta, desde logo apresento um exemplo que ilustra o que eu quis dizer no parágrafo anterior.

Uma demanda que tramite perante a Vara Cível de Vitória não pode ser reunida, por conexão, a outra que, no mesmo foro, tramite perante a Vara de Família, pois ter-se-ia, nessa hipótese, uma incompetência absoluta, pelo critério material.

Conforme já se ressaltou, a reunião de demandas por conexão é uma saída alternativa que o sistema processual engendrou para a hipótese de não se ter respeitado, desde o início, a correta regra de distribuição de demandas conexas, que está prevista no art. 286, I (*distribuição por dependência*).

Caso haja necessidade de que se realize essa posterior reunião, deve-se saber qual dos órgãos jurisdicionais que estão a processar as demandas conexas deve instruir e julgá-las. O legislador elegeu como critério de fixação do órgão competente a *prevenção* (lembre-se, novamente, que aprenderemos o que é a prevenção no próximo capítulo, sobre competência).

Por fim, a continência é a espécie de semelhanças entre demandas descritas no art. 56 do CPC, segundo o qual: "Dá-se a continência entre 2 (duas) ou mais ações quando houver identidade quanto às partes e à causa de pedir, mas o pedido de uma, por ser mais amplo, abrange o das demais".

Sem muitos rodeios, prezado leitor: a continência é uma *litispendência parcial* entre demandas. Há duas demandas que, salvo um detalhe, são idênticas entre si. Esse detalhe é o fato de que o pedido de uma é mais abrangente e engloba o da outra. Fala-se, então, em *demanda continente* (a que possui o pedido mais abrangente) e *demanda contida* (aquela cujo pedido está incluído no pedido mais abrangente da outra demanda). Observe: ao se comparar as duas demandas propostas, vê-se que:

a) autor e réu são os mesmos;

b) a causa de pedir é a mesma;

c) a única diferença entre elas é o fato de que o pedido de uma delas é mais amplo e abrange o pedido da outra.

Um exemplo é útil para ilustrar o que seria uma hipótese de continência:

A propõe contra R demanda reivindicatória da fazenda F, pleiteando a entrega do principal e de todos os acessórios que a guarnecem (benfeitorias, acessões, pertenças, frutos e produtos). Entre os acessórios, encontram-se determinadas máquinas de irrigação, que formam o objeto mediato de outra demanda reivindicatória, proposta pelo mesmo A contra o mesmo R. Logo, percebemos que, quanto às máquinas de irrigação, há duas demandas que as pleiteiam, e por isso não podem ser, ambas, acolhidas, sob risco de se condenar o mesmo réu à realização da mesma prestação, mais de uma vez (*bis in idem*)

Uma vez entendido o que é a continência, surge a dúvida: qual efeito deve decorrer dessa constatação. A resposta? *Depende*, visto que duas são as soluções possíveis:

a) extinção da demanda *contida*, se a demanda *continente* tiver sido proposta diante do juízo prevento (aquele em que se fixou a prevenção);

b) reunião das demandas continentes, se a *contida* tiver sido proposta diante do juízo prevento.

Trata-se da solução preconizada no art. 57 do CPC, segundo o qual: "Quando houver continência e a ação continente tiver sido proposta anteriormente, no processo relativo à ação contida será proferida sentença sem resolução de mérito, caso contrário, as ações serão necessariamente reunidas".

19.3. Semelhança entre as demandas que não caracteriza a conexão ou a continência – a afinidade

Como restou claro pela leitura dos parágrafos anteriores, somente *específicas coincidências entre os elementos da ação* são hábeis a caracterizar o fenômeno processual conhecido como conexão ou conexidade. Entretanto, pode ser que outros elementos da ação – que não aqueles que firmam a conexão, sejam idênticos em duas demandas diversas. As partes, por exemplo, podem ser o único ponto de contato e de identidade entre duas causas. Ou a causa de pedir próxima; ou o pedido imediato.

Embora tais semelhanças não sejam suficientes para caracterizar duas demandas como conexas, em alguns casos, a serem analisados abaixo, delas se podem extrair efeitos processuais. Falo, especificamente, de demandas que apresentam a mesma *causa de pedir próxima*, pelo fato de que a causa de pedir fática se trata do "mesmo tipo de fato", ou seja, de situações fáticas análogas.

Ou seja: é possível que existam duas ou mais demandas que, embora partindo de situações de fato particulares, apresentem a mesma *tese jurídica*, ou seja, a mesma causa de pedir próxima. Basta pensar no seguinte exemplo:

Reginaldo possui um grave tipo de câncer de pele, cujo tratamento por meio dos medicamentos normalmente fornecidos pelo SUS (Sistema Único de Saúde) não é eficaz. Todavia, ele fica sabendo que o laboratório Roche lançou um inovador medicamente, chamado Erivedge, que é vendido pelo altíssimo valor de R$ 27.908,00 (28 cápsulas). Por não ter condições de arcar com o montante e por defender a *tese jurídica* de que é dever do Estado fornecer-lhe saúde, a partir da interpretação do art. 196 da CF, ajuíza ação para obrigar a União a fornecer-lhe o medicamento.

Pense, agora, que Alfredo possui o mesmo tipo de câncer de pele, em situação análoga a de Reginaldo. Caso ajuíze uma demanda também pleiteando da União o fornecimento do Erivedge, nitidamente haverá uma semelhança entre as demandas: embora ambas digam respeito a fatos particulares e exclusivos de cada uma das pessoas (embora análogos), justamente por conta dessa analogia, compartilham a mesma *tese jurídica* ou causa de pedir próxima, qual seja, a existência do *dever jurídico do Estado de fornecer-lhes o medicamento aludido*.

Nesse ponto, preciso que você tenha uma atenção muito grande pelo seguinte fato: por ser um estudante recente do assunto, você pode estar pensando que as duas ações sejam conexas.

Mas não são!!! Para serem conexas, seria preciso existir *identidade* – e não *semelhança* – entre pelo menos um dos elementos fáticos da causa de pedir de cada uma das ações. No exemplo acima, perceba que temos fatos "do mesmo tipo", mas cada descrição é particularizada. Não há um só elemento fático que, retirado das duas descrições, seja exatamente o mesmo. São ocorrências do mesmo tipo, mas não a mesma ocorrência.

Dois acidentes, que aconteceram na mesma curva da rodovia, por conta de excesso de velocidade, são o mesmo acidente ou são acidentes do "mesmo tipo"? É óbvio que você sabe a resposta. O caso acima é a mesma coisa.

Quando, para descrições fáticas *análogas*, apresenta-se uma mesma *tese jurídica* (causas de pedir próxima), não há conexão. Diz-se que as ações são *afins* ou que entre elas existe *afinidade*.

O CPC/15, de forma inovadora, também permite que ações afins (quando haja entre elas afinidade) sejam reunidas e julgadas simultaneamente, também a fim de gerar *segurança jurídica*, por impedir que o Poder Judiciário dê soluções jurídicas distintas para casos análogos.

Trata-se da regra construída a partir da interpretação do art. 55, § 3º do CPC:

> Art. 55.
>
> § 3º Serão reunidos para julgamento conjunto os processos que possam gerar risco de prolação de decisões conflitantes ou contraditórias caso decididos separadamente, mesmo sem conexão entre eles.

Embora a redação do CPC seja clara, consigo imaginar que haverá muita má vontade do Poder Judiciário em construir a partir do art. 55, § 3º a norma jurídica ideal, que permitiria evitar que, em muitas situações que se repetem rotineiramente, houvesse decisões totalmente distintas para casos análogos.

Por que digo isso? Pois aplicá-la poderá significar fazer com que, de uma só vez, dezenas ou centenas de processos sejam redistribuídos a um só órgão jurisdicional (e seu respectivo juiz), nele gerando uma sensação de, até mesmo, desespero ("*Como lidar com tantos processos novos de vez?*"). Sinceramente, trata-se de um problema a se considerar mas que poderia ser resolvido, pela criação de regras processuais locais que, para casos como esse, (i) previssem uma *compensação na distribuição de processos* onde haja outros órgãos com competência concorrente (já que esse órgão recebeu 200 novos processos, sem equivalência com os demais órgãos de competência concorrente, que se suspenda, até haver o equilíbrio, novas distribuições); (ii) nas comarcas de vara única, que transitoriamente o magistrado recebesse o apoio de um número maior de servidores e assessores etc.

19.4. Total diferença entre as demandas

O último resultado possível de se obter a partir da comparação entre os elementos da ação de duas ou mais demandas (partes, causa de pedir ou pedido) é o de total diferença entre eles, o que impossibilita que se estabeleça entre as demandas qualquer vínculo ou relação processualmente relevante.

Após estudar os elementos da ação e sua utilidade na *praxis forense*, deve-se enfrentar outro tema muito utilizado no dia a dia, que é o da classificação das demandas, muito conhecido como classificação das ações.

20. CLASSIFICAÇÃO DAS AÇÕES

Em primeiro lugar, deve-se expressar que a locução "classificação das ações", de emprego corrente, não é a tecnicamente mais adequada, pelo fato de que o direito de ação é um só, é o direito abstrato de postular a tutela jurisdicional ante o Estado-juiz.

O que se pode classificar, em verdade, é a demanda, que representa o exercício da ação em situações concretas.

Essa assertiva se confirma pelo fato de que as classificações da ação (*rectius*: demanda) estão relacionadas a elementos do direito material deduzido em juízo, o que bem demonstra que parte de uma concretização do direito de ação, e não simplesmente, de sua abstrata configuração.

Uma primeira distinção, mais genérica, considera as demandas em relação a três grandes tipos de providências que podem ser pedidas ao Estado-juiz:

a) ações (demandas) de conhecimento, aptas a iniciar um procedimento de conhecimento: visam a produzir normas concretas que determinem a titularidade de um direito material. Ex.: autor pleiteia o reconhecimento do direito a receber certa quantia; requer o reconhecimento da nulidade absoluta ou da anulabilidade de um contrato;

b) ações (demandas) de execução, aptas a iniciar um procedimento executivo: visam a efetivar uma norma concreta obrigacional, esteja ela expressa em título executivo judicial, seja em título executivo extrajudicial. Ex.: a execução de um cheque ou de uma nota promissória, para o recebimento da quantia expressada nos títulos;

c) demandas provisórias: sua finalidade é permitir que a parte obtenha do Estado-juiz uma providência jurisdicional cuja eficácia deve perdurar durante certo tempo, devido ao fato de que a demora na prestação jurisdicional pode fazer com que o direito material deixe de existir ou, pelo menos, que sua tutela jurisdicional se torne inútil ou inócua. Ex.: a demanda de arresto, que assegura a existência de bens que poderão ser convertidos em dinheiro, a fim de que se pague uma dívida.

Feita a primeira distinção, passo a classificar as espécies de demandas de conhecimento, que têm por critério distintivo a natureza ou espécie de tutela que se busca obter no Judiciário.

No que tange às demandas cognitivas ou de conhecimento, existem duas vertentes doutrinárias que disputam a primazia no que respeita a essa classificação:

a) a ternária,[112] que divide as demandas em três espécies: (i) *declaratórias*; (ii) *constitutivas* e (iii) *condenatórias*;

b) a quinária, que qualifica as demandas em três tipos: (i) *declaratórias*; (ii) *constitutivas*; (iii) *condenatórias*; (iv) *executivas lato sensu* e (v) *mandamentais*.

Desde logo se afirma que a segunda das classificações é desnecessária, pois a primeira encerra todas as formas de exercício do direito de ação, como se demonstrará.

Um ponto interessante é o de que as sentenças também se classificam como declaratórias, constitutivas, condenatórias etc. Todavia, em vez de se utilizar como critério classificatório a *tutela jurisdicional pretendida*, como se faz com a ação, deve-se falar no critério da *tutela jurisdicional obtida*, visto que a sentença extingue o procedimento de 1º grau, dizendo qual solução será entregue às partes.

20.1. Ternária

A classificação ternária divide as demandas cognitivas em três tipos, de acordo com a espécie de crise de direito material que visam compor.

Caso a situação jurídica de direito material que se quer discutir seja relacionada à (i) existência ou não de uma relação jurídica ou seu modo de ser ou à (ii) falsidade ou autenticidade de um documento, diz-se que a crise de direito material é de certeza, visto que entre as partes existe uma dúvida acerca do ponto (i) ou (ii). Para sanar crises dessa ordem, têm-se as demandas declaratórias.

Caso a lide se refira à alteração da situação jurídica que duas ou mais pessoas compartilham, ou seja, se o problema da vida refere-se à criação, modificação ou extinção de um vínculo jurídico intersubjetivo, fala-se em crise de situação jurídica, que deve ser combatida por meio de uma demanda constitutiva.

Por fim, se o que se busca obter é a determinação do dever de cumprimento de uma obrigação, seja ela advinda de ato ilícito, seja de contrato, tem-se a chamada crise de adimplemento, que se corrige por meio da demanda condenatória.

Pense em qualquer situação conflituosa que possa surgir no cotidiano social e, com certeza, ela se enquadrará em uma dessas três espécies. Por isso pode-se dizer que definir qualquer outra modalidade de demanda é um esforço desnecessário e, de certa maneira, um complicador para o operador do direito, já envolvido com um número elevado de classificações e nomenclaturas.

112. Há quem a chame de classificação trinária, mas o nome é incorreto, como bem ensina BEDAQUE, José Roberto dos Santos. *Efetividade do processo e técnica processual*. São Paulo: Malheiros, 2006.

20.2. Quinária

A classificação quinária é devida à pena de Pontes de Miranda, que a traçou em sua famosa obra *Tratado das ações*. Como o nome indica, divide a demanda em cinco tipos: (i) declaratória; (ii) constitutiva; (iii) condenatória; (iv) executiva lato sensu; (v) mandamental.

A diferença marcante em relação à primeira está relacionada à espécie de demanda apta a solver as crises de adimplemento. Enquanto na classificação ternária coliga-se a essa espécie de crise à demanda condenatória, na classificação quinária divide-se esse fardo entre as (i) condenatórias, as (ii) executivas lato sensu e as (iii) mandamentais.

O que discrepa a primeira das duas últimas é a circunstância de que a condenatória, para se tornar socialmente eficaz, ou seja, para que possa ter seu comando efetivado no mundo social, necessita de um processo autônomo de execução, ao passo que o comando decisório advindo de demandas executivas *lato sensu* e mandamentais se efetivam sem a necessidade de um novo processo, o que se costuma designar *intra-autos*.

Entre si, as executivas *lato sensu* se afastam das mandamentais pois as primeiras tutelam obrigações fungíveis e as últimas, obrigações infungíveis, caracterizadas como mandamentos, como ordens destinadas a uma pessoa determinada e que somente por ela pode ser cumprida.

Além de desnecessária, como já afirmado, a classificação quinária tornou-se obsoleta desde quando ainda vigia o CPC/73, com o advento da reforma promovida pela Lei 11.232/2005, já que o diploma mencionado extinguiu a principal diferença entre as demandas condenatórias e as executivas *lato sensu* e mandamentais, visto que os comandos judiciais cíveis relacionados ao cumprimento de obrigação devem ser efetivados, em regra, nos próprios autos do processo de conhecimento, sem a necessidade de instauração de novo processo de execução.

A nova legislação processual extinguiu a principal diferença com base na qual se sustentava a classificação em análise. Seu destino é, pois, ser deixada no limbo.

Capítulo 6
DA DIVISÃO DO EXERCÍCIO DA FUNÇÃO JURISDICIONAL – A COMPETÊNCIA

1. INTRODUÇÃO

Competência designa, de uma forma mais ampla, a divisão do exercício de uma das três funções essenciais do Estado, que são a (i) *legislativa*, a (ii) *executiva* ou *administrativa* e a (iii) *jurisdicional*, segundo critérios fixados pelo legislador.

Dessa forma, fala-se em competência legislativa, querendo-se indicar a partilha, dentre os entes federativos (União, estados e municípios), da função de criar os diplomas legislativos. Fala-se em competência administrativa ou executiva para indicar que parcela dos atos dessa natureza (atos administrativos) deve ser praticada por cada um dos entes acima elencados.

Nenhuma dessas duas espécies de competência interessa, *diretamente*, à ciência processual civil, visto que aqui se deve tratar da competência jurisdicional, que, a partir de agora, será denominada, simplesmente, de *competência*.

2. CONCEITO DE COMPETÊNCIA E INTRODUÇÃO AO SEU ESTUDO

Chiovenda, cujos estudos sobre a competência influenciaram de forma marcante o Direito brasileiro, a define como o conjunto de causas nas quais o órgão jurisdicional pode exercer, segundo a lei, a jurisdição, e, num segundo sentido, entende-se por competência essa faculdade do órgão jurisdicional considerada nos limites em que lhe é atribuída.[1]

O conceito do mestre italiano enfoca, com mais vigor, o conteúdo das regras de competência, que estabelecem um conjunto de situações de direito material que devem ser julgadas, segundo a lei, por determinado órgão jurisdicional.

A competência, ou seja, o conjunto de atribuições jurisdicionais dos órgãos públicos aptos a exercitarem essa função essencial do Estado (órgãos do Judiciário, ou até mesmo de outros poderes), decorre de regras de competência.

Como o próprio Chiovenda ressalta,[2] no estudo da competência sobressai a análise dos *critérios* que o legislador emprega para criar as normas jurídicas responsáveis por fixá-la em determinado órgão jurisdicional (as *normas de competência*).

1. CHIOVENDA, Giuseppe. *Instituições de direito processual civil*, v. II. 2 ed. Campinas: Bookseller, 2000, p. 183.
2. CHIOVENDA, Giuseppe. *op. cit.*, p. 184.

Por esse motivo, mais à frente serão analisados todos esses critérios determinativos da competência, adotados pelas regras de competência. Antes disso, porém, é imperativo fornecer ao leitor, que em muitos casos terá esta obra como primeira fonte de estudo da Teoria Geral do Processo e da Teoria do Processo Civil Brasileiro, um vocabulário essencial para a compreensão das regras de competência.

Após essa providência inicial, será enfocada a chamada *competência internacional*, que é o conjunto de regras que regula os limites da validade, em território nacional, de decisões proferidas em Estados estrangeiros, no exercício de sua função jurisdicional. É um tema que invoca, sem sombra de dúvidas, a ideia de soberania e que é importante que se conheça, principalmente devido ao fenômeno geopolítico de agrupamento dos Estados Nacionais em blocos, como são exemplos a União Europeia, a mais avançada e bem-sucedida empreitada nessa área, e o Mercosul.

3. VOCABULÁRIO ESSENCIAL PARA A COMPREENSÃO DA DIVISÃO DE COMPETÊNCIAS

Quando as regras de competência são estudadas, ou quando são aplicadas na prática forense, é muito comum que certas expressões e palavras sejam empregadas com frequência, embora nem sempre se realize um estudo formal sobre elas.

Com o fim de suprir essa lacuna, são dadas algumas dessas definições, com base em excelente texto de Dinamarco:[3]

1. *Foro*: "município ou pluralidade de municípios contíguos, que estão sujeitos à competência de um ou vários juízes de primeiro grau".[4] Sinônimo de foro é comarca. Ex.: Foro ou Comarca de Angra dos Reis; Foro ou Comarca de Belo Horizonte, etc.
2. *Comarca*: o mesmo que foro.
3. *Fórum*: é o imóvel onde se concentra o órgão jurisdicional ou os órgãos jurisdicionais de uma comarca, bem como os cartórios judiciais.
4. *Juízo*: significa cada um dos órgãos jurisdicionais que estão instalados na comarca. Assim sendo, na Comarca de Cachoeiro de Itapemirim, no Espírito Santo, há diversos juízos, como a 1ª Vara Cível, a 1ª Vara Criminal, a 1ª Vara de Família, etc.
5. *Vara*: o mesmo que juízo. Trata-se de nome utilizado com mais frequência do que juízo, na prática forense.
6. *Seção judiciária*: é o nome que se dá a uma divisão própria da Justiça Federal. Segundo a Constituição Federal estipula, no art. 110, cada estado da Federação forma uma *seção judiciária* da Justiça Federal, responsável por

3. DINAMARCO, Cândido Rangel. Vocabulário de direito processual. In: *Fundamentos do processo civil moderno*, v. I. 3 ed. São Paulo: Malheiros, 2000, p. 184 e ss.
4. DINAMARCO, Cândido Rangel. *op. cit.*, p. 184.

julgar, nesses limites territoriais, as causas previstas no art. 109 da CF/88. Sua sede será na capital do estado. Caso todas as varas da Seção Judiciária da Justiça Federal se localizem na sede, ela corresponderá à única comarca da Justiça Federal.

7. *Circunscrição judiciária*: cada seção judiciária da Justiça Federal, segundo suas necessidades, pode instalar varas em outras áreas do estado federado, o que ampliará as comarcas da Justiça Federal. Na *Seção judiciária do Espírito Santo*, por exemplo, existem varas federais em alguns municípios do interior: (i) Cachoeiro de Itapemirim; (ii) Colatina; (iii) Linhares e (iv) São Mateus. Essas divisões formam as *circunscrições judiciárias*, ou seja, comarcas da Justiça Federal.[5]

8. *Jurisdição*: para fins de estudo da competência, o termo jurisdição designa cada uma das várias estruturas em que se divide o Poder Judiciário brasileiro. Fala-se, pois, em competência de jurisdição quando se quer estabelecer qual dos ramos do Judiciário ou qual de seus órgãos superiores deve ser o competente para a análise de um caso concreto. Essa nomenclatura será bastante útil quando se estudar, mais à frente, como se deve, ante uma situação concreta, determinar qual órgão jurisdicional é competente para processá-la e julgá-la.

9. *Instância*: significa grau de jurisdição. A função jurisdicional é exercida em etapas, visto que o ordenamento, em regra, garante o direito à reapreciação das decisões judiciais. Diz-se jurisdição de primeiro grau a função de apreciar uma situação jurídica em primeiro lugar, originariamente (*primeira instância*). Jurisdição de segundo grau refere-se ao exercício da função jurisdicional em grau recursal (*segunda instância*). A competência para apreciação em primeiro grau é chamada *competência originária*. A de segundo grau, *competência recursal*. Todo órgão jurisdicional possui competências originárias e recursais, que se aferem a partir da legislação pertinente. Exemplo perfeito disso está descrito nos arts. 102 e 105 da Constituição Federal, que discriminam as competências do STF e do STJ.

10. *Entrância*: é uma divisão e classificação administrativa das comarcas, segundo seu tamanho e grau de importância. Comarcas de 1ª entrância são aquelas mais acanhadas, dotadas de menor número de processos e que atendem a populações menores. Comarcas de 3ª entrância são as que existem em realidades jurisdicionais mais complexas. O Poder Judiciário Capixaba,

---

5. Pela clareza da lição, transcreve-se passagem de Dinamarco: "Na Justiça Federal, *circunscrição judiciária* é o foro federal de primeiro grau de jurisdição. A Constituição diz que cada estado constitui uma *seção judiciária* e, enquanto todo o estado era servido por juízes federais localizados exclusivamente na Capital, o foro federal era fisicamente representado por toda a área territorial estadual. Depois, vários estados vieram a ser repartidos geograficamente, com juízes federais sediados também em certas cidades do interior. São *circunscrições judiciárias* as porções territoriais resultantes dessa divisão de cada estado". DINAMARCO, Cândido Rangel. *op.cit.*, p. 187.

em que trabalho desde 2005, aboliu a divisão das comarcas em entrâncias, o que gera certos efeitos para os magistrados como, por exemplo, aqueles atinentes a promoções para o cargo de desembargador.

4. COMPETÊNCIA INTERNACIONAL

O Código de Processo Civil, ao descrever as normas de competência, as divide em duas espécies:

a) as normas de competência internacional (arts. 21 a 25 do CPC);

b) as normas de competência interna (arts. 42 e ss).

Quando se fala em competência internacional, quer-se delimitar em que situações o Estado brasileiro está autorizado a exercer a jurisdição, em face dos demais Estados do mundo. Tais regras são necessárias, pois os conflitos intersubjetivos não se resumem a pessoas que convivem sob o mesmo território. É muito frequente que surjam lides entre ingleses e brasileiros, entre franceses e alemães, etc.

É necessário saber em quais casos, portanto, está o Poder Judiciário brasileiro apto a exercer a função jurisdicional. Observe, no entanto, que as regras de competência internacional não se referem, pura e exclusivamente, à resolução de conflitos que, de alguma forma, envolvam estrangeiros ou, pelo menos, um território de outro país.

Quando o Código de Processo Civil elenca quais conflitos de direito material podem e devem ser solucionados no Brasil, fixa os limites do exercício da soberania nacional e posiciona o Brasil no cenário exterior.

Em termos jurisdicionais, portanto, a fixação da competência internacional corresponde a um exercício da soberania estatal no campo do direito internacional.

Dinamarco resume o tema da competência internacional de forma precisa:

> Inexistindo uma ordem jurídica supranacional capaz de centralizar decisões e impor eficazmente limitações ao poder de cada um dos Estados, é cada um destes quem estabelece os limites de sua chamada *competência internacional*. Não o faz por altruísmo ou necessariamente em nome das boas relações internacionais, mas movido por três ordens de razões, que são (a) a impossibilidade ou grande dificuldade para cumprir em território estrangeiro certas decisões dos juízes nacionais, (b) a irrelevância de muitos conflitos em face dos interesses que ao Estado compete preservar e (c) a conveniência política de manter certos padrões de recíproco respeito em relação a outros Estados.[6]

Pode-se dizer, em resumo, que as normas de competência internacional fixam:

a) as situações de direito material que podem ser julgadas no Brasil;

b) aquelas que se admite sejam válida e eficazmente julgadas em outro país, desde que a decisão seja convalidada pelo STJ;

---

6. DINAMARCO, Cândido Rangel. *Instituições de direito processual civil*, v. 1. 5 ed. São Paulo: Malheiros, 2005, p. 356.

c) os casos que somente podem ser válida e eficazmente processados e julgados no Estado brasileiro.

Quando o CPC determina uma competência para o Judiciário brasileiro, sem afastar que, validamente, outros Estados possam julgar o conflito, fala-se em *competência internacional concorrente*, cujas regras se localizam nos arts. 21 e 22 do Código de Processo Civil:

> Art. 21. Compete à autoridade judiciária brasileira processar e julgar as ações em que:
>
> I – o réu, qualquer que seja a sua nacionalidade, estiver domiciliado no Brasil;
>
> II – no Brasil tiver de ser cumprida a obrigação;
>
> III – o fundamento seja fato ocorrido ou ato praticado no Brasil.
>
> Parágrafo único. Para o fim do disposto no inciso I, considera-se domiciliada no Brasil a pessoa jurídica estrangeira que nele tiver agência, filial ou sucursal.
>
> Art. 22. Compete, ainda, à autoridade judiciária brasileira processar e julgar as ações:
>
> I – de alimentos, quando:
>
> a) o credor tiver domicílio ou residência no Brasil;
>
> b) o réu mantiver vínculos no Brasil, tais como posse ou propriedade de bens, recebimento de renda ou obtenção de benefícios econômicos;
>
> II – decorrentes de relações de consumo, quando o consumidor tiver domicílio ou residência no Brasil;
>
> III – em que as partes, expressa ou tacitamente, se submeterem à jurisdição nacional.

Quando o diploma processual, por outro lado, determina que em alguns casos somente a jurisdição nacional deve validamente se pronunciar, sem que se aceite, de qualquer modo, comando decisório advindo de Estado estrangeiro, tem-se *competência internacional exclusiva*. No CPC, a competência internacional exclusiva está prevista no art. 23:

> Art. 23. Compete à autoridade judiciária brasileira, com exclusão de qualquer outra:
>
> I – conhecer de ações relativas a imóveis situados no Brasil;
>
> II – em matéria de sucessão hereditária, proceder à confirmação de testamento particular e ao inventário e à partilha de bens situados no Brasil, ainda que o autor da herança seja de nacionalidade estrangeira ou tenha domicílio fora do território nacional;
>
> III – em divórcio, separação judicial ou dissolução de união estável, proceder à partilha de bens situados no Brasil, ainda que o titular seja de nacionalidade estrangeira ou tenha domicílio fora do território nacional.

Observe que existe uma razão muito clara para que, nas hipóteses do art. 23 do CPC, o Estado brasileiro não aceite a eficácia de decisões judiciais proferidas por estados estrangeiros, mesmo que homologadas pelo STJ: a proteção do território nacional, de nossa soberania.

Já pensou se o Brasil aceitasse que uma decisão proferida pelo Poder Judiciário de um país estrangeiro, reconhecendo a usucapião de uma área nacional por pessoa física ou jurídica de outro país, surtisse efeitos aqui? Já teríamos perdido a Região Amazônica há muito tempo.

O rol contido em ambos os artigos de lei mencionados é *taxativo*.

Todas as normas de competência internacional, exclusiva ou concorrente, determinam a amplitude do exercício da atividade jurisdicional do magistrado brasileiro tomando como critério um dos elementos que formam a ideia de Estado, que é o (i) *território*.

Isso quer dizer que toda demanda que compete a um juiz nacional deverá ter alguma pertinência com o território brasileiro.

5. A COMPETÊNCIA INTERNA

Quando cria as normas de competência interna, o legislador processual está preocupado com a divisão da atividade jurisdicional entre os vários órgãos que compõem o Poder Judiciário brasileiro.

Mas, além disso, também pensa na comodidade das partes e na maior ou menor dificuldade em se acessarem os meios de prova necessários a que se conheçam os fatos narrados em juízo.

As normas de competência não são produzidas a esmo, sem o emprego de bases bem definidas. Pelo contrário, se apoiam em critérios identificados pela própria lei e pela doutrina.

Chiovenda[7] foi um dos precursores na enumeração de tais critérios, ao dividi-los em:

a) objetivo;

b) funcional;

c) territorial.

Ao dissertar sobre o primeiro deles – critério objetivo –, o mestre italiano o fracionava em três outros, que são o critério (i) *material*; o (ii) *valor da causa*; e o (iii) *pessoal*.

Por isso, a opção que se seguirá no texto é a de individualizar, desde logo, cada um dos cinco critérios que são utilizados pelo legislador para criar as normas de competência, e pelos operadores do direito para identificar as características de cada uma delas, visto que possuem, entre si, diferenças marcantes.

---

7. CHIOVENDA, Giuseppe. *Instituições de direito processual civil*, v. II. 2 ed. Campinas: Bookseller, 2000, p. 183. Seguem a mesma linha SANTOS, Moacyr Amaral. *Primeiras linhas de direito processual civil*, v. 1. 22 ed. São Paulo: Saraiva, 2002; DIDIER JR., Fredie. *Curso de direito processual civil*, v. 1. 6 ed. Salvador: JusPodivm, 2006, p. 117.

Dessa forma, pode-se falar em cinco elementos definidores da competência:

a) material;

b) pessoal;

c) territorial;

d) valor da causa;

e) funcional

6. OS CRITÉRIOS PARA A DETERMINAÇÃO DA COMPETÊNCIA

A competência é distribuída dentre os diversos órgãos jurisdicionais brasileiros por **normas jurídicas processuais**. Para que se delimite a competência de determinado órgão jurisdicional num caso concreto, normalmente incidem, pelo menos, duas normas processuais de competência.

Observe o seguinte exemplo: pretende-se interpor Recurso Especial contra acórdão de apelação proferido pelo TJMG. Primeiramente, aplica-se a norma processual contida no art. 105, III da CF para se definir o STJ como tribunal competente. Depois disso, aplica-se ao caso o art. 13, III do Regimento Interno do STJ, que defere às Turmas o processamento e o julgamento do aludido recurso.

As normas de competência, que, aplicadas em situações concretas, permitem seja identificado o órgão competente dentre um vasto número de juízos, são criadas pelo legislador por meio do uso de **critérios de divisão de competência**. Em suma: cada norma de competência adota um ou mais critérios para, com base neles, dividir o exercício da função de julgar. Como exemplo, leia-se o art. 105, I, "b" da CF/88:

> Art. 105. Compete ao Superior Tribunal de Justiça:
>
> I – processar e julgar, originariamente:
>
> b) os mandados de segurança e os *habeas corpus* contra ato de Ministro de Estado, dos Comandantes da Marinha, do Exército e da Aeronáutica ou do próprio Tribunal.

Para que o STJ seja competente, nos termos da norma transcrita, não basta que se impetre mandado de segurança ou *habeas corpus*; tampouco que se ajuíze outra demanda qualquer em face das pessoas ali referidas. Ambas as circunstâncias devem ser preenchidas de forma concomitante. Assim se dá com grande número de normas de competência. Como se verá mais adiante, no caso em tela foram somados o critério material e o pessoal.

A consideração que se fez assume importância teórica, mas, principalmente, importância prática, visto que os *critérios de determinação de competência* possuem regimes jurídicos variados, que importam diferenças na hora de o julgador e as partes lidarem com eles.

Alguns destes critérios têm como razão de ser a comodidade das partes, ou seja, o interesse privado e, por esse motivo, a norma de competência que os adota pode ser considerada *disponível* (ou seja, admite-se que as partes a desconsiderem). Por outro lado, outros critérios de divisão de competência são fundados no interesse público, o que faz com que as normas que os adotem sejam *indisponíveis* (cujo conteúdo não deve ser desconsiderado pelas partes e pelo juiz).

Como cada norma de competência adotará um ou mais desses critérios; como para se chegar à competência de certo juízo, num caso concreto, se utilizará, em regra, mais de uma norma de competência, é deveras importante saber: **(i)** quais foram as normas aplicadas na situação específica, bem como **(ii)** com base em que critérios elas foram instituídas. De posse dessas duas informações será possível saber se aconteceu algum erro na hora de se dirigir a demanda ao órgão jurisdicional e se esse erro diz respeito a uma norma disponível ou não.

Um exemplo ajudará a demonstrar a importância prática em se diferenciar os critérios com base nos quais se instituem as normas de competência: Arthur é domiciliado em Vila Velha. Sua ex-esposa, Rita, com quem não convive há seis meses, reside atualmente em Vitória com seu filho (Lucas). Por conta da resistência de Arthur em pagar alimentos, Lucas, representado por Rita, ajuíza demanda alimentícia em Vila Velha, sendo esta distribuída para a 1ª Vara de Família. Existe algum vício de competência no caso em tela?

Sim. Segundo as regras de competência territorial (art. 53, II do CPC), esta demanda deveria ter sido ajuizada em Vitória, que é a residência do alimentando (da criança). A norma jurídica processual que adota o critério territorial foi desconsiderada (por erro ou por vontade). Ocorre que, como será visto com mais detalhes mais à frente, em regra o critério territorial é fundado no interesse privado, o que faz com que a norma de competência nele fundada seja *disponível*. Como consequência, somente as partes podem alegar o vício, vedando-se ao juiz o poder de reconhecê-lo de ofício.

Mudando um pouco o exemplo, pense que a demanda de alimentos tenha sido ajuizada em Vitória, mas tenha sido distribuída para uma das varas cíveis da capital do Espírito Santo. No caso em tela, aplicou-se erroneamente ao caso concreto uma norma de competência fundada no critério material, que, como será visto posteriormente, funda-se no interesse público e faz com que a norma que o adote seja *indisponível*, podendo ser conhecido e corrigido de ofício pelo julgador o erro verificado.

Vê-se, a partir do que foi dito acima, que é muito importante identificar os tipos de critério com base nos quais podem se fundar as normas processuais que dividem a competência dentre os diversos órgãos jurisdicionais brasileiros. Por esse motivo, passa-se à análise de tais *critérios*.

6.1. Critério material

Antes de se explicar o que são os critérios material, pessoal, territorial, do valor da causa e funcional, por meio dos quais as normas processuais de competência distribuem o exercício da função jurisdicional, deve-se dizer que os *quatro primeiros* apresentam um elemento em comum, que não está presente no último dos critérios (funcional): eles representam peculiaridades da situação de direito material deduzida em juízo tomadas pelo legislador para, com base nelas, dividir a competência

Observe as definições que seguem e veja que este padrão é seguido. Cada critério é um tipo de particularidade da situação de direito material deduzida em juízo pinçado pelo legislador para servir de critério de divisão da competência. Com o critério funcional isso não acontece. Talvez aqui resida a grande dificuldade que muitos sentem em entendê-lo.

Quando se diz que uma regra de competência é formada pelo critério material, significa que o tipo de conflito intersubjetivo que o Estado deve resolver foi determinante para firmar a distribuição da competência.

Ou seja, tem-se competência determinada materialmente quando o critério para a partilha da função jurisdicional foi o tipo de conflito que deve ser resolvido. Exemplos disso saltam aos olhos na Constituição Federal, nas constituições estaduais, nas leis de organização judiciária, etc.

Veja o art. 102, I, "a" da CF/88:

> Art. 102. Compete ao Supremo Tribunal Federal, precipuamente, a guarda da Constituição, cabendo-lhe:
>
> I – processar e julgar, originariamente:
>
> a) a ação direta de inconstitucionalidade de lei ou ato normativo federal ou estadual e a ação declaratória de constitucionalidade de lei ou ato normativo federal.

Pela leitura do artigo de lei transcrito percebe-se, claramente, que foi o tipo de lide, de conflito, o que motivou a edição da norma de competência em tela. Identifica-se o tipo de lide por meio da análise da *causa de pedir* e do *pedido* deduzidos em juízo.

A mesma coisa se teria se a seguinte pergunta fosse feita: qual o órgão competente para a homologação de sentenças estrangeiras? Em outras palavras: se a matéria que se quer apresentar ao judiciário for a homologação de sentença estrangeira, qual o órgão competente para tanto? O Superior Tribunal de Justiça, de acordo com o art. 105, I, "i" da CF/88.

6.2. Critério pessoal

Quando a competência é determinada pelo critério pessoal, o legislador processual distribuiu o poder de julgar tomando em consideração quem são as partes processuais. Assim, a presença de certas pessoas físicas ou jurídicas nos polos ativo ou passivo da demanda é fator determinante da competência.

Costumam-se designar de *prerrogativa de foro* as regras de competência focadas no critério pessoal, pois o que move o legislador a estabelecer essas diferenças é, geralmente, o exercício de uma função pública de relevo social, como a de Presidente, de Senador, de Ministro de Estado, Governador, Prefeito, etc.

Dois claros exemplos de competência regulada pelo critério pessoal se encontram no art. 109, I e II da Constituição Federal, *in verbis*:

> Art. 109. Aos juízes federais compete processar e julgar:
>
> I – as causas em que a União, entidade autárquica ou empresa pública federal forem interessadas na condição de autoras, rés, assistentes ou oponentes, exceto as de falência, as de acidente de trabalho e as sujeitas à Justiça Eleitoral e à Justiça do Trabalho;
>
> II – as causas entre Estado estrangeiro ou organismo internacional e Município ou pessoa domiciliada ou residente no País.

Percebe-se, pela leitura da primeira parte do inciso I do art. 109, que para se determinar a competência da Justiça Federal não importa, em regra, o tipo do conflito de direito material, mas sim a presença de um dos entes listados em um dos polos da demanda.

Na segunda parte encontram-se exceções, regidas pelo critério material, de causas que, não obstante envolvam aquelas entidades relacionadas, devem ser julgadas por outros órgãos.

Embora, como visto, existam normas de competência criadas com base em somente um critério de competência – o material ou o pessoal, por exemplo – é muito comum que ambos se enlacem, como observado na parte final do art. 109, I da CF.

Há situações em que isso é ainda mais claro, como nos arts. 102, I, "d", "g", 105, I, "b", 108, I, "c", etc. Tome-se, a título ilustrativo, o art. 102, I, "g", que prescreve:

> Art. 102. Compete ao Supremo Tribunal Federal, precipuamente, a guarda da Constituição, cabendo-lhe:
>
> I – processar e julgar, originariamente:
>
> g) a extradição solicitada por Estado estrangeiro.

A regra em epígrafe conjuga os critérios material e pessoal, visto que para que o STF seja competente para o caso, deve-se agregar uma espécie determinada de conflito (pedido de extradição) ao requerimento de uma pessoa jurídica específica (Estado estrangeiro). Na falta de uma ou outra condicionante, tem-se a incompetência do Supremo Tribunal Federal.

6.3. Critério territorial

O critério territorial é aquele que distribui a competência dentre os vários órgãos de um determinado ramo da Justiça de acordo com a pertinência que os elementos subjetivos e objetivos da demanda (partes, causa de pedir e pedido) possuem em relação a um dado território.

Quando se ajuíza uma demanda, retirando-se da inércia o órgão jurisdicional, é possível identificar os seguintes elementos: (i) quem pede e em face de quem se pede – autor e réu; (ii) o que se pede – pedido; (iii) o motivo de se pedir – causa de pedir.

A competência territorial, ou seja, a determinação da atribuição de julgar ao órgão jurisdicional situado em dado território, será distribuída de acordo com a pertinência que aquela circunscrição jurisdicional possua em relação (i) ao lugar em que as partes se localizam (domicílio ou residência); (ii) ao local onde se encontra o bem da vida objeto de tutela; (iii) ao lugar em que ocorreram fatos que consubstanciam a causa de pedir.

A grande dificuldade em se lidar com as normas de competência territorial é a sua dispersão no ordenamento jurídico e o seu grande número.

Para facilitar o entendimento dos estudantes e o trabalho dos operadores do direito, far-se-á breve resumo da competência territorial nos dois ramos da Justiça brasileira que se afeiçoam mais diretamente ao direito processual civil, que são a Justiça Federal e a Justiça Estadual, dois braços da chamada Justiça Comum.

Justiça Federal. As normas-matrizes de competência territorial da Justiça Federal encontram-se na CF/88, nos §§ 1°, 2° e 3° do art. 109, e podem ser resumidas da seguinte forma:[8]

COMPETÊNCIA TERRITORIAL NA JUSTIÇA FEDERAL	
UNIÃO E DEMAIS ENTES PÚBLICOS INTERNOS COMO AUTORES	UNIÃO E DEMAIS ENTES PÚBLICOS INTERNOS COMO RÉUS
REGRA: Competência se determina pelo domicílio da outra parte.	REGRA PARA DEMANDAS PESSOAIS: devem ser aforadas no domicílio do autor.
EXCEÇÃO: se o objeto de discussão for direito real sobre imóvel,[172] competente é o foro onde se localiza a coisa (*forum rei sitae*).	EXCEÇÃO PARA DEMANDAS PESSOAIS: devem ser ajuizadas no local onde tiver ocorrido o ato ou fato que deu origem ao direito.
	DEMANDAS REAIS SOBRE BENS MÓVEIS: domicílio do autor.
	DEMANDAS REAIS SOBRE BENS IMÓVEIS: *forum rei sitae*.

8. Desde que seja um dos direitos reais listados no art. 95 do CPC.

Dinamarco traz uma importante consideração, que precisa ser transcrita, a fim de que se complemente o quadro acima:

> (...) Não cuida o texto constitucional de oferecer solução para os casos em que não seja possível identificar o domicílio do réu. Por estreita analogia, aplica-se *mutatis mutandis* o disposto nos §§ 2º e 3º do art. 94 do Código de Processo Civil (§§ 2º e 3º do CPC/15), com os foros subsidiários ali oferecidos – residência do réu e, sucessivamente, a Capital Federal, como sede da autora.[9]

Por último, deve-se lembrar da norma do § 3º do art. 109, que aduz:

> § 3º. Serão processadas e julgadas na justiça estadual, no foro do domicílio dos segurados ou beneficiários, as causas em que forem parte instituição de previdência social e segurado, sempre que a comarca não seja sede de vara do juízo federal, e, se verificada essa condição, a lei poderá permitir que outras causas sejam também processadas e julgadas pela justiça estadual.[10]

Cabe salientar que, não obstante a Justiça Estadual atue em primeiro grau, nos casos explicitados, "o recurso cabível será sempre para o Tribunal Regional Federal na área de jurisdição do juiz de primeiro grau" (art. 109, § 4º da CF/88).

Justiça Estadual. As normas de competência territorial aplicáveis à Justiça Estadual encontram-se no Código de Processo Civil e em diversas legislações extravagantes, como a Lei de Locações, o Código de Defesa do Consumidor, a Lei de Ação Civil Pública, etc.

Dado o extenso rol de normas particulares acerca do assunto, torna-se tarefa hercúlea enumerá-las. Por isso, demonstrar-se-á ao leitor como se deve sistematizar e compreender o conjunto de regras de competência territorial incidentes sobre a Justiça Estadual, elencando, a título exemplificativo, algumas situações.

Em primeiro lugar, deve-se asseverar que o Código de Processo Civil concentra a maioria das normas de competência territorial, fazendo nítida divisão entre as demandas fundadas em relações obrigacionais (chamadas demandas pessoais) e aquelas cujo fundamento seja direito real, como a propriedade, servidão etc. (demandas reais).

Além disso, segrega, dentre as demandas reais, aquelas que se relacionam a bem móvel e a bem imóvel. Tudo isso para fins de determinação da competência.

Nessa esteira, trata-se, em primeiro lugar, da competência para a tutela das demandas pessoais. *A regra para a competência territorial nas demandas pessoais encontra-se no art. 46 do CPC, que determina que a demanda fundada em direito pessoal será proposta no foro do domicílio do réu.*

Tem-se, portanto, a primeira definição: *salvo se existir norma mais específica*, territorialmente competente para a tutela de direito pessoal é o foro de domicílio do réu.

---

9. DINAMARCO, Cândido Rangel. *Instituições de direito processual civil*, v. 1. 5 ed. São Paulo: Malheiros, 2005, p. 537.
10. Nesse sentido, vide o RE 390664, de 23/08/05.

O CPC, bem como as legislações esparsas, traz diversas exceções, que, por caracterizarem-se como normas específicas, afastam a incidência da regra geral do art. 46. São exemplos delas:

a) a demanda fundada em direito pessoal em que o incapaz for réu deverá ser ajuizada no foro do domicílio de seu representante (art. 50 do CPC);

b) a demanda para a separação dos cônjuges, divórcio, para a anulação de casamento e para o reconhecimento ou dissolução de união estável deve ser proposta (art. 53, I do CPC):

   b.1) o foro de domicílio do guardião do filho incapaz;

   b.2) no foro do último domicílio do casal, caso não haja filho incapaz;

   b.3) no foro de domicílio do réu, se nenhuma das partes residir no antigo domicílio do casal;

c) a demanda em que se pleiteiam alimentos deve ser aforada no foro em que domiciliado o alimentando, ou seja, aquele que pleiteia os alimentos (art. 53, II do CPC);

d) a demanda em que se requer a reparação de dano deve ser aforada na comarca em que ocorreu o ato ou fato (art. 53, IV, "a");

e) a demanda fundada em relação de consumo deve ser proposta no foro do domicílio do consumidor (art. 101, I do CDC);

f) o ajuizamento de ação civil pública com o fim de obstaculizar dano ao ambiente deve ser feito no local em que este se verificou (art. 2º da LACP);

g) todas as demandas previstas na Lei de Locações (Lei 8.245/1991), embora tenham natureza pessoal, devem ser ajuizadas no *forum rei sitae*, salvo convenção em sentido contrário.[11]

É sempre importante que o operador do direito atente para a possibilidade de que exista norma específica que afaste a incidência da regra do art. 46 do CPC, determinando diferente distribuição para as demandas cujo objeto seja ***direito pessoal***.

Sobre as *demandas fundadas em direito real*, deve-se dividi-las de acordo com a natureza do bem a que se referem, para fins de determinação de competência:

a) demandas fundadas em direito real sobre móveis: aplica-se a regra do art. 46 do CPC (domicílio do réu, salvo se existirem normas mais específicas);

b) demandas fundadas em direito real sobre imóveis: aplica-se a regra do art. 47 do CPC, que determina como competente o foro onde se situa o bem que se quer tutelar (*forum rei sitae*). Dependendo da espécie de direito real,

11. Nesse caso em especial existe uma regra bastante interessante, visto que o *forum rei sitae* (foro onde se localiza a coisa) não é absoluto, mas sim relativo, nos termos do art. 58, I da Lei 8.245/1991.

a competência em tela será a única possível, absoluta, conforme será visto abaixo, ao estudar-se a competência absoluta e a relativa.

O leitor precisa estar muito atento ao fato de que muitas demandas apresentam como pedido mediato (bem da vida que se pretende perseguir por meio do processo) um imóvel. Todavia, a tutela deste imóvel não se dá por meio da tentativa do autor de impor ao réu efeitos jurídicos decorrentes da existência de um direito real. É possível – e até comum – que a discussão judicial que tenha por foco um imóvel seja fundada em um direito pessoal (obrigacional).

Exemplo disso se dá nas hipóteses em que se ajuíza uma demanda cujo objeto é obter a adjudicação compulsória de um imóvel. Explico: é muito comum que imóveis sejam adquiridos por meio de parcelamento. O terreno em que fica minha casa de campo foi assim. Paguei parte dele à vista e dividi o resto em 24 parcelas. Num caso como esse, as partes firmam um negócio jurídico chamado de "compromisso de compra e venda", no qual o comprador se obriga a pagar o valor ajustado, sendo parte dele a prazo, e o vendedor se obriga, uma vez quitado o débito, a se dirigir ao cartório junto ao comprador e firmar a *escritura pública de compra e venda*.

Infelizmente, em diversos casos, uma vez quitado o preço, o vendedor não cumpre sua obrigação. Diante da recusa do vendedor de firmar com o comprador a escritura pública de compra e venda – que o último poderia, depois, levar a registro, tornando-se proprietário do bem – ajuíza-se demanda cuja sentença substituirá a escritura pública e poderá ser levada a registro.

Perceba-se que o objeto do processo, no caso em tela, é o cumprimento de uma obrigação que trará, como efeito, a criação de um direito real (diante do registro, no Cartório de Registro de Imóveis, da sentença substitutiva da escritura pública de compra e venda).

Qual é a importância da constatação acima? É a de que, em caso como esse, não se terá competência territorial definida nos termos do art. 47 do CPC, mas sim de acordo com o art. 46.

No Informativo 543, o STJ decidiu hipótese análoga à presente, ao concluir que "O foro do domicílio do réu é competente para processar e julgar ação declaratória de nulidade, por razões formais, de escritura pública de cessão e transferência de direitos possessórios de imóvel, ainda que esse seja diferente do da situação do imóvel."

Feitas essas observações, já é possível sistematizar e compreender como aplicar as diversas normas processuais que adotam o critério territorial para determinar a distribuição da competência.

6.4. Critério do valor da causa

O valor da causa representa economicamente a vantagem que o autor pretende obter com o ajuizamento da demanda. Embora haja situações em que é difícil ou simplesmente impossível converter em padrão monetário o benefício que a tutela jurisdicional proverá, em regra isso é possível.

O valor da causa, que se descreveu, é um dos critérios hoje utilizados pelo legislador para a determinação da competência daqueles órgãos jurisdicionais (varas) que atuam, com especialidade, o procedimento dos Juizados Especiais, seja no âmbito da Justiça Federal (Juizados Especiais Federais, regulados pela Lei 10.259/2001), seja no âmbito da Justiça Estadual (Juizados Especiais Cíveis, regidos pela Lei 9.099/1995 e Juizados Especiais da Fazenda, regidos pela Lei 12.153/2009).

Em sede federal, conforme se lê no art. 3º da Lei 10.259/2001, compete ao Juizado Especial Federal Cível processar, conciliar e julgar causas de competência da Justiça Federal até o valor de 60 (sessenta) salários mínimos. Em sede estadual, no art. 3º, I da Lei 9.099/1995, uma das competências dos Juizados Especiais Cíveis é o processamento e julgamento das demandas cujo valor da causa não exceda 40 (quarenta) salários mínimos.[12] Já os Juizados Especiais da Fazenda Pública tem, como regra, competência para causas contra as Fazendas Estadual e Municipal que não ultrapassem 60 (sessenta) salários mínimos, salvo as exceções contidas no § 1º do art. 2º da Lei 12.153/2009.[13]

6.5. Critério funcional

Por último, fala-se do critério funcional que, como foi observado, se distancia dos demais critérios determinativos de competência por não dizer respeito a uma peculiaridade da situação de direito material deduzida em juízo.

O critério funcional possui esse nome pelo fato de que, nas regras de competência em que ele é empregado pelo legislador, a distribuição da atividade de julgar teve como motivação o exercício de uma determinada função jurisdicional pelo magistrado (funcional decorre de *função*).

Significa que o legislador considerou, ao distribuir a competência, uma determinada função exercida no processo e a deferiu ao órgão de sua escolha. Segundo Chiovenda, "o critério funcional extrai-se da natureza especial e das exigências especiais das *funções* que se chama o magistrado a exercer *num processo*".[14]

---

12. Sobre a competência dos Juizados Especiais Cíveis Estaduais, há que se destacar que ela é regulada pelos critérios convencionais (material, funcional, territorial e valor da causa), mas também é determinada por outro critério, que não é referenciado pela doutrina tradicional, que é o da *menor complexidade*, previsto no *caput* do art. 3º da Lei 9.099/1995. Assim, demandas que apresentam maior complexidade instrutória, a exigir provas periciais, por exemplo, não competem aos Juizados Especiais.
13. Lei 12.153/2009, art. 2º, § 1º. Não se incluem na competência do Juizado Especial da Fazenda Pública: I – as ações de mandado de segurança, de desapropriação, de divisão e demarcação, populares, por improbidade administrativa, execuções fiscais e as demandas sobre direitos ou interesses difusos e coletivos; II – as causas sobre bens imóveis dos Estados, Distrito Federal, Territórios e Municípios, autarquias e fundações públicas a eles vinculadas; III – as causas que tenham como objeto a impugnação da pena de demissão imposta a servidores públicos civis ou sanções disciplinares aplicadas a militares.
14. CHIOVENDA, Giuseppe. *Instituições de direito processual civil*, v. II. 2 ed. Campinas: Bookseller, 2000, p. 184.

Abstratamente, é difícil visualizar o que seja o critério funcional de competência. Por isso é importante um exemplo, a partir do qual continuar-se-á a desenvolver o raciocínio já iniciado. Giovani ajuíza uma demanda condenatória em face de Daniel, distribuída para a 1ª Vara Cível de São Paulo, sendo derrotado. Pergunta-se: qual o órgão competente para processar e julgar o recurso de apelação, interposto contra essa sentença? É o Tribunal de Justiça de São Paulo, conforme prevê a lei de organização judiciária paulista.

Perceba, a partir do exemplo, que a dúvida que surge está diretamente relacionada a saber quem é o órgão jurisdicional a quem incumbe uma *função* específica, que é a de julgar o recurso de apelação. Toda vez que as regras de competência forem moldadas a partir da correlação entre o exercício de uma específica função inserida no processo e um determinado órgão jurisdicional, tem-se *competência funcional*.

A expressão *funcional*, portanto, advém de *função jurisdicional*, pelo fato de que as normas de competência que são criadas com base nesse critério – o funcional – representam a coligação entre o exercício de uma específica função jurisdicional e um órgão do Judiciário.

As normas de competência que são determinadas pelo critério funcional apresentam uma característica que facilita sua identificação dentre as diversas outras regras de competência: *todas elas se relacionam à continuação do exercício da função jurisdicional, já anteriormente retirada da inércia por uma das partes.*

Essa característica se revela tanto quando (i) a *função* responsável pela determinação da competência é exercida como um desdobramento da relação processual (*competência funcional interna*), quanto (ii) nas hipóteses em que haja duas relações processuais distintas, mas que possuem, entre si, uma relação de acessoriedade ou conexidade (*competência funcional externa*).

Além disso, há competência funcional tanto nas hipóteses em que o responsável por continuar o exercício da jurisdição é um órgão de hierarquia superior (competência funcional hierárquica ou vertical), quando nas hipóteses em que a competência funcional é do próprio juízo (competência funcional horizontal).

A competência recursal representa o caso mais famoso de competência funcional *interna* e *vertical*. Todas as competências recursais são criadas pelo critério funcional, pois se escolhe qual órgão componente do Judiciário será o responsável para exercer a função de julgar o recurso, dando continuidade à relação jurídica processual iniciada com o ajuizamento da demanda. O mesmo se dá, hoje em dia, com relação à competência para o processamento e julgamento das medidas cautelares e antecipatórias incidentes e da execução ou cumprimento das decisões judiciais, que é *interna*, mas *horizontal*.

Também quando há conexidade ou mesmo afinidade entre demandas, ou seja, quando existe identidade parcial (semelhança) entre elas, o legislador pode determinar, por meio do critério *funcional*, a competência do mesmo órgão para julgá-las.

Um último tema interessante acerca da competência funcional relaciona-se a um entendimento de Chiovenda, que é adotado por alguns doutrinadores nacionais:[15] o de que alguns casos de competência territorial deveriam ser classificados como de competência funcional.

São as hipóteses em que a competência territorial é absoluta, ou seja, não pode ser modificada por vontade das partes ou por outra forma permitida em lei. Como será demonstrado a seguir, em regra, as normas de competência territorial admitem a sua desconsideração, sem que deste fato decorra qualquer nulidade.

Em resumo, para quem segue Chiovenda, naquelas situações em que a competência territorial for absoluta (não admitindo a sua desconsideração), ter-se-á, em verdade, competência funcional. Dois exemplos disso se encontram no art. 47 do CPC e no art. 2º da Lei 7.347/1985 (Lei de Ação Civil Pública).

Esse raciocínio é teoricamente falho, como bem expõe Barbosa Moreira, pois foge totalmente às características da competência funcional, que, como foi dito, "entra em jogo *depois* da propositura, *no curso* do processo, à medida que neste se exercitem atribuições diferentes, as quais podem ser conferidas a órgãos também diferentes".[16]

Por essa razão, no corpo deste trabalho, os casos de competência territorial absoluta serão tratados como sendo de competência territorial e não funcional.

7. NATUREZA E REGIME JURÍDICO DOS CRITÉRIOS DETERMINANTES DA COMPETÊNCIA

Já se disse da importância de se identificar os critérios que o legislador utiliza para criar as normas que distribuem competência (material, pessoal, territorial, valor da causa e funcional), pelo fato de que possuem, entre si, marcantes diferenças.

Ao se tecer esse comentário, pensava-se justamente no tema que será objeto de análise no momento: *a natureza e o regime jurídico dos critérios de competência.*

Como afirma Bruno Silveira de Oliveira, em excelente monografia,[17]

> as normas de determinação de competência, isto é, aquelas que delineiam as competências abstratas dos vários órgãos jurisdicionais, não possuem, todas, a mesma força.

---

15. Vide por todos SANTOS, Moacyr Amaral. *Primeiras linhas de direito processual civil*, v. 1. 23 ed. São Paulo: Saraiva, 2004.
16. BARBOSA MOREIRA, José Carlos. *A expressão "competência funcional" no art. 2º da Lei de Ação Civil Pública.* In: *A ação civil pública após 20 anos: efetividade e desafios*. Edis Milaré (coord.). São Paulo: RT, 2005, p. 247 e ss.
17. OLIVEIRA, Bruno Silveira de. *Conexidade e efetividade processual*. São Paulo: RT, 2007.

O processualista capixaba assim se expressa pelo fato de que, dentre os cinco critérios de determinação de competência estudados, alguns deles externalizam o interesse público no exercício da jurisdição e, por isso, as normas que os adotam não podem ter sua incidência negligenciada pelas partes e pelo juiz, ao passo que outros são fundados no interesse privado, das partes, e as normas que os adotam podem ser desconsideradas, por permissão legal.

Uns, portanto, são considerados *absolutos*; outros, *relativos*. Percebe-se, pois, que apresentam *natureza* diversa, o que acarreta *regime jurídico* diferente. As normas de competência absoluta (que adotam os critérios de divisão de competência fundados no interesse público) podem ser consideradas *indisponíveis*, ao passo que aquelas de competência relativa (que adotam os critérios de distribuição de competência fundados no interesse privado) podem ser classificadas como *disponíveis*.

Estabelece-se, por fim, a dicotomia (i) *competência absoluta* e (ii) *competência relativa*. As regras de competência absoluta são criadas tendo-se em mira, de modo imediato, o interesse público na distribuição da atividade jurisdicional. Já os fundamentos das normas de competência relativa são a comodidade das partes e a facilidade de acesso ao Judiciário e às provas.

São critérios que sempre se caracterizam como de competência absoluta:

a) material;

b) pessoal;

c) funcional.

São critérios relativos, *em regra*:

a) territorial;

b) valor da causa.

Diz-se que, *em regra*, a competência territorial e a definida pelo valor da causa são relativas, pois a lei, em casos específicos, pode lhes conferir regime absoluto. No caso da competência territorial, são exemplos disso a norma do art. 47, § 1º do CPC; a do art. 2º da Lei 7.347/1985; a do art. 147, I do ECA.[18] No caso da competência pelo valor da causa, o que estabelece o art. 3º, § 3º da Lei 10.259/2001 (que trata da competência das varas dos Juizados Especiais Federais).

A classificação da competência como absoluta ou relativa importa severas diferenças em seu regime jurídico, que se relacionam desde ao modo de alegação do vício, até à possibilidade de que ele deixe de existir.

Para demonstrar essas discrepâncias, segue quadro comparativo:

18. Sobre a norma de competência do art. 147, I do ECA, vide a súmula 383 do STJ: "*A competência para processar e julgar as ações conexas de interesse de menor é, em princípio, do foro do domicílio do detentor de sua guarda*".

NATUREZA DAS NORMAS DE COMPETÊNCIA E REGIME JURÍDICO

Competência Absoluta	Competência Relativa
Fundada em interesse público	Fundada em interesse privado
Adota os critérios material, pessoal e funcional Como exceção, os critérios territorial e valor da causa	Adota os critérios territorial e valor da causa, salvo exceções
Cognoscível de ofício	Cognoscível mediante alegação da parte, salvo exceção do art. 63, § 3º do CPC, hipótese em que é cognoscível de ofício
Cognoscível a qualquer tempo e grau de jurisdição O réu pode alegar a incompetência absoluta a qualquer tempo. A primeira oportunidade para fazê-lo costuma ser a contestação	Deve ser alegada na contestação, sob pena de sanar-se o vício (prorrogação tácita de competência)
Incabível a eleição de foro	As partes podem afastar a incidência de regra de competência relativa por meio de cláusula de eleição de foro (prorrogação expressa de competência)
A reunião de demandas conexas, continentes ou afins não pode trazer como efeito uma incompetência absoluta	A reunião de demandas conexas, continentes e afins tolera como efeito que surja uma incompetência relativa (prorrogação de competência por força legal)
Uma vez transitado em julgado o processo, pode ser fundamento (causa de pedir) de ação rescisória.	Não pode ser causa de pedir de ação rescisória pois, não alegada na contestação, a incompetência relativa deixa de existir
Pressuposto processual de validade	Pressuposto processual de validade

É importante lembrar que, uma vez concretizada a competência em determinado órgão do Judiciário, diversos critérios de determinação de competência podem ter sido empregados, como, por exemplo, o territorial e o material (seja porque certa norma de competência emprega mais de um critério em sua formulação, seja porque a competência tenha se fixado pelo emprego de mais de uma norma de competência).

Caso tenha havido erro no emprego de qualquer desses critérios, é imprescindível que se identifique em qual deles aconteceu, e que se perquira a sua natureza – absoluta ou relativa –, para que se saiba como agir em relação ao vício, o que, como visto, será diferente se o caso for de incompetência absoluta ou relativa.

8. PERPETUAÇÃO DA JURISDIÇÃO (*PERPETUATIO IURISDICTIONIS*)

No item 11 deste capítulo, apresentarei a você, caro leitor, um método cuja finalidade é definir, diante de uma situação concreta, qual o órgão competente para processar e julgar certa causa.

Antes disso, no entanto, algumas definições são extremamente necessárias. Uma delas atende pelo nome de *perpetuatio iurisdictionis*.

O nome é pomposo, reconheço. A ideia por trás dele, no entanto, é simples. Vamos a ela. Quando uma pessoa ou ente resolve ajuizar uma ação, um dos primeiros pontos que precisa definir é qual o juízo (órgão jurisdicional) competente.

Tal definição passa pela aplicação, ao caso concreto, de normas de competência. Ocorre que muitas dessas normas possuem como suporte fático elementos e situações captadas no mundo do ser. Quer ver? Onde o autor ou o réu têm domicílio; qual o cargo público exercido por eles (ex.: o réu é um deputado federal); onde ocorreu um acidente; quantas varas possui certa comarca (ex.: é uma comarca de vara única).

Vários dos suportes fáticos acima identificados – a título de exemplo – são passíveis de mudança ao longo do tempo. É possível, por exemplo, que ao início do processo o réu resida em Recife e, na época em que o magistrado for prolatar a sentença, tenha se mudado para João Pessoa. É possível que a comarca de vara única seja expandida, com a instalação de uma nova vara. A parte que, ao início do processo, exercia mandato de deputado federal pode não ter conseguido a reeleição.

Em todos os casos acima, uma dúvida surge: a alteração do elemento fático que, à época da propositura da demanda (quando a ação foi dirigida ao Poder Judiciário), foi utilizado como critério para a definição do órgão competente, importa ou não em alteração da competência previamente fixada?

A resposta ao questionamento acima feito se encontra no art. 43 do CPC, que define:

> Art. 43. Determina-se a competência no momento do registro ou da distribuição da petição inicial, sendo irrelevantes as modificações do estado de fato ou de direito ocorridas posteriormente, salvo quando suprimirem órgão judiciário ou alterarem a competência absoluta.

Dessa forma, é no momento em que se apresenta a demanda ao Poder Judiciário que devem ser observadas e consideradas todas as variáveis que compõem a determinação do órgão competente para o caso. Chama-se *perpetuatio iurisdictionis* a determinação da competência em um caso concreto.

Posteriores alterações nessas variáveis (domicílio das partes, criação de vara especializada em um ramo do direito material, que antes inexistia na comarca) somente importarão modificação do órgão competente se a mudança gerar incompetência absoluta (*em regra*, incompetência atinente aos critérios material, pessoal e funcional). Caso assim ocorra, será necessário redistribuir o processo, visto que o juízo originário se tornou incompetente.

Atualmente, trata-se de uma situação muito comum em sede processual penal, como temos acompanhado com frequência no noticiário. Pense no seguinte exemplo: se uma ação penal que discuta a prática de um crime comum (furto, por exemplo) for ajuizada em face de pessoa que, no momento da propositura da ação, exerça o cargo de deputado federal, competente para processá-la e julgá-la será o STF, nos termos do art. 102, I, "b" da CF, artigo de lei que adota os critérios material e pessoal para construir a norma de competência utilizada.

Todavia, é muito comum que o processo se estenda e que, no meio dele, o réu/deputado não se reeleja. Nessa hipótese, como agir? O processo é mantido no STF, que deverá julgá-lo até o fim ou, diante da alteração do elemento fático considerado na propositura da demanda, deve-se redistribuir o processo?

No caso em tela, a perda do mandato influiu em *critério de competência pessoal*, visto que ao STF se atribui julgar, pela prática de crimes comuns, *deputados federais*. Como o critério pessoal é absoluto, verifica-se uma incompetência absoluta *superveniente* que, nos termos do art. 43 do CPC, deve trazer como consequência a redistribuição do processo.

Se a mudança superveniente dos elementos fáticos utilizados para determinar a competência no momento da propositura influísse, tão somente, em critério de competência relativo, não ocorreria a distribuição, mantendo-se o processo para onde fora originariamente destinado.

Pense em hipótese na qual uma demanda foi remetida para a comarca de Maceió, pelo fato de lá ser o domicílio do réu (aplicação do art. 46 do CPC). Caso, no curso do processo, o réu se mudasse para Natal, essa alteração, por influir tão somente em regra de competência relativa (territorial), não teria o condão de trazer como efeito a redistribuição do processo, que deveria ser mantido, processado e julgado em Maceió.

Com o advento da Emenda Constitucional 45/04, surgiu um caso prático que se enquadra perfeitamente nas exceções à regra da perpetuação da jurisdição (*perpetuatio iurisdictionis*) e que merece ser referenciado, devido à amplitude de problemas que gerou e à solução que a eles o Supremo Tribunal Federal e o Superior Tribunal de Justiça conferiram.

A citada emenda constitucional alterou a competência material da Justiça do Trabalho, ao determinar que as demandas indenizatórias, por dano moral e material, advindas de acidente de trabalho, deixassem de ser processadas pela Justiça Comum Estadual e passassem a ser incumbência desta justiça especial.[19]

Sabendo-se dessa alteração, os vários órgãos componentes das diversas Justiças Estaduais, ante os quais tramitavam demandas indenizatórias em face do empregador, originadas de acidente de trabalho, remeteram os processos à Justiça do Trabalho.

A Justiça do Trabalho recebeu um número deveras acentuado de demandas dessa natureza, tanto as que ainda tramitavam na primeira instância quanto as que já se encontravam em grau de recurso (apelação) nos tribunais de justiça. Em muitas situações tais processos não foram aceitos, surgindo conflitos negativos de competência, ou seja, a rejeição de dois órgãos jurisdicionais, que entenderam não ser os competentes para analisar o caso.

A fim de resolver essas questões, que se avolumaram após o advento da EC 45/04, o Supremo Tribunal Federal e o Superior Tribunal de Justiça, após certa vacilação, formularam solução totalmente afinada com o art. 43 do CPC, no seguinte sentido:

19. CF/88, art. 114. Compete à Justiça do Trabalho processar e julgar: VI – as ações de indenização por dano moral e patrimonial, decorrentes da relação de trabalho.

a) se antes da vigência da EC 45/04 o processo pendente de indenização por acidente de trabalho já tivesse sido sentenciado, permaneceria na Justiça Estadual;

b) se até esse marco temporal não houvesse sentença prolatada, remeter-se-ia o processo para a Justiça do Trabalho.[20]

Nesse sentido transcreve-se clara ementa da lavra do Ministro Eros Grau:

> 1. O Plenário do Supremo Tribunal Federal, ao julgar o CC nº 7.204, Relator o Ministro Carlos Britto, DJ de 9.12.05, decidiu que a competência para processar e julgar ação de indenização por danos morais e patrimoniais decorrentes de acidente de trabalho é da Justiça do Trabalho. 2. As ações que tramitam perante a Justiça comum dos estados, com sentença de mérito anterior à promulgação da EC 45/04, lá continuam até o trânsito em julgado e correspondente execução.[21]

No âmbito do STJ, essencial mencionar a súmula 367: "*A competência estabelecida pela EC n. 45/2004 não alcança os processos já sentenciados*".

O acerto da decisão se encontra no seguinte ponto: a EC 45/04 alterou normas de competência regidas pelo critério *material*. O que ela gerou foi, portanto, a incompetência *material* superveniente da Justiça Estadual.

No entanto, naquelas situações em que a sentença já havia sido prolatada pelo Judiciário Estadual antes da vigência da EC 45/04, o único desdobramento possível do processo seria a interposição de apelação, cujo critério de competência é *funcional*, não tendo sido afetado pela mudança legislativa em foco. Por isso que processos já sentenciados antes da EC 45/04 não deveriam ser redistribuídos. As novas regras de competência não os afetavam.

9. PREVENÇÃO

Apresentada a demanda ao Poder Judiciário, com base nas variáveis de fato e de direito existentes no momento – conforme ordena o art. 43 do CPC –, deve-se aferir por quais modos o processo pode ser atribuído a um específico órgão jurisdicional.

Conforme dispõe o art. 284 do Código de Processo Civil, duas são as formas: o (i) *registro direto*, nas comarcas em que haja um só juízo (vara), mediante a anotação do processo no livro de controle pertinente; e a (ii) *distribuição*, nas comarcas em que haja mais de um juízo com competência concorrente.

A *distribuição*, que é o modo mais corriqueiro de atribuição de processos a um órgão jurisdicional, pode se dar de duas formas: (i) por *equanimidade*, ou seja, de forma igualitária entre os órgãos de mesma competência em abstrato; ou (ii) por

20. O precedente que firmou esse entendimento, no Supremo Tribunal Federal, foi o CC 7204, Rel. Min. Carlos Britto, DJ 09/12/05.

21. RE-AGr 465808/SP, Rel. Min. Eros Grau, Segunda Turma, DJ 07/12/06. Vide, no STJ, no mesmo sentido: REsp 888.997/GO, Rel. Ministro Jorge Scartezzini, Quarta Turma, julgado em 07/11/06, DJ 11/12/06, p. 392.

dependência, quando a semelhança entre demandas (conexão ou continência) faz com que elas sejam distribuídas para uma mesma vara.

Interessa, no momento, tratar da distribuição por dependência e, principalmente, da sua não realização nas hipóteses em que deveria ter sido operada.

Quando o art. 286, I do Código de Processo Civil estabelece que demandas conexas ou continentes, ou seja, que possuem entre si certa semelhança, aferida por meio da análise dos elementos da ação (causa de pedir ou pedido), devem ser julgadas em conjunto, cria uma regra de distribuição que dá rendimento ao princípio da economia processual e que tem por fito evitar decisões contraditórias na prática. Pensa, enfim, em segurança jurídica.

Ocorre que, por diversos fatores, pode ser que tal regra seja desrespeitada e que, por isso, as demandas conexas, semelhantes, sejam distribuídas para órgãos jurisdicionais distintos.

No caso em tela, é de se perguntar se o sistema processual estabelece alguma técnica voltada a resolver esse problema, reagrupando as demandas que deveriam, desde o princípio, ter sido remetidas para a mesma vara.

A resposta é positiva. Trata-se do instituto da *prevenção*.

Mas o que significa *prevenção*?

É o fato processual de um juízo ter tido um especial contato com um processo antes de que outro juízo tenha tido contato com outro processo, conexo, continente, afim ou litispendente, sendo que esse contato faz com que a lei garanta a ele (juízo) a precedência sobre qualquer outro órgão jurisdicional, o que pode acarretar, basicamente, dois efeitos:

a) a competência para a análise de demandas conexas, continentes e afins sobre ele recairá (para ele poderão ser reunidas demandas conexas, continentes ou afins distribuídas para diferentes órgãos jurisdicionais);[22]

b) caso tramitem, diante de juízos distintos, demandas idênticas (litispendentes), a que corre diante do juiz prevento será mantida; a outra extinta sem resolução de mérito.

A prevenção de um juízo se estabelece nos termos do art. 59 do CPC: "*O registro ou a distribuição da petição inicial torna prevento o juízo*". Isso significa que:

a) nas comarcas em que haja vara única, a avaliação acerca da existência de prevenção ou não – em comparação com outro juízo – utilizará como marco temporal a data e a hora em que a recepção da petição inicial for anotada no livro de controle pertinente da própria vara;

22. Quanto às demandas continentes, um importante detalhe: se a demanda mais ampla (continente) tiver sido proposta diante do juízo prevento, a demanda contida deverá ser extinta sem resolução de mérito. A reunião somente se operará se a demanda contida estiver em trâmite no juízo prevento (art. 57 do CPC).

b) nas comarcas em que haja mais de uma vara, haverá a distribuição, ou seja, o ato processual de se dividir os processos entre os órgãos jurisdicionais da comarca, realizado primordialmente por meio eletrônico, a fim de se garantir o respeito aos princípios da isonomia e do juiz natural.

Definido o juízo prevento, por meio do emprego da regra (a) ou da regra (b), de acordo com a hipótese, tem-se como resolver a questão da reunião das demandas conexas, que serão remetidas para o prevento, modificando-se, pois, a competência de uma delas.

10. AS MODIFICAÇÕES DA COMPETÊNCIA (PRORROGAÇÃO DA COMPETÊNCIA)

Uma vez diferenciadas a competência absoluta e a relativa, pode-se passar ao estudo de um tema diretamente relacionado à última, que é o das modificações de competência.

As regras de competência relativa são disponíveis e, portanto, podem ser flexibilizadas pelas partes e pelo próprio juiz, que dispõem de meios, admitidos pelas normas processuais, para determinar a competência de forma diversa daquela que foi primariamente moldada pelo legislador.

Chama-se *prorrogação de competência* a expansão da competência de certo órgão jurisdicional. São três as formas de modificação ou prorrogação da competência relativa: a (i) *prorrogação por vontade legal*; a (ii) *prorrogação por vontade tácita*; e a (iii) *prorrogação por vontade expressa*.

Em todos esses casos, o órgão jurisdicional terá sua competência ampliada, estendida, variando tão somente as razões que levam a esse efeito.

10.1. Prorrogação por vontade legal

A prorrogação por vontade legal se dá nas hipóteses em que há, pelo menos, duas demandas conexas, continentes[23] ou afins, que tramitam simultaneamente em órgãos jurisdicionais distintos, e que podem ser reunidas para que sejam processadas e julgadas em conjunto, garantindo-se economia processual e evitando-se decisões contraditórias.

Ao modificar-se a competência anteriormente firmada, pela reunião de duas demandas ante o juízo prevento, flagrantemente altera-se, prorroga-se o exercício da atividade jurisdicional de um dos órgãos judicantes, enquanto cessa o exercício da jurisdição por parte do outro órgão.

23. Lembre-se: como visto na nota de rodapé anterior, nem sempre haverá reunião das demandas continentes. É possível que a solução prevista pelo sistema seja a extinção de uma delas.

Para que se modifique a competência previamente fixada, por conexão, continência ou afinidade, por meio da reunião das demandas assemelhadas ante o mesmo órgão jurisdicional (prevento), premissa essencial é a de que a competência alterada seja *relativa*, que permite tais mudanças, o que é vedado quando se trata de competência *absoluta*.

A conexão, a continência e a afinidade designam espécies de semelhança entre duas demandas que, embora não sejam idênticas, apresentam pontos em comum, referentes aos elementos da ação, tal como estudados no Capítulo 5 da obra, ao qual remeto o prezado leitor.

Questão importantíssima é a de verificar se a reunião de demandas por conexão é uma faculdade (*poder discricionário*) do juiz ou um dever, advindo de regra cogente, que, se descumprida, gera nulidade absoluta.

Ao verificar-se o parecer da doutrina e da jurisprudência sobre o tema, percebe-se que há enorme dissenso e dúvida, visto que se defendem ambas as opiniões.

Patrícia Miranda Pizzol, especialista no tema da competência, que foi objeto de sua tese de doutoramento, faz um preciso resumo da controvérsia acerca do dever de reunião, ou de sua mera possibilidade, que se transcreve:

> Defendendo a natureza cogente da norma encontram-se, entre outros, Nelson Nery Júnior, Rosa Maria de Andrade Nery, *Código de Processo Civil comentado e legislação processual civil extravagante em vigor*, pp. 579-581; Sérgio Bermudes, *Introdução ao processo civil*, p. 66; Celso Agrícola Barbi, *Comentários ao Código de Processo Civil*, v. 1, p. 349; Olavo de Oliveira Neto, *Conexão por prejudicialidade*, pp. 69-70 (...) Em sentido contrário, sustentando ser a reunião uma faculdade do julgador, confira-se José Manuel de Arruda Alvim Netto, *Manual de direito processual civil*, v. 1, pp. 305-306; Vicente Greco Filho, *Direito processual civil*, v. 1, p. 210; Humberto Theodoro Júnior, *Código de Processo Civil e legislação complementar*, v. 1, pp. 181-182; Athos Gusmão Carneiro, *Jurisdição e competência*, p. 72.[24]

O Superior Tribunal de Justiça enfrenta, com frequência, problemas dessa natureza, constando de seus arquivos diversas manifestações relacionadas ao tema.

A primeira delas, cuja menção é necessária, diz respeito à reunião por conexão, quando uma das demandas conexas já tenha sido julgada. Diz a Súmula 235:

> **235.** A conexão não determina a reunião dos processos, se um deles já foi julgado.

A reunião por conexão, após o julgamento de uma das demandas, geraria um vício de incompetência absoluta, devido à supressão de instância que ocorreria, já que a demanda ainda não julgada em primeiro grau passaria a ser analisada pelo juízo recursal, competente para rever a decisão já proferida no outro processo.[25]

---

24. PIZZOL, Patrícia Miranda. *Código de processo civil interpretado*. In: MARCATO, Antônio Carlos (coord.). São Paulo: Atlas, 2004, p. 300.

25. Uma dúvida interessante que pode ser posta, e que poderia elidir o vício de incompetência apontado, é a seguinte: caso a demanda que ainda não tenha sido julgada tenha condições de julgamento, poderia ser realizada a reunião preconizada, aplicando-se a regra do art. 515, § 3º, por questão de economia processual?

O entendimento firmado pela Súmula 235 do STJ dá uma clara ideia da solução que se deve adotar caso não se reúnam as demandas conexas: não há vício de incompetência. Explica-se: quando o STJ diz que o julgamento de uma das demandas impede a reunião dos processos, está querendo salientar, também, que não existe vício de incompetência absoluta caso não se dê a reunião.

Patrícia Pizzol afirma que o STJ adota o entendimento majoritário de que a reunião é uma atividade discricionária do juiz.[26] A análise da jurisprudência majoritária do Pretório Superior demonstra o emprego dessa terminologia. Logo abaixo, estão transcritos precedentes mais antigos, produzidos quanto ainda vigente o CPC/73, mas cujo conteúdo se mantém válido até os dias de hoje:[27]

> O art. 105 do estatuto processual civil deixa ao juiz certa margem de discricionariedade na avaliação da intensidade da conexão, na gravidade resultante da contradição de julgados e, até, na determinação da reunião dos processos. Daí admitir-se a reunião, para julgamento simultâneo, de ação de rescisão contratual e cautelar de sustação de protesto, antecipatória de ação anulatória, na hipótese de as questões veiculadas nas demandas terem origem nos mesmos títulos cambiais.
>
> (AgRg no Ag 458.678/PR, Rel. Ministro Castro Filho, Terceira Turma, DJ 07/06/04)

> Conexas as causas, é recomendável, em linha de princípio, a sua reunião para julgamento conjunto, competindo ao prudente arbítrio do juiz aferir a sua conveniência.
>
> (AgRg no AgRg no Ag 446.831/SP, Rel. Min. Sálvio De Figueiredo Teixeira, Quarta Turma, DJ 19/12/02)

> A reunião de ações conexas, a serem decididas em conjunto, é facultada ao juiz e não imposta pelo art. 105 do CPC/73, e obedece a exigências de ordem pública e particular. A primeira, a fim de evitar sentenças contraditórias e, a segunda, visando aos princípios da celeridade e da economia.
>
> O julgador dispõe de discricionariedade para avaliar a intensidade da conexão entre as ações e julgar uma independente das outras, sem que isto advenha em prejuízo, tanto mais quando, como reconhecido no acórdão impugnado, as pretensões deduzidas nas ações não são absolutamente idênticas.
>
> (REsp 112.647/RJ, Rel. Min. Peçanha Martins, Segunda Turma, DJ 22/03/99)

---

26. "A maior parte das decisões do STJ parece ser no sentido de reconhecer certa liberdade ao juiz para decidir sobre a reunião ou não dos processos". *Código de processo civil interpretado.* São Paulo: Atlas, 2004, p. 300. Nesse sentido, AgRg no Ag 1150570/RJ, Rel. Ministra Laurita Vaz; EDcl no CC 27528/RJ, REsp 404.624/PE, Rel. Min. Garcia Vieira; REsp 248312/RS, Rel. Min. Aldir Passarinho Jr; AgRg no Ag 440253/BA, Rel. Min. Antônio de Pádua Ribeiro; Resp 5270/SP, Rel. Min. Sálvio de Figueiredo Teixeira; Rel 193766/SP, Rel. Min. Ruy Rosado de Aguiar.
27. No sentido do texto, afirmando que a reunião por conexão é uma possibilidade, e não dever: REsp 760.383/RJ, Rel. Ministro Arnaldo Esteves Lima, Quinta Turma, julgado em 26/09/06, DJ 16/10/06, p. 420; REsp 722.303/RS, Rel. Ministro Luiz Fux, Primeira Turma, julgado em 15/08/2006, DJ 31/08/06, p. 216; REsp 708.403/RS, Rel. Ministro Luiz Fux, Primeira Turma, julgado em 06/12/05, DJ 13/02/06, p. 691; REsp 501.769/RS, Rel. Ministra Eliana Calmon, Segunda Turma, julgado em 18/11/03, DJ 15/12/03, p. 265. Em sentido contrário: REsp 450443 / RS e CC 38.973/ SP, Rel. Ministro Luiz Fux.

Em sentido contrário, acórdão da lavra do Ministro Teori Albino Zavascki:

> É certo, portanto, que entre ação de execução e outra ação que se oponha ou possa comprometer os atos executivos, há evidente laço de conexão (CPC, art. 103), a determinar, em nome da segurança jurídica e da economia processual, a reunião dos processos, prorrogando-se a competência do juiz que despachou em primeiro lugar (CPC, art. 106). Cumpre a ele, se for o caso, dar à ação declaratória ou anulatória anterior o tratamento que daria à ação de embargos com idêntica causa de pedir e pedido, inclusive, se garantido o juízo, com a suspensão da execução.
>
> (REsp 557080/DF, Rel. Ministro Teori Albino Zavascki, Primeira Turma, DJ 07/03/05)

Após analisar o conjunto jurisprudencial coligido, percebe-se que a discrepância que se busca firmar entre a ideia de que a reunião é uma (i) *atividade discricionária* ou um (ii) *dever* é menor do que, a princípio, aparenta.[28]

Aqueles que empregam a terminologia *atividade discricionária*, ou qualquer outra correlata, o fazem com o intuito de demonstrar que, ao decidir sobre a reunião dos processos, o magistrado deve considerar outros fatores além dos requisitos ordinariamente identificados para a reunião, que são a conexão, a continência, a afinidade e a competência relativa (ou seja, a reunião de processos não deve acarretar, como efeito, um vício de incompetência absoluta).[29]

Tais fatores seriam, por exemplo, o momento em que cada um dos processos se encontra, a economia que a reunião pode gerar ou o dispêndio desnecessário de atividade jurisdicional. Pesados todos esses elementos, deve-se decidir pela reunião ou pela manutenção do estado anterior. O magistrado teria, portanto, uma maior margem de manobra, embora somente pudesse proferir duas decisões, uma acertada e outra errônea: reunir ou não.

Dessa forma, vê-se que não haveria verdadeira discricionariedade, ou seja, duas decisões corretas possíveis. Há, sim, um dever de apreciar um maior número de elementos na hora de decidir pela reunião ou não. Em suma, a reunião de demandas conexas, continentes (quando a solução não seja a extinção de uma delas) e afins estaria coligada a um número maior de fatores do que aqueles a princípio observados na lei processual.

10.2. Prorrogação por vontade tácita

A prorrogação tácita da competência se dá nos casos em que o réu ou outro legitimado – o Ministério Público, ao atuar como *custos legis*, o assistente simples do réu, etc. – não alega, no prazo de contestação, a incompetência relativa.

O órgão jurisdicional, antes relativamente incompetente, passa a ser competente, visto que não se impugnou a incorreta designação do órgão jurisdicional – em seus aspectos relativos – feita pelo autor.

28. OLIVEIRA, Bruno Silveira de. *Conexidade e efetividade processual (conceito e efeitos da conexidade a serviço dos escopos do processo)*. Vitória: FDV, 2006, pp. 145-151.
29. O órgão jurisdicional para o qual se pretenda reunir as demandas conexas não pode ser absolutamente incompetente para processar e julgar uma delas.

A prorrogação tácita é, portanto, a consequência da inação daqueles que deveriam ter alegado, no prazo legal, a incompetência relativa. Como não o fizeram, o órgão relativamente incompetente passa a ser competente, exterminando-se o vício que existia (art. 65 do CPC).

10.3. Prorrogação por vontade expressa

As partes, mediante expressa manifestação de sua vontade (por meio de negócio jurídico processual), podem alterar, em abstrato, ou seja, antes do ajuizamento de uma demanda em especial, as regras de competência relativa referentes a futuras demandas que possam vir a ser propostas.

Trata-se da *eleição de foro*, que se passa a explicar:

Ao firmarem um contrato escrito, os contraentes podem estipular qual foro (competência territorial) será o competente para resolver qualquer conflito que decorra daquela relação jurídica de direito material que ali se estabelece.

Isso é possível porque a competência territorial para a discussão de direitos pessoais (obrigacionais) e direitos reais sobre bens móveis é, em regra, relativa. O negócio jurídico processual de eleição de foro é firmado por meio de cláusula contratual, inserida em contrato escrito, que se denomina "cláusula de eleição de foro", que, portanto, afasta a incidência das regras de competência territorial do CPC e se aplica ao caso concreto, vinculando as partes, nos termos do que estabelecem os arts. 62 e 63:

> Art. 62. A competência determinada em razão da matéria, da pessoa ou da função é inderrogável por convenção das partes.
>
> Art. 63. As partes podem modificar a competência em razão do valor e do território, elegendo foro onde será proposta ação oriunda de direitos e obrigações.
>
> § 1º A eleição de foro só produz efeito quando constar de instrumento escrito e aludir expressamente a determinado negócio jurídico.
>
> § 2º O foro contratual obriga os herdeiros e sucessores das partes.
>
> § 3º Antes da citação, a cláusula de eleição de foro, se abusiva, pode ser reputada ineficaz de ofício pelo juiz, que determinará a remessa dos autos ao juízo do foro de domicílio do réu.
>
> § 4º Citado, incumbe ao réu alegar a abusividade da cláusula de eleição de foro na contestação, sob pena de preclusão.

Uma questão que frequentemente é abordada na prática forense refere-se à nulidade da cláusula de eleição de foro, pelo fato de que, uma vez reconhecida, faz com que se restabeleça a força normativa das regras de competência consagradas no Código de Processo Civil.

A nulidade desta cláusula pode se configurar caso a estipulação que contenha dificulte o acesso à justiça e o contraditório, tornando árida a participação na dialética do processo.

A pergunta mais importante que se deve fazer a respeito da nulidade da cláusula de eleição de foro é a seguinte: pode ela ser conhecida de ofício, ou necessita de alegação por parte do interessado? À luz do CPC/73 havia grande dúvida sobre o ponto, sanada pelo CPC vigente, que a responde nos §§ 3º e 4º do art. 63.

11. MÉTODO PARA A DEFINIÇÃO DO ÓRGÃO COMPETENTE

Após estudar, de modo estático, os critérios de competência, sua natureza e regime jurídico, a determinação e a concentração de competência, bem como as regras de sua modificação, resta realizar um estudo dinâmico de grande importância para o estudante e para o operador do direito: *de que modo é possível, em uma situação concreta, definir qual o órgão jurisdicional competente para o processamento e o julgamento de uma determinada demanda?*

Esse é um problema que aflige a todos e que gera muitos erros na prática forense. Por isso é importante deduzir um método que facilite a realização dessa empreitada.

Devido à clareza da exposição, empregar-se-á a construção didática de Bruno Silveira de Oliveira.[30]

O método que se demonstrará respeita a lógica de organização do Poder Judiciário nacional e determina a competência por exclusão, por meio da resposta a algumas perguntas.

Ante o caso concreto delineado, o primeiro questionamento que se faz é:

1. o julgamento da demanda incumbe a algum tribunal de superposição (STF ou STJ)?

A resposta deve advir da análise e comparação entre o problema da vida que se quer resolver e as normas dos arts. 102 e 105 da CF/88. Caso seja positiva, finda está a questão. Caso seja negativa, deve-se passar à etapa seguinte, que consiste na seguinte indagação:

2. de qual das Justiças é a competência para o julgamento da demanda: da comum (estadual ou federal) ou de alguma das especiais?

Nesse segundo instante, o operador do direito deve analisar, em primeiro lugar, se a causa incumbe a alguma das Justiças especiais (Justiça do Trabalho, Eleitoral e Militar), o que se dá mediante a análise dos art. 114 da CF/88 – Justiça do Trabalho –; do art. 124 da CF/88 – Justiça Militar –; e do Código Eleitoral. Caso a demanda não se enquadre em qualquer dessas esferas do Poder Judiciário, resta aferir em qual dos dois ramos da Justiça Comum – Federal e Estadual, se encaixa.

Como afirma Bruno Silveira, "definida a Justiça competente (comum estadual, comum federal, do trabalho, eleitoral ou militar), devemos indagar se a competên-

30. OLIVEIRA, Bruno Silveira de. *Conexidade e efetividade processual*. São Paulo: RT, 2007.

cia é originária de seus tribunais ou se toca aos órgãos de primeiro grau. Chegamos, assim, à terceira pergunta":[31]

3. no âmbito da Justiça competente, a competência é dos órgãos superiores (competência originária dos tribunais) ou dos órgãos inferiores (competência dos juízos singulares)?

Uma vez determinada a Justiça competente e seu órgão competente (superior ou inferior), resta saber em que lugar do território nacional deve ser a demanda proposta, visto que a Justiça do Trabalho, a Eleitoral, a Militar, a Federal e a Estadual possuem ramificações em todo o território brasileiro. Não basta saber que uma demanda é pertinente a uma delas se não se descobre em qual território deve-se ajuizá-la. Segue, portanto, o questionamento:

4. qual o foro competente para processar e julgar a demanda?

Dada essa definição, resta somente um passo para que se complete o *iter* de determinação da competência, que é saber para qual vara deverá ser remetido o processo, o que é problema que ocorre somente nas comarcas em que há mais de um juízo com competência específica para determinado ramo do direito material ou para algumas matérias inseridas no mesmo ramo.

Tem-se, por fim, a última indagação:

5. qual das varas especializadas será a competente?

Perceba, ao cabo dessas considerações, que daqueles cinco critérios de determinação de competência (material, pessoal, funcional, territorial e valor da causa), mais de um pode ter sido empregado na fixação do órgão competente, tanto porque uma das normas de competência utilizadas no caso concreto é composta por mais de um desses critérios, quanto porque a determinação da competência decorreu do uso de *mais de uma* norma de competência, o que permite que tenha havido erros relacionados a qualquer um deles.

Uma vez detectado qualquer problema, é importante que se verifique em relação a qual dos critérios ele ocorreu, pois, como já demonstrado, o regime jurídico deles pode ser diverso – *absoluto* ou *relativo* –, acarretando diferenças relacionadas ao tempo e modo de alegação, à forma de conhecimento judicial, etc.

Para demonstrar a forma de utilização do método que se descreveu, seguem dois casos práticos bastante corriqueiros.

caso 1: Raí, residente em Vitória, sofre acidente de trânsito em Guarapari, provocado por Jefferson, o que lhe gera prejuízos materiais em torno de R$ 20.000,00 (vinte mil reais). *Quem deve ser o órgão competente para processar e julgar essa demanda?*

31. OLIVEIRA, Bruno Silveira de. *Conexidade e efetividade processual (conceito e efeitos da conexidade a serviço dos escopos do processo)*. Vitória: FDV, 2006, p. 156.

Seguindo o roteiro proposto, deve-se perquirir se o caso não se enquadra em competência do STF e do STJ, o que fica claro pela leitura dos arts. 102 e 105 da CF/88. Afastada a competência dos tribunais de superposição, passa-se a questionar qual das Justiças é a competente.

No caso em tela, não existe nenhum vínculo de trabalho em discussão, bem como problema eleitoral ou militar. Afastadas as Justiças Especiais, sobram os dois ramos da Justiça Comum, o Federal e o Estadual. Como nenhuma das partes possui prerrogativa de foro na primeira, por exclusão, competente é a Justiça Estadual.

Observando-se a Constituição do estado do Espírito Santo, bem como o Regimento Interno do Tribunal de Justiça, percebe-se que a causa não se situa nas competências do órgão superior, restando, pois, os juízos inferiores, das comarcas.

Analisando-se a demanda à luz das regras de competência territorial do Código de Processo Civil, percebe-se que o art. 53, V, determina que nas ações de reparação do dano sofrido em razão de delito ou acidente de veículos, será competente o foro do domicílio do autor ou do local do fato.

Dessa forma, a demanda poderá ser ajuizada na comarca de Vitória ou de Guarapari (a primeira, o domicílio do autor; a segunda, o local onde ocorreu o acidente).

Falta uma última definição: em que vara ou juízo das comarcas de Vitória e de Guarapari? Em uma das varas cíveis, de acordo com a Lei de Organização Judiciária capixaba.

Pelo emprego do método proposto se obteve, com segurança, a determinação do órgão jurisdicional competente.

caso 2: Lucy é possuidora de uma área há vinte anos, no município de Vitória. Conforme se verifica no Registro Geral de Imóveis, o terreno está registrado em nome de Heleniza. A área se confronta com terreno de marinha. Pergunta-se: quem é o órgão jurisdicional competente para processar e julgar a demanda de usucapião que Lucy irá propor?

Em primeiro lugar, verifica-se se a lide descrita se enquadra em um dos casos de competência do STF e do STJ, o que não ocorre. Vencida a primeira etapa, tem-se claro que o conflito de direito material não se relaciona a direito trabalhista, militar ou eleitoral.

Afastados os órgãos de superposição (STF e STJ) e as Justiças Especiais, restam como possíveis destinatárias da demanda de usucapião as duas esferas da Justiça Comum, Federal e Estadual.

Como já ressaltado, a Justiça Comum Estadual apresenta competência residual, ou seja, a ela são atribuídas todas as demandas que não se enquadraram na competência dos demais ramos da Justiça Brasileira. Com base nessa premissa, deve-se verificar se a situação em epígrafe se encaixa na competência da Justiça Federal. Caso contrário, estará definida a competência para a Justiça Estadual.

À Justiça Federal, como regra, incumbem as demandas em que há interesse da União, evidenciado por sua participação em um dos polos da demanda, seja na condição de autora, ré, assistente, etc.

O conflito de direito material que envolve Lucy e Heleniza também engloba a União na condição de ré, visto que ela é confinante (vizinha) do terreno usucapiendo, ou seja, possui a propriedade de terreno que se confronta com aquela cujo domínio se disputa. Por conta dessa peculiar situação fática, a União deve ser integrada ao processo, como ré, em litisconsórcio necessário.

Sendo assim, tem-se a União como interessada no processo, o que atrai a competência para a Justiça Federal. Resta saber, ainda, se a demanda incumbe ao Tribunal Regional Federal ou às varas federais, bem como qual a dimensão territorial dessa competência. Pela análise do art. 108 da CF/88, vê-se que a causa não se afina às competências do TRF, restando, pois, competente, a Justiça Federal de 1º grau.

No caso em tela, como se discute direito real sobre bem imóvel, competente territorialmente é a comarca da situação da coisa (*forum rei sitae*), que é Vitória.

Após percorrer esse périplo, resta somente identificar qual das varas da Justiça Federal de Vitória será materialmente competente para julgar a demanda de usucapião. Como o assunto é cível, será uma das varas com essa competência.

Capítulo 7
PRESSUPOSTOS PROCESSUAIS E REQUISITOS DE VALIDADE DO PROCESSO

1. OS DIVERSOS CONCEITOS DE PROCESSO

Prezado leitor, já tivemos a oportunidade de conceituar processo no Capítulo 2 deste livro. Ocorre que já estamos no Capítulo 7 e, novamente, os conceitos atribuídos a ele, processo, se tornam muito importantes para realizarmos o estudo dos chamados *pressupostos processuais* e dos *requisitos de validade do processo*.

Por essa razão, optei por apresentá-los novamente a você, obviamente que por meio de um novo texto (e não pela mera repetição daquilo que escrevera anteriormente). Vamos, então, relembrar o que comentamos no Capítulo 2?

Processo é uma palavra *polissêmica*, ou seja, que admite vários significados a ela atribuídos. Como também é polissêmica a palavra *manga* (que pode significar uma fruta, a parte de uma camisa ou um município de Minas Gerais).

Por isso é essencial identificar os vários significados que apresenta. Logo abaixo, serão retratados os sentidos capturados pela *ciência jurídica*.

Entender o que é o *processo* é requisito fundamental para se compreender o tema objeto deste capítulo, qual seja, os *pressupostos processuais* e os *requisitos de validade do processo*.

1.1. Processo segundo a teoria da norma jurídica – processo como método de produção de normas jurídicas

Quando alguém me pergunta o que é o *processo*, a primeira resposta que vem à minha mente é: *trata-se do método de exercício da função jurisdicional*.

A atividade jurisdicional visa a:

a) reconhecer a existência ou a inexistência de fatos jurídicos ou, pelo menos, o seu modo de ser;

b) criar, modificar ou extinguir fatos jurídicos e as relações jurídicas deles decorrentes;

c) impor o cumprimento de obrigações, que são situações jurídicas que decorrem (são efeito ou desdobramento) de fatos jurídicos.

A atividade jurisdicional, portanto, produz *norma jurídica concreta* que sana as crises de direito acima listadas e que são tradicionalmente denominadas de:

a) *crise de certeza* – há dúvida se existe ou não certo fato jurídico ou, pelo menos, qual é o seu modo de ser (qual o tipo de fato jurídico que existe).

Há dois claros exemplos das situações narradas acima. A crise referente à *existência do fato jurídico* pode ser exemplificada quando a discussão se refere à identificação do fato jurídico paternidade. Afinal, José é ou não é pai de João?

Já a crise relacionada ao modo de ser do fato jurídico – também uma crise de certeza – pode ser exemplificada pela discussão entre duas partes acerca da natureza do negócio jurídico que as enlaça (se uma locação, negócio jurídico oneroso, ou um comodato, negócio jurídico gratuito, referente a um mesmo bem imóvel);

A crise de certeza é resolvida por meio da atividade jurisdicional *declaratória.*

b) *crise de situação jurídica* – no caso em tela, a discussão levada ao Estado-juiz se refere à *criação* de um fato jurídico que não existe; à *modificação* de um fato jurídico existente; à *extinção* de um fato jurídico existente.

A fim de facilitar sua visualização, vamos aos exemplos:

Criação de fato jurídico

Um jogador da Desportiva, 06 meses antes do fim de seu contrato de trabalho, assina um pré-contrato com o Fluminense. O pré-contrato se trata de negócio jurídico cuja eficácia é obrigar as partes a firmarem um certo tipo de contrato. No caso, um contrato de trabalho.

Ocorre que, dias antes da assinatura do contrato, o jogador descumpre o pré-contrato e assina com o Flamengo. Indignado, o Fluminense ajuíza demanda judicial na qual visa a impor ao jogador o dever de firmar o negócio jurídico acordado. Percebe-se, pois, que seu intento é *criar* um fato jurídico (o contrato de trabalho).

Modificação de fato jurídico

O pedido revisional de contrato de locação é um dos melhores exemplos de pretensão processual que visa à modificação de fato jurídico. Em épocas de crise econômica (como a que se instalou a partir do segundo governo de Dilma Roussef), trata-se de pretensão que costuma ser dirigida ao Poder Judiciário.

A Lei do Inquilinato – que regula as locações de imóveis urbanos – especifica que é possível buscar judicialmente a alteração do valor do aluguel quando este se torna muito mais oneroso do que a média do mercado (o que ocorre em situações nas quais o contrato foi formulado antes de uma grave crise econômica, que derruba os preços das locações), para contratos existentes há, pelo menos, 03 anos.

Logo, perceba que buscar o Estado-juiz para rever o valor do aluguel pago significa pretender *modificar* uma das eficácias do negócio jurídico de locação, qual seja, o valor da obrigação a ser paga pelo locatário.

Extinção de fato jurídico

Por fim, é possível buscar o Poder Judiciário para o fim de extinguir um fato jurídico. Basta pensar na hipótese de um negócio jurídico de compra e venda firmado por meio de coação. No caso, a coação macula o exercício da vontade, gerando a invalidade do contrato e a necessidade de rescindi-lo, ou seja, anulá-lo, desconstituí-lo.

A crise de situação jurídica é resolvida por meio da atividade jurisdicional *constitutiva* (positiva ou negativa).

c) a *crise de adimplemento* – a última das crises de direito a ser sanada pelo Estado-juiz é a de adimplemento, ou seja, pretende-se que o Poder Judiciário imponha o dever de cumprimento de uma obrigação (fase cognitiva do processo), bem como que a realize no plano dos fatos caso o obrigado, espontaneamente, não o faça (fase executiva do processo).

Em algumas situações expressamente definidas em lei, o Estado confere a atos jurídicos particulares eficácia jurídica análoga à da sentença condenatória (que impõe o cumprimento da obrigação), permitindo àquele que conste como credor na estrutura desse ato jurídico (ex.: um título de crédito como o cheque), que busque o Estado-juiz diretamente para dele obter o cumprimento forçado da obrigação, tornando desnecessário buscar a produção, pelo Poder Judiciário, da norma concreta que impõe o dever de cumprimento (essa norma já existe, está inscrita no título de crédito – no cheque, na duplicata, na promissória).

Para você que chegou até aqui, saiba de uma coisa: função tão importante como a jurisdicional precisa ser exercida de modo organizado. É essencial que se desenvolva por meio de um método que garanta às partes a proteção de seus direitos fundamentais, preconizados na Constituição Federal.

Tal método é o processo. Por meio dele se produzirão e se efetivarão normas jurídicas concretas, cuja finalidade é resolver as crises jurídicas que o convívio social faz nascer e que são levadas à análise do Estado-juiz.

1.2. Processo segundo a Teoria do Fato Jurídico – Plano da existência

A partir do momento em que o processo é identificado como um método voltado à produção normativa – ele produz e concretiza normas de conduta que vinculam as partes – resta claro que ele – processo – também se trata de um *fato jurídico*. Os fatos jurídicos são eventos ou condutas geradoras de consequências no plano jurídico.

O processo gera consequências no plano do direito, quais sejam, as normas jurídicas que produz e efetiva.

Com base nessa premissa, é essencial analisar o processo segundo a *teoria do fato jurídico*. E para fazê-lo, partimos de um dogma neste texto: a *teoria do fato jurídico de Pontes de Miranda*.

Sendo mais objetivo, é essencial, para analisarmos como o processo se enquadra na *teoria do fato jurídico*, enfocar somente parte dos ensinamentos de Pontes, especificamente a *classificação dos fatos jurídicos lato sensu* segundo a presença – ou não – de vontade como elemento relevante do *suporte fático* (já tratamos desta classificação no Capítulo 3, recorda-se?).

Segundo a premissa acima, há duas espécies de fato jurídico:

a) os *avolitivos* – na estrutura do suporte fático não há elemento volitivo (*fatos jurídicos stricto sensu*) ou existem condutas cuja vontade é considerada pelo direito *irrelevante*, não sendo elemento constitutivo do suporte fático do fato jurídico (*atos-fatos*);

b) os *volitivos* – na estrutura do *suporte fático* do fato jurídico, o elemento volitivo é relevante (*atos jurídicos lato sensu*).

Uma vez identificadas as espécies do *fato jurídico lato sensu*, relembrando a classificação anteriormente apresentada a você, um questionamento: o processo, ou seja, o método de exercício da função jurisdicional, se trata de *fato jurídico stricto sensu*, de *ato-fato* ou de *ato jurídico lato sensu*?

A resposta a essa questão depende da fixação de algumas premissas, a saber:

a) o método *processo* se desenvolve por meio de uma sequência progressiva de atos jurídicos (ex.: petição inicial, citação, contestação, audiência de instrução e julgamento, sentença, apelação), de negócios jurídicos (conciliação, desistência do recurso), de fatos jurídicos *stricto sensu* (eventualmente a morte de uma parte ou de um advogado) e de atos-fatos (a omissão em contestar, em apelar);

b) todos os fatos jurídicos de que se compõe o processo visam à prática de um ato final, que é aquele que dá sentido à toda a cadeia. Fala-se da *sentença*, visto que é ela a responsável por sanar as crises de direito material (certeza, situação jurídica e adimplemento) que foram trazidas à análise do Estado-juiz;

c) o *ato-final* (aquele que se visa a alcançar) na cadeia de atos do processo (*procedimento*) é, como visto, a sentença, que se trata de um *ato jurídico lato sensu*;

d) logo, em atos jurídicos formados por uma sequência de atos-meio, voltados à realização de um ato-fim, a classificação deste último segundo a teoria do fato jurídico corresponderá à natureza jurídica de todo o complexo ou o conjunto;

e) portanto, tem-se que o processo, ou seja, o método de exercício da função jurisdicional, formado por uma sequência de atos (procedimento) voltados à prática de um ato-final (sentença) se trata de um *ato jurídico lato sensu*, o que significa que em seu suporte fático o elemento volitivo é relevante, atraindo como consequência que ele passa pelo *plano da validade dos fatos jurídicos*;

f) já finalizando, é preciso observar que o processo é um ato jurídico *lato sensu* que apresenta uma peculiaridade em relação a uma variada gama de fatos jurídicos: ele é composto de uma série sequencial de atos – e não somente por um ato, como pode acontecer com um contrato de compra e venda;

g) por essa razão, o processo é classificado como *ato jurídico complexo* (formado por atos-meio e ato-fim) *de formação sucessiva* (os vários atos que o formam se sucedem no tempo).

A classificação de processo segundo a teoria do fato jurídico, identificando-o como *ato jurídico complexo de formação sucessiva*, o analisou segundo o plano da existência dos fatos jurídicos.

No plano da *existência*, observam-se quais são os mínimos requisitos que devem ser observados para que o fato social preencha o modelo jurídico (*suporte fático abstrato*) previsto na norma para caracterizar certo *fato jurídico*.

Nesse momento, peço que você, que até aqui leu este texto, se faça a seguinte pergunta: o processo é uma cadeia de fatos processuais que visa ao ato-final (a sentença). Para que comece a *existir juridicamente* o processo, o ato final precisa ter sido praticado? Em caso negativo, o que é o mínimo necessário para que o processo, como procedimento, *exista juridicamente*?

Vamos logo à resposta? Bem, não é preciso que o ato-final tenha sido praticado para que, só então, exista juridicamente processo. A partir do momento em que se inicia a cadeia de atos voltada à produção do ato-fim, ele (o processo) já tem início, já preenche os mínimos requisitos de existência previstos em abstrato na norma, como se lê no art. 312 do CPC, que regula a *formação do processo*.

Logo, a prática do primeiro dos atos da cadeia, a petição inicial, já tem o condão de dar início ao ato jurídico complexo de formação sucessiva chamado *processo*.

Com base nessa premissa, uma última consideração: a petição inicial se trata do primeiro dos fatos jurídicos lato sensu que compõem o procedimento. Ela, considerada isoladamente, se trata também de um *ato jurídico lato sensu*.

Isso significa que, para que se considere *juridicamente existente* a petição inicial, ou seja, para que o ato de peticionar preencha o modelo mínimo preconizado na norma para caracterizar uma petição inicial, é essencial que ela:

a) expresse uma vontade;

b) por parte de uma pessoa ou ente que se dirige ao Estado-juiz;

c) e que lhe apresenta um pedido de tutela jurisdicional (objeto da petição).

Os elementos acima correspondem aos requisitos mínimos para *existência jurídica da petição inicial*. Precisaremos deste conteúdo daqui a pouco.

1.3. Processo segundo a Teoria do Fato Jurídico – Plano da eficácia

Neste ponto de nossa conversa, já sabemos que o processo, o método de exercício da função jurisdicional, se trata de um *ato jurídico complexo de formação sucessiva*, uma vez analisado à luz da *teoria do fato jurídico* – no plano da existência.

Todavia, a primeira análise feita – embora essencial – não é suficiente, pois se mostra útil avaliar o que é o processo segundo o plano da eficácia, ou seja, segundo os efeitos ou consequências jurídicas que gera.[1]

Nesse sentido, como grande parte dos fatos jurídicos – um contrato de compra e venda, um ato ilícito – o processo gera como efeito a formação de uma relação jurídica entre os sujeitos que dele participam.

Preste, então, atenção a esta frase: a principal eficácia ou desdobramento de grande número de *fatos jurídicos* é o nascimento de um liame subjetivo entre os sujeitos que o suporte fático do fato jurídico identifica. Esse liame subjetivo se chama de *relação jurídica*.

No momento em que, subindo a terceira ponte, o motorista João, distraído ao celular, abalroa o veículo de José, amassando-o, surge um fato jurídico que, nos termos do art. 186 do CC, pode ser qualificado como *ato ilícito*. Praticado o ato ilícito, sua eficácia ou consequência é criar um liame subjetivo entre aquele que praticou a conduta e aqueloutro cujo patrimônio foi por ele violado. Trata-se da relação jurídica. Do fato jurídico (ato ilícito) nasceu uma *relação jurídica*.

Ao iniciar-se o processo, que é um fato jurídico *lato sensu* (*ato jurídico complexo de formação sucessiva*), seu efeito é criar entre os sujeitos que dele participam uma relação jurídica, apelidada de *relação jurídica processual*.

Num contrato de compra e venda – que você realiza ao adquirir um salgado na cantina da Faculdade – a relação jurídica que dele decorre é bem simples. Trata-se de um vínculo ou liame subjetivo entre você e o proprietário do comércio.

A relação jurídica processual, por seu turno, se trata de algo *muito mais complexo*. Pode-se dizer que *relação jurídica processual* é uma nomenclatura que corresponde a um *conjunto* ou *pluralidade de relações jurídicas* (de liames subjetivos) que o ato jurídico complexo processo cria e que são condensadas em uma só expressão.

Explica-se: a partir do momento em que o processo tem início – com a prática do primeiro dos atos da cadeia procedimental (a petição inicial), cria-se um liame subjetivo (relação jurídica) entre o autor e o juiz, da qual se desdobram direitos,

---

1. A análise do processo segundo o plano da validade será essencial para tratarmos das nulidades do processo. Mas esse é justamente um dos temas que abordaremos no item reservado aos pressupostos processuais (item 2 do texto).

deveres, ônus, faculdades; à medida que o processo se desenvolve e se pratica o ato processual convocatório do réu (citação) surge uma relação jurídica entre ele e o Estado-juiz e também uma relação jurídica entre autor e réu; quando o juiz designa um perito para auxiliá-lo no processo (por meio da prática de um ato processual), também surge entre eles uma relação jurídica. De todas essas relações também decorrem ou podem decorrer direitos, deveres, ônus faculdades, ou seja, *situações jurídicas de vantagem ou de desvantagem* que correspondem aos conteúdos da relação, sendo a relação um efeito (eficácia) do fato jurídico.

Logo, é possível falar também em processo – observando-o à luz do plano da eficácia dos fatos jurídicos – como o conjunto (ou *feixe*, com diz Fredie Didier) de relações jurídicas que surgem entre os sujeitos que praticam os diversos atos de que se compõe a cadeia procedimental.

Fixadas as premissas acima, novamente peço a você, meu leitor, uma reflexão. Vamos lá?

A relação jurídica processual, como vimos, é um conjunto de relações jurídicas entre os sujeitos do processo, representada, pela doutrina clássica,[2] como uma relação triangular entre autor, juiz e réu, os principais sujeitos processuais.

O que é necessário para que a relação jurídica processual exista juridicamente?

Bem, se toda relação jurídica é o efeito de um fato jurídico; se o fato jurídico *lato sensu* processo (um ato jurídico complexo de formação sucessiva) tem início a partir do momento em que o primeiro ato da cadeia procedimental é praticado, isso significa que: *a relação jurídica processual passa a existir a partir do momento em que a petição inicial é dirigida a um órgão jurisdicional*, formando-se o processo.

Isso quer dizer, então, que o processo – visto como relação jurídica processual – nasce ou surge na figura de um liame subjetivo entre o autor e o juiz, já que o réu só passa a fazer parte do processo – e dessa relação – ao ser citado.

Perceba, então, o seguinte: existe uma configuração mínima para a relação jurídica processual, quando de seu surgimento: trata-se de vínculo entre autor e juiz. É possível que o processo se extinga antes que seja praticado o ato processual que faça com que a essa relação jurídica se somem outras, como a que existirá entre réu e juiz (falo da citação)?

Sim, é possível. Se você observar os arts. 330 e 332 do CPC, ambos tratam de hipóteses em que o processo é formado e se extingue antes que o réu possa ser citado. Nasce e morre como relação exclusivamente entre autor e juiz.

Segue um exemplo: Roberto ajuíza em face de Pedro uma ação declaratória de inexistência de débito decorrente da compra e venda de um veículo S-10, placa ODQ-7680. A petição inicial é proposta, sendo distribuída para a 1ª Vara Cível de Vila

2. Remonta ao direito processual alemão – em especial a Oskar vcn Büllow – a concepção de processo como relação jurídica processual.

Velha. Ao receber em seu gabinete a petição inicial, o magistrado tem uma sensação de *deja vu*. Ele acha que já analisou o conflito expresso naquela peça.

Com essa "*pulga atrás da orelha*", resolve analisar o sistema interno de controle do Judiciário e descobre que sua impressão estava certa: já julgara aquele conflito anteriormente, existindo sobre ele *coisa julgada*. Qual a solução a ser dada, então? Indeferir a petição inicial, pois já existe decisão imutável do Poder Judiciário que, em momento anterior, produziu norma concreta sobre aquela situação de direito material. Manter o processo em curso, citando o réu, e produzindo nova sentença geraria violação à coisa julgada.

Observe que, no exemplo dado, a *relação jurídica processual nasceu e se extinguiu como um vínculo jurídico entre autor e juiz tão somente*. Trata-se de sua configuração mínima.

Nesse ponto, você pode me questionar: *na maioria das vezes em que um processo tiver início, efeito ou consequência sua será, tão somente, uma relação jurídica entre autor e juiz*? A resposta é não. Na maioria das vezes, haverá a prática de muitos outros atos (como a citação, por exemplo), que tornarão a relação processual mais complexa pois surgirão vínculos de direito entre réu e juiz, entre perito e juiz, etc.

Logo, na maioria das vezes em que você tiver em suas mãos autos processuais – que são a representação física dos atos processuais e das relações jurídicas que dele emanam, falar em relação jurídica processual significará retratar não só um vínculo entre autor e juiz, mas sim um *feixe* ou *conjunto de relações jurídicas*, como antes já descrito.

Uma vez apresentadas todas as considerações acima sobre o processo, visto segundo o plano da eficácia do fato jurídico, gostaria de deixar para você refletir a seguinte informação: os *elementos constitutivos* de uma relação jurídica (o que inclui a relação jurídica processual) são:

a) elementos subjetivos (pessoas que participam da relação);

b) objetivos (fato jurídico, do qual ela é consequência, e objeto).

Guarde estas últimas informações para daqui a pouco. Elas serão essenciais para tratarmos do tema objeto deste capítulo, os *pressupostos processuais* e os *requisitos de validade do processo*.

2. PRESSUPOSTOS PROCESSUAIS E REQUISITOS DE VALIDADE DO PROCESSO

A partir do momento em que definimos o conceito de processo segundo a teoria da norma jurídica (processo como método de exercício da jurisdição), segundo a teoria do fato jurídico no plano da existência (processo como ato complexo de formação sucessiva) e segundo a teoria do fato jurídico no plano da eficácia (processo como relação jurídica processual), podemos passar ao tema principal deste texto, os *pressupostos processuais* e os *requisitos de validade do processo*.

Antes de seguir em frente, preciso, no entanto, lhe fazer uma pergunta: *por que é tão importante conhecer o que são os pressupostos processuais* e os *requisitos de validade do processo*?

A resposta à questão acima é a seguinte:

a) o processo é um ato jurídico, ou seja, um fato ou conjunto de fatos sociais dos quais se extraem efeitos referentes ao plano do direito ou do dever-ser. Os mais importantes desses efeitos são aqueles conhecidos como declaratórios, constitutivos e condenatórios, correspondendo à resolução de crises de direito material. O processo dá solução às crises de direito material. Esse é o principal dos seus efeitos;

b) por ser ato jurídico, ou seja, espécie de fato jurídico em que a vontade é elemento relevante de seu suporte fático, é possível concluir que o processo perpassa os três planos do mundo jurídico:

   b.1) o plano da existência – referente à identificação da composição do suporte fático suficiente para que certo fato ou conjunto de fatos da vida possa ser descrito como certo tipo de fato jurídico. "*A existência do fato jurídico constitui, pois, premissa de que decorrem todas as demais situações que podem acontecer no mundo jurídico*"[3]. Somente podem produzir efeitos jurídicos os fatos jurídicos (que preenchem seus requisitos – ou pressupostos – de existência);

   b.2) o plano da validade – faz a triagem entre os atos jurídicos que são formalmente perfeitos e aqueles que são inválidos e, portanto, não devem surtir efeitos;

   b.3) o plano da eficácia – diz respeito a requisitos que condicionam a produção de efeitos dos fatos jurídicos.

Pressupostos processuais são os elementos analisados para se verificar se existe juridicamente um processo (ou algum de seus atos isoladamente considerado), o que permite que seus efeitos, dentre eles o declaratório, o constitutivo e o condenatório sejam produzidos.

Requisitos processuais de validade são os elementos avaliados para se verificar se é válido o processo (ou algum de seus atos considerado isoladamente) e, portanto, apto a produzir efeitos.

No fundo, observe que precisamos estudar os pressupostos de existência do processo e os seus requisitos de validade para, diante de situações concretas discutidas no Poder Judiciário, saber se efeitos próprios do processo (e que influenciam nossa vida social) podem ou não ser produzidos.

---

3. MELLO, Marcos Bernardes de. *Teoria do fato jurídico – plano da existência. op. cit.*, p. 97.

Ou seja, meu prezado leitor, trata-se de um estudo utilitarista ao extremo. Quer ver? Você começa a ler um documento e, em seu topo, está escrito "sentença". Ao final de tudo o que você leu, existe a conclusão de que você deve pagar R$ 10.000,00 a Roberto. Se aquele documento se tratar, verdadeiramente de uma sentença (se for um ato jurídico existente e decorrente de um processo existente) válida, ela tem aptidão para produzir o efeito jurídico condenatório, impondo-lhe uma obrigação e tendo aptidão de restringir seu patrimônio.

Por outro lado, se você identificar que o ato "aparenta ser uma sentença, mas não é" ou mesmo que se trata de um ato jurídico inválido, não pode ele surtir os efeitos que acima listei.

Importante isso, não é? Você acha que muita gente, ao longo da história, já se safou de cumprir uma obrigação, uma pena, pois se descobriu que a sentença proferida contra seus interesses era inexistente ou inválida ou fora produto de um procedimento juridicamente inexistente ou inválido? *Com certeza*!

Logo, o conteúdo que segue abaixo é muito útil para sua vida acadêmica e futura vida profissional. Vamos destrinchá-lo?

2.1. O uso da terminologia pressupostos processuais

Primeiramente, é necessário destacar que *pressupostos processuais* se trata de uma nomenclatura que, *tradicionalmente*, identifica requisitos que visam a identificar a *existência jurídica* do processo bem como a sua *validade*.

São conhecidas as críticas a essa terminologia, pelo fato de que:

a) algo que se pressupõe deveria ser simplesmente requisito para a existência de outro (daí falar em um pressuposto – a palavra traz consigo essa noção de antecedente lógico). Destarte, somente os requisitos de existência do processo poderiam ser chamados de *pressupostos processuais*;

b) os requisitos de validade, atinentes à *perfeição formal do processo*, não seriam, pois, *pressupostos dele*. Em verdade, para se falar em validade ou invalidade do ato jurídico é requisito que este *exista juridicamente*.

Por essa razão, seria possível fazer a seguinte diferenciação:

a) *pressupostos processuais* – requisitos de existência do processo (seja o processo visto como ato jurídico, seja o processo visto como relação jurídica processual). Seriam, então, requisitos para que exista o suporte fático do ato jurídico processo e, também, requisitos para que exista a eficácia do processo, ou seja, a relação jurídica processual;

b) *requisitos de validade* – requisitos de validade do processo, ou seja, elementos que devem ser respeitados para que o processo seja formalmente perfeito.

No presente texto faremos a diferenciação. Chamaremos de *pressupostos processuais* os requisitos de existência e de *requisitos de validade do processo* aqueles atrelados à sua perfeição formal. Aqueles juristas que não fazem essa diferenciação falam em "pressupostos processuais de existência" e "pressupostos processuais de validade".

2.2. Existência e validade do processo como um todo e de seus atos considerados isoladamente

Antes de passar à frente, há um ponto muito importante a esclarecer. Ao ler as linhas acima, com certeza você observou que eu falei de pressupostos de existência e de requisitos de validade do processo. Tratei do processo como um todo.

O discurso anterior que apresentei tinha por foco o processo visto como *ato jurídico complexo de formação sucessiva*, bem como o *feixe de relações jurídicas* que decorre dos atos que são praticados na cadeia procedimental.

Ocorre que, além dos pressupostos processuais e dos requisitos de validade do processo, visto como um todo, há que se falar, também, dos pressupostos processuais e dos requisitos de validade de cada um dos atos que compõem o procedimento.

É, meu caro leitor, o tema não é simples. Mas também não é o fim do mundo. Preste atenção.

Vamos imaginar que o processo tenha início por meio de petição inicial *juridicamente existente* e *válida*; que o réu seja citado e o ato processual citatório seja juridicamente existente e válido; que os diversos atos da cadeia procedimental se desenrolem e todos sejam juridicamente existentes e válidos.

Todavia, ao se observar o ato que foi denominado de sentença, verifica-se que só ela e *somente ela* seja juridicamente inexistente ou inválida. Pergunto: a hipótese é de inexistência processual (inexiste juridicamente procedimento e a relação processual que dele decorre); de invalidade de todo o processo (toda a cadeia procedimental é inválida) ou a mácula é exclusiva daquele ato que foi identificado como sentença?

A resposta é bem óbvia, concorda? Se a questão for referente à existência jurídica, trata-se somente da inexistência jurídica da sentença (ex.: foi proferida por magistrado que se aposentara um dia antes da sua prolação e que não percebera a publicação do ato de aposentadoria no Diário de Justiça). Se for referente à validade, trata-se de questão atinente à validade, tão somente, da sentença e não dos atos que a antecederam.

Por tudo quanto dito, observe: estudar existência jurídica e validade processual significa:

a) avaliar a existência e a validade do processo como um todo;
b) avaliar existência e validade de cada um dos atos que compõem a cadeia procedimental;
c) por vezes você precisará se concentrar na análise da existência ou validade de todo o processo; em outras situações, somente na existência ou validade de certos atos (como a sentença, no exemplo que dei).

Fixadas as premissas acima, questiono a vocês: o que é preciso para que exista *juridicamente* processo? E lembrem-se do que já estudamos: se um fato jurídico não existe juridicamente, ele não pode produzir efeitos.

A pergunta acima poderia ser feita de outra forma: *quais são os pressupostos de existência do processo*?

Sabe como vamos analisar essa questão? Da seguinte forma:

a) primeiro vamos respondê-la tratando do processo como *ato jurídico complexo de formação sucessiva*;

b) depois a avaliaremos partindo da concepção do processo como *relação jurídica processual*.

2.3. Processo como ato jurídico complexo de formação sucessiva e os pressupostos processuais de existência

Mais acima, vimos que o processo *existe juridicamente como cadeia procedimental* a partir do momento em que o primeiro dos atos da cadeia é praticado, qual seja, a petição inicial.

E o que isso quer dizer, então? Nada mais nada menos que: se a petição inicial *existir juridicamente*, é possível concluir que o processo – visto como *ato jurídico completo de formação sucessiva* – também existe juridicamente e pode produzir efeitos.

Sendo assim, voltamos às últimas informações que trouxemos no item 1.2 deste capítulo, quais sejam:

"Para que se considere juridicamente existente a petição inicial, ou seja, para que o ato de peticionar preencha o modelo mínimo preconizado na norma para caracterizar uma petição inicial, é essencial que ela:

a) expresse uma vontade;

b) por parte de uma pessoa ou ente que se dirige ao Estado-juiz;

c) e que lhe apresenta um pedido de tutela jurisdicional (objeto da petição)".

Logo, se a petição inicial preencher seus requisitos mínimos de existência, isso significa que o processo, como ato jurídico complexo de formação sucessiva que se inicia justamente por meio dela, também existirá juridicamente.

Portanto, analisando a questão dos pressupostos processuais à luz do plano da existência dos fatos jurídicos, tem-se que o processo *existe juridicamente* se:

a) a petição inicial for um ato de vontade;

b) dirigido ao Estado-juiz (a órgão que exerça jurisdição);

c) possua, ao menos, um pedido (um objeto), já que inexiste ato jurídico (conduta) sem objetivo ou objeto.

Os *pressupostos processuais – requisitos de existência do processo* – são os requisitos mínimos para que se considere juridicamente existente o fato jurídico.

Neste ponto, peço uma atenção especial a você: o que acabamos de mostrar foram os requisitos para a existência do processo visto como procedimento, ou seja, como *cadeia de atos*. Falamos da existência jurídica do processo como um todo.

Todavia, no dia a dia forense é possível que tenhamos dúvidas e dificuldades não com relação à existência de todo o processo, mas de somente um de seus atos, caso este não preencha todos os seus pressupostos específicos.

Pense, por exemplo, na sentença que foi proferida por juiz aposentado (que assim agiu pois não sabia que seu ato de aposentadoria tinha sido publicado no Diário de Justiça – exemplo que dei anteriormente). Se observarmos a cadeia de atos que forma o procedimento, percebemos que ela teve início por meio de uma petição inicial juridicamente existente. Há uma cadeia procedimental. Todavia, seu ato-fim – e somente ele – não existe juridicamente.

Em eventual discussão judicial acerca dessa circunstância, não se deve falar em inexistência jurídica do processo como um todo (como ato jurídico complexo de formação sucessiva), mas tão somente de um de seus atos (a sentença).

2.4. Processo como relação jurídica processual e os pressupostos processuais (requisitos de existência processual)

Prezado leitor, note uma coisa: falaremos agora de existência processual sob o enfoque da existência jurídica da relação processual que, como foi visto, surge a partir do momento em que a petição inicial é dirigida ao Estado-juiz (a relação jurídica processual é efeito do ato jurídico complexo processo, que nasce com a propositura da petição inicial).

Você vai perceber que, no fundo, somente estaremos a dar um enfoque um pouco diferente à realidade que acima já retratamos ao falar de pressupostos processuais de existência à luz da teoria do fato jurídico no plano da existência. O que estamos a fazer agora é a análise da existência processual e de seus pressupostos sob um ponto de vista distinto.

Ou seja: ao tratarmos da existência jurídica do processo, podemos fazê-lo sob o prisma da existência jurídica do procedimento (se existe ou não o suporte fático do ato jurídico complexo processo) ou da existência jurídica da relação processual que é consequência dele (do procedimento).

Vamos lá, então. Como premissa, recuperemos as afirmações feitas na parte final do item 1.3 deste capítulo:

> *"Isso quer dizer, então, que o processo – visto como relação jurídica processual – nasce ou surge na figura de um liame subjetivo entre o autor e o juiz, já que o réu só passa a fazer parte do processo – e dessa relação – ao ser citado.*

Por fim, os elementos constitutivos de uma relação jurídica (exemplos para que exista) são:

a) elementos subjetivos (pessoas que participam da relação);

b) objetivos (fato jurídico, do qual ela é consequência, e objeto)"

Ora, se analisarmos os pressupostos processuais (requisitos de existência do processo) à luz do plano da eficácia do fato jurídico, veremos que, no fundo, eles são exatamente os mesmos já vislumbrados quando da análise do mesmo tema à luz da teoria do fato jurídico no plano da existência.

Para que exista processo, visto como relação jurídica, é necessário que, pelo menos, a primeira das relações jurídicas que compõe o feixe de relações que chamamos de *relação processual* tenha se formado, qual seja, o vínculo entre autor e juiz decorrente do ajuizamento da petição inicial.

Logo, para que exista processo, na concepção de relação jurídica processual, devem existir autor e juiz e o objeto da relação, que é o pedido dirigido ao Estado-juiz, todos eles extraídos da estrutura do ato jurídico apresentado ao Poder Judiciário, a petição inicial.

A existência jurídica do processo, estudada à luz da relação jurídica processual, está caracterizada se estiverem presentes os seguintes *pressupostos processuais*:

Pressupostos processuais *Requisitos de existência do processo*	→ ***subjetivos***	→ existência jurídica do autor (capacidade de ser parte)
		→ *órgão investido de jurisdição*
	→ ***objetivo***	→ *existência de demanda (de pedido)*

2.5. A capacidade de ser parte

Acima foi visto que a petição inicial precisa ser apresentada ao Estado-juiz por um autor, dando-se, então, início à existência do procedimento. Sob outro enfoque, afirmou-se que a relação jurídica processual tem início quando surge o vínculo entre autor e juiz iniciado a partir da propositura da demanda.

Nos dois modelos observados, é essencial a identificação de um autor para que se fale, então, em existência jurídico-processual.

Sabe-se que o autor pode ser pessoa física, pessoa jurídica ou ente sem personalidade (como um condomínio, por exemplo).

Todos os três (pessoa física, jurídica ou ente sem personalidade), para praticarem o ato jurídico "petição inicial" e para serem, por consequência, sujeitos da relação jurídica processual, necessitam possuir *capacidade de ser parte* ou *personalidade judiciária*.

A capacidade de ser parte (ou personalidade judiciária) é a *aptidão para a prática de atos processuais, bem como para ser sujeito da relação jurídica processual.*

Quem detém *capacidade de ser parte* ou personalidade judiciária? A resposta a essa pergunta deve ser dada do seguinte modo:

a) detém capacidade de ser parte ou personalidade judiciária todo aquele que detiver *personalidade civil*, ou seja, todo aquele que tenha aptidão para a prática de atos jurídicos de direito material e, portanto, possa ser sujeito de relação jurídica de direito material.

   Neste primeiro grupo se enquadram as pessoas físicas e as pessoas jurídicas. A personalidade civil da pessoa física surge com o nascimento e finda com a morte. A personalidade civil da pessoa jurídica pode nascer de diversas formas. A partir de seu nascimento, surge também a capacidade de ser parte ou personalidade judiciária dela decorrente. A título exemplificativo, determina o Código Civil que "*começa a existência legal das pessoas jurídicas de direito privado com a inscrição do ato constitutivo no respectivo registro, precedida, quando necessário, de autorização ou aprovação do Poder Executivo (...)*", art. 45 do CC;

b) embora a regra seja que a capacidade de ser parte (*personalidade judiciária*) é um *reflexo* da *personalidade civil* (quem tem aptidão para ser titular de relação jurídica de direito material também tem para ser titular de relação jurídica processual), é possível possuir *capacidade de ser parte* sem ostentar *personalidade civil*. Explica-se:

   A aptidão para a prática de um ato jurídico (e, por consequência, para ser titular de uma relação jurídica) é atribuição que o ordenamento jurídico confere. Sendo assim, entes sem personalidade civil (condomínio, sociedade de fato, massa falida, espólio) detém a *capacidade de ser parte* como prerrogativa necessária a garantirem o acesso à justiça para a tutela do patrimônio – material e imaterial – que personificam.

   Imagine que o Condomínio Edilício onde você mora tenha sofrido um desfalque por parte de seu último síndico, José. Em defesa do patrimônio comum dos condôminos, reunidos sob a forma do condomínio edilício, este último (o condomínio) poderá ser o autor da demanda de cobrança a ser proposta, visto que possui *capacidade de ser parte*, não obstante não possua *personalidade civil*.

   O condomínio edilício possui uma estrutura que o torna o ente mais adequado à tutela do patrimônio dos condôminos que o formam, em relação a cada um deles individualmente considerado. Por isso faz todo sentido ostentar *capacidade de ser parte*.

Uma vez apresentadas as considerações acima sobre a capacidade de ser parte, é possível que você, meu caro leitor, tenha tido a seguinte dúvida: *no dia a dia do processo surge algum tipo de dúvida referente à capacidade de ser parte*?

Surge sim. Especificamente quanto à capacidade de ser parte das pessoas físicas. É preciso, pois, conversar sobre a morte do autor – e também do réu, já que ela põe fim à personalidade civil e também, por consequência, à capacidade de ser parte.[4]

Em primeiro lugar, é necessário firmar como premissa que o fim da capacidade de ser parte do autor e do réu, pessoas físicas, quando fulminadas pela morte, não podem ser tratados de modo idêntico. Explica-se:

a) para que exista o procedimento – e a relação processual que dele decorre – não há necessidade de que exista réu. Já vimos isso. O processo existe como procedimento e como relação processual antes mesmo que o réu nele ingresse. Dessa forma, *não se pode dizer* que a morte do réu gera *inexistência jurídica do procedimento considerado de modo integral, bem como da relação processual*. Mas isso também não significa que se trata de um acontecimento irrelevante;

b) logo, a morte do autor faz com que a relação jurídica que dá origem a todo o feixe de relações jurídicas que formam o conjunto denominado *relação jurídica processual* deixe de existir juridicamente, caracterizando hipótese de *inexistência da relação processual*. A morte do réu faz com que sejam juridicamente inexistentes os diversos vínculos processuais dos quais faça parte, sem afetar, no entanto, aquele vínculo ou relação originária (entre autor e juiz) do qual os demais emanam;

c) a inexistência processual decorrente da morte (nos termos acima) é um problema que pode ser remediado, pela chamada sucessão processual. Explica-se: preconiza o art. 110 do CPC, "*ocorrendo a morte de qualquer das partes, dar-se-á a sucessão pelo seu espólio ou pelos seus sucessores, observando o disposto no art. 313, §§ 1º e 2º*". Uma vez que o espólio ou os herdeiros sucedam ao autor ou ao réu, o processo segue;

d) ocorre que há uma hipótese em que a morte do autor, pessoa física, não deve ser sanada processualmente por ser inútil à tutela do direito material (e nunca se deve deixar de ter em conta que o processo é um instrumento do direito material): se o direito material que o autor alegava ter fosse *intransmissível*, ou seja, um direito infungível sob o ponto de vista subjetivo, não podendo ser exercido por um sucessor, seja *in natura* seja por meio de um equivalente monetário (não é possível convertê-lo em perdas e danos).

Na hipótese de direito intransmissível, a morte também o extingue. Logo, desnecessário manter em trâmite um procedimento que se revela esvaziado de utilidade. O mesmo se teria se a morte do réu pusesse fim a uma obrigação infungível, que só ele pudesse cumprir e que não possa ser convertida em perdas e danos. Nesses casos, a solução será a extinção do processo sem resolução de mérito, nos termos do art. 485, IX do CPC.

4. As considerações feitas se aplicam, também, ao fim das pessoas jurídicas, à sua extinção.

2.6. Órgão investido de jurisdição

Pense comigo o seguinte: você produz uma petição que denomina "petição inicial", utilizando um *supermodelo* que encontrou na internet e a endereça ao órgão do Detran responsável por analisar as multas de trânsito aplicadas pelos agentes competentes. Seu pedido: que a multa seja anulada.

A partir do caso acima identificado, lhe pergunto: o ato jurídico praticado pode ser considerado um *ato jurídico processual*, apto a dar início ao procedimento *jurisdicional*, ou seja, à sequência de atos por meio da qual se operacionaliza o exercício da jurisdição?

Faço a pergunta de outro modo: é possível dizer que a apresentação da petição acima mencionada ao órgão do Detran responsável pela análise das multas deu início a uma relação jurídica processual, cuja primeira faceta é um vínculo entre autor e Estado-juiz?

Para ambas as perguntas, é óbvio, a resposta é negativa. Não estamos diante do *ato processual* denominado *petição inicial*, pois elemento mínimo para caracterização de sua existência jurídica é que fosse destinado a órgão investido do exercício de função jurisdicional. Em complemento, a relação jurídica que aquela petição instaura é administrativa (entre o cidadão e o Estado-administrador, aplicador da multa) e não a relação jurídica processual, entre autor e Estado-juiz.

Logo, a existência do procedimento e da relação jurídica processual dependem de um órgão investido de jurisdição. Ademais, a existência jurídica de todos os atos judiciais (sentença, decisão interlocutória, acórdão de apelação) também depende disso.

Nunca é demais lembrar que é possível que o procedimento e a relação processual dele decorrente sejam juridicamente existentes, segundo os termos já analisados, e que a inexistência processual seja posterior e referente só a um ou a alguns atos do procedimento (pense no caso do juiz aposentado – e que desconhecia essa condição no dia de sentenciar – que profira sentença). Existe procedimento e relação processual no caso em tela, como se observa por toda a estrutura antecedente à sentença. O problema se localiza especificamente no ato decisório.

Em estruturas judiciárias mais modestas – como a do Estado do Espírito Santo – é realmente difícil que um magistrado sentencie após se aposentar. Em estruturas gigantescas como a do Poder Judiciário de São Paulo, é hipótese deveras plausível, por várias razões:

a) em São Paulo muitos magistrados se aposentam antes do termo final de aposentadoria – a chamada aposentadoria compulsória, aos 75 anos;

b) com isso, é preciso que o ato de aposentação seja publicado no Diário de Justiça, o que pode demorar vários meses, a contar do protocolo do pedido;

c) por isso, é admissível que, no dia de publicação do ato, inserido em Diário de Justiça bastante extenso e volumoso, a informação "passe batida" e o erro, acima constatado, ocorra.

2.7. Existência de demanda (pedido)

Por fim, o último dos pressupostos processuais (requisitos para que exista juridicamente o procedimento e a relação processual dele decorrente) é o pedido, a demanda, visto que todo ato jurídico, bem como toda relação jurídica necessita ter um objeto.

A regra no processo civil brasileiro é a de que o procedimento e a relação processual tenham início por meio de *pedido* que o autor dirija ao Estado-juiz.

Dessa forma, é juridicamente inexistente petição inicial que não contenha um pedido de tutela jurisdicional. Trata-se, o pedido, de elemento essencial à existência jurídica da inicial.

Também não existe relação jurídica sem objeto. A relação jurídica processual tem início a partir de um vínculo formado entre autor e juiz e o seu objeto é, justamente, o pedido de tutela jurisdicional dirigido pelo autor ao Estado-juiz.

2.8. O reconhecimento (declaração) de inexistência processual

Não existe nenhum prazo para que se reconheça a inexistência jurídica de um processo ou de um ou alguns de seus atos, pois o reconhecimento de que um ato jurídico não existe se faz por meio de pretensão declaratória e esta não possui prazos para seu exercício, no direito brasileiro.

Isso significa, por exemplo, que é possível declarar a inexistência jurídica de uma "sentença" proferida por um magistrado aposentado (lembre do exemplo que dei acima) 15, 20 ou 30 anos após sua prolação, sendo certo que o ato juridicamente inexistente não pode surtir efeitos, como, por exemplo, o de alterar a propriedade de um bem.

Existe muita dúvida, no dia a dia processual, acerca dos métodos que podem ser utilizados para que se exercite, diante do Poder Judiciário, essa pretensão (pedido) declaratório.

Ainda não é o momento de tratar do tema, muito árido. Você está, tão somente, dando início aos seus estudos de direito processual.

2.9. Requisitos de validade do processo

Existem muitas e muitas classificações para os requisitos de validade do processo. Em obras anteriores, por exemplo, utilizei uma diferente da que apresentarei para vocês a partir de agora.[5]

5. Falo dos livros *Teoria geral do processo civil* (1ª edição em 2007) e *Manual de direito processual civil* (1ª edição em 2011).

Tomei conhecimento da classificação que utilizarei como base ao ler o excelente Curso de Direito Processual Civil de Fredie Didier Jr[6] que, por sua vez, baseou-se na obra de José Orlando Rocha de Carvalho (*Teoria dos pressupostos e dos requisitos processuais*).

Feito o apontamento acima, que indica as fontes utilizadas para se tratar do tema em análise – requisitos de validade do processo –, devo fazer uma última consideração, antes de expor a lista do que entendo serem os aludidos requisitos.

Nas linhas abaixo trataremos de requisitos de validade do procedimento – ou seja, do conjunto de atos, fatos e atos-fatos voltados a implementar a tutela jurisdicional – e também de alguns dos atos processuais que formam o procedimento.

E isso significa que estamos analisando o processo e os atos que o formam segundo o plano da existência dos fatos jurídicos. Explico: quando estudamos os fatos jurídicos segundo o plano da existência, fundados nas premissas de Pontes de Miranda, concluímos que existem os fatos jurídicos volitivos (atos jurídicos lato sensu) e os fatos jurídicos avolitivos (atos-fato e fatos jurídicos stricto sensu). Somente os primeiros (atos jurídicos lato sensu) possuem elementos, em seu suporte fático, atinentes ao plano da validade, ou seja, somente se pode falar em perfeição formal, em validade, dos atos jurídicos lato sensu.

E o processo, visto sob o ponto de vista da teoria do fato jurídico no plano da existência, se trata de um ato jurídico complexo de formação sucessiva, formado por atos-meio (petição inicial, contestação, audiência de instrução e julgamento) e pelo ato-fim (sentença), que o caracteriza e identifica. Logo, é possível falar em validade do processo como um todo porque ele é um ato jurídico lato sensu, bem como é possível falar em validade dos diversos atos que formam o procedimento pois os mesmos são *atos jurídicos*.

Somente um ato jurídico lato sensu (atos jurídicos *stricto sensu* e negócios jurídicos) passa pelo plano da validade, ou seja, possui elementos de seu suporte fático cuja função é a de caracterizar a perfeição formal do ato.

Dito tudo isso, apresenta-se a classificação dos requisitos de validade do processo (e dos atos que o formam):

Requisitos de validade do processo

- → ***subjetivos***
  - → *capacidade processual*
  - → *capacidade postulatória*
  - → *competência*
  - → *imparcialidade*
- → ***objetivos***
  - → *respeito ao formalismo processual*
  - → *requisitos negativos de validade*

6. DIDIER Jr., Fredie. *Curso de direito processual civil*. v. 1. Salvador: Juspodivm, 2015, p. 313 e ss.

2.10. Capacidade processual e postulatória

A *capacidade processual* é um instituto que apresenta semelhança com outro de direito civil, que é a capacidade civil. Pode-se dizer que é o reflexo dessa última capacidade na seara processual.

Não se confunde com a *capacidade de ser parte*, que é o reflexo processual do instituto da personalidade, significando a aptidão da pessoa em ser sujeito da relação processual e se trata de *pressuposto processual* (requisito de existência do processo). Todo ser humano vivo, por ter personalidade, tem capacidade de ser parte em um processo (de praticar atos processuais, dentre eles o de demandar, por meio do ajuizamento de petição inicial).

Caso faleça, deve-se observar se o direito que tutelava era personalíssimo ou não. Se era, tem-se carência superveniente de interesse processual na modalidade necessidade (perda do objeto), devendo-se extinguir o processo sem resolução de mérito. Se não era personalíssimo, deve haver a sucessão processual, por meio da habilitação do espólio ou dos herdeiros no processo, sob pena de que a decisão tomada seja ineficaz, devido a se ter negligenciado a participação daqueles que, obrigatoriamente, tinham direito ao contraditório, em hipótese análoga à da ausência de citação de pessoa que devia participar de um dos polos do processo.

A capacidade processual é a aptidão do sujeito de praticar os atos processuais, de compreendê-los, ou seja, é uma habilidade da pessoa, consistente na possibilidade de entender os atos do processo e poder se governar durante sua realização.

Embora a capacidade processual seja o reflexo, no processo, da capacidade civil, a diferença mais sensível entre ambas, no entanto, diz respeito à sanção pela incapacidade processual, que dependerá, conforme as premissas já lançadas, da averiguação do prejuízo. Assim, o processo finalizado, em que o absolutamente incapaz que não tenha tido representante, e no qual não tenha havido a intervenção do Ministério Público, não será nulo caso aquele saia vencedor, nos termos do art. 282, § 2º.

A parte processualmente incapaz, a depender do alcance de sua inaptidão (incapacidade absoluta ou relativa), deve ser representada ou assistida em juízo, por genitor, tutor ou curador.

O tema da capacidade processual sempre se relaciona ao da representação (*rectius*: presentação) das pessoas jurídicas em juízo. A capacidade processual está para as pessoas físicas como a representação (presentação) está para as pessoas jurídicas. O art. 75 do CPC indica quem são as pessoas que devem *personificar* a pessoa jurídica no processo, nos seguintes termos:

> Art. 75. Serão representados em juízo, ativa e passivamente:
>
> I - a União, pela Advocacia-Geral da União, diretamente ou mediante órgão vinculado;
>
> II - o Estado e o Distrito Federal, por seus procuradores;
>
> III - o Município, por seu prefeito ou procurador;

> IV - a autarquia e a fundação de direito público, por quem a lei do ente federado designar;
>
> V - a massa falida, pelo administrador judicial;
>
> VI - a herança jacente ou vacante, por seu curador;
>
> VII - o espólio, pelo inventariante;
>
> VIII - a pessoa jurídica, por quem os respectivos atos constitutivos designarem ou, não havendo essa designação, por seus diretores;
>
> IX - a sociedade e a associação irregulares e outros entes organizados sem personalidade jurídica, pela pessoa a quem couber a administração de seus bens;
>
> X - a pessoa jurídica estrangeira, pelo gerente, representante ou administrador de sua filial, agência ou sucursal aberta ou instalada no Brasil;
>
> XI - o condomínio, pelo administrador ou síndico.
>
> § 1º Quando o inventariante for dativo, os sucessores do falecido serão intimados no processo no qual o espólio seja parte.
>
> § 2º A sociedade ou associação sem personalidade jurídica não poderá opor a irregularidade de sua constituição quando demandada.
>
> § 3º O gerente de filial ou agência presume-se autorizado pela pessoa jurídica estrangeira a receber citação para qualquer processo.
>
> § 4º Os Estados e o Distrito Federal poderão ajustar compromisso recíproco para prática de ato processual por seus procuradores em favor de outro ente federado, mediante convênio firmado pelas respectivas procuradorias.

Tanto um como o outro tipo de vício são sanáveis, não devendo gerar como efeito a extinção do processo antes que se dê à parte a chance de corrigi-lo, tal como prevê o art. 76 do CPC. Atitude dessa estirpe representaria a violação a princípios como o do acesso à justiça, da duração razoável do processo, da economia processual, da instrumentalidade das formas, etc.

Lê-se, no aludido art. 76, que o juiz deve marcar prazo razoável para que seja sanada a incapacidade processual ou o vício de representação. Em continuação, destaca quais são as atitudes que o magistrado deve tomar caso o prazo se esgote sem que a parte instada a corrigir a mácula promova o acerto, nos seguintes termos:

> Art. 76. Verificada a incapacidade processual ou a irregularidade da representação da parte, o juiz suspenderá o processo e designará prazo razoável para que seja sanado o vício.
>
> § 1º Descumprida a determinação, caso o processo esteja na instância originária:
>
> I - o processo será extinto, se a providência couber ao autor;
>
> II - o réu será considerado revel, se a providência lhe couber;
>
> III - o terceiro será considerado revel ou excluído do processo, dependendo do polo em que se encontre.
>
> § 2º Descumprida a determinação em fase recursal perante tribunal de justiça, tribunal regional federal ou tribunal superior, o relator:

I - não conhecerá do recurso, se a providência couber ao recorrente;

II - determinará o desentranhamento das contrarrazões, se a providência couber ao recorrido.

A *capacidade postulatória* é a aptidão técnica para a prática, pelas partes, dos atos processuais que lhes incumbem. Via de regra, pessoas leigas em direito não a possuem, pois a capacidade postulatória é deferida a membros do Ministério Público, a advogados privados e públicos e, em situações especiais, ao próprio juiz (ex.: quando ele é interessado nos incidentes de suspeição e impedimento).

Todavia, é possível que a lei, de modo excepcional, defira a leigos a capacidade técnica de praticarem os atos postulatórios do processo, desde que haja motivos suficientemente fortes e fidedignos para tanto. É o que acontece nos Juizados Especiais Cíveis (nas causas de até 20 salários mínimos) e no *habeas corpus*.

No primeiro caso, motivos como a provável simplicidade da causa e a dificuldade ou a impossibilidade de que a pessoa obtenha assistência jurídica – gratuita ou paga[7] – fizeram com que o legislador eliminasse a exigência. No segundo caso, a urgência da pessoa em por fim à constrição de sua liberdade e também a condição socioeconômica da maioria dos brasileiros que são presos contam como motivos para a quebra da regra.

No que tange à capacidade postulatória, a maior dúvida reside em saber se ela se trata, verdadeiramente, de requisito de validade ou de requisito de eficácia dos atos processuais praticados pelas partes.

Isso ocorre por conta da existência concomitante de duas normas jurídicas que parecem se excluir mutuamente: trata-se do art. 104 do CPC e do art. 4º da Lei 8.906/1994 (Estatuto da OAB).

Diz o art. 104 do CPC, especialmente em seu § 2º:

Art. 104. O advogado não será admitido a postular em juízo sem procuração, salvo para evitar preclusão, decadência ou prescrição, ou para praticar ato considerado urgente.

§ 1º Nas hipóteses previstas no caput, o advogado deverá, independentemente de caução, exibir a procuração no prazo de 15 (quinze) dias, prorrogável por igual período por despacho do juiz.

§ 2º O ato não ratificado será considerado **ineficaz** relativamente àquele em cujo nome foi praticado, respondendo o advogado pelas despesas e por perdas e danos.

Vê-se, pois, que o Código de Processo Civil decretou que o mandato judicial ao advogado é requisito de eficácia dos atos que pratica em nome da parte.

Já o art. 4º da Lei 8.906/1994, dispõe que:

Art. 4º. São nulos os atos privativos de advogado praticados por pessoa não inscrita na OAB, sem prejuízo das sanções civis, penais e administrativas.

7. A primeira pela escassez de profissionais que exerçam o patrocínio gratuito de demandas; a segunda por falta de condições financeiras da parte em contratar um advogado.

A dúvida que se cria é a seguinte: a existência de *norma mais específica (art. 4º da Lei 8.90619/96), afasta a incidência da norma mais genérica (art. 104, § 2º do CPC), fazendo com que os atos praticados por quem não tenha procuração também sejam nulos?*

A resposta é negativa. A leitura dos dois artigos de lei transcritos demonstra que as hipóteses de fato que descrevem são distintas: enquanto o primeiro fala da prática de atos processuais por advogado sem procuração, o segundo trata da prática de atos exclusivos do advogado por quem não tenha essa qualificação.

Vê-se, pois, que são hipóteses não assimiláveis, o que demonstra a compatibilidade entre eles.

Em conclusão, perceba que a falta de procuração daquele que atuou como advogado na causa não caracteriza ausência de capacidade postulatória, visto que o profissional a possui. O problema é de outra ordem: aquele que realizou a defesa técnica dos interesses da parte não tem poderes para agir em seu nome, como seu mandatário e, por isso, os atos que praticou são ineficazes.

Já a situação de desrespeito ao art. 4º da Lei 8.906/1994 se caracteriza como, verdadeiramente, falta de capacidade postulatória, visto que a pessoa não inscrita na OAB não possui o poder de postular em juízo como se advogado fosse.

2.11. Competência e imparcialidade

A *competência* é requisito de validade de todos os atos do procedimento praticados pelo magistrado. Trata-se da parcela de jurisdição que incumbe a cada juízo exercer. Decisão dada por juiz incompetente é ato processual nulo.

A competência foi estudada, em todos os seus principais aspectos, no Capítulo 6. Como se trata de um capítulo extenso, não seria didaticamente adequado repeti-lo integralmente neste momento. O certo, então, é recomendar novamente sua leitura e alertar o leitor que a competência está no plano da validade dos atos processuais judiciais, o que faz com que a identificação de uma incompetência seja motivo para se requerer a decretação de nulidade de tais atos.

A *imparcialidade* é característica tão importante da jurisdição que é tida por certos cientistas do processo[8] como o principal elemento que discerne a jurisdição das demais atividades estatais. Trata-se de decorrência da *substitutividade*, visto que de nada adiantaria que o magistrado aplicasse a "vontade concreta da lei" ao conflito entre terceiros, substituindo a sua vontade, se tivesse interesse nesse resultado.

A substitutividade, desacompanhada da *imparcialidade*, seria meramente *formal* e não atingiria seu fim, que é garantir uma decisão *justa*. Pode-se dizer que a verificação da *imparcialidade* apresenta importantes reflexos práticos no exercício da jurisdição.

8. SILVA, Ovídio Baptista da. *Teoria geral do direito processual civil*. São Paulo: RT,1997.

O Código de Processo Civil tipifica as situações em que se verifica a *parcialidade* do juiz, pessoa investida no exercício da função jurisdicional, denominando-as *impedimento* (art. 144 do CPC) e *suspeição* (art. 145 do CPC). Logo, juiz *impedido* ou juiz *suspeito* se trata de um julgador *parcial*, que não pode exercer a função jurisdicional, dado que a *imparcialidade* é uma característica da jurisdição que não pode ser excepcionada.

Pelo regime jurídico que o CPC confere ao impedimento e à suspeição, podem ser colhidas as seguintes características de ambos:

a) o impedimento se verifica em hipóteses que podem ser aferidas objetivamente, sem necessidade de juízos de valor. O magistrado está impedido de atuar no processo:
    a.1) em que exerceu a função de advogado, antes de tomar posse como juiz de direito;
    a.2) em que o seu cônjuge ou companheiro for advogado;
b) a suspeição é observada em circunstâncias de apreciação mais subjetiva, havendo maior dificuldade de verificação do vício, como nas hipóteses de:
    b.1) amizade ou inimizade entre o juiz e as partes e
    b.2) interesse do julgador no resultado do processo;
c) tanto o impedimento quanto a suspeição são considerados, pelo regime que o CPC lhes determina, vícios que afetam a *validade* do processo. Em verdade, se trata de requisito de validade dos atos processuais praticados pelo juiz, devendo-se lembrar que a decisão judicial sobre o pedido se trata do ato mais importante de todo o processo, sendo seu ato-fim. Todavia, o impedimento é uma invalidade ainda mais grave – e isso justifica, em grande parte, a divisão das hipóteses de parcialidade em duas tipologias – o impedimento e a suspeição. Mesmo após o trânsito em julgado,[9] o impedimento é uma invalidade que continua podendo ser atacada, por meio de uma ação voltada à quebra da coisa julgada, a ação rescisória. Já a suspeição somente pode ser analisada e corrigida enquanto o processo está em trâmite.

2.12. Respeito ao formalismo processual

O processo como um todo (procedimento) é formado por muitos atos. E cada um desses atos possui, segundo regramentos extraídos do CPC, requisitos para que sejam formalmente perfeitos.

9. Trânsito em julgado é o fim da possibilidade de impugnação de uma decisão judicial, por meio de recursos. Quando transita em julgado uma decisão judicial que tenha apreciado a situação de direito material levada ao Estado-juiz, o pronunciamento judicial passa a ostentar uma qualidade ou eficácia chamada de *coisa julgada material* ou somente *coisa julgada*. Tal qualidade ou eficácia da decisão a torna imutável ou indiscutível. A "ação rescisória" se trata de ação voltada a quebrar essa imutabilidade e permitir nova discussão sobre a situação de direito material. Um dos motivos que podem levar a tanto é a *parcialidade do juiz*. Não qualquer hipótese de parcialidade, mas tão somente o *impedimento*.

A exigência de que um ato processual seja formalmente perfeito visa a uma finalidade: garantir que a função jurisdicional seja exercida em respeito às garantias constitucionais do processo.

Logo, quando o art. 319, III do CPC afirma que a petição inicial deve conter "fundamentos de fato", ou seja, a causa de pedir fática ou remota, visa a garantir que o réu possa desenvolver a ampla defesa e contraditório; visa a garantir segurança jurídica, pois a identificação dos fatos que motivam certo pedido identifica a situação de direito material que se pretende analisar e será utilizada para impedir que, no futuro, a parte eventualmente derrotada tente, novamente, buscar a tutela jurisdicional do Estado, violando a coisa julgada.

Destarte, a validade processual está também atrelada ao respeito aos requisitos de validade dos diversos atos que fazem parte do procedimento. Destes atos, é óbvio que alguns são sistematicamente mais importantes do que outros, podendo-se mencionar como exemplos a petição inicial (que dá início ao procedimento e fixa os limites da situação de direito material a ser decidida) e a sentença.

Os atos de comunicação processual também devem ter sua validade analisada de forma minuciosa, pois são aqueles que permitem, em diversas circunstâncias, que a ampla defesa e contraditório se perfectibilizem. Pense, por exemplo, na intimação da sentença, a fim de que o derrotado recorra, caso assim queira.

Por tudo quanto dito, tem-se que o operador do direito deve ficar atento ao preenchimento dos requisitos de validade dos diversos atos que formam o procedimento, em especial daqueles que possuem uma função muito relevante nesta cadeia.

Fredie Didier, tratando do tema, assim se pronuncia:

> Assim, exemplificativamente, podem ser citados os seguintes requisitos objetivos intrínsecos de validade: a) petição inicial apta; b) comunicação dos atos processuais, inclusive e principalmente a citação; c) respeito ao princípio do contraditório; d) obediência ao procedimento, como, por exemplo, a necessidade de intimação da parte para manifestar-se sobre documento juntado ao processo pela outra; e) escolha correta do procedimento.[10]

2.13. Requisitos negativos de validade - litispendência, coisa julgada, perempção e convenção de arbitragem

Por fim, litispendência, coisa julgada, perempção e convenção de arbitragem se tratam de requisitos de validade *negativos* do processo, o que significa que a validade do processo – visto como procedimento – está condicionada à inexistência de todos eles.

É comum que doutrina e jurisprudência se refiram a eles como *pressupostos processuais negativos* ou *pressupostos processuais de validade negativos*. Todavia, já demonstrei anteriormente que a expressão *pressupostos processuais* somente será utilizada para se referir aos requisitos de *existência do processo*.

10. DIDIER JR., Fredie. *Curso de direito processual civil*. v. 1. Salvador: Juspodivm, 2015, p. 340.

Litispendência, coisa julgada, perempção e convenção de arbitragem já foram definidas anteriormente ao longo de nossa obra, em especial nos Capítulos 1 e 5.

Poderia, sem sombra de dúvidas, pedir que voltassem a ler os aludidos capítulos a fim de relembrarem seus conceitos. Mas isso ia dificultar a sua vida e este livro deve facilitá-la. Logo, repriso os conceitos de cada uma delas.

Litispendência: designa a *existência, simultânea, de duas demandas idênticas em trâmite*, como determina o art. 337, § 3º.

O Código de Processo Civil, no art. 485, V, aponta a litispendência como causa de extinção do processo sem resolução do mérito. A verificação de que existem duas demandas idênticas (mesmas partes, causa de pedir e pedido), ou seja, de que há *litispendência*, leva à extinção de um dos processos que por meio de tais demandas tiveram iniciam.

Como já vimos no Capítulo 5, mantém-se em curso o processo que tramita no juízo prevento e extingue-se o outro. O processo extinto é inválido, nulo, por erro de forma presente desde sua origem.

O motivo pelo qual se deve impedir que duas demandas idênticas (mesmas partes, causa de pedir e pedido) tramitem ao mesmo tempo é a manutenção da segurança jurídica.

Seria, realmente, ruim para o sistema jurídico que um mesmo conflito intersubjetivo fosse discutido e tutelado por mais de uma vez, entre as mesmas partes. Seria, de certo modo, uma afronta à previsibilidade que o processo deve garantir às relações jurídicas de direito material.

Coisa julgada: em outras situações, por meio da análise dos elementos da ação, verifica-se que uma demanda em trâmite é idêntica a outra que já foi processada e julgada definitivamente por decisão transitada em julgado (irrecorrível), tal como define o art. 337, § 4º do CPC.

Por isso, não se deve novamente discutir judicialmente o conflito que as partes já tiveram oportunidade de sanar anteriormente, pois já existe sobre o tema coisa julgada. Mais uma vez tem-se a proteção do valor *segurança jurídica*.

Fala-se de efeito negativo da coisa julgada ou de coisa julgada como requisito de validade negativo quando se refere a ela como impedimento a que novamente se discuta, entre as mesmas partes, o conflito de direito material já solucionado pelo Poder Judiciário. Se um processo tem início por meio de demanda que contém os mesmos elementos da ação de demanda anterior que foi decidida por meio de sentença transitada em julgado, será inválido, devendo ser extinto sem resolução de mérito (art. 485, V do CPC).

Perempção: pode ser definida como a *perda do direito de obter uma sentença de mérito ocasionada pela prévia extinção de demanda idêntica por abandono, por três vezes*. A perempção atinge, pois, o direito de ação processual (ou seja, o direito a uma sentença de mérito por parte do autor), embora não seja uma vedação para que, na condição de réu, o sujeito apresente determinada situação de direito material como *defesa*.

Passa-se a um exemplo para que se demonstre em que situação a perempção poderá ocorrer. Ana Clara ajuíza uma demanda de cobrança em face de Fernanda, na qual requer o pagamento de um empréstimo não adimplido. Por desídia da autora e a requerimento da ré (súmula 240 do STJ), a demanda é extinta por abandono, sem resolução do mérito (art. 485, III do CPC). Novamente Ana Clara ajuíza demanda para cobrança do empréstimo de Fernanda, sendo novamente extinta por abandono. Em uma terceira oportunidade, propõe nova demanda com esse propósito. Por incrível que pareça, mais uma vez tem-se extinção por abandono.

Na improvável hipótese de existirem três extinções em sequência, todas por abandono, de demandas que apresentam os mesmos elementos da ação, surge o impedimento processual a que, numa quarta oportunidade, se obtenha decisão de mérito, que é a *perempção*.

Logo, é inválido o processo que se inicie por meio de demanda perempta, devendo ser extinto sem resolução de mérito (art. 485, V do CPC)

Convenção de arbitragem: é o negócio jurídico que formaliza o acordo de vontades entre as partes que pretendem discutir litígios, existentes ou potenciais, ante o órgão arbitral. A convenção de arbitragem possui duas espécies: a (i) *cláusula compromissória* e o (ii) *compromisso arbitral*.

A *cláusula compromissória* é uma cláusula contratual, inserida em contrato escrito, que estipula que quaisquer conflitos que surjam relacionados àquele negócio jurídico (desde que se refiram a direitos patrimoniais disponíveis) deverão ser resolvidos por meio de arbitragem. A cláusula compromissória é um pacto genérico que necessita ser especificado caso surja, efetivamente, um litígio.

O *compromisso arbitral* é o acordo de vontades por meio do qual se submete à arbitragem a discussão de um conflito especificado, o que se dá, portanto, depois de seu surgimento. O compromisso arbitral pode ser firmado como especificação de uma cláusula compromissória que tenha sido pactuada entre as partes ou de iniciativa autônoma dos sujeitos, não relacionada a prévio acordo de vontades.

A existência de convenção de arbitragem – em qualquer de suas duas modalidades – faz com que seja inválido o processo iniciado por meio de demanda que discuta conflito que as partes acordaram em tutelar diante do árbitro. Por essa razão, deve ser o processo extinto sem resolução do mérito – sem julgamento do pedido feito (art. 485, VII do CPC).

Salvo a existência de convenção de arbitragem, que precisa ser alegada pelo réu em sua contestação (ou seja, na primeira oportunidade que tem para apresentar suas defesas, dirigidas contra a demanda proposta pelo autor), os demais requisitos de validade negativos se tratam de questões de ordem pública, que o magistrado pode conhecer sem a necessidade de provocação da parte interessada (ou de, *ex officio*). Essas diretrizes normativas são construídas a partir da interpretação do art. 337, § 5º do CPC.

Capítulo 8
LITISCONSÓRCIO

1. LITISCONSÓRCIO – CONCEITO

Como aponta José Carlos Barbosa Moreira, em obra clássica,[1] o litisconsórcio é o fato processual de mais de uma pessoa ou ente, simultaneamente, figurarem no mesmo polo do processo. É a pluralidade de autores e/ou de réus.

O processo se torna muito mais complexo quando tiver início por meio de demanda que englobe cumulações objetivas e/ou subjetivas (pluralidade de causas de pedir, pedidos e/ou de partes). Verificam-se certas dificuldades quando qualquer das duas formas de cumulação (objetiva ou subjetiva) ocorre, visto que surgirão dúvidas que não se observam nas demandas de estrutura simplificada (um só autor deduzindo um só pedido em face de um só réu). Por exemplo, será necessário investigar qual a relação que existe entre as pessoas que participam do mesmo polo da relação processual (litisconsortes); qual a relação entre os pedidos, etc.

Vários dos mais sérios problemas relacionados ao processo civil situam-se na esfera do estudo das cumulações, sendo exemplo o tema do litisconsórcio necessário, estudado mais abaixo neste capítulo.

Por isso é tão importante destrinchar as muitas peculiaridades e variações do litisconsórcio. Para tanto, uma vez identificado o que o litisconsórcio é (pluralidade de autores e/ou de réus) deve-se pesquisar (i) *em quais hipóteses pode-se formar o litisconsórcio* e (ii) *quais as classificações que o litisconsórcio pode ter*.

2. HIPÓTESES EM QUE É CABÍVEL FORMAR O LITISCONSÓRCIO

O art. 113 do CPC é responsável por demonstrar quais são as situações em que é possível formar-se o litisconsórcio. Em primeiro lugar, deve-se dizer que o tema sofre influência marcante do direito material deduzido em juízo.

Somente há três hipóteses em que se autoriza a formação do litisconsórcio. A primeira delas é a de "*comunhão de direitos ou de obrigações relativamente à lide*" (art. 113, I do CPC). Os litisconsortes possuem direito ou têm um dever relativo a um mesmo bem da vida. Veja os exemplos:

CASO 1: A afirma que é o verdadeiro proprietário do imóvel que está na posse de B e C, requerendo, portanto, que o bem lhe seja entregue. A obrigação de B e de C é, portanto, a de entregar o mesmo bem a A, caso este último tenha razão.

---

1. BARBOSA MOREIRA, José Carlos. *Litisconsórcio unitário*. Rio de Janeiro: Forense, 1972, p. 11.

CASO 2: X e Y, credores solidários, ajuízam ação de cobrança em face de Z, demandando-lhe que seja paga a dívida de R$ 200.000,00 que este último tem para com eles. O direito de X e Y, dessa forma, é o de receber o mesmo crédito.

A segunda hipótese que autoriza a formação do litisconsórcio é a de *conexão* entre as pretensões dos litisconsortes (art. 113, II do CPC).

A conexão não é difícil de enxergar quando a semelhança entre as pretensões se localiza no pedido, visto que basta observar se as partes estão discutindo a titularidade do mesmo bem da vida (e não de bens parecidos. Lembre de tudo o que estudamos no Capítulo 5). Todavia, não é essa a espécie de conexão que, na maioria dos casos, justifica a formação de litisconsórcios por conexão, mas sim a que se relaciona à identidade entre as causas de pedir.

Para que haja conexão entre as pretensões deduzidas pelos litisconsortes, pela causa de pedir, é necessário que, pelo menos, um dos elementos fáticos que fundamentam os pedidos feitos por eles seja idêntico. Em suma: deve-se pesquisar a causa de pedir remota e um dos fatos ali descritos deve ser exatamente o mesmo. Assim ocorre, por exemplo, no caso em que A, B e C cobram de D indenização pelo fato de este último ter-lhes causados danos materiais decorrentes de acidente de trânsito. Percebam que na causa de pedir remota de todos eles existe um elemento essencial e comum: o engavetamento de carros (a batida coletiva) foi provocado por D. O fato de onde nascem as lesões individuais é exatamente o mesmo. Perceba que não foram acidentes diferentes, mas semelhantes, os que aconteceram com A, B e C. Foi exatamente o *mesmo acidente*. Daí se dizer que parte da causa de pedir de cada um deles é igual. Logo, há conexão.

A grande dificuldade que os operadores do direito têm é a de diferenciar a conexão de um outro tipo de relação entre as pretensões, mais tênue e, portanto, fraca, mas que igualmente permite a formação do litisconsórcio, que é a chamada "*afinidade de questões por ponto comum de fato ou de direito*"(art. 113, III do CPC) .

Os pedidos feitos pelos litisconsortes têm algo em comum, mas se trata de ligação menos intensa do que a chamada conexão, visto que *nenhum dos elementos da causa de pedir remota será idêntico*.

Como visto no Capítulo 5, há *afinidade de questões de direito* quando cada parte tutela direito autônomo seu – e que não possui nenhum vínculo de fato com o do outro – com base na mesma *tese jurídica*. Observe o exemplo:

Duas empresas, X e Y, atuam na mesma área de comércio, sendo concorrentes. Não realizam qualquer parceria. Seus donos nunca se viram. Comum entre elas é pagar o *mesmo tipo de tributo* e ter o *mesmo advogado* que, certo dia, lhes apresenta uma tese jurídica tributária, que lhes permitirá não mais pagar certo imposto. É possível que ajuízem em litisconsórcio a demanda na qual pedirão a exoneração do dever de pagar o aludido tributo? Sim.

No caso em tela, nenhum elemento fático é comum entre ambas. Os impostos pagos pela empresa X decorrem dos negócios que ela fecha. Idem em relação à empresa Y. Se não há nenhum fato comum nas causas de pedir remotas de ambas, o que é idêntico é a tese jurídica que sustenta seus pedidos. Trata-se da mesma tese. *Isso é a afinidade de questões de direito*. Pessoas que nunca travaram qualquer relacionamento, que se situem no Rio Grande do Norte e no Rio Grande do Sul, podem ter pleitos ligados por afinidade de questões de direito. Não é à toa que hoje se fala tanto na necessidade de técnicas de julgamento de demandas repetitivas.

Já a *afinidade de questões fáticas* se trata de um tema mais árido, visto que será necessário diferenciá-la da conexão fundada na causa de pedir, o que muitos não conseguem fazer no cotidiano do foro.

Basicamente, numa hipótese em que há afinidade de questões de fato, nenhum dos elementos essenciais para formar a causa de pedir é igual. Todavia, existem pontos comuns, a serem discutidos no desdobramento do processo, que justificam o julgamento em conjunto, tanto para evitar decisões contraditórias como para garantir economia processual. É difícil visualizar a afinidade de questões de fato sem um exemplo. Com ele, todavia, as coisas se clareiam bastante. Observe:

CASO 1: Roberto adquire um automóvel modelo "X" na concessionária B. Na mesma época, Pedro também compra um automóvel do mesmo modelo, na mesma concessionária.

Passa-se pouco tempo (semanas) e os dois automóveis apresentam defeito semelhante: o motor se apaga subitamente quando estão atravessando áreas inclinadas, como uma ponte.

Sem que um saiba da situação do outro, já que não se conhecem ainda, Roberto e Pedro dirigem-se à concessionária e exigem a troca de seus carros, o que é prontamente negado. Revoltados, procuram o mesmo advogado, por coincidência. Este resolve ajuizar uma demanda para os dois, fundamentando o litisconsórcio na previsão do art. 113, III do CPC. É possível? Não há um só ponto comum entre os elementos essenciais das duas causas de pedir. São dois carros diferentes; cada um teve seu próprio defeito; são duas as negativas de troca dirigidas contra a concessionária (uma para cada carro). Como justificar o litisconsórcio?

Embora, realmente, não haja identidade entre os fatos que compõem a causa de pedir remota, é possível que exista um *motivo comum* para que os defeitos sentidos particularmente por cada litigante tenham acontecido, que é o defeito na concepção (criação) de certo componente usado em ambos os carros e que seja o responsável pelo defeito. A origem comum do defeito que cada carro ostenta não é um elemento essencial da causa de pedir remota de uma demanda voltada a requerer a troca do veículo ou o seu conserto. Se Roberto e Pedro ajuizassem duas demandas distintas (cada um a sua), não haveria a menor necessidade de que mencionassem essa circunstância.

Todavia, como o advogado de ambos desconfia seriamente que esteja diante de um caso em que o defeito de cada um dos carros tenha uma origem comum de fato, ele imagina que seja menos dispendioso e mais rápido ajuizar uma só demanda tendo as partes como litisconsortes, visto que uma só prova pericial poderá concluir se se está diante de um defeito imputável à montadora ou não.

Quando eu era bem mais jovem, um caso ficou muito famoso: um modelo da Fiat, chamado Tipo, tinha um problema sério que fazia com que o carro simplesmente se incendiasse, chegando a gerar morte de várias pessoas.[2]

Pense, agora, comigo: é possível que, por razões totalmente diferentes e por obra do acaso, diversos veículos do mesmo modelo se incendeiem? Sim, possível é. Mas é bem estranho. Quando esse tipo de situação começa a ocorrer, relacionada a bens de consumo produzidos em série, provavelmente existe uma causa comum para cada um dos acidentes ocorridos. E essa causa comum, que é uma dúvida sobre fatos (será que os acidentes são todos provocados por defeito de um mesmo tipo de peça, por exemplo, subdimensionada ou que utiliza material frágil?), justifica uma análise conjunta dos problemas individuais e particulares de pessoas diferentes pois uma mesma prova pericial poderá aferir que realmente há uma origem comum a todos os acidentes, gerando economia processual e evitando decisões contraditórias.

A afinidade por questões de fato está diretamente relacionada à produção da prova e pressupõe a existência de origem comum de fatos particulares, distintos, que as partes não compartilham. Veja o exemplo que eu dei: cada parte sofreu um acidente (incêndio) de seu próprio carro, sofrendo seus próprios danos, em dia, horário e local diferente.

Interessante notar que em toda demanda na qual existe afinidade por questões de fato, também haverá afinidade por questões de direito. Já o contrário, não é verdade.

3. CLASSIFICAÇÕES DO LITISCONSÓRCIO

Quatro são os critérios com base nos quais, normalmente, se classifica o litisconsórcio:

a) topológico: de acordo com o polo da demanda em que haja a pluralidade de partes, pode o litisconsórcio ser *ativo* (mais de um autor), *passivo* (mais de um réu), *misto ou recíproco* (mais de um autor e de um réu);[3]

---

2. Por curiosidade, procurei na internet e descobri que esses problemas tiveram início em 1995, época em que o aludido modelo chegou a liderar as vendas no Brasil. Ademais, verifiquei que os incêndios se deviam à incapacidade das mangueiras do sistema hidráulico da direção de lidar com a pressão que se acumulava ao girar o volante de forma total seguidamente, como, por exemplo, ao se manobrar para entrar em uma vaga apertada. Nesses casos, uma mangueira se soltava e o fluido volátil do sistema de direção hidráulica caía no compartimento do motor que, por estar quente, dava início à combustão.
3. Nesse sentido, BARBOSA MOREIRA, José Carlos. *Litisconsórcio unitário.* Rio de Janeiro: Forense, 1972, p. 11.

b) sorte no plano material: se o magistrado tiver de decidir de modo uniforme ou não puder proferir decisões incompatíveis em relação aos litisconsortes,[4] diz-se que é *unitário*; se puder proferir soluções independentes, distintas, o litisconsórcio será *simples* (ou comum)[5];

c) obrigatoriedade da formação: se for obrigatória a formação do litisconsórcio, classifica-se de *necessária* a cumulação subjetiva; se a formação do litisconsórcio não for imprescindível, mas sim uma possibilidade, fala-se em litisconsórcio *facultativo*;

d) momento de formação: se se formar no limiar da relação processual (se for possível identificá-lo desde a propositura da petição inicial), chama-se litisconsórcio *inicial*; se posteriormente, litisconsórcio *ulterior*.

4. LITISCONSÓRCIO UNITÁRIO E SIMPLES

A grande utilidade em se saber se o litisconsórcio é unitário ou simples reside na aplicação do regime comum ou especial do litisconsórcio, ambos previstos no art. 117 do CPC[6]:

> Art. 117. Os litisconsortes serão considerados, em suas relações com a parte adversa, como litigantes distintos, exceto no litisconsórcio unitário, caso em que os atos e as omissões de um não prejudicarão os outros, mas os poderão beneficiar.

Os regimes do litisconsórcio (comum e especial) tratam, basicamente, da influência dos atos praticados por um litisconsorte sobre o outro. Temas como a eficácia dos atos praticados e extensão dos efeitos de atos praticados por um litisconsorte em relação ao outro são resolvidos de acordo com o regime que se adote para o litisconsórcio. Ex.: caso um dos litisconsortes passivos (réus) apresente contestação e o outro não o faça, pode o ato de um beneficiar ao outro? E se um dos litisconsortes derrotados recorre, sem que o outro o faça, aquele que ficou inerte se beneficia? O reconhecimento jurídico do pedido realizado por um litisconsorte pode prejudicar o outro? Essas são questões muito importantes para o desenrolar do processo e precisam ser respondidas.

---

4. "O que está à base da unitariedade do litisconsórcio é a imperiosidade da coerência no trato destinado a eles". DINAMARCO, Cândido Rangel. *Intervenção de terceiros*. 3 ed. São Paulo: Malheiros, 2002, p. 91.
5. Barbosa Moreira e Dinamarco, os dois processualistas brasileiros que mais profundamente escreveram sobre o tema do litisconsórcio unitário e, por consequência, sobre seu antônimo, o *simples* ou *comum*, têm preferência clara pelo emprego do segundo nome – litisconsórcio comum, embora o processualista carioca demonstre que a terminologia "simples" decorra do uso continuado da doutrina alemã. A preferência tem razão de ser, visto que se denomina comum o regime de independência dos litisconsortes, que se atrela, justamente, aos casos identificados com o litisconsórcio "comum ou simples". Vide BARBOSA MOREIRA, José Carlos. *Litisconsórcio unitário*. Rio de Janeiro: Forense, 1972, p. 13; DINAMARCO, Cândido Rangel. *Litisconsórcio*. 5 ed. São Paulo: Malheiros, 1997, p. 68.
6. Nesse sentido, embora teça lição relativa ao CPC/39, BARBOSA MOREIRA, José Carlos. O litisconsórcio e seu duplo regime. In: *Direito processual civil (ensaios e pareceres)*. Rio de Janeiro: Borsói, 1971, p. 40.

Por isso é essencial saber qual regime do litisconsórcio deve ser aplicado (comum ou especial), estando tal resposta atrelada à classificação da cumulação subjetiva em *simples* ou *unitária* (litisconsórcio simples ou unitário).

Para tanto, deve-se iniciar pela definição de litisconsórcio unitário, que hoje está pacificada, mas que durante muito tempo gerou intenso debate e produção científica.

O estudo do litisconsórcio unitário confundiu-se, durante muito tempo, com o do litisconsórcio necessário (o que se trata de um grave erro, pois envolve duas classificações diferentes),[7] principalmente por conta da redação do § 62 do Código de Processo Civil alemão (ZPO), que inspirou a redação dos revogados arts. 90 do CPC/39 e 47 do CPC/73. Devido à importância do enunciado legislativo estrangeiro, opta-se por transcrevê-lo, na tradução de Barbosa Moreira:

> Quando a relação jurídica litigiosa só puder ser declarada uniformemente quanto a todos os litisconsortes, ou por outra razão for necessário o litisconsórcio, os litisconsortes que tiverem deixado de comparecer a alguma audiência ou perdido algum prazo considerar-se-ão representados pelos comparecentes.

Verifica-se que a primeira ideia que o dispositivo legal transmite ao hermeneuta é a de que *necessariedade* e *unitariedade* se confundem, parecendo existir, entre ambas as modalidades, relação de gênero e espécie. Esse raciocínio gerou divergências no correr da história do direito processual brasileiro, como disse acima.

Luzes somente surgiram a partir dos ensinamentos de Pontes de Miranda[8] e, principalmente, do vasto material produzido por Barbosa Moreira.[9] O primeiro introduziu a terminologia litisconsórcio unitário, com a qual se designava a espécie no CPC austríaco. O segundo foi vital para que se fixasse a premissa essencial acerca da relação entre os conceitos de litisconsórcio necessário e unitário, em estudos cuja influência excedeu os limites do território nacional.[10] Ensina Barbosa Moreira, em lição que se transcreve pela clareza e objetividade:

> O conceito de litisconsórcio unitário não coincide com o de litisconsórcio necessário nem na compreensão, nem na extensão. Quanto ao primeiro, basta ver que a estrutura inteligível daquela

---

7. Na Itália percebe-se, tanto na doutrina mais antiga como na moderna, o tratamento, por vezes indistinto, entre o litisconsórcio necessário e o unitário. Vide ZANZUCCHI, Marco Tullio. *Diritto processuale civile*. v. I. Milano: Giuffrè, 1946, p. 296. Transcreve-se passagem de Verde, nesses termos: "Tra il litisconsorzio necessario e quello facoltativo la dottrina ha individuato un´ipotesi intermedia, che ha denominato del liticonsorzio unitario (o anche del cumulo necessario)". VERDE, Giovanni. *Profili del processo civile*. v. 1. 5 ed. Napoli: Jovene, 1999, p. 245.
8. PONTES DE MIRANDA, Francisco Cavalcanti. *Comentários ao Código de Processo Civil*. v. 1. Rio de Janeiro: Forense, 1975, p. 338 e ss.
9. BARBOSA MOREIRA, José Carlos. O litisconsórcio e seu duplo regime. In: *Direito processual civil (ensaios e pareceres)*. Rio de Janeiro: Borsói, 1971, pp. 39-49; Notas sobre o litisconsórcio necessário no direito brasileiro e no alemão. In: *Direito processual civil (ensaios e pareceres)*. Rio de Janeiro: Borsói, 1971, pp. 50-57; *Litisconsórcio unitário*. Rio de Janeiro: Forense, 1972.
10. Dinamarco demonstra que, na Itália, em 1979, ao escrever sobre o assunto, Giorgio Constantino referiu a pioneira obra de Barbosa Moreira, para chegar às conclusões do jurista brasileiro. DINAMARCO, Cândido Rangel. *Litisconsórcio*. 5 ed. São Paulo: Malheiros, 1997, p. 122, nota 7.

figura tem como nota típica a obrigatoriedade da decisão uniforme no mérito; a desta, a indispensabilidade da presença simultânea de duas ou mais pessoas no polo ativo ou no polo passivo do processo. Ora, evidentemente *não é o mesmo* terem de participar A e B, conjuntamente, do processo, e ter o juiz de tratar A e B de modo uniforme na sentença definitiva.[11]

Distintos os conceitos, pode-se afirmar que o litisconsórcio é unitário *quando o julgador somente puder decidir de modo uniforme, para os litisconsortes, a relação jurídica litigiosa.*[12]

Pede-se vênia para, mais uma vez, citar-se Barbosa Moreira, que ensina:

Bem diverso é o caso quando, unitário o litisconsórcio, se tem de assegurar a todo custo a *uniformidade* da regra jurídica concreta que há de disciplinar a situação dos colegitimados.[13]

Uma vez definido o que é o *litisconsórcio unitário*, tem-se, como consequência que o litisconsórcio será *simples* quando o juiz puder proferir decisões distintas para os litisconsortes (ex.: um poderá ver vitorioso e o outro derrotado).

Apresentadas as definições de litisconsórcio unitário e simples, surge importante questionamento: quando deve o julgador decidir a relação de direito material objeto do processo de modo *uniforme* para todos os litisconsortes e quando poderá proferir decisões *distintas* em relação a eles?

A resposta está intimamente ligada a *uma das características do bem objeto* de tutela jurisdicional. Explica-se: se os litisconsortes vierem a juízo requerer a proteção de um bem *indivisível*, é imperativo que o Estado-juiz dê solução idêntica para ambos.

Veja o exemplo: Roberto e Pedro compraram um carro em sociedade. Passados alguns dias, perceberam que o carro possuía vício oculto (redibitório). Foram à concessionária que lhes vendera o veículo e pleitearam a troca, o que foi negado, atitude que lhes motivou a buscar o Judiciário requerendo a condenação da concessionária a proceder à troca negada. No caso em tela, não é possível ao juiz dar tutela de direito material distinta a Roberto e a Pedro. Ou determinará a troca, favorável aos dois, ou a indeferirá. O motivo disso é que o bem protegido é *indivisível*. Roberto e Pedro são cotitulares de um bem que não se pode dividir, pois pertence, em sua inteireza, a ambos.

Por outro lado, se a proteção requerida pelos litisconsortes disser respeito a bens *divisíveis*, é possível que o juiz dê solução distinta para cada uma das partes, o que caracterizará o litisconsórcio como simples. Basta pensar no seguinte exemplo: quatro pessoas alegadamente se envolveram em um acidente de trânsito. Destas, três (A, B e C) apontam a quarta como responsável (D). Cada uma pede o ressarcimento

11. BARBOSA MOREIRA, José Carlos. *Litisconsórcio unitário*. Rio de Janeiro: Forense, 1972, p. 131.
12. Nesse sentido BARBOSA MOREIRA, José Carlos. O litisconsórcio e seu duplo regime. In: *Direito processual civil (ensaios e pareceres)*. Rio de Janeiro: Borsói, 1971, p. 49; Notas sobre o litisconsórcio necessário no direito brasileiro e no alemão. In: *Direito processual civil (ensaios e pareceres)*. Rio de Janeiro: Borsói, 1971, p. 51; *Litisconsórcio unitário*. Rio de Janeiro: Forense, 1972, p. 13.
13. BARBOSA MOREIRA, José Carlos. *Litisconsórcio unitário*. Rio de Janeiro: Forense, 1972, p. 162.

dos danos materiais e morais que alega ter sofrido individualmente. Observe, pois, que cada uma pede a proteção de um bem exclusivamente seu, o que caracteriza, portanto, a *divisibilidade*. Sendo assim, é possível que alguns ganhem, outros percam, ou seja, que haja decisões diferentes para cada um dos litisconsortes.

Uma vez identificado quando o litisconsórcio é *unitário* ou *simples*, resta tratar das consequências e efeitos que essa diferença traz.

Para isso, volta-se a afirmar que a importância da distinção feita – litisconsórcio simples e unitário – reside em que ao primeiro (simples) corresponde o *regime comum* do litisconsórcio, cuja característica marcante é a *independência* entre os sujeitos que compartilham o polo da demanda, ao passo que ao segundo (unitário) corresponde o *regime especial*, cuja marca essencial é a de que os atos praticados por uma parte podem influenciar a situação jurídica da outra.[14]

O *regime comum* do litisconsórcio é regido pelo chamado *princípio da autonomia*, que enuncia a *regra* da indiferença dos atos de um litisconsorte em relação ao outro. Contrapõe-se ao regime *especial*, regulado pelo princípio da interdependência entre os litisconsortes, em que a primeira regra é, pelo menos parcialmente, afastada.

Fixadas as premissas acima, sobre os dois regimes do litisconsórcio, eis que surge o questionamento que se relaciona a eles: *qual a extensão dos atos de um litisconsorte ao outro*?

Vê-se, no cotidiano forense, tendência a se dizer que o conteúdo do ato é o elemento que deve indicar qual deve ser a sua extensão subjetiva, ou seja, se pode alcançar o litisconsorte que não o praticou: se *favorável* o ato, estende-se aos demais litisconsortes; se *desfavorável*, não.[15] Embora exista entendimento clássico – Barbosa Moreira – que se utiliza de outro tipo de raciocínio para resolver a questão levantada (extensão dos atos de um litisconsorte ao outro)[16], entende-se que a fórmula "atos favoráveis e atos desfavoráveis" é suficiente, como se passa a explicar.

Tanto se o litisconsórcio for simples quanto se for unitário, é possível defender a conclusão apresentada no parágrafo anterior. Todavia, os motivos que fazem com que se chegue a essa conclusão são diferentes a depender do tipo de litisconsórcio.

No litisconsórcio simples, em que se tutelam bens divisíveis, atos prejudiciais praticados por um não se estendem ao outro pelo simples fato de que cada parte está

14. Nesse sentido, BARBOSA MOREIRA, José Carlos. *O litisconsórcio e seu duplo regime*. *op. cit.*, p. 49. Vide, também, BARBOSA MOREIRA, José Carlos. *Litisconsórcio unitário*. Rio de Janeiro: Forense, 1972, p. 177.
15. Nesse sentido, julgado do Tribunal de Justiça de Minas Gerais: "Em litisconsórcio necessário unitário, a contestação de um dos corréus supre a omissão dos demais, não conduzindo à presunção de veracidade dos fatos alegados pelo autor, em fidelidade ao princípio de que os atos benéficos, ao contrário dos atos e omissões prejudiciais, estendem seus efeitos a todos os litisconsortes (RJTAMG 58/141)".
16. Barbosa Moreira, ao tratar do tema em tela, primeiro faz a distinção entre os atos *alternativos* e os *determinantes;* depois demonstra a influência que esses tipos de atos possuem em relação ao outro litisconsorte, quando a cumulação subjetiva for simples ou unitária.

a tutelar um bem exclusivamente seu, distinto do que a outra parte alega ter. Por isso o ato prejudicial restringe sua eficácia ao litisconsorte que o praticou.

Veja o seguinte exemplo: três pessoas (A, B e C) ajuízam demanda em face de D, alegando que esta última foi responsável por gerar-lhes dano moral por conta de uma declaração que deu em jornal escrito. Observe que o litisconsórcio em tela é simples, pois cada uma delas tutela seu próprio patrimônio imaterial, podendo-se dizer que cada parte teve seu exclusivo dano moral. Sendo assim, se uma das partes *renuncia* ao seu direito, desiste da ação, deixa de recorrer, os efeitos desse ato *prejudicial* não podem se estender à outra parte, que veio a juízo proteger direito distinto da que renunciou, desistiu ou não recorreu.

Já no litisconsórcio unitário *outro é o motivo* pelo qual os atos prejudiciais praticados isoladamente por um dos litisconsortes não podem surtir efeito em relação ao outro: como o bem que eles tutelam é *indivisível*, não surte qualquer efeito o ato prejudicial praticado somente por um deles, visto que pertinente ao dois. Com um exemplo fica muito simples entender a afirmação. Telma ajuíza demanda de reintegração de posse em face de Rodrigo e Catarina, marido e mulher, dizendo que a posse justa pertence a ela e não aos dois. Como, no caso em tela, marido e mulher estão na composse da área, tem-se que tutelam um bem indivisível. Não teria nenhum efeito o ato de Rodrigo que, sozinho, reconhecesse juridicamente o pedido, visto que se Rodrigo e Catarina são os compossuidores, ambos necessitariam agir dessa forma, caso se quisesse atribuir eficácia à disposição de direitos.

Chega-se, então, à primeira conclusão: por *motivos diferentes*, tanto no litisconsórcio unitário quanto no simples, os atos prejudiciais praticados por um litisconsorte não se estendem ao outro.

No que tange aos atos *benéficos*, deve-se fazer a seguinte construção, relacionando-os às duas modalidades do litisconsórcio: se for *unitário*, os atos benéficos de um *sempre* deverão se estender ao outro, visto que ambos estão a tutelar um bem indivisível, que é simultaneamente dos dois. Assim, se um está a contestar, contesta em benefício de ambos; se está a recorrer, idem.

Já se o litisconsórcio for simples, *não* se pode simplesmente dizer que os atos benéficos praticados por um *não* se estendem ao outro litisconsorte, como faz Barbosa Moreira. Realmente todos precisamos lembrar que, em *regra*, não faz sentido essa extensão, já que cada um dos litisconsortes simples está a proteger interesse só seu.

Sendo assim, se "X" contesta, o faz para proteger situação jurídica só sua. Se "Y" recorre, ataca o capítulo decisório desfavorável exclusivamente a ele. Basta pensar no caso acima já apresentado, em que A, B e C ajuizaram demanda de dano moral contra D, por declarações que este último prestou sobre eles em um jornal. Se os três autores perderem e somente A recorrer, seu intuito somente será reverter a improcedência relativa a ele, visto que seu patrimônio moral é só seu e distinto do de B e C (os três estavam a tutelar bens *divisíveis*, cada um tendo o seu próprio).

Fique claro, então, para o prezado leitor, a seguinte concepção: a divisibilidade, que caracteriza o bem objeto de tutela dos litisconsortes simples, impõe como efeito a regra da impertinência dos atos benéficos de um em relação ao outro. Mas isso é somente uma *regra*, que cederá espaço toda vez que existir uma defesa que for comum aos litisconsortes simples, coisa muito comum de acontecer quando houver *conexão* entre os direitos defendidos pelos litisconsortes.

Veja o seguinte exemplo: A pretende reconhecer que é credor de B e C, visto que teriam assinado um contrato obrigando-se a pagá-lo certa quantia, sem que exista solidariedade passiva. Assim, B deveria pagar certo valor "x" e C, um valor "y". B é revel e C recorre dizendo que tal contrato não existe. Perceba que, embora seja simples o litisconsórcio (cada um possui, alegadamente, dívida exclusiva e divisível), a defesa apresentada é comum. Sendo assim, se trata de ato benéfico praticado por uma parte mas cujo conteúdo é pertinente a ambas, devendo seus efeitos serem estendidos, portanto, ao outro litisconsorte.

Chega-se, pois, à segunda conclusão: se o litisconsórcio for *unitário*, os atos *benéficos* praticados por um deles sempre estenderão seus efeitos ao outro; se for *simples*, a extensão dependerá do conteúdo do ato, que necessitará ser pertinente aos dois.

5. OS ATOS PROBATÓRIOS E A EXTENSÃO DE SUA EFICÁCIA AO OUTRO LITISCONSORTE

Sempre que se apresenta a conclusão contida no item anterior – referente à extensão da eficácia dos atos praticados por um litisconsorte em relação ao outro – uma dúvida muito importante para o processo fica no ar: as conclusões a que se chegou se aplicam caso se esteja falando dos atos probatórios?

Faz-se a pergunta de modo mais direto: as provas apresentadas em juízo por um dos litisconsortes somente poderão justificar uma decisão proferida em relação ao outro se o seu conteúdo for benéfico?

A resposta, aqui, deve ser diferente. A conclusão a que deve chegar é a de que o raciocínio que decorre da divisão do litisconsórcio em *unitário* e *simples* não pode ser aplicado em sede de matéria probatória.[17] Um dos princípios que regula a prova é o da *comunhão*, segundo o qual a prova é um instrumento do juízo, visto ser a responsável principal por permitir que o magistrado analise as questões fáticas pertinentes à causa. Sendo assim, pouco importa quem foi o responsável por juntar a prova aos autos. É possível que, com base nela, o magistrado justifique sua decisão, em benefício ou em prejuízo de quem for.

6. A SOLIDARIEDADE PASSIVA E A CLASSIFICAÇÃO DO LITISCONSÓRCIO EM SIMPLES OU UNITÁRIO

É muito comum a dúvida sobre qual tipo de litisconsórcio se forma quando ao menos dois devedores solidários estiverem no mesmo polo da demanda (em regra,

17. Essa é a conclusão a que chegou Fredie Didier Jr, com a qual concordamos. DIDIER JR, Fredie. *Curso de direito processual civil*, v. 1. 12 ed. Salvador: Juspodivm, 2010, p. 326.

como réus em uma ação condenatória). O caso será de litisconsórcio *unitário* ou *simples*?

O problema todo está em se tentar uma resposta única para a questão, visto que ela não existe. Sendo assim, haverá casos em que o litisconsórcio será unitário; em outros, simples.

Tudo dependerá do bem objeto da obrigação solidária, que o credor pretende receber dos devedores: se for *divisível* (dinheiro, por exemplo), o litisconsórcio será simples; se for *indivisível* (uma casa, por exemplo), será unitário.

Diante desse esclarecimento, o prezado leitor poderia pensar: "bem, sendo assim, devo aplicar ao litisconsórcio formado nos casos de solidariedade passiva o mesmo raciocínio que antes foi defendido acerca da extensão dos atos de um litisconsorte ao outro, fundamentado na distinção entre litisconsórcio simples e unitário".

Eis que perguntamos a você: *será que essa conclusão se aplica quando se estiver tratando do litisconsórcio formado pelos devedores solidários*? A resposta é **sim**, embora as peculiaridades do direito material subjacente façam com que, também aqui, os motivos segundo os quais se pode concluir desse modo também mereçam atenção especial.

Antes de se falar propriamente de questões processuais, deve-se dizer que quando há devedores solidários, existe uma só relação de direito material e mais de uma pessoa responsável por satisfazer uma obrigação lá descrita, cujo objeto pode ser divisível ou não.

Sendo assim, há elementos e características da relação comuns a todos os devedores (ex.: se o objeto da relação jurídica é lícito; se o contrato que a estabeleceu obedeceu a forma prescrita na lei, etc.). Por outro lado, há características específicas (ex.: um só dos devedores pode ter sido coagido a assinar o pacto; a prescrição pode ter corrido para um e não para o outro, o que o Código Civil permite que ocorra, etc.).

Com base nesses dados, deve-se apresentar a seguinte conclusão referente à extensão dos atos praticados por um litisconsorte ao outro: em se tratando de solidariedade passiva *não será suficiente para estudar o tema* saber se o litisconsórcio é simples (o bem objeto da obrigação é divisível) ou unitário (o bem objeto da obrigação é indivisível).

Será preciso acrescentar outro elemento a esta análise: se o ato praticado tem por objeto alegação comum a ambas as partes ou alegação específica. Demonstraremos isso com um exemplo:

A é credor de B e C, que lhe devem dinheiro solidariamente. Se ajuizada ação em face dos dois, o litisconsórcio será simples (dinheiro é bem divisível). Com base nesses dados, imagine o seguinte: ao contestar, B afirma que não existe a relação jurídica de crédito alegada e que, portanto, não existe dever de pagar a A. Como a relação de crédito é uma só, embora seu objeto seja divisível (dinheiro), trata-se de ato benéfico que poderá ser estendido ao outro litisconsorte.

Veja agora outra situação, também baseada no caso acima. Ao contestar, B afirma que foi coagido a firmar o pacto. Nesse caso, a defesa enfoca questão específica a B, não se podendo estender a C.

Observe, pois, que mais importante do que saber se o litisconsórcio formado pelos devedores solidários é simples ou unitário é pesquisar se a defesa feita por um deles respeita a elemento comum ou específico da relação jurídica de crédito em discussão.

7. LITISCONSÓRCIO NECESSÁRIO E FACULTATIVO

Não há dúvidas de que as maiores discussões e dificuldades em tema de litisconsórcio se referem à obrigatoriedade ou não de sua formação e os reflexos que isso traz para o processo. Por isso, você somente deve ultrapassar este tópico se conseguir compreender bem a diferença entre litisconsórcio necessário e facultativo, as hipóteses de formação de um e de outro, bem como os efeitos decorrentes de sua não formação.

7.1. Litisconsórcio necessário

Litisconsórcio necessário, nos termos do art. 114 do CPC, é aquele cuja formação é obrigatória, sendo duas as situações em que a necessariedade se revela:

a) quando o litisconsórcio for unitário, visto que, nessas situações, deve-se garantir o contraditório a todos aqueles que podem sofrer os *efeitos jurídicos* da decisão judicial.

   Preste atenção no seguinte ponto: a regra imposta pelo CPC é a de que o litisconsórcio unitário seja necessário. Todavia, essa regra pode ser excepcionada pelo legislador,[18] ao permitir o litisconsórcio facultativo unitário.[19] Ou seja, existem normas jurídicas mais específicas do que a que se constrói a partir da leitura do art. 114 do CPC, que permitem que, mesmo sendo unitário, o litisconsórcio seja facultativo. Vamos exemplificar o que dito acima.

   Primeiramente, com uma hipótese de litisconsórcio *necessário* e *unitário*: Pedro ajuíza ação reivindicatória em face de Rodrigo e Catarina, pleiteando a restituição da posse do apartamento que os últimos habitam, por afirmar que ele é o proprietário do bem e não os dois últimos. Rodrigo e Catarina são litisconsortes unitários, pois afirmam ser proprietários de um mesmo bem indivisível (o apartamento). Como não existe nenhuma regra jurídica mais específica do que a do art. 114 do CPC afirmando que, nessa hipótese, o litisconsórcio unitário pode ser facultativo, incide a norma geral (esse caso é interessante porque além do art. 114 do CPC, aplicável ao caso, existe norma

---

18. Barbosa Moreira, em obra que se tornou referência mundial sobre o tema, pelo pioneirismo, demonstra que a maioria dos casos de litisconsórcio unitário também deve ser classificada, por outro prisma, como de litisconsórcio facultativo. Como exemplo, a previsão contida no art. 1.314 do CC/2002, de onde se pode retirar essa regra. BARBOSA MOREIRA, José Carlos. *Litisconsórcio unitário*. Rio de Janeiro: Forense, 1972, p. 133.
19. Para uma listagem bastante ampla de situações em que é permitido *o litisconsórcio facultativo unitário* vide DINAMARCO, Cândido Rangel. *Litisconsórcio*. 5 ed. São Paulo: Malheiros, 1998, pp. 191-195.

específica que o endossa – art. 73, § 1º, I do CPC – e que funciona como um reforço normativo. Em verdade, o último artigo de lei nem precisaria existir pois: diante da ausência de norma mais específica que excepcione a geral, aplica-se esta última).

Por fim, um exemplo de litisconsórcio *facultativo* e *unitário*: Marina tem direito de receber de Roberto e Pedro um videogame que comprou dos últimos, seus antigos proprietários e devedores solidários. Vê-se que o objeto da dívida solidária é um bem indivisível (o videogame). Logo, se Marina ajuizar a demanda em face de ambos, o litisconsórcio, diante da indivisibilidade, será unitário. Todavia, o Código Civil dá ao credor a faculdade de cobrar o adimplemento da dívida solidária de um ou alguns dos devedores e não de todos. Isso faz com que qualquer litisconsórcio formado numa hipótese de débito solidário seja *facultativo*. Está-se, portanto, diante de um litisconsórcio *facultativo* e *unitário* neste exemplo.

b) quando houver norma legal expressamente determinando a sua formação (ex.: arts. 246, § 3º e 682 do CPC). Nesses casos, o litisconsórcio necessário é simples.

É muito comum que se discuta, no curso do processo, se a formação do litisconsórcio era necessária, por se enquadrar numa das duas hipóteses acima, ou tão somente facultativa.

No informativo 522, a 4ª Turma do STJ decidiu que

> na ação em que se objetive a restituição de parcelas pagas a plano de previdência privada, não há litisconsórcio passivo necessário entre a entidade administradora e os participantes, beneficiários ou patrocinadores do plano. Com efeito, no caso em que existam diversos titulares de direitos que derivem do mesmo título ou do mesmo fato jurídico e que estejam em jogo direitos patrimoniais, cabendo a cada titular uma parcela do todo divisível, será, em regra, eficaz o provimento concedido a algum deles, mesmo sem a presença dos demais. Isso porque a própria lei confere caráter de excepcionalidade ao litisconsórcio necessário, impondo-o apenas nas hipóteses previstas em lei ou pela natureza da relação jurídica. Sendo assim, como não se trata de hipótese em que o litisconsórcio necessário seja imposto por lei, tampouco se cuida de uma única relação jurídica indivisível, não há como falar, nesses casos, na configuração de litisconsórcio passivo necessário.

O principal dos temas relacionados ao litisconsórcio necessário, que apresenta reflexos práticos que podem ser sentidos no cotidiano do processo, diz respeito à sua não formação.

O primeiro questionamento que se deve fazer é o seguinte: a ausência de formação do litisconsórcio necessário é um erro referente ao plano da existência do processo, ao plano da validade ou ao plano da eficácia? [20]

20. Mandrioli demonstra, em seu *Corso di diritto processuale civile*, que a mesma dúvida suscitada pela doutrina brasileira atormenta os juristas italianos, que se digladiam acerca da classificação de ausência do litisconsorte necessário como hipótese de inexistência ou de nulidade por ilegitimidade. Vide MANDRIOLI, Crisanto. *Corso di diritto processuale civile*. v. 1. 13 ed. Torino: Giappichelli, 2000, pp. 336-337, nota 15.

A pergunta é extremamente pertinente, pois existem importantes diferenças em se enquadrar a não formação do litisconsórcio necessário em cada um dos planos acima identificados do fato jurídico, em especial *nas hipóteses em que se tenha ciência da falta da formação do litisconsórcio necessário após o fim do procedimento*, visto que, enquanto o processo corre, são idênticos os modos de se tentar corrigi-lo. Longe de ser insanável, a ausência do litisconsorte necessário, enquanto pende o processo, se dá por meio de sua integração ao contraditório, pela citação (art. 114 do CPC).

Com apoio na doutrina italiana,[21] inúmeros processualistas afirmam que a não formação do litisconsórcio necessário gera carência de ação, por ilegitimidade *ad causam*. Ou seja, defendem a tese de que se trata de um erro situado no plano da validade do processo.

Assim ensinam Proto Pisani,[22] José Frederico Marques[23] e Barbosa Moreira, para citar alguns. O saudoso processualista carioca fundamenta o entendimento apresentado da seguinte forma:

> Como tem acentuado a doutrina, o problema da necessariedade do litisconsórcio resolve-se num problema de legitimação ativa ou passiva para a causa. Com relação a determinadas lides, a qualidade para agir ou contestar é atribuída pela lei, *em conjunto*, a duas ou mais pessoas, de modo que, se uma só delas propõe a ação, ou se contra uma só delas se propõe a ação, não está satisfeito esse particular pressuposto da emissão de uma sentença sobre o mérito.[24]

No entanto, outros conhecidos nomes do direito processual civil brasileiro advogam a tese da inexistência jurídica, podendo-se citar, por todos, Teresa Arruda Alvim Wambier.[25]

Afirmam que quando o litisconsórcio necessário não se forma, seja no polo ativo ou passivo, a relação processual não se completa,[26] faltando-lhe requisito essencial, visto que existe uma exigência legal de que haja mais de uma parte para que o polo da demanda se forme.

> Trata-se de uma discussão difícil e, também, importante, da qual o CPC/15 tomou partido, ao prever, no art. 115:
>
> Art. 115. A sentença de mérito, quando proferida sem a integração do contraditório, será:
>
> I – nula, se a decisão deveria ser uniforme em relação a todos que deveriam ter integrado o processo;
>
> II – ineficaz, nos outros casos, apenas para os que não foram citados.

---

21. Vide nesse sentido ZANZUCCHI, Marco Tullio. *Diritto processuale civile*. v. I. Milano: Giuffrè, 1946, p. 296.
22. PISANI, Andrea Proto. *Opposizione di terzo ordinária*. Nápoles: Jovene, 1965, pp. 608-610.
23. MARQUES, José Frederico. *Instituições de direito processual civil*, v. II. 3 ed. Rio de Janeiro: Forense, 1966, p. 187.
24. BARBOSA MOREIRA, José Carlos. *Litisconsórcio unitário*. Rio de Janeiro: Forense, 1972, p. 12.
25. WAMBIER, Teresa Arruda Alvim. & MEDINA, José Miguel Garcia. *O dogma da coisa julgada – hipóteses de relativização*. São Paulo: RT, 2003, p. 29 e ss.
26. A jurisprudência do TJSP, o maior do país, bem demonstra que há enorme vacilo na praxe forense acerca do tema, pendendo-se, por vezes, no sentido de que a não formação do litisconsórcio necessário gera vício de inexistência (RT 641/161 – Julgado do 1° TACivSP) e, em outras, pela caracterização desse erro como nulidade absoluta (RT 620/216).

Percebe-se que o CPC/15 adotou um entendimento intermediário, visto que:

a) considerou que a não formação do *litisconsórcio necessário unitário* se trata de vício atrelado ao plano da validade do processo, a caracterizar como nula a decisão proferida.

   É óbvio que, por se tratar de hipótese de nulidade, somente deverá ser decretada se a não formação do litisconsórcio necessário unitário (erro de forma) acarretar um prejuízo. Se deveria ter sido formado um litisconsórcio passivo necessário unitário; se este não se formou, mas foi julgado improcedente o pedido deduzido em juízo pelo autor, não há prejuízo para o réu que foi alijado do contraditório. Só há nulidade se o erro de forma gerar prejuízo;

b) por outro lado, se a hipótese for de não formação do *litisconsórcio necessário simples*, a sentença proferida é válida, somente não podendo surtir efeitos contra aquele que ficou alijado do contraditório (aquele que ficou fora do processo e não pode se defender).

   Perceba, pois, a importância de você saber diferenciar um litisconsórcio necessário unitário de um litisconsórcio necessário simples!

7.2. Litisconsórcio facultativo

Quanto ao *litisconsórcio facultativo*, tem-se que a sua formação não é um imperativo legal, mas sim uma opção que se dá ao demandante, numa clara escolha do legislador de privilegiar:

a) em certos casos, os *princípios da economia processual e da segurança jurídica*, ao se permitir que sejam resolvidos diversos litígios autônomos por meio de uma só demanda. É aquela hipótese em que A, B, C e D se envolveram num acidente de trânsito causado pelo último, cada um dirigindo seu próprio veículo. A, B e C podem (é uma faculdade) se litisconsorciar, diante da conexão entre seus pedidos indenizatórios (todos decorrentes do mesmo acidente), o que garantirá economia processual (em vez de três, uma só demanda ajuizada) e evitará que decisões contraditórias sejam tomadas;

b) em outras hipóteses, o *princípio do acesso à justiça*, nos casos em que se admite que o litisconsórcio ativo unitário seja facultativo, o que permitirá que alguns e não necessariamente todos os titulares do alegado direito subjetivo indivisível venham a juízo defendê-lo, o que poderia gerar tumulto processual (já pensou um litisconsórcio ativo unitário necessário de cem pessoas? Já pensou se um dos titulares do direito indivisível quiser ajuizar a demanda e o outro não?).

O litisconsórcio será facultativo toda vez que *não* houver exigência de que se forme necessariamente, como já expliquei no tópico 7.1. Mas como o tema não é dos mais simples, reforço o que disse.

Diante de um caso concreto, a pergunta que você deve se fazer é a seguinte: *trata-se de hipótese de litisconsórcio necessário*? Se a resposta for *negativa*, o litisconsórcio é facultativo. E em quais hipóteses mesmo o litisconsórcio será necessário (vamos relembrar, pois recordar é viver?):

a) quando norma processual expressamente afirmar que, num dado caso, é obrigatório formar-se o litisconsórcio. Assim ocorre nas demandas de usucapião (art. 246, § 3º do CPC) e de oposição (art. 682 do CPC). São as hipóteses de litisconsórcio necessário simples;

b) diante da ausência de regra expressa que permita o litisconsórcio facultativo em hipóteses de comunhão de direitos (quando há indivisibilidade e, portanto, unitariedade).

   Como já demonstrado, a necessariedade do litisconsórcio decorre de duas situações: (i) da determinação em lei; (ii) da unitariedade. Na última hipótese (unitariedade), a regra de que o litisconsórcio deve ser unitário pode ser excepcionada caso o legislador expressamente permita que, não obstante unitário, o litisconsórcio seja facultativo. Exemplo disso tem-se nas demandas propostas por condôminos para a defesa do patrimônio comum (art. 1.314 do CC): Theo reside em um condomínio fechado de casas e resolve fazer uma obra que avança sobre área comum do empreendimento, que se trata de propriedade indivisível de todos os condôminos. A retomada da área invadida não precisa ser pedida judicialmente por todos os titulares da área comum, visto que o art. 1.314 do CC garante que somente um ou alguns desses condôminos possam vir a juízo defender o bem de todos. Dessa forma, se Murilo e Caio tomarem as dores de todos e ajuizarem a demanda, ter-se-á um litisconsórcio facultativo (cuja formação não era obrigatória) e unitário (os que se litisconsorciaram tutelam bem indivisível).

   Concluindo-se, pois: se numa hipótese que caracteriza litisconsórcio unitário não existir norma jurídica que permita a facultatividade, incide a norma geral do art. 114 do CPC, que obriga a sua formação.

7.3. O fracionamento do litisconsórcio facultativo

Retomando-se uma assertiva formulada alguns parágrafos acima, deve-se reafirmar que o *litisconsórcio facultativo é uma técnica processual calcada nos princípios da economia processual, da segurança jurídica e do acesso à justiça*. Por isso, caso sua formação seja um impeditivo à economia e ao acesso à ordem jurídica justa, gerando demora excessiva na realização dos atos processuais, aumento demasiado dos custos econômicos do processo, deve o julgador utilizar-se da prerrogativa que lhe confere o § 1º do art. 113 do CPC: *o desmembramento do litisconsórcio facultativo*.

Em primeiro lugar, o fracionamento ou limitação deve ter lugar naqueles casos em que o litisconsórcio é formado por um número avantajado de pessoas, o que Dinamarco chama de *litisconsórcio multitudinário*, nos seguintes termos:

Quando num processo se reúnem litisconsortes em número muito elevado, é intuitivo o embaraço que isso pode trazer à marcha do procedimento, o tumulto, a dificuldade para julgar. Com referência a cada um deles haverá fatos distintos a considerar, situações autônomas a compreender, documentos a compulsar, eventualmente prova oral a recolher.[27]

Sobre o fracionamento do litisconsórcio facultativo formado por um número excessivo de litigantes, determinam os §§ 1º e 2º do art. 113 do CPC:

Art. 113. *omissis.*

§ 1º. O juiz poderá limitar o litisconsórcio facultativo quanto ao número de litigantes na fase de conhecimento, na liquidação de sentença ou na execução, quando este comprometer a rápida solução de litígio ou dificultar a defesa ou o cumprimento de sentença.

§ 2º. O requerimento de limitação interrompe o prazo para manifestação ou resposta, que recomeçará da intimação da decisão que o solucionar.

Da leitura do artigo de lei transcrito, duas perguntas, desde logo, ocorrem: (i) se o magistrado depende de pedido de uma das partes para efetivar a medida; (ii) se há um critério qualquer – legal ou jurisprudencial – para aferir o que seja um número excessivo de litigantes em um mesmo polo da relação processual.

Quanto à primeira pergunta, tem-se que a limitação ou fracionamento do litisconsórcio deve ser imposta pelo julgador, desde logo, de preferência, ao receber (despachar) a petição inicial. Não há necessidade de que espere pela iniciativa das partes, visto que, como assevera o art. 2º do CPC, o processo se inicia pela atitude da parte de ajuizar a demanda, mas se desenvolve por impulso oficial.

Embora o juiz possa exercer esse poder *ex officio*, sem necessidade de provocação, dá-se ao réu a possibilidade de requerer-lhe tal providência, sendo dever do juiz analisar o pedido deduzido nesse sentido. Diz o CPC que, se o requerimento de desmembramento for feito pelo réu, este interromperá o prazo para a apresentação de manifestação ou defesa, que recomeçará a contar da intimação da decisão que tiver aceito ou negado o fracionamento. Há uma importante dúvida que precisa ser respondida, a fim de se operacionalizar a regra em comento. Qual o prazo de que dispõe o réu?

É possível defender que (i) o prazo é de 5 dias, visto que se aplica o teor do art. 218, § 3º do CPC sempre que não houver prazo mais específico fixado pelo legislador (aplica-se a norma geral se não houver mais específica). Também se pode concluir que o prazo é o (ii) que o réu dispõe para se manifestar ou se defender. Se o pedido de limitação interrompe o prazo da resposta, essa interrupção poderia acontecer enquanto esse prazo ainda existisse, o que já foi acolhido no STJ[28] quando ainda vigia o CPC/73, que trazia norma praticamente idêntica do art. 113, §§ 1º e 2º do CPC/15.

27. DINAMARCO, Cândido Rangel. *Litisconsórcio*. 5 ed. São Paulo: Malheiros, 1997, p. 344.
28. REsp 402.447/ES, Rel. Ministra Laurita Vaz, Quinta Turma, DJ 08/05/2006

Quanto à segunda pergunta, é impossível fixar um critério *a priori* que identifique qual o número máximo de litigantes que faz com que um dos objetivos do litisconsórcio facultativo, que é a obtenção de economia processual, seja alcançado. É a sensibilidade do juiz que o levará a concluir, em cada caso concreto, até que ponto o litisconsórcio é admissível e a partir de que ponto as desvantagens preponderam.[29]

Por fim, deve-se destacar que o fracionamento ou limitação do litisconsórcio facultativo multitudinário pode ter vez tanto no procedimento cognitivo quanto no de liquidação ou de execução (de título judicial ou extrajudicial). Importante o CPC/15 explicitar essa possibilidade, antes não prevista de modo expresso no CPC/73, visto que há diversas hipóteses práticas em que pode ser bastante útil implementar esse fracionamento nas fases de liquidação e de execução.

Apresento a você um exemplo advindo do processo civil coletivo, para ilustrar a afirmação acima. Imagine que uma Ação Civil Pública, ajuizada na capital federal e cuja decisão pode ter eficácia no Brasil inteiro, imponha a uma montadora de veículos o dever de indenizar, por danos morais, a todos os proprietários de certo modelo de veículo da marca, que tinha um defeito de fabricação espelhado em milhares de unidades, que fazia com que o motor superaquecesse e deixasse na mão o proprietário.

Você consegue imaginar que há milhares de pessoas na mesma situação? Agora, pense que destas milhares de pessoas, 100 delas resolvam ajuizar uma só demanda de liquidação (a partir da qual afirmarão ao Judiciário que possuíam tal veículo, que os deixou na mão, pleiteando a individualização do valor que devem receber) em litisconsórcio ativo facultativo simples. Há uma grande chance de essa demanda gerar tumulto, concorda comigo? Como ouvir, em audiência, 100 autores, tomando seu depoimento? Que tamanho estes autos terão? Quanto tempo vai se demorar para intimar todas as partes dos atos processuais? A experiência nos diz que processos que envolvem muitas pessoas tramitam de forma muito mais lenta, o que atenta contra o princípio da *economia processual*.

O caso é, então, de limitação ou fracionamento do litisconsórcio multitudinário, com a finalidade de garantir a duração razoável do processo.

8. LITISCONSÓRCIO INICIAL E ULTERIOR

Segundo Fredie Didier Jr.,

> litisconsórcio inicial é aquele que se forma contemporaneamente à formação do processo (art. 312 do CPC), quer porque mais de uma pessoa postulou, quer porque em face de mais de uma pessoa foi oferecida a demanda. Litisconsórcio ulterior é aquele que surge após o processo ter-se formado. Tem de ser encarado como exceção, pois não deixa de ser evento que tumultua a marcha processual.[30]

29. DINAMARCO, Cândido Rangel. *Litisconsórcio*. 5 ed. São Paulo: Malheiros, 1997, p. 350.
30. DIDIER JR., Fredie. *Curso de direito processual civil*. v. 1. Salvador: Juspodivm, 2006, p. 265.

A regra adotada pelo sistema processual civil brasileiro é a de que o litisconsórcio deve se formar de modo inicial, ou seja, quando da propositura da demanda, a petição inicial deve especificar se haverá cumulação subjetiva no polo ativo e/ou no polo passivo.

Tal medida sustenta-se em premissas constitucionais, que são o princípio da isonomia (art. 5º, *caput*, da CF) e do juiz natural (art. 5º, XXXVII da CF). Explica-se: ao se vedar, como regra, a formação do litisconsórcio ulterior garante-se que:

a) o autor não poderá ingressar em processo que já tramita, escolhendo, na prática, o magistrado que julgará seu pedido, ferindo o princípio do juiz natural. Um exemplo bem simples demonstra a situação: imagine que haja três varas cíveis, em uma determinada comarca, com competência para julgar demandas de consumo. O magistrado da 1ª Vara Cível entende que uma empresa fornecedora de serviços "A" deve arcar com os prejuízos causados aos consumidores que lhe adquiriram um tipo de bem "X". Os outros dois magistrados (2ª e 3ª Varas Cíveis) afirmaram, em sucessivas decisões, que houve caso fortuito, que excluiu tal responsabilidade.

   "B" ajuíza demanda em que requer a tutela de um direito individual que surgiu da mesma situação-modelo já descrita, que é distribuída para a vara em que está lotado o magistrado favorável à sua tese (1ª Vara Cível).

   Sabendo disso, "C" requer o ingresso nessa demanda, na condição de litisconsorte ativo facultativo simples ulterior, pois também participa de relação jurídica de direito material que apresenta os mesmos contornos. Percebe-se, claramente, que sua finalidade é burlar a regra do juiz natural, escolhendo o juiz que analisará sua causa. Enquanto o primeiro litigante se submeteu à livre distribuição, o segundo dirigiu-se ao juiz que queria, pois sabe que se a demanda for distribuída para a 2ª ou 3ª Vara Cível da comarca, sairá derrotado;

b) não haverá quebra do princípio da isonomia, uma vez que todos aqueles que apresentem um problema semelhante terão iguais condições de que a demanda seja distribuída para qualquer dos juízos, sem favorecimento de alguns litigantes em desprestígio de outros.

A jurisprudência do Superior Tribunal de Justiça acolhe essa ideia de que o litisconsórcio facultativo ulterior fere o princípio do juiz natural, devendo, pois, ser vedado:

> Deferida a medida liminar em mandado de segurança, cessa a possibilidade de formação do litisconsórcio ativo facultativo, mesmo que ainda não tenham sido prestadas as informações. A admissão do litisconsorte, após o provimento liminar, implicaria violação ao princípio do juiz natural, uma vez que se estaria possibilitando à parte escolher o julgador que, pelo menos a princípio, seria consentâneo com sua tese.
>
> (REsp 111.885/PR, Rel. Ministra Laurita Vaz, Segunda Turma, DJ 18.02.2002).[31]

31. No mesmo sentido: REsp 24.743/RJ, Rel. Ministro Edson Vidigal, Quinta Turma, DJ 14/09/98.

Nesse ponto deve-se fazer uma pausa para se analisar melhor o tema, por conta de seus reflexos práticos, respondendo-se à seguinte questão: *em toda e qualquer hipótese de litisconsórcio é vedada a sua formação ulterior?*

A resposta é negativa, visto que há diversas hipóteses de cabimento do litisconsórcio ulterior. As duas mais frequentes são:

1. **Litisconsórcio necessário**. Nas hipóteses em que a formação do litisconsórcio é obrigatória, sob pena de invalidade da sentença ou ineficácia para aqueles que ficaram de fora do contraditório, o art. 115, parágrafo único do CPC ordena que sejam citados todos aqueles que devam ser litisconsortes, *sendo possível o litisconsórcio ulterior* caso não se tenha incluído a parte necessária no início do processo, o que vale tanto para o litisconsorte ativo quanto para o passivo deixados de lado inicialmente – embora o Código só fale dos últimos.

   Observa-se que em todas as situações de litisconsórcio necessário, decorra ele da lei ou das peculiaridades da relação de direito material, tem-se a discussão de uma mesma relação de direito material, com referência a todos os litisconsortes, e não de relações de direito material assemelhadas. Desse modo, não haveria mesmo problema em se implementar o litisconsórcio ulterior, já que não se escolheria o magistrado que deverá julgar uma nova situação de direito material, mas sim a mesma que já se encontra em debate;

2. **Litisconsórcio ativo facultativo unitário**. Aqui também não incide o problema de o autor escolher o juiz que lhe interessa, que é justamente a atitude que faz surgir o ferimento ao princípio do juiz natural, visto que a unitariedade pressupõe que as várias pessoas que podem se unir no polo ativo alegam ser cotitulares do mesmo bem jurídico indivisível, e não de bens jurídicos distintos e divisíveis, embora semelhantes. Com isso quer-se dizer que, com ou sem a formação do litisconsórcio, será julgada a mesma lide. Por esse motivo é que, nesses casos,[32] Barbosa Moreira[33] e Dinamarco sempre defenderam ser possível a figura da *intervenção litisconsorcial voluntária*, que nada mais é do que o ingresso do litisconsorte ativo facultativo unitário no curso da demanda, sob essa qualidade (de litisconsorte). O CPC/15, mantendo a tradição do diploma revogado, afirma que, no caso, cabe a figura da assistência litisconsorcial (art. 124 do CPC), que apresenta nome diverso, mas características em tudo assimiláveis à intervenção litisconsorcial voluntária, cujo cabimento propõem os dois mestres mencionados.[34]

32. DINAMARCO, Cândido Rangel. *Litisconsórcio*. 5 ed. São Paulo: Malheiros, 1997.
33. BARBOSA MOREIRA, José Carlos. *Direito processual civil*. Rio de Janeiro: Borsói, 1971.
34. Vide por todos NERY JR., Nelson. *Código de processo civil comentado*. 4 ed. São Paulo: RT, 1999.

De modo geral, em duas hipóteses deve-se aceitar o litisconsórcio ulterior, por não se caracterizar ferimento ao princípio do juiz natural advindo de uma escolha, feita pelo autor, do juiz que lhe é mais favorável: (i) se o ingresso posterior na relação processual se der para a tutela *da mesma relação de direito material já em discussão*; (ii) se a pluralidade de litigantes surgir não de um litisconsórcio ulterior, mas sim da reunião de demandas conexas ou afins, visto que, no caso em tela, devido ao fato de que normas processuais estabelecem critérios objetivos de prevenção, determinando para qual juízo devem ser reunidas as demandas (arts. 59 e 286, I e III do CPC), não haverá burla à garantia constitucional por meio da escolha de um juiz mais favorável (que seja amigo próximo; que tenha o entendimento mais conveniente etc.).

Finalizando, *todo o problema que envolve o princípio do juiz natural e o litisconsórcio ulterior se relaciona ao litisconsórcio ativo facultativo simples*. Nesses casos é que se pode vislumbrar a escolha do juiz mais adequado, nos termos do que acima informado.

CAPÍTULO 9
INTERVENÇÃO DE TERCEIROS

1. INTERVENÇÃO DE TERCEIROS

A relação processual (entre autor, juiz, réu e seus auxiliares) pode ser ampliada a partir do ingresso de pessoas ou entes que não atuavam, na época da propositura da demanda, como partes. Chama-se de intervenção de terceiros a esse fato processual.

Intervir no curso do processo é algo que pode acontecer em casos predeterminados pelo legislador. Há, pois, modalidades de intervenção. O intuito dos próximos itens é estudar cada um desses "modos de ingresso do terceiro no processo".

Como primeira premissa para tanto, o conceito de terceiro.

2. CONCEITO DE TERCEIRO

Terceiro é toda a pessoa ou mesmo ente sem personalidade jurídica que não é parte (autor ou réu) em uma determinada relação processual. Chega-se ao conceito de terceiro, portanto, por meio de uma negação (quem não for parte, terceiro é).

Uma vez identificadas as partes de um processo, tem-se que terceiros serão aqueles que não ocupam tais posições (autor e réu) naquela específica relação processual.

Terceiros, pois, são muitas e muitas pessoas ou entes. Ocorre que esse grande contingente pode ser dividido em dois grupos:

a) o dos terceiros juridicamente interessados;

b) o dos terceiros juridicamente desinteressados ou que apresentam outros tipos de interesse que não sejam o *jurídico*.

É essencial para o estudo da intervenção de terceiros que se consiga distinguir quando o terceiro se enquadra em uma ou em outra categoria, visto que, **em regra**, é o interesse jurídico que determinará a possibilidade de ingresso do terceiro na relação processual.

Passa-se, portanto, à análise do conceito de interesse jurídico, necessário a que se componha a noção de "terceiro juridicamente interessado".

3. O ELEMENTO CENTRAL NO ESTUDO DA INTERVENÇÃO DE TERCEIROS: O INTERESSE JURÍDICO

Para que o terceiro intervenha no processo precisa ter interesse, ou seja, sua situação de direito material deve ter uma pertinência com a que está sendo discutida no processo. Mas não se trata de qualquer interesse. Há que se classificá-lo como jurídico.

É muito comum que se ouça dizer que o mero interesse *moral*, *econômico*, *social* de um terceiro em um processo não o autoriza a nele intervir. Esse tipo de afirmação reforça a noção de que a intervenção se atrela à noção de *interesse jurídico*.

Mas o que caracteriza o interesse do terceiro no processo como "jurídico", fazendo com que não seja considerado como "meramente econômico, social, moral, etc.?

O terceiro tem *interesse jurídico* no processo quando:

a) possui uma relação jurídica com uma das partes de certo processo;[1]

b) essa relação é **diretamente afetada** pela decisão a ser proferida no aludido processo.

Dois são os motivos pelos quais a relação que o terceiro possui com uma das partes será diretamente afetada pela decisão a ser proferida no processo:

i) ou o vínculo de direito material do terceiro com a parte **é o mesmo** que já é objeto do processo;

ii) ou o terceiro possui com uma das partes **outro vínculo de direito material**, que possui uma relação de **prejudicialidade** ou de **preliminariedade** com a relação de direito material objeto do processo.

Duas relações jurídicas apresentam uma relação lógica de prejudicialidade quando a forma como a primeira (*prejudicial*) é julgada influi no teor do julgamento da segunda (*prejudicada*). Ex.: a relação de locação e a relação de sublocação. Se a primeira for rescindida, rescindida está a de sublocação.

Por outro lado, duas relações jurídicas apresentam uma relação lógica de preliminariedade quando o modo como se julga a primeira (*preliminar*) permite ou impede que a segunda seja julgada, embora, ao permiti-lo, não assegure o modo como a última será apreciada. Ex.: a relação jurídica entre aquele que sofreu danos automobilísticos e o causador do dano e a relação entre o causador, que é segurado, e a seguradora. Caso o causador do dano (que é titular de um contrato de seguro) seja condenado a ressarcir os prejuízos que causou, abre-se a oportunidade de que peça o ressarcimento de sua seguradora, muito embora não se possa garantir a procedência nessa segunda demanda (é possível que a seguradora alegue e prove fatos excludentes de sua responsabilidade).

O chamamento ao processo é uma modalidade de intervenção de terceiros em que o interesse jurídico se configura tal como demonstrado acima na alínea "i". O

1. O prezado leitor deve ter uma atenção muito grande neste ponto, visto que, embora seja comum pensar que o terceiro tenha relação jurídica *ou* com uma parte *ou* com outra parte – já que precisa ter uma relação jurídica com uma delas – é possível que tenha relação *com as duas* (autor e réu). Caso essa circunstância se verifique, é preciso que se saiba identificar *qual é a relação jurídica* que motiva o ingresso do terceiro no processo. Saber isso pode fazer toda a diferença no que tange a reconhecer as características da intervenção que será realizada. Ver-se-á mais sobre esse tema quando estudarmos a assistência simples e a litisconsorcial.

terceiro é titular da mesma relação de direito material que já estava sendo discutida no processo (visto que é devedor solidário em conjunto com quem já era réu nos autos).

Já a denunciação da lide se enquadra no modelo da alínea "ii". A relação jurídica que o terceiro possui com uma das partes é distinta da que está sendo discutida em juízo. Mas o modo como essa última for julgada criará a possibilidade de que seja julgada uma segunda relação jurídica, muito embora não se possa garantir o resultado deste julgamento (na denunciação da lide tem-se uma hipótese de preliminariedade, sendo exemplo dela aquele acima apresentado sobre segurado e seguradora).

Uma vez apresentado o conceito de interesse jurídico, será exposto um exemplo a fim de nos certificarmos se você, prezado leitor, entendeu a concepção transmitida.

Imagine que a Petrobrás seja ré numa demanda na qual possa ser condenada a pagar uma grande soma de dinheiro. Caso isso aconteça, é de se concluir que esse prejuízo deverá ser suportado por seus acionistas, sendo o principal deles a União. Nesse sentido, pergunta-se: possui a União *interesse jurídico* nessa causa ou o que poderia ser chamado de interesse meramente econômico?

Deve-se analisar essa situação concreta à luz do modelo que foi acima lançado. Sendo assim, descarta-se a primeira das situações caracterizadoras do interesse jurídico, visto que a União não faz parte da relação jurídica de direito material que está sendo discutida em juízo.

Em continuação, também se descarta a segunda das hipóteses que configuram o interesse jurídico da União, visto que ela não é titular de outra relação jurídica da qual participem ela e a Petrobrás, relação essa que é juridicamente afetada pela decisão tomada no processo. Na verdade, ela é uma das sócias da Petrobrás. E só.

Por tudo quanto dito, chega-se à conclusão de que não possui interesse jurídico na causa, não tendo a prerrogativa de intervir no feito por meio de qualquer das figuras de intervenção de terceiros que exigem como um de seus requisitos o interesse jurídico.

No dia a dia forense, é extremamente comum verificar-se casos em que o terceiro tenha ingressado no processo como assistente mas não consegue caracterizar que seu interesse seja jurídico, por não se encartar em qualquer dos modelos que foram acima explicitados. No informativo 521, observa-se julgado da Corte Especial do STJ que, acertadamente, julgou incabível o ingresso do terceiro como assistente, visto que "O acionista de uma sociedade empresária, a qual, por sua vez, tenha ações de outra sociedade, não pode ingressar em processo judicial na condição de assistente simples da última no caso em que o interesse em intervir no feito esteja limitado aos reflexos econômicos de eventual sucumbência da sociedade que se pretenda assistir."

De acordo com o art. 119 do CPC, a modalidade espontânea de intervenção de terceiros denominada assistência pressupõe que o terceiro tenha interesse jurídico na demanda, não sendo suficiente, para ensejar a intervenção na condição de assistente, a existência de mero interesse econômico.

Já no informativo 540 foi discutida outra situação de grande interesse prático, visto que relacionada ao julgamento dos recursos especiais repetitivos (nos termos do art. 1.036 do CPC). Foi decidido pela 2ª Seção que: "Não configura interesse jurídico apto a justificar o ingresso de terceiro como assistente simples em processo submetido ao rito do art. 1.036 do CPC o fato de o requerente ser parte em outro feito no qual se discute tese a ser firmada em recurso repetitivo".

O Poder Público, no intuito de contornar essa dificuldade, instituiu uma "nova modalidade de intervenção de terceiros" na qual não se exige o interesse jurídico como requisito para intervir, desde que haja o interesse econômico. Trata-se da "intervenção especial" regulada no art. 5º da Lei 9.469/1997.

4. O INTERESSE JURÍDICO E SUA RELAÇÃO COM AS MODALIDADES DE INTERVENÇÃO DE TERCEIROS

Fixada a premissa de que a intervenção de terceiros, em regra, possui como principal requisito a presença do interesse jurídico, deve-se partir para outra ordem de considerações, que é a seguinte:

> há diversas formas de o interesse jurídico se manifestar, o que é a consequência de existirem diversas situações de direito material que constituem tal interesse.

É muito importante conhecer essa realidade, expressada no parágrafo acima, visto que existem diversas modalidades de intervenção de terceiros e cada uma delas se presta à tutela de diferentes situações de direito material dos terceiros, ou seja, à tutela de diferentes interesses jurídicos.

Uma vez identificada qual a situação de direito material do terceiro, será possível verificar (i) se possui interesse jurídico na intervenção e (ii) em que modalidade. Nesse ponto, advirta-se o leitor sobre uma interessante questão:

> é possível que o vínculo de direito material que o terceiro possui com uma das partes do processo dê ensejo ao seu ingresso nos autos por *mais de uma forma ou modalidade de intervenção de terceiros*.

Destarte, é possível pensar que um terceiro, devedor solidário, ingresse no procedimento cognitivo em que se cobra tal débito por meio de duas modalidades de intervenção: a assistência e o chamamento ao processo, que estudaremos mais abaixo.

Um dos maiores problemas que os estudantes do direito enfrentam quando iniciam o estudo da intervenção de terceiros é metodológico, visto que não partem da premissa de que é primeiro preciso saber qual é a situação de direito material que o terceiro possui e que o coliga a um processo em tramitação, para só depois pensar em qual modalidade interventiva se adéqua à sua situação particular.

Por isso é que, ao longo das linhas que seguem logo abaixo, seguir-se-á sempre uma mesma técnica para o estudo das espécies de intervenção de terceiros, que é a de identificar qual a situação de direito material que está atrelada à modalidade interventiva em análise.

5. AINDA SOBRE AS INTERVENÇÕES DE TERCEIRO EM GERAL: ALGUMAS CARACTERÍSTICAS

Antes de estudar cada uma das espécies de intervenção de terceiros é preciso (i) localizá-las espacialmente no Código de Processo Civil e (ii) enumerá-las.

A maioria das espécies interventivas se concentra no Título III do Livro III da Parte Geral do CPC, que trata dos "Sujeitos do processo". Ali, se encontram reguladas do seguinte modo:

a) Capítulo I – assistência – arts. 119 a 124;

b) Capítulo II – denunciação da lide – arts. 125 a 129;

c) Capítulo III – chamamento ao processo – arts. 130 a 132;

d) Capítulo IV – incidente de desconsideração da personalidade jurídica – arts. 133 a 137;

e) Capítulo V – *amicus curiae* – art. 138

Deve-se relatar, contudo, que as intervenções de terceiro previstas no CPC não se restringem àquelas concentradas nos Capítulos I a V do Título III do Livro III da Parte Geral do CPC: há outras, ao longo do Código.

Dessa forma, também é uma modalidade de intervenção de terceiros o recurso de terceiro prejudicado, que está previsto no art. 996 do CPC, que se localiza no Capítulo I do Título II do Livro III da Parte Especial do CPC.

Ainda há os embargos de terceiro, regulados no Capítulo VII do Título III do Livro I da Parte Especial do CPC (arts. 674 a 681).

Embora todas as formas acima enumeradas sejam técnicas que permitem a *intervenção do terceiro* no processo, termina-se por se estudar as duas últimas (recurso do terceiro prejudicado e embargos de terceiro) em momento distinto, devido à sua localização no Código e ao fato de que para explicá-las a contento é necessário utilizar conhecimentos que aquele que nunca estudou processo não possui. Trata-se, pois, de uma opção metodológica, que será seguida também nesta obra.

Feitas essas breves observações de "caráter espacial", é importante retornar ao rol das espécies de intervenção acima retratadas e fazer uma afirmativa sobre elas: tratam-se de técnicas que apresentam muitas diferenças entre si. Embora apresentem o elemento comum de serem o meio pelo qual se permite ao terceiro ingressar no curso do processo, suas peculiaridades são diversas.

Sob o prisma da iniciativa da intervenção, pode ela ser considerada voluntária, quando é o terceiro quem tem a iniciativa de requerer seu ingresso na relação processual, ou provocada (ou coacta), quando a iniciativa de inserir o terceiro na relação processual é de uma das partes do processo. A assistência é exemplo de intervenção voluntária. A denunciação da lide, de intervenção provocada.

Sob o prisma de sua natureza jurídica, há intervenções de terceiro que possuem a natureza de ação (demanda), de recurso, de incidente processual. Exemplo da primeira é a denunciação da lide. Tem natureza de ação (demanda), pois insere na relação processual pedido de tutela jurisdicional referente a nova relação jurídica de direito material. Natureza de recurso, por óbvio, possui o recurso de terceiro prejudicado. Natureza de incidente possui, por exemplo, a assistência.

No que tange ao momento em que podem ser empregadas, tem-se que, à exceção do recurso de terceiro prejudicado, dos embargos de terceiro e do incidente de desconsideração da personalidade jurídica, as demais espécies de intervenção são pertinentes ao procedimento cognitivo,[2] não sendo cabíveis em sede executiva.

Essa afirmação deve ser lida com muito cuidado pelo fato de que existem incidentes cognitivos no curso do procedimento executivo (como a demanda de embargos à execução contra a Fazenda Pública) e, dessa forma, seria possível pensar, em tese, no cabimento da assistência. Basta pensar no seguinte exemplo:

O Estado foi condenado a ressarcir um cidadão por conta de um ato ilícito praticado por um agente seu (servidor público). Agora, em fase de execução, o Poder Público apresenta embargos à execução alegando *nulidade da citação*, o que faz com que se deva declarar a invalidade da sentença proferida contra o Estado. Perceba que os embargos se tratam de uma demanda cognitiva, em que se quer, no caso em tela, declarar a nulidade da sentença e que, caso assim ocorra, haverá um favorecimento ao servidor público – terceiro – contra quem deixará de existir (pelo menos momentaneamente) um dever de regresso. Dessa forma, tem ele interesse jurídico em ajudar o Poder Público a sair vitorioso nos embargos, ou seja, tem ele o interesse jurídico de intervir.

Tudo isso foi para dizer que não cabe intervir no procedimento executivo em sua sequência de atos voltada a permitir a satisfação dos créditos por parte do exequente. Mas é possível, em tese, pensar na intervenção do terceiro nos incidentes cognitivos da execução.

Feitas essas observações prévias, é hora de passar ao cotejo das espécies interventivas. Por respeito à ordem imposta pelo CPC, inicia-se com a assistência.

6. ASSISTÊNCIA

Por meio da assistência, ingressará no processo um terceiro que terá a função de *coadjuvar* a parte assistida, ajudando-a para que tenha sucesso no processo, sendo

2. Quando for estudada cada modalidade de intervenção de terceiros, será demonstrado qual é o momento, dentro do procedimento cognitivo, em que ela pode ser utilizada, lembrando-se que o recurso do terceiro prejudicado e os embargos de terceiro somente serão analisados mais à frente nesta obra.

vitoriosa. Quando se diz que o assistente ingressa no processo para auxiliar o assistido para que "tenha sucesso na demanda", quer-se com isso dizer que a intenção daquele que intervém é conseguir, por meio de suas atitudes processuais, que a parte assistida obtenha uma sentença que lhe seja favorável, decretando que a sua posição jurídica é a prevalecente.

O terceiro que ingressa na posição de assistente assume o papel de "parte auxiliar", visto que não pedirá nada para si, bem como contra ele nada será pedido.

Após essas primeiras palavras, contidas nos parágrafos anteriores, pode ser que o leitor tenha ficado com "uma pulga atrás da orelha":

> o que motiva o terceiro a intervir em processo alheio para coadjuvar uma das partes (autor ou réu), que será o assistido?

O terceiro não ingressa no processo devido a algum intuito *altruísta*. O motivo de intervir é o de que, ajudando a parte, ajudará a si próprio, visto que o assistente possui uma relação jurídica com uma das partes que sofre efeitos diretos do julgamento que ocorrerá no processo – o que vimos se tratar do interesse jurídico.

Em suma, é o interesse jurídico o mote para o ingresso do terceiro na condição de assistente. "O assistente ajuda o assistido para se dar bem". O terceiro mira um benefício próprio ao intervir como auxiliar da parte. Mais à frente, vou lhe mostrar com exemplos o que acabei de afirmar sob um enfoque teórico.

A assistência é uma intervenção de terceiros que é admitida tanto no polo ativo quanto no polo passivo da demanda. Ou seja: pode haver, no processo, o assistente do autor e/ou o assistente do réu. É possível, ainda, que autor ou réu tenham mais de um assistente.

O assistente pode ingressar no processo em qualquer fase do procedimento cognitivo, o que inclui, por óbvio, as instâncias extraordinárias (STJ e STF). Todavia, um ponto deve ser ressaltado: quanto mais o assistente retardar o seu ingresso, menor se torna a possibilidade de que participe efetivamente do contraditório, auxiliando a parte principal.

A assistência é uma intervenção de terceiros que possui a natureza jurídica de incidente processual.[3]

Por fim, é necessário fazer um alerta, que pode soar até mesmo simplório para muitos que o leiam, mas que para outros, que iniciam agora o estudo do processo, não será: não confunda o assistente que está sendo objeto de estudo neste momento, que se trata de um terceiro que ingressou no processo com o intuito de ajudar o assistido

3. Toda vez que a doutrina chega a tal consideração, qual seja, a de que um instituto possui a natureza jurídica de *incidente processual*, isso significa que o instrumento processual assim qualificado tem lugar no curso de um processo (por isso é um incidente), mas foi *impossível* enquadrá-lo em uma categoria mais específica (como a de ação, de recurso, etc.). *Incidente*, pois, é uma classificação *generalista*, que se aplica quando não é possível utilizar outra mais *específica*.

e se beneficiar com isso, com o assistente que é a pessoa que participa do processo para suprir a incapacidade processual relativa do autor ou do réu (art. 71 do CPC).

6.1. As modalidades de assistência

A assistência, técnica pela qual se insere na relação processual um coadjuvante da parte, que envidará seus esforços para que ela seja a vitoriosa no processo, apresenta duas modalidades, que, embora tenham elementos comuns, possuem diversas singularidades. São elas:

a) a assistência litisconsorcial;

b) a assistência simples.

O que faz com que seja cabível uma ou outra, em dado caso concreto, é a configuração do interesse jurídico do terceiro. Como foi visto acima, há interesse jurídico do terceiro quando ele é (i) titular da mesma relação de direito material que já está sendo discutida em juízo ou quando é (ii) titular de outra relação jurídica, distinta da retratada no processo, mas a esta última conexa (por um vínculo de *prejudicialidade* ou de *preliminariedade*).

Conforme será relatado logo em seguida, no caso em que se configure a primeira hipótese de interesse jurídico vista no parágrafo anterior, ter-se-á assistência litisconsorcial; na segunda hipótese, assistência simples.

6.2. Assistência litisconsorcial

Por força das palavras contidas no art. 124 do CPC, é comum que se diga que a assistência será litisconsorcial quando o assistente tiver relação jurídica com a parte contrária à assistida.

Essa afirmativa não está errada. Muito pelo contrário. O grande problema que pode existir é o de você, prezado leitor, se contentar com ela e não se questionar *por que o assistente litisconsorcial tem essa relação com o adversário do assistido*.

Essa informação já foi apresentada anteriormente: pelo fato de que o terceiro (assistente) também é titular da relação jurídica de direito material que está sendo objeto de discussão no processo. Ora, ele tem um vínculo de direito material com a parte contrária a quem ele assiste pela simples circunstância de que ele também é titular da relação material objeto de controvérsia.

Sendo assim, o assistente litisconsorcial é, no fundo, uma parte auxiliar que teria legitimidade para ser parte principal, mas que, por algum motivo, não ingressou no processo desde o início, seja na condição de autor ou de réu (ex.: trata-se de devedor solidário que o credor não quis demandar).

O assistente litisconsorcial pode ser titular da relação de direito material discutida no processo em conjunto com o assistido ou pode ser o único titular da mesma. Observe os dois exemplos abaixo.

Caso 1: Allan ajuíza uma demanda reivindicatória de um imóvel[4] contra "Fernando", alegando que este último detém ilegitimamente a posse de um imóvel que é de sua propriedade e de outros dez condôminos, que resolveram não ajuizar a ação em conjunto com o primeiro, o que é permitido nos termos do art. 1.314 do CC.

Todavia, no curso da demanda, dois dentre os dez condôminos que ficaram de fora do processo inicialmente, entendem que devem intervir e apoiar Allan. Por isso pleitearão seu ingresso no processo na condição de assistentes litisconsorciais, visto serem titulares da relação jurídica de direito material discutida nos autos, o que faz com que tenham, portanto, relação jurídica com o adversário do assistido. Note que, nesse exemplo, tanto assistido quanto assistente são titulares da relação material.

Caso 2: João ajuíza ação reivindicatória de imóvel em face de Maria, alegando ser o único titular do bem objeto de disputa. Ocorre que, no curso do processo, por vivenciar dificuldades financeiras, João vende os direitos sobre o bem litigioso para José, que passa a ser, a partir desse momento, o titular da relação jurídica de direito material da qual antes participava João.

Quando acontece uma situação como esta (alienação de bem litigioso, ou seja, venda de um bem cuja propriedade se discute diante do Judiciário), o art. 109 do CPC dispõe que é possível ao terceiro substituir o alienante (no caso, o autor) e se tornar parte em seu lugar, desde que haja aceitação da parte contrária. Em não havendo aceitação, abrem-se duas possibilidades: ou o ingresso na condição de assistente litisconsorcial ou a inércia. Perceba que, ao ingressar como assistente litisconsorcial será ele o único titular da relação jurídica de direito material objeto do processo (já que o assistente, que lhe vendeu o bem litigioso, perdeu essa condição).

Os dois exemplos acima, além de (i) exemplificarem hipóteses de assistência litisconsorcial e comprovarem a afirmativa de que há casos em que o assistente é co-titular da relação jurídica de direito material discutida em juízo ao lado do assistido e de que há outras situações em que é ele o único titular, (ii) prestam-se a outro fim, que é o de explicitar que há muitas hipóteses concretas em que o assistente possui relação jurídica tanto com o assistido quanto com o adversário do assistido, o que pode dificultar a vida do operador, a fim de que ele defina se o caso é de assistência litisconsorcial ou simples.[5]

No caso 2 é cristalina essa situação: observe que José tanto possui uma relação jurídica com João (assistido), que é a decorrente da compra e venda do imóvel, como, a partir dessa compra e venda, passa a ter uma relação controvertida com Maria.

4. Reivindicar, no contexto do exemplo, significa afirmar-se proprietário e, com base no direito de propriedade, requerer que a posse do imóvel seja retirada do réu e restituída ao autor.

5. No item seguinte do texto será demonstrado que o assistente simples é aquele que possui um vínculo de direito material com o assistido e que intervém por conta dessa relação.

Nesse caso, como resolver se a assistência será simples ou litisconsorcial, já que existem vínculos entre (i) o terceiro e a parte assistida e (ii) o terceiro e o adversário da parte assistida?

A resposta é simples: deve-se observar qual das relações jurídicas é a que motiva o ingresso do terceiro no processo. Ou seja: seu interesse jurídico está ligado ao benefício que o processo pode conferir a uma relação jurídica que possua. Qual é essa relação que poderá ser beneficiada? Uma vez identificada, será possível concluir qual regime jurídico a assistência seguirá (simples ou litisconsorcial).

Nos dois exemplos acima, o benefício que o assistente almeja diz respeito à relação que possui com o adversário do assistido, visto que se esse último for vitorioso, o assistente garantirá para si a posse do imóvel.

6.3. Assistência simples

A assistência simples também é chamada de *assistência adesiva*, muito embora a primeira nomenclatura seja mais utilizada. Para que ela seja cabível, distinto é o interesse jurídico do terceiro, se comparado ao que deve existir nas situações de assistência litisconsorcial.

Dessa forma, poderá ser assistente simples aquele que possui um vínculo de direito material com o assistido, diferente daquele que é objeto do processo, mas que a ele se coliga por uma relação de *prejudicialidade* ou de *preliminariedade*.

A relação jurídica que motivou o assistente a intervir no feito existe entre ele e o assistido e não é aquela que está sendo discutida nos autos, mas sim outra que lhe é conexa.

Desde logo, tenha bem claro que o assistente não faz parte da relação de direito material litigiosa (objeto do processo). Esse é um ponto extremamente importante para que se compreenda o alcance dos poderes do assistente simples, que vem a juízo apoiar o assistido em uma discussão que não é sua, pelo fato de que o modo como se decida o conflito pode representar a perda de um direito material seu ou o surgimento de um dever jurídico que não tinha, já que a relação jurídica que partilha com o assistido é conexa com a que se discute nos autos.

Serão apresentados, agora, dois exemplos que ilustram situações em que o terceiro pode pleitear seu ingresso nos autos como assistente simples, visto possuir relação jurídica com o assistido, distinta da que é objeto do processo, mas conexa e diretamente influenciada pelo modo como esta última é julgada.

Caso 1: O locador Vinícius ajuíza uma demanda de rescisão contratual em face do locatário Alexandre, com o fim de desconstituir o contrato de locação existente entre as partes. Sabe-se que Lucas, terceiro, subloca o imóvel de Alexandre, o que significa que ele possui uma relação de direito material acessória à principal (a sublocação é acessória à locação). Lucas tem interesse em intervir como assistente simples de Alexandre, atuando no sentido de que não seja rescindido o contrato de locação, pois, se assim ocorrer, mantido estará o contrato de sublocação.

Caso 2: Juliana ajuíza demanda indenizatória por danos materiais contra a União, alegando ter sido prejudicada em seu patrimônio por conta de atitudes atribuídas ao agente público federal Yuri. Sabe-se que, julgada procedente a demanda, poderá a União pleitear contra o agente o direito de regresso por conta das perdas que teve. Dessa sorte, Yuri tem interesse jurídico em assistir a União, visto que se for ela vitoriosa, não surgirá para ele o dever de regresso, que é efeito da relação jurídica que existe entre o servidor e o Estado.

Uma vez compreendidas quais são as duas modalidades de assistência, deve-se tratar do principal desdobramento dessa distinção, que são os regimes jurídicos de cada uma delas, ou seja, o estudo do alcance e dos limites dos poderes do assistente.

6.4. As diferenças de regime jurídico entre as duas modalidades de assistência (poderes do assistente)

O fato de o assistente litisconsorcial ser o titular da relação jurídica de direito material objeto do processo lhe garante maiores poderes, o que se reflete em uma maior liberdade de atuação, em comparação com o assistente simples, que é tão somente titular de uma relação jurídica conexa àquela que se discute no curso da demanda. Enquanto o assistente litisconsorcial é considerado litisconsorte do assistido, o assistente simples não possui esse *status*.

No fundo, o assistente litisconsorcial é o *litisconsorte facultativo unitário ulterior*, ou seja, aquele que tinha legitimidade para ser parte, mas que não o foi e somente no curso do processo passa a integrar, *voluntariamente*, a relação processual, em busca da tutela de um bem jurídico que alega ser seu.

Já o assistente simples auxilia o assistido pois pretende se beneficiar indiretamente de seu auxílio. Ele vislumbra uma vantagem pessoal, incidente sobre uma relação jurídica de que seja parte, que é conexa com a que está sendo discutida no processo.

Por isso, é certo dizer que:

a) a coisa julgada se estende aos assistentes litisconsorciais, que ficarão impedidos de discutir a lide futuramente em outra demanda;

b) a coisa julgada não se estende ao assistente simples, até porque a lide discutida em juízo não se refere a uma relação jurídica de que faça parte. Mas como diz respeito a uma relação jurídica *conexa* com a que possui com o assistente, o assistente simples sofrerá outro tipo de efeito relacionado ao fato de ter atuado na relação processual que discutiu litígio capaz de lhe criar um prejuízo jurídico: os fatos que sejam comuns à lide existente entre o assistido e o seu adversário e à relação jurídica existente entre assistente e assistido não poderão ser mais objeto de discussão se, em demanda futura, assistente e assistido litigarem por conta desse vínculo que os une. Tal circunstância está prevista no art. 123 do CPC, quando se diz que o assistente não poderá voltar a discutir a *justiça da decisão*, a menos que tenha sido impedido de participar, de forma efetiva, do contraditório.

A fim de que se compreenda bem a hipótese da alínea "b" acima, observe o seguinte exemplo: Fábio ajuíza demanda indenizatória em face do Município de Vitória, alegando que um servidor causou-lhe danos no exercício de seu cargo público. Perceba que a prática do ato ilícito, o dano e o nexo são fatos comuns à demanda ajuizada, bem como à futura demanda regressiva que o Município poderá ajuizar em face do servidor, para obter deste último o ressarcimento dos prejuízos que teve. Sendo assim, caso o servidor resolva atuar na demanda proposta como assistente, está impedido de rediscutir, na demanda regressiva futura, a existência dos três fatos acima descritos, sendo isso a chamada "justiça da decisão".

Ditas as palavras acima, que se parta para a análise dos poderes dos assistentes simples e litisconsorcial

6.5. Assistente simples

Existem duas importantes premissas para se compreender os poderes do assistente simples:

a) como regra (cuja exceção será explicada em tópico específico), ele não tem poderes de disposição sobre o direito material do assistido, já que não é titular da relação de direito material objeto do processo. Além disso, a sua presença não condiciona nem restringe os poderes de disposição do assistido, nos termos do art. 122 do CPC;
b) ele não pode contrariar a vontade do assistido, já que é um ajudante e não um "comandante".

A regra descrita na alínea "a" acima não apresenta maior dificuldade para ser explicada ou justificada. O assistente simples, como regra, não tem autorização legal (legitimidade) para dispor sobre a tutela do direito alheio, seja em termos processuais ou materiais, desistindo da ação, renunciando ao direito de recorrer, renunciando ao direito, reconhecendo juridicamente o pedido, etc.

O que se mostra mais árido, na prática forense, é identificar, em alguns casos, se a atitude do assistente simples contraria ou não a vontade do assistido. A jurisprudência do STJ[6] apresenta uma situação bastante peculiar que, conforme bem demonstra Fredie Didier Jr., deve ser analisada com bastante cuidado. Trata-se da hipótese em que o assistente simples recorre e o assistido não age da mesma forma. A inação do assistido seria uma demonstração tácita de sua vontade de se resignar com o teor da decisão, o que impediria o assistente de recorrer?

6. RESP 535.937.

O que tornará ineficaz a prática de atos pelo assistente é se identificar a contradição entre sua postura e a vontade do assistido. Por isso que o critério para se responder à pergunta acima e a outras análogas a ela pode ser assim descrito:

é possível assegurar que o assistente está contrariando a intenção do assistido?

Se a resposta for positiva, o ato praticado pelo assistente não pode surtir os efeitos a que se destinava. Se negativa, será eficaz. No caso em tela, a omissão do assistente em recorrer se trata de um fato processual, classificado pela doutrina como um *ato-fato* (vide o Capítulo 3 da obra sobre a classificação dos fatos jurídicos). O ato-fato se trata de conduta cujo elemento volitivo é irrelevante. Logo, se não recorrer se trata de conduta cujo elemento volitivo não apresenta relevância jurídica, não é possível dizer que o assistente contraria a vontade do assistido quando o último não recorre e ele sim. *Como contrariar a vontade se ela, na estrutura do fato jurídico praticado (a omissão em recorrer) é irrelevante*? Logo, diante da omissão do assistido em recorrer, pode o assistente simples fazê-lo de forma eficaz.

A revelia (falta de contestação por parte do réu) é outro ato-fato omissivo que não impede que o assistente (no caso, do réu), auxilie a parte principal.

Essa hipótese, inclusive, autoriza o assistente simples a absorver poderes mais amplos de condução do processo, tornando-se substituto processual do assistido, como se observará no próximo tópico.

6.6. O assistente simples como substituto processual (legitimado extraordinário) do assistido

O assistente simples pode, nos termos do art. 121, parágrafo único do CPC, se tornar "substituto processual" do assistido, o que significa que passará a atuar na condição de legitimado extraordinário do assistido, como se autor ou réu fosse (a depender de qual posição ostenta o último). Isso significa, na prática, uma ampliação de seus poderes, visto que passará a atuar como se fosse a *parte principal* e não só uma *parte auxiliar*, que não pode contrariar a vontade do assistido.

Segundo o art. 121, parágrafo único do CPC, o assistente simples será considerado *substituto processual* (ou seja, legitimado extraordinário) do assistido caso este seja réu e revel (ou seja, não conteste) ou, qualquer que seja a posição que o assistido ostente na relação processual – autor ou réu – ha hipótese em que seja omisso.

O CPC/73 prescrevia regra análoga à presente no art. 52, parágrafo único. Todavia, esta tratava tão somente da atuação do assistente como substituto processual do assistido na hipótese de revelia (ou seja, do assistido réu que não apresentasse contestação).

O CPC/15 ampliou a regra ao dizer que, diante de qualquer omissão do assistido, seja ele autor ou réu, o assistente pode atuar na condição de seu legitimado extraordinário.

Essa regra veio a solucionar um grande número de dúvidas práticas que sempre surgiam nas hipóteses em que o assistido, podendo praticar certo ato, mantinha-se inerte. Afinal de contas, *a inércia era uma demonstração da vontade do assistido de agir de certo modo e, por isso, um impedimento ao assistente para que praticasse o ato omitido*? Essa era uma dúvida muito comum que, agora, não mais existirá, pois o art. 121, parágrafo único do CPC pôs fim a ela.

6.7. Assistente litisconsorcial

Essencial para que se identifiquem os poderes do assistente litisconsorcial é fixar como premissa que ele se trata, em verdade, de um litisconsorte facultativo unitário *ulterior* ou, caso se prefira dizer, que ele possui poderes que o equiparam a ele.

Sendo assim, a relação entre o assistido e o assistente litisconsorcial, no que tange aos seus poderes e às influências mútuas de seus atos, é idêntica à que se observa entre aqueles que, desde o início do processo, sejam considerados litisconsortes unitários.

Nesse sentido, tal como já afirmei ao tratar do litisconsórcio unitário: se *favorável* o ato, estende-se aos demais litisconsortes; se *desfavorável*, não.

Por fim, deve-se lembrar que a instrução probatória não se encaixa na regra acima enunciada, de que somente os atos benéficos praticados por um (assistido ou assistente) se aplicam ao outro. Benéfica ou não a instrução, o seu produto é extensível a todos.

O motivo disso é a aplicação da regra da comunhão das provas, segundo a qual o seu destinatário é o juiz, que as utiliza livremente para fundamentar seu julgamento, sendo irrelevante qual parte a trouxe aos autos.

Em apoio à concepção acima acerca da prova também pode ser lançado o argumento de que, nos termos do art. 370 do CPC, que é um desdobramento do princípio inquisitivo, o magistrado tem amplos poderes instrutórios, podendo determinar de ofício a produção de provas.

Ora, se o juiz está autorizado a instruir *ex officio* o processo, determinando a produção das provas úteis ao seu convencimento e indeferindo as inúteis,[7] não faz diferença se o meio probatório tenha sido juntado por assistente (qualquer que seja a sua natureza, simples ou litisconsorcial) ou assistido, já que mesmo sem a iniciativa das partes tal prova poderia e deveria ser produzida e levada em consideração como fundamento da decisão.

6.8. Procedimento

O procedimento da assistência, descrito nos arts. 119 e 120 do CPC, pode ser resumido da seguinte forma:

---

7. O magistrado pode negar a realização de perícia requerida pela parte sem que isso importe, necessariamente, cerceamento de defesa – informativo 535 do STJ

a) o terceiro, por meio de petição escrita, requer seu ingresso no processo na condição de assistente;

b) ao receber o pedido, pode o magistrado, de plano, indeferi-lo, caso verifique faltar um de seus requisitos (como o interesse jurídico, por exemplo);

c) caso assim não aja, o julgador cientificará as partes acerca do pleito de ingresso do terceiro, a fim de que estas se manifestem favoravelmente ou não no prazo de 15 dias;

d) caso não haja manifestações contrárias ou em caso de as partes aceitarem a inserção do terceiro no processo, deve o juiz avaliar se os requisitos da assistência estão preenchidos e, em caso positivo, autorizar que o terceiro passe a fazer parte da relação processual;

e) se houver impugnação, surgirá no processo uma questão (alegação controvertida) incidental, qual seja: *deve o terceiro ingressar na relação processual na condição de assistente?* Deverá o magistrado, sem suspender o processo, se pronunciar sobre a questão, por meio de decisão interlocutória. Antes de fazê-lo e em atenção à regra contida nos arts. 9º e 10 do CPC, deve dar ao terceiro a oportunidade de contraditar as alegações feitas pela(s) parte(s) que impugnou(aram) o seu ingresso na relação processual.

6.9. O cabimento da assistência nos diversos procedimentos jurisdicionais civis

A assistência tem cabimento no procedimento cognitivo, em qualquer grau de jurisdição.[8] Em sede de Juizados Especiais Cíveis, todavia, não são cabíveis, assim como as demais intervenções de terceiros.

Em sede executiva, não há que se falar em assistência,[9] visto que o procedimento executivo é voltado tão somente à satisfação de um crédito, o que é incompatível com a noção de assistência acima detalhada. É possível aceitá-la em sede de embargos à execução, que têm natureza de ação cognitiva e são incidentais à execução, visto que nos embargos discutem-se vícios que, uma vez acatados, podem caracterizar, por exemplo, a inexistência do crédito exequendo, o que poderia ser juridicamente favorável ao terceiro que pretenda assistir.

7. DENUNCIAÇÃO DA LIDE

A denunciação da lide é a modalidade de intervenção de terceiros prevista nos artigos 125 a 129 do CPC e que tem como finalidade tutelar o *direito de regresso*.

8. Informativo 762 do STF: A admissão de assistente simples pressupõe a utilidade e a necessidade da medida, ponderada pela circunstância de o interessado receber o processo no estado em que se encontrasse. No caso, o requerimento foi formulado cerca de três meses após a sessão em que iniciado o julgamento do RE. Por não poder o postulante apresentar novas razões recursais, sequer realizar sustentação oral, não se faz presente a utilidade da medida.
9. RESP 329.059.

Toda espécie de intervenção de terceiros tem uma peculiar relação com uma situação de direito material. No caso da denunciação, ela é um meio que instrumentaliza o *direito de regresso*.

Direito de regresso é expressão que designa a prerrogativa do sujeito de se ressarcir dos prejuízos patrimoniais decorrentes de diversos tipos de fatos jurídicos, como um acidente, a perda de um bem, etc. É o direito à recomposição patrimonial.

Não será todo e qualquer tipo de direito de regresso que poderá ser defendido por meio de denunciação da lide, visto que é possível existir norma processual mais específica que afaste a norma genérica que decreta o cabimento da denunciação. Exemplo disso tem-se nas hipóteses em que é cabível o chamamento ao processo. Em todas elas, de certa forma, protege-se o direito de regresso, visto que o devedor solidário que pague sozinho o débito passa a ter *direito de regresso* contra os demais devedores solidários, que lhe garante o reembolso das quotas-parte pertinentes a cada um.

O direito de regresso pode ser considerado, portanto, uma *garantia de ressarcimento*. E estudando os *tipos de garantia* das quais pode decorrer o direito regressivo, vê-se que a doutrina entende que há dois deles, a saber:

a) *garantias próprias*: uma garantia é própria quando decorre da transmissão da titularidade de um bem. A ideia é a seguinte: quando um bem é transmitido de uma pessoa à outra (ex.: compra e venda de um imóvel), o adquirente passa a ser, também, titular de direito de garantia contra a perda do bem, decorrente de decisão judicial ou administrativa. Nesse sentido, quando "A" vende a "B" um apartamento, inerente a essa transação é a aquisição, por parte de "B", de garantia fornecida por "A" contra eventual perda da titularidade do bem comprado. Assim, se um terceiro "C" ajuíza e ganha uma ação para reivindicar que o apartamento é, na verdade, dele, "B" passa a ter direito de garantia contra "A", que deverá ressarcir os seus prejuízos;
b) *garantias impróprias*: são aquelas que não decorrem da transmissão de um bem, mas do contrato (seguro, por exemplo) ou diretamente da lei (direito de regresso do Estado contra o servidor).

Pela simples leitura dos conceitos de garantia própria e imprópria, nota-se claramente que se tratam de direitos regressivos que possuem *causas diferentes*. Mas, além disso, existe alguma diferença no regime jurídico do direito de regresso, caso ele decorra de garantia própria ou imprópria?

A resposta é *positiva*. Se o direito de regresso se caracteriza como garantia própria (decorrente da perda do bem por decisão judicial ou administrativa), reconhecer a sua existência no processo *não torna necessário* realizar dilação probatória sobre fatos novos, não discutidos quando se chegou à conclusão de que o sujeito deveria perder o bem adquirido, visto que a garantia decorre da perda do bem. Surgida a perda, surge a garantia. O direito de garantia está inserido no contexto da relação jurídica de direito material que era objeto do processo.

Se o direito de regresso decorre, por outro lado, de garantia imprópria, haverá a necessidade de se realizar dilação probatória sobre fatos que não faziam parte da discussão da lide de onde surgiu o prejuízo econômico, a fim de que se conclua pela existência ou não do direito à recomposição patrimonial. Veja o caso do direito de regresso decorrente do contrato de seguro.

"A" ajuíza demanda em face de "B", requerendo do último o pagamento de indenização por danos materiais decorrentes de acidente de trânsito. Ao sentenciar, o magistrado defere a tutela pretendida, condenando o réu a pagar ao autor o valor de R$ 10.000,00. Vê-se, nesse caso, que "B" teve uma perda patrimonial. Todavia, ele possui contrato de seguro com a empresa "C". Por isso ele pode pleitear seu direito de regresso em face de "C". Mas, para tanto, há a necessidade de se pesquisar fatos referentes a essa outra relação jurídica de direito material: (i) se o segurado está adimplente; (ii) se aquele tipo de dano está coberto pelo contrato de seguro; etc.

Essa diferença tem importante utilidade prática, visto que há uma tendência jurisprudencial a se restringir o cabimento da denunciação da lide justamente quando ela importe dilação probatória sobre fatos novos e, com isso, faça com que a causa se torne mais complexa a ponto de prejudicar a economia processual.

Esse é o motivo pelo qual, por exemplo, a jurisprudência majoritária do STJ concluiu pela *impossibilidade* de o Estado denunciar à lide o seu agente, a fim de tutelar o possível direito de regresso que pode surgir caso o Poder Público seja condenado a ressarcir o particular por conta de um ato ilícito praticado pelo servidor.

Enquanto a responsabilidade do Estado – diante do particular – é objetiva, o direito de regresso contra o servidor se qualifica como responsabilidade subjetiva, dependendo, para se configurar, da aferição de culpa. Em resumo: caso se permitisse a denunciação, seria necessário pesquisar um fato novo, de difícil cognição, que é a culpa, que não precisa ser investigada para se decidir pela responsabilidade do Estado ou não. Haveria, nesse caso, um sério prejuízo à economia processual, o que é contrário à própria razão de ser da denunciação da lide, que é garantir economia, como se verá em seguida.

Uma vez identificadas as características do direito material que pode ser objeto da denunciação da lide, deve-se, agora, demonstrar como se dá a relação entre um (direito de regresso) e a outra (denunciação da lide). Em síntese, deve-se responder ao seguinte questionamento: *de que forma a denunciação da lide tutela o direito de regresso?*

7.1. As hipóteses de cabimento da denunciação da lide

O art. 125 do CPC elenca quais são as hipóteses de cabimento da denunciação da lide, o que significa quais são as situações que fazem nascer o direito de regresso e que podem ser protegidas por meio dessa modalidade de intervenção de terceiros. Transcreve-se o artigo em destaque:

> Art. 125. É admissível a denunciação da lide, promovida por qualquer das partes:
>
> I – ao alienante imediato, no processo relativo à coisa cujo domínio foi transferido ao denunciante, a fim de que possa exercer os direitos que da evicção lhe resultam;
>
> II – àquele que estiver obrigado, por lei ou pelo contrato, a indenizar, em ação regressiva, o prejuízo de quem for vencido no processo.

No que tange ao inciso I, trata-se de direito de regresso decorrente de *garantia própria*. Evicção significa perda do bem por meio de decisão judicial ou administrativa (ex.: do DETRAN). Quando a pessoa adquire um bem, passa a ter direito de garantia sobre ele, decorrente da transmissão da propriedade. Logo, se o bem for tomado do adquirente (comprador) por meio de decisão judicial ou administrativa, surge automaticamente o direito de regresso contra o alienante (vendedor).

Em relação ao inciso II, o direito de regresso pode decorrer também de *garantias impróprias*, não relacionadas à transmissão da propriedade do alienante (vendedor) para o adquirente (comprador), mas (i) de um contrato cujo objeto seja a estipulação do direito de garantia (é o exemplo do seguro) ou (ii) diretamente da lei, que manda ressarcir mesmo não se tratando a hipótese de transmissão de patrimônio.

Embora o CPC aceite a denunciação da lide na hipótese de decorrer de *garantia imprópria*, como é o caso da relação entre cliente e seguradora, diz-se que a denunciação não pode trazer um prejuízo à economia processual que faça com que perca a sua própria razão de ser, o que pode acontecer nas denunciações referentes a garantias impróprias em que se insiram no processo questões novas que terminem por tornar muito mais complexa a dilação probatória (o que é o caso da responsabilidade regressiva do servidor público em face do Estado, que não pode ser tutelada por meio de denunciação da lide, segundo entendimento majoritário, visto que traria a necessidade de se discutir, no processo ajuizado por um particular contra o Estado para se indenizar devido a ato ilícito praticado pelo seu agente, a culpa deste último).

7.2. Características da denunciação da lide

A denunciação da lide tem natureza jurídica de ação (demanda), o que significa que, por meio dela, se introduz a tutela de um direito material que não era objeto de discussão no processo, que é o direito de regresso.

Sua utilização pode ocorrer em casos como o seguinte: "A" ajuíza uma demanda em face de "B". O resultado dessa demanda pode fazer com que um ou outro tenha uma perda patrimonial (representada por dinheiro, bens móveis ou imóveis). Ocorre que aquele que pode ser derrotado possui direito de garantia (própria ou imprópria) contra terceiro ("C"). Por isso, o litigante que se sente ameaçado pela derrota e possui esse direito de garantia, ajuíza uma ação contra o garante "C". Derrotado na demanda original, julga-se desde logo se possui ou não o direito de garantia contra o terceiro, o que garante, nitidamente, economia processual e impede decisões contraditórias. Se a denunciação da lide for ajuizada e julgada na sentença, esta decidirá sobre duas relações jurídicas de direito material.

Onde havia uma demanda tramitando (entre "A" e "B") haverá duas, simultaneamente, caso se realize a denunciação da lide.

Por isso, verifica-se que a denunciação da lide é uma intervenção de terceiros *provocada*, visto que aquele que já era parte de um processo requer o ingresso do terceiro na relação processual. No caso da denunciação da lide, tanto quem é autor quanto quem é réu da demanda originária pode denunciar o terceiro à lide.

O autor deve fazê-lo, no corpo de sua petição inicial, no momento de ajuizar a ação principal. Sendo assim, ele dirigirá ao Poder Judiciário uma petição inicial contendo o pedido principal e a denunciação da lide.

O réu deve fazê-lo, no prazo da resposta da demanda proposta em face dele, no corpo da contestação, o que significa que ela terá um conteúdo misto – de defesa e de ação.

Com o advento da denunciação da lide, verifica-se o fenômeno de cumulação de ações: numa mesma base procedimental, haverá duas demandas tramitando. A denunciação da lide é uma demanda que possui características bastante peculiares, visto que é:

a) incidente;

b) regressiva;

c) eventual;

d) antecipada;

e) facultativa.

É *incidente* somente se proposta pelo réu (sendo essa a situação mais comum na prática forense), visto que surge no curso de relação processual previamente instaurada. Se proposta pelo autor, a denunciação da lide é apresentada concomitantemente à formação do processo.

É *regressiva*, pois seu objeto (pedido) é julgar se o denunciante possui direito de regresso em face do denunciado.

É *eventual*, pois somente será julgada se acontecer um *evento* determinado, que é a derrota do denunciante na discussão que envolve a demanda principal. Lembre-se do exemplo da ação de indenização por acidente de trânsito proposta por "A" contra "B", que denunciou à lide a seguradora "C". Somente se "B" for condenado a ressarcir "A" é que se julgará a denunciação da lide. Se for vitorioso, não há o que ele possa reclamar de sua seguradora. Por isso, a denunciação é demanda eventual.

É *antecipada*, residindo aqui seu caráter mais interessante e peculiar. Quando se ajuíza uma demanda, é necessário que estejam preenchidas as condições da ação, que são a legitimidade *ad causam* e o interesse de agir.

No caso da denunciação da lide, por expressa previsão legal, permite-se o ajuizamento da demanda *antecipadamente*, visto que no momento em que ela é proposta, o denunciante ainda não possui o interesse de agir (necessidade do processo), que só nascerá no curso do processo caso aquele que denunciou seja derrotado no julgamento da demanda original, fazendo surgir seu direito de regresso em face do terceiro. Por meio da análise dessa peculiaridade da denunciação da lide, observa-se, mais uma vez, o seu objetivo de garantir economia processual à tutela do direito de regresso.

É *facultativa*, o que significa que a tutela do direito de regresso por meio da denunciação da lide é um ônus que, se descumprido, faz com que a pessoa *perca* somente uma excelente oportunidade processual de tutelar o direito regressivo. Não se trata de um dever jurídico que, se descumprido, acarreta a perda do direito material. Nesses termos, não denunciar a lide é uma opção da parte, que poderá exercer seu direito de regresso em demanda autônoma, ajuizada posteriormente (art. 125, § 1º do CPC).

Por fim, a denunciação da lide pode ser sucessiva, nos termos do art. 125, § 2º do CPC. Isso significa que é possível que o terceiro denunciado, ao contestar a imputação que lhe é feita, resolve denunciar outra pessoa também.

Para que se compreenda a situação, pense no seguinte exemplo: qualquer um sabe que um bem imóvel pode, ao longo dos anos, pertencer a várias pessoas. Com base nessa premissa, imagine que A vendeu o bem a B, que vendeu a C, que o repassou a D; que D seja surpreendido por uma ação reivindicatória ajuizada por E, que alega ser proprietário do imóvel.

Por essa razão, D ajuizará denunciação da lide em face de C, que lhe vendeu o bem. Segundo o art. 125, § 2º do CPC, é possível que C denuncie à lide B. Isso seria a *denunciação da lide sucessiva*. Todavia, é proibido que B denuncie à lide A, o que geraria três denunciações da lide em cascata. A proibição das "denunciações em cascata" é uma inovação do CPC/15, em comparação ao CPC/73.

Existe um tema correlato ao da denunciação sucessiva e que passou a ser estudado pelo Direito Processual Civil brasileiro com o advento do novo Código Civil de 2002: trata-se da chamada *denunciação da lide per saltum*.

Trata-se de possibilidade que se extrai da leitura da parte final do art. 456 do CC/02, onde está escrito que o adquirente, para exercer o direito de regresso decorrente da perda do bem que comprara, deverá notificar do litígio o alienante imediato ou *qualquer outro dos alienantes anteriores*. Imagine o caso acima, em que a cadeia dominial do bem era formada por A, B, C e D. Este último, caso sofresse o risco de perder o bem que havia comprado de C, por decisão judicial, poderia tanto denunciar à lide C, como B ou A, embora não tenha nenhuma relação jurídica de direito material com os dois últimos.

Sobre ela, o CPC/15 também se posicionou, proibindo-a no art. 125, § 2º, ao afirmar que as denunciações da lide sucessivas devem dirigir-se contra o "antecessor imediato na cadeia dominial", o que impediria, no exemplo dado acima, que D ajuizasse a denunciação da lide diretamente em face de A.

7.3. O papel do denunciado à lide no contexto da ação principal e da denunciação da lide

Quando no processo uma das partes denunciar à lide o terceiro, passam a tramitar em conjunto, sob a mesma base procedimental, duas ações:

a) a ação que discute a relação jurídica de direito material que, a depender de como seja decidida, pode fazer com que nasça para uma das partes o direito de regresso contra terceiro;

b) a denunciação da lide, que tutela esse direito de regresso.

Perceba que as duas demandas são conexas. Na demanda de denunciação da lide figuram como autor o denunciante e como réu o denunciado.

Ninguém dúvida de que, no âmbito da demanda de denunciação da lide, o denunciado desempenha o papel de réu. Mas será que ele (denunciado) desempenha alguma função em relação à outra ação, na qual se discute a relação de direito material que pode resultar na concretização do direito de regresso?

O CPC responde a essa questão nos arts. 127 e 128, que transcrevo:

> Art. 127. Feita a denunciação pelo autor, o denunciado poderá assumir a posição de litisconsorte do denunciante e acrescentar novos argumentos à petição inicial, procedendo-se em seguida à citação do réu.
>
> Art. 128. Feita a denunciação pelo réu:
>
> I – se o denunciado contestar o pedido formulado pelo autor, o processo prosseguirá tendo, na ação principal, em litisconsórcio, denunciante e denunciado;
>
> II – se o denunciado for revel, o denunciante pode deixar de prosseguir com sua defesa, eventualmente oferecida, e abster-se de recorrer, restringindo sua atuação à ação regressiva;
>
> III – se o denunciado confessar os fatos alegados pelo autor na ação principal, o denunciante poderá prosseguir com sua defesa ou, aderindo a tal reconhecimento, pedir apenas a procedência da ação de regresso.
>
> Parágrafo único. Procedente o pedido da ação principal, pode o autor, se for o caso, requerer o cumprimento da sentença também contra o denunciado, nos limites da condenação deste na ação regressiva.

7.4. A denunciação da lide e os procedimentos jurisdicionais

A denunciação da lide é modalidade de intervenção de terceiros pertinente ao procedimento cognitivo, no primeiro grau de jurisdição, por isso é incabível em sede de procedimento executivo.

Todavia, mesmo quando se esteja em sede cognitiva, não são todos os procedimentos que a permitem, visto que há diversos deles regidos pelos princípios da economia e da celeridade processuais, que restariam prejudicadas caso se introduzisse uma nova discussão como a que tem vez na denunciação, que pode demandar dilação probatória complexa.

Nesse sentido, a denunciação da lide não cabe no procedimento dos Juizados Especiais Cíveis. Essa informação tem um relevo prático muito grande. Explico: o caso mais comum, no dia a dia, de denunciação da lide é o de seguradoras de veículos.

João e José se envolvem em um acidente de trânsito e ninguém assume a culpa pelo sinistro. Por essa razão, João toma a iniciativa e ajuíza ação indenizatória em face de José, pleiteando a sua condenação por danos morais e materiais. Ao apresentar sua contestação, José denuncia à lide sua seguradora.

Em casos como este é que a denunciação da lide ocorre. E perceba o seguinte: essa denunciação da lide pode acabar sendo muito interessante para o autor também: caso seja o réu condenado a lhe ressarcir e também julgada procedente a denunciação, o autor poderá, nos termos do art. 128, parágrafo único do CPC, cobrar diretamente da seguradora os valores devidos, nos limites da condenação suportada pela seguradora (e que estarão atrelados aos limites do contrato de seguro, pressupondo-se que a sentença não contenha erro).

Ora, se ao ajuizar a ação indenizatória João tivesse optado pelo procedimento dos Juizados Especiais Cíveis teria perdido a possibilidade de obter os valores a que tem direito diretamente da seguradora, visto que seria vedada a denunciação da lide.

Por isso, na sua vida profissional, salvo a hipótese em que você tenha certeza de que o réu não tenha seguro do veículo, ajuíze a demanda indenizatória decorrente de acidentes de trânsito utilizando-se do procedimento comum.

Por fim, no que tange ao procedimento monitório, concorda-se com o entendimento que a 4ª Turma do Superior Tribunal de Justiça proferiu ao julgar o RESP 751.450:

> 1. Com a oposição dos embargos pelo réu em ação monitória, cessa a fase de cognição sumária, ordinarizando-se o rito procedimental.
>
> 2. Faz-se possível a denunciação da lide em sede de embargos à monitória ante eventual direito regressivo por obrigação legal ou contratual.
>
> (REsp 751.450/SP, Rel. Ministro João Otávio de Noronha, Quarta Turma, DJe 22/02/2010)

7.5. Os honorários advocatícios de sucumbência e a denunciação da lide

Feita a denunciação da lide pelo autor ou pelo réu, no processo passam a coexistir duas demandas: a originária e a denunciação, que deverão ser julgadas em conjunto na sentença.

A depender da situação concreta, é possível que vários sejam os resultados proferidos pelo juiz, o que poderá influenciar no modo como serão distribuídos os ônus sucumbenciais entre as partes das duas demandas.

Sendo assim, é importante que o prezado leitor consiga identificar quais são os tipos de julgamento que podem ocorrer, bem como a condenação em honorários de sucumbência que dela decorrerá.

Caso 1: ao julgar a ação originária, o denunciante é vitorioso. Nesta hipótese, vê-se que a denunciação da lide foi desnecessária, estando prejudicada, eis que não há interesse nela. Nesse caso, o denunciante terá uma condenação em honorários favorável a ele e outra desfavorável: (a) na ação originária, favorável; (b) na denunciação, desfavorável, visto que ele deu causa indevida à demanda, obrigando desnecessariamente o denunciado a integrar o processo.

Caso 2: ao julgar a ação originária, o denunciante é derrotado e, portanto, arca com os honorários e verbas sucumbenciais a que tem direito a parte adversa. A questão não se encerra porque é preciso verificar como foi julgada a denunciação da lide, bem como a conduta que o denunciado apresentou a partir do momento em que integrou o processo. Três são as possibilidades:

a) a denunciação da lide é julgada improcedente: o denunciante, que já arcou com as verbas sucumbenciais pela derrota na demanda principal, também as pagará ao denunciado;[10]

b) a denunciação é julgada procedente, **não tendo havido resistência** do denunciado a partir do momento em que ingressou no processo: não devem ser imputados a esse último ônus sucumbenciais;[11]

c) a denunciação é julgada procedente, **tendo havido resistência** do denunciado a partir do momento em que ingressou no processo: o denunciado arcará com as verbas sucumbenciais.[12].]

Uma última informação ao leitor, que nos acompanhou até aqui: nas hipóteses “b” e “c” acima, fica claro que tanto o denunciante quanto o denunciado têm interesse em recorrer, visto que se for revertida a condenação na demanda originária, ambos serão beneficiados. Por esse motivo, o STJ, em julgamento proferido pela 3ª Turma, determinou que deve ser aplicado o prazo em dobro para que denunciante e denunciado recorram, nos termos do art. 229 do CPC.[13]

10. AgRg no Ag 1220661/RJ, Rel. Ministro Massami Uyeda, Terceira Turma, DJe 03/02/2010.
11. AgRg no Ag 1226809/MG, Rel. Ministra Maria Isabel Gallotti, Quarta Turma, DJe 01/02/2011.
12. REsp 471.307/RS, Rel. Ministro Luis Felipe Salomão, Quarta Turma, DJe 19/04/2010.
13. Informativo 456 do STJ. Caso decida ler o informativo citado, somente tome um cuidado: ele foi produzido enquanto vigia o CPC/73. Logo, a referência legislativa dele não é a atual, embora seu conteúdo jurídico ainda seja válido.

8. CHAMAMENTO AO PROCESSO

O chamamento ao processo, regulado nos arts. 130 a 132 do CPC, é a modalidade de intervenção de terceiros que visa a tutelar uma específica situação de direito material: a solidariedade passiva em obrigações de pagamento de quantia, como bem demonstra o informativo 539 do STJ, segundo o qual "Não é adequado o chamamento ao processo da União em demanda que verse sobre fornecimento de medicamento proposta contra outro ente federativo".

A solidariedade passiva se trata de uma modalidade obrigacional, ou seja, de um modo de ser das obrigações, que apresentam as seguintes características:

a) pluralidade de devedores (mais de um devedor);
b) cada um deles é responsável pelo adimplemento da dívida como um todo;
c) caso um dos devedores solidários cumpra a obrigação sozinho, passa a ter o direito de cobrar dos demais o pagamento da quota-parte que a eles corresponde.

A solidariedade passiva pode ser considerada uma vantagem conferida ao credor, pela lei ou pelo contrato. Ele tem a prerrogativa de cobrar todo o crédito a que tem direito de uma só pessoa, podendo escolher, dentre os devedores solidários, aquele que tenha melhores condições de cumprir com o encargo completo, em vez de precisar, por exemplo, pleitear o pagamento em partes e a devedores que não possuam nenhuma condição de cumprir suas obrigações.

Feita essa breve introdução, impõe-se um questionamento: qual é a relação que existe entre a solidariedade passiva e o chamamento ao processo?

A fim de explicar de que modo se relacionam a solidariedade passiva e o chamamento, observe o seguinte exemplo, que servirá de guia para o estudo que agora se inicia.

"A" é credor de "B" e "C", que são devedores solidários e inadimplentes. A fim de satisfazer seu crédito, "A" ajuíza demanda de cobrança em face, exclusivamente de "B", pois entende que ele, e não "C", possui plenas condições de arcar com o pagamento integral do que é devido.

O chamamento ao processo é a modalidade de intervenção de terceiros por meio da qual o devedor solidário e réu "B" requer o ingresso de "C" na relação processual, a fim de que também passe a compor o polo passivo da demanda. Vê-se que, por meio do chamamento ao processo, o polo passivo da demanda é expandido, pelo do ingresso do(s) devedor(es) solidário(s) que originariamente não haviam sido demandados pelo credor. Havia só um réu (B). Quando este chama ao processo C, haverá dois réus.

8.1. Características processuais do chamamento ao processo

Trata-se de intervenção de terceiros:

a) provocada;

b) que não amplia o objeto litigioso do processo, ou seja, que não insere nova discussão de direito material;

c) que permite a formação de um litisconsórcio passivo facultativo ulterior, unitário ou simples a depender de a obrigação solidária ser divisível ou não;

d) que deve ser exercitada no prazo da resposta pelo réu (art. 131 do CPC).

Uma vez que se tenha entendido o que é o chamamento ao processo, é necessário perguntar quais são os seus efeitos jurídicos, ou seja, quais as consequências, para o autor e para o réu, de esta modalidade de intervenção ter-se realizado.

Para o autor é o fato de que ele, mesmo que essa não fosse a sua vontade original, poderá obter um título executivo judicial subjetivamente mais amplo, visto que oponível contra o réu originário e aquele que foi chamado ao processo.

Diferente do que se possa pensar, o chamamento ao processo não é uma técnica processual que inutiliza ou torna inoperante o modelo jurídico da solidariedade passiva. Essa acusação é feita quando se afirma que o chamamento retira do credor a opção por cobrar o crédito de quem ele queira, visto que permite ao devedor "eleito" inserir no polo passivo do processo aquele que havia sido deixado de lado.

Embora o credor seja, realmente, forçado a litigar contra quem não queria, em sede de processo de conhecimento, uma vez formado o título executivo judicial oponível contra o chamante (réu originário) e o chamado, será possível escolher quem executar. Em suma: em sede executiva (cumprimento de sentença) garante-se que o credor escolha contra quem litigar e cobrar a dívida, que é o principal efeito da solidariedade passiva em relação ao credor obrigacional.

O chamamento também gera efeitos para os réus, previstos no art. 132 do CPC, que se transcreve:

> Art. 132. A sentença de procedência valerá como título executivo em favor do réu que satisfizer a dívida, a fim de que possa exigi-la, por inteiro, do devedor principal, ou, de cada um dos codevedores, a sua quota, na proporção que lhes tocar.

Volta-se ao exemplo dado acima para se explicar o efeito do chamamento ao processo sobre os réus. "A" ajuizou a demanda em face de "B", e não a dirigiu contra o devedor solidário "C", que posteriormente não foi chamado ao processo. Caso "B" seja condenado a adimplir o débito ao autor e cumpra esse dever, será preciso que ajuíze uma nova ação (ação de regresso) em face de "C" pedindo a sua condenação a pagar o valor que lhe incumbe (quota-parte). Precisará, pois, constituir um título executivo judicial em face de devedor que não foi demandado originariamente.

Se "B" chamar "C" ao processo, a situação será diferente, pois a sentença que condenar os devedores solidários a pagarem o débito ao autor, além de constituir título executivo em favor do credor, também será título executivo para o devedor solidário que pagar a dívida por inteiro cobrar a quota-parte do codevedor. Bastará a ele ajuizar, no mesmo processo, o pedido de cumprimento de sentença em face do outro devedor. O uso do chamamento ao processo garante, como se percebe, economia processual.

O art. 130 do CPC indica as situações de solidariedade passiva que podem ser tuteladas por meio do chamamento ao processo.

A primeira delas é a do fiador-réu que chama ao processo o devedor principal, prevista no art. 130, I do CPC. Neste caso, o intuito do chamamento é permitir que o fiador possa exercitar o benefício de ordem, ou seja, a prerrogativa que possui de se esgotarem os bens do devedor para que, só então, os seus passem a ser responsáveis pelo pagamento do débito. Nessa primeira hipótese, portanto, o *fiador* chama o *devedor principal*. O contrário não tem previsão legislativa.

A segunda delas é a do fiador que, uma vez demandado, chama ao processo outro fiador (*cofiador*), visto que nessa hipótese de direito material subsiste a solidariedade passiva (art. 130, II do CPC).

O inciso III do art. 130 do CPC contém prescrição normativa mais ampla, capaz de englobar as duas anteriores, visto que define a possibilidade de chamamento ao processo "dos demais devedores solitários". À primeira vista, é tentador pensar que a existência desta última norma faz com que as anteriores sejam pleonásticas e, portanto, desnecessárias.

Muito diferente disso, é importante que o legislador tenha previsto, de forma detalhada, duas das mais comuns situações em que o chamamento pode acontecer, a fim de diminuir as dúvidas que possam pairar sobre essas hipóteses. Veja o exemplo do inciso I do art. 130 do CPC. Se ele não existisse, com certeza haveria discussões e dissidências jurisprudenciais acerca da possibilidade de o devedor principal chamar ao processo o fiador, por mais que seja o primeiro, e não o último, aquele que tem o dever originário do pagamento do débito. Ademais, os dois primeiros incisos são importantes para demonstrar que as dívidas solidárias objeto do chamamento ao processo têm por objeto o pagamento de quantia.

Por fim, uma última colocação: a situação de direito material (solidariedade passiva) que dá ensejo ao chamamento ao processo, espécie de intervenção de terceiros provocada, também permite que ocorra uma intervenção de terceiros voluntária, a assistência litisconsorcial. Sendo assim, pode-se concluir que o terceiro não chamado ao processo pode pedir seu ingresso no feito como assistente.

8.2. O chamamento ao processo e a norma do art. 1.698 do CC

Quando o Código Civil de 2002 entrou em vigor, surgiu a discussão sobre qual seria a modalidade de intervenção de terceiros que deveria operacionalizar a norma descrita em seu art. 1.698, que possui a seguinte redação:

> Art. 1.698. Se o parente, que deve alimentos em primeiro lugar, não estiver em condições de suportar totalmente o encargo, serão chamados a concorrer os de grau imediato; sendo

várias as pessoas obrigadas a prestar alimentos, todas devem concorrer na proporção dos respectivos recursos, e, intentada ação contra uma delas, **poderão as demais ser chamadas a integrar a lide**.

Por que surgiu a dúvida sobre qual modalidade de intervenção de terceiros seria utilizada para se garantir o ingresso, no processo, dos terceiros que também tenham o dever de arcar com os alimentos para o sustento de determinado parente?

Por dois motivos: primeiro, porque utilizou-se a locução "poderão as demais ser chamadas a integrar a lide", o que fez com que se aventasse o uso do chamamento ao processo para operacionalizar a previsão normativa em destaque; segundo porque não existe solidariedade passiva entre aqueles que detém o encargo de arcar com os alimentos. Seria, então, possível que o chamamento ao processo fosse empregado fora de sua hipótese de cabimento tradicional, atrelada à solidariedade passiva?

Parte da doutrina entendeu que não e defendeu tratar-se essa intervenção de uma nova modalidade.[14] Vê-se, entretanto, que o STJ endossou a posição de que a intervenção em tela se trata de chamamento ao processo, o que decorre da leitura da parte final do art. 1.698 do CC, que destacamos no início deste tópico.[15]

9. DESCONSIDERAÇÃO DA PERSONALIDADE JURÍDICA

O CPC/15 trouxe uma inovação ao prever o incidente de desconsideração da personalidade jurídica como modalidade de intervenção de terceiros, nos arts. 133 a 137. Deve-se destacar que a desconsideração da personalidade jurídica não se trata de uma novidade nos planos do direito material e processual, estando anteriormente prevista no Código de Defesa do Consumidor (art. 28) e, posteriormente, no Código Civil (art. 50). O que é inovador é a regulamentação de um procedimento incidental voltado a realizar a desconsideração, em harmonia com os princípios que dirigem o processo civil pátrio, em especial a ampla defesa e contraditório.

A desconsideração da personalidade jurídica consiste na possibilidade de se atravessar a barreira da autonomia patrimonial da pessoa jurídica, quando atendidos os pressupostos descritos no CDC e no CC, de maneira que recaia sobre o patrimônio dos sócios ou administradores a responsabilização pela satisfação dos débitos contraídos pela PJ.

Em suma: a finalidade da desconsideração da personalidade jurídica é fazer com que o patrimônio particular de sócios e administradores seja o responsável por arcar com as dívidas da pessoa jurídica.

Além da desconsideração da personalidade jurídica, acima retratada, existe também a figura da desconsideração *inversa*. O art. 133, § 2º do CPC admite que se suscite o incidente em tela para responsabilizar a pessoa jurídica por débitos de seus

14. É a lição, ricamente fundamentada, de DIDIER JR., Fredie. *Curso de direito processual civil*. v. I. 12 ed. Salvador: Juspodivm, 2010, p. 410.
15. Informativo 464 do STJ – RESP 958.513; informativo 465 – RESP 964.866.

sócios ou administradores. Na hipótese de desconsideração inversa da personalidade jurídica, é imprescindível para a sua operacionalização no processo que todos os sócios da pessoa jurídica sejam intimados, ainda que não tenham contraído a dívida discutida, uma vez que a pessoa jurídica é um patrimônio comum de todos eles. Seu uso mais corriqueiro é observado no direito das famílias, especialmente em casos de dissolução da sociedade matrimonial, quando um dos cônjuges esvazia seu patrimônio pessoal a fim de evitar maiores perdas na partilha decorrente do divórcio.

O incidente deverá ser instaurado a partir de pedido realizado pela parte ou pelo Ministério Público. Desta forma, não é admitida a desconsideração de ofício pelo magistrado.

O artigo 134 do CPC prevê que a desconsideração poderá ser requerida em todas as fases procedimentais, ou seja, no procedimento de conhecimento, no cumprimento de sentença e, até mesmo, na execução fundada em título executivo extrajudicial.

O § 1º do art. 134 do CPC determina que a instauração do incidente deverá ser comunicada ao cartório distribuidor para que este realize as anotações devidas, tal como o registro da informação de desconsideração, que poderá ser de interesse de outros credores da pessoa jurídica.

Necessário mencionar que, caso a desconsideração seja requerida na petição inicial, não será necessário instaurar o incidente. Neste caso o juiz poderá determinar desde já a citação do próprio sócio, devendo este se defender em sua contestação (art. 134, § 2º do CPC). Caso a hipótese seja de desconsideração inversa, desde logo será citada a pessoa jurídica.

O § 3º do art. 134 do CPC, por sua vez, determina, com certa razão, que a instauração do incidente suspenderá o processo. Tal disposição se justifica, uma vez que o polo passivo da relação jurídica discutida poderá vir a sofrer alteração. Logicamente, em se tratando da possibilidade levantada no § 2º, não haverá necessidade de suspensão do processo.

Por fim, o requerimento de desconsideração da personalidade jurídica deverá demonstrar o preenchimento dos pressupostos materiais específicos, demonstrando a presença do abuso da personalidade jurídica seja por desvio de finalidade ou por confusão patrimonial (art. 134, § 4º do CPC).

Conforme prescreve o artigo 135 do CPC, o sócio e/ou a pessoa jurídica deverão ser citados para se defenderem no prazo de 15 dias (salvo a hipótese de a desconsideração ter sido pedida desde logo na exordial, o que fará com que a resposta seja apresentada em contestação, cujo prazo poderá ser maior caso se realize a audiência de mediação e conciliação), devendo apresentar todas as alegações e argumentos necessários à sua defesa, demonstrando não haver confusão patrimonial ou desvio de finalidade. Como visto, o artigo 135 fala em citação, o que significa que o sócio ou a pessoa jurídica (a depender de se tratar de desconsideração ou desconsideração inversa) poderão se tornar partes, desde que o juiz, ao decidir o incidente, conclua pelo cabimento da desconsideração ou da desconsideração inversa.

Uma vez realizada a produção de todas as provas necessárias, o incidente será julgado por decisão interlocutória, recorrível por meio de agravo de instrumento, conforme dispõe o art. 1.015, inciso IV do CPC.

Por outro lado, sendo o incidente processado junto aos tribunais, o *parágrafo único* do art. 136 do CPC determina que será decidido por decisão monocrática do relator, contra a qual é cabível o recurso de agravo interno. Como o *parágrafo único* faz menção apenas à decisão final que julga o incidente, as demais que porventura sejam proferidas serão irrecorríveis.

A disposição trazida no art. 137 do CPC trata de explicitar que, uma vez acolhido o pedido de desconsideração, qualquer alienação de bens ocorrida será considerada em fraude à execução e, portanto, ineficaz em relação ao(s) requerente(s) do incidente.

O grande debate gira em torno do momento a partir do qual deverá a alienação ser considerada em fraude à execução:

a) o primeiro entendimento é o de que somente após o acolhimento do pedido de desconsideração será caracterizada a fraude à execução;

b) o segundo entendimento é o de que o artigo 137 do CPC deve ser analisado conjuntamente com o art. 792, § 3º do mesmo diploma, considerando-se em fraude à execução qualquer alienação ou oneração de bens a partir do momento da citação da parte cuja personalidade pretende se desconsiderar. Trata-se da solução mais adequada, a fim de se tratar de forma sistemática as normas construídas a partir da interpretação dos artigos de lei que formam o CPC.

10. *AMICUS CURIAE*

Uma das principais diretrizes do CPC/15 é a tutela adequada das demandas repetitivas, muito presentes na sociedade de massa em que vivemos. Alguns dos institutos pensados para prover essa tutela foram o incidente de resolução de demandas repetitivas e o incidente de assunção de competência.

A previsão do *amicus curiae* no CPC/15 também está intimamente relacionada à tutela das demandas repetitivas. Embora não seja novidade no direito processual brasileiro, o CPC inovou ao prever o seu cabimento no procedimento comum, visto que antes estava restrito a alguns procedimentos especiais, como, por exemplo, os de controle concentrado de constitucionalidade.

Curioso notar que, embora o STF tenha entendimento consolidado de que o *amicus curiae* não se trata de terceiro interveniente típico, devendo ser considerado auxiliar eventual do juízo, o CPC/15 regula a figura no Título III do Livro III, que normatiza as intervenções de terceiro.

O *amicus curiae* insere-se no processo com a função primordial de apresentar alegações, defesas, argumentos voltados a garantir que certo entendimento acerca de uma situação jurídica de direito material prevaleça, fornecendo subsídios que ajudarão o magistrado a decidir qual solução adotar.

Conforme determina o *caput* do art. 138 do CPC, três são os pressupostos que justificam a atuação do *amicus curiae* no processo, sendo elas: a relevância da matéria, a especificidade do tema objeto da demanda ou a repercussão social da controvérsia.

Não há exigência de que os pressupostos acima mencionados se preencham de forma simultânea para que se configure a possibilidade de intervenção do *amicus curiae*, que poderá ser requerida pelo interessado ou mesmo determinada de ofício pelo magistrado.

Trata-se, ainda, de requisito para a atuação do *amicus curiae*, que poderá ser pessoa natural ou jurídica, órgão ou entidade especializada, sua *representatividade adequada*, ou seja, é necessário que o agente demonstre de maneira satisfatória o motivo pelo qual deseja intervir, bem como de que maneira o seu interesse institucional guarda relação com a situação de direito material objeto do processo.

Daniel Neves explica a figura da representatividade adequada Daniel Neves (2016, p. 139):

> Exige-se nesse caso a existência de representatividade adequada, ou seja, que o terceiro demonstre ter um interesse institucional da causa, não sendo suficientes interesses meramente corporativos, que digam respeito somente ao terceiro que pretende ingressar na ação. Por interesse institucional compreende-se a possibilidade concreta do terceiro em contribuir com a qualidade da decisão a ser proferida, considerando-se que o terceiro tem grande experiência na área à qual a matéria discutida pertence.

Logo, o que se extrai é que o interesse institucional não deve ser confundido com o interesse jurídico necessário ao cabimento das clássicas intervenções de terceiros (assistência, denunciação da lide, chamamento ao processo). Tal interesse deve ser analisado sob uma perspectiva mais ampla, no sentido de que o *amicus curiae* deverá atuar na defesa dos interesses pertencentes a um grupo de pessoas, seja ele determinado ou indeterminado.

Mais a frente, o art. 138, § 1º do CPC determina que a atuação do *amicus curiae* não implica na alteração da competência, tampouco autoriza a interposição de recurso, exceto a oposição de embargos de declaração e a interposição de recurso contra a decisão que julgue o IRDR. Tal disposição – acerca da competência – se justifica, uma vez que o *amicus* não é parte do processo e, sequer, está a defender interesse seu, logo não haveria justificativa para alteração da competência nestes casos.

Quanto ao art. 138, § 2º do CPC, este tem por objetivo evitar discussões acerca do papel do *amicus curiae*. O dispositivo revela que caberá ao juiz ou ao relator definir os poderes do *amicus curiae*, cuja atuação é voltada a trazer "luzes" à discussão que se realiza no processo, ou seja, argumentos, alegações, meios de prova que se prestem a auxiliar o magistrado a decidir o conflito jurídico deduzido em certo processo. Tal decisão será definitiva, não podendo dela o *amicus* recorrer e as partes, por outro lado, embora legítimas, não terão interesse recursal para tanto.

Bibliografia

ADEODATO, João Maurício. *A retórica constitucional*. São Paulo: Saraiva, 2009.

ALMADA, Roberto José Ferreira de. *A garantia processual da publicidade*. São Paulo: RT, 2005.

ALMEIDA JR., João Mendes de. *Direito judiciário brasileiro*. 3 ed. Rio de Janeiro: Freitas Bastos, 1940.

ARMELIN, Donaldo. *Legitimidade para agir no direito processual civil brasileiro*. São Paulo: RT, 1970.

ATALIBA, Geraldo. *República e constituição*. 2 ed. 2 tiragem. São Paulo: Malheiros, 2001.

ÁVILA, Humberto. O que é devido processo legal? In: DIDIER JR., Fredie. *Teoria geral do processo – panorama doutrinário mundial*. V. 2. Salvador: Juspodivm, 2010.

______. *Teoria dos princípios*. 8 ed. São Paulo: Malheiros, 2008.

BARBOSA MOREIRA, José Carlos. *O novo processo civil brasileiro*. 23 ed. Rio de Janeiro: Forense, 2006.

______. A expressão "competência funcional" no art. 2º da Lei de Ação Civil Pública. In: *A ação civil pública após 20 anos: efetividade e desafios*. Edis Milaré (coord.). São Paulo: RT, 2005.

______. *Temas de direito processual civil, 4ª série*. São Paulo: Saraiva, 1989.

______. *Temas de direito processual*, 1ª série. São Paula: Saraiva, 1977.

______. *Estudos sobre o novo Código de Processo Civil*. Rio de Janeiro: Líber Júris, 1974.

______. *Litisconsórcio unitário*. Rio de Janeiro: Forense, 1972.

______. *Direito processual civil*. Rio de Janeiro: Borsoi, 1971.

BEDAQUE, José Roberto dos Santos. *Efetividade do processo e técnica processual*. São Paulo: Malheiros, 2006.

______. *Direito e processo*. 2 ed. São Paulo: Malheiros, 1997.

BRAGA, Paula Sarno. *Norma de processo e norma de procedimento: o problema da repartição de competência legislativa no direito constitucional brasileiro*. Tese de doutorado UFBA, 2015.

BRAGA, Paula Sarno. *Primeiras Reflexões sobre uma Teoria do Fato Jurídico Processual — Plano de Existência* In: https://pt.scribd.com/document/226135109/Paula-Sarno-Braga-Teoria-Do-Fato-Jurdico-Processual.

BRAGA, Valechka e Silva. *Princípios da proporcionalidade & da razoabilidade*. 2 ed. Curitiba: Juruá, 2008.

BRASIL JÚNIOR, Samuel Meira. *Justiça, direito e processo – a argumentação e o direito processual de resultados justos*. São Paulo: Atlas, 2007.

BÜLLOW, Oskar von. *La teoria de las excepciones procesales y los presupuestos procesales*. Buenos Aires: EJEA, 1964.

CABRAL, Tricia Navarro Xavier. *Reflexos das convenções em matéria processual nos atos judiciais*. In: *Negócios processuais*. Salvador: Juspodivm, 2015.

CALAMANDREI, Piero. *Direito processual civil*. V.1. Campinas: Bookseller, 1999.

CAMPOS JR., Ephraim. *Substituição processual*. São Paulo: RT, 1985.

CAPPELLETTI, Mauro. *O processo civil no direito comparado*. Belo Horizonte: Líder, 2001.

CARMONA, Carlos Alberto. *Comentários à lei de arbitragem*. São Paulo: Malheiros, 1998.

CARNELUTTI, Francesco. *Sistema de direito processual civil*. Campinas: Bookseller, 2000.

______. *Instituições do processo civil*. V. I. Campinas: Servanda, 1999.

CHIOVENDA, Giuseppe. *Instituições de direito processual civil*. V. I. 2 ed. Campinas: Bookseller, 2000.

______. *Instituições de direito processual civil*. V. II. 2 ed. Campinas: Bookseller, 2000.

______. *La acción en el sistema de los derechos*. Bogotá: Temis, 1986.

COUTURE, Eduardo Juan. *Fundamentos de direito processual civil*. Campinas: Red, 1999.

______. *Introdução ao estudo do processo civil*. 3 ed. Rio de Janeiro: Forense, 1998.

DEMERCIAN, Pedro Henrique et al. *Curso de processo penal*. 3 ed. Rio de Janeiro: Forense, 2005.

DEZEN JÚNIOR, Gabriel. *Curso completo de direito constitucional*. V. I. 10 ed. Brasília: Vestcon, 2006.

DIDIER JR., Fredie *et ali*. *Curso de direito processual civil*. *V.* 2. 11 ed. Salvador: Juspodivm, 2016.

______. *Curso de direito processual civil. V. 1*. 17 ed. Salvador: Juspodivm, 2015.

______. *Sobre a teoria geral do processo, essa desconhecida*. Salvador: Juspodivm, 2012.

______; NOGUEIRA, Pedro Henrique Pedrosa. *Teoria dos fatos jurídicos processuais*. Salvador: Juspodivm, 2011.

______. *Curso de direito processual civil*. *V.* I. 6 ed. Salvador: Juspodivm, 2006.

DI PIETRO, Maria Sylvia Zanella. *Direito administrativo*. 17 ed. São Paulo: Atlas, 2004.

]DINAMARCO, Cândido Rangel. *Instituições de direito processual civil*. V. I. 5 ed. São Paulo: Malheiros, 2005.

______. *Instituições de direito processual civil*. V. 2. 5 ed. São Paulo: Malheiros, 2005.

______. *Intervenção de terceiros*. 3 ed. São Paulo: Malheiros, 2002.

______. *A instrumentalidade do processo*. 8 ed. São Paulo: Malheiros, 2000.

______. *Fundamentos do processo civil moderno*. São Paulo: Malheiros, 2000.

______. *Litisconsórcio*. 5 ed. São Paulo: Malheiros, 1997.

______. *Fundamentos do processo civil moderno*. São Paulo: RT, 1986.

ESTELLITA, Guilherme. *Direito de ação direito de demandar*. 2 ed. Rio de Janeiro: Livraria Jacinto, 1942.

FAZZARALI, Elio. *Note in tema di diritto e processo*. Milano: Giuffrè, 1957.

GOLDSCHMIDT, James. *Princípios do processo civil*. Belo Horizonte: Líder, 2002.

GOMES, Fábio. *Carência de ação*. São Paulo: RT, 1999.

GUIMARÃES, Luiz Machado. *Estudos de direito processual civil*. Rio de Janeiro: Jurídica e universitária, 1969.

JORGE, Flávio Cheim. *Teoria geral dos recursos cíveis*. 2 ed. Rio de Janeiro: Forense, 2004.

KELSEN, Hans. *Teoria pura do direito*. 6 ed. 2 tiragem. São Paulo: Martins Fontes, 1999.

KLIPPEL, Rodrigo & BASTOS, Antônio Adonias. *Manual de direito processual civil*. 4 ed. Salvador: Juspodivm, 2014.

______. *Teoria geral do processo civil*. Rio de Janeiro: Impetus. 2007.

LIEBMAN, Enrico Tullio. *Estudos sobre o processo civil brasileiro*. São Paulo: Bushatsky, 1976.

______. *Manuale di diritto processuale civile*. V. I. Milano: Giuffrè, 1955.

LOPES DA COSTA, Alfredo Araújo. *A carência de ação, especialmente com relação à legitimação para a causa*. In: *Revista de direito processual civil*. V. 3. São Paulo: Saraiva, 1962.

______. *A administração pública e a ordem jurídica privada (jurisdição voluntária)*. Belo Horizonte: Bernardo Álvares, 1961.

______. *Direito processual civil*. V. 1. Rio de Janeiro: Konfino. 1947.

MANDRIOLI, Crisanto. *Diritto processuale civile*. V. I. 13 ed. Torino: Giappichelli, 2000.

MARQUES, José Frederico. *Instituições de direito processual civil*. V. II. 3 ed. Rio de Janeiro: Forense, 1966.

______. *Ensaio sobre a jurisdição voluntária*. 2 ed. São Paulo: Saraiva, 1959.

MELLO, Celso Antônio Bandeira de. *Conteúdo jurídico do princípio da igualdade*. 3 ed. 7 tiragem. São Paulo: Malheiros, 1999.

MELLO, Marcos Bernardes de. *Prefácio à obra Teoria dos fatos jurídicos processuais*, de Fredie Didier Jr e Pedro Henrique Pedrosa Nogueira. Salvador: Juspodivm, 2011.

______. *Teoria do fato jurídico – plano da eficácia*. São Paulo: Saraiva, 2004.

______. *Teoria do fato jurídico – plano da existência*. 12 ed. São Paulo: Saraiva, 2003.

MESQUITA, José Ignácio Botelho de. *Da ação civil*. São Paulo: RT, 1975.

MITIDIERO, Daniel Francisco. *Elementos para uma teoria contemporânea do processo civil brasileiro*. Porto Alegre: Livraria do Advogado, 2005.

MONTEIRO, João. *Theoria do processo civil e commercial*. 5 ed. São Paulo: Typographia acadêmica, 1936.

NERY JR., Nelson. *Código de Processo Civil comentado*. 4 ed. São Paulo: RT, 1999.

______. *Princípios do processo civil na Constituição Federal*. 3 ed. São Paulo: RT, 1996.

NOGUEIRA, Pedro Henrique Pedrosa. *Teoria da ação de direito material*. Salvador: Juspodivm, 2008.

NORONHA, E. Magalhães. *Direito* penal. 22 ed. São Paulo: Saraiva, 1987.

OLIVEIRA, Bruno Silveira de. *Conexidade e efetividade processual*. São Paulo: RT, 2007.

______. *Conexidade e efetividade processual (conceito e efeitos da conexidade a serviço dos escopos do processo)*. Vitória: FDV, 2006.

PASSOS, J.J. Calmon. *Esboço de uma teoria das nulidades aplicada às nulidades processuais*. Rio de Janeiro: Forense, 2002.

PAULA BAPTISTA, Francisco de. *Compendio de theoria e pratica do processo civil comparado com o comercial e de hermenêutica jurídica*. 8 ed. São Paulo: Saraiva & Comp. Editores, 1935.

PISANI, Andrea Proto. *Opposizione di terzo ordinária*. Nápoles: Jovene, 1965.

PIZZOL, Patrícia Miranda. *Código de processo civil interpretado*. São Paulo: Atlas, 2004.

PODETTI, Ramiro. *Teoria y tecnica del proceso civil*. Buenos Aires: Ediar, 1963.

PONTES DE MIRANDA, Francisco Cavalcanti. *Comentários ao Código de Processo Civil*. V. 1. Rio de Janeiro: Forense, 1975.

______. *Comentários à Constituição da República dos Estados Unidos do Brasil*. V. II. Rio de Janeiro: Forense.

PUGLIESE, Giovanni. Introducción. p. XIX In: WINDSCHEID, Bernard & MUTHER, Theodor. *Polemica sobre la actio*. Buenos Aires: EJEA, 1974.

RODRIGUES, Marcelo Abelha. *Ação civil pública e meio ambiente*. Rio de Janeiro: Forense Universitária, 2002.

______. *Instituições de direito ambiental*. v. 1. São Paulo: Max Limonad, 2002.

______. *Condições da ação*. In: *Jurídica – Revista do curso de direito da Universidade Federal do Espírito Santo*. V. 2. Vitória, 2000.

SANTOS, Moacyr Amaral. *Primeiras linhas de direito processual civil*. V. I. 15 ed. São Paulo: Saraiva, 1992.

SATTA, Salvatore. *Diritto processuale civile*. 13 ed. Padova: Cedam, 2000.

SIDOU, J. M. Othon. *Habeas corpus, Mandado de segurança e Ação popular – as garantias ativas dos direitos coletivos*. 2 ed. Rio de Janeiro: Forense, 1983.

SIQUEIRA, Cleanto Guimarães. *A defesa no processo civil*. 2 ed. Belo Horizonte: Del Rey, 1997.

SILVA, Beclaute Oliveira. *A garantia fundamental à motivação da decisão judicial*. Salvador, Juspodivm, 2007.

SILVA, Michel Ferro e. *Litisconsórcio multitudinário*. Curitiba: Juruá, 2009.

SILVA, Ovídio Baptista da. *Teoria geral do direito processual civil*. São Paulo: RT,1997.

VERDE, Giovanni. *Profili del processo civile*. V. 1. 5 ed. Napoli: Jovene, 1999.

VIDIGAL, Luis Eulálio de Bueno. Pressupostos processuais e condições da ação. *Revista de direito processual civil*. V. 6. São Paulo: Saraiva.

WACH, Adolf. *La pretensión de declaración*. Buenos Aires: EJEA, 1962.

WAMBIER, Teresa Arruda Alvim. & MEDINA, José Miguel Garcia. *O dogma da coisa julgada – hipóteses de relativização*. São Paulo: RT, 2003.

WATANABE, Kazuo. *Da cognição no processo civil*. 2 ed. 2. tiragem. .Campinas: Bookseller, 200.

XAVIER, Ronaldo Caldeira. *Latim no direito*. 5 ed. Rio de Janeiro: Forense, 2005.

YARSHELL, Flávio Luiz. *Tutela jurisdicional*. São Paulo: Atlas, 1999.

ZANZUCCHI, Marco Tullio. *Diritto processuale civile*. V. I. Milano: Giuffrè, 1946.

Impressão e Acabamento:

EXPRESSÃO & ARTE
EDITORA E GRÁFICA

Fones: (11) 3951-5240 | 3951-5188 | 3966-3488
E-mail: atendimento@expressaoearte.com
www.graficaexpressaoearte.com.br